THE LAW CONCERNING THE ADMINISTRATION OF TAX COLLECTION IN THE CASES

法条解析 | 相关规定 | 应用场景 | 修法建议

案例中的《税收征收管理法》

刘金涛 编著
齐 雁 参编

中国财经出版传媒集团
中国财政经济出版社

图书在版编目（CIP）数据

案例中的《税收征收管理法》/刘金涛编著．--北京：中国财政经济出版社，2023.6
ISBN 978-7-5223-2242-1

Ⅰ.①案… Ⅱ.①刘… Ⅲ.①税法—案例—中国 Ⅳ.①D922.220.5

中国国家版本馆CIP数据核字（2023）第096445号

责任编辑：陈志伟　　　　责任印制：史大鹏
封面设计：卜建辰　　　　责任校对：胡永立

案例中的《税收征收管理法》
ANLIZHONG DE SHUISHOU ZHENGSHOU GUANLIFA

中国财政经济出版社 出版

URL：http://www.cfeph.cn
E-mail：cfeph@cfeph.cn
（版权所有　翻印必究）
社址：北京市海淀区阜成路甲28号　邮政编码：100142
营销中心电话：010-88191522
天猫网店：中国财政经济出版社旗舰店
网址：https://zgczjjcbs.tmall.com
北京时捷印刷有限公司印刷　各地新华书店经销
成品尺寸：185mm×260mm　16开　35.5印张　582 000字
2023年6月第1版　2023年6月北京第1次印刷
定价：149.00元
ISBN 978-7-5223-2242-1
（图书出现印装问题，本社负责调换，电话：010-88190548）
本社图书质量投诉电话：010-88190744
打击盗版举报热线：010-88191661　QQ：2242791300

前言
PREFACE

刚开始，中国财政经济出版社尉敏老师和北京国家会计学院齐雁老师建议笔者写一本关于《税收征收管理法》的书时，笔者是明确拒绝的，理由是：《税收征收管理法》太宏大、太高深了，笔者胜任不了。后来，因为工作的需要，在整理部分法条对应的法规、规范性文件及相关司法案例时发现，也许可以换个角度写写。在与尉敏、齐雁老师沟通后，一拍即合，这本书才得以问世，与各位读者见面。

本书的重点是就每条法律对应的法规、规范性文件进行全面归集，对每条法律所产生司法案例进行分类列示，并在此基础上提出笔者的浅显法条理解及修法建议。

本书的目的是想从实务角度，给读者带来一个更新的视角，以便更全面、更深刻、更准确地理解、适用《税收征收管理法》。在写作时，笔者想穷尽一切手段找寻到每条规定对应的所有规定和因该条法律引发的一切案例，并进行正确又全面的归集和分类。但因信息搜索手段有限，加上笔者的认知限制，仍不尽如人意。就相关案例呈现出的部分法条适用时的理解纷争，笔者也提出些许修法建议，现在看来真是不自量力的做法。但期待《税收征收管理法》修订后更完善、更科学，定是税法实务工作者的最高期望。如若本书能对修法工作有一丁点儿贡献，笔者费尽心力收集的211个典型案例也是物超所值了。

本书由北京税达律师事务所刘金涛、北京国家会计学院齐雁编写，刘金涛负责拟订编写大纲、结构设计与全书的修改、总纂和定稿工作以及第一条至第五十九条的编写；齐雁负责第六十条至第九十四条的编写。

学习税法，从税法识别、检索开始，历经分类、比较、总结，直至接受税收实务的检验。这是笔者的税法学习之道。分类、比较、总结是税法学习方法，也是笔者写作本书的方式。愿本书能经受各位来自实务界读者老师们的考验，更希望各位读者老师不吝指出本书的不足之处，以期未来更新时能更完善。谢谢！

刘金涛

2023年4月

目录 CONTENTS

第一章　总则 ··· 2

　第一条 ·· 2

　　一、条文简析 ·· 2

　　二、相关规定 ·· 2

　　三、应用场景 ·· 2

　　　（一）应用场景一：用于解释《税收征收管理法》其他条文规定 ········ 2

　　　（二）应用场景二：用于解释依据《税收征收管理法》制定的其他
　　　　　　规定 ·· 3

　　四、法条总结 ·· 3

　　五、修法建议 ·· 4

　第二条 ·· 4

　　一、条文简析 ·· 4

　　二、相关规定 ·· 4

　　三、应用场景 ·· 4

　　　（一）应用场景一：用于论述税务机关的征收主体地位和诉讼主体
　　　　　　资格 ·· 5

　　　（二）应用场景二：用于论述破产清算过程中，税收债权优先权
　　　　　　应否受限 ·· 5

　　　（三）应用场景三：用于论述税收征纳过程中，特别税法规定优于
　　　　　　一般税法规定适用 ·· 6

　　四、法条总结 ·· 7

第三条 ··· 7

一、条文简析 ·· 7
二、相关规定 ·· 8
（一）《税收征收管理法》第八十四条 ································· 8
（二）《国务院关于纠正地方自行制定税收先征后返政策的通知》
（国发〔2000〕2号）··· 8
（三）《国务院关于清理规范税收等优惠政策的通知》（国发〔2014〕
62号）·· 9
（四）《国务院关于税收等优惠政策相关事项的通知》（国发〔2015〕
25号）··· 12
（五）《民法典》第一百五十三条 ····································· 13
（六）《税收征收管理法实施细则》第三条 ··························· 13
三、应用场景 ··· 13
（一）应用场景一：用于论述税收法定原则 ························· 13
（二）应用场景二：用于论述行政允诺涉税内容是否违法 ········· 14
（三）应用场景三：用于论述行政协议涉税内容是否合法 ········· 14
（四）应用场景四：用于论述税务机关不得执行与税法规定抵触的
民事约定 ·· 16
四、法条总结 ··· 16
五、修法建议 ··· 17

第四条 ·· 17

一、法条简析 ··· 17
二、相关规定 ··· 17
（一）《立法法》相关规定 ·· 17
（二）全国人大相关决定 ·· 18
三、应用场景 ··· 18
（一）应用场景一：结合税收实体法律规定，论述当事人有纳税法
定义务 ··· 18
（二）应用场景二：结合《税收征收管理法》第六十九条等规定，
论述当事人有扣缴法定义务 ·····································20

| 四、法条总结 | 21 |
| 五、修法建议 | 21 |

第五条 ······ 22

一、法条简析 ······ 22
二、相关规定 ······ 22
（一）《国务院办公厅转发国家税务总局〈关于组建在各地的直属税务机构和地方税务局实施意见〉的通知》（国办发〔1993〕87号）······ 22
（二）《国务院办公厅关于转发〈国家税务总局关于调整国家税务局、地方税务局税收征管范围的意见〉的通知》（国办发〔1996〕4号）······ 26
（三）《第十三届全国人民代表大会第一次会议关于国务院机构改革方案的决定》······ 28
（四）《国家税务总局关于税务机构改革有关事项的公告》（国家税务总局公告2018年第32号）······ 28
三、应用场景 ······ 29
（一）应用场景一：结合《税收征收管理法》第十四条等规定，论述税务机关的税收管辖权 ······ 29
（二）应用场景二：结合《发票管理办法》第三条规定，论述发票开具纠纷不属于民事争议 ······ 29
（三）应用场景三：论述人民法院等机关的税务协助执行义务 ······ 30
四、法条总结 ······ 30
五、修法建议 ······ 31

第六条 ······ 31

一、法条简析 ······ 31
二、相关规定 ······ 31
（一）《税收征收管理法》第二十五条 ······ 31
（二）《税收征收管理法实施细则》第四条 ······ 31
三、应用场景 ······ 32
（一）应用场景一：结合《税收征收管理法》第二十五条规定，论述纳税人、扣缴义务人有如实申报纳税的法定义务 ······ 32
（二）应用场景二：结合《税收征收管理法》第五条规定，论述

　　　　纳税人、扣缴义务人如实提供涉税资料信息的法定义务 …………33
　　四、法条总结 ……………………………………………………………34
　　五、修法建议 ……………………………………………………………34

第七条 …………………………………………………………………………34

　　一、法条简析 ……………………………………………………………34
　　二、相关规定 ……………………………………………………………35
　　三、应用场景 ……………………………………………………………35
　　　（一）典型案例一：结合《税收征收管理法》第五条规定，论述
　　　　　　税务机关的税收宣传义务 ………………………………………35
　　　（二）典型案例二：大企业税收事先裁定的相关报道 ………………36
　　四、法条总结 ……………………………………………………………36
　　五、修法建议 ……………………………………………………………36

第八条 …………………………………………………………………………37

　　一、法条简析 ……………………………………………………………37
　　二、相关规定 ……………………………………………………………37
　　　（一）《宪法》第四十一条 ……………………………………………37
　　　（二）《税收征收管理法实施细则》第五条 …………………………37
　　　（三）《税务稽查案件办理程序规定》(国家税务总局令第52号)
　　　　　　第九条 ……………………………………………………………38
　　　（四）《国家税务总局关于纳税人权利与义务的公告》(国家税务总局
　　　　　　公告2009年第1号颁布、国家税务总局公告2018年第31号修改)……38
　　　（五）《行政处罚法》第七条 …………………………………………43
　　　（六）《国家税务总局关于印发〈纳税人涉税保密信息管理暂行办法〉
　　　　　　的通知》(根据国税发〔2008〕93号颁布，国家税务总局公告
　　　　　　2018年第31号修改)………………………………………………43
　　三、应用场景 ……………………………………………………………47
　　　（一）应用场景一：结合国家税务总局公告2009年第1号相关规定，
　　　　　　论述税收信息知情权的范围 ……………………………………47
　　　（二）应用场景二：第二款规定结合《政府信息公开条例》第十五条
　　　　　　规定，明确涉第三方合法权益税务信息的公开程序 …………48

（三）应用场景三：第三款规定结合《税收征收管理法》第五十一条及
相关规定，论述申请退税的主体资格 ······ 49
（四）应用场景四：论述税务处理决定书不需载明相对人有申请
听证的权利 ······ 51
四、法条总结 ······ 52
五、修法建议 ······ 53

第九条 ······ 53

第十条 ······ 53

一、法条简析 ······ 53
二、相关规定 ······ 53
（一）《税收征收管理法实施细则》第六条 ······ 53
（二）《税收违法违纪行为处分规定》（中华人民共和国监察部 中华
人民共和国人力资源和社会保障部 中华人民共和国国家税务
总局令第26号） ······ 54
三、应用场景 ······ 58
用于论述税务内部监督权的可诉性 ······ 58
四、法条总结 ······ 59

第十一条 ······ 59

第十二条 ······ 60

一、法条简析 ······ 60
二、相关规定 ······ 60
（一）《税收征收管理法实施细则》第八条 ······ 60
（二）《税务稽查案件办理程序规定》（国家税务总局令第52号）
第八条 ······ 60
三、应用场景 ······ 61
论述税务机关有申请回避告知义务 ······ 61
四、法条总结 ······ 63
五、修法建议 ······ 64

第十三条 ·· 64
　　一、法条简析 ·· 64
　　二、相关规定 ·· 64
　　　　（一）《税收征收管理法实施细则》第七条 ··· 64
　　　　（二）《检举纳税人税收违法行为奖励暂行办法》(国家税务总局 财政
　　　　　　　部令第18号) ··· 64
　　　　（三）《国家税务总局关于检举税收违法行为查补滞纳金可否给予
　　　　　　　奖励问题的批复》(税总函〔2015〕196号) ································· 69
　　三、应用场景 ·· 69
　　　　（一）应用场景一：肯定检举人的检举权，但无从推出检举人有提起
　　　　　　　行政诉讼的权利 ·· 69
　　　　（二）应用场景二：结合《检举纳税人税收违法行为奖励暂行办法》，
　　　　　　　说明应奖励金额 ·· 70
　　四、法条总结 ·· 71
　　五、修法建议 ·· 71

第十四条 ·· 72
　　一、法条简析 ·· 72
　　二、相关规定 ·· 72
　　　　（一）《税收征收管理法实施细则》第九条 ··· 72
　　　　（二）《税务稽查案件办理程序规定》(国家税务总局令第52号) ··············· 72
　　　　（三）《国家税务总局关于稽查局职责问题的通知》(国税函
　　　　　　　〔2003〕140号) ··· 84
　　三、应用场景 ·· 85
　　　　（一）应用场景一：结合相关规定，论述税务稽查局的检查职责 ··············· 85
　　　　（二）应用场景二：结合相关规定，论述税务局有税款征收职责 ··············· 85
　　　　（三）应用场景三：结合相关规定，论述税务局有发票违法查处职责 ······· 86
　　　　（四）应用场景四：结合相关规定，论述税务局有政府非税收入征收
　　　　　　　职责 ··· 87
　　四、法条总结 ·· 88

第二章 税务管理

第一节 税务登记

第十五条 ······ 89

一、法条简析 ······ 89

二、相关规定 ······ 89

（一）《税收征收管理法实施细则》相关规定 ······ 89

（二）《国家税务总局 国家工商行政管理总局关于工商登记信息和税务登记信息交换与共享问题的通知》（国税发〔2003〕81号） ······ 90

（三）《国务院办公厅关于加快推进"多证合一"改革的指导意见》（国办发〔2017〕41号） ······ 93

（四）《工商总局 税务总局关于加强信息共享和联合监管的通知》（工商企注字〔2018〕11号） ······ 96

（五）《税务登记管理办法》 ······ 99

三、应用场景 ······ 106

用于论述未按照规定的期限申报办理税务登记的违法性 ······ 106

四、法条总结 ······ 107

五、修法建议 ······ 107

第十六条 ······ 108

一、法条简析 ······ 108

二、相关规定 ······ 108

（一）《税收征收管理法实施细则》相关规定 ······ 108

（二）《税务登记管理办法》相关规定 ······ 109

三、应用场景 ······ 110

结合公司法相关规定，论述公司的申请变更纳税登记义务 ······ 110

四、法条总结 ······ 111

五、修法建议 ······ 111

第十七条 ······ 112

一、法条简析 ······ 112

二、相关规定 ·· 112
　　《税收征收管理法实施细则》相关规定 ·· 112
三、应用场景 ·· 113
　　结合《税收征收管理法实施细则》第十七条规定，论述报告全部
　　银行账号是法定义务 ·· 113

第十八条 ·· 113

一、法条简析 ·· 113
二、相关规定 ·· 113
　　《税收征收管理法》第六十条 ·· 113
三、应用场景 ·· 114
　　（一）应用场景一：结合《税收征收管理法实施细则》第三条
　　　　　第二款规定，论述税务登记证件不得转借、买卖 ················ 114
　　（二）应用场景二：结合《税收征收管理法》第十五条规定，论述
　　　　　使用他人的税务登记证件开具发票不合法 ·························· 115
四、法条总结 ·· 115

第二节　账簿、凭证管理 ·· 116

第十九条 ·· 116

一、法条简析 ·· 116
二、相关规定 ·· 116
　　（一）《税收征收管理法实施细则》相关规定 ······························ 116
　　（二）《会计法》第十五条 ·· 116
　　（三）《个体工商户建账管理暂行办法》（国家税务总局令第17号）······ 117
三、应用场景 ·· 119
　　结合企业所得税相关规定，论述白条收据不得税前扣除 ··············· 119
四、法条总结 ·· 122

第二十条 ·· 123

一、法条简析 ·· 123
二、相关规定 ·· 123
　　（一）《税收征收管理法实施细则》相关规定 ······························ 123

（二）《企业所得税法》第二十一条 ·· 124
　三、应用场景 ·· 124
　　　结合《企业所得税法》第二十一条规定，论述处理纳税事项时税收
　　　规定的优先性 ·· 124
　四、法条总结 ·· 124

第二十一条 ·· 125
　一、法条简析 ·· 125
　二、相关规定 ·· 125
　　　（一）《中华人民共和国发票管理办法》 ································ 125
　　　（二）《中华人民共和国发票管理办法实施细则》 ······················ 131
　　　（三）《网络发票管理办法》 ·· 135
　　　（四）《国家税务总局关于修订〈增值税专用发票使用规定〉的通知》
　　　　　（国税发〔2006〕156号） ·· 136
　三、应用场景 ·· 143
　　　（一）应用场景一：结合《税收征收管理法》第十四条，论述税务
　　　　　机关的发票监管职责 ·· 143
　　　（二）应用场景二：结合《发票管理办法》第十九条规定，论述开具
　　　　　发票是否属于民事案件审理范围 ·································· 144
　　　（三）应用场景三：结合《发票管理办法》第十九条规定，论述
　　　　　销售方的开具发票义务 ·· 145
　四、法条总结 ·· 145

第二十二条 ·· 146
　一、法条简析 ·· 146
　二、相关规定 ·· 146
　　　（一）《发票管理办法》相关规定 ···································· 146
　　　（二）《发票管理办法实施细则》相关规定 ···························· 147
　　　（三）《刑法》相关规定 ·· 148
　　　（四）《最高人民检察院 公安部关于公安机关管辖的刑事案件立案
　　　　　追诉标准的规定》（二）（公通字〔2022〕12号）相关规定 ······ 148
　三、法条总结 ·· 149

第二十三条 ··· 150

一、法条简析 ··· 150

二、相关规定 ··· 150

（一）《国家税务总局关于税控发票印制使用管理有关问题的通知》（国税发〔2005〕65号） ··· 150

（二）《国家税务总局关于印发〈关于加油机安装税控装置的通告〉的通知》（国税发〔2000〕76号） ··· 154

三、法条总结 ··· 155

第二十四条 ··· 155

一、法条简析 ··· 155

二、相关规定 ··· 155

（一）《税收征收管理法实施细则》第二十九条 ························· 155

（二）《会计法》相关规定 ·· 156

（三）《会计档案管理办法》相关规定 ···································· 157

（四）《发票管理办法》第二十九条 ······································· 157

（五）刑事法律相关规定 ··· 157

三、应用场景 ··· 158

结合《税收征收管理法》第十九条、第六十条第一款第（二）项的规定，论述税务机关有处罚权 ·· 158

四、法条总结 ··· 158

第三节 纳税申报 ··· 159

第二十五条 ··· 159

一、法条简析 ··· 159

二、相关规定 ··· 159

《税收征收管理法实施细则》相关规定 ································· 159

三、应用场景 ··· 160

（一）应用场景一：结合相关规定，论述税务机关要求纳税人纳税申报是否具有可诉性 ·· 160

（二）应用场景二：结合《税收征收管理法》第七十二条规定，论述

　　　　经责令申报，逾期未改正的，税务机关有停票权力 …………… 164
　　（三）应用场景三：结合《税收征收管理法》第六十三条规定，论述
　　　　经税务机关通知申报而拒不申报，构成偷税行为 …………… 165
　　（四）应用场景四：结合《税收征收管理法实施细则》相关规定，
　　　　论述免税时，也需纳税申报 ………………………………… 166
　四、法条总结 …………………………………………………………… 168

第二十六条 …………………………………………………………… 168

　一、法条简析 …………………………………………………………… 168
　二、相关规定 …………………………………………………………… 168
　　（一）《税收征收管理法实施细则》相关规定 ……………………… 168
　　（二）《国家税务总局 邮电部关于印发〈邮寄纳税申报办法〉的通知》
　　　　（国税发〔1997〕147号）………………………………………… 169
　三、法条总结 …………………………………………………………… 170

第二十七条 …………………………………………………………… 170

　一、法条简析 …………………………………………………………… 170
　二、相关规定 …………………………………………………………… 170
　　（一）《税收征收管理法实施细则》第三十七条 ………………… 170
　　（二）《国家税务总局关于延期申报预缴税款滞纳金问题的批复》
　　　　（国税函〔2007〕753号）………………………………………… 171
　三、法条总结 …………………………………………………………… 171

第三章　税款征收 …………………………………………………… 172

第二十八条 …………………………………………………………… 172

　一、法条简析 …………………………………………………………… 172
　二、相关规定 …………………………………………………………… 172
　　《国家税务总局贵州省税务局关于严格执行〈优化税收营商环境
　　　"十五条禁令"〉的公告》（国家税务总局贵州省税务局公告2021年
　　　第6号）第（四）项 ……………………………………………… 172

三、应用场景 ·· 173

 （一）应用场景一：结合《税收征收管理法法》第十四条规定，
   论述税务机关的税款征收职责 ······································· 173

 （二）应用场景二：用于论述税务机关的依法征税职责 ·············· 173

四、法条总结 ·· 173

第二十九条 ··· 174

一、法条简析 ·· 174

二、相关规定 ·· 174

 （一）《税收征收管理法》第七十八条 ······································ 174

 （二）《税收征收管理法实施细则》第四十四条 ··························· 174

 （三）《国家税务总局关于发布〈委托代征管理办法〉的公告》（国家
   税务总局公告2013年第24号） ·· 174

 （四）《国家税务总局关于加强国家税务局、地方税务局互相委托代
   征税收的通知》（税总发〔2015〕155号） ······························· 180

 （五）《国家税务总局 交通运输部关于发布〈船舶车船税委托代征管理
   办法〉的公告》（国家税务总局 交通运输部公告2013年第1号） ··· 182

三、应用场景 ·· 184

 （一）应用场景一：用于论述税款征收主体的唯一性和权威性 ········ 184

 （二）应用场景二：结合《税收征收管理法》第四十一条、第八十八条
   规定，论述法院对税务强制执行申请能否支持 ······················· 187

 （三）应用场景三：结合《税收征收管理法》第三十条规定，论述
   非法定或受托扣缴义务人无征税权 ·· 188

 （四）应用场景四：结合《税收征收管理法》第二十八条、第七十八条
   规定，论述非法定或受托扣缴义务人征税案不属于法院受理范围 ······ 188

四、法条总结 ·· 189

第三十条 ·· 189

一、法条简析 ·· 190

二、相关规定 ·· 190

 （一）《国家税务总局关于贯彻〈中华人民共和国税收征收管理法〉及
   其实施细则若干具体问题的通知》（国税发〔2003〕47号）第二条 ······ 190

（二）《财政部 税务总局 人民银行关于进一步加强代扣代收代征税款手续费管理的通知》（财行〔2019〕11号） ……………………… 190

　三、应用场景 …………………………………………………………… 194

　　（一）应用场景一：结合《个人所得税法》相关规定，论述纳税人拒绝代扣时，扣缴义务人应如何处理 ……………………… 194

　　（二）应用场景二：结合《个人所得税法》相关规定，论述税费负担约定对合同解除法律责任的影响 ……………………… 196

　　（三）应用场景三：结合《税收征收管理法》第二十八条、第二十九条规定，论述非征收主体和扣缴义务人，无权征税和代缴税款 …… 199

　四、法条总结 …………………………………………………………… 200

第三十一条 …………………………………………………………… 200

　一、法条简析 …………………………………………………………… 201
　二、相关规定 …………………………………………………………… 201
　　（一）《税收征收管理法实施细则》相关规定 ……………………… 201
　　（二）《国家税务总局关于延期缴纳税款有关问题的通知》（国税函〔2004〕1406号） ………………………………………… 201

　三、应用场景 …………………………………………………………… 202
　　（一）应用场景一：结合《税收征收管理法》第三十二条及相关税收实体法，论述加收税收滞纳金的条件 ………………… 202
　　（二）应用场景二：结合相关税收实体法规定，论述纳税人、扣缴义务人有缴纳或解缴税款义务 ……………………… 202
　　（三）应用场景三：用于核准延期缴纳税款 ……………………… 203

　四、法条总结 …………………………………………………………… 203

第三十二条 …………………………………………………………… 203

　一、法条简析 …………………………………………………………… 204
　二、相关规定 …………………………………………………………… 204
　　（一）《税收征收管理法实施细则》相关规定 ……………………… 204
　　（二）《国家税务总局关于税收优先权包括滞纳金问题的批复》（国税函〔2008〕1084号） ………………………………… 204
　　（三）《国家税务总局关于贯彻〈中华人民共和国税收征收管理法〉及

　　　　其实施细则若干具体问题的通知》（国税发〔2003〕47号）…… 204
　　（四）《国家税务总局关于税收征管若干事项的公告》（国家税务总局
　　　　公告2019年第48号）……………………………………………… 205
三、应用场景 ……………………………………………………………… 205
　　（一）应用场景一：结合《税收征收管理法》第五十二条规定，论述
　　　　加征滞纳金的具体条件 ………………………………………… 205
　　（二）应用场景二：结合《税收征收管理法实施细则》第七十三条、
　　　　第七十五条规定，论述加征滞纳金的标准及程序 …………… 206
四、关于滞纳金能否超税款金额的争论 ………………………………… 206
　　（一）代表案例及相关信息 …………………………………………… 206
　　（二）争议的解决方向 ………………………………………………… 211
五、法条总结 ……………………………………………………………… 211

第三十三条 …………………………………………………………………… 212

一、法条简析 ……………………………………………………………… 212
二、相关规定 ……………………………………………………………… 212
　　（一）《税收征收管理法实施细则》相关规定 ……………………… 212
　　（二）《国家税务总局关于发布修订后的〈企业所得税优惠政策事项
　　　　办理办法〉的公告》（国家税务总局公告2018年第23号）…… 212
　　（三）《国家税务总局关于贯彻〈中华人民共和国税收征收管理法〉及
　　　　其实施细则若干具体问题的通知》（国税发〔2003〕47号） …… 214
三、应用场景 ……………………………………………………………… 215
　　结合《税收征收管理法实施细则》相关规定，论述需要通过申报方
　　可享受免税待遇 …………………………………………………… 215
四、法条总结 ……………………………………………………………… 216

第三十四条 …………………………………………………………………… 216

一、法条简析 ……………………………………………………………… 216
二、相关规定 ……………………………………………………………… 216
　　（一）《税收征收管理法实施细则》相关规定 ……………………… 216
　　（二）《国家税务总局关于纳税人遗失完税凭证后处理办法的批复》
　　　　（国税函〔2004〕761号）………………………………………… 217

（三）《国家税务总局关于进一步做好个人所得税完税凭证开具工作的通知》（国税发〔2010〕63号） …… 217

　　（四）《国家税务总局 国家外汇管理局关于个人财产对外转移提交税收证明或者完税凭证有关问题的通知》（国税发〔2005〕13号）…… 219

三、应用场景 …… 221

　　（一）应用场景一：用于论述税务机关开具"税收完税证明"程序的合法性 …… 221

　　（二）应用场景二：用于论述用人单位有向劳动者开具"税收完税证明"的法定义务 …… 221

　　（三）应用场景三：结合行政诉讼法司法解释相关规定，论述"税收完税证明"不具有可诉性 …… 221

　　（四）应用场景四：结合《民事诉讼法》相关规定，论述诉求交付完税凭证非法院民事诉讼审理范围 …… 224

四、法条总结 …… 224

第三十五条 …… 224

一、法条简析 …… 225

二、相关规定 …… 225

　　（一）《税收征收管理法实施细则》第四十七条 …… 225

　　（二）《个人所得法实施条例》第十六条 …… 225

　　（三）《国家税务总局关于发布〈股权转让所得个人所得税管理办法（试行）〉的公告》（国家税务总局公告2014年第67号）相关规定 …… 226

三、应用场景 …… 227

　　（一）应用场景一：结合《税收征收管理法实施细则》第四十七条规定，论述税务机关核定税额方法的合法性 …… 227

　　（二）应用场景二：在逃税罪案件中，论述作为刑事证据的税务机关核定文件合法性 …… 227

　　（三）应用场景三：在逃税罪案件中，论述核定税款金额的税务稽查报告或税务处理决定书，可作为刑事定案证据 …… 228

　　（四）应用场景四：结合法释〔2009〕5号第十九条规定，论述民事审判中，能否以税务机关核定价格作为判断交易价格合理的标准 …… 229

　　（五）应用场景五：结合《税收征收管理法》第六十三条规定，论述在

　　　　账簿上不列收入不符合税款核定条件 …………………………… 230

　　（六）应用场景六：结合国税函〔2003〕140号规定，论述税务稽查
　　　　局可行使应纳税额核定权 ……………………………………… 231

　　（七）应用场景七：结合《拍卖法》规定，论述拍卖行为有效并
　　　　不意味税务机关不能行使应纳税额核定权 …………………… 232

　　（八）应用场景八：结合《税收征收管理法》第五十二条规定，论述
　　　　纳税义务人不存在违反税法和税收征管过错的情况下，税款追征
　　　　期限，原则上应限制在三年内 ………………………………… 233

　四、法条总结 ………………………………………………………… 234

第三十六条 ……………………………………………………………… 234

　一、法条简析 ………………………………………………………… 235
　二、相关规定 ………………………………………………………… 235
　　（一）《税收征收管理法实施细则》相关规定 …………………… 235
　　（二）《国家税务总局关于贯彻〈中华人民共和国税收征收管理法〉及
　　　　其实施细则若干具体问题的通知》（国税发〔2003〕47号） …… 236
　三、应用场景 ………………………………………………………… 236
　　（一）应用场景一：结合相关规定，用于关联公司的认定 ………… 236
　　（二）应用场景二：结合相关规定，论述税务机关对收入进行合理
　　　　调整的合法性 …………………………………………………… 238
　四、法条总结 ………………………………………………………… 239

第三十七条 ……………………………………………………………… 239

　一、法条简析 ………………………………………………………… 239
　二、相关规定 ………………………………………………………… 239
　　（一）《税务登记管理办法》第二条 ……………………………… 239
　　（二）《税收征收管理法实施细则》相关规定 …………………… 240
　三、应用场景 ………………………………………………………… 240
　　应用场景：结合《税收征收管理法》第三十八条、第四十条规定，
　　　　用于论述税务机关对税收有强制执行权 ……………………… 240
　四、法条总结 ………………………………………………………… 241

第三十八条 ······ 241
 一、法条简析 ······ 242
 二、相关规定 ······ 242
  （一）《税收征收管理法实施细则》相关规定 ······ 242
  （二）《纳税担保试行办法》（国家税务总局令第11号）······ 243
 三、应用场景 ······ 251
  （一）应用场景一：结合《税收征收管理法》第五十五条规定，论述税务机关作出税收保全措施的前提条件 ······ 251
  （二）应用场景二：结合《税收征收管理法实施细则》第七十三条规定，论述税收保全的程序性要求 ······ 252
  （三）应用场景三：结合《税收征收管理法》第四十条、第四十一条规定，论述税收保全职责仅供税务机构行使 ······ 252
 四、法条总结 ······ 253

第三十九条 ······ 253
 一、法条简析 ······ 253
 二、相关规定：《税收征收管理法实施细则》······ 253
 三、法条总结 ······ 254

第四十条 ······ 254
 一、法条简析 ······ 254
 二、相关规定 ······ 254
  （一）《税收征收管理法》第八十八条第三款 ······ 254
  （二）《税收征收管理法实施细则》第七十三条 ······ 254
  （三）《国家税务总局关于贯彻〈中华人民共和国税收征收管理法〉及其实施细则若干具体问题的通知》（国税发〔2003〕47号）第六条 ······ 255
  （四）《国家税务总局关于人民法院强制执行被执行人财产有关税收问题的复函》（国税函〔2005〕869号）······ 255
  （五）《国家税务总局北京市税务局办公室 国家税务总局天津市税务局办公室 国家税务总局河北省税务局办公室关于印发〈京津冀地区不予实施行政强制措施事项清单〉的通知》（京税办发〔2023〕2号）······ 255

（六）《抵税财物拍卖、变卖试行办法》（国家税务总局令第12号）…… 257

　　　（七）《国家税务总局关于贯彻〈中华人民共和国税收征收管理法〉及
　　　　　其实施细则若干具体问题的通知》（国税发〔2003〕47号）第六条…… 264

　三、应用场景 …… 265

　　　（一）应用场景一：结合《行政强制法》相关规定，论述税务机关
　　　　　强制执行的前提条件 …… 265

　　　（二）应用场景二：用于论述强制执行担保财产的程序性要求 …… 266

　　　（三）应用场景三：用于论述税收强制拍卖的程序性要求 …… 267

　　　（四）应用场景四：结合《民法典》相关规定，论述如何处理商品
　　　　　房消费者优先权与税收优先权的关系 …… 267

　　　（五）应用场景五：结合《行政强制法》相关规定，论述法院不应
　　　　　受理税务机关的强制执行申请 …… 270

　四、法条总结 …… 270

　五、修法建议 …… 271

第四十一条 …… 271

　一、法条简析 …… 271

　二、相关规定 …… 271

　　《税收征收管理法》第二十九条 …… 271

　三、应用场景 …… 271

　　　（一）应用场景一：结合《行政强制法》相关规定，论述法院无权对
　　　　　税款进行强制执行 …… 271

　　　（二）应用场景二：结合《行政诉讼法》相关规定，论述法院无权
　　　　　税款进行强制执行 …… 273

　　　（三）应用场景三：结合《税收征收管理法》第八十八条第三款规定，
　　　　　论述法院仅对税务行政处罚有强制执行权 …… 273

　四、法条总结 …… 274

第四十二条 …… 275

　一、法条简析 …… 275

　二、相关规定 …… 275

　　《税收征收管理法实施细则》相关规定 …… 275

- 三、应用场景 ... 275
- 四、法条总结 ... 275
- 五、修法建议 ... 276

第四十三条 ... 276

- 一、法条简析 ... 276
- 二、相关规定 ... 276
  - （一）《国家赔偿法》第四条 ... 276
  - （二）《税收违法违纪行为处分规定》第五条 ... 276
- 三、应用场景 ... 277
  - 结合《国家赔偿法》相关规定，论述违法行使税收保全措施和强制执行措施的赔偿责任 ... 277
- 四、法条总结 ... 278

第四十四条 ... 279

- 一、法条简析 ... 279
- 二、相关规定 ... 279
  - （一）《税收征收管理法实施细则》第七十四条 ... 279
  - （二）《国家税务总局 公安部关于印发〈阻止欠税人出境实施办法〉的通知》（国税发〔1996〕215号） ... 279
- 三、应用场景 ... 281
  - 结合《阻止欠税人出境实施办法》，论述税务机关具有通知出境管理机关阻止欠税人出境的法定职责 ... 281
- 四、法条总结 ... 282

第四十五条 ... 283

- 一、法条简析 ... 283
- 二、相关规定 ... 283
  - （一）《国家税务总局关于税收优先权包括滞纳金问题的批复》（国税函〔2008〕1084号） ... 283
  - （二）《国家税务总局关于人民法院强制执行被执行人财产有关税收问题的复函》（国税函〔2005〕869号） ... 284

（三）《国家税务总局关于税收征管若干事项的公告》（国家税务
　　　　总局公告2019年第48号）第四条 ·················· 284
　　（四）《最高人民法院关于税务机关就破产企业欠缴税款产生的滞纳金
　　　　提起的债权确认之诉应否受理问题的批复》（法释〔2012〕9号）······ 285
　　（五）《税收征收管理法实施细则》第七十六条 ·············· 285
　　（六）《担保法》第二条 ························· 285
　　（七）《民法典》第三百八十七条 ···················· 286
　　（八）《刑法》第二百一十二条 ····················· 286
　　（九）《欠税公告办法（试行）》（国家税务总局令第9号） ········ 286
　　（十）《国家税务总局关于贯彻〈中华人民共和国税收征收管理法〉及
　　　　其实施细则若干具体问题的通知》（国税发〔2003〕47号）第七条······ 288
　　（十一）《最高人民法院关于适用〈中华人民共和国民事诉讼法〉
　　　　　的解释》第五百零六条 ··················· 288
　　（十二）《企业破产法》第一百一十三条 ················ 289
　三、应用场景 ······························· 289
　　（一）应用场景一：结合《民事诉讼法》相关规定，论述税务机关
　　　　无权在执行程序中参与案款分配并优先受偿 ··········· 289
　　（二）应用场景二：结合国税函〔2005〕869号复函等相关规定，论述
　　　　法院对执行程序中的新增税收债权有优先保障和协助执行职责······ 290
　　（三）应用场景三：结合国税函〔2005〕869号复函等相关规定，论述
　　　　税收优先权指向的是欠税 ·················· 291
　　（四）应用场景四：结合《欠税公告办法（试行）》规定，论述税务
　　　　机关行使税收优先权的前提必须依法发布欠税公告 ········ 293
　四、法条总结 ······························· 293
　五、修法建议 ······························· 293

第四十六条 ·································· 294

　一、法条简析 ······························· 294
　二、相关规定 ······························· 294
　　《国家税务总局关于发布〈涉税信息查询管理办法〉的公告》（国家
　　　税务总局公告2016年第41号）第三条 ················ 294
　三、应用场景 ······························· 294

　　　　根据本条规定，论述抵押权人在缔结抵押担保合同时有查明抵押人
　　　　是否欠税的法定义务 ·· 294
　　四、法条总结 ··· 296

第四十七条 ··· 296

　　一、法条简析 ··· 296
　　二、相关规定 ··· 296
　　　　（一）《行政强制法》第二十四条 ···································· 296
　　　　（二）《税收征收管理法实施细则》相关规定 ····················· 297
　　三、法条总结 ··· 297

第四十八条 ··· 298

　　一、法条简析 ··· 298
　　二、相关规定 ··· 298
　　　　（一）《税收征收管理法实施细则》相关规定 ····················· 298
　　　　（二）《公司法》相关规定 ··· 298
　　　　（三）《公司登记管理条例》相关规定 ······························ 299
　　　　（四）《财政部 国家税务总局关于企业重组业务企业所得税处理若干
　　　　　　问题的通知》（财税〔2009〕59号）第一条 ················· 299
　　　　（五）《国家工商行政管理总局关于做好公司合并分立登记支持企业兼
　　　　　　并重组的意见》（工商企字〔2011〕226号）第二条第（一）
　　　　　　项规定 ··· 300
　　三、法条总结 ··· 300
　　四、修法建议 ··· 300

第四十九条 ··· 301

　　一、法条简析 ··· 301
　　二、相关规定 ··· 301
　　　　（一）《税收征收管理法实施细则》第七十七条 ·················· 301
　　　　（二）《刑法》第二百零三条 ··· 301
　　三、应用场景 ··· 301
　　　　本条规定可与逃避追缴欠税罪相关规定结合适用 ················· 301

四、法条总结 …………………………………………………………… 303

第五十条 ………………………………………………………………… 303

　　一、法条简析 …………………………………………………………… 303
　　二、相关规定 …………………………………………………………… 303
　　　（一）《合同法》相关规定 …………………………………………… 303
　　　（二）《民法典》相关规定 …………………………………………… 304
　　　（三）《最高人民法院关于适用〈中华人民共和国合同法〉若干问题的
　　　　　解释（二）》相关规定 …………………………………………… 304
　　三、应用场景 …………………………………………………………… 305
　　　（一）应用场景一：结合《合同法》相关规定，论述税收代位权诉讼
　　　　　的行使条件 ……………………………………………………… 305
　　　（二）应用场景二：结合《合同法》相关规定，论述税收撤销权诉讼
　　　　　的行使条件 ……………………………………………………… 306
　　　（三）应用场景三：本条规定不能用于税务机关诉请确认可能危害
　　　　　税收债权合同无效 ……………………………………………… 306
　　四、法条总结 …………………………………………………………… 308
　　五、修法建议 …………………………………………………………… 308

第五十一条 ……………………………………………………………… 308

　　一、法条简析 …………………………………………………………… 309
　　二、相关规定 …………………………………………………………… 309
　　　（一）《税收征收管理法实施细则》相关规定 ……………………… 309
　　　（二）《财政部 国家税务总局 中国人民银行关于纳税人多缴税款及
　　　　　应付利息办理退库的通知》（财预字〔2001〕502号） ………… 309
　　　（三）《国家税务总局关于贯彻实施〈中华人民共和国税收征收
　　　　　管理法〉有关问题的通知》（国税发〔2001〕54号）第五条规定 …… 310
　　三、应用场景 …………………………………………………………… 310
　　　（一）应用场景一：论述退税的原理及程序性要求 ………………… 310
　　　（二）应用场景二：结合《税收征收管理法实施细则》第七十八条
　　　　　规定，论述对不予退税行为申请行政复议的起算点 …………… 313
　　　（三）应用场景三：结合《税收征收管理法实施细则》相关规定，论述

　　　　税务机关发现纳税人超过应纳税额缴纳税款，应当立即退还 …… 314
　　（四）应用场景四：论述纳税人向税务机关要求退还已缴税款应自
　　　　结算缴纳税款之日起三年内提出，并提交证明自己所缴税款
　　　　超过应纳税额的事实证据 …………………………………… 315
　　（五）应用场景五：结合《税款缴库退库工作规程》相关规定，论述
　　　　退税应由纳税人向税务机关提出申请 …………………… 316
　　（六）应用场景六：结合《税收征收管理法实施细则》第一百条规定，
　　　　论述退税争议属于纳税争议，应遵循行政复议前置程序 …… 318
　　（七）应用场景七：结合《税收征收管理法实施细则》及《税款缴库
　　　　退库工作规程》相关规定，论述仅限纳税人可申请退税 ……… 319
　四、法条总结 ………………………………………………………… 320

第五十二条 …………………………………………………………… 320
　一、法条简析 ………………………………………………………… 320
　二、相关规定 ………………………………………………………… 320
　　（一）《税收征收管理法实施细则》相关规定 ……………………… 320
　　（二）《国家税务总局关于欠税追缴期限有关问题的批复》（国税函
　　　　〔2005〕813号） ………………………………………………… 321
　　（三）《国家税务总局关于未申报税款追缴期限问题的批复》（国税函
　　　　〔2009〕326号） ………………………………………………… 321
　　（四）《国家税务总局关于贯彻〈中华人民共和国税收征收管理法〉及
　　　　其实施细则若干具体问题的通知》（国税发〔2003〕47号）
　　　　第七条 …………………………………………………………… 322
　　（五）《全国人民代表大会常务委员会法制工作委员会关于提请明确
　　　　对行政处罚追诉时效"二年未被发现"认定问题的函的研究
　　　　意见》（法工委复字〔2004〕27号） …………………………… 322
　三、应用场景 ………………………………………………………… 323
　　（一）应用场景一：结合《税收征收管理法》第三十一条、第三十二条
　　　　规定，论述加征滞纳金的条件或情形 …………………… 323
　　（二）应用场景二：结合国税函〔2005〕813号文，论述欠缴税款
　　　　不受追征期规定限制 ……………………………………… 325
　　（三）应用场景三：结合《税收征收管理法实施细则》第八十条规定，

论述如何确定是税务机关的责任 …………………………………… 326
    （四）应用场景四：结合《税收征收管理法实施细则》第八十一条、
           第八十二条规定，论述如何确定可适用五年追征期 …………… 326
    （五）应用场景五：结合《企业所得税法》相关规定，论述如何理解和
           适用三年的追征期 …………………………………………… 327
    （六）应用场景六：结合财税〔2016〕25号文规定，论述文化事业
           建设费的追征期问题 ………………………………………… 331
  四、法条总结 …………………………………………………………… 332
  五、修法建议 …………………………………………………………… 332

第五十三条 ………………………………………………………………… 334
  一、法条简析 …………………………………………………………… 334
  二、相关规定 …………………………………………………………… 334
    （一）《税收征收管理法实施细则》第八十四条 ……………………… 334
    （二）《预算法》相关规定 …………………………………………… 335
    （三）《审计法》及实施条例相关规定 ……………………………… 336
  三、应用场景：审计机关也可查处税收违法行为 ……………………… 336
  四、法条总结 …………………………………………………………… 337

第四章 税务检查 ………………………………………………… 338

第五十四条 ………………………………………………………………… 338
  一、法条简析 …………………………………………………………… 338
  二、相关规定 …………………………………………………………… 339
    （一）《税收征收管理法实施细则》相关规定 ……………………… 339
    （二）《国家税务总局关于贯彻〈中华人民共和国税收征收管理法〉及
           其实施细则若干具体问题的通知》（国税发〔2003〕47号）
           第十一条 ……………………………………………………… 339
  三、应用场景 …………………………………………………………… 340
    （一）应用场景一：用于论述税务检查人员检查时是否用尽检查手段，
           是否存在职务过失行为 ……………………………………… 340

（二）应用场景二：结合《税收征收管理法》第五十六、第五十七条规定，论述税务机关有检查职权，被检查人有配合检查、如实反映情况义务 …………………………………………………… 341

　　（三）应用场景三：根据本条规定，对税收违法行为人进行检查 …… 342

四、法条总结 ………………………………………………………………… 342

第五十五条 ……………………………………………………………… 342

一、法条简析 ………………………………………………………………… 343

二、相关规定 ………………………………………………………………… 343

三、应用场景 ………………………………………………………………… 343

　　（一）应用场景一：结合《税收征收管理法》第八十八条规定，论述本条规定的适用情形 …………………………………………… 343

　　（二）应用场景二：结合《行政强制法》第五十三条规定，论述税务机关对生产经营的纳税人所提出的非诉执行，法院不应受理 …… 344

　　（三）应用场景三：结合《税收征收管理法》第三十八条规定，论述税务机关有行使税收保全措施的权力 ……………………………… 345

四、法条总结 ………………………………………………………………… 346

第五十六条 ……………………………………………………………… 346

一、法条简析 ………………………………………………………………… 346

二、相关规定 ………………………………………………………………… 347

　　（一）《税收征收管理法》相关规定 ……………………………………… 347

　　（二）《税收征收管理法实施细则》第二十九条 ………………………… 347

三、应用场景 ………………………………………………………………… 348

　　（一）应用场景一：结合《税收征收管理法》第五十六、第五十七条规定，论述税务机关有检查职权，被检查人有配合检查、如实反映情况义务 …………………………………………………… 348

　　（二）应用场景二：结合《税收征收管理法》第七十条规定，论述对拒绝检查行为，税务机关有处罚权 ……………………………… 348

　　（三）应用场景三：结合《税收征收管理法实施细则》第二十九条规定，论述涉税人有如实提供财务资料的义务 ………………… 349

四、法条总结 ………………………………………………………………… 350

第五十七条 ... 350

一、法条简析 ... 350

二、相关规定 ... 351

《税收征收管理法》相关规定 ... 351

三、应用场景 ... 351

结合个案相关事实，论述被检查人员无正当理由拒绝提供有关资料和证据的法律后果 ... 351

四、法条总结 ... 352

第五十八条 ... 352

一、法条简析 ... 352

二、修法建议 ... 353

第五十九条 ... 353

一、法条简析 ... 353

二、相关规定 ... 353

（一）《行政处罚法》第五十五条 ... 353

（二）《税收征收管理法实施细则》第八十九条 ... 353

（三）《国家税务总局关于发布〈税务检查证管理办法〉的公告》（国家税务总局公告2018年第44号） ... 354

三、应用场景 ... 357

（一）应用场景一：结合当地行政执法资格证管理制度，论述检查人员没有取得行政执法资格证是否影响检查行为效力 ... 357

（二）应用场景二：论述税务检查时和诉讼过程中，税务检查证证件不一致，是否影响检查行为效力 ... 357

四、法条总结 ... 358

第五章 法律责任 ... 359

第六十条 ... 359

一、法条简析 ... 359

二、相关规定

《税收征收管理法实施细则》相关规定 ········· 359

三、应用场景

（一）应用场景一：论述税务登记证不得转让，转让则行为无效 ······ 360

（二）应用场景二：结合结合法释〔2002〕33号第二条规定，用于论述办理了税务登记未予申报、缴纳税款，可否被认定为偷税行为 ······ 361

（三）应用场景三：结合《税收征收管理法》第二十四条、第十九条规定，论述对未按照规定设置、保管账簿或者保管记账凭证和有关资料，税务机关有处罚权 ······ 362

（四）应用场景四：结合税务处罚裁量基准，论述对未按照规定设置、保管账簿或者保管记账凭证和有关资料，税务可处罚金额 ······ 363

四、法条总结 ········· 364

第六十一条 ········· 364

一、法条简析 ········· 364

二、应用场景 ········· 364

根据本条规定，论述用人单位主张代扣代缴员工刘功久工资中个人所得税的诉请不属于法院民事诉讼受理范围 ······ 364

三、法条总结 ········· 364

第六十二条 ········· 365

一、法条简析 ········· 365

二、相关规定 ········· 365

（一）《税收征收管理法》第二十五条 ········· 365

（二）《税收征收管理法实施细则》第三十二条 ········· 365

三、应用场景 ········· 365

（一）应用场景一：结合《发票管理办法》第十五条规定，论述要求销售方开具涉案增值税发票非民事诉讼审理范围 ······ 365

（二）应用场景二：结合税收实体法相关规定，论述未按照规定的期限办理纳税申报和报送纳税资料，税务机关有行政处罚权 ······ 366

（三）应用场景三：论述税务机关是否作出限期责令整改或行政处罚，会否直接影响纳税人、扣缴义务人进行纳税申报 ······ 368

（四）应用场景四：论述对未按照规定期限办理纳税申报和报送纳税
　　　　资料的行为，税务机关责令整改的相关要求 ……………………… 369
　　（五）应用场景五：结合《税收征收管理法》第十四条规定，论述税务
　　　　所可对未按照规定期限办理纳税申报和报送纳税资料的行为
　　　　责令改正 …………………………………………………………… 370
　　（六）应用场景六：结合《税收征收管理法实施细则》第三十二条规定，
　　　　论述对未实际经营所以没申报纳税行为，也应给予处罚 ………… 371
　　（七）应用场景七：结合《土地增值税暂行条例》相关规定，论述
　　　　通过以物抵债的方式转移土地使用权是否应当办理纳税申报 …… 371
四、法条总结 ……………………………………………………………………… 372

第六十三条 …………………………………………………………………… 373

一、法条简析 ……………………………………………………………………… 373
二、相关规定 ……………………………………………………………………… 373
　　（一）《国家税务总局关于北京聚菱燕塑料有限公司偷税案件复核
　　　　意见的批复》（税总函〔2016〕274号）………………………… 373
　　（二）《国家税务总局关于界定超标准小规模纳税人偷税数额的批复》
　　　　（税总函〔2015〕311号）………………………………………… 374
　　（三）《国家税务总局关于税务检查期间补正申报补缴税款是否影响
　　　　偷税行为定性有关问题的批复》（税总函〔2013〕196号）…… 374
　　（四）《最高人民法院关于审理偷税抗税刑事案件具体应用法律若干
　　　　问题的解释》（法释〔2002〕33号）……………………………… 375
　　（五）《国家税务总局关于增值税一般纳税人发生偷税行为如何确定
　　　　偷税数额和补税罚款的通知》（国税发〔1998〕66号）………… 377
　　（六）《国家税务总局关于个人所得税偷税案件查处中有关问题的补充
　　　　通知》（国税函〔1996〕602号）…………………………………… 378
　　（七）《国家税务总局办公厅关于呼和浩特市昌隆食品有限公司有关
　　　　涉税行为定性问题的复函》（国税办函〔2007〕513号）……… 380
　　（八）《国家税务总局关于纳税人取得虚开的增值税专用发票处理
　　　　问题的通知（国税发〔1997〕134号）…………………………… 380
　　（九）《刑法》第二百零一条 ………………………………………… 381
　　（十）《最高人民检察院 公安部关于公安机关管辖的刑事案件立案追

诉标准的规定（二）》（公通字〔2022〕12号）第五十二条 …… 381

三、应用场景 …… 382

 （一）应用场景一：结合《税收征收管理法》第五十二条规定，对偷税行为进行税款追缴无期限限制 …… 382

 （二）应用场景二：结合本条规定，论述逃税罪的犯罪故意 …… 382

 （三）应用场景三：根据四要件说，论述偷税行为的认定标准 …… 383

 （四）应用场景四：结合国税发〔1997〕134号文规定，论述虚取发票进行抵扣，属于虚假纳税申报行为，构成偷税行为 …… 383

 （五）应用场景五：结合法释〔2002〕33号文规定，论述如何认定构成虚假纳税申报 …… 384

 （六）应用场景六：结合《税收征收管理法》第八十八条规定，以"税务处理决定书"确定的偷税行为及金额认定"税务行政处罚决定书"相关内容的合法性 …… 385

 （七）应用场景七：结合《增值税暂行条例》第九条规定，论述税务机关应证明纳税人已收讫销售款或者取得索取销售款凭据，方可证明纳税人存在在账簿上不列、少列收入的偷税行为 …… 385

 （八）应用场景八：结合《企业所得税法实施条例》第二十三条规定，论述跨年度工程未及时转收入属于不列、少列收入的偷税行为 …… 389

 （九）应用场景九：结合《企业所得税法实施条例》第十三条规定，论述不按公允价值确认以非货币形式取得的收入，即构成偷税 …… 389

 （十）应用场景十：论述税务机关进入检查后补充申报的，仍构成偷税行为 …… 391

四、法条总结 …… 392

五、修法建议 …… 392

第六十四条 …… 393

一、法条简析 …… 393

二、相关规定 …… 393

 （一）《税收征收管理法》第二十五条 …… 393

 （二）《国家税务总局关于未申报税款追缴期限问题的批复》（国税函〔2009〕326号） …… 394

 （三）《国家税务总局办公厅关于税收征管法有关条款规定的复函》

　　　　　（国税办函〔2007〕647号） …………………………………… 394
　　　（四）《国家税务总局关于出口货物退（免）税实行有关单证备案
　　　　　管理制度（暂行）的通知》（国税发〔2005〕199号） ………… 394
　三、应用场景 …………………………………………………………… 396
　　　（一）应用场景一：结合印花税相关规定，论述《税收征收管理法》
　　　　　第六十四条规定的适用性 ………………………………………… 396
　　　（二）应用场景二：论述因政策理解的原因而少缴税款，不适用
　　　　　本条规定 …………………………………………………………… 397
　　　（三）应用场景三：结合国税发〔2005〕第199号文规定，论述本条
　　　　　规定的适用性 ……………………………………………………… 397
　　　（四）应用场景四：结合《税收征收管理法》第二十五条规定，论述
　　　　　如何认定编造虚假计税依据行为 ………………………………… 398
　　　（五）应用场景五：结合个案情况，论述对"编造虚假计税依据"中
　　　　　的"编造"应作广义理解 ………………………………………… 400
　四、法条总结 …………………………………………………………… 400
　五、修法建议 …………………………………………………………… 401

第六十五条 ……………………………………………………………… 401
　一、法条简析 …………………………………………………………… 401
　二、相关规定 …………………………………………………………… 402
　　　（一）《刑法》第二百零三条 …………………………………………… 402
　　　（二）《最高人民检察院 公安部关于公安机关管辖的刑事案件立案追诉
　　　　　标准的规定（二）》（公通字〔2022〕12号）第五十四条 ……… 402
　三、应用场景 …………………………………………………………… 402
　　　（一）应用场景一：结合"税务事项通知书"确定的欠税事实，论述
　　　　　逃避追缴欠税的处理、处罚问题 ………………………………… 402
　　　（二）应用场景二：结合"税务事项通知书"确定的欠税事实，论述
　　　　　逃避追缴欠税罪的认定与处罚问题 ……………………………… 403
　四、法条总结 …………………………………………………………… 404

第六十六条 ……………………………………………………………… 404
　一、法条简析 …………………………………………………………… 404

二、相关规定 · 404

（一）《刑法》第二百零四条 · 404

（二）《最高人民检察院 公安部关于公安机关管辖的刑事案件立案追诉标准的规定（二）》（公通字〔2022〕12号）第五十五条 · 405

（三）《最高人民法院关于审理骗取出口退税刑事案件具体应用法律若干问题的解释》（法释〔2002〕30号） · 405

（四）《国家税务总局关于宣传贯彻〈最高人民法院关于审理骗取出口退税刑事案件具体应用法律若干问题的解释〉的通知》（国税发〔2002〕125号） · 406

（五）《国家税务总局关于停止为骗取出口退税企业办理出口退税有关问题的通知》（国税发〔2008〕32号） · 408

（六）《国家税务总局对外贸易经济合作部关于规范出口贸易和退税程序防范打击骗取出口退税行为的通知》（国税发〔1998〕84号） · 409

三、应用场景 · 411

（一）应用场景一：论述套用他人出口货物信息骗取国家出口退税款，构成骗取出口退税行为 · 411

（二）应用场景二：论述真实发货人非纳税人，即为虚构出口货物骗取退税 · 412

四、法条总结 · 413

第六十七条 · 413

一、法条简析 · 413

二、相关规定 · 413

（一）《刑法》相关规定 · 413

（二）《最高人民检察院 公安部关于公安机关管辖的刑事案件立案追诉标准的规定（二）》（公通字〔2022〕12号）第五十三条 · 414

三、法条总结 · 414

第六十八条 · 414

一、法条简析 · 415

二、相关规定 · 415

三、应用场景 · 415

（一）应用场景一：结合《税收征管法》第六十四条规定，论述本条规定是在纳税申报后的规定期限内不缴或少缴应纳或应缴税款的法律责任 …… 415

（二）应用场景二：结合《税收征管法》第三十一条规定，论述第六十八条规定的适用性 …… 415

（三）应用场景三：结合本条规定，论述用人单位代扣未代缴的税款，不应归员工所有，应由税务机关追缴 …… 417

四、法条总结 …… 418

第六十九条 …… 418

一、法条简析 …… 418

二、相关规定 …… 418

（一）《国家税务总局关于行政机关应扣未扣个人所得税问题的批复》（国税函〔2004〕1199号） …… 418

（二）《国家税务总局关于贯彻〈中华人民共和国税收征收管理法〉及其实施细则若干具体问题的通知》（国税发〔2003〕47号）第二条 …… 419

三、应用场景 …… 419

（一）应用场景一：结合《个人所得税法》相关规定，论述在民事执行程序中，支付利息的一方也有代扣代缴个人所得税法定义务 …… 419

（二）应用场景二：结合《个人所得税法》相关规定，论述股权受让方有代扣代缴个人所得税法定义务 …… 423

（三）应用场景三：结合财税〔2003〕158号文规定，论述股东借款超过一个纳税年度，又未用于企业生产经营的，企业仍有代扣代缴个人所得税义务 …… 424

（四）应用场景四：结合个案情况，论述依据《税收征收管理法》第六十九条规定给予处罚需满足的条件 …… 425

（五）应用场景五：根据税收法定原则，对扣缴义务人应扣未扣，不加征滞纳金 …… 427

四、法条总结 …… 429

五、修法建议 …… 430

第七十条

一、法条简析 430
二、相关规定 430
  （一）《税收征收管理法》第五十六条 430
  （二）《税收征收管理法实施细则》第九十六条 430
三、应用场景 431
  结合《税收征收管理法实施细则》第九十六条规定，论述以拒绝方式阻扰税务机关检查行为的可处罚性 431
四、法条总结 432

第七十一条 432

一、法条简析 432
二、相关规定 432
  （一）《税收征收管理法》相关规定 432
  （二）《发票管理办法》相关规定 433
  （三）《刑法》第二百零九条规定 433
  （四）《最高人民检察院 公安部关于公安机关管辖的刑事案件立案追诉标准的规定（二）》（公通字〔2022〕12号）相关规定 ... 434
三、法条总结 434

第七十二条 435

一、法条简析 435
二、相关规定 435
  《国家税务总局关于税收征管若干事项的公告》（国家税务总局公告2019年第48号）第三条 435
三、应用场景 436
  （一）应用场景一：论述《税收征收管理法》第七十二条规定的适用前提条件 436
  （二）应用场景二：结合《税收征收管理法》第五章规定，论述收缴、停止发售发票决定不属于行政强制措施 437
  （三）应用场景三：结合《税收征收管理法》第七十二条规定，论述法院无权基于执行需要要求税务机关停供被执行人的发票 438

四、法条总结 ………………………………………………………… 439

第七十三条 ………………………………………………………… 439

第七十四条 ………………………………………………………… 440

 一、法条简析 ………………………………………………………… 440
 二、相关规定 ………………………………………………………… 440
  《税收征收管理法》相关规定 ……………………………………… 440
 三、应用场景 ………………………………………………………… 440
  （一）应用场景一：结合《税收征收管理法》第十四条规定，论述
    税务所有一定的处罚权 ……………………………………… 440
  （二）应用场景二：结合《税收征收管理法》第五条规定，论述税务
    所有一定的处罚权 …………………………………………… 441
 四、法条总结 ………………………………………………………… 441

第七十五条 ………………………………………………………… 441

 一、法条简析 ………………………………………………………… 441
 二、相关规定 ………………………………………………………… 442
  （一）《预算法》第三条 ……………………………………………… 442
  （二）《最高人民检察院 最高人民法院 国家税务局关于印发〈关于
    办理偷税、抗税案件追缴税款统一由税务机关缴库的规定〉
    的通知》（高检会〔1991〕31号）……………………………… 442
  （三）《财政部关于印发〈罚没财物管理办法〉的通知》（财税〔2020〕
    54号）相关条款 ……………………………………………… 443
 三、法条总结 ………………………………………………………… 444

第七十六条 ………………………………………………………… 444

 一、法条简析 ………………………………………………………… 444
 二、相关规定 ………………………………………………………… 444
 三、法条总结 ………………………………………………………… 445

第七十七条 ………………………………………………………… 445

 一、法条简析 ………………………………………………………… 445

二、相关规定 · 445
（一）《刑法》第四百零二条 · 445
（二）《关于人民检察院直接受理立案侦查案件立案标准的规定》（高检发释字〔1999〕2号）第二条第（十）项规定 · 445
（三）《行政执法机关移送涉嫌犯罪案件的规定》第三条 · 446

三、应用场景 · 446
（一）应用场景一：结合《行政执法机关移送涉嫌犯罪案件的规定》，论述行政执法机关作出行政处罚与向公安机关移送处理之间的先后关系 · 446
（二）应用场景二：结合《刑法》第二百零一条规定，论述法院不受理税务机关对偷税行为所作处理、处罚决定书的理由 · 447

四、法条总结 · 448

第七十八条 · 448

一、法条简析 · 448
二、相关规定 · 448
（一）《税收征收管理法》第二十九条 · 448
（二）《税收征收管理法实施细则》第四十四条 · 448
（三）《国家税务总局关于发布〈委托代征管理办法〉的公告》（国家税务总局公告2013年第24号）第二十五条 · 448
（四）《税收违法违纪行为处分规定》（中华人民共和国监察部 中华人民共和国人力资源和社会保障部 中华人民共和国国家税务总局令第26号）第十六条 · 449

三、应用场景 · 449
论述房地产开发企业擅自代收契税，属于违法行为 · 449

四、法条总结 · 449

第七十九条 · 450

一、法条简析 · 450
二、相关规定 · 450
（一）《税收征收管理法》相关规定 · 450
（二）《税收征收管理法实施细则》相关规定 · 451

（三）《税收违法违纪行为处分规定》（中华人民共和国监察部 中华人民共和国人力资源和社会保障部 中华人民共和国国家税务总局令第26号）第五条 ······ 451

　三、法条总结 ······ 451

第八十条 ······ 452

　一、法条简析 ······ 452

　二、相关规定 ······ 452

　　（一）《税收违法违纪行为处分规定》（中华人民共和国监察部 中华人民共和国人力资源和社会保障部 中华人民共和国国家税务总局令第26号）第十七条 ······ 452

　　（二）《刑法》相关规定 ······ 452

　　（三）《最高人民检察院法律政策研究室关于税务机关工作人员通过企业以"高开低征"的方法代开增值税专用发票的行为如何适用法律问题的答复》（高检研发〔2004〕6号）······ 453

　三、法条总结 ······ 453

第八十一条 ······ 454

　一、法条简析 ······ 454

　二、相关规定 ······ 454

　　（一）《刑法》相关规定 ······ 454

　　（二）《最高人民法院 最高人民检察院关于办理贪污贿赂刑事案件适用法律若干问题的解释》（法释〔2016〕9号）相关规定 ······ 455

　　（三）《税收违法违纪行为处分规定》（中华人民共和国监察部 中华人民共和国人力资源和社会保障部 中华人民共和国国家税务总局令第26号）第十一条 ······ 456

　三、法条总结 ······ 457

第八十二条 ······ 457

　一、法条简析 ······ 457

　二、相关规定 ······ 457

　　（一）《刑法》相关规定 ······ 457

（二）《全国人民代表大会常务委员会关于废止〈中华人民共和国农业税条例〉的决定》（中华人民共和国主席令第46号） …………… 458
　　（三）《税收违法违纪行为处分规定》（中华人民共和国监察部 中华人民共和国人力资源和社会保障部 中华人民共和国国家税务总局令第26号）第九条 …………… 458
　三、法条总结 …………… 458

第八十三条 …………… 458
　一、法条简析 …………… 458
　二、相关规定 …………… 459
　　（一）《税收征收管理法》相关规定 …………… 459
　　（二）《税收征收管理法实施细则》第三十七条 …………… 459
　　（三）《税收违法违纪行为处分规定》（中华人民共和国监察部 中华人民共和国人力资源和社会保障部 中华人民共和国国家税务总局令第26号）第十四条 …………… 459
　三、法条总结 …………… 459

第八十四条 …………… 460
　一、法条简析 …………… 460
　二、相关规定 …………… 460
　　（一）《税收征收管理法》第三条 …………… 460
　　（二）《税收征收管理法实施细则》第三条 …………… 460
　　（三）《税收违法违纪行为处分规定》（中华人民共和国监察部 中华人民共和国人力资源和社会保障部 中华人民共和国国家税务总局令第26号）第十四条 …………… 460
　　（四）《刑法》第四百零四条 …………… 461
　三、法条总结 …………… 461

第八十五条 …………… 461
　一、法条简析 …………… 461
　二、相关规定 …………… 461
　　（一）《税收征收管理法》第十二条 …………… 461

（二）《税收征收管理法实施细则》第八条 …… 461

三、法条总结 …… 462

第八十六条 …… 462

一、法条简析 …… 462

二、相关规定 …… 462

　　（一）《行政处罚法》第三十六条 …… 462

　　（二）《治安管理处罚法》第二十二条 …… 462

　　（三）《国务院法制办公室对湖北省人民政府法制办公室〈关于如何确认违法行为连续或继续状态的请示〉的复函》（国法函〔2005〕442号）…… 462

三、应用场景 …… 463

　　（一）应用场景一：结合《行政处罚法》相关规定，论述本条规定的适用性 …… 463

　　（二）应用场景二：结合国法函〔2005〕442号文，论述如何理解违法行为的连续状态 …… 463

　　（三）应用场景三：结合"税务检查通知书"送达时间，论述税收违法行为被发现的时间 …… 466

　　（四）应用场景四：论述对企业所得税的处罚时效从汇算清缴截止日起算 …… 466

　　（五）应用场景五：论述对未按规定保管账簿、记账凭证等行为进行处罚，如何确定违法行为发生时间 …… 467

四、法条总结 …… 468

第八十七条 …… 468

一、法条简析 …… 468

二、相关规定 …… 468

　　（一）《国家税务总局关于印发〈纳税人涉税保密信息管理暂行办法〉的通知》（国税发〔2008〕93号）…… 468

　　（二）《税收征收管理法》相关规定 …… 472

　　（三）《税收征收管理法实施细则》第五条 …… 472

三、法条总结 …… 472

第八十八条 ··· 473

一、法条简析 ··· 473

二、相关规定 ··· 473

　（一）《税收征收管理法实施细则》相关规定 ··· 473

　（二）《行政复议法》第九条 ··· 474

　（三）《行政强制法》第五十三条 ··· 474

　（四）《行政诉讼法》相关规定 ··· 474

　（五）《税务行政复议规则》 ··· 474

三、应用场景 ··· 492

　（一）应用场景一：结合《行政强制法》第五十三条规定，论述对税务机关的非诉执行申请应否被受理 ··· 492

　（二）应用场景二：结合《税收征收管理法》第二十九条规定，论述法院在民事案件中无权对增值税发票的效力作出认定 ··· 493

　（三）应用场景三：结合《最高人民法院关于适用〈中华人民共和国行政诉讼法〉的解释》第一百五十六条规定，论述税务机关超期申请非诉执行，法院不予受理 ··· 494

　（四）应用场景四：结合《行政诉讼法》第四十四条规定，论述对于复议前置行为，判断已经完成复议前置程序可以进入诉讼程序的标准 ··· 494

　（五）应用场景五：结合《纳税担保试行办法》第二条规定，论述纳税担保必须得到税务机关同意或确认，才能提起税务行政复议 ··· 496

　（六）应用场景六：结合《税收征收管理法实施细则》第一百条规定，论述法院如何认定行政行为是否可诉 ··· 498

　（七）应用场景七：结合《税收征收管理法》第四十条规定，论述税务机关作出税收强制执行决定的准确性 ··· 499

　（八）应用场景八：结合《税务行政复议规则》第二十九条规定，论述对重大税务案件审理程序作出的决定不服，审理委员会所在税务机关为行政复议被申请人 ··· 500

　（九）应用场景九：结合《行政复议法》第九条规定，论述税务行政复议申请60日的期限自障碍消除之日起继续计算 ··· 501

　（十）应用场景十：结合《行政复议法》第十二条规定，论述税务行政

　　　　复议应向上一级税务机关提出申请 …………………………………… 503
　　（十一）应用场景十一：论述为何法律规定因税务处理决定存在争议
　　　　需复议前置，而税务行政处罚争议不需要复议前置 ………… 504
　四、法条总结 ……………………………………………… 505
　五、修法建议 ……………………………………………… 505

第六章　附则 …………………………………………………… 506

第八十九条 …………………………………………………… 506

　一、法条简析 ……………………………………………… 506
　二、相关规定 ……………………………………………… 506
　　（一）《国家税务总局关于印发〈税务代理业务规程（试行）〉的通知》
　　　　（国税发〔2001〕117号） ………………………………… 506
　　（二）《税收征收管理法实施细则》第九十八条 ……………………… 512
　三、应用场景 ……………………………………………… 512
　　结合《税收征收管理法实施细则》第九十八条，论述因代理人故意
　　未按约定进行纳税申报，纳税人不构成偷税行为 ………………… 512
　四、法条总结 ……………………………………………… 516

第九十条 ……………………………………………………… 516

　一、法条简析 ……………………………………………… 517
　二、相关规定 ……………………………………………… 517
　　（一）《全国人民代表大会常务委员会关于废止〈中华人民共和国
　　　　农业税条例〉的决定》（中华人民共和国主席令第46号）……… 517
　　（二）《海关法》第二条 ……………………………………… 517
　　（三）《增值税暂行条例》第二十条 ………………………………… 517
　　（四）《消费税暂行条例》第十二条 ………………………………… 517
　　（五）《船舶吨税法》第六条 ………………………………………… 517
　　（六）《耕地占用税法》相关规定 …………………………………… 517
　三、法条总结 ……………………………………………… 518

第九十一条 ······ 518

一、法条简析 ······ 518
二、相关规定 ······ 518
（一）《全国人大常委会关于我国加入〈维也纳条约法公约〉的决定》
（1997年5月9日通过）······ 518
（二）《缔结条约程序法》（中华人民共和国主席令第37号）
第十六条 ······ 518
三、法条总结 ······ 518

第九十二条 ······ 519

第九十三条 ······ 519

一、法条简析 ······ 519
二、相关规定 ······ 519
《税收征收管理法实施细则》第一条 ······ 519
三、法条总结 ······ 519

第九十四条 ······ 519

中华人民共和国
税收征收管理法

（1992年9月4日第七届全国人民代表大会常务委员会第二十七次会议通过 根据1995年2月28日第八届全国人民代表大会常务委员会第十二次会议《全国人民代表大会常务委员会关于修改〈中华人民共和国税收征收管理法〉的决定》第一次修正 根据2001年4月28日第九届全国人民代表大会常务委员会第二十一次会议修订 根据2013年6月29日第十二届全国人民代表大会常务委员会第三次会议《全国人民代表大会常务委员会关于修改〈中华人民共和国文物保护法〉等十二部法律的决定》第二次修正 根据2015年4月24日第十二届全国人民代表大会常务委员会第十四次会议《全国人民代表大会常务委员会关于修改〈中华人民共和国港口法〉等七部法律的决定》第三次修正）

第一章 总 则

第一条 为了加强税收征收管理，规范税收征收和缴纳行为，保障国家税收收入，保护纳税人的合法权益，促进经济和社会发展，制定本法。

一、条文简析

本条规定系对本法立法目的的规定。本法立法目的包括如下五个方面：1.加强税收征收管理；2.规范税收征收和缴纳行为；3.保障国家税收收入；4.保护纳税人的合法权益；5.促进经济和社会发展。

二、相关规定

凡涉及税收征收管理的规定，均与本条有关。明确说明依据《税收征收管理法》制定的规定有：《税收征收管理法实施细则》《发票管理办法》《税收违法行为检举管理办法》《税务文书电子送达规定（试行）》《纳税服务投诉管理办法》《企业所得税税前扣除凭证管理办法》《重大税务案件审理办法》《税务稽查案件办理程序规定》等。

三、应用场景

（一）应用场景一：用于解释《税收征收管理法》其他条文规定

在北京国泰宏润国际货运代理有限公司（以下简称"国泰宏润公司"）与国家税务总局北京市顺义区税务局马坡税务所等其他行政纠纷案[①]中，针对国泰宏润公司未在规定期限内缴清税款的行为是否属于《税收征收管理法》第七十二条规定的"拒不接受税务机关处理"的行为。北京市顺义区人民法院根据本条关于立法目的的规定，认为：无论是行政处理决定还是行政处罚决定，纳税人和扣缴

---

① 案例来源：北京市顺义区人民法院行政判决书（2020）京0113行初88号。

义务人均应当按决定内容全部执行,才属于接受税务机关处理,而并非仅仅指纳税人、扣缴义务人配合税务机关调查、签收法律文书等行为。因此,对于"拒不接受税务机关处理"的情形,应当包括违法行为人对税务机关作出的限期改正、催缴税款、强制执行、罚款等行政处理决定和行政处罚决定不予执行的情况。遂认定,国泰宏润公司存在欠缴税款的违法行为,且在马坡税务所向其多次下发催缴税款的"税务事项通知书"和"责令限期改正通知书"后,仍未在规定期限内缴清全部税款,即未按照上述通知书内容执行,其行为应属于上述法律规定的"拒不接受税务机关处理"的情形。

(二)应用场景二:用于解释依据《税收征收管理法》制定的其他规定

在热雪征途(北京)文化传媒有限公司(以下简称"热雪征途公司")与牡丹江镜泊湖旅游集团有限公司(以下简称"镜泊湖旅游集团")合同纠纷案[①]中,针对热雪征途公司是否应当向镜泊湖旅游集团交付发票问题,北京市西城区人民法院认为,根据《增值税暂行条例》第一条的规定,在中华人民共和国境内销售货物或者提供加工、修理修配劳务以及进口货物的单位和个人,为增值税的纳税人。热雪征途公司向镜泊湖旅游集团提供施工服务,依照上述规定,热雪征途公司为增值税纳税人,应当依法缴纳增值税。《税收征收管理法》第一条规定:"为了加强税收征收管理,规范税收征收和缴纳行为,保障国家税收收入,保护纳税人的合法权益,促进经济和社会发展,制定本法。"《发票管理办法》第二十一条第二款规定:"单位、个人在购销商品、提供或者接受经营服务以及从事其他经营活动中,应当按照规定开具、使用、取得发票。"《合同法》第一百三十六条[②]规定:"出卖人应当按照约定或者交易习惯向买受人交付提取标的物单证以外的有关单证和资料。"遂得出结论,开具并向交易对方交付发票,不仅是相关纳税主体应当履行的合同义务,也是为规范税收征收和缴纳行为而应由相关纳税主体履行的法定义务。即开具并交付发票,不仅是关涉平等主体之间的权利义务关系,还涉及国家管理、维护社会公共利益范畴。所以,热雪征途公司应向镜泊湖旅游集团交付等额的增值税专用发票。

四、法条总结

整部《税收征收管理法》条文均围绕本条关于立法目的规定制定,依据《税

[①] 案例来源:北京市西城区人民法院民事判决书(2017)京0102民初25112号。
[②] 《合同法》于2021年1月1日起废止,本条规定可参见《民法典》第五百九十九条。

收征收管理法》制定的其他规定，也不能与本条规定内容相悖。实践中，需结合本条规定理解和适用相关条文内容。

五、修法建议

从本法相关条文指向对象均包括扣缴义务人来看，本条规定似乎缺漏了明确对扣缴义务人合法权益的保护。另外，《宪法》第五十六条规定，中华人民共和国公民有依照法律纳税的义务。其实，缴税也是公民权利。建议：参照《民法典》第一条规定，本条法律修改时，可加上"根据宪法，制定本法"，以彰显我国依宪治税的良好形象。

第二条　凡依法由税务机关征收的各种税收的征收管理，均适用本法。

一、条文简析

本条是对本法适用范围和调整对象的规定。按照本条规定，在中国境内，除香港、澳门特别行政区和台湾地区以外，不论是中国人还是外国人，自然人还是法人，只要是属于由税务机关负责征收的税种的征收管理活动，包括税务机关的征收行为和纳税人的缴纳行为以及其他有关当事人的行为，都必须遵守本法规定。

二、相关规定

《税收征收管理法实施细则》第二条　凡依法由税务机关征收的各种税收的征收管理，均适用税收征管法及本细则；税收征管法及本细则没有规定的，依照其他有关税收法律、行政法规的规定执行。

三、应用场景

实践中，本条规定常用于论述税务机关的征收主体地位和诉讼主体资格。在涉税破产债权确认案件中，还用于论述《税收征收管理法》与《企业破产法》调整对象之区别，进而论述破产清算过程中，税收债权优先权应否受限问题。《税收征收管理法实施细则》第二条用于论述税收征纳过程中，特别税法规定优于一般税法规定适用。

(一) 应用场景一: 用于论述税务机关的征收主体地位和诉讼主体资格

在贵州天兴实业有限公司与安顺市国家税务局稽查局处罚纠纷案[①]中,针对安顺市国家税务局稽查局的行政职权问题,安顺市中级人民法院认为,《税收征收管理法》第二条规定,凡依法由税务机关征收的各种税收的征收管理,均适用本法。第十四条规定,税务机关是指各级税务局、税务分局、税务所和按照国务院规定设立的并向社会公告的税务机构。《税收征收管理法实施细则》第九条规定,《税收征收管理法》第十四条所称按照国务院规定设立的并向社会公告的税务机构,是指省以下税务局的稽查局。稽查局专司偷税、逃避追缴少税、骗税、抗税案件的查处。所以,安顺市国家税务局稽查局具有查处贵州天兴实业有限公司偷税案件的法定职责,诉讼主体适格。

(二) 应用场景二: 用于论述破产清算过程中, 税收债权优先权应否受限

在浙江省平阳县地方税务局、浙江德意豪家具有限公司破产债权确认纠纷二审民事判决[②]中,针对《税收征收管理法》第四十五条与《企业破产法》第一百零九条、第一百一十三条的适用关系问题。浙江省温州市中级人民法院认为,依据《企业破产法》第一百零九条、第一百一十三条之规定,破产程序中,抵押担保债权在抵押范围内优先于破产费用、共益债务、职工债权、税收债权和普通债权等清偿。依据《税收征收管理法》第四十五条之规定,税收债权与抵押担保债权并存时,应比较税收债权发生时间和抵押担保债权设立时间,税收债权先于抵押担保债权发生的,税收债权优先受偿;抵押担保债权先于税收债权设立的,抵押担保债权优先受偿。显而易见,在破产程序中,《税收征收管理法》《企业破产法》关于税收债权与抵押担保债权清偿顺序的规定并不一致。《税收征收管理法》与《企业破产法》均由全国人大常委会制定,两部法律的位阶相同,根据《立法法》第九十二条关于"同一机关制定的法律,特别规定与一般规定不一致的,适用特别规定"之规定,应分析《税收征收管理法》《企业破产法》相应条款的调整范围,进而确定相互之间是否存在一般规定与特别规定之关系。一般规定是为调整某类社会关系而制定的法律规范,特别规定是根据某种特殊情况和需要规定的调整某种特殊问题的法律规范,相对于一般规定而言调整范围较窄。从《税收征收管理法》第二条关于"凡依法由税务机关征收的各种税收的征收管理,均适用本法"之规定可以看出,《税收征收管理法》调整的是全体纳税人的税收征收

---

① 案例来源:贵州省安顺市中级人民法院行政判决书(2017)黔04行终78号。
② 案例来源:浙江省温州市中级人民法院民事判决书(2017)浙03民终4844号。

管理事项。因此,《税收征收管理法》第四十五条对税收债权与抵押担保债权的清偿顺序问题作出的规定,涵盖了正常经营企业和破产企业。而从《企业破产法》第二条之规定可以看出,《企业破产法》调整的是具备破产原因企业的债务清理或重整事项。因此,《企业破产法》第一百零九条、第一百一十三条的调整范围仅限于企业破产情形下税收债权与抵押担保债权的清偿顺序问题。由上可见,针对税收债权与抵押担保债权的清偿顺序问题的规定来说,《税收征收管理法》第四十五条的调整范围要宽于《企业破产法》第一百零九条、第一百一十三条的调整范围,相较而言,《税收征收管理法》第四十五条应属于一般规定,《企业破产法》第一百零九条、第一百一十三条应属于特别规定。故在两者规定不一致的情况下,破产程序中的清偿顺序问题应适用《企业破产法》第一百零九条、第一百一十三条来确定。

简言之,根据上述法院论述,涉案抵押担保债权不管发生时间早于或晚于涉案税收债权的形成时间,在抵押范围内就涉案抵押物变现款而言,其均优先于涉案税收债权受偿。即税收债权优先权在破产清算过程中,应受到限制。

(三)应用场景三:用于论述税收征纳过程中,特别税法规定优于一般税法规定适用

在陈学顺、杨淑珍因与山东省平原县地方税务局税务行政处理纠纷案[①]中,上诉人陈学顺、杨淑珍与第三人候如恒签订二手房买卖合同,合同约定两上诉人将其一处房屋以50 000元的价格卖与第三人(双方实际成交价格为115 000元),并约定同日交付该房屋。因被上诉人山东省平原县地方税务局在向第三人征收契税时,认为约定的房屋交易价格明显低于市场价格,2017年7月25日,第三人候如恒委托山东正诚土地房地产评估有限公司对原告与第三人所交易的房屋进行价值评估。经评估,房地产价值103 680元,土地价值95 239.8元,合计198 919.8元。山东省平原县地方税务局依据该价值评估报告并根据《契税暂行条例》(国务院令第224号)对第三人候如恒征收了契税,两上诉人作为涉案不动产的转让方,因符合税收免征情形,在该交易中没有缴纳任何税款。上诉人主张在评估过程中,山东省平原县地方税务局没有告知其参加评估程序,上诉人也没有签署过委托书委托涉案合同的买受人独自参与评估,且被上诉人没有向上诉人送达过评估报告,认为山东省平原县地方税务局的纳税评估行政行为违法,为此提起本诉。

---

① 案例来源:山东省德州市中级人民法院行政裁定书(2018)鲁14行终118号。

山东省德州市中级人民法院认为,《立法法》第九十二条规定,同一机关制定的法律、行政法规、地方性法规、自治条例和单行条例、规章,特别规定与一般规定不一致的,适用特别规定。《税收征收管理法实施细则》第二条规定,凡依法由税务机关征收的各种税收的征收管理,均适用税收征管法及本细则;税收征管法及本细则没有规定的,依照其他有关税收法律、行政法规的规定执行。也就是法律适用中,特别法优于一般法。本案中,上诉人与原审第三人候如恒进行房屋交易,关于契税缴纳应适用《契税暂行条例》[①]的规定,由房屋买受人,即第三人缴纳房屋交易契税。上诉人称其应执行《税收征收管理法实施细则》第三十二条第二款、第三十四条第一款、第一款第(二)项、第(六)项的规定申报纳税,不符合法律规定。

四、法条总结

本条规定虽主要规定本法的调整对象,但在实务中,可能会出现《税收征收管理法》与《企业破产法》《公司法》《民法典》等实体法律调整对象的冲突问题,还可能出现《税收征收管理法实施细则》规定与《契税法》《增值税暂行条例》等税收实体法规定之间如何适用问题。对此,根据《立法法》第九十二条规定的法律适用原则,应都可以得出正确答案。

第三条 税收的开征、停征以及减税、免税、退税、补税,依照法律的规定执行;法律授权国务院规定的,依照国务院制定的行政法规的规定执行。

任何机关、单位和个人不得违反法律、行政法规的规定,擅自作出税收开征、停征以及减税、免税、退税、补税和其他同税收法律、行政法规相抵触的决定。

一、条文简析

本条是对税收征收管理基本原则的规定。根据税收法定原则,税收征收行为必须严格遵守法律、行政法规确立的规则,税务机关必须按照法定内容和步骤征收税款。税务机关以及其他任何机关、单位和个人,均不得违反法律、行政法规

[①] 注:根据《契税法》第十六条规定,《契税法》自2021年9月1日起施行,《契税暂行条例》同时废止。

的规定擅自决定税收的开征、停征、减税、免税、退税、补税,或者擅自作出其他与税收法律、行政法规相抵触的决定,如提前征收"过头税",随意延缓征税等,都是非法的。

二、相关规定

(一)《税收征收管理法》第八十四条

违反法律、行政法规的规定,擅自作出税收的开征、停征或者减税、免税、退税、补税以及其他同税收法律、行政法规相抵触的决定的,除依照本法规定撤销其擅自作出的决定外,补征应征未征税款,退还不应征收而征收的税款,并由上级机关追究直接负责的主管人员和其他直接责任人员的行政责任;构成犯罪的,依法追究刑事责任。

(二)《国务院关于纠正地方自行制定税收先征后返政策的通知》(国发〔2000〕2号)

各省、自治区、直辖市人民政府,国务院各部委、各直属机构:

1994年实施的税制改革,进一步强化了税收法制,规范了税收管理,基本上遏制了越权减免税的现象。但是,最近一段时间以来,一些地方为了缓解企业困难或实现其他经济目的,违反有关规定,采取税收先征后返(也称列收列支)的办法,对企业已缴纳的税收予以返还。这种做法不仅扰乱了税收秩序,违背了统一税政、集中税权的原则,而且违背了公共财政的要求,削弱了财政调控能力,甚至形成了潜在的财政风险,必须采取有力措施,坚决予以制止。现就有关问题通知如下:

一、坚持依法治国,依法行政。各地区、各部门不得以先征后返或其他减免税手段吸引投资,更不得以各种方式变通税法和税收政策,损害税收的权威。要从全局高度,充分认识地方自行制定税收先征后返政策的危害性,统一思想,统一行动,迅速采取有效措施,认真检查纠正。各地区自行制定的税收先征后返政策,从2000年1月1日起一律停止执行。

二、根据现行有关税收管理权限的规定,除屠宰税、筵席税、牧业税的管理权限下放到地方外,其他税种的管理权限集中在中央,地方人民政府不得擅自在税收法律、法规明确授予的管理权限之外,更改、调整、变通国家税收政策。先征后返政策作为减免税收的一种形式,审批权限属于国务院,各级地方人民政府一律不得自行制定税收先征后返政策。对于需要国家财政扶持的领域,原则上应通过财政支出渠道安排资金。如确需通过税收先征后返政策予以扶持的，应由省（自治区、直辖市）人民政府向国务院财政部门提出申请，报国务院批准后才能实施。

三、各省（自治区、直辖市）人民政府要认真贯彻落实本通知精神，对本地区纠正自行制定税收先征后返政策的情况进行认真督查。凡拒不纠正继续擅自保留的，中央将相应扣减对该地区的转移支付和专项补助，并追究有关人员的责任。

各地区、各部门在抓紧清理税收先征后返政策的同时，要继续按照《国务院关于加强依法治税严格税收管理权限的通知》（国发〔1998〕4号）精神，清理和纠正本地区、本部门越权减免税和随意批准缓税、欠税、包税以及征收"过头税"等行为，整顿财税秩序。

各地区、各部门要在2000年3月31日前将本通知贯彻落实情况报告国务院，同时抄送财政部和国家税务总局。

国务院
二〇〇〇年一月十一日

（三）《国务院关于清理规范税收等优惠政策的通知》（国发〔2014〕62号）

各省、自治区、直辖市人民政府，国务院各部委、各直属机构：

根据党的十八届三中全会精神和《国务院关于深化预算管理制度改革的决定》（国发〔2014〕45号）要求，为严肃财经纪律，加快建设统一开放、竞争有序的市场体系，现就清理规范税收等优惠政策有关问题通知如下：

一、充分认识清理规范税收等优惠政策的重大意义

近年来，为推动区域经济发展，一些地区和部门对特定企业及其投资者（或管理者）等，在税收、非税等收入和财政支出等方面实施了优惠政策（以下统称税收等优惠政策），一定程度上促进了投资增长和产业集聚。但是，一些税收等优惠政策扰乱了市场秩序，影响国家宏观调控政策效果，甚至可能违反我国对外承诺，引发国际贸易摩擦。

全面规范税收等优惠政策，有利于维护公平的市场竞争环境，促进形成全国统一的市场体系，发挥市场在资源配置中的决定性作用；有利于落实国家宏观经济政策，打破地方保护和行业垄断，推动经济转型升级；有利于严肃财经纪律，预防和惩治腐败，维护正常的收入分配秩序；有利于深化财税体制改革，推进依法行政，科学理财，建立全面规范、公开透明的预算制度。

二、总体要求

（一）指导思想

以邓小平理论、"三个代表"重要思想、科学发展观为指导，全面贯彻党的十八大和十八届三中、四中全会精神，落实党中央、国务院决策部署，以加快建设统一开放、竞争有序的市场体系，促进社会主义市场经济健康发展为目标，通过清理规范税收等优惠政策，反对地方保护和不正当竞争，着力清除影响商品和要素自由流动的市场壁垒，推动完善社会主义市场经济体制，使市场在资源配置中起决定性作用，促进经济转型升级。

（二）主要原则

1.上下联动，全面规范。各有关部门要按照法律法规和国务院统一要求，清理规范本部门出台的税收等优惠政策，各地区要同步开展清理规范工作。凡违法违规或影响公平竞争的政策都要纳入清理规范的范围，既要规范税收、非税等收入优惠政策，又要规范与企业缴纳税收或非税收入挂钩的财政支出优惠政策。

2.统筹规划，稳步推进。既要立足当前，分清主次，坚决取消违反法律法规的优惠政策，做到符合世界贸易组织规则和我国对外承诺，逐步规范其他优惠政策；又要着眼长远，以开展清理规范工作为契机，建立健全长效管理机制。

3.公开信息，接受监督。要按照政府信息公开的要求，全面推进税收等优惠政策相关信息公开，增强透明度，提高公信力；建立举报制度，动员各方力量，加强监督制衡。

三、切实规范各类税收等优惠政策

（一）统一税收政策制定权限。坚持税收法定原则，除依据专门税收法律法规和《中华人民共和国民族区域自治法》规定的税政管理权限外，各地区一律不得自行制定税收优惠政策；未经国务院批准，各部门起草其他法律、法规、规章、发展规划和区域政策都不得规定具体税收优惠政策。

（二）规范非税等收入管理。严格执行现有行政事业性收费、政府性基金、社会保险管理制度。严禁对企业违规减免或缓征行政事业性收费和政府性基金、以优惠价格或零地价出让土地；严禁低价转让国有资产、国有企业股权以及矿产等国有资源；严禁违反法律法规和国务院规定减免或缓征企业应当承担的社会保险缴费，未经国务院批准不得允许企业低于统一规定费率缴费。

（三）严格财政支出管理。未经国务院批准，各地区、各部门不得对企业规定财政优惠政策。对违法违规制定与企业及其投资者（或管理者）缴纳税收或非税收入挂钩的财政支出优惠政策，包括先征后返、列收列支、财政奖励或补贴，以代缴或给予补贴等形式减免土地出让收入等，坚决予以取消。其他优惠政策，如代企业承担社会保险缴费等经营成本、给予电价水价优惠、通过财政奖励或补贴等形式吸引其他地区企业落户本地或在本地缴纳税费，对部分区域实施的地方级财政收入全留或增量返还等，要逐步加以规范。

四、全面清理已有的各类税收等优惠政策

各地区、各有关部门要开展一次专项清理，认真排查本地区、本部门制定出台的税收等优惠政策，特别要对与企业签订的合同、协议、备忘录、会议或会谈纪要以及"一事一议"形式的请示、报告和批复等进行全面梳理，摸清底数，确保没有遗漏。

通过专项清理，违反国家法律法规的优惠政策一律停止执行，并发布文件予以废止；没有法律法规障碍，确需保留的优惠政策，由省级人民政府或有关部门报财政部审核汇总后专题请示国务院。

各省级人民政府和有关部门应于2015年3月底前，向财政部报送本省（区、市）和本部门对税收等优惠政策的专项清理情况，由财政部汇总报国务院。

五、建立健全长效机制

（一）建立评估和退出机制。对法律法规规定的税收优惠政策和经国务院批准实施的非税收入及财政支出优惠政策，财政部要牵头定期评估。没有法律法规障碍且具有推广价值的政策，要尽快在全国范围内实施；有明确执行时限的政策，原则上一律到期停止执行；未明确执行时限的政策，要设定政策实施时限。对不符合经济发展需要、效果不明显的政策，财政部要牵头会同有关部门提出调整或取消的意见，报国务院审定。

（二）健全考评监督机制。明确地方各级人民政府主要负责人为本地区税收等优惠政策管理的第一责任人，将税收等优惠政策管理情况作为领导班子和领导干部综合考核评价体系的重要内容，作为提拔任用、管理监督的重要依据。

（三）建立信息公开和举报制度。建立目录清单制度，除涉及国家秘密和安全的事项外，税收等优惠政策的制定、调整或取消等信息，要形成目录清单，并以适当形式及时、完整地向社会公开。建立举报制度，鼓励和引导各方力量对违法违规制定实施税收等优惠政策行为进行监督。

（四）强化责任追究机制。建立定期检查和问责制度，监察部、财政部、审计署、税务总局等部门要按照职责分工，及时查处并纠正各类违法违规制定税收等优惠政策行为。自本通知印发之日起，对违反规定出台或继续实施税收等优惠政策的地区和部门，要依法依规追究政府和部门主要负责人和政策制定部门、政策执行部门主要负责人的责任，并给予相应纪律处分；中央财政按照税收等优惠额度的一定比例扣减对该地区的税收返还或转移支付。

六、健全保障措施

（一）加强组织领导。建立由财政部牵头的清理税收等优惠政策部际联席会议制度，具体负责政策指导和统筹协调，加强监督检查和跟踪落实，研究解决重大问题，重大事项及时报告国务院。省、市、县级人民政府要建立由财政部门牵头、相关部门配合的清理税收等优惠政策工作机制，组织实施本地区的清理规范工作。

（二）完善相关政策。在扎实开展清理规范工作的同时，各地区、各部门要按照党中央、国务院的统一部署，认真落实国家统一制定的税收等优惠政策，大力培育新兴产业，积极支持小微企业加快发展，进一步完善社会保险、社会救助和社会福利制度，加大对城乡低收入群体的保障力度，努力促进就业和基本公共服务均等化。

（三）加强舆论引导。各地区、各部门和有关新闻单位要通过政府或部门网站、广播电视、平面媒体等渠道，加强政策宣传解读，及时发布信息，统一思想、凝聚共识，营造良好的舆论氛围。

规范税收等优惠政策工作事关全局，政策性强，涉及面广。各地区、各部门要高度重视，牢固树立大局意识，加强领导、周密部署、及时督查，切实将规范税收等优惠政策工作抓实、抓好、抓出成效。

国务院

2014年11月27日

（四）《国务院关于税收等优惠政策相关事项的通知》（国发〔2015〕25号）

各省、自治区、直辖市人民政府，国务院各部委、各直属机构：

现就《国务院关于清理规范税收等优惠政策的通知》（国发〔2014〕62号）中涉及的相关事项通知如下：

一、国家统一制定的税收等优惠政策，要逐项落实到位。

二、各地区、各部门已经出台的优惠政策，有规定期限的，按规定期限执行；没有规定期限又确需调整的，由地方政府和相关部门按照把握节奏、确保稳妥的原则设立过渡期，在过渡期内继续执行。

三、各地与企业已签订合同中的优惠政策，继续有效；对已兑现的部分，不溯及既往。

四、各地区、各部门今后制定出台新的优惠政策，除法律、行政法规已有规定事项外，涉及税收或中央批准设立的非税收入的，应报国务院批准后执行；其他由地方政府和相关部门批准后执行，其中安排支出一般不得与企业缴纳的税收或非税收入挂钩。

五、《国务院关于清理规范税收等优惠政策的通知》（国发〔2014〕62号）规定的专项清理工作，待今后另行部署后再进行。

国务院
2015年5月10日

（五）《民法典》第一百五十三条

违反法律、行政法规的强制性规定的民事法律行为无效。但是，该强制性规定不导致该民事法律行为无效的除外。

违背公序良俗的民事法律行为无效。

（六）《税收征收管理法实施细则》第三条

任何部门、单位和个人作出的与税收法律、行政法规相抵触的决定一律无效，税务机关不得执行，并应当向上级税务机关报告。

纳税人应当依照税收法律、行政法规的规定履行纳税义务；其签订的合同、协议等与税收法律、行政法规相抵触的，一律无效。

三、应用场景

第一款规定主要用于论述什么是税收法定原则，且适用对象为税务机关；第二款规定主要解释什么是税务机关违反税收法定原则，具体又可分为行政允诺和行政协议涉税内容的合法性与否的判断。

《税收征收管理法实施细则》第三条主要规定民事约定与税法冲突时如何处理的原则。

（一）应用场景一：用于论述税收法定原则

在淮安宝瑞祥泰汽车销售服务有限公司与淮安经济开发区国家税务局、江苏省淮安市国家税务局税务处理决定及行政复议纠纷案[①]中，关于滞纳金的问题，江苏省淮安市中级人民法院认为，《税收征收管理法》第三条规定："税收的开

---

① 案例来源：江苏省淮安市中级人民法院行政判决书（2017）苏08行终161号。

征、停征以及减税、免税、退税、补税,依照法律的规定执行;法律授权国务院规定的,依照国务院制定的行政法规的规定执行。任何机关、单位和个人不得违反法律、行政法规的规定,擅自作出税收开征、停征以及减税、免税、退税、补税和其他同税收法律、行政法规相抵触的决定。"因此,我们国家实行的是税收法定原则,包括滞纳金的加收问题,加收滞纳金应当具有法定事由。

(二)应用场景二:用于论述行政允诺涉税内容是否违法

在四川新光硅业科技有限责任公司与乐山高新技术产业开发区管理委员会税收行政允诺纠纷案[①]中,四川省乐山市中级人民法院认为,行政允诺能够得到人民法院支持的前提是该行政允诺不违反法律的禁止性规定。《税收征收管理法》第三条规定,税收的开征、停征以及减税、免税、退税、补税,依照法律的规定执行。任何机关、单位和个人不得违反法律、行政法规的规定,擅自作出税收开征、停征以及减税、免税、退税、补税和其他同税收法律、行政法规相抵触的决定。2000年1月16日,国务院发布的国发〔2000〕2号《关于纠正地方自行制定税收先征后返政策的通知》第一条规定:各部门不得以先征后返或其他减免税手段吸引投资,更不得以各种方式变通税法和税收政策,损害税收的权威;第二条规定:地方人民政府不得擅自在税收法律、法规明确授予的管理权限之外,更改、调整、变通国家税收政策。先征后返政策作为减免税收的一种形式,审批权限属于国务院,各级地方人民政府一律不得自行制定税收先征后返政策。而乐府函〔2000〕49号《关于支持1 000吨/年多晶硅项目建设有关问题的通知》作出的时间是2000年4月16日,其中第三条规定:1 000吨/年多晶硅项目投产后,增值税前三年地方所得返企业用于还本付息,所得税前五年由同级财政先征后返,之后五年由财政按规定返还50%,若企业有困难,可全部返还。本案也无证据证实乐山市人民政府作出以上先征后返的行政允诺前曾报经国务院审批,故乐府函〔2000〕49号文关于以先征后返的方式减免企业税收的行政允诺明显与《税收征收管理法》和国发〔2000〕2号文规定的内容相抵触,违反了法律的禁止性规定。因此,四川新光硅业科技有限责任公司要求被乐山高新技术产业开发区管理委员会按照乐府函〔2000〕49号文兑现允诺的主张,依法不应支持。

(三)应用场景三:用于论述行政协议涉税内容是否合法

在丹棱县人民政府、丹棱县住房和城乡建设局与峨眉山市开元房产置业有

---

① 案例来源:四川省乐山市中级人民法院行政判决书(2016)川11行终56号。

限公司（以下简称"开元公司"）合同纠纷再审审查与审判监督案[1]中，2003年4月1日，丹棱县政府（甲方）与开元公司（乙方）签订了《丹棱县南苑滨河路新区开发建设协议书》，约定："二、乙方责任……（四）负责承担市政设施建设和房地产开发建设中相关税费，各项税费按实征收，税收的地方部分作为政府对南苑滨河路和安置街建设的投入。"同时，双方在该协议中还约定，由丹棱县政府指定丹棱县建设局负责协助开元公司完成南苑滨河路的开发，并独立承担相关民事责任。2003年4月3日，丹棱县建设局（甲方）与开元公司（乙方）签订了《丹棱县南苑滨河路新区开发建设协议书》，约定："二、乙方责任……（五）负责承担市政设施建设和房地产开发中的相关税费，按照先征后返的原则，除上缴中央部分的税外，地方留存部分税由甲方上报政府予以全额返还乙方。"根据以上查明事实，四川省高级人民法院认为，虽然《税收征收管理法》第三条第二款规定："任何机关、单位和个人不得违反法律、行政法规的规定，擅自作出税收开征、停征以及减税、免税、退税、补税和其他同税收法律、行政法规相抵触的决定"，但《税收征收管理法》第三条第一款也同时规定："税收的开征、停征以及减税、免税、退税、补税，依照法律的规定执行；法律授权国务院规定的，依照国务院制定的行政法规的规定执行。"因此，即使《国务院关于纠正地方自行制定税收先征后返政策的通知》（国发〔2000〕2号）中对税收先征后返明令予以制止，但2015年5月10日国务院颁布并实施的《国务院关于税收等优惠政策相关事项的通知》（国发〔2015〕25号）第二条又明确规定"各地区、各部门已经出台的优惠政策，有规定期限的，按规定期限执行；没有规定期限又确需调整的，由地方政府和相关部门按照把握节奏、确保稳妥的原则设立过渡期，在过渡期内继续执行"。该通知第三条还特别规定"各地与企业已签订合同中的优惠政策，继续有效；对已兑现的部分，不溯及既往"。因法律已授权国务院制定税收的相关政策，所以《国务院关于税收等优惠政策相关事项的通知》（国发〔2015〕25号）也应具有普遍约束力，且应优先适用。故涉及本案双方就"负责承担市政设施建设和房地产开发中的相关税费，按照先征后返的原则，除上缴中央部分的税外，地方留存部分税由甲方上报政府予以全额返还乙方"的约定，并未违反法律、行政法规的强制性规定，且系当事人之间真实意思表示，应认定为有效。此外，案涉两份《丹棱县南苑滨河路新区开发建设协议书》是丹棱县政府、丹棱县建设局为了加快城镇化建设步伐，发展丹棱经济建设，因旧城改造通

---

[1] 案例来源：四川省高级人民法院民事裁定书（2018）川民申5429号。

过招商引资而分别与开元公司签订的协议。根据双方的约定，开元公司负责承担了市政设施建设和房地产开发中的相关税费，政府部门也对各项税费按实征收，但开元公司可以享受优惠政策，即税收的地方留存部分全额返还开元公司，故开元公司基于对丹棱县政府、丹棱县建设局承诺的优惠政策已产生信赖利益，因此，当这种信赖利益具有正当性而应受到保护时，丹棱县政府、丹棱县建设局不得撤销这种信赖利益。所以，丹棱县政府、丹棱县建设局认为案涉合同条款违反法律、行政法规强制性规定应属无效及二审判决适用法律错误的再审理由不能成立。

（四）应用场景四：用于论述税务机关不得执行与税法规定抵触的民事约定

在陈炳辉与国家税务总局中山市税务局东凤税务分局、国家税务总局中山市税务局税务征收行政纠纷案[①]中，广东省中山市中级人民法院认为，陈炳辉在这次交易中需要负担双方税赋是基于拍卖合同的约定，税务机关在这次交易的税收征管关系中并不对交易双方的税赋负担构成直接影响；同时，根据《税收征收管理法实施细则》第三条关于"任何部门、单位和个人作出的与税收法律、行政法规相抵触的决定一律无效，税务机关不得执行，并应当向上级税务机关报告。纳税人应当依照税收法律、行政法规的规定履行纳税义务；其签订的合同、协议等与税收法律、行政法规相抵触的，一律无效"的规定，税务机关没有义务协助执行并有权拒绝执行与法律、行政法规相抵触的决定。即人民法院的拍卖公告和拍卖合同中对于税赋负担的约定，并不能对抗税务机关法定的税收征收管理职权，更不能改变税务机关的税收征收管理法律关系，陈炳辉对于拍卖合同中约定负担的交易对方杨柳菊为纳税义务人的税赋计税依据有异议的，应当向组织拍卖的人民法院提出，由人民法院审查后决定是否向税务机关就计税依据提出异议，或者由这些税赋的纳税义务人杨柳菊向税务机关提出。

四、法条总结

本条规定从正反两个方面阐述了税收法定原则，但第一款规定主要落脚点是要求税务机关依法律、行政法规规定，进行征税、减税、免税、退税、补税等执法活动，即解释何为税收法定原则；第二款规定主要落脚点是要求税务机关不得有列举的违反税收法定原则情形，即解释何为违反税收法定原则。第二款规定适用时，还需要结合行政协议、允诺理论及前述国务院相关规定一并理解。

---

① 案例来源：广东省中山市中级人民法院行政裁定书（2019）粤20行终1580号。

《税收征收管理法实施细则》第三条规定与行政协议涉税部分的合法性判断有一定差异,主要原因由行政协议公信力的可信赖性决定,在司法实践判断时对后者有所侧重所致。在一般民事合同中,税务机关遵循税收法定与税款负担相分开的原则,所以与税法规定冲突的民事约定,不能约束税务机关。

五、修法建议

鉴于《立法法》第十一条规定,税种的设立、税率的确定和税收征收管理等税收基本制度,只能制定法律。建议:在本条规定,税率的确定限定为由法律规定。

第四条

法律、行政法规规定负有纳税义务的单位和个人为纳税人。

法律、行政法规规定负有代扣代缴、代收代缴税款义务的单位和个人为扣缴义务人。

纳税人、扣缴义务人必须依照法律、行政法规的规定缴纳税款、代扣代缴、代收代缴税款。

一、法条简析

本条是对纳税义务人、扣缴义务人的法律特征的规定。

按照本条规定,纳税人、扣缴义务人有三个主要特征:第一,均由法律、行政法规确定;第二,均负有依法缴纳(代扣代缴、代收代缴)税款的义务;第三,可以是自然人,也可以是法人。

二、相关规定

(一)《立法法》相关规定

第八条 下列事项只能制定法律:

(一)国家主权的事项;

(二)各级人民代表大会、人民政府、人民法院和人民检察院的产生、组织和职权;

(三)民族区域自治制度、特别行政区制度、基层群众自治制度;

(四)犯罪和刑罚;

（五）对公民政治权利的剥夺、限制人身自由的强制措施和处罚；

（六）税种的设立、税率的确定和税收征收管理等税收基本制度；

（七）对非国有财产的征收、征用；

（八）民事基本制度；

（九）基本经济制度以及财政、海关、金融和外贸的基本制度；

（十）诉讼和仲裁制度；

（十一）必须由全国人民代表大会及其常务委员会制定法律的其他事项。

第九条 本法第八条规定的事项尚未制定法律的，全国人民代表大会及其常务委员会有权作出决定，授权国务院可以根据实际需要，对其中的部分事项先制定行政法规，但是有关犯罪和刑罚、对公民政治权利的剥夺和限制人身自由的强制措施和处罚、司法制度等事项除外。

第二十五条 全国人民代表大会通过的法律由国家主席签署主席令予以公布。

第四十四条 常务委员会通过的法律由国家主席签署主席令予以公布。

第七十条 行政法规由总理签署国务院令公布。

（二）全国人大相关决定

中华人民共和国第六届全国人民代表大会第三次会议关于授权国务院在经济体制改革和对外开放方面可以制定暂行的规定或者条例的决定

（一九八五年四月十日第六届全国人民代表大会第三次会议通过）

为了保障经济体制改革和对外开放工作的顺利进行，第六届全国人民代表大会第三次会议决定：授权国务院对于有关经济体制改革和对外开放方面的问题，必要时可以根据宪法，在同有关法律和全国人民代表大会及其常务委员会的有关决定的基本原则不相抵触的前提下，制定暂行的规定或者条例，颁布实施，并报全国人民代表大会常务委员会备案。经过实践检验，条件成熟时由全国人民代表大会或者全国人民代表大会常务委员会制定法律。

三、应用场景

（一）应用场景一：结合税收实体法律规定，论述当事人有纳税法定义务

1.典型案例一：郭志君契税征收争议案[①]

2012年4月28日，郭志君与刘福英签订关于受让××号房屋的《存量房屋

---

① 案例来源：北京市丰台区人民法院行政判决书（2019）京0106行初192号、北京市第二中级人民法院行政判决书（2019）京02行终1188号。

买卖合同》，该合同载明房屋建筑面积40平方米，成交价格760 000元，并于2012年5月7日办理该房屋过户手续。2016年1月，北京市丰台区人民检察院向原北京市丰台区地方税务局提供郭志君受让××号房屋时未依法纳税的案件信息。经税务机关核查，郭志君办理××号房屋过户时无申报和缴税记录。2018年7月10日，原第二税务所向郭志君作出"税务事项通知书"，通知其如实办理受让××号房屋的纳税申报手续，依法履行纳税义务。2018年7月14日，郭志君收到该通知书。2018年7月30日，原第二税务所向郭志君作出"税务事项通知书"，再次通知其如实申报缴纳受让××号房屋的税款及滞纳金。2018年8月2日，郭志君收到该通知书。2018年8月20日，郭志君缴纳××号房屋的房屋交易契税7 896元、滞纳金7 896元，共计15 792元。郭志君不服被诉征税行为，向丰台税务局提出行政复议申请，丰台税务局于2019年1月9日作出被诉复议决定，维持了被诉征税行为。

一审、二审法院均根据本条第一款规定，结合《契税暂行条例》第一条关于契税纳税人的规定，认定郭志君负有缴纳税款的法定义务。

2.典型案例二：郑树铭逃税案[①]

2005年5月，郑树铭与黄某某签订《财政局培训中心大楼转让中介费协议》，约定黄某某付给郑树铭中介费300万元。同年11月郑树铭出具了收到中介费225万元的收条。2006年11月至2009年11月，黄某某陆续从甘肃金昱房地产开发有限公司支付郑树铭中介费35万元。2010年2月至2011年9月，黄某某从甘肃金昱房地产开发有限公司以现金及转账形式支付郑树铭中介费40万元及利息2万元。2008年8月，黄某某出具财政局培训大楼中介费300万元的税费由其承担的承诺书。

2014年7月秦州区地方税务局稽查局先后作出税务处理及行政处罚决定书，要求郑树铭缴纳个人所得税825 000元、营业税150 000元、城市维护建设税10 500元、教育费附加4 500元；营业税罚款75 000元、城市维护建设税罚款5 250元、个人所得税罚款412 500元，合计1 482 750元。因郑树铭未在规定期限内缴纳税款及罚款，稽查局将案件移送公安机关。2015年9月，稽查局针对未征税的40万元又作出税务处理及行政处罚决定书，要求郑树铭缴纳个人所得税121 000元；个人所得税罚款60 500元。因郑树铭也未在规定期限内缴纳税款及罚

---

① 案例来源：甘肃省天水市秦州区人民法院刑事判决书（2016）甘0502刑初164号、甘肃省天水市中级人民法院刑事判决书（2016）甘05刑终94号。

款，稽查局再次将案件移送公安机关。

2015年1月，郑树铭以居间合同纠纷将黄某某诉至秦州区人民法院，要求黄某某支付300万元中介费所产生的各项税费及罚款1 482 750元。秦州区人民法院审理后判决支持了郑树铭的诉讼请求；宣判后黄某某提出上诉，天水市中级法院作出终审民事判决，判决黄某某支付因中介费所产生的税费99万元。

甘肃省天水市中级人民法院认为，根据《刑法》第二百零一条规定，逃税罪的犯罪主体是特殊主体，即负有纳税义务的个人及单位，非纳税义务人是不能以该罪名被追究刑事责任的。同时根据《税收征收管理法》及其实施细则相关规定，法律、行政法规规定负有纳税义务的单位和个人为纳税人。从上述法律及行政法规的规定看，纳税义务人是法定的、特定的和具体的。根据《个人所得税法》及实施条例相关规定，上诉人郑树铭就其个人收入负有法定纳税义务，是刑法所规定的逃税罪适格主体无疑。辩护人所提交的最高人民法院公布案例及秦州区人民法院、本院依法作出的两次民事判决书对于税款负担的约定的合法性的认定、判处，与上述法律、行政法规关于纳税义务人的强制性规定并不矛盾。上述民事案例仅能够说明民事主体之间可以约定税款承担，但是并不能改变税务机关对纳税主体的确认，更不能以约定为由改变法定的纳税主体，免除纳税人的法定纳税义务。民事主体之间对于税款负担的约定至产生民法上债的效力，对于民事主体以外的税务机关不产生法律效力。因此，上诉人及其辩护人所持纳税主体已转移，不应再追究郑树铭逃税罪的刑事责任的辩解及辩护意见，缺少法律依据，不能成立。

（二）应用场景二：结合《税收征收管理法》第六十九条等规定，论述当事人有扣缴法定义务

在张术媛与广州百皋医学检验所有限公司返还原物纠纷案[①]中：张术媛、广州百皋医学检验所有限公司（以下简称"百皋公司"）签订《劳动合同》约定，合同期限为2013年9月1日至2015年8月31日。张术媛岗位为副总经理，工作地点为广州、上海，每日工作7小时，每周工作5天，每周正常工作不超过40小时，并至少休息一天。百皋公司执行法定的及企业依法自行补充的有关工作、休息、休假制度。张术媛正常工作时间工资为每月31 500元。该合同第十二条第一款还约定，经百皋公司同意，公司如在劳动合同期内无法经营下，仍然支付张术媛三

---

① 案例来源：广州市海珠区人民法院民事判决书（2016）粤0105民初2919号、广东省广州市中级人民法院民事判决书（2016）粤01民终18259号。

年的工资及相关补贴等。2014年6月1日双方再次签订《劳动合同补充协议》，约定张术媛每月薪金按以下组成执行：岗位工资50 000元、通信津贴500元、交通津贴4 000元。双方于2015年4月20日解除劳动关系。

2015年12月11日，广州市地方税务局稽查局向百皋公司发出"税务事项通知书"，主要内容是：我局从2014年5月7日对你公司2013年1月1日至2015年5月5日地方税收纳税情况进行检查，现将检查情况及发现的问题告知你公司。依据《税务稽查工作规程》第四十一条。通知内容：你公司在"长期待摊费用——开办费""管理费用"等科目反映支付陈某甲、张术媛、陈某乙工资、补贴等工资薪金，未足额代扣代缴个人所得税。其中张术媛117 191.29元。百皋公司根据上述通知向税务机关为张术媛代缴了上述款税。百皋公司起诉要求判决：1.张术媛返还百皋公司为其代缴的个人所得税117 191.29元；2.诉讼费用由张术媛承担。

二审法院认为：《税收征收管理法》第四条规定，"法律、行政法规规定负有纳税义务的单位和个人为纳税人。法律、行政法规规定负有代扣代缴、代收代缴税款义务的单位和个人为扣缴义务人。纳税人、扣缴义务人必须依照法律、行政法规的规定缴纳税款、代扣代缴、代收代缴税款。"第六十九条规定，"扣缴义务人应扣未扣、应收而不收税款的，由税务机关向纳税人追缴税款，对扣缴义务人处应扣未扣、应收未收税款百分之五十以上三倍以下的罚款。"根据上述规定，百皋公司作为扣缴义务人，扣缴义务人在法律上负有代为扣缴的义务，不履行该义务，将会承担相应的法律责任。因此百皋公司在收到税务机关出具的"税务事项通知书"，代扣代缴张术媛应付的税款，是履行法律义务，是正当行为。

四、法条总结

本条规定需结合《税收征收管理法》第二十五条、第二十六条、第二十七条、第三十条、第三十一条、第六十九条等程序性规定及税收实体法相关规定进行理解和适用。本条规定的最终落脚点是第三款规定，即强调"纳税人、扣缴义务人必须依照法律、行政法规的规定缴纳税款、代扣代缴、代收代缴税款"，否则会面临法律责任。

五、修法建议

"单位和个人"非法言法语，建议参考《民法典》总则篇，将包括本条规定在内的所有规定的"单位"替换为"法人、非法人组织"，将"个人"替换为"自然人、个体工商户"，以示正式，并与《民法典》对民事主体分类标准保持一致。

第五条 国务院税务主管部门主管全国税收征收管理工作。各地国家税务局和地方税务局应当按照国务院规定的税收征收管理范围分别进行征收管理。

地方各级人民政府应当依法加强对本行政区域内税收征收管理工作的领导或者协调，支持税务机关依法执行职务，依照法定税率计算税额，依法征收税款。

各有关部门和单位应当支持、协助税务机关依法执行职务。

税务机关依法执行职务，任何单位和个人不得阻挠。

一、法条简析

本条主要对税收征收管理体制做出规定。其中：国地税分设已因各地省以下国地税于2018年陆续合并，显得不合实际。有关部门和单位应当支持、协助税务机关执行职务，在实务中也较多被适用。

二、相关规定

（一）《国务院办公厅转发国家税务总局〈关于组建在各地的直属税务机构和地方税务局实施意见〉的通知》（国办发〔1993〕87号）

各省、自治区、直辖市人民政府，国务院各部委、各直属机构：

国家税务总局《关于组建在各地的直属税务机构和地方税务局的实施意见》已经国务院同意，现转发给你们，请遵照执行。

实行分税制和组建两个税务机构，对于建立中央税收和地方税收体系，加强国家宏观调控和促进社会主义市场经济体制的建立，充分调动中央和地方的积极性，保证国家财政收入的稳定增长具有十分重要的意义。各地必须在国务院的统一领导下，统筹兼顾，顾全大局，积极做好各方面的工作，保证税制改革和组建两个税务机构工作的顺利完成。

附件：国家税务总局关于组建在各地的直属税务机构和地方税务局的实施意见

根据《国务院关于组建国家税务总局在各地的直属税务机构和地方税务局有关问题的通知》（国发电〔1993〕7号，以下简称《通知》）精神，现提出组建两个税务机构的实施意见如下：

一、组建两个税务机构的原则

实行分税制财政体制和组建两个税务机构是党中央、国务院的重大决策。中央和地方两个税务机构的组建,要以精简、统一、高效为原则,确保中央和地方的财政收入,使税收工作更好地适应社会主义市场经济发展的需要,促进国民经济持续、快速、健康的发展。各级人民政府要从大局出发,积极配合国家税务总局做好两个税务机构的组建工作。各级税务部门要统一思想,顾全大局,统筹兼顾,稳步过渡,使新组建的两个税务机构的工作既有利于加强中央的宏观调控,又有利于调动地方的积极性,促进地方经济的发展。

二、组建两个税务机构的有关问题

（一）关于征收管理范围的划分

为有利于加强税收征收管理,减少不必要的重叠征收,按照分税制财政体制的规定,两个税务机构的征收范围具体划分如下:

国家税务局系统主要负责下列各税的征收和管理:

1. 增值税；

2. 消费税；

3. 进口产品消费税、增值税,直接对台贸易调节税（委托海关代征）；

4. 铁道、各银行总行、保险总公司集中缴纳的营业税、所得税和城市建设维护税；

5. 中央企业所得税；

6. 地方和外资银行及非银行金融企业所得税；

7. 海洋石油企业所得税、资源税；

8. 证券交易税（未开征前先征收在上海、深圳市证券交易证券的印花税）；

9. 对境内外商投资企业和外国企业的各项税收以及外籍人员（华侨、港澳台同胞）缴纳的个人所得税（按税种分别入中央库和地方库）；

10. 出口产品退税的管理；

11. 集贸市场和个体户的各项税收（按税种分别入中央库和地方库）；

12. 中央税的滞补罚收入；

13. 按中央税、共享税附征的教育费附加（属于铁道、银行总行、保险总公司缴纳的入中央库,其他入地方库）；

14. 国家能源交通重点建设基金、国家预算调节基金。

地方税务局主要负责下列各税的征收和管理（不包括已明确由国家税务局负责征收的地方税部分）：

1. 营业税;

2. 个人所得税;

3. 土地增值税;

4. 城市建设维护税;

5. 车船使用税;

6. 房产税;

7. 屠宰税;

8. 资源税;

9. 城镇土地使用税;

10. 固定资产投资方向调节税;

11. 地方企业所得税(包括地方国有、集体、私营企业);

12. 印花税;

13. 筵席税;

14. 地方税的滞补罚收入;

15. 按地方营业税附征的教育费附加。

(二)关于机构设置

国家税务局机构设置为四级,即:国家税务总局;省、自治区、直辖市分局,名称为国家税务总局××分局(如国家税务总局山东分局,以此类推);地(市、州、盟)中心支局;县(市、旗)支局。税务所(征收处)按经济区划设置,为支局的派出机构。国家税务总局在各地直属税务机构的人员编制由国家税务总局报中央机构编制委员会审定。国家税务局将拟订《国家税务系统组织条例》,报国务院审批后发布执行。

地方税务局按行政区划设置,名称为××省(自治区、直辖市、地、市、县)地方税务局(如山东省地方税务局)。地方税务局的管理体制、机构设置、人员编制按地方各级人民政府组织法的规定办理。地方税务局的组织办法由各省(自治区、直辖市)人民政府根据具体情况,参照即将发布的《国家税务局系统组织条例》制定。

(三)关于领导体制及人员管理

国家税务局系统实行国家税务总局垂直管理的领导体制,在机构、编制、经费、领导干部职务的审批等方面按照下管一级的原则,实行垂直管理。地方各级国家税务局正、副局长由上一级国家税务局审批任免(按中央规定,地方各级国家税务局党组正、副书记和党组成员、纪检组长由上一级国家税务局党组审批任免)。

省级地方税务局实行地方人民政府和国家税务总局双重领导，以地方政府领导为主的管理体制。各级税务机关实行国家公务员制度。

（四）关于国家税务局与地方税务局的关系

国家税务总局对省、自治区、直辖市地方税务局的领导，主要体现在税收政策、业务的指导和协调以及对国家统一的税收制度、政策的监督和组织经验交流等方面。省级地方税务局的局长人选由地方人民政府征求国家税务总局的意见后，按当地审批程序任免。省以下地方税务局在向地方政府报送税收计划、统计报表等的同时，抄送同级国家税务局汇总上报。两个税务机构在日常工作中要互通信息，加强协作。

（五）关于业务人员分开问题

根据国家税务局和地方税务局工作业务范围，在合理分工，适当调配的基础上，将业务人员分开。现有基层征收机构及所属人员按业务分开，实行分别收税，分别入库；业务暂时分不开的，税款必须分别入库，并要积极创造条件，逐步将业务分开。

（六）关于现有人员、财物在机构组建过程中原则冻结的问题

国务院《通知》规定，在组建两个税务机构的过程中，人员进出和财物原则上予以冻结，是指现有各级税务机构人员的调进、调出和提拔使用原则上暂停，确需办理的必须经上一级组建筹备组批准；各级税务机关的财产不得擅自转移、调拨和分配。

（七）关于计划单列市问题

计划单列市两个税务机构组建筹备组的工作要在所在省组建筹备组的统一领导下进行。鉴于这些城市税源比较集中，征收任务相对比较大，两个税务机构的名称分别为：国家税务总局××省××分局；××市地方税务局（如国家税务总局山东省青岛分局；青岛市地方税务局）。国家税务总局计划单列市分局局长由省税务分局考核提名，报国家税务总局审批任免；副局长由省税务分局任免，报国家税务总局备案。

（八）关于税务系统的经费来源

目前，要维持税务系统现有经费来源渠道不变。今后，关于税务系统经费来源、人员福利待遇等问题，我们将作进一步调查研究，提出方案，报国务院有关部门审定后下达。

三、组建两个税务机构的实施步骤

组建两个税务机构是一项十分复杂而又艰巨的工作，必须在国务院的统一领

导下,按照国务院《通知》规定和国家税务总局的具体部署,有步骤地进行,共分四个阶段。

第一阶段:成立组建筹备组。按照国务院《通知》要求,各省、自治区、直辖市立即成立国家税务总局在各地的直属税务机构和地方税务局组建筹备组,筹备组正、副组长由现任各级税务局正、副局长担任。财政和税务机构未分设的地方,由经正式任命的税务局长或由经国家税务总局同意的主管税务工作的财税厅(局)副厅(局)长负责主持组建筹备组工作。组建筹备组在国家税务总局和地方人民政府领导下,统一负责本地区两个税务机构组建的有关各项工作。

第二阶段:1994年1月1日实行分税制后,两个税务局组建完成前,两个税务机构的工作在组建筹备组的统一领导下,业务人员分开,收入分别入库,合署办公,行政、后勤及原有的经费渠道暂不改变。

第三阶段:1994年3月底以前,各省、自治区、直辖市组建筹备组将本地区组建国家税务局机构的具体实施方案报国家税务总局审批,有关组建地方税务局的实施方案,在征求国家税务总局的意见后,按地方各级人民政府组织法的规定办理。

第四阶段:各地组建实施方案经批准后,各省、自治区、直辖市组建筹备组自下而上地完成两个税务机构的组建工作。全部工作争取在1994年6月底以前完成。

(二)《国务院办公厅关于转发〈国家税务总局关于调整国家税务局、地方税务局税收征管范围的意见〉的通知》(国办发〔1996〕4号)

《国家税务总局关于调整国家税务局、地方税务局税收征管范围的意见》(以下简称《意见》)已经国务院同意,现转发给你们,请遵照执行。

这次对国家税务局和地方税务局税收征管范围进行的调整,是在总结税务机构分设以来工作实践的基础上进行的,这对于巩固财税体制改革的成果,调动中央和地方两个积极性具有积极意义。

1994年经国务院批准的深圳市关于国家税务局和地方税务局税收征管范围划分的试点,可以继续进行,但不扩大到其他特区。

国家税务总局和各级地方政府要按照《意见》的要求,精心组织协调,做好税收征管范围调整工作,保持全国税务系统稳定,确保各项税收工作任务的圆满完成。

附件:国家税务总局关于调整国家税务局、地方税务局税收征管范围的意见

1994年,全国税务系统按照《国务院办公厅转发〈国家税务总局关于组建

在各地的直属税务机构和地方税务局实施意见〉的通知》（国办发〔1993〕87号）的规定，组建了国家税务局和地方税务局两套税务机构，明确划分了两个税务局各自的税收征管范围。机构分设以后，两套税务机构运行基本正常，为保障财税体制改革的顺利进行发挥了重要作用。在总结一年多来工作实践的基础上，拟对国家税务局和地方税务局税收征管范围进行调整，具体意见如下：

一、关于集贸市场和个体工商户税收

个体工商户税收征管范围的划分，按照收入归属原则，由国家税务局和地方税务局分别征收管理。即增值税、消费税由国家税务局负责征收管理，营业税、个人所得税和其他税收由地方税务局负责征收管理。

为加强税收征管，降低税收征收成本，避免工作交叉，方便个体工商户纳税，经国家税务局、地方税务局协商一致，其各自负责征收的税种可以相互委托代征，相互委托代征不收取代征手续费。

集贸市场内的个体工商户按上述规定执行。

二、关于涉外税收

增值税、消费税、外商投资企业和外国企业所得税由国家税务局负责征收管理。营业税、个人所得税及其他地方税种由地方税务局负责征收管理，也可以委托国家税务局代征。

三、关于联营企业、股份制企业所得税

中央与地方所属企、事业单位组成的联营企业、股份制企业的所得税，由国家税务局负责征收管理。

四、关于证券交易税

证券交易税（未开征前对证券交易征收的印花税）由国家税务局负责征收管理。

五、关于教育费附加

教育费附加（铁道、银行总行、保险总公司缴纳的除外）由地方税务局负责征收管理。为简化征收手续，随增值税、消费税附征的教育费附加也可以委托国家税务局代征。

其他工商各税的征收管理范围，仍按国办发〔1993〕87号文件执行。

为贯彻落实上述税收征管范围调整意见，我局将另行制定有关的具体实施办法。

这次税收征管范围调整以后，税务系统的人员、财产不再调整。少数人员确需调动的，由当地国家税务局和地方税务局协商解决。

税收征管范围的调整自1996年2月1日起执行。

（三）《第十三届全国人民代表大会第一次会议关于国务院机构改革方案的决定》

改革国税地税征管体制，将省级和省级以下国税地税机构合并。

（四）《国家税务总局关于税务机构改革有关事项的公告》（国家税务总局公告2018年第32号）

根据国税地税征管体制改革工作部署，省、市、县三级新税务机构将逐步分级挂牌。为确保税务机构改革后各项税收工作平稳有序运行，现就各级新税务机构挂牌后有关事项公告如下：

一、新税务机构挂牌后启用新的行政、业务印章，以新机构名称开展工作，原国税、地税机关的行政、业务印章停止使用。相关证书、文书、表单等启用新的名称、局轨、字轨和编号。

二、新税务机构挂牌后，原国税、地税机关税费征管的职责和工作由继续行使其职权的新机构承继，尚未办结的事项由继续行使其职权的新机构办理，已作出的行政决定、出具的执法文书、签订的各类协议继续有效。纳税人、扣缴义务人以及其他行政相对人已取得的相关证件、资格、证明效力不变。

三、原国税、地税机关承担的税费征收、行政许可、减免退税、税务检查、行政处罚、投诉举报、争议处理、信息公开等事项，在新的规定发布施行前，暂按原规定办理。行政相对人等对新税务机构的具体行政行为不服申请行政复议的，依法向其上一级税务机关提出行政复议申请。

四、纳税人在综合性办税服务厅、网上办税系统可统一办理原国税、地税业务，实行"一厅通办""一网通办""主税附加税一次办"。12366纳税服务热线不再区分国税、地税业务，实现涉税业务"一键咨询"。

五、纳税人、扣缴义务人按规定需要向原国税、地税机关分别报送资料的，相同资料只需提供一套；按规定需要在原国税、地税机关分别办理的事项，同一事项只需申请一次。

六、新税务机构挂牌后，启用新的税收票证式样和发票监制章。挂牌前已由各省税务机关统一印制的税收票证和原各省国税机关已监制的发票在2018年12月31日前可以继续使用，由国家税务总局统一印制的税收票证在2018年12月31日后继续使用。纳税人在用税控设备可以延续使用。

七、新税务机构挂牌后，启用新的税务检查证件。原各省国税、地税机关制发的有效期内的税务检查证件在2018年12月31日前可以继续使用。

三、应用场景

（一）应用场景一：结合《税收征收管理法》第十四条等规定，论述税务机关的税收管辖权

在法裁与江苏省镇江地方税务局第四税务分局等税务处理纠纷案①中，再审法院江苏省高级人民法院被告镇江地税四分局是否具有对辖区内营业税等税费进行征收和管理的法定职责问题，论述如下：根据《税收征收管理法》第五条第一款规定，国务院税务主管部门主管全国税收征收管理工作。各地国家税务局和地方税务局应当按照国务院规定的税收征收管理范围分别进行征收管理。第十四条规定，该法所称税务机关是指各级税务局、税务分局、税务所和按照国务院规定设立的并向社会公告的税务机构。参照国务院办公厅国办发〔1993〕87号《国务院办公厅转发国家税务总局关于组建在各地的直属税务机构和地方税务局实施意见的通知》的规定，地方税务局负责营业税、个人所得税、土地增值税等税费的征收和管理（不包括已明确由国家税务局负责征收的地方税部分）。根据上述规定，所以镇江地税四分局对原告税费有征管法定职责。

（二）应用场景二：结合《发票管理办法》第三条规定，论述发票开具纠纷不属于民事争议

在黄存德与涂庆秀房屋租赁合同纠纷案②中，针对黄存德要求涂庆秀按照法律规定限期向原告提供正式税务发票的诉请，河南省光山县人民法院经审查认为，《发票管理办法》第三条规定，发票是指在购销商品、提供或接受服务以及从事经营活动中，开具收取的收付款凭证。《税收征收管理法》第五条规定，税务机关依法执行职务，任何单位和个人不得阻挠，税务机关应当按照国务院规定的税收征收管理范围分别进行征收管理。《税收征收管理法实施细则》第三条规定，纳税人应当依照税收法律、行政法规的规定履行纳税义务。从上述规定看出，未按照规定开具发票的，是属于违反发票管理法规的行为。因此，开具发票依法纳税属于行政法律关系而不是民事法律关系。黄存德请求判令涂庆秀按照法律规定限期向原告提供正式税务发票，不是人民法院民事诉讼受案范围，应当要求税务机关处理。

---

① 案例来源：江苏省镇江市中级人民法院行政判决书（2015）镇行终字第132号、江苏省高级人民法院行政裁定书（2016）苏行申1278号。

② 案例来源：河南省光山县人民法院民事裁定书（2017）豫1522民初594号。

(三)应用场景三:论述人民法院等机关的税务协助执行义务

在中国农业银行股份有限公司崇左江州支行、谭瑞强等借款合同纠纷执行复议案[1]中,江州区人民法院在执行农行江州支行与谭瑞强、梁巧琴金融借款合同纠纷一案中,于2019年7月15日委托淘宝网司法网络拍卖平台拍卖被执行人谭瑞强名下坐落于崇左市太平路(江湾花园)第6栋101号房。2019年8月1日,买受人郑长喻、郑远碧以1 498 000元的最高应价竞买成交。2019年8月26日,江州区人民法院从拍卖所得价款中扣除案件执行费后,将余款1 487 268元作为执行款发放给农行江州支行。2021年4月27日,该院根据买受人的申请以及依据相关税收法律规定,通知异议人(中国农业银行股份有限公司崇左江州支行)从已发放给异议人的执行款1 487 268元中退回229 568.5元以缴纳被执行人谭瑞强因房产被拍卖应缴纳的税款。中国农业银行股份有限公司崇左江州支行不服该通知,提出异议。

针对该异议,执行法院及复议法院观点基本一致,均认为:根据《最高人民法院关于人民法院网络司法拍卖若干问题的规定》第三十条的规定,网络司法拍卖产生的税费应当依照相关法律、行政法规的规定,由相应主体承担。依照《税收征收管理法》第四十五条规定,税收具有优先权。鉴于人民法院实际控制纳税人因强制执行活动而被拍卖、变卖财产的收入,根据《税收征收管理法》第五条规定,人民法院应当协助税务机关依法优先从拍卖款中扣除税款。本案中,根据案外人申请,执行法院已根据拍卖所得价款1 498 000元向国家税务总局崇左市江州区税务局发函询问应缴纳的税费,结合税务局的答复回函以及案外人郑长喻向税务局调取的存量房交易纳税审核表可以得出,应由出让方缴纳的税种包含增值税、个人所得税、土地增值税、印花税、城市维护建设税、教育费附加、地方教育附加等合计229 568.5元。根据《税收征收管理法》的规定,该笔税费本应由作为出让方的被执行人负担,因未扣除该笔税费就将拍卖所得款发放给申请人,现要求申请人退还该笔款项并无不当,异议人提出的异议不成立。

四、法条总结

本条规定在实务中应用的重点是第一、第三款规定,第一款规定主要用于论述税务机关的征管职权;第三款规定主要用于论述其他部门和单位的税务协助义务。适用第一款规定时,需要考虑自2018年起国地税已经合并的事实;适用第三

---

[1] 案例来源:广西壮族自治区崇左市中级人民法院执行裁定书(2021)桂14执复20号。

款规定时，还需要注意到税务机关在寻求不动产登记部门、国土资源部门甚至生态环境部门工作支持时也会用到本款规定。

五、修法建议

鉴于国地税已于2018年合并，建议应将本法所有"国家税务局和地方税务局"替换为"税务机关"。

第六条

国家有计划地用现代信息技术装备各级税务机关，加强税收征收管理信息系统的现代化建设，建立、健全税务机关与政府其他管理机关的信息共享制度。

纳税人、扣缴义务人和其他有关单位应当按照国家有关规定如实向税务机关提供与纳税和代扣代缴、代收代缴税款有关的信息。

一、法条简析

本条是对税收征收管理信息系统建设的规定。适用的重点在于第二款关于相关单位和个人如实提供税款有关信息规定。

二、相关规定

（一）《税收征收管理法》第二十五条

纳税人必须依照法律、行政法规规定或者税务机关依照法律、行政法规的规定确定的申报期限、申报内容如实办理纳税申报，报送纳税申报表、财务会计报表以及税务机关根据实际需要要求纳税人报送的其他纳税资料。

扣缴义务人必须依照法律、行政法规规定或者税务机关依照法律、行政法规的规定确定的申报期限、申报内容如实报送代扣代缴、代收代缴税款报告表以及税务机关根据实际需要要求扣缴义务人报送的其他有关资料。

（二）《税收征收管理法实施细则》第四条

国家税务总局负责制定全国税务系统信息化建设的总体规划、技术标准、技术方案与实施办法；各级税务机关应当按照国家税务总局的总体规划、技术标准、技术方案与实施办法，做好本地区税务系统信息化建设的具体工作。

地方各级人民政府应当积极支持税务系统信息化建设，并组织有关部门实现相关信息的共享。

三、应用场景

（一）应用场景一：结合《税收征收管理法》第二十五条规定，论述纳税人、扣缴义务人有如实申报纳税的法定义务

在开平市荣鹏进出口贸易有限公司（以下简称"荣鹏公司"）与开平市地方税务局稽查局行政处罚纠纷案[①]中，开平市地方税务局稽查局认定，荣鹏公司应缴未缴，用不合法凭证列支成本及多列费用，进行虚假纳税申报，少缴企业所得税2 111 539.30元。违反《税收征收管理法》第二十五条如实申报法定义务，依据《税收征收管理法》第六十三条规定，做出处罚和补缴税款及滞纳金决定。

针对开平地税稽查局所作"税务行政处罚决定书"是否合法问题，二审法院认为，《税收征收管理法》第六条规定："……纳税人、扣缴义务人和其他有关单位应当按照国家有关规定如实向税务机关提供与纳税和代扣代缴、代收代缴税款有关的信息。"第二十五条规定："纳税人必须依照法律、行政法规规定或者税务机关依照法律、行政法规的规定确定的申报期限、申报内容如实办理纳税申报，报送纳税申报表、财务会计报表以及税务机关根据实际需要要求纳税人报送的其他纳税资料。扣缴义务人必须依照法律、行政法规规定或者税务机关依照法律、行政法规的规定确定的申报期限、申报内容如实报送代扣代缴、代收代缴税款报告表以及税务机关根据实际需要要求扣缴义务人报送的其他有关资料。"可见，纳税义务人应当如实向税务机关提供纳税信息、如实办理纳税申报等。荣鹏公司存在违反如实向税务机关提供纳税信息、如实办理纳税申报等法定义务而欠缴税款的行为。加上未按《税收征收管理法》第八十八条第一款规定要求对案涉"税务处理决定书"提出复议并行政起诉，"税务处理决定书"中"查明的事实可作为开平地税稽查局进行行政处罚的事实依据"（注：对此，笔者有不同观点，详见本书关于《税收征收管理法》第八十八条规定相关总结）。

[①] 案例来源：广东省江门市江海区人民法院行政判决书（2015）江海法行初字第259号、广东省江门市中级人民法院行政判决书（2016）粤07行终112号、广东省高级人民法院行政裁定书（2017）粤行申216号。

（二）应用场景二：结合《税收征收管理法》第五条规定，论述纳税人、扣缴义务人如实提供涉税资料信息的法定义务

迪卡侬（上海）体育用品有限公司长沙梅溪湖分公司与国家税务总局长沙高新技术产业开发区税务局行政处理纠纷案[①]。

1.案件简介

2017年3月26日、6月10日，有消费者向湖南省国税局投诉原告拒绝开具发票，湖南省国税局将该投诉交原长沙市高新区国家税务局处理。该局对该投诉进行了调查处理，针对调查处理过程中发现的问题，为督促原告进行整改，该局工作人员要求原告提供纳税核算凭证、合同、增值税专用发票抵扣凭证等相关资料。该局认为原告未按照要求提交上述资料，于2018年6月28日作出"责令限期改正通知书"，限原告"于2018年7月4日前携带税务机关要求提供的与纳税相关的核算资料办理事宜"，该通知书于当日送达原告。原告对该通知书要求不服，起诉至法院。

2.原告诉由

（1）2017年11月27日，被告工作人员到原告处检查，认为原告账务有问题且非正常抵扣。在未出具"调取账簿资料通知书"的情形下，要求原告提供自开业以来销售货物合同、进项发票原件、销售流水、财务报表、凭证、收付款凭证、账簿等，并停供原告发票。原告接到被告电话通知后，向被告提供了进项发票的原件，合同、销售流水、财物报表、凭证、银行流水的电子档，并向专管员说明，请先行浏览电子档资料，如有疑问，原告会抽取原始凭证提供至税务局。但被告方专管员拒绝阅读电子版材料，并继续停票。

（2）2018年6月28日，被告以"提供虚假资料，不如实反映情况，或者拒绝提供有关资料"为由，向原告出具"责令限期改正通知书"，并告知原告会再次停票，并开具罚单。原告认为，原告不具有上述违法事由，在检查过程中并没有提供虚假资料或不如实反映情况，亦没有拒绝提供有关资料。被告工作人员未按法律规定在检查过程中出示税务检查证和"税务检查通知书"，向原告调取账簿等有关资料时也未出具经税务局局长批准的"调取账簿资料通知书"，故被告出具"责令限期改正通知书"违法。

3.法院裁判

《税收征收管理法》第五条规定，"各地国家税务局和地方税务局应当按照国

---

① 案例来源：湖南省长沙市岳麓区人民法院行政裁定书（2018）湘0104行初328号。

务院规定的税收征收管理范围分别进行征收管理。"该法第六条规定,"纳税人、扣缴义务人和其他有关单位应当按照国家有关规定如实向税务机关提供与纳税和代扣代缴、代收代缴税款有关的信息。"被告对原告作出的"责令限期改正通知书"是被告在税收征收管理过程中,向纳税人发出的要求配合税务管理、提供有关信息的通知,并未设立、变更或终止原告的权利义务,属于对原告的权利义务明显不产生实际影响的行为。据此,依照《最高人民法院关于适用〈中华人民共和国行政诉讼法〉的解释》第六十九条第一款第(八)项的规定,裁定:驳回原告迪卡侬(上海)体育用品有限公司长沙梅溪湖分公司的起诉。

4.案例简析

本案虽主要以被告行为对原告的权利义务明显不产生实际影响为由,驳回原告诉讼请求。但根据《税收征收管理法》第六条结合第五条规定,论述纳税人有向税务机关如实提供相关信息资料的法定义务,也是本案原告败诉的原因之一。

四、法条总结

本条规定适用的重点在于明确了纳税人、代缴义务人如实提供涉税信息的法定义务,该款规定结合《税收征收管理法》第二十五条、第五条规定,又可分别论述其如实申报纳税和提供涉税资料信息的法定义务。

五、修法建议

本条规定第二款与本法第五十七条规定有重叠,第五十七条规定"税务机关依法进行税务检查时,有权向有关单位和个人调查纳税人、扣缴义务人和其他当事人与纳税或者代扣代缴、代收代缴税款有关的情况,有关单位和个人有义务向税务机关如实提供有关资料及证明材料"。建议:将本条规定之第二款删除。

第七条

税务机关应当广泛宣传税收法律、行政法规,普及纳税知识,无偿地为纳税人提供纳税咨询服务。

一、法条简析

本条是对税务机关税收宣传服务义务的规定。

二、相关规定

中共中央办公厅、国务院办公厅印发《关于进一步深化税收征管改革的意见》第十七条规定,探索实施大企业税收事先裁定并建立健全相关制度。

三、应用场景

(一)典型案例一：结合《税收征收管理法》第五条规定,论述税务机关的税收宣传义务

在南京创新机电管带有限公司(以下简称"创新机电公司")与南京市江宁区国家税务局(以下简称"江宁区国税局")税务行政管理(税务)行政确认纠纷案[①]中,2015年11月29日,被告江宁区国税局向原告创新机电公司发送242号告知函,写明："为了促进纳税人诚信自律,提高税法遵从度,规范纳税信用管理,推进社会信用体系建设,现将你单位2014年度在履行国税税收义务过程中,存在的违规(违法)事项(部分)函告如下：到目前为止,你单位法定代表人陈金宝同时兼任南京天印山食府单位的法定代表人,该单位已被税务机关认定为非正常。截至2015年10月19日累计欠税1 237 191.6元,其中：2010年5月欠税1 237 191.6元。以上不良记录,影响了你公司2014年度的纳税信用评定结果。纳税信用作为社会征信体系的重要内容,是税务机关与相关部门实施联合惩戒措施,以及结合实际情况依法采取其他严格管理措施的依据。你单位应认真分析产生上述不良记录的具体原因,自行完善内部管理制度,不断提升税收业务技能,自觉遵守税收法律法规,重塑企业税收信用。特此告知。"原告创新机电公司对此函认定不服认为,被告江宁区国税局作出的上述认定没有任何事实和法律依据,捏造和虚构不良记录告知函。

一审、二审法院均认为,《税收征收管理法》第五条第一款规定,国务院税务主管部门主管全国税收征收管理工作。各地国家税务局和地方税务局应当按照国务院规定的税收征收管理范围分别进行征收管理。该法第七条规定,税务机关应当广泛宣传税收法律、行政法规,普及纳税知识,无偿地为纳税人提供纳税咨询服务。因创新机电公司住所地位于南京市江宁区,属江宁区国税局所辖行政区域内,故江宁区国税局向创新机电公司发出的242号告知函行为系依法正当履行职责。

[①] 案例来源：南京铁路运输法院行政裁定书(2016)苏8602行初261号、江苏省南京市中级人民法院行政裁定书(2017)苏01行终24号。

（二）典型案例二：大企业税收事先裁定的相关报道

1.青岛市李沧区税务局提出上市企业税收风险防控机制建议[①]

2022年4月28日，青岛泰德汽车轴承股份有限公司北交所首发上市申请（IPO）成功过会，成为北交所开市以来青岛首家过会企业。在了解这一情况后，青岛市李沧区税务局工作人员就裁定事项实行后续跟踪监控，形成《大企业税收事项事先裁定跟踪监控分析报告》，做到事前指导，事后备案。

2.江苏省苏州市税务局为企业量身定制共同成本费用分摊方法[②]

望亭发电厂最早成立于1958年，主营电力生产、销售，热力生产、销售。企业经营期间，投资方先后与上海电力股份有限公司、中国华电集团有限公司发生股权投资及业务往来。如今，望亭发电厂内集合了上海华电电力发展有限公司望亭发电分公司、江苏华电望亭天然气发电有限公司、中国华电集团有限公司江苏望亭发电分公司三个独立主体，同属于中国华电集团。三个主体的生产管理人员均与望亭发电厂签署劳动合同，形成了"三块牌子、一套人马、一个厂区"的特殊经营模式，很难将发生的成本费用一一对应列支，由此产生了相应的涉税风险。

关注到这一情况后，江苏省税务局和苏州市税务局大企业税收管理部门联合苏州相城区税务局第二税务分局多次深入企业调研，实地掌握企业的情况，为企业量身定制解决方案，以签订《大企业涉税事项事先裁定备忘录》的形式，对三户企业未来发生的共同成本费用的分摊方法及其税收法律法规的适用做出了裁定备案，有效解决了困扰纳税人的难题。

四、法条总结

税法宣传是税务机关的一项法定义务。为此，每年国家税务总局都会发出税收宣传月活动相关通知，对税收宣传提出具体要求。但笔者认为，在具体税收执法、服务工作中，结合实际情况做好税法宣传，社会效果会更直接、更有效。

五、修法建议

本条规定有两点疏漏：1.扣缴义务人及其他涉税当事人也需要无偿纳税咨询服务。2.地方性的税收规范性文件也是纳税人、扣缴义务人及其他涉税当事人需

[①] 详见：https://qd.ifeng.com/c/8GxvQX2UMXl，访问时间：2022年10月22日。

[②] 详见：http://www.jjckb.cn/2022-01/29/c_1310446750.htm，访问时间：2022年10月22日。

要了解的内容之一，也需要税务机关广泛宣传。建议：在本条规定中增加相应内容。

第八条

> 纳税人、扣缴义务人有权向税务机关了解国家税收法律、行政法规的规定以及与纳税程序有关的情况。
>
> 纳税人、扣缴义务人有权要求税务机关为纳税人、扣缴义务人的情况保密。税务机关应当依法为纳税人、扣缴义务人的情况保密。
>
> 纳税人依法享有申请减税、免税、退税的权利。
>
> 纳税人、扣缴义务人对税务机关所作出的决定，享有陈述权、申辩权；依法享有申请行政复议、提起行政诉讼、请求国家赔偿等权利。
>
> 纳税人、扣缴义务人有权控告和检举税务机关、税务人员的违法违纪行为。

一、法条简析

纳税人负有法定的纳税义务，扣缴义务人负有法定的代扣代缴、代收代缴义务，相应地，他们也享有法定的权利。本条明确规定了纳税人、扣缴义务人在税收征收管理中所享有的若干重要权利。

二、相关规定

（一）《宪法》第四十一条

中华人民共和国公民对于任何国家机关和国家工作人员，有提出批评和建议的权利；对于任何国家机关和国家工作人员的违法失职行为，有向有关国家机关提出申诉、控告或者检举的权利，但是不得捏造或者歪曲事实进行诬告陷害。

对于公民的申诉、控告或者检举，有关国家机关必须查清事实，负责处理。任何人不得压制和打击报复。

由于国家机关和国家工作人员侵犯公民权利而受到损失的人，有依照法律规定取得赔偿的权利。

（二）《税收征收管理法实施细则》第五条

税收征管法第八条所称为纳税人、扣缴义务人保密的情况，是指纳税人、扣缴义务人的商业秘密及个人隐私。纳税人、扣缴义务人的税收违法行为不属于保密范围。

（三）《税务稽查案件办理程序规定》（国家税务总局令第52号）第九条

税务稽查人员对实施税务稽查过程中知悉的国家秘密、商业秘密或者个人隐私、个人信息，应当依法予以保密。

纳税人、扣缴义务人和其他涉税当事人的税收违法行为不属于保密范围。

（四）《国家税务总局关于纳税人权利与义务的公告》（国家税务总局公告2009年第1号颁布、国家税务总局公告2018年第31号修改）

为便于您全面了解纳税过程中所享有的权利和应尽的义务，帮助您及时、准确地完成纳税事宜，促进您与我们在税收征纳过程中的合作（"您"指纳税人或扣缴义务人，"我们"指税务机关或税务人员。下同），根据《中华人民共和国税收征收管理法》及其实施细则和相关税收法律、行政法规的规定，现就您的权利和义务告知如下：

您的权利

您在履行纳税义务过程中，依法享有下列权利：

一、知情权

您有权向我们了解国家税收法律、行政法规的规定以及与纳税程序有关的情况，包括：现行税收法律、行政法规和税收政策规定；办理税收事项的时间、方式、步骤以及需要提交的资料；应纳税额核定及其他税务行政处理决定的法律依据、事实依据和计算方法；与我们在纳税、处罚和采取强制执行措施时发生争议或纠纷时，您可以采取的法律救济途径及需要满足的条件。

二、保密权

您有权要求我们为您的情况保密。我们将依法为您的商业秘密和个人隐私保密，主要包括您的技术信息、经营信息和您、主要投资人以及经营者不愿公开的个人事项。上述事项，如无法律、行政法规明确规定或者您的许可，我们将不会对外部门、社会公众和其他个人提供。但根据法律规定，税收违法行为信息不属于保密范围。

三、税收监督权

您对我们违反税收法律、行政法规的行为，如税务人员索贿受贿、徇私舞弊、玩忽职守，不征或者少征应征税款，滥用职权多征税款或者故意刁难等，可以进行检举和控告。同时，您对其他纳税人的税收违法行为也有权进行检举。

四、纳税申报方式选择权

您可以直接到办税服务厅办理纳税申报或者报送代扣代缴、代收代缴税款报告表，也可以按照规定采取邮寄、数据电文或者其他方式办理上述申报、报送事项。但采取邮寄或数据电文方式办理上述申报、报送事项的，需经您的主管税务机关批准。

您如采取邮寄方式办理纳税申报，应当使用统一的纳税申报专用信封，并以邮政部门收据作为申报凭据。邮寄申报以寄出的邮戳日期为实际申报日期。

数据电文方式是指我们确定的电话语音、电子数据交换和网络传输等电子方式。您如采用电子方式办理纳税申报，应当按照我们规定的期限和要求保存有关资料，并定期书面报送给我们。

五、申请延期申报权

您如不能按期办理纳税申报或者报送代扣代缴、代收代缴税款报告表，应当在规定的期限内向我们提出书面延期申请，经核准，可在核准的期限内办理。经核准延期办理申报、报送事项的，应当在税法规定的纳税期内按照上期实际缴纳的税额或者我们核定的税额预缴税款，并在核准的延期内办理税款结算。

六、申请延期缴纳税款权

如您因有特殊困难，不能按期缴纳税款的，经省、自治区、直辖市税务局批准，可以延期缴纳税款，但是最长不得超过三个月。计划单列市税务局可以参照省税务机关的批准权限，审批您的延期缴纳税款申请。

您满足以下任何一个条件，均可以申请延期缴纳税款：一是因不可抗力，导致您发生较大损失，正常生产经营活动受到较大影响的；二是因当期货币资金在扣除应付职工工资、社会保险费后，不足以缴纳税款的。

七、申请退还多缴税款权

对您超过应纳税额缴纳的税款，我们发现后，将自发现之日起10日内办理退还手续；如您自结算缴纳税款之日起三年内发现的，可以向我们要求退还多缴的税款并加算银行同期存款利息。我们将自接到您退还申请之日起30日内查实并办理退还手续，涉及从国库中退库的，依照法律、行政法规有关国库管理的规定退还。

八、依法享受税收优惠权

您可以依照法律、行政法规的规定书面申请减税、免税。减税、免税的申请须经法律、行政法规规定的减税、免税审查批准机关审批。减税、免税期满，应当自期满次日起恢复纳税。减税、免税条件发生变化的，应当自发生变化之日起

15日内向我们报告；不再符合减税、免税条件的，应当依法履行纳税义务。

如您享受的税收优惠需要备案的，应当按照税收法律、行政法规和有关政策规定，及时办理事前或事后备案。

九、委托税务代理权

您有权就以下事项委托税务代理人代为办理：办理、变更或者注销税务登记、除增值税专用发票外的发票领购手续、纳税申报或扣缴税款报告、税款缴纳和申请退税、制作涉税文书、审查纳税情况、建账建制、办理财务、税务咨询、申请税务行政复议、提起税务行政诉讼以及国家税务总局规定的其他业务。

十、陈述与申辩权

您对我们作出的决定，享有陈述权、申辩权。如果您有充分的证据证明自己的行为合法，我们就不得对您实施行政处罚；即使您的陈述或申辩不充分合理，我们也会向您解释实施行政处罚的原因。我们不会因您的申辩而加重处罚。

十一、对未出示税务检查证和税务检查通知书的拒绝检查权

我们派出的人员进行税务检查时，应当向您出示税务检查证和税务检查通知书；对未出示税务检查证和税务检查通知书的，您有权拒绝检查。

十二、税收法律救济权

您对我们作出的决定，依法享有申请行政复议、提起行政诉讼、请求国家赔偿等权利。

您、纳税担保人同我们在纳税上发生争议时，必须先依照我们的纳税决定缴纳或者解缴税款及滞纳金或者提供相应的担保，然后可以依法申请行政复议；对行政复议决定不服的，可以依法向人民法院起诉。如您对我们的处罚决定、强制执行措施或者税收保全措施不服的，可以依法申请行政复议，也可以依法向人民法院起诉。

当我们的职务违法行为给您和其他税务当事人的合法权益造成侵害时，您和其他税务当事人可以要求税务行政赔偿。主要包括：一是您在限期内已缴纳税款，我们未立即解除税收保全措施，使您的合法权益遭受损失的；二是我们滥用职权违法采取税收保全措施、强制执行措施或者采取税收保全措施、强制执行措施不当，使您或者纳税担保人的合法权益遭受损失的。

十三、依法要求听证的权利

对您作出规定金额以上罚款的行政处罚之前，我们会向您送达《税务行政处罚事项告知书》，告知您已经查明的违法事实、证据、行政处罚的法律依据和拟将给予的行政处罚。对此，您有权要求举行听证。我们将应您的要求组织听证。如您认为我们指定的听证主持人与本案有直接利害关系，您有权申请主持人回避。

对应当进行听证的案件，我们不组织听证，行政处罚决定不能成立。但您放弃听证权利或者被正当取消听证权利的除外。

十四、索取有关税收凭证的权利

我们征收税款时，必须给您开具完税凭证。扣缴义务人代扣、代收税款时，纳税人要求扣缴义务人开具代扣、代收税款凭证时，扣缴义务人应当开具。

我们扣押商品、货物或者其他财产时，必须开付收据；查封商品、货物或者其他财产时，必须开付清单。

您的义务

依照宪法、税收法律和行政法规的规定，您在纳税过程中负有以下义务：

一、依法进行税务登记的义务

您应当自领取营业执照之日起30日内，持有关证件，向我们申报办理税务登记。税务登记主要包括领取营业执照后的设立登记、税务登记内容发生变化后的变更登记、依法申请停业、复业登记、依法终止纳税义务的注销登记等。

在各类税务登记管理中，您应该根据我们的规定分别提交相关资料，及时办理。同时，您应当按照我们的规定使用税务登记证件。税务登记证件不得转借、涂改、损毁、买卖或者伪造。

二、依法设置账簿、保管账簿和有关资料以及依法开具、使用、取得和保管发票的义务

您应当按照有关法律、行政法规和国务院财政、税务主管部门的规定设置账簿，根据合法、有效凭证记账，进行核算；从事生产、经营的，必须按照国务院财政、税务主管部门规定的保管期限保管账簿、记账凭证、完税凭证及其他有关资料；账簿、记账凭证、完税凭证及其他有关资料不得伪造、变造或者擅自损毁。

此外，您在购销商品、提供或者接受经营服务以及从事其他经营活动中，应当依法开具、使用、取得和保管发票。

三、财务会计制度和会计核算软件备案的义务

您的财务、会计制度或者财务、会计处理办法和会计核算软件，应当报送我们备案。您的财务、会计制度或者财务、会计处理办法与国务院或者国务院财政、税务主管部门有关税收的规定抵触的，应依照国务院或者国务院财政、税务主管部门有关税收的规定计算应纳税款、代扣代缴和代收代缴税款。

四、按照规定安装、使用税控装置的义务

国家根据税收征收管理的需要，积极推广使用税控装置。您应当按照规定安装、使用税控装置，不得损毁或者擅自改动税控装置。如您未按规定安装、使用税控装置，或者损毁或者擅自改动税控装置的，我们将责令您限期改正，并可根据情节轻重处以规定数额内的罚款。

五、按时、如实申报的义务

您必须依照法律、行政法规规定或者我们依照法律、行政法规的规定确定的申报期限、申报内容如实办理纳税申报，报送纳税申报表、财务会计报表以及我们根据实际需要要求您报送的其他纳税资料。

作为扣缴义务人，您必须依照法律、行政法规规定或者我们依照法律、行政法规的规定确定的申报期限、申报内容如实报送代扣代缴、代收代缴税款报告表以及我们根据实际需要要求您报送的其他有关资料。

您即使在纳税期内没有应纳税款，也应当按照规定办理纳税申报。享受减税、免税待遇的，在减税、免税期间应当按照规定办理纳税申报。

六、按时缴纳税款的义务

您应当按照法律、行政法规规定或者我们依照法律、行政法规的规定确定的期限，缴纳或者解缴税款。

未按照规定期限缴纳税款或者未按照规定期限解缴税款的，我们除责令限期缴纳外，从滞纳税款之日起，按日加收滞纳税款万分之五的滞纳金。

七、代扣、代收税款的义务

如您按照法律、行政法规规定负有代扣代缴、代收代缴税款义务，必须依照法律、行政法规的规定履行代扣、代收税款的义务。您依法履行代扣、代收税款义务时，纳税人不得拒绝。纳税人拒绝的，您应当及时报告我们处理。

八、接受依法检查的义务

您有接受我们依法进行税务检查的义务，应主动配合我们按法定程序进行的税务检查，如实地向我们反映自己的生产经营情况和执行财务制度的情况，并按有关规定提供报表和资料，不得隐瞒和弄虚作假，不能阻挠、刁难我们的检查和监督。

九、及时提供信息的义务

您除通过税务登记和纳税申报向我们提供与纳税有关的信息外，还应及时提供其他信息。如您有歇业、经营情况变化、遭受各种灾害等特殊情况的，应及时向我们说明，以便我们依法妥善处理。

十、报告其他涉税信息的义务

为了保障国家税收能够及时、足额征收入库，税收法律还规定了您有义务向我们报告如下涉税信息：

1.您有义务就您与关联企业之间的业务往来，向当地税务机关提供有关的价格、费用标准等资料。

您有欠税情形而以财产设定抵押、质押的，应当向抵押权人、质权人说明您的欠税情况。

2.企业合并、分立的报告义务。您有合并、分立情形的，应当向我们报告，并依法缴清税款。合并时未缴清税款的，应当由合并后的纳税人继续履行未履行的纳税义务；分立时未缴清税款的，分立后的纳税人对未履行的纳税义务应当承担连带责任。

3.报告全部账号的义务。如您从事生产、经营，应当按照国家有关规定，持税务登记证件，在银行或者其他金融机构开立基本存款账户和其他存款账户，并自开立基本存款账户或者其他存款账户之日起15日内，向您的主管税务机关书面报告全部账号；发生变化的，应当自变化之日起15日内，向您的主管税务机关书面报告。

4.处分大额财产报告的义务。如您的欠缴税款数额在5万元以上，您在处分不动产或者大额资产之前，应当向我们报告。

（五）《行政处罚法》第七条

公民、法人或者其他组织对行政机关所给予的行政处罚，享有陈述权、申辩权；对行政处罚不服的，有权依法申请行政复议或者提起行政诉讼。公民、法人或者其他组织因行政机关违法给予行政处罚受到损害的，有权依法提出赔偿要求。

（六）《国家税务总局关于印发〈纳税人涉税保密信息管理暂行办法〉的通知》（根据国税发〔2008〕93号颁布，国家税务总局公告2018年第31号修改）

各省、自治区、直辖市和计划单列市国家税务局、地方税务局：

为维护纳税人合法权益，完善税务机关对纳税人涉税信息资料的保密管理制度，规范税务机关受理外部门查询纳税人涉税保密信息的程序，根据《中华人民共和国税收征收管理法》及其实施细则，税务总局制定了《纳税人涉税保密信息管理暂行办法》。现印发给你们，请认真遵照执行。在执行过程中遇到的问题，请及时报告税务总局（纳税服务司）。

附件：纳税人、扣缴义务人涉税保密信息查询申请表

国家税务总局
二〇〇八年十月九日

纳税人涉税保密信息管理暂行办法

第一章 总则

第一条 为维护纳税人的合法权益，规范对纳税人涉税保密信息管理工作，根据《中华人民共和国税收征收管理法》和《中华人民共和国税收征收管理法实施细则》及相关法律、法规的规定，制定本办法。

第二条 本办法所称纳税人涉税保密信息，是指税务机关在税收征收管理工作中依法制作或者采集的，以一定形式记录、保存的涉及纳税人商业秘密和个人隐私的信息。主要包括纳税人的技术信息、经营信息和纳税人、主要投资人以及经营者不愿公开的个人事项。

纳税人的税收违法行为信息不属于保密信息范围。

第三条 对于纳税人的涉税保密信息，税务机关和税务人员应依法为其保密。除下列情形外，不得向外部门、社会公众或个人提供：

（一）按照法律、法规的规定应予公布的信息；

（二）法定第三方依法查询的信息；

（三）纳税人自身查询的信息；

（四）经纳税人同意公开的信息。

第四条 根据法律、法规的要求和履行职责的需要，税务机关可以披露纳税人的有关涉税信息，主要包括：根据纳税人信息汇总的行业性、区域性等综合涉税信息、税收核算分析数据、纳税信用等级以及定期定额户的定额等信息。

第五条 各级税务机关应指定专门部门负责纳税人涉税非保密信息的对外披露、纳税人涉税保密信息查询的受理和纳税人涉税保密信息的对外提供工作。要制定严格的信息披露、提供和查询程序，明确工作职责。

第二章 涉税保密信息的内部管理

第六条 在税收征收管理工作中，税务机关、税务人员应根据有关法律、法规规定和征管工作需要，向纳税人采集涉税信息资料。

第七条 税务机关、税务人员在税收征收管理工作各环节采集、接触到纳税人涉税保密信息的，应当为纳税人保密。

第八条 税务机关内部各业务部门、各岗位人员必须在职责范围内接收、使用和传递纳税人涉税保密信息。

对涉税保密信息纸质资料，税务机关应明确责任人员，严格按照程序受理、审核、登记、建档、保管和使用。

对涉税保密信息电子数据，应由专门人员负责采集、传输和储存、分级授权查询，避免无关人员接触纳税人的涉税保密信息。

第九条 对存储纳税人涉税保密信息的纸质资料或者电子存储介质按规定销毁时，要指定专人负责监督，确保纸质资料全部销毁，电子存储介质所含数据不可恢复。

第十条 税务机关在税收征收管理信息系统或者办公用计算机系统的开发建设、安装调试、维护维修过程中，要与协作单位签订保密协议，采取保密措施，防止纳税人涉税保密信息外泄。

第十一条 税务机关对纳税人涉税保密资料的存放场所要确保安全，配备必要的防盗设施。

第三章 涉税保密信息的外部查询管理

第十二条 税务机关对下列单位和个人依照法律、法规规定，申请对纳税人涉税保密信息进行的查询应在职责范围内予以支持。具体包括：

（一）人民法院、人民检察院和公安机关根据法律规定进行的办案查询；

（二）纳税人对自身涉税信息的查询；

（三）抵押权人、质权人请求税务机关提供纳税人欠税有关情况的查询。

第十三条 人民法院、人民检察院和公安机关依法查询纳税人涉税保密信息的，应当向被查询纳税人所在地的县级或县级以上税务机关提出查询申请。

第十四条 人民法院、人民检察院和公安机关向税务机关提出查询申请时，应当由两名以上工作人员到主管税务机关办理，并提交以下资料：

1.纳税人、扣缴义务人涉税保密信息查询申请表（式样见附件）；

2.单位介绍信；

3.有效身份证件原件。

第十五条 纳税人通过税务机关网站提供的查询功能查询自身涉税信息的，必须经过身份认证和识别。

直接到税务机关查询自身涉税保密信息的纳税人，应当向主管税务机关提交下列资料：

1.纳税人、扣缴义务人涉税保密信息查询申请表;

2.查询人本人有效身份证件原件。

第十六条 纳税人授权其他人员代为查询的,除提交第十五条规定资料外,还需提交纳税人本人(法定代表人或财务负责人)签字的委托授权书和代理人的有效身份证件原件。

第十七条 抵押权人、质权人申请查询纳税人的欠税有关情况时,除提交本办法第十五条、第十六条规定的资料外,还需提交合法有效的抵押合同或者质押合同的原件。

第十八条 税务机关应在本单位职责权限内,向查询申请单位或个人(以下简称"申请人")提供有关纳税人的涉税保密信息。

第十九条 税务机关负责受理查询申请的部门,应对申请人提供的申请资料进行形式审查。对于资料齐全的,依次交由部门负责人和单位负责人分别进行复核和批准;对申请资料不全的,一次性告知申请人补全相关申请资料。

负责核准的人员应对申请查询的事项进行复核,对符合查询条件的,批准交由有关部门按照申请内容提供相关信息;对不符合查询条件的,签署不予批准的意见,退回受理部门,由受理部门告知申请人。

负责提供信息的部门,应根据已批准的查询申请内容,及时检索、整理和制作有关信息,并按规定程序交由查询受理部门。受理部门应在履行相关手续后将有关信息交给申请人。

第二十条 税务机关应根据申请人查询信息的内容,本着方便申请人的原则,确定查询信息提供的时间和具体方式。

第二十一条 税务机关对申请人申请查询涉税信息的申请资料应专门归档管理,保存期限为3年。

第四章 责任追究

第二十二条 各级税务机关应强化保密教育,努力增强税务人员的保密意识,采取有效措施,防止泄密、失密。

第二十三条 对有下列行为之一的税务人员,按照《中华人民共和国税收征收管理法》第八十七条的规定处理:

(一)在受理、录入、归档、保存纳税人涉税资料过程中,对外泄露纳税人涉税保密信息的;

(二)在日常税收管理、数据统计、报表管理、税源分析、纳税评估过程中,对外泄露纳税人涉税保密信息的；

（三）违规设置查询权限或者违规进行技术操作，使不应知晓纳税人涉税保密信息的税务人员可以查询或者知晓的；

（四）违反规定程序向他人提供纳税人涉税保密信息的。

第二十四条 有关查询单位和个人发生泄露纳税人涉税保密信息的，按照有关法律、法规的规定处理。

第二十五条 各级税务机关要严格执行泄密汇报制度，及时掌握泄密情况。对延误报告时间或者故意隐瞒、影响及时采取补救措施的，根据造成后果的严重程度，分别追究经办人和有关负责人的责任。

第五章 附则

第二十六条 本办法由国家税务总局负责解释。各省、自治区、直辖市和计划单列市税务局可根据本办法，制定具体实施办法。

第二十七条 扣缴义务人涉税保密信息的管理适用本办法。

第二十八条 按照《国务院办公厅关于社会信用体系建设的若干意见》（国办发〔2007〕17号）的要求，税务总局与国务院相关部门建立的信息共享制度中涉及的保密规定，另行制定。

第二十九条 我国政府与其他国家（地区）政府缔结的税收协定或情报交换协议中涉及纳税人涉税信息保密的，按协定或协议的规定办理。

第三十条 本办法自2009年1月1日起施行。

三、应用场景

（一）应用场景一：结合国家税务总局公告2009年第1号相关规定，论述税收信息知情权的范围

在荣福置业有限公司诉上海市徐汇区国家税务局履行法定职责纠纷案[①]中，原告（荣福置业有限公司）系上海某公司股东之一，上海某公司在开发"××苑"房产项目过程中，因偷逃税收等问题被举报。2010年2月25日，被告（上海市徐汇区国家税务局）向上海某公司作出沪国税×二所税通〔2010〕××号"税务事项通知书"，核定该公司应补缴相应税款。原告曾于2011年1月27日向上海市徐汇区人民法院提起行政诉讼，被裁定驳回起诉。同年4月8日，原告董事陈

---

① 案例来源：上海市徐汇区人民法院行政判决书（2011）徐行初字第86号、上海市第一中级人民法院行政判决书（2011）沪一中行终字第328号。

某代表原告再次致被告申请函,请求依法行使知情权、税收监督权,被告于同年5月18日回复称"荣福置业有限公司不是上述'税务事项通知书'具体行政行为的相对人,不属于《关于纳税人权利与义务的公告》(国家税务局公告2009年第×号)规定的纳税人或扣缴义务人,我局没有义务告知荣福置业有限公司和您来信要求的事项"。原告不服起诉至法院,请求撤销被告作出的原告不是"税务事项通知书"的认定,向原告履行相关告知义务,并请求撤销原告不是"税务事项通知书"具体行政行为的相对人的认定。

法院认为,根据《税收征管法》第八条之规定,纳税人、扣缴义务人有权向税务机关了解国家税收法律、行政法规的规定以及与纳税程序有关的情况。《关于纳税人权利与义务的公告》(国家税务总局公告2009年第1号)中亦明确纳税人或扣缴义务人对"应纳税额核定及其他税务行政处理决定的法律依据、事实依据和计算方法"等情况享有知情权。本案中,上海市徐汇区国家税务局针对上海某公司作出"税务事项通知书",荣福置业有限公司虽系上海某公司的股东,但并非上述规定中享有知情权的纳税人或扣缴义务人,上海市徐汇区国家税务局在收到上诉人(荣福置业有限公司)要求知晓相关事项的信函后,以书面形式答复其无法定义务告知荣福置业有限公司所要求知晓的事项,应属履行了法定职责,答复内容和形式亦无不当。诉讼中,荣福置业有限公司虽称其与"税务事项通知书"有利害关系,依法享有诉权,但这并不等同于其对"税务事项通知书"的相关事项享有知情权,荣福置业有限公司以此为由要求被上诉人告知相关事项,依据不足。

(二)应用场景二:第二款规定结合《政府信息公开条例》第十五条规定,明确涉第三方合法权益税务信息的公开程序

在徐东璞与国家税务总局济南高新技术产业开发区税务局(以下简称"高新税务局")、国家税务总局济南市税务局(以下简称"济南市税务局")政府信息公开及行政复议纠纷案[1]中,2019年4月28日,徐东璞以邮寄方式向高新税务局寄送政府信息公开申请书,要求公开曹雪艳缴纳税的相关信息。高新税务局2019年4月29日收到该政府信息公开申请书,于2019年5月6日向曹雪艳做出"税务事项通知书",征求其是否公开缴纳税相关信息的意见,曹雪艳于当日向高新税务局回复,表示不同意公开其纳税情况的相关信息。2019年5月17日,高新税务

---

[1] 案例来源:山东省济南高新技术产业开发区人民法院行政判决书(2020)鲁0191行初22号、山东省济南市中级人民法院行政判决书(2020)鲁01行终1203号。

局作出《依申请公开政府信息告知书》（济高新税告〔2019〕2号），并于同日以邮寄方式向原告送达。徐东璞对该告知不服，于2019年5月29日以邮寄方式向济南市税务局提出行政复议申请，该局2019年5月31日收到该行政复议申请书，于2019年7月22日作出行政复议决定（济税复决字〔2019〕6号），决定维持被申请人作出的依申请公开政府信息告知书（济高新税告〔2019〕2号）并于2019年7月22日向徐东璞邮寄送达。

针对高新税务局应否向原告公开第三人纳税信息的问题，法院认为，《税收征收管理法》第八条第二款规定："纳税人、扣缴义务人有权要求税务机关为纳税人、扣缴义务人的情况保密。税务机关应当依法为纳税人、扣缴义务人的情况保密。"《政府信息公开条例》第十五条规定："涉及商业秘密、个人隐私等公开会对第三方合法权益造成损害的政府信息，行政机关不得公开。但是，第三方同意公开或者行政机关认为不公开会对公共利益造成重大影响的，予以公开。"本案中，高新税务局2019年4月29日收到政府信息公开申请后，向第三人曹雪艳征询其是否同意公开相关缴纳税的信息。曹雪艳回复高新税务局，表示不同意公开其纳税情况的相关信息。高新税务局据此作出《依申请公开政府信息告知书》（济高新税告〔2019〕2号），决定对徐东璞申请公开的"曹雪艳纳税相关信息"不予公开。该行政行为符合上述法律规定，并无不当。

（三）应用场景三：第三款规定结合《税收征收管理法》第五十一条及相关规定，论述申请退税的主体资格

1. 典型案例一：徐强、花玉林、周雅华与上海市浦东新区国家税务局（以下简称"浦东国税局"）、被告上海市浦东新区地方税务局（以下简称"浦东地税局"）不履行法定职责纠纷案[①]

原告徐强、花玉林、周雅华作为买受人，与卖售人耿杰的委托代理人葛仕诚于2010年10月8日关于本市浦东新区利津路×××弄×××号×××室房屋签订上海市房地产买卖合同，并于当日缴纳了一般营业税80 000元、个人所得税32 000元以及城市维护建设税、教育费附加和河道管理费8 800元，两被告出具的税收通用缴款书显示缴款人为耿杰。后因上述房屋买卖合同履行纠纷，三原告向上海市浦东新区人民法院起诉要求耿杰继续履行房屋买卖合同，上海市浦东新区人民法院因葛仕诚涉嫌刑事犯罪，需依法移送侦查机关，于2012年7月16日作出（2011）浦民一（民）初字第20082号民事裁定，驳回三原告的起诉。2013年

---

① 案例来源：上海市浦东新区人民法院行政判决书（2014）浦行初字第437号。

9月17日，上海市浦东新区人民法院作出（2013）浦刑初字第2775号刑事判决，认定葛仕诚构成合同诈骗罪，判处葛仕诚有期徒刑七年，罚金10 000元。

三原告委托律师庄炜萍于2014年7月16日邮寄律师函一份至被告浦东国税局、浦东地税局，要求两被告于2014年7月31日16：00前联系原告，退回上述房屋买卖所缴纳的全部税费并支付相应利息。两被告收到原告的律师函后，电话联系庄炜萍，告知纳税义务人为耿杰而非三原告，且寄送律师函并非法定退税申请方式，无法受理原告提出的退税申请。原告不服，向浦东区政府申请复议，浦东区政府于2014年10月11日作出不予受理决定。原告仍不服，遂起诉要求两被告退还营业税并赔偿利息损失。

针对原告是否有权提出退税申请，法院认为，《税收征收管理法》第八条第三款规定，纳税人依法享有申请减税、免税、退税的权利。本案中，系争税款即一般营业税的缴款人为耿杰，因此耿杰为纳税人，依法应由耿杰按照相关退税程序提出退税申请。三原告认为其为税款的实际支付人，要求两被告直接将税款退给原告的主张，于法无据。

2.典型案例二：宜春英格投资管理中心与国家税务总局宜丰县税务局（以下简称"宜丰税务局"）不履行法定职责纠纷案①

2016年4月1日、4月6日，宜春英格投资管理中心向宜丰税务局分别申报并依法缴纳各类税款1 146 000元和2 850 250元。2019年12月27日，宜春英格投资管理中心向宜丰税务局书面提出退税申请，申请退回多缴纳2016年的各类税款2 452 690.61元。2019年12月30日，原告又向被告提出退税申请，要求退回多缴纳2016年的各类税款2 977 500元。2020年3月30日，原告宜春英格投资管理中心以其与宜丰县同安乡人民政府签订的"合伙企业设立项目合同书"无效为由，宜丰税务局向其收取的税款属于不当得利，再次申请退回2016年缴纳的各类税款3 996 250元。宜春英格投资管理中心向宜丰税务局提出退税申请后，还提交了地方税综合纳税申报表、缴纳税款明细表、税收完税证明。宜丰税务局收到上述退税申请后，均未作出任何处理。

二审法院认为，《税收征收管理法》第八条第三款规定："纳税人依法享有申请减税、免税、退税的权利。"行政相对人享有的权利，通过行政机关负有的法定义务予以保障。本案中，宜春英格投资管理中心作为宜丰县区域内的纳税人，

---

① 案例来源：江西省宜春市高县人民法院行政判决书（2020）赣0923行初45号、江西省宜春市中级人民法院行政判决书（2021）赣09行终2号。

享有申请退税的权利，宜丰县税务局对其退税申请应当受理和作出处理意见。宜丰县税务局上诉称："被上诉人超过了三年期限申请退税，法律法规没有规定上诉人要在什么期限内作出退税的行政行为，也没有规定什么时间内作出答复和处理"。宜丰县税务局这种观点，对法律规定缺乏基本的、常识性的认知和解读。申请退税是纳税人的权利，是否符合退税条件，需经税务机关审查后作出决定；不符合退税条件，税务机关要阐明事实和理由，申请人对不予退税的处理答复，可以提起行政复议和行政诉讼进行权利救济。宜春英格投资管理中心三次向宜丰县税务局提交退税申请，宜丰县税务局收到申请后，既不受理，也不作答复的行为，属于既怠于履行法定义务，也严重剥夺了纳税人依法享有的权利，构成行政不作为。

（四）应用场景四：论述税务处理决定书不需载明相对人有申请听证的权利

辽源市西安区银升小额贷款有限责任公司与国家税务总局辽源市税务局第一稽查局、国家税务总局辽源市税务局税务处理纠纷案[①]。

1.当事人信息

上诉人（原审被告）：国家税务总局辽源市税务局第一稽查局（以下简称"稽查局"）

上诉人（原审被告）：国家税务总局辽源市税务局（以下简称"市税务局"）

被上诉人（原审原告）：辽源市西安区银升小额贷款有限责任公司（以下简称"银升公司"）

2.案情简介

（1）针对银升公司账外经营贷款利息收入1 361 547.65元，未申报缴纳企业所得税问题。稽查局于2019年7月9日作出辽一税稽处（2019）10008号税务处理决定书。认定银升公司应补缴企业所得税319 743.78元，并从滞纳税款之日起至实际缴纳税款之日止，按日加收滞纳税款万分之五的滞纳金。同日作出了行政处罚决定，对银升公司作出补缴税款50%的罚款。

（2）原告银升公司不服，申请复议。市税务局于2019年9月5日作出的辽税税复决字（2019）10001号行政复议决定书，认定：稽查局的具体行政行为认定事实清楚，证据确凿，适用法律依据正确，程序合法，内容适当，予以维持。

3.一审裁判观点

关系到行政相对人切身利益的具体行政行为，尤其是争议较大、金额较大的

---

① 案例来源：吉林省辽源市龙山区人民法院行政判决书（2019）吉0402行初56号、吉林省辽源市中级人民法院行政判决书（2020）吉04行终5号。

案件，应充分听取当事人意见，查明案件事实，审慎作出行政决定。该案争议很大、金额达数十万元，并拟作出处罚，根据法律相关规定，应当组织听证。而被告稽查局及复议机关被告市税务局均未启动听证程序，属于程序违法。正是因为未组织听证，未能充分调取证据，导致事实认定的偏差。本院认为二被告作出的行政处理决定程序违法，认定事实证据不足，适用法律错误，应予撤销。

4. 二审法院观点

《税收征收管理法》第八条第四款规定："纳税人、扣缴义务人对税务机关所作出的决定，享有陈述权、申辩权；依法享有申请行政复议、提起行政诉讼、请求国家赔偿等权利。"《行政复议法实施条例》第三十三条规定："行政复议机构认为必要时，可以实地调查核实证据；对重大、复杂的案件，申请人提出要求或者行政复议机构认为有必要时，可以采取听证的方式审理。"本案中，稽查局对银升公司作出的"税务处理决定书"是对银升公司偷逃税款行为作出的补缴税款决定，根据《税收征收管理法》第八条第四款的规定，当事人仅有陈述权和申辩权，未规定该程序中的当事人享有听证的权利。银升公司偷逃税款案件事实清楚，证据充分，不属于重大、复杂案件，在市税务局复议过程中，银升公司亦未向复议机关市税务局提交书面的听证申请。因此一审法院认为"稽查局与市税务局未组织听证，属于程序违法"没有事实和法律依据。

5. 案件简析

笔者认可二审法院的观点：第一，税务行政处罚决定和税务处理决定，性质不同。前者属于行政处罚，后者属于行政征收。一审法院混淆了两者的界限。第二，《税收征收管理法》第八条第四款未规定税务处理决定需保障纳税人和扣缴义务人听证申请权。第三，《税收征收管理法》第八十八条规定，纳税争议实行复议和缴税（担保）双前置，处罚可直接复议或诉讼，也代表税务处理决定较税务行政处罚决定更注重征税效率，税务处理决定可不进行听证程序。第四，《国家税务总局关于修订部分税务执法文书的公告》（国家税务总局公告2021年第23号）只针对税务行政处罚设计了告知书，并在告知书中列明被处罚对象有要求听证的权利，但对税务处理决定未有类似设计，也从侧面说明本案被告行为之合法性。

四、法条总结

因为规定了多项权利，使得本条规定成为纳税人、代缴义务人争取权利的重要途径。但需要结合其他相关规定，才能更好地适用。

五、修法建议

如前所述,涉税当事人也需要了解税收法律、行政法规及地方性税收规范性文件内容。建议:本条规定修订时增加相应的内容。

第九条 税务机关应当加强队伍建设,提高税务人员的政治业务素质。
税务机关、税务人员必须秉公执法,忠于职守,清正廉洁,礼貌待人,文明服务,尊重和保护纳税人、扣缴义务人的权利,依法接受监督。
税务人员不得索贿受贿、徇私舞弊、玩忽职守、不征或者少征应征税款;不得滥用职权多征税款或者故意刁难纳税人和扣缴义务人。

本条规定一方面对税务机关提出了法定要求,促使其积极采取措施进行队伍建设,提高人员素质;另一方面也为税务机关从组织上、制度上建设税收执法队伍,培养高素质的税务人员,提供了法律依据和保障。但在实务中,暂未发现本条规定的直接应用场景。

第十条 各级税务机关应当建立、健全内部制约和监督管理制度。
上级税务机关应当对下级税务机关的执法活动依法进行监督。
各级税务机关应当对其工作人员执行法律、行政法规和廉洁自律准则的情况进行监督检查。

一、法条简析

本条是对税务机关内部监督管理制度的规定。为了确保国家税收收入,保证税务机关、税务人员依法履行征收税款的职责,法律赋予税务机关、税务人员相当大的权力,相应地就应加强对其权力的制约和监督。

二、相关规定

(一)《税收征收管理法实施细则》第六条

国家税务总局应当制定税务人员行为准则和服务规范。

上级税务机关发现下级税务机关的税收违法行为，应当及时予以纠正；下级税务机关应当按照上级税务机关的决定及时改正。

下级税务机关发现上级税务机关的税收违法行为，应当向上级税务机关或者有关部门报告。

（二）《税收违法违纪行为处分规定》（中华人民共和国监察部 中华人民共和国人力资源和社会保障部 中华人民共和国国家税务总局令第26号）

《税收违法违纪行为处分规定》已经2012年3月16日监察部第2次部长办公会议、2012年2月27日人力资源和社会保障部第87次部务会议、2011年10月10日国家税务总局第2次局务会议、2012年2月17日国家公务员局第34次局务会议审议通过。现予公布，自2012年8月1日起施行。

监察部部长：马馼

人力资源和社会保障部部长：尹蔚民

国家税务总局局长：肖捷

二〇一二年六月六日

第一条 为了加强税收征收管理，惩处税收违法违纪行为，促进税收法律法规的贯彻实施，根据《中华人民共和国税收征收管理法》《中华人民共和国行政监察法》《中华人民共和国公务员法》《行政机关公务员处分条例》及其他有关法律、行政法规，制定本规定。

第二条 有税收违法违纪行为的单位，其负有责任的领导人员和直接责任人员，以及有税收违法违纪行为的个人，应当承担纪律责任。属于下列人员的（以下统称有关责任人员），由任免机关或者监察机关按照管理权限依法给予处分：

（一）行政机关公务员；

（二）法律、法规授权的具有公共事务管理职能的组织中从事公务的人员；

（三）行政机关依法委托从事公共事务管理活动的组织中从事公务的人员；

（四）企业、事业单位、社会团体中由行政机关任命的人员。

法律、行政法规、国务院决定和国务院监察机关、国务院人力资源社会保障部门制定的处分规章对税收违法违纪行为的处分另有规定的，从其规定。

第三条 税务机关及税务人员有下列行为之一的，对有关责任人员，给予警告或者记过处分；情节较重的，给予记大过或者降级处分；情节严重的，给予撤职处分：

（一）违反法定权限、条件和程序办理开业税务登记、变更税务登记或者注销税务登记的；

（二）违反规定发放、收缴税控专用设备的；

（三）违反规定开具完税凭证、罚没凭证的；

（四）违反法定程序为纳税人办理减税、免税、退税手续的。

第四条 税务机关及税务人员有下列行为之一的，对有关责任人员，给予记过或者记大过处分；情节较重的，给予降级或者撤职处分；情节严重的，给予开除处分：

（一）违反规定发售、保管、代开增值税专用发票以及其他发票，致使国家税收遭受损失或者造成其他不良影响的；

（二）违反规定核定应纳税额、调整税收定额，导致纳税人税负水平明显不合理的。

第五条 税务机关及税务人员有下列行为之一的，对有关责任人员，给予警告或者记过处分；情节较重的，给予记大过或者降级处分；情节严重的，给予撤职处分：

（一）违反规定采取税收保全、强制执行措施的；

（二）查封、扣押纳税人个人及其所扶养家属维持生活必需的住房和用品的。

第六条 税务机关及税务人员有下列行为之一的，对有关责任人员，给予记过或者记大过处分；情节较重的，给予降级或者撤职处分；情节严重的，给予开除处分：

（一）对管辖范围内的税收违法行为，发现后不予处理或者故意拖延查处，致使国家税收遭受损失的；

（二）徇私舞弊或者玩忽职守，不征或者少征应征税款，致使国家税收遭受损失的。

第七条 税务机关及税务人员违反规定要求纳税人、扣缴义务人委托税务代理，或者为其指定税务代理机构的，对有关责任人员，给予记过或者记大过处分；情节较重的，给予降级或者撤职处分；情节严重的，给予开除处分。

第八条 税务机关领导干部的近亲属在本人管辖的业务范围内从事与税收业务相关的中介活动，经劝阻其近亲属拒不退出或者本人不服从工作调整的，给予记过或者记大过处分；情节较重的，给予降级或者撤职处分；情节严重的，给予开除处分。

第九条 税务人员有下列行为之一的，对有关责任人员，给予记过或者记大过处分；情节较重的，给予降级或者撤职处分；情节严重的，给予开除处分：

（一）在履行职务过程中侵害公民、法人或者其他组织合法权益的；

（二）滥用职权，故意刁难纳税人、扣缴义务人的；

（三）对控告、检举税收违法违纪行为的纳税人、扣缴义务人以及其他检举人进行打击报复的。

第十条 税务机关及税务人员有下列行为之一的，对有关责任人员，给予记过或者记大过处分；情节较重的，给予降级或者撤职处分；情节严重的，给予开除处分：

（一）索取、接受或者以借为名占用纳税人、扣缴义务人财物的；

（二）以明显低于市场的价格向管辖范围内纳税人购买物品的；

（三）以明显高于市场的价格向管辖范围内纳税人出售物品的；

（四）利用职权向纳税人介绍经营业务，谋取不正当利益的；

（五）违反规定要求纳税人购买、使用指定的税控装置的。

第十一条 税务机关私分、挪用、截留、非法占有税款、滞纳金、罚款或者查封、扣押的财物以及纳税担保财物的，对有关责任人员，给予记大过处分；情节较重的，给予降级或者撤职处分；情节严重的，给予开除处分。

第十二条 税务机关及税务人员有下列行为之一的，对有关责任人员，给予记过或者记大过处分；情节较重的，给予降级或者撤职处分；情节严重的，给予开除处分：

（一）隐匿、毁损、伪造、变造税收违法案件证据的；

（二）提供虚假税务协查函件的；

（三）出具虚假涉税证明的。

第十三条 有下列行为之一的，对有关责任人员，给予警告或者记过处分；情节较重的，给予记大过或者降级处分；情节严重的，给予撤职处分：

（一）违反规定作出涉及税收优惠的资格认定、审批的；

（二）未按规定要求当事人出示税收完税凭证或者免税凭证而为其办理行政登记、许可、审批等事项的；

（三）违反规定办理纳税担保的；

（四）违反规定提前征收、延缓征收税款的。

第十四条 有下列行为之一的，对有关责任人员，给予记过或者记大过处分；情节较重的，给予降级或者撤职处分；情节严重的，给予开除处分：

（一）违反法律、行政法规的规定，摊派税款的；

（二）违反法律、行政法规的规定，擅自作出税收的开征、停征或者减税、免税、退税、补税以及其他同税收法律、行政法规相抵触的决定的。

第十五条 不依法履行代扣代缴、代收代缴税款义务，致使国家税款遭受损失的，对有关责任人员，给予记过或者记大过处分；情节较重的，给予降级或者撤职处分；情节严重的，给予开除处分。

第十六条 未经税务机关依法委托征收税款，或者虽经税务机关依法委托但未按照有关法律、行政法规的规定征收税款的，对有关责任人员，给予警告或者记过处分；情节较重的，给予记大过或者降级处分；情节严重的，给予撤职处分。

第十七条 有下列行为之一的，对有关责任人员，给予记大过处分；情节较重的，给予降级或者撤职处分；情节严重的，给予开除处分：

（一）违反规定为纳税人、扣缴义务人提供银行账户、发票、证明或者便利条件，导致未缴、少缴税款或者骗取国家出口退税款的；

（二）向纳税人、扣缴义务人通风报信、提供便利或者以其他形式帮助其逃避税务行政处罚的；

（三）逃避缴纳税款、抗税、逃避追缴欠税、骗取出口退税的；

（四）伪造、变造、非法买卖发票的；

（五）故意使用伪造、变造、非法买卖的发票，造成不良后果的。

税务人员有前款第（二）项所列行为的，从重处分。

第十八条 受到处分的人员对处分决定不服的，可以依照《中华人民共和国行政监察法》《中华人民共和国公务员法》《行政机关公务员处分条例》等有关规定申请复核或者申诉。

第十九条 任免机关、监察机关和税务行政主管部门建立案件移送制度。

任免机关、监察机关查处税收违法违纪案件，认为应当由税务行政主管部门予以处理的，应当及时将有关案件材料移送税务行政主管部门。税务行政主管部门应当依法及时查处，并将处理结果书面告知任免机关、监察机关。

税务行政主管部门查处税收管理违法案件，认为应当由任免机关或者监察机关给予处分的，应当及时将有关案件材料移送任免机关或者监察机关。任免机关或者监察机关应当依法及时查处，并将处理结果书面告知税务行政主管部门。

第二十条 有税收违法违纪行为，应当给予党纪处分的，移送党的纪律检查机关处理。涉嫌犯罪的，移送司法机关依法追究刑事责任。

第二十一条 有关税、船舶吨税及海关代征税收违法违纪行为的，按照法律、行政法规及有关处分规章的规定处理。

第二十二条 本规定由监察部、人力资源社会保障部和国家税务总局负责解释。

第二十三条 本规定自2012年8月1日起施行。

三、应用场景

用于论述税务内部监督权的可诉性

1.典型案例1：李强、徐志平等与国家税务总局武汉市税务局履行法定职责纠纷案①

在该案中，2018年5月28日原告李强等签署一份"调查处理申请书（三）"，主要内容为："在2017年以前，各区地税局将驾驶员的个人所得税的税目按照'企业承租、承包所得'计征，而不是按照国家税务总局规定的'工资薪金'所得计征；应纳税所得额则按单台车的营收而不是按单人实际所得计征，以上两种税目的征收税率和计算公式之间有较大区别，其行为和错误不仅公然违反国家税务总局的相关规定，更不符合《个人所得税法》《个人所得税法实施条例》的相关规定……特此，我们向贵局提请彻查相关问题的书面申请，恳请贵局对以上事实和暴露出的问题进行调查处理，并作出书面的处理意见予以回复。"2018年5月29日，李强将前述"调查处理申请书（三）"通过EMS邮政快递寄送给原武汉市地方税务局。原告李强等认为原武汉市地方税务局未就"调查处理申请书（三）"作出回复或处理，于2018年8月10日向法院提起行政诉讼，主要诉讼请求：依法判令武汉市地方税务局行政不作为，未依法履行法定职责，未对原告李强等人的调查处理申请书进行书面回复和依法判令武汉市地方税务局对原告李强等人申请的事项调查处理后进行书面回复。

一审、二审法院均认为，原告李强等向原武汉市地方税务局递交的"调查处理申请书（三）"实质系要求原武汉市地方税务局按照《税收征收管理法》第十条的规定行使对下级税务机关的内部层级监督职权。而行政机关之间内部上下级层级监督的行政管理关系不属于人民法院司法审查范围。原武汉市地方税务局或承继原武汉市地方税务局职责的被告市税务局是否启动层级监督程序、是否对下级税务机关执法行为作出相关调查处理，不属行政诉讼审查范畴。

---

① 案例来源：湖北省武汉市江岸区人民法院行政裁定书（2018）鄂0102行初263号、湖北省武汉市中级人民法院行政裁定书（2019）鄂01行终52号。

2.典型案例2：南京莱克曼电子技术有限公司（以下简称"莱克曼公司"）与南京市国家税务局履行法定职责纠纷案[①]

在该案中，自2016年2月3日起，莱克曼公司法定代表人杨诚多次通过电话、走访、书信等方式向南京市国家税务局（以下简称"市国税局"）监察室反映南京市溧水区国家税务局（以下简称"溧水区国税局"）行政不作为、溧水区国税局工作人员不作为、乱作为、包庇企业等问题，请求市国税局督促溧水区国税局依法办案、进行严查，处理相关人员等。市国税局的相关工作人员进行了接待与联系。莱克曼公司认为市国税局未依照《信访条例》的规定办事，未及时、有效督促溧水区国税局依法行政等，故诉至法院，请求：（1）责令市国税局对溧水区国税局行政不作为的行为进行督促与管理；（2）责令市国税局对原告举报溧水区国税局销售假增值税专用发票立即受理进行调查并予以答复；（3）责令市国税局对溧水区国税局掩盖问题发票的行为进行调查并予以答复。

二审法院认为，《税收征收管理法》第十条第二款规定，上级税务机关应当对下级税务机关的执法活动依法进行监督。本案中，市国税局与溧水区国税局存在上下级行政机关之间的层级监督关系。莱克曼公司向市国税局控告溧水区国税不履行法定职责的相关行为，并请求市国税局对溧水区国税局相关行为进行查处，实质系请求市国税局履行对溧水区国税局的层级监督职责。但在上下级行政机关之间的层级监督中，上级机关不改变或者不撤销下级机关的决定、命令，一般并不直接设定当事人新的权利义务。因此，南京市国税局是否受理莱克曼公司的反映、是否启动层级监督程序，不属于司法监督范畴。故莱克曼公司提出的事项不属于人民法院行政诉讼的受案范围，依法应不予立案；已经立案的，应裁定驳回起诉。

四、法条总结

本条规定意在强调税务机关内部需要建立监督机制。

第十一条 税务机关负责征收、管理、稽查、行政复议的人员的职责应当明确，并相互分离、相互制约。

[①] 案例来源：南京铁路运输法院行政裁定书（2016）苏8602行初1084号、江苏省南京市中级人民法院行政裁定书（2017）苏01行终358号。

实行主要工作岗位职责相分离，是形成内部制约机制、实行内部控制的基本规则，也是内部监督制度的核心内容。职责明确是形成制约的前提，职责分离是实现制约的基础，职责不清或混为一体，都不可能形成制约。

但在实务中，暂未发现本条规定的直接应用场景。

第十二条 ● 税务人员征收税款和查处税收违法案件，与纳税人、扣缴义务人或者税收违法案件有利害关系的，应当回避。

一、法条简析

为防止税务人员在征收税款或者查处违法案件时，因与当事人有特殊关系而不公正执法，甚至徇私枉法，有必要实行执法回避制度。本条规定为税务机关实行执法回避制度提供了法律依据。

二、相关规定

（一）《税收征收管理法实施细则》第八条

税务人员在核定应纳税额、调整税收定额、进行税务检查、实施税务行政处罚、办理税务行政复议时，与纳税人、扣缴义务人或者其法定代表人、直接责任人有下列关系之一的，应当回避：

（一）夫妻关系；

（二）直系血亲关系；

（三）三代以内旁系血亲关系；

（四）近姻亲关系；

（五）可能影响公正执法的其他利害关系。

（二）《税务稽查案件办理程序规定》（国家税务总局令第52号）第八条

税务稽查人员具有税收征管法实施细则规定回避情形的，应当回避。

被查对象申请税务稽查人员回避或者税务稽查人员自行申请回避的，由稽查局局长依法决定是否回避。稽查局局长发现税务稽查人员具有规定回避情形的，应当要求其回避。稽查局局长的回避，由税务局局长依法审查决定。

三、应用场景

论述税务机关有申请回避告知义务

1.典型案例1：新疆维吾尔自治区地方税务局稽查局与新疆瑞成房地产开发有限公司税务行政处罚纠纷案①

（1）当事人信息。

上诉人（原审被告）：新疆维吾尔自治区地方税务局稽查局（以下简称"稽查局"）。

被上诉人（原审原告）新疆瑞成房地产开发有限公司（以下简称"瑞成公司"）。

（2）案情简介。

①稽查局2011年7月1日对瑞成公司立案进行税务稽查。

②2011年7月19日，稽查局向瑞成公司发出了"税务检查通知书"，该通知书告知瑞成公司，稽查局将对2009年1月1日至2010年12月31日期间涉税情况进行检查。该通知书未告知瑞成公司享有申请回避的权利。

③2011年7月20日，稽查局向瑞成公司送达了该通知书并开始进行税务检查，2011年9月15日检查完毕。

④2011年12月30日，稽查局作出"税务行政处罚告知书"，2011年12月31日，税务局将该处罚告知书送达瑞成公司。

⑤2012年6月29日，稽查局对瑞成公司作出"税务行政处理决定书"，要求瑞成公司对少缴税款进行补缴。瑞成公司收到该处理决定后对少缴税款已补缴完毕。

⑥2012年10月31日，稽查局对瑞成公司作出新地税稽罚（2012）12号税务行政处罚决定。瑞成公司不服，遂向法院提起诉讼。

⑦2013年9月16日，稽查局以新地税发〔2013〕221号文，向国家税务局递交关于《新疆自治区税务局执法时是否要告知纳税人申请回避权等问题》函文。

⑧2013年11月4日，国家税务总局办公厅以税总办函〔2013〕783号文，就稽查局在函文中请示的相关问题予以答复。关于回避问题的规定，目前，现行法律法规尚未将告知申请回避权作为税务机关执法必定的法定程序，且在税务机关

---

① 案例来源：新疆维吾尔自治区乌鲁木齐市水磨沟区人民法院行政判决书（2013）水行初字第25号、新疆维吾尔自治区乌鲁木齐市中级人民法院行政判决书（2014）乌中行终字第95号。

统一适用的各种执法文书中，均没有告知回避的内容。

（3）一审法院部分观点。

《税收征收管理法实施细则》第八条规定：税务人员在核定应纳税额、调整税收定额、进行税务检查、实施税务行政处罚、办理税务行政复议时，与纳税人、扣缴义务人或者其法定代表人、直接责任人有下列关系之一的，应当回避：①夫妻关系；②直系血亲关系；③三代以内旁系血亲关系；④近姻亲关系；⑤可能影响公正执法的其他利害关系。本案中，稽查局在向瑞成公司发出税务检查通知书时未告知瑞成公司享有申请回避的权利，违反法定程序。

（4）稽查局上诉部分理由。

原审法院认定我方违反法定程序未依《税收征收管理实施细则》第九条规定，向对方告知其享有回避的权利实属错误。《税收征收管理法》第十二条规定："税务人员征收税款和查处税收违法案件，与纳税人、扣缴义务人或者税收违法案件有利害关系的，应当回避。"国家税务总局《税务稽查工作规程》第七条①规定："税务稽查人员有《税收征管法细则》规定回避情形的应当回避。被查对象要求税务稽查人员回避的，或者税务稽查人员自己提出回避的，由稽查局局长依法决定是否回避。稽查局局长发现税务稽查人员有回避情形的，应当要求其回避。稽查局局长的回避，由所属税务局领导依法审查决定。"以上规定说明，申请回避非税务机关的法定告知程序。事实上，我局在对瑞成公司稽查过程中，也未发现稽查人员有回避的情形，且瑞成公司也未向我方提出回避申请，故我方在实施税务稽查过程中，未违反法定程序。

（5）二审法院部分观点。

关于税务机关在稽查过程中，未向纳税人告知申请回避权是否违反法定程序的问题。《行政处罚法》第三十一条规定，行政机关在作出行政处罚决定之前，应当告知当事人作出行政处罚决定的事实、理由及依据，并告知当事人依法享有的权利。《税收征收管理法》第十二条规定，税务人员征收税款和查处税收违法案件，与纳税人、扣缴义务人或者税收违法案件有利害关系的，应当回避。《税收征收管理法实施细则》第八条规定，税务人员在核定应纳税额、调整税收定额、进行税务检查、实施税务行政处罚、办理税务行政复议时，与纳税人、扣缴义务人或者其法定代理人、直接责任人有下列关系之一的，应当回避：①夫妻关

---

① 根据《税务稽查案件办理程序规定》（国家税务总局第52号令）规定，本规程自2021年8月11日起废止。相关条款见第八条。

系；②直系血亲关系；③三代以内旁系血亲关系；④近姻亲关系；⑤可能影响公正执法的其他利害关系。从上述法律规定不难看出，行政机关向行政管理相对人告知申请回避权是行政机关的告知义务，而行政管理相对人享有被告知申请回避权的权利。稽查局虽未履行该告知义务，但亦未发现稽查局的行政执法人员存在应当回避的情形，故稽查局在该案执法过程中存在程序瑕疵。原审法院认定稽查局未告知瑞成公司享有申请回避的权利违反法定程序欠妥，予以纠正。

2.典型案例2：南京雨花园林绿化工程有限公司与南京市人民政府、江苏省南京地方税务局稽查局、江苏省南京地方税务局税务行政管理（税务）行政处理及行政复议纠纷案[①]

案件争议焦点较多，但就其中的"关于南京雨花园林绿化工程有限公司提出南京地税局稽查局未告知其申请回避权的问题"。一审、二审法院认为：《税收征收管理法》第十二条规定，税务人员征收税款和查处税收违法案件，与纳税人、扣缴义务人或者税收违法案件有利害关系的，应当回避；《税收征收管理法实施细则》第八条规定，税务人员在核定应纳税额、调整税收定额、进行税务检查、实施税务行政处罚、办理税务行政复议时，与纳税人、扣缴义务人或者其法定代表人、直接责任人有夫妻关系、直系血亲关系、三代以内旁系血亲关系、近姻亲关系、可能影响公正执法的其他利害关系的，应当回避；《税务稽查工作规程》第七条规定，税务稽查人员有税收征管法细则规定回避情形的，应当回避。被查对象要求税务稽查人员回避的，或者税务稽查人员自己提出回避的，由稽查局局长依法决定是否回避。稽查局局长发现税务稽查人员有规定回避情形的，应当要求其回避。稽查局局长的回避，由所属税务局领导依法审查决定。上述法律、法规、规范性文件是关于税务稽查人员应当主动申请回避的范围及被查对象要求回避时应当履行程序的规定，并未要求税务人员在查处税收违法案件中必须履行回避告知义务。因此，即使南京地税局稽查局未告知申请回避权构成程序瑕疵，亦不足以导致"税务行政处罚决定书"应被撤销的法律后果。

四、法条总结

据笔者了解，稽查局所作"现场笔录"中大多都有关于被检查人员申请回避的告知语。若着眼于司法活动，司法机关也未见有申请回避告知的专门文书，仅在审理程序中，依法阐明当事人有申请回避的权利。但作为一种重要的程序性法

[①] 案例来源：江苏省南京铁路运输法院行政判决书（2016）苏8602行初1521号、江苏省南京市中级人民法院行政判决书（2017）苏01行终1120号。

定权利,虽然根据上述案例显示,不在正式文件中告知可要求回避权,仅构成程序瑕疵,仍建议可在"税务稽查通知书"中加上"对上述检查人员,你(单位)有申请回避的权利"。

五、修法建议

税务行政复议案件结果对税务违法案件查处结果有重大影响,建议:在修法时将"办理税务行政复议案件"也列入需要执行回避的情形中。

第十三条

任何单位和个人都有权检举违反税收法律、行政法规的行为。收到检举的机关和负责查处的机关应当为检举人保密。税务机关应当按照规定对检举人给予奖励。

一、法条简析

本条是对税收活动的社会监督和对检举人进行保护和奖励的规定。首先明确任何单位和个人都有检举税收违法的权利,为了保护检举人的合法权益,防止检举人受到打击报复,还规定收到检举的机关和负责查处的机关负有保密义务。为了鼓励检举违反税收法律、行政法规的行为,本条还规定给予检举人奖励。

二、相关规定

(一)《税收征收管理法实施细则》第七条

税务机关根据检举人的贡献大小给予相应的奖励,奖励所需资金列入税务部门年度预算,单项核定。奖励资金具体使用办法以及奖励标准,由国家税务总局会同财政部制定。

(二)《检举纳税人税收违法行为奖励暂行办法》(国家税务总局 财政部令第18号)

《检举纳税人税收违法行为奖励暂行办法》已经国家税务总局、财政部审议通过,现予公布,自2007年3月1日起施行。

局长:谢旭人
部长:金人庆

检举纳税人税收违法行为奖励暂行办法

第一条 为了鼓励检举税收违法行为，根据《中华人民共和国税收征收管理法》及其实施细则有关规定，制定本办法。

第二条 本办法所称税收违法行为，是指纳税人、扣缴义务人的税收违法行为以及本办法列举的其他税收违法行为。

检举税收违法行为是单位和个人的自愿行为。

第三条 对单位和个人实名向税务机关检举税收违法行为并经查实的，税务机关根据其贡献大小依照本办法给予奖励。但有下列情形之一的，不予奖励：

（一）匿名检举税收违法行为，或者检举人无法证实其真实身份的；

（二）检举人不能提供税收违法行为线索，或者采取盗窃、欺诈或者法律、行政法规禁止的其他手段获取税收违法行为证据的；

（三）检举内容含糊不清、缺乏事实根据的；

（四）检举人提供的线索与税务机关查处的税收违法行为无关的；

（五）检举的税收违法行为税务机关已经发现或者正在查处的；

（六）有税收违法行为的单位和个人在被检举前已经向税务机关报告其税收违法行为的；

（七）国家机关工作人员利用工作便利获取信息用以检举税收违法行为的；

（八）检举人从国家机关或者国家机关工作人员处获取税收违法行为信息检举的；

（九）国家税务总局规定不予奖励的其他情形。

第四条 国家税务局系统检举奖励资金从财政部向国家税务总局拨付的税务稽查办案专项经费中据实列支，地方税务局系统检举奖励资金从省、自治区、直辖市和计划单列市财政厅（局）向同级地方税务局拨付的税务稽查办案专项经费中据实列支。

检举奖励资金的拨付，按照财政国库管理制度的有关规定执行。

第五条 检举奖励资金由稽查局、主管税务局财务部门共同负责管理，稽查局使用，主管税务局财务部门负责支付和监督。

省、自治区、直辖市和计划单列市国家税务局、地方税务局应当对检举奖励资金使用情况编写年度报告，于次年3月底前报告国家税务总局。地方税务局检举奖励资金使用情况同时通报同级财政厅（局）。

第六条 检举的税收违法行为经税务机关立案查实处理并依法将税款收缴

入库后,根据本案检举时效、检举材料中提供的线索和证据详实程度、检举内容与查实内容相符程度以及收缴入库的税款数额,按照以下标准对本案检举人计发奖金:

(一)收缴入库税款数额在1亿元以上的,给予10万元以下的奖金;

(二)收缴入库税款数额在5 000万元以上不足1亿元的,给予6万元以下的奖金;

(三)收缴入库税款数额在1 000万元以上不足5 000万元的,给予4万元以下的奖金;

(四)收缴入库税款数额在500万元以上不足1 000万元的,给予2万元以下的奖金;

(五)收缴入库税款数额在100万元以上不足500万元的,给予1万元以下的奖金;

(六)收缴入库税款数额在100万元以下的,给予5 000元以下的奖金。

第七条 被检举人以增值税留抵税额或者多缴、应退的其他税款抵缴被查处的应纳税款,视同税款已经收缴入库。

检举的税收违法行为经查实处理后没有应纳税款的,按照收缴入库罚款数额依照本办法第六条规定的标准计发奖金。

因被检举人破产或者存有符合法律、行政法规规定终止执行的条件,致使无法将税款或者罚款全额收缴入库的,按已经收缴入库税款或者罚款数额依照本办法规定的标准计发奖金。

第八条 检举虚开增值税专用发票以及其他可用于骗取出口退税、抵扣税款发票行为的,根据立案查实虚开发票填开的税额按照本办法第六条规定的标准计发奖金。

第九条 检举伪造、变造、倒卖、盗窃、骗取增值税专用发票以及可用于骗取出口退税、抵扣税款的其他发票行为的,按照以下标准对检举人计发奖金:

(一)查获伪造、变造、倒卖、盗窃、骗取上述发票10 000份以上的,给予10万元以下的奖金;

(二)查获伪造、变造、倒卖、盗窃、骗取上述发票6 000份以上不足10 000份的,给予6万元以下的奖金;

(三)查获伪造、变造、倒卖、盗窃、骗取上述发票3 000份以上不足6 000份的,给予4万元以下的奖金;

(四)查获伪造、变造、倒卖、盗窃、骗取上述发票1 000份以上不足3 000

份的，给予2万元以下的奖金；

（五）查获伪造、变造、倒卖、盗窃、骗取上述发票100份以上不足1 000份的，给予1万元以下的奖金；

（六）查获伪造、变造、倒卖、盗窃、骗取上述发票不足100份的，给予5 000元以下的奖金。

查获伪造、变造、倒卖、盗窃、骗取前款所述以外其他发票的，最高给予5万元以下的奖金；检举奖金具体数额标准及批准权限，由各省、自治区、直辖市和计划单列市税务局根据本办法规定并结合本地实际情况确定。

第十条 检举非法印制、转借、倒卖、变造或者伪造完税凭证行为的，按照以下标准对检举人计发奖金：

（一）查获非法印制、转借、倒卖、变造或者伪造完税凭证100份以上或者票面填开税款金额50万元以上的，给予1万元以下的奖金；

（二）查获非法印制、转借、倒卖、变造或者伪造完税凭证50份以上不足100份或者票面填开税款金额20万元以上不足50万元的，给予5 000元以下的奖金；

（三）查获非法印制、转借、倒卖、变造或者伪造完税凭证不足50份或者票面填开税款金额20万元以下的，给予2 000元以下的奖金。

第十一条 被检举人的税收违法行为被国家税务局、地方税务局查处的，合计国家税务局、地方税务局收缴入库的税款数额，按照本办法第六条规定的标准计算检举奖金总额，由国家税务局、地方税务局根据各自收缴入库的税款数额比例分担奖金数额，分别兑付；国家税务局、地方税务局计发的检举奖金合计数额不得超过10万元。

第十二条 同一案件具有适用本办法第六条、第七条、第八条、第九条、第十条规定的两种或者两种以上奖励标准情形的，分别计算检举奖金数额，但检举奖金合计数额不得超过10万元。

第十三条 同一税收违法行为被两个或者两个以上检举人分别检举的，奖励符合本办法规定的最先检举人。检举次序以负责查处的税务机关受理检举的登记时间为准。

最先检举人以外的其他检举人提供的证据对查明税收违法行为有直接作用的，可以酌情给予奖励。

对前两款规定的检举人计发的奖金合计数额不得超过10万元。

第十四条 检举税收违法行为的检举人，可以向税务机关申请检举奖金。

检举奖金由负责查处税收违法行为的税务机关支付。

第十五条 税务机关对检举的税收违法行为经立案查实处理并依法将税款或者罚款收缴入库后，由税收违法案件举报中心根据检举人书面申请及其贡献大小，制作"检举纳税人税收违法行为奖励审批表"，提出奖励对象和奖励金额建议，按照规定权限和程序审批后，向检举人发出"检举纳税人税收违法行为领奖通知书"，通知检举人到指定地点办理领奖手续。"检举纳税人税收违法行为奖励审批表"由税收违法案件举报中心作为密件存档。

税收违法案件举报中心填写"检举纳税人税收违法行为奖金领款财务凭证"，向财务机构领取检举奖金。财务凭证只注明案件编号、案件名称、被检举人名称、检举奖金数额及审批人、领款人的签名，不填写检举内容和检举人身份、名称。

第十六条 检举人应当在接到领奖通知书之日起90日内，持本人身份证或者其他有效证件，到指定地点领取奖金。检举人逾期不领取奖金，视同放弃奖金。

联名检举同一税收违法行为的，奖金由第一署名人领取，并与其他署名人协商分配。

第十七条 检举人或者联名检举的第一署名人不能亲自到税务机关指定的地点领取奖金的，可以委托他人代行领取；代领人应当持委托人的授权委托书、身份证或者其他有效证件以及代领人的身份证或者其他有效证件，办理领取奖金手续。

检举人是单位的，可以委托本单位工作人员代行领取奖金，代领人应当持委托人的授权委托书和代领人的身份证、工作证到税务机关指定的地点办理领取奖金手续。

第十八条 检举人或者代领人领取奖金时，应当在"检举纳税人税收违法行为奖金付款专用凭证"上签名，并注明身份证或者其他有效证件的号码及填发单位。

"检举纳税人税收违法行为奖金付款专用凭证"和委托人的授权委托书由税收违法案件举报中心作为密件存档。

第十九条 税收违法案件举报中心发放检举奖金时，可应检举人的要求，简要告知其所检举的税收违法行为的查处情况，但不得告知其检举线索以外的税收违法行为查处情况，不得提供税务处理（处罚）决定书及有关案情材料。

检举的税收违法行为查结前，税务机关不得将具体查处情况告知检举人。

第二十条 税务机关支付检举奖金时应当严格审核。对玩忽职守、徇私舞弊致使奖金被骗取的，除追缴奖金外，依法追究有关人员责任。

第二十一条 对有特别突出贡献的检举人，税务机关除给予物质奖励外，可以给予相应的精神奖励，但公开表彰宣传应当事先征得检举人的书面同意。

第二十二条 各省、自治区、直辖市和计划单列市国家税务局根据本办法制定具体规定。

各省、自治区、直辖市和计划单列市地方税务局会同同级财政厅（局）根据本办法制定具体规定。

第二十三条 "检举纳税人税收违法行为奖励审批表""检举纳税人税收违法行为领奖通知书""检举纳税人税收违法行为奖金领款财务凭证""检举纳税人税收违法行为奖金付款专用凭证"的格式，由国家税务总局制定。

第二十四条 本办法所称"以上""以下"均含本数。

第二十五条 本办法由国家税务总局和财政部负责解释。

第二十六条 本办法自2007年3月1日起施行。国家税务总局1998年12月15日印发的《税务违法案件举报奖励办法》同时废止。

（三）《国家税务总局关于检举税收违法行为查补滞纳金可否给予奖励问题的批复》（税总函〔2015〕196号）

北京市地方税务局：

你局《关于检举税收违法行为查补滞纳金可否给予奖励的请示》（京地税发〔2015〕19号）收悉，经研究，批复如下：

《检举纳税人税收违法行为奖励暂行办法》（国家税务总局财政部第18号令）规定：检举的税收违法行为经税务机关立案查实处理并依法将税款收缴入库后，根据本案检举时效、检举材料中提供的线索和证据详实程度、检举内容与查实内容相符程度以及收缴入库的税款数额，按照相应标准对本案检举人员计发奖金。检举的税收违法行为经查实处理后没有应纳税款的，按照收缴入库罚款数额依照本办法第六条规定的标准计发奖金。

查补的滞纳金不属于计发奖金范围，不能给予检举人奖励。

三、应用场景

（一）应用场景一：肯定检举人的检举权，但无从推出检举人有提起行政诉讼的权利

在袁景和与国家税务总局天津市税务局第一稽查局履行法定职责纠纷案[①]中，2019年5月5日，原告（袁景和）以天津市河西区渤海汽车修理厂涉嫌税收违法

---

① 案例来源：天津市南开区人民法院行政裁定书（2019）津0104行初124号、天津市第一中级人民法院行政裁定书（2020）津01行终96号。

行为向被告（国家税务总局天津市税务局第一稽查局）举报，要求被告查处。被告当日受理，并作出"检举税收违法行为受理回执"告知原告已受理。2019年6月12日，被告作出《对检举税收违法行为分类处理结果的答复》，告知原告其举报事项的处理结果为，因被检举单位已被吊销营业执照，且税务登记已注销，被告对检举事项作暂存处理。原告对该答复不满，遂提起诉讼。

一审、二审法院均认为，根据《税收征收管理法》第十三条的规定，任何单位和个人都有权检举违反税收法律、行政法规的行为。法律设定这种检举权利的目的，是及时有效查处税收违法行为，维护国家税收征管秩序，保障公共利益，并不直接及于检举者的个体权利。本案中，上诉人向被上诉人检举天津市河西区渤海汽车修理厂涉嫌税收违法行为，是税务机关启动调查程序的线索提供者，并非税务机关履行查处职责的行政相对人，税务机关对该检举线索作出的处理与上诉人亦没有法律上的利害关系。且被上诉人已通过书面答复的形式告知上诉人相关处理结果，并未影响上诉人的合法权益。故根据《行政诉讼法》第二十五条"行政行为的相对人以及其他与行政行为有利害关系的公民、法人或者其他组织，有权提起诉讼"之规定，上诉人提起的本案诉讼不符合起诉条件，应予裁定驳回。

（二）应用场景二：结合《检举纳税人税收违法行为奖励暂行办法》，说明应奖励金额

1.典型案例1：魏朱钦诉国家税务总局平潭综合实验区税务局稽查局、国家税务总局福建省税务局稽查局行政不作为纠纷案

在魏朱钦诉国家税务总局平潭综合实验区税务局稽查局、国家税务总局福建省税务局稽查局行政不作为纠纷案[①]中，根据魏朱钦的举报，原平潭综合实验区国家税务局稽查局认定，协力（平潭）科技有限公司隐瞒股权转让收入1.8亿元，不进行纳税申报的行为，定性为偷税，追缴企业所得税4 500 000元并加收滞纳金，同时处以罚款2 260 000元。鉴于该案正在执行环节，税款尚未收缴入库，且并未收到检举人的书面申请，暂不能进行奖励。为此，魏朱钦诉至法院。

关于被告平潭稽查局是否未对原告立功奖励的问题，法院认为，根据《税收征收管理法》第十三条及《检举纳税人税收违法行为奖励暂行办法》第十五条第一款规定，魏朱钦所举报的协力（平潭）科技有限公司偷税行为立案查实处理，目前仍在执行过程中，税款和罚款尚未收缴入库，尚不符合发放检举奖励的条件。

---

① 案例来源：福建省福州市鼓楼区人民法院行政判决书（2020）闽0102行初68号。

2.典型案例2：李初祥与国家税务总局温州市税务局第三稽查局税务行政奖励纠纷案

在李初祥与国家税务总局温州市税务局第三稽查局税务行政奖励纠纷案[①]中，2018年3月16日，原告（李初祥）向温州市地税稽查局举报原八岱村同苍南县建筑设计研究院为八岱村设计老人公寓项目存在偷税行为。被告（国家税务总局温州市税务局第三稽查局）经查于2018年8月21日办结。被告作出（2019）年1号通知，决定颁发原告奖金273.5元。

法院认为，《检举纳税人税收违法行为奖励暂行办法》第六条第（六）项规定，"收缴入库税款数额在100万元以下的，给予5 000元以下的奖金。"该办法第二十四条规定，"本办法所称的以上、以下，均含本数"，说明收缴入库税款数额在100万元以下的，奖励金额应在5 000元以下，最高奖励金额可为5 000元本数。但包"含本数"，绝不仅仅只有5 000元本数，第六条还规定了低于5 000元本数的情形。故原告主张办法第二十四条将第六条第（六）项的奖励金额限定于5 000元，系对条文的错误理解。《国家税务总局关于印发〈全国税务稽查规范（1.0版）〉的通知》（税总发〔2016〕170号）附件5.5.7规定，"收缴入库税款数额在100万元以下的，按0.5%计发奖金，奖金数额累计不得超过5 000元"。此规范将收缴税额和奖励金额挂钩的方式，体现了"功酬一致"，具有合理性。此规范亦为国家税务总局制发，在效力层级上等同于国家税务总局颁发的《检举纳税人税收违法行为奖励暂行办法》，被告据此决定奖励原告273.5元，法律适用正确。

四、法条总结

本条虽细对税收活动的社会监督和对检举人进行保护和奖励的规定，但实务中更多反映的是，检举人争夺诉讼主体资格和在奖励金额标准的分歧。对于前者，根据最高人民法院关于适用《中华人民共和国行政诉讼法》的解释第十二条规定精神，未来应可能有所变化。而奖励金额不随社会发展有所提高，标准较低，未来亦应有所改变。

五、修法建议

如前所述，建议：本条规定中在"行政法规"后增加"地方性税收规范性文件"。

---

① 案例来源：浙江省平阳县人民法院行政判决书（2019）浙0326行初234号。

第十四条

本法所称税务机关是指各级税务局、税务分局、税务所和按照国务院规定设立的并向社会公告的税务机构。

一、法条简析

本条是对税务机关范围的规定。根据我国实际,税务机关具体是指:1.各级税务局;2.税务分局,主要包括:涉外税务分局和地域性税务分局;3.税务所,是指县级以下的税务机构;4.按照国务院规定设立的并向社会公告的税务机构,指税收征收管理体制改革过程中产生的新的执法主体。为适应税务机构改革的需要,法律授权国务院来确定新的执法主体。凡是按照国务院规定设立并向社会公告的税务机构,都属于税务机关,可以依照该法独立行使征税权。

二、相关规定

(一)《税收征收管理法实施细则》第九条

税收征管法第十四条所称按照国务院规定设立的并向社会公告的税务机构,是指省以下税务局的稽查局。稽查局专司偷税、逃避追缴欠税、骗税、抗税案件的查处。

国家税务总局应当明确划分税务局和稽查局的职责,避免职责交叉。

(二)《税务稽查案件办理程序规定》(国家税务总局令第52号)

《税务稽查案件办理程序规定》,已经2021年6月18日国家税务总局2021年度第2次局务会议审议通过,现予公布,自2021年8月11日起施行。

国家税务总局局长:王军
2021年7月12日

税务稽查案件办理程序规定

第一章　总则

第一条　为了贯彻落实中共中央办公厅、国务院办公厅印发的《关于进一步深化税收征管改革的意见》,保障税收法律、行政法规的贯彻实施,规范税务稽查案件办理程序,强化监督制约机制,保护纳税人、扣缴义务人和其他涉税当事人合法权益，根据《中华人民共和国税收征收管理法》（以下简称"税收征管法"）、《中华人民共和国税收征收管理法实施细则》（以下简称"税收征管法实施细则"）等法律、行政法规，制定本规定。

第二条 稽查局办理税务稽查案件适用本规定。

第三条 办理税务稽查案件应当以事实为根据，以法律为准绳，坚持公平、公正、公开、效率的原则。

第四条 税务稽查由稽查局依法实施。稽查局主要职责是依法对纳税人、扣缴义务人和其他涉税当事人履行纳税义务、扣缴义务情况及涉税事项进行检查处理，以及围绕检查处理开展的其他相关工作。稽查局具体职责由国家税务总局依照税收征管法、税收征管法实施细则和国家有关规定确定。

第五条 稽查局办理税务稽查案件时，实行选案、检查、审理、执行分工制约原则。

第六条 稽查局应当在税务局向社会公告的范围内实施税务稽查。上级税务机关可以根据案件办理的需要指定管辖。

税收法律、行政法规和国家税务总局规章对税务稽查管辖另有规定的，从其规定。

第七条 税务稽查管辖有争议的，由争议各方本着有利于案件办理的原则逐级协商解决；不能协商一致的，报请共同的上级税务机关决定。

第八条 税务稽查人员具有税收征管法实施细则规定回避情形的，应当回避。

被查对象申请税务稽查人员回避或者税务稽查人员自行申请回避的，由稽查局局长依法决定是否回避。稽查局局长发现税务稽查人员具有规定回避情形的，应当要求其回避。稽查局局长的回避，由税务局局长依法审查决定。

第九条 税务稽查人员对实施税务稽查过程中知悉的国家秘密、商业秘密或者个人隐私、个人信息，应当依法予以保密。

纳税人、扣缴义务人和其他涉税当事人的税收违法行为不属于保密范围。

第十条 税务稽查人员应当遵守工作纪律，恪守职业道德，不得有下列行为：

（一）违反法定程序、超越权限行使职权；

（二）利用职权为自己或者他人牟取利益；

（三）玩忽职守，不履行法定义务；

（四）泄露国家秘密、工作秘密，向被查对象通风报信、泄露案情；

（五）弄虚作假，故意夸大或者隐瞒案情；

（六）接受被查对象的请客送礼等影响公正执行公务的行为；

（七）其他违法违纪行为。

税务稽查人员在执法办案中滥用职权、玩忽职守、徇私舞弊的，依照有关规定严肃处理；涉嫌犯罪的，依法移送司法机关处理。

第十一条　税务稽查案件办理应当通过文字、音像等形式，对案件办理的启动、调查取证、审核、决定、送达、执行等进行全过程记录。

第二章　选案

第十二条　稽查局应当加强稽查案源管理，全面收集整理案源信息，合理、准确地选择待查对象。案源管理依照国家税务总局有关规定执行。

第十三条　待查对象确定后，经稽查局局长批准实施立案检查。

必要时，依照法律法规的规定，稽查局可以在立案前进行检查。

第十四条　稽查局应当统筹安排检查工作，严格控制对纳税人、扣缴义务人的检查次数。

第三章　检查

第十五条　检查前，稽查局应当告知被查对象检查时间、需要准备的资料等，但预先通知有碍检查的除外。

检查应当由两名以上具有执法资格的检查人员共同实施，并向被查对象出示税务检查证件、出示或者送达税务检查通知书，告知其权利和义务。

第十六条　检查应当依照法定权限和程序，采取实地检查、调取账簿资料、询问、查询存款账户或者储蓄存款、异地协查等方法。

对采用电子信息系统进行管理和核算的被查对象，检查人员可以要求其打开该电子信息系统，或者提供与原始电子数据、电子信息系统技术资料一致的复制件。被查对象拒不打开或者拒不提供的，经稽查局局长批准，可以采用适当的技术手段对该电子信息系统进行直接检查，或者提取、复制电子数据进行检查，但所采用的技术手段不得破坏该电子信息系统原始电子数据，或者影响该电子信息系统正常运行。

第十七条　检查应当依照法定权限和程序收集证据材料。收集的证据必须经查证属实，并与证明事项相关联。

不得以下列方式收集、获取证据材料：

（一）严重违反法定程序收集；

（二）以违反法律强制性规定的手段获取且侵害他人合法权益；

（三）以利诱、欺诈、胁迫、暴力等手段获取。

第十八条 调取账簿、记账凭证、报表和其他有关资料时，应当向被查对象出具调取账簿资料通知书，并填写调取账簿资料清单交其核对后签章确认。

调取纳税人、扣缴义务人以前会计年度的账簿、记账凭证、报表和其他有关资料的，应当经县以上税务局局长批准，并在3个月内完整退还；调取纳税人、扣缴义务人当年的账簿、记账凭证、报表和其他有关资料的，应当经设区的市、自治州以上税务局局长批准，并在30日内退还。

退还账簿资料时，应当由被查对象核对调取账簿资料清单，并签章确认。

第十九条 需要提取证据材料原件的，应当向当事人出具提取证据专用收据，由当事人核对后签章确认。对需要退还的证据材料原件，检查结束后应当及时退还，并履行相关签收手续。需要将已开具的纸质发票调出查验时，应当向被查验的单位或者个人开具发票换票证；需要将空白纸质发票调出查验时，应当向被查验的单位或者个人开具调验空白发票收据。经查无问题的，应当及时退还，并履行相关签收手续。

提取证据材料复制件的，应当由当事人或者原件保存单位（个人）在复制件上注明"与原件核对无误"及原件存放地点，并签章。

第二十条 询问应当由两名以上检查人员实施。除在被查对象生产、经营、办公场所询问外，应当向被询问人送达询问通知书。

询问时应当告知被询问人有关权利义务。询问笔录应当交被询问人核对或者向其宣读；询问笔录有修改的，应当由被询问人在改动处捺指印；核对无误后，由被询问人在尾页结束处写明"以上笔录我看过（或者向我宣读过），与我说的相符"，并逐页签章、捺指印。被询问人拒绝在询问笔录上签章、捺指印的，检查人员应当在笔录上注明。

第二十一条 当事人、证人可以采取书面或者口头方式陈述或者提供证言。当事人、证人口头陈述或者提供证言的，检查人员应当以笔录、录音、录像等形式进行记录。笔录可以手写或者使用计算机记录并打印，由当事人或者证人逐页签章、捺指印。

当事人、证人口头提出变更陈述或者证言的，检查人员应当就变更部分重新制作笔录，注明原因，由当事人或者证人逐页签章、捺指印。当事人、证人变更书面陈述或者证言的，变更前的笔录不予退回。

第二十二条 制作录音、录像等视听资料的，应当注明制作方法、制作时间、制作人和证明对象等内容。

调取视听资料时，应当调取有关资料的原始载体；难以调取原始载体的，可以调取复制件，但应当说明复制方法、人员、时间和原件存放处等事项。

对声音资料，应当附有该声音内容的文字记录；对图像资料，应当附有必要的文字说明。

第二十三条 以电子数据的内容证明案件事实的，检查人员可以要求当事人将电子数据打印成纸质资料，在纸质资料上注明数据出处、打印场所、打印时间或者提供时间，注明"与电子数据核对无误"，并由当事人签章。

需要以有形载体形式固定电子数据的，检查人员应当与提供电子数据的个人、单位的法定代表人或者财务负责人或者经单位授权的其他人员一起将电子数据复制到存储介质上并封存，同时在封存包装物上注明制作方法、制作时间、制作人、文件格式及大小等，注明"与原始载体记载的电子数据核对无误"，并由电子数据提供人签章。

收集、提取电子数据，检查人员应当制作现场笔录，注明电子数据的来源、事由、证明目的或者对象，提取时间、地点、方法、过程，原始存储介质的存放地点以及对电子数据存储介质的签封情况等。进行数据压缩的，应当在笔录中注明压缩方法和完整性校验值。

第二十四条 检查人员实地调查取证时，可以制作现场笔录、勘验笔录，对实地调查取证情况予以记录。

制作现场笔录、勘验笔录，应当载明时间、地点和事件等内容，并由检查人员签名和当事人签章。

当事人经通知不到场或者拒绝在现场笔录、勘验笔录上签章的，检查人员应当在笔录上注明原因；如有其他人员在场，可以由其签章证明。

第二十五条 检查人员异地调查取证的，当地税务机关应当予以协助；发函委托相关稽查局调查取证的，必要时可以派人参与受托地稽查局的调查取证，受托地稽查局应当根据协查请求，依照法定权限和程序调查。

需要取得境外资料的，稽查局可以提请国际税收管理部门依照有关规定程序获取。

第二十六条 查询从事生产、经营的纳税人、扣缴义务人存款账户，应当经县以上税务局局长批准，凭检查存款账户许可证明向相关银行或者其他金融机构查询。

查询案件涉嫌人员储蓄存款的，应当经设区的市、自治州以上税务局局长批准，凭检查存款账户许可证明向相关银行或者其他金融机构查询。

第二十七条 被查对象有下列情形之一的，依照税收征管法和税收征管法实施细则有关逃避、拒绝或者以其他方式阻挠税务检查的规定处理：

（一）提供虚假资料，不如实反映情况，或者拒绝提供有关资料的；

（二）拒绝或者阻止税务机关记录、录音、录像、照相和复制与案件有关的情况和资料的；

（三）在检查期间转移、隐匿、销毁有关资料的；

（四）有不依法接受税务检查的其他情形的。

第二十八条 税务机关有根据认为从事生产、经营的纳税人有逃避纳税义务行为，可以在规定的纳税期之前，责令限期缴纳应纳税款；在限期内发现纳税人有明显的转移、隐匿其应纳税的商品、货物以及其他财产或者应纳税收入迹象的，可以责成纳税人提供纳税担保。如果纳税人不能提供纳税担保，经县以上税务局局长批准，可以依法采取税收强制措施。

检查从事生产、经营的纳税人以前纳税期的纳税情况时，发现纳税人有逃避纳税义务行为，并有明显的转移、隐匿其应纳税的商品、货物以及其他财产或者应纳税收入迹象的，经县以上税务局局长批准，可以依法采取税收强制措施。

第二十九条 稽查局采取税收强制措施时，应当向纳税人、扣缴义务人、纳税担保人交付税收强制措施决定书，告知其采取税收强制措施的内容、理由、依据以及依法享有的权利、救济途径，并履行法律、法规规定的其他程序。

采取冻结纳税人在开户银行或者其他金融机构的存款措施时，应当向纳税人开户银行或者其他金融机构交付冻结存款通知书，冻结其相当于应纳税款的存款；并于作出冻结决定之日起3个工作日内，向纳税人交付冻结决定书。

采取查封、扣押商品、货物或者其他财产措施时，应当向纳税人、扣缴义务人、纳税担保人当场交付查封、扣押决定书，填写查封商品、货物或者其他财产清单或者出具扣押商品、货物或者其他财产专用收据，由当事人核对后签章。查封清单、扣押收据一式二份，由当事人和稽查局分别保存。

采取查封、扣押有产权证件的动产或者不动产措施时，应当依法向有关单位送达税务协助执行通知书，通知其在查封、扣押期间不再办理该动产或者不动产的过户手续。

第三十条 按照本规定第二十八条第二款采取查封、扣押措施的，期限一般不得超过6个月；重大案件有下列情形之一，需要延长期限的，应当报国家税务总局批准：

（一）案情复杂，在查封、扣押期限内确实难以查明案件事实的；

（二）被查对象转移、隐匿、销毁账簿、记账凭证或者其他证据材料的；

（三）被查对象拒不提供相关情况或者以其他方式拒绝、阻挠检查的；

（四）解除查封、扣押措施可能使纳税人转移、隐匿、损毁或者违法处置财产，从而导致税款无法追缴的。

除前款规定情形外采取查封、扣押、冻结措施的，期限不得超过30日；情况复杂的，经县以上税务局局长批准，可以延长，但是延长期限不得超过30日。

第三十一条　有下列情形之一的，应当依法及时解除税收强制措施：

（一）纳税人已按履行期限缴纳税款、扣缴义务人已按履行期限解缴税款、纳税担保人已按履行期限缴纳所担保税款的；

（二）税收强制措施被复议机关决定撤销的；

（三）税收强制措施被人民法院判决撤销的；

（四）其他法定应当解除税收强制措施的。

第三十二条　解除税收强制措施时，应当向纳税人、扣缴义务人、纳税担保人送达解除税收强制措施决定书，告知其解除税收强制措施的时间、内容和依据，并通知其在规定时间内办理解除税收强制措施的有关事宜：

（一）采取冻结存款措施的，应当向冻结存款的纳税人开户银行或者其他金融机构送达解除冻结存款通知书，解除冻结；

（二）采取查封商品、货物或者其他财产措施的，应当解除查封并收回查封商品、货物或者其他财产清单；

（三）采取扣押商品、货物或者其他财产措施的，应当予以返还并收回扣押商品、货物或者其他财产专用收据。

税收强制措施涉及协助执行单位的，应当向协助执行单位送达税务协助执行通知书，通知解除税收强制措施相关事项。

第三十三条　有下列情形之一，致使检查暂时无法进行的，经稽查局局长批准后，中止检查：

（一）当事人被有关机关依法限制人身自由的；

（二）账簿、记账凭证及有关资料被其他国家机关依法调取且尚未归还的；

（三）与税收违法行为直接相关的事实需要人民法院或者其他国家机关确认的；

（四）法律、行政法规或者国家税务总局规定的其他可以中止检查的。

中止检查的情形消失，经稽查局局长批准后，恢复检查。

第三十四条 有下列情形之一，致使检查确实无法进行的，经稽查局局长批准后，终结检查：

（一）被查对象死亡或者被依法宣告死亡或者依法注销，且有证据表明无财产可抵缴税款或者无法定税收义务承担主体的；

（二）被查对象税收违法行为均已超过法定追究期限的；

（三）法律、行政法规或者国家税务总局规定的其他可以终结检查的。

第三十五条 检查结束前，检查人员可以将发现的税收违法事实和依据告知被查对象。

被查对象对违法事实和依据有异议的，应当在限期内提供说明及证据材料。被查对象口头说明的，检查人员应当制作笔录，由当事人签章。

第四章 审理

第三十六条 检查结束后，稽查局应当对案件进行审理。符合重大税务案件标准的，稽查局审理后提请税务局重大税务案件审理委员会审理。

重大税务案件审理依照国家税务总局有关规定执行。

第三十七条 案件审理应当着重审核以下内容：

（一）执法主体是否正确；

（二）被查对象是否准确；

（三）税收违法事实是否清楚，证据是否充分，数据是否准确，资料是否齐全；

（四）适用法律、行政法规、规章及其他规范性文件是否适当，定性是否正确；

（五）是否符合法定程序；

（六）是否超越或者滥用职权；

（七）税务处理、处罚建议是否适当；

（八）其他应当审核确认的事项或者问题。

第三十八条 有下列情形之一的，应当补正或者补充调查：

（一）被查对象认定错误的；

（二）税收违法事实不清、证据不足的；

（三）不符合法定程序的；

（四）税务文书不规范、不完整的；

（五）其他需要补正或者补充调查的。

第三十九条 拟对被查对象或者其他涉税当事人作出税务行政处罚的,应当向其送达税务行政处罚事项告知书,告知其依法享有陈述、申辩及要求听证的权利。税务行政处罚事项告知书应当包括以下内容:

(一)被查对象或者其他涉税当事人姓名或者名称、有效身份证件号码或者统一社会信用代码、地址。没有统一社会信用代码的,以税务机关赋予的纳税人识别号代替;

(二)认定的税收违法事实和性质;

(三)适用的法律、行政法规、规章及其他规范性文件;

(四)拟作出的税务行政处罚;

(五)当事人依法享有的权利;

(六)告知书的文号、制作日期、税务机关名称及印章;

(七)其他相关事项。

第四十条 被查对象或者其他涉税当事人可以书面或者口头提出陈述、申辩意见。对当事人口头提出陈述、申辩意见,应当制作陈述申辩笔录,如实记录,由陈述人、申辩人签章。

应当充分听取当事人的陈述、申辩意见;经复核,当事人提出的事实、理由或者证据成立的,应当采纳。

第四十一条 被查对象或者其他涉税当事人按照法律、法规、规章要求听证的,应当依法组织听证。

听证依照国家税务总局有关规定执行。

第四十二条 经审理,区分下列情形分别作出处理:

(一)有税收违法行为,应当作出税务处理决定的,制作税务处理决定书;

(二)有税收违法行为,应当作出税务行政处罚决定的,制作税务行政处罚决定书;

(三)税收违法行为轻微,依法可以不予税务行政处罚的,制作不予税务行政处罚决定书;

(四)没有税收违法行为的,制作税务稽查结论。

税务处理决定书、税务行政处罚决定书、不予税务行政处罚决定书、税务稽查结论引用的法律、行政法规、规章及其他规范性文件,应当注明文件全称、文号和有关条款。

第四十三条 税务处理决定书应当包括以下主要内容:

(一)被查对象姓名或者名称、有效身份证件号码或者统一社会信用代码、地址。没有统一社会信用代码的，以税务机关赋予的纳税人识别号代替；

（二）检查范围和内容；

（三）税收违法事实及所属期间；

（四）处理决定及依据；

（五）税款金额、缴纳期限及地点；

（六）税款滞纳时间、滞纳金计算方法、缴纳期限及地点；

（七）被查对象不按期履行处理决定应当承担的责任；

（八）申请行政复议或者提起行政诉讼的途径和期限；

（九）处理决定书的文号、制作日期、税务机关名称及印章。

第四十四条 税务行政处罚决定书应当包括以下主要内容：

（一）被查对象或者其他涉税当事人姓名或者名称、有效身份证件号码或者统一社会信用代码、地址。没有统一社会信用代码的，以税务机关赋予的纳税人识别号代替；

（二）检查范围和内容；

（三）税收违法事实、证据及所属期间；

（四）行政处罚种类和依据；

（五）行政处罚履行方式、期限和地点；

（六）当事人不按期履行行政处罚决定应当承担的责任；

（七）申请行政复议或者提起行政诉讼的途径和期限；

（八）行政处罚决定书的文号、制作日期、税务机关名称及印章。

税务行政处罚决定应当依法公开。公开的行政处罚决定被依法变更、撤销、确认违法或者确认无效的，应当在3个工作日内撤回原行政处罚决定信息并公开说明理由。

第四十五条 不予税务行政处罚决定书应当包括以下主要内容：

（一）被查对象或者其他涉税当事人姓名或者名称、有效身份证件号码或者统一社会信用代码、地址。没有统一社会信用代码的，以税务机关赋予的纳税人识别号代替；

（二）检查范围和内容；

（三）税收违法事实及所属期间；

（四）不予税务行政处罚的理由及依据；

（五）申请行政复议或者提起行政诉讼的途径和期限；

（六）不予行政处罚决定书的文号、制作日期、税务机关名称及印章。

第四十六条 税务稽查结论应当包括以下主要内容：

（一）被查对象姓名或者名称、有效身份证件号码或者统一社会信用代码、地址。没有统一社会信用代码的，以税务机关赋予的纳税人识别号代替；

（二）检查范围和内容；

（三）检查时间和检查所属期间；

（四）检查结论；

（五）结论的文号、制作日期、税务机关名称及印章。

第四十七条 稽查局应当自立案之日起90日内作出行政处理、处罚决定或者无税收违法行为结论。案情复杂需要延期的，经税务局局长批准，可以延长不超过90日；特殊情况或者发生不可抗力需要继续延期的，应当经上一级税务局分管副局长批准，并确定合理的延长期限。但下列时间不计算在内：

（一）中止检查的时间；

（二）请示上级机关或者征求有权机关意见的时间；

（三）提请重大税务案件审理的时间；

（四）因其他方式无法送达，公告送达文书的时间；

（五）组织听证的时间；

（六）纳税人、扣缴义务人超期提供资料的时间；

（七）移送司法机关后，税务机关需根据司法文书决定是否处罚的案件，从司法机关接受移送到司法文书生效的时间。

第四十八条 税收违法行为涉嫌犯罪的，填制涉嫌犯罪案件移送书，经税务局局长批准后，依法移送公安机关，并附送以下资料：

（一）涉嫌犯罪案件情况的调查报告；

（二）涉嫌犯罪的主要证据材料复制件；

（三）其他有关涉嫌犯罪的材料。

第五章 执行

第四十九条 稽查局应当依法及时送达税务处理决定书、税务行政处罚决定书、不予税务行政处罚决定书、税务稽查结论等税务文书。

第五十条 具有下列情形之一的，经县以上税务局局长批准，稽查局可以依法强制执行，或者依法申请人民法院强制执行：

（一）纳税人、扣缴义务人未按照规定的期限缴纳或者解缴税款、滞纳金，责令限期缴纳逾期仍未缴纳的；

（二）经稽查局确认的纳税担保人未按照规定的期限缴纳所担保的税款、滞纳金，责令限期缴纳逾期仍未缴纳的；

（三）当事人对处罚决定逾期不申请行政复议也不向人民法院起诉、又不履行的；

（四）其他可以依法强制执行的。

第五十一条 当事人确有经济困难，需要延期或者分期缴纳罚款的，可向稽查局提出申请，经税务局局长批准后，可以暂缓或者分期缴纳。

第五十二条 作出强制执行决定前，应当制作并送达催告文书，催告当事人履行义务，听取当事人陈述、申辩意见。经催告，当事人逾期仍不履行行政决定，且无正当理由的，经县以上税务局局长批准，实施强制执行。

实施强制执行时，应当向被执行人送达强制执行决定书，告知其实施强制执行的内容、理由及依据，并告知其享有依法申请行政复议或者提起行政诉讼的权利。

催告期间，对有证据证明有转移或者隐匿财物迹象的，可以作出立即强制执行决定。

第五十三条 稽查局采取从被执行人开户银行或者其他金融机构的存款中扣缴税款、滞纳金、罚款措施时，应当向被执行人开户银行或者其他金融机构送达扣缴税收款项通知书，依法扣缴税款、滞纳金、罚款，并及时将有关凭证送达被执行人。

第五十四条 拍卖、变卖被执行人商品、货物或者其他财产，以拍卖、变卖所得抵缴税款、滞纳金、罚款的，在拍卖、变卖前应当依法进行查封、扣押。

稽查局拍卖、变卖被执行人商品、货物或者其他财产前，应当制作拍卖/变卖抵税财物决定书，经县以上税务局局长批准后送达被执行人，予以拍卖或者变卖。

拍卖或者变卖实现后，应当在结算并收取价款后3个工作日内，办理税款、滞纳金、罚款的入库手续，并制作拍卖/变卖结果通知书，附拍卖/变卖查封、扣押的商品、货物或者其他财产清单，经稽查局局长审核后，送达被执行人。

以拍卖或者变卖所得抵缴税款、滞纳金、罚款和拍卖、变卖等费用后，尚有剩余的财产或者无法进行拍卖、变卖的财产的，应当制作返还商品、货物或其他财产通知书，附返还商品、货物或者其他财产清单，送达被执行人，并自办理税款、滞纳金、罚款入库手续之日起3个工作日内退还被执行人。

第五十五条 执行过程中发现涉嫌犯罪的，依照本规定第四十八条处理。

第五十六条 执行过程中发现有下列情形之一的,经稽查局局长批准后,中止执行:

(一)当事人死亡或者被依法宣告死亡,尚未确定可执行财产的;

(二)当事人进入破产清算程序尚未终结的;

(三)可执行财产被司法机关或者其他国家机关依法查封、扣押、冻结,致使执行暂时无法进行的;

(四)可供执行的标的物需要人民法院或者仲裁机构确定权属的;

(五)法律、行政法规和国家税务总局规定其他可以中止执行的。

中止执行情形消失后,经稽查局局长批准,恢复执行。

第五十七条 当事人确无财产可供抵缴税款、滞纳金、罚款或者依照破产清算程序确实无法清缴税款、滞纳金、罚款,或者有其他法定终结执行情形的,经税务局局长批准后,终结执行。

第五十八条 税务处理决定书、税务行政处罚决定书等决定性文书送达后,有下列情形之一的,稽查局可以依法重新作出:

(一)决定性文书被人民法院判决撤销的;

(二)决定性文书被行政复议机关决定撤销的;

(三)税务机关认为需要变更或者撤销原决定性文书的;

(四)其他依法需要变更或者撤销原决定性文书的。

第六章　附则

第五十九条 本规定相关税务文书的式样,由国家税务总局规定。

第六十条 本规定所称签章,区分以下情况确定:

(一)属于法人或者其他组织的,由相关人员签名,加盖单位印章并注明日期;

(二)属于个人的,由个人签名并注明日期。

本规定所称"以上""日内",均含本数。

第六十一条 本规定自2021年8月11日起施行。《税务稽查工作规程》(国税发〔2009〕157号印发,国家税务总局公告2018年第31号修改)同时废止。

(三)《国家税务总局关于稽查局职责问题的通知》(国税函〔2003〕140号)

各省、自治区、直辖市和计划单列市国家税务局、地方税务局:

《中华人民共和国税收征管法实施细则》第九条第二款规定"国家税务总局应当明确划分税务局和稽查局的职责,避免职责交叉。"为了切实贯彻这一规定,保证税收征管改革的深化与推进，科学合理地确定稽查局和其他税务机构的职责，国家税务总局正在调查论述具体方案。在国家税务总局统一明确之前，各级稽查局现行职责不变。稽查局的现行职责是指：稽查业务管理、税务检查和税收违法案件查处；凡需要对纳税人、扣缴义务人进行账证检查或者调查取证，并对其税收违法行为进行税务行政处理（处罚）的执法活动，仍由各级稽查局负责。

国家税务总局
2003年2月18日

三、应用场景

（一）应用场景一：结合相关规定，论述税务稽查局的检查职责

在平凉市崇信县容信小额贷款有限责任公司与崇信县地方税务局稽查局、崇信县地方税务局行政处理纠纷案[1]中，甘肃省平凉市中级人民法院认为，根据《税收征收管理法》第五条第一款"国务院税务主管部门主管全国税收征收管理工作。各地国家税务局和地方税务局应当按照国务院规定的税收征收管理范围分别进行征收管理"，第十四条"本法所称税务机关是指各级税务局、税务分局、税务所和按照国务院规定设立的并向社会公告的税务机构"，《税收征收管理法实施细则》第九条"税收征管法第十四条所称按照国务院规定设立的并向社会公告的税务机构，是指省以下税务局的稽查局。稽查局专司偷税、逃避追缴欠税、骗税、抗税案件的查处。国家税务总局应当明确划分税务局和稽查局的职责，避免职责交叉"，以及《国家税务总局关于稽查局职责问题的通知》（国税函〔2003〕140号）、《税务稽查工作规程》[2]的相关规定，崇信地税稽查局具有对其所属的被上诉人崇信地税局征收管理范围内偷税、逃避追缴欠税、骗税、抗税案件进行查处及与查处税违法行为密切关联的稽查管理、税务检查、调查和处理的法定职责。

（二）应用场景二：结合相关规定，论述税务局有税款征收职责

在张春苹与北京市昌平区人民政府、北京市昌平区地方税务局行政征收纠纷案[3]中，北京市昌平区人民法院认为，依据《税收征收管理法》第五条第一款的

---

[1] 案例来源：甘肃省平凉市华亭县人民法院行政判决书（2017）甘0824行初5号、甘肃省平凉市中级人民法院行政判决书（2018）甘08行终8号。

[2] 注：根据国家税务总局令第52号规定，自2021年8月11日起废止。

[3] 案例来源：北京市昌平区人民法院行政判决书（2017）京0114行初120号。

规定，国务院税务主管部门主管全国税收征收管理工作。各地国家税务局和地方税务局应当按照国务院规定的税收征收管理范围分别进行征收管理。该法第十四条规定，本法所称税务机关是指各级税务局、税务分局、税务所和按照国务院规定设立的并向社会公告的税务机构。《契税暂行条例》第十二条第一款[①]规定，契税征收机关为土地、房屋所在地的财政机关或者地方税务机关。具体征收机关由省、自治区、直辖市人民政府确定。《北京市契税管理规定》第四条规定，本市契税征收机关为市和区、县地方税务局。本案中，被告昌平地税局作为昌平区负责房地产销售中契税征收工作的税务机关，具有办理原告提出的退税申请有关事项的法定职权。

（三）应用场景三：结合相关规定，论述税务局有发票违法查处职责

在张涛与厦门市思明区国家税务局税务行政决定及行政赔偿纠纷案[②]中，2014年8月21日，张涛向厦门市国家税务局稽查局举报中心举报中国电信厦门分公司存在发票违法行为，具体包括漏开和拒绝逐项开具2014年6—7月发票等情形，同时要求将查处情况告知，并对其进行行政奖励。该举报中心受理张涛上述检举材料后，针对检举具体内容进行案件分配，将案件转由中国电信厦门分公司主管税务机关，即思明区国税局进行查处。2014年8月28日，思明区国税局根据调查情况形成税务调查报告，认为中国电信厦门分公司的发票开具行为未违反发票管理的相关规定，不予实施税务行政处罚。2014年11月24日，张涛向厦门市国家税务局提起行政复议，要求确认思明区国税局查处行为违法，并据此要求获得行政赔偿。2015年1月21日，厦门市国家税务局作出厦国税复决字〔2015〕1号行政复议决定书，决定维持思明区国税局作出的涉讼行政行为。张涛仍不服，遂诉至厦门市思明区人民法院。

张涛对一审判决不服，提出上诉，理由之一是思明区国税局不具备查处检举事项的法定职权，应由厦门市国家税务局稽查局行使稽查权查处上诉人检举事项（中国电信厦门分公司发票违法行为）。对此，厦门市中级人民法院不予支持，理由为：根据《税收征收管理法》第十四条规定，该法所称税务机关是指各级税务局、税务分局、税务所和按照国务院规定设立的并向社会公告的税务机构；第二十一条第一款规定，税务机关是发票的主管机关，负责发票印制、领购、开

---

① 最新相关规定见《契税法》第十四条规定。
② 案例来源：福建省厦门市思明区人民法院行政判决书（2015）思行初字第42号、福建省厦门市中级人民法院行政判决书（2015）厦行终字第104号。

具、取得、保管、缴销的管理和监督。《发票管理办法实施细则》第三十四条第二款规定，对违反发票管理法规的行政处罚，由县以上税务机关决定；罚款额在2 000元以下的，可由税务所决定。思明区国税局作为区税务机关，负责对其行政区域的发票管理工作，依法有权对其辖区内企业涉嫌发票违法行为进行查处。厦门市国家税务局稽查局举报中心接到举报后，认为举报事项属于思明区国税局管辖，转交思明区国税局进行处理，符合《税收违法行为检举管理办法》第十四条的规定。一审法院认定思明区国税局具有涉案查处行为法定职权，并无不当，上诉人主张被上诉人超越职权的上诉意见，不予支持。

注：虚开发票违法行为，由税务稽查局查处。除此之外的发票轻微违法，由税务征收管理部门负责处理。

（四）应用场景四：结合相关规定，论述税务局有政府非税收入征收职责

在厦门金海捷人力资源服务有限公司与厦门市湖里区地方税务局殿前分局保险费缴纳纠纷案[①]中，针对上诉人（厦门金海捷人力资源服务有限公司）称税务机关无征收社会保险费资格的问题，厦门市中级人民法院指出，根据《社会保险费征缴暂行条例》（1999年国务院令第259号）第六条规定，"社会保险费实行三项社会保险费集中、统一征收。社会保险费的征收机构由省、自治区、直辖市人民政府规定，可以由税务机关征收，也可以由劳动保障行政部门按照国务院规定设立的社会保险经办机构征收"。该条例明确规定社会保险费的征收机构由省、自治区、直辖市人民政府规定，征收主体为税务机关或社会保险经办机构。同时，根据《福建省社会保险费征缴办法》第三十条规定，"厦门市社会保险费征缴办法由厦门市人民政府自行确定"，而厦门市人民政府于2003年6月3日将由劳动保障行政部门办理的社会保险费征收等范围移交给厦门市地方税务部门，移交的范围及业务包括社会保险费的登记、申报、征缴、对欠款单位的催缴等。故厦门市地方税务部门对欠缴社会保险费的单位进行催缴，系其职责范围。而关于税务机关的定义，《税收征收管理法》第十四条规定，"本法所称税务机关是指各级税务局、税务分局、税务所和按照国务院规定设立的并向社会公告的税务机构。"本案殿前地税分局虽为厦门市湖里区地方税务局的派出机构，但其仍可履行征收的法定职责，其向金海捷公司发出讼争社会保险费限期缴纳通知书，主体适格。

---

① 案例来源：福建省厦门市湖里区人民法院行政判决书（2014）湖行初字第9号、福建省厦门市中级人民法院行政判决书（2014）厦行终字第77号。

其实，除社会保险的征收职责外，为贯彻落实党中央、国务院关于政府非税收入征管职责划转税务部门的有关部署和要求，非税收入也已有序划转至税务机关征收：1.根据《国家税务总局关于国家重大水利工程建设基金等政府非税收入项目征管职责划转有关事项的公告》（国家税务总局公告2018年第63号）第一条规定，自2019年1月1日起，原由财政部驻地方财政监察专员办事处（以下简称"专员办"）负责征收的国家重大水利工程建设基金、农网还贷资金、可再生能源发展基金、中央水库移民扶持基金（含大中型水库移民后期扶持基金、三峡水库库区基金、跨省际大中型水库库区基金）、三峡电站水资源费、核电站乏燃料处理处置基金、免税商品特许经营费、油价调控风险准备金、核事故应急准备专项收入，以及国家留成油收入、石油特别收益金，划转至税务部门征收。2.根据《国家税务总局关于水利建设基金等政府非税收入项目征管职责划转有关事项的公告》（国家税务总局公告2020年第2号）第一条规定，自2020年起，地方政府及有关部门负责征收的国家重大水利工程建设基金，以及向企事业单位和个体经营者征收的水利建设基金，亦划转至税务部门征收。3.《国家税务总局关于水土保持补偿费等政府非税收入项目征管职责划转有关事项的公告》（国家税务总局公告2020年第21号）第一条规定，自2021年1月1日起，水土保持补偿费、地方水库移民扶持基金、排污权出让收入、防空地下室易地建设费划转至税务部门征收。4.根据《财政部 自然资源部 税务总局 人民银行关于将国有土地使用权出让收入、矿产资源专项收入、海域使用金、无居民海岛使用金四项政府非税收入划转税务部门征收有关问题的通知》（财综〔2021〕19号）第一条规定，将由自然资源部门负责征收的国有土地使用权出让收入、矿产资源专项收入、海域使用金、无居民海岛使用金四项政府非税收入，全部划转给税务部门负责征收。5.根据《财政部关于将森林植被恢复费、草原植被恢复费划转税务部门征收的通知》（财税〔2022〕50号）第一条规定，自2023年1月1日起，将森林植被恢复费、草原植被恢复费划转至税务部门征收。

四、法条总结

本条规定虽是对税务机关范围的界定，但结合相关法律、法规规定，特别是《税收征收管理法》第五条规定，可延伸出上述四种应用场景。

第二章　税务管理

第一节　税务登记

第十五条　企业，企业在外地设立的分支机构和从事生产、经营的场所，个体工商户和从事生产、经营的事业单位（以下统称从事生产、经营的纳税人）自领取营业执照之日起三十日内，持有关证件，向税务机关申报办理税务登记。税务机关应当于收到申报的当日办理登记并发给税务登记证件。

工商行政管理机关应当将办理登记注册、核发营业执照的情况，定期向税务机关通报。

本条第一款规定以外的纳税人办理税务登记和扣缴义务人办理扣缴税款登记的范围和办法，由国务院规定。

一、法条简析

本条是对税务登记管理的规定。第一款规定从事生产、经营的纳税人税务登记义务；第二款规定工商行政管理机关（注：现为市场监督管理部门）定期向税务机关通报职责；第三款规定其他纳税人和扣缴义务人的税务登记问题。

二、相关规定

（一）《税收征收管理法实施细则》相关规定

第十条　国家税务局、地方税务局对同一纳税人的税务登记应当采用同一代码，信息共享。

税务登记的具体办法由国家税务总局制定。

第十一条　各级工商行政管理机关应当向同级国家税务局和地方税务局定期通报办理开业、变更、注销登记以及吊销营业执照的情况。

通报的具体办法由国家税务总局和国家工商行政管理总局联合制定。

(二)《国家税务总局 国家工商行政管理总局关于工商登记信息和税务登记信息交换与共享问题的通知》(国税发〔2003〕81号)

为落实《中华人民共和国税收征收管理法》(以下简称《税收征收管理法》)、《中华人民共和国税收征收管理法实施细则》(以下简称《征管法实施细则》)的规定,保证工商行政管理机关与税务机关之间登记信息州顺畅交换和有效共享,加强税务机关与工商行政管理机关的协作配合,规范市场经济秩序,确保国家财政收入,现对税务机关与工商行政管理机关之间的信息交换和信息共享问题通知如下:

一、登记信息交换的内容

(一)工商行政管理机关向税务机关提供的信息

1.设立登记信息:营业执照注册号、企业名称(个体工商户字号)、法定代表人(负责人或个体工商户业主)、住所(经营场所)、电话、企业类型、核准日期、登记机关名称。

2.变更登记信息:变更内容、变更日期。

3.注销登记信息:注销登记原因、注销登记日期。

4.吊销营业执照信息:吊销原因、吊销日期。

5.年检验照信息:未通过年检验照的信息、应办理年检验照而未办理年检验照的信息。

(二)税务机关向工商行政管理机关提供的信息

1.注销税务登记信息:纳税人名称、纳税人营业执照注册号、税务登记号、税务登记注销日期、税务登记注销机关。

2.提请工商行政管理机关吊销营业执照信息:依法应该办理税务登记而拒不办理税务登记的信息。

3.非正常户信息:纳税人名称、营业执照注册号、税务登记号、非正常户认定、解除时间。

除上述信息外,地(市)级以上工商行政管理机关与税务机关可根据实际需要,确定需要交换的其他信息。

二、建立健全信息交换制度和机制

各级工商行政管理机关和税务机关应作好信息交换的各项准备工作,逐步理顺相关业务流程,规范信息交换对象、方式、周期等各项工作流程和标准,建立信息交换制度。

（一）信息交换对象

各工商行政管理机关应当将有关信息分别向同级国家税务局、地方税务局交换。

税务机关对工商行政管理机关提供的信息，在本级进行登记后，应当负责向下级单位下传。

各级税务机关应当直接将有关信息向办理企业及个体工商户登记的工商行政管理机关交换。

（二）信息交换方式

逐步确立信息化条件下的工商行政管理机关与税务机关的信息交换工作机制，工商行政管理机关与税务机关应通过计算机网络交换信息，暂不能通过网络交换信息的，工商行政管理机关和税务机关要采用软盘交换，同时打印纸质材料。数据电文、软盘与纸质材料内容不一致的，以纸质材料的内容为准。

信息交换的各类表式，由国家税务总局商国家工商行政管理总局制定（附后）。手工制作的表式应与通过计算机进行信息交换中使用的表式一致。

（三）关于户数核对

在信息交换过程中，各级工商行政管理机关和税务机关要定期核对登记户数。

数据的交换从一定时点的静态数据开始，逐步实现信息的全面共享。在制定工商行政管理机关与税务机关的信息交换流程的基础上，工商行政管理机关将一定时期（月或季度）内设立、变更、注（吊）销工商登记的情况交换给税务机关。在保证一定时期内新设立、变更、注（吊）销工商登记信息交换的基础上，逐步过渡到对新设立、变更、注（吊）销工商登记阶情况，即时交换给税务机关。

（四）确定合理的信息交换周期

各级工商行政管理机关和税务机关在本通知规定的时限内，根据实际情况确定信息交换周期。

对于本月内新设立、变更、注（吊）销工商登记的企业（个体工商户）名单和有关情况，各级工商行政管理机关应当于月末终了15日内，向税务机关交换；不能按月交换新设立、变更、注销工商登记情况的，各级工商行政管理机关应当于每季终了15日内，将本季度内新设立、变更、注（吊）销工商登记的名单和有关情况，向税务机关交换。

每年工商行政管理机关年检验照工作结束后15日内，各级工商行政管理机关应将年检验照信息及时通报给税务机关。

税务机关依法提请工商行政管理机关吊销营业执照的，应当在做出决定之日起5个工作日内，将提请吊销营业执照的信息交换给工商行政管理机关；工商行政管理机关作出吊销营业执照决定后，应当在作出决定之日起5个工作日内，将吊销营业执照的企业（个体工商户）的名单交换给税务机关。

在2003年度年检验照后，各地工商行政管理机关将所有工商登记户的名单（含历史数据）交换给税务机关。税务机关在2004年6月底前逐户进行核对，并将核对的情况和数据差异的原因及处理结果逐级上报至国家税务总局。

（五）关于数据核对和基础数据库建设

鉴于目前工商行政管理机关使用的工商登记注册号和税务机关使用的纳税人识别码尚未统一，各地工商行政管理机关和税务机关可先各自采集数据，通过企业或个体工商户名称进行数据核对，在条件成熟的情况下，可通过组织机构代码进行数据核对。有条件的地方，工商行政管理机关和税务机关可通过向对方的合理授权，保证通过电子档案查询有关信息。

为减少数据核对的不一致，工商行政管理机关在办理新设立、变更企业及个体工商户登记时，可以通知企业或个体工商户在30日内到税务机关办理新办或变更税务登记。

工商行政管理机关和税务机关在信息交换的基础上，逐步建立和完善统一的企业基础数据库，为实现政府机关间的信息共享打下基础。

各级税务机关对同级工商行政管理机关提供的信息，一方面进行登记、下发，另一方面应同时向上级税务机关（即地市级国税局/地税局→省级国税局/地税局，省级国税局/地税局→国家税务总局）传送，以便利用税务系统内部网络实现工商数据在省局、总局的集中，为数据的充分利用打下基础。

三、作好组织协调工作

各省级、地（市）级工商行政管理机关和税务机关要建立信息交换工作协调领导小组，由工商行政管理局、国税局、地税局的主管领导参加，作好信息交换的组织、领导、协调工作。

各省、自治区、直辖市的工商行政管理机关和税务机关可根据本通知的规定联合制定具体的操作办法，分别报国家工商行政管理总局、国家税务总局备案。各地（市）级工商行政管理机关和税务机关要在上级机关的领导下，按照本通知的要求，结合当地的实际情况，制定本地区的具体的交换方案，作好数据交换工作。

工商行政管理机关和税务机关互相交换信息，不得以任何名义向对方收取费用。

各级工商行政管理机关和税务机关未按照规定交换有关信息的，由上级机关责令限期改正；对未按规定作好交换信息工作的主管领导和直接责任人员按照《国家公务员管理条例》的有关规定追究其行政责任。

本通知自2003年9月1日起执行，各级工商行政管理机关与税务机关要按本通知的要求落实好信息交换工作，本通知未尽的规定事项，按有关的法律、行政法规及规章的规定执行。

附件：《信息交换通知》附表（略）

（三）《国务院办公厅关于加快推进"多证合一"改革的指导意见》（国办发〔2017〕41号）

各省、自治区、直辖市人民政府，国务院各部委、各直属机构：

"五证合一""两证整合"登记制度改革的相继实施有效提升了政府行政服务效率，降低了市场主体创设的制度性交易成本，激发了市场活力和社会创新力，但目前仍然存在各类证照数量过多、"准入不准营"、简政放权措施协同配套不够等问题。为进一步优化营商环境，经国务院同意，现就加快推进"多证合一"改革提出以下意见。

一、统一思想，充分认识推行改革的重要意义

在全面实施企业、农民专业合作社工商营业执照、组织机构代码证、税务登记证、社会保险登记证、统计登记证"五证合一、一照一码"登记制度改革和个体工商户工商营业执照、税务登记证"两证整合"的基础上，将涉及企业（包括个体工商户、农民专业合作社，下同）登记、备案等有关事项和各类证照（以下统称涉企证照事项）进一步整合到营业执照上，实现"多证合一、一照一码"，是贯彻中央关于推进供给侧结构性改革决策部署，推进简政放权、放管结合、优化服务的重要内容，是进一步推动政府职能转变、深化行政审批制度改革的重要途径，是深化商事制度改革、进一步释放改革红利的重要抓手；对于推动市场在资源配置中起决定性作用和更好发挥政府作用，构建"互联网+"环境下政府新型管理方式、营造便利宽松的创业创新环境和公开透明平等竞争的营商环境，建立程序更为便利、内容更为完善、流程更为优化、资源更为集约的市场准入新模式，促进提高劳动生产率具有重要意义。各地区、各部门要高度重视，积极作为，把这项改革的实施工作摆在重要位置，采取切实有力措施，确保"多证合

一"改革在2017年10月1日前落到实处、取得实效。

二、认真梳理涉企证照事项,全面实行"多证合一"

坚持"多证合一"和行政审批制度改革相结合,按照市场化改革方向,充分发挥市场在资源配置中的决定性作用。各地区要按照能整合的尽量整合、能简化的尽量简化、该减掉的坚决减掉的原则,全面梳理、分类处理涉企证照事项,将信息采集、记载公示、管理备查类的一般经营项目涉企证照事项,以及企业登记信息能够满足政府部门管理需要的涉企证照事项,进一步整合到营业执照上,被整合证照不再发放,实行"多证合一、一照一码",使企业在办理营业执照后即能达到预定可生产经营状态,大幅度缩短企业从筹备开办到进入市场的时间。对于市场机制能够有效调节、企业能够自主管理的事项以及可以通过加强事中事后监管达到原设定涉企证照事项目的的,要逐步取消或改为备案管理。对于关系公共安全、经济安全、生态安全、生产安全、意识形态安全的涉企证照事项继续予以保留,要实行准入清单管理。对于没有法律法规依据、非按法定程序设定的涉企证照事项一律取消。

三、深化信息共享和业务协同,简化企业准入手续

坚持互联互通与数据共享相结合,大力推进信息共享,能向社会公开的尽量公开,打通信息孤岛。各地区要依托已有设施资源和政府统一数据共享交换平台,进一步完善省级信用信息共享平台、国家企业信用信息公示系统、部门间的数据接口,在更大范围、更深层次实现部门间企业基础信息和相关信用信息共享、业务协同。各地区要加快制定政府数据资源共享目录体系和管理办法,建立区域内统一标准的市场主体信息库,构建统一高效、互联互通、安全可靠的政府数据资源体系,打破部门和行业信息壁垒。从严控制个性化信息采集,凡是能通过信息共享获取的信息和前序流程已收取的材料,不得要求企业和群众重复提交;凡是能通过网络核验的信息,不得要求其他单位和申请人重复提交;凡是应由行政机关及相关机构调查核实的信息,由部门自行核实,实现相同信息"一次采集、一档管理",避免让企业重复登记、重复提交材料。

四、完善工作流程,做好改革衔接过渡

各地区要在"五证合一"登记制度改革工作机制及技术方案的基础上,继续全面实行"一套材料、一表登记、一窗受理"的工作模式,申请人办理企业注册登记时只需填写"一张表格",向"一个窗口"提交"一套材料"。登记部门直接核发加载统一社会信用代码的营业执照,相关信息在国家企业信用信息公示系统公示,并及时归集至全国信用信息共享平台。企业不再另行办理"多证合一"涉

及的被整合证照事项,相关部门通过信息共享满足管理需要。已按照"五证合一"登记模式领取加载统一社会信用代码营业执照的企业,不需要重新申请办理"多证合一"登记,由登记机关将相关登记信息通过全国信用信息共享平台共享给被整合证照涉及的相关部门。企业原证照有效期满、申请变更登记或者申请换发营业执照的,由登记机关换发加载统一社会信用代码的营业执照。

五、推进"互联网+政务服务",不断提高服务效率

坚持优化政务服务与推进"互联网+"相结合,优化审批流程,提高审批效率,提升透明度和可预期性。各地区要加快一体化网上政务服务平台建设,打造"互联网+"模式下方便快捷、公平普惠、优质高效的政务服务体系。推进各类涉企证照事项线上并联审批,优化线上、线下办事流程,简化办事手续,减少办事环节,降低办事成本,实现"一网通办、一窗核发"。要推进涉企证照事项标准化管理,在全面梳理、分类处理的基础上,全面公开涉企证照事项目录和程序,明晰具体受理条件和办理标准,列明审查要求和时限,实现服务事项标准化。

六、加强事中事后监管,促进服务效能提升

坚持便捷准入与严格监管相结合,以有效监管保障便捷准入,防止劣币驱逐良币,提高开办企业积极性。各地区、各部门要切实转变理念,精简事前审批,加强事中事后监管,探索市场监管新模式。要全面推行"双随机、一公开"监管,按照"谁审批、谁监管,谁主管、谁监管"的原则,强化主动监管、认真履职意识,明确监管责任。要建立以信用为核心的新型监管机制,依托全国信用信息共享平台不断完善政府部门之间信息共享与联合惩戒机制,充分发挥国家企业信用信息公示系统和"信用中国"网站的作用,强化企业自我约束功能,降低市场交易风险,减少政府监管成本,提高经济运行效率。

七、推进"一照一码"营业执照广泛应用,推动改革落地

坚持"多证合一"与推进"一照一码"营业执照应用相结合,打通改革成果落地的"最后一公里"。各地"多证合一"改革情况不同,证照整合项目、形式不同,各地区、各部门要加快完善各自相关信息系统,互认"一照一码"营业执照的法律效力,推进"一照一码"营业执照在区域内、行业内的互认和应用。对于被整合证照所涵盖的原有事项信息,不得再要求企业提供额外的证明文件,使"一照一码"营业执照成为企业唯一"身份证",使统一社会信用代码成为企业唯一身份代码,实现企业"一照一码"走天下。

八、强化中央和地方联动,统筹稳妥推进改革

坚持统筹推进与因地制宜相结合,鼓励地方大胆探索实践,自下而上,上下

联动。各省级人民政府要结合实际,鼓励基层探索实践。要及时总结改革经验,巩固改革成果,不断扩大"多证合一"的覆盖范围。国务院各相关部门要解放思想,锐意进取,主动作为。各地区、各部门要按照职责分工,加强衔接配合,积极推进改革。要做好对改革政策的解读和宣传工作,形成推动改革落地见效的良好氛围,确保"多证合一"改革各项措施顺利推进。

九、完善配套制度和政策,确保改革于法有据

坚持基层先行先试与依法推动相结合,大力推进相关法律法规制修订和改革配套政策联动。各地区、各部门在推进"多证合一"改革时,要充分做好沟通和衔接工作,在全面梳理、分类处理涉企证照事项的基础上,对确需在全国范围内合并的事项中涉及法律、法规、规章和规范性文件修改、完善和清理的,要按照职责分工,依照法定程序开展相关工作,确保改革在法治轨道上推进。

十、加强窗口建设,做好人员、设施、经费保障

坚持内强素质与外提能力相结合,以内挖潜力、充分利用原有设施为重点,做好人员、设施、经费保障工作。"多证合一"改革后,基层登记窗口压力将进一步增大。各地区要通过合理调整、优化机构和人员配置,配足配强窗口人员队伍,确有必要时可以采用政府购买服务等方式,提高窗口服务能力。要加强窗口工作人员培训,提高业务素质。要优化支出结构,加强窗口软硬件设施配备,做好信息化保障。

十一、加强督查考核,完善激励机制

坚持鼓励先进与鞭策落后相结合,充分调动干事创业积极性、主动性。各地区要通过制定任务清单、将落实情况纳入政府工作考核内容等方式,把"多证合一"改革摆进地方经济社会发展大局考虑,加强督查,形成有效激励机制和容错纠错机制。要对接国际营商环境指标,加强对本地区营商环境便利化的评估和排名工作,建立开办企业时间统计通报制度,研究建立新生市场主体统计调查、监测分析制度。相关部门要组织联合督导,对改革进展情况进行监督检查。

(四)《工商总局 税务总局关于加强信息共享和联合监管的通知》(工商企注字〔2018〕11号)

各省、自治区、直辖市、计划单列市、副省级市工商行政管理局(市场监督管理部门)、国家税务局、地方税务局,国家税务总局驻各地特派员办事处:

为了深入贯彻落实《国务院关于促进市场公平竞争维护市场正常秩序的若干意见》(国发〔2014〕20号)、《国务院办公厅关于加快推进"多证合一"改革的

指导意见》（国办发〔2017〕41号）要求，加强部门信息共享和联合监管，进一步推动改革深入有序开展，推进企业简易注销，优化服务环境，现就有关工作通知如下：

一、扩大登记信息采集范围

工商总局将修订企业登记申请文书规范，在企业注册登记环节增加"核算方式""从业人数"两项采集内容。各地工商部门要按工商总局的要求，在线上、线下企业登记系统中增加相应信息采集功能，开展信息采集工作，并及时更新线上、线下提供的纸质及电子版办事表格。工商总局将加快建设全国统一的身份信息管理系统，各地工商部门要做好衔接。

税务部门通过信息共享获取工商登记信息，不再重复采集。企业登记信息发生变化的，对于工商变更登记事项，税务部门提醒企业及时到工商部门办理变更登记，对于税务变更登记事项，税务部门要回传给工商部门。工商部门要及时接收，并用于事中事后监管。

二、协同做好涉税事项办理提醒服务

工商部门在企业注册登记时向企业发放涉税事项告知书（附件1，以下简称告知书），提醒企业及时到税务部门办理涉税事宜。对到工商办事大厅注册登记的企业，工商部门直接将告知书发放给企业；对通过全程电子化方式登记的企业，工商部门将告知书内容加载在相关登记界面，供企业阅览和下载。

工商部门在企业信息填报界面设置简易注销承诺书（附件2）的下载模块，并在企业简易注销公告前，设置企业清税的提示（附件3）。

三、协同推进企业简易注销登记改革

工商部门在企业发布简易注销公告起1个工作日内，将企业拟申请简易注销登记信息通过省级统一的信用信息共享交换平台、政务信息平台、部门间的数据接口（统称信息共享交换平台）推送给税务部门（具体模式可由各省工商部门和税务部门根据本地实际协商确定）。企业可在公告期届满次日起30日内向工商部门提出简易注销申请，或者撤销简易注销公告。对企业提出的简易注销申请，工商部门在3个工作日内作出是否准予简易注销的决定。对于因承诺书文字、形式填写不规范的企业，工商部门在企业补正后予以受理其简易注销申请。自公告期届满次日起，至工商部门作出是否准予简易注销决定之日或者企业自主撤销简易注销公告之日止，除应尽未尽的义务外，企业不得持营业执照办理发票领用及其他相关涉税事宜。工商部门应当及时将企业简易注销结果推送给税务部门。

税务部门通过信息共享获取工商部门推送的企业拟申请简易注销登记信息

后，应按照规定的程序和要求，查询税务信息系统核实企业的相关涉税情况，对于经查询系统显示为以下情形的纳税人，税务部门不提出异议：一是未办理过涉税事宜的纳税人，二是办理过涉税事宜但没领过发票、没有欠税和没有其他未办结事项的纳税人，三是在公告期届满之日前已办结缴销发票、结清应纳税款等清税手续的纳税人。对于仍有未办结涉税事项的企业，税务部门在公告期届满次日向工商部门提出异议。

工商部门和税务部门按照简易注销技术方案（附件4）实施简易注销登记改革相关工作，做好系统开发升级完善。

四、建立协同监管和信息共享机制

各地税务、工商部门要密切配合，建立健全增值税发票申领等协同监管机制。税务部门要充分利用工商共享信息进行税收风险分析和应对，并将纳税人的税收违法"黑名单"等信息共享给工商部门，由税务、工商部门施行联合监管。

各地工商、税务部门要积极建立健全信息共享对账机制，加大对共享信息的核实力度，定期进行数据质量比对分析，及时解决信息共享不全、不准、不及时的问题。对于信息共享过程中出现的数据问题要及时通报并协调解决。各地工商、税务部门不能通过部门间的数据接口直连共享登记信息的，也应当积极协调政府部门，按照工商总局、税务总局的要求，保证登记信息传输质量和效率。

五、认真抓好各项工作组织落实

（一）提高思想认识，争取各方支持

各级工商部门和税务部门要充分认识开展部门信息共享和管理协同工作的重要性和必要性，密切协作，主动作为，共同做好相关工作。要联合向当地党委政府汇报，积极争取发改、财政等部门支持，在人员、技术、经费等方面做好保障工作，为开展相关工作创造良好条件和基础。

（二）周密部署安排，统筹组织实施

省工商部门和税务部门要成立由两部门负责同志任组长的工作小组，共同制发本地区信息共享与管理协同的指导文件，明确信息共享层级和工作要求，统筹推进工作落实，及时协调和解决工作中的问题。属于全国层面的问题，及时向工商总局（企业注册局）和税务总局（征管和科技发展司）报告。

（三）加强技术保障，做好系统衔接

各级工商部门要严格按照简易注销技术方案（附件4）以及增加登记信息校验、对账等技术方案（另行下发）的要求，做好线上、线下企业登记系统，以及相关信息共享系统的优化升级改造及部署，确保采集到的数据精准可靠，传输的数据及时、完整；各级税务部门要严格按照上述技术方案的要求，升级改造业务系统和相关信息共享系统，做好数据的导入、整理、转化和反馈，确保工商、税务系统之间的有序衔接。

（四）加大宣传辅导，推动工作开展

各级工商部门和税务部门要充分利用广播、电视、报刊、微博、微信等各种媒介，做好宣传解读，提高政策知晓度和社会参与度，引导公众全面了解其享有的权利和对应的义务，及时解答和回应社会关注的热点问题，努力营造全社会理解改革、支持改革、参与改革的良好氛围。

附件（具体内容略）：

1. "多证合一"企业办理涉税事项告知书
2. 全体投资人承诺书
3. 温馨提示
4. "简易注销"工商税务信息共享技术方案

（五）《税务登记管理办法》

（2003年12月17日国家税务总局令第7号公布，根据2014年12月27日《国家税务总局关于修改〈税务登记管理办法〉的决定》修正）

第一章　总则

第一条　为了规范税务登记管理，加强税源监控，根据《中华人民共和国税收征收管理法》（以下简称《税收征收管理法》）以及《中华人民共和国税收征收管理法实施细则》（以下简称《实施细则》）的规定，制定本办法。

第二条　企业，企业在外地设立的分支机构和从事生产、经营的场所，个体工商户和从事生产、经营的事业单位，均应当按照《税收征收管理法》及《实施细则》和本办法的规定办理税务登记。

前款规定以外的纳税人，除国家机关、个人和无固定生产、经营场所的流动性农村小商贩外，也应当按照《税收征收管理法》及《实施细则》和本办法的规定办理税务登记。

根据税收法律、行政法规的规定负有扣缴税款义务的扣缴义务人（国家机关除外），应当按照《税收征收管理法》及《实施细则》和本办法的规定办理扣缴税款登记。

第三条　县以上（含本级，下同）国家税务局（分局）、地方税务局（分局）是税务登记的主管税务机关，负责税务登记的设立登记、变更登记、注销登记和税务登记证验证、换证以及非正常户处理、报验登记等有关事项。

第四条 税务登记证件包括税务登记证及其副本、临时税务登记证及其副本。

扣缴税款登记证件包括扣缴税款登记证及其副本。

第五条 国家税务局（分局）、地方税务局（分局）按照国务院规定的税收征收管理范围，实施属地管理，采取联合登记或分别登记的方式办理税务登记。有条件的城市，国家税务局（分局）、地方税务局（分局）可以按照"各区分散受理、全市集中处理"的原则办理税务登记。

国家税务局（分局）、地方税务局（分局）联合办理税务登记的，应当对同一纳税人发放同一份加盖国家税务局（分局）、地方税务局（分局）印章的税务登记证。

第六条 国家税务局（分局）、地方税务局（分局）之间对纳税人税务登记的主管税务机关发生争议的，由其上一级国家税务局、地方税务局共同协商解决。

第七条 国家税务局（分局）、地方税务局（分局）执行统一纳税人识别号。纳税人识别号由省、自治区、直辖市和计划单列市国家税务局、地方税务局按照纳税人识别号代码行业标准联合编制，统一下发各地执行。

已领取组织机构代码的纳税人，其纳税人识别号共15位，由纳税人登记所在地6位行政区划码+9位组织机构代码组成。以业主身份证件为有效身份证明的组织，即未取得组织机构代码证书的个体工商户以及持回乡证、通行证、护照办理税务登记的纳税人，其纳税人识别号由身份证件号码+2位顺序码组成。

纳税人识别号具有唯一性。

第八条 国家税务局（分局）、地方税务局（分局）应定期相互通报税务登记情况，相互及时提供纳税人的登记信息，加强税务登记管理。

第九条 纳税人办理下列事项时，必须提供税务登记证件：

（一）开立银行账户；

（二）领购发票。

纳税人办理其他税务事项时，应当出示税务登记证件，经税务机关核准相关信息后办理手续。

第二章 设立登记

第十条 企业，企业在外地设立的分支机构和从事生产、经营的场所，个体工商户和从事生产、经营的事业单位（以下统称从事生产、经营的纳税人），向生产、经营所在地税务机关申报办理税务登记：

（一）从事生产、经营的纳税人领取工商营业执照的，应当自领取工商营业执照之日起30日内申报办理税务登记，税务机关发放税务登记证及副本；

（二）从事生产、经营的纳税人未办理工商营业执照但经有关部门批准设立的，应当自有关部门批准设立之日起30日内申报办理税务登记，税务机关发放税务登记证及副本；

（三）从事生产、经营的纳税人未办理工商营业执照也未经有关部门批准设立的，应当自纳税义务发生之日起30日内申报办理税务登记，税务机关发放临时税务登记证及副本；

（四）有独立的生产经营权、在财务上独立核算并定期向发包人或者出租人上交承包费或租金的承包承租人，应当自承包承租合同签订之日起30日内，向其承包承租业务发生地税务机关申报办理税务登记，税务机关发放临时税务登记证及副本；

（五）境外企业在中国境内承包建筑、安装、装配、勘探工程和提供劳务的，应当自项目合同或协议签订之日起30日内，向项目所在地税务机关申报办理税务登记，税务机关发放临时税务登记证及副本。

第十一条 本办法第十条规定以外的其他纳税人，除国家机关、个人和无固定生产、经营场所的流动性农村小商贩外，均应当自纳税义务发生之日起30日内，向纳税义务发生地税务机关申报办理税务登记，税务机关发放税务登记证及副本。

第十二条 税务机关对纳税人税务登记地点发生争议的，由其共同的上级税务机关指定管辖。国家税务局（分局）、地方税务局（分局）之间对纳税人的税务登记发生争议的，依照本办法第六条的规定处理。

第十三条 纳税人在申报办理税务登记时，应当根据不同情况向税务机关如实提供以下证件和资料：

（一）工商营业执照或其他核准执业证件；

（二）有关合同、章程、协议书；

（三）组织机构统一代码证书；

（四）法定代表人或负责人或业主的居民身份证、护照或者其他合法证件。

其他需要提供的有关证件、资料，由省、自治区、直辖市税务机关确定。

第十四条 纳税人在申报办理税务登记时，应当如实填写税务登记表。

税务登记表的主要内容包括：

（一）单位名称、法定代表人或者业主姓名及其居民身份证、护照或者其他合法证件的号码；

（二）住所、经营地点；

（三）登记类型；

（四）核算方式；

（五）生产经营方式；

（六）生产经营范围；

（七）注册资金（资本）、投资总额；

（八）生产经营期限；

（九）财务负责人、联系电话；

（十）国家税务总局确定的其他有关事项。

第十五条 纳税人提交的证件和资料齐全且税务登记表的填写内容符合规定的，税务机关应当日办理并发放税务登记证件。纳税人提交的证件和资料不齐全或税务登记表的填写内容不符合规定的，税务机关应当场通知其补正或重新填报。

第十六条 税务登记证件的主要内容包括：纳税人名称、税务登记代码、法定代表人或负责人、生产经营地址、登记类型、核算方式、生产经营范围（主营、兼营）、发证日期、证件有效期等。

第十七条 已办理税务登记的扣缴义务人应当自扣缴义务发生之日起30日内，向税务登记地税务机关申报办理扣缴税款登记。税务机关在其税务登记证件上登记扣缴税款事项，税务机关不再发放扣缴税款登记证件。

根据税收法律、行政法规的规定可不办理税务登记的扣缴义务人，应当自扣缴义务发生之日起30日内，向机构所在地税务机关申报办理扣缴税款登记。税务机关发放扣缴税款登记证件。

第三章　变更登记

第十八条 纳税人税务登记内容发生变化的，应当向原税务登记机关申报办理变更税务登记。

第十九条 纳税人已在工商行政管理机关办理变更登记的，应当自工商行政管理机关变更登记之日起30日内，向原税务登记机关如实提供下列证件、资料，申报办理变更税务登记：

（一）工商登记变更表及工商营业执照；

（二）纳税人变更登记内容的有关证明文件；

（三）税务机关发放的原税务登记证件（登记证正、副本和登记表等）；

（四）其他有关资料。

第二十条 纳税人按照规定不需要在工商行政管理机关办理变更登记，或者其变更登记的内容与工商登记内容无关的，应当自税务登记内容实际发生变化之日起30日内，或者自有关机关批准或者宣布变更之日起30日内，持下列证件到原税务登记机关申报办理变更税务登记：

（一）纳税人变更登记内容的有关证明文件；

（二）税务机关发放的原税务登记证件（登记证正、副本和税务登记表等）；

（三）其他有关资料。

第二十一条 纳税人提交的有关变更登记的证件、资料齐全的，应如实填写税务登记变更表，符合规定的，税务机关应当日办理；不符合规定的，税务机关应通知其补正。

第二十二条 税务机关应当于受理当日办理变更税务登记。纳税人税务登记表和税务登记证中的内容都发生变更的，税务机关按变更后的内容重新发放税务登记证件；纳税人税务登记表的内容发生变更而税务登记证中的内容未发生变更的，税务机关不重新发放税务登记证件。

第四章 停业、复业登记

第二十三条 实行定期定额征收方式的个体工商户需要停业的，应当在停业前向税务机关申报办理停业登记。纳税人的停业期限不得超过一年。

第二十四条 纳税人在申报办理停业登记时，应如实填写停业复业报告书，说明停业理由、停业期限、停业前的纳税情况和发票的领、用、存情况，并结清应纳税款、滞纳金、罚款。税务机关应收存其税务登记证件及副本、发票领购簿、未使用完的发票和其他税务证件。

第二十五条 纳税人在停业期间发生纳税义务的，应当按照税收法律、行政法规的规定申报缴纳税款。

第二十六条 纳税人应当于恢复生产经营之前，向税务机关申报办理复业登记，如实填写《停业复业报告书》，领回并启用税务登记证件、发票领购簿及其停业前领购的发票。

第二十七条 纳税人停业期满不能及时恢复生产经营的，应当在停业期满前到税务机关办理延长停业登记，并如实填写《停业复业报告书》。

第五章 注销登记

第二十八条 纳税人发生解散、破产、撤销以及其他情形，依法终止纳税义务的，应当在向工商行政管理机关或者其他机关办理注销登记前，持有关证件和资料向原税务登记机关申报办理注销税务登记；按规定不需要在工商行政管理机关或者其他机关办理注册登记的，应当自有关机关批准或者宣告终止之日起15日内，持有关证件和资料向原税务登记机关申报办理注销税务登记。

纳税人被工商行政管理机关吊销营业执照或者被其他机关予以撤销登记的，应当自营业执照被吊销或者被撤销登记之日起15日内，向原税务登记机关申报办理注销税务登记。

第二十九条 纳税人因住所、经营地点变动，涉及改变税务登记机关的，应当在向工商行政管理机关或者其他机关申请办理变更、注销登记前，或者住所、经营地点变动前，持有关证件和资料，向原税务登记机关申报办理注销税务登记，并自注销税务登记之日起30日内向迁达地税务机关申报办理税务登记。

第三十条 境外企业在中国境内承包建筑、安装、装配、勘探工程和提供劳务的，应当在项目完工、离开中国前15日内，持有关证件和资料，向原税务登记机关申报办理注销税务登记。

第三十一条 纳税人办理注销税务登记前，应当向税务机关提交相关证明文件和资料，结清应纳税款、多退（免）税款、滞纳金和罚款，缴销发票、税务登记证件和其他税务证件，经税务机关核准后，办理注销税务登记手续。

第六章 外出经营报验登记

第三十二条 纳税人到外县（市）临时从事生产经营活动的，应当在外出生产经营以前，持税务登记证到主管税务机关开具"外出经营活动税收管理证明"（以下简称"外管证"）。

第三十三条 税务机关按照一地一证的原则，发放"外管证"，"外管证"的有效期限一般为30日，最长不得超过180天。

第三十四条 纳税人应当在"外管证"注明地进行生产经营前向当地税务机关报验登记，并提交下列证件、资料：

（一）税务登记证件副本；

（二）"外管证"。

纳税人在"外管证"注明地销售货物的，除提交以上证件、资料外，应如实填写"外出经营货物报验单",申报查验货物。

第三十五条 纳税人外出经营活动结束,应当向经营地税务机关填报"外出经营活动情况申报表",并结清税款、缴销发票。

第三十六条 纳税人应当在"外管证"有效期届满后10日内,持"外管证"回原税务登记地税务机关办理"外管证"缴销手续。

第七章 证照管理

第三十七条 税务机关应当加强税务登记证件的管理,采取实地调查、上门验证等方法,或者结合税务部门和工商部门之间,以及国家税务局(分局)、地方税务局(分局)之间的信息交换比对进行税务登记证件的管理。

第三十八条 税务登记证式样改变,需统一换发税务登记证的,由国家税务总局确定。

第三十九条 纳税人、扣缴义务人遗失税务登记证件的,应当自遗失税务登记证件之日起15日内,书面报告主管税务机关,如实填写"税务登记证件遗失报告表",并将纳税人的名称、税务登记证件名称、税务登记证件号码、税务登记证件有效期、发证机关名称在税务机关认可的报刊上作遗失声明,凭报刊上刊登的遗失声明到主管税务机关补办税务登记证件。

第八章 非正常户处理

第四十条 已办理税务登记的纳税人未按照规定的期限申报纳税,在税务机关责令其限期改正后,逾期不改正的,税务机关应当派员实地检查,查无下落并且无法强制其履行纳税义务的,由检查人员制作非正常户认定书,存入纳税人档案,税务机关暂停其税务登记证件、发票领购簿和发票的使用。

第四十一条 纳税人被列入非正常户超过三个月的,税务机关可以宣布其税务登记证件失效,其应纳税款的追征仍按《税收征收管理法》及其《实施细则》的规定执行。

第九章 法律责任

第四十二条 纳税人不办理税务登记的,税务机关应当自发现之日起3日内责令其限期改正;逾期不改正的,依照《税收征收管理法》第六十条第一款的规定处罚。

第四十三条 纳税人通过提供虚假的证明资料等手段,骗取税务登记证的,处2 000元以下的罚款;情节严重的,处2 000元以上10 000元以下的罚款。纳税人涉嫌其他违法行为的,按有关法律、行政法规的规定处理。

第四十四条 扣缴义务人未按照规定办理扣缴税款登记的,税务机关应当自发现之日起3日内责令其限期改正,并可处以1 000元以下的罚款。

第四十五条 纳税人、扣缴义务人违反本办法规定,拒不接受税务机关处理的,税务机关可以收缴其发票或者停止向其发售发票。

第四十六条 税务人员徇私舞弊或者玩忽职守,违反本办法规定为纳税人办理税务登记相关手续,或者滥用职权,故意刁难纳税人、扣缴义务人的,调离工作岗位,并依法给予行政处分。

第十章 附则

第四十七条 本办法涉及的标识、戳记和文书式样,由国家税务总局确定。

第四十八条 本办法由国家税务总局负责解释。各省、自治区、直辖市和计划单列市国家税务局、地方税务局可根据本办法制定具体的实施办法。

第四十九条 本办法自2004年2月1日起施行。

三、应用场景

用于论述未按照规定的期限申报办理税务登记的违法性

该条规定用于论述未按照规定的期限申报办理税务登记的违法性时,在国家税务总局江门市新会区税务局经济开发区税务分局对新会区会城爱啡尔咖啡店发出的责令限期改正通知书[①]一案中可见一斑:

国家税务总局江门市新会区税务局经济开发区税务分局
责令限期改正通知书送达公告(2022年第33号)

新会区会城爱啡尔咖啡店:

你(单位)未按照规定的期限申报办理税务登记,我分局已向你(单位)发出《责令限期改正通知书》(新会税开发区限改〔2022〕H24号),但你(单位)不在注册地经营,且无法联系你(单位)相关人员,采取其他方式均无法送达你(单位),依据《中华人民共和国税收征收管理法实施细则》第一百零六条规定,现向你(单位)公告送达"责令限期改正通知书",自公告之日起满30日《责令限期改正通知书》视为送达。

---

① 详见网址:https://guangdong.chinatax.gov.cn/jmgkml/jmxhgkml_qttzgg/2022-08/31/content_4a799828ab0d4426830f39d07f315166.shtml,最近访问时间:2022年12月25日。

你（单位）未按规定的期限进行申报，违反了《中华人民共和国税收征收管理法》第十五条规定，限你（单位）自"责令限期改正通知书"送达之日起15日内携带相关资料至国家税务总局江门市新会区税务局第一税务分局办税服务厅申报办理有关事项。税务机关对你（单位）的上述违法行为将根据《中华人民共和国税收征收管理法》第六十条进行处理。

如对"责令限期改正通知书"不服，可自"责令限期改正通知书"送达之日起，六十日内依法向国家税务总局江门市新会区税务局申请行政复议；或者在六个月内依法向人民法院起诉。

四、法条总结

本条规定较为具体，所以应用场景较为单一。但因商事主体登记制度及管理体制改革，本条规定内容已与当前现实脱节严重。对此，《全国人民代表大会财政经济委员会关于第十三届全国人民代表大会第五次会议主席团交付审议的代表提出的议案审议结果的报告》指出，余维祥等30名代表（第173号议案）提出，商事登记制度改革后，注册资本实缴登记制改为注册资本认缴登记制，管理方式从"重审批轻监管"转变为"轻审批重监管"，各地税务部门已实施多项便捷措施，《税收征收管理法》第十五条关于税务登记的规定已明显滞后，建议修改《税收征收管理法》。税务总局赞同议案所提建议，在《税收征收管理法》修改工作中已有考虑，对在市场监督管理部门办理设立登记的市场主体，以其营业执照作为税务登记证件，税务机关不再另行进行税务登记，并将积极配合司法部加快推动修法工作进程。税收征收管理法（修改）已列入第十三届全国人大常委会立法规划，全国人大财经委建议有关部门加快修法工作进度，争取早日提请全国人大常委会审议。预计本条规定将尽快得到修改、完善。

五、修法建议

建议：将该法中的"工商行政管理机关"全部替换为"市场监督管理部门"。2018年3月，根据第十三届全国人民代表大会第一次会议批准的国务院机构改革方案要求，原国家工商行政管理总局的职责、国家质量监督检验检疫总局的职责、国家食品药品监督管理总局的职责、国家发展和改革委员会的价格监督检查与反垄断执法职责、商务部的经营者集中反垄断执法以及国务院反垄断委员会办公室等职责，已被统一整合并组建国家市场监督管理总局，作为国务院直属机构。

第十六条

从事生产、经营的纳税人,税务登记内容发生变化的,自工商行政管理机关办理变更登记之日起三十日内或者在向工商行政管理机关申请办理注销登记之前,持有关证件向税务机关申报办理变更或者注销税务登记。

一、法条简析

本条是对变更税务登记和注销税务登记管理的规定。根据本条规定,结合《税务登记管理办法》相关规定,纳税人税务登记内容发生变化的,应当向原税务登记机关申报办理变更税务登记;纳税人发生解散、破产、撤销以及其他情形,依法终止纳税义务的,应当办理注销税务登记。

二、相关规定

(一)《税收征收管理法实施细则》相关规定

第十二条 从事生产、经营的纳税人应当自领取营业执照之日起30日内,向生产、经营地或者纳税义务发生地的主管税务机关申报办理税务登记,如实填写税务登记表,并按照税务机关的要求提供有关证件、资料。

前款规定以外的纳税人,除国家机关和个人外,应当自纳税义务发生之日起30日内,持有关证件向所在地的主管税务机关申报办理税务登记。

个人所得税的纳税人办理税务登记的办法由国务院另行规定。

税务登记证件的式样,由国家税务总局制定。

第十三条 扣缴义务人应当自扣缴义务发生之日起30日内,向所在地的主管税务机关申报办理扣缴税款登记,领取扣缴税款登记证件;税务机关对已办理税务登记的扣缴义务人,可以只在其税务登记证件上登记扣缴税款事项,不再发给扣缴税款登记证件。

第十四条 纳税人税务登记内容发生变化的,应当自工商行政管理机关或者其他机关办理变更登记之日起30日内,持有关证件向原税务登记机关申报办理变更税务登记。

纳税人税务登记内容发生变化,不需要到工商行政管理机关或者其他机关办理变更登记的,应当自发生变化之日起30日内,持有关证件向原税务登记机关申报办理变更税务登记。

第十五条 纳税人发生解散、破产、撤销以及其他情形，依法终止纳税义务的，应当在向工商行政管理机关或者其他机关办理注销登记前，持有关证件向原税务登记机关申报办理注销税务登记；按照规定不需要在工商行政管理机关或者其他机关办理注册登记的，应当自有关机关批准或者宣告终止之日起15日内，持有关证件向原税务登记机关申报办理注销税务登记。

纳税人因住所、经营地点变动，涉及改变税务登记机关的，应当在向工商行政管理机关或者其他机关申请办理变更或者注销登记前或者住所、经营地点变动前，向原税务登记机关申报办理注销税务登记，并在30日内向迁达地税务机关申报办理税务登记。

纳税人被工商行政管理机关吊销营业执照或者被其他机关予以撤销登记的，应当自营业执照被吊销或者被撤销登记之日起15日内，向原税务登记机关申报办理注销税务登记。

第十六条 纳税人在办理注销税务登记前，应当向税务机关结清应纳税款、滞纳金、罚款、缴销发票、税务登记证件和其他税务证件。

（二）《税务登记管理办法》相关规定

第十六条 纳税人税务登记内容发生变化的，应当向原税务登记机关申报办理变更税务登记。

第十七条 纳税人已在工商行政管理机关办理变更登记的，应当自工商行政管理机关变更登记之日起30日内，向原税务登记机关如实提供下列证件、资料，申报办理变更税务登记：

（一）工商登记变更表；

（二）纳税人变更登记内容的有关证明文件；

（三）税务机关发放的原税务登记证件（登记证正、副本和登记表等）；

（四）其他有关资料。

第十八条 纳税人按照规定不需要在工商行政管理机关办理变更登记，或者其变更登记的内容与工商登记内容无关的，应当自税务登记内容实际发生变化之日起30日内，或者自有关机关批准或者宣布变更之日起30日内，持下列证件到原税务登记机关申报办理变更税务登记：

（一）纳税人变更登记内容的有关证明文件；

（二）税务机关发放的原税务登记证件（登记证正、副本和税务登记表等）；

(三)其他有关资料。

第十九条 纳税人提交的有关变更登记的证件、资料齐全的,应如实填写税务登记变更表,符合规定的,税务机关应当日办理;不符合规定的,税务机关应通知其补正。

第二十条 税务机关应当于受理当日办理变更税务登记。纳税人税务登记表和税务登记证中的内容都发生变更的,税务机关按变更后的内容重新发放税务登记证件;纳税人税务登记表的内容发生变更而税务登记证中的内容未发生变更的,税务机关不重新发放税务登记证件。

第二十六条 纳税人发生解散、破产、撤销以及其他情形,依法终止纳税义务的,应当在向工商行政管理机关或者其他机关办理注销登记前,持有关证件和资料向原税务登记机关申报办理注销税务登记;按规定不需要在工商行政管理机关或者其他机关办理注册登记的,应当自有关机关批准或者宣告终止之日起15日内,持有关证件和资料向原税务登记机关申报办理注销税务登记。

纳税人被工商行政管理机关吊销营业执照或者被其他机关予以撤销登记的,应当自营业执照被吊销或者被撤销登记之日起15日内,向原税务登记机关申报办理注销税务登记。

第二十七条 纳税人因住所、经营地点变动,涉及改变税务登记机关的,应当在向工商行政管理机关或者其他机关申请办理变更、注销登记前,或者住所、经营地点变动前,持有关证件和资料,向原税务登记机关申报办理注销税务登记,并自注销税务登记之日起30日内向迁达地税务机关申报办理税务登记。

第二十八条 境外企业在中国境内承包建筑、安装、装配、勘探工程和提供劳务的,应当在项目完工、离开中国前15日内,持有关证件和资料,向原税务登记机关申报办理注销税务登记。

第二十九条 纳税人办理注销税务登记前,应当向税务机关提交相关证明文件和资料,结清应纳税款、多退(免)税款、滞纳金和罚款,缴销发票、税务登记证件和其他税务证件,经税务机关核准后,办理注销税务登记手续。

三、应用场景

结合公司法相关规定,论述公司的申请变更纳税登记义务

在刘志与深圳市先高网络科技有限公司请求变更公司登记纠纷案[①]中,被告

---

① 案例来源:广东省深圳市罗湖区人民法院民事判决书(2020)粤0303民初11893号。

深圳市先高网络科技有限公司于1995年6月9日注册成立。该公司的法定代表人于2003年5月20日由张涛变更登记为原告刘志，又于2004年4月9日由刘志变更为肖乔中。但是被告并未办理相应的税务登记变更，税务登记的法定代表人至今仍为原告刘志。根据工商登记信息显示，被告于2008年6月15日被吊销营业执照。被告作为纳税人于2004年12月1日被税务机关认定为非正常户，2009年11月13日被非正常注销。在被告被税务机关认定为非正常户以及被非正常注销时，原告不是被告的法定代表人。原告于2019年5月向工商登记部门申请公司注册时，发现因被告被税务部门认定为非正常户，自己被列入纳税人违法黑名单，不能作为注册公司的法定代表人。遂诉至法院。

广东省深圳市罗湖区人民法院经审理后认为，《公司登记管理条例》第三十条规定："公司变更法定代表人的，应当自变更决议或者决定作出之日起30日内申请变更登记。"《税收征收管理法》第十六条规定："从事生产、经营的纳税人，税务登记内容发生变化的，自工商行政管理机关办理变更登记之日起三十日内或者在向工商行政管理机关申请办理注销登记之前，持有关证件向税务机关申报办理变更或者注销税务登记。"《税收征收管理法实施细则》第十四条第一款规定："纳税人税务登记内容发生变化的，应当自工商行政管理机关或者其他机关办理变更登记之日起30日内，持有关证件向原税务登记机关申报办理变更税务登记。"依据上述规定，被告在工商行政管理机关办理法定代表人变更登记后，税务登记内容发生变化，其需向税务登记机关申报办理变更税务登记，并提供相应材料。本案中，被告法定代表人于2003年5月20日由张涛变更登记为原告刘志，又于2004年4月9日由刘志变更为肖乔中，此后原告未再担任被告的法定代表人。但被告在工商行政管理机关办理法定代表人变更登记后，未按规定向税务登记机关办理变更税务登记，致使税务登记机关税务登记内容至今显示原告为法定代表人。原告请求判令被告向税务登记机关国家税务总局深圳市罗湖区税务局办理变更税务登记，有事实和法律依据，本院予以支持。

四、法条总结

本条规定与第十五条规定类似，规定较为具体，适用场景较为单一。

五、修法建议

建议：删除本条规定。根据《国家税务总局关于优化若干税收征管服务事项的通知》(税总征科发〔2022〕87号)规定,自2023年4月1日起,纳税人在市场监管部门依法办理变更登记后,无须向税务机关报告登记变更信息;各省、自治区、直辖市和计划单列市税务机关根据市场监管部门共享的变更登记信息,在金税三期核心征管系统自动同步变更登记信息。处于非正常、非正常户注销等状态的纳税人变更登记信息的,核心征管系统在其恢复正常状态时自动变更。即自2023年4月1日起,税务登记内容发生变化已不需要再行向税务机关办理变更登记。

第十七条

从事生产、经营的纳税人应当按照国家有关规定,持税务登记证件,在银行或者其他金融机构开立基本存款账户和其他存款账户,并将其全部账号向税务机关报告。

银行和其他金融机构应当在从事生产、经营的纳税人的账户中登录税务登记证件号码,并在税务登记证件中登录从事生产、经营的纳税人的账户账号。

税务机关依法查询从事生产、经营的纳税人开立账户的情况时,有关银行和其他金融机构应当予以协助。

一、法条简析

本条是对从事生产、经营的纳税人在银行或者其他金融机构开立存款账户实行税控管理的规定。本条规定对于加强银行和其他金融机构与税务机关的配合,强化对纳税人银行账户管理,以有效监控纳税人的生产经营活动,及时发现和查处纳税人的税收违法行为,具有非常重要的作用。

二、相关规定

《税收征收管理法实施细则》相关规定

第十七条 从事生产、经营的纳税人应当自开立基本存款账户或者其他存款账户之日起15日内,向主管税务机关书面报告其全部账号;发生变化的,应当自变化之日起15日内,向主管税务机关书面报告。

第十八条 除按照规定不需要发给税务登记证件的外,纳税人办理下列事项时,必须持税务登记证件:

（一）开立银行账户；

（二）申请减税、免税、退税；

（三）申请办理延期申报、延期缴纳税款；

（四）领购发票；

（五）申请开具外出经营活动税收管理证明；

（六）办理停业、歇业；

（七）其他有关税务事项。

三、应用场景

结合《税收征收管理法实施细则》第十七条规定，论述报告全部银行账号是法定义务

在立达（中国）纺织仪器有限公司上海分公司与上海市地方税务局长宁区分局第十二税务所公司责令限期改正通知行政行为上诉案[1]中，二审法院即指出，根据《税收征收管理法》第十七条及其实施细则第十七条的规定，从事生产、经营的纳税人应当自开立基本存款账户或者其他存款账户之日起15日内，向主管税务机关书面报告其全部账号。立达（中国）纺织仪器有限公司上海分公司作为纳税人及扣缴义务人，应当严格按照法律法规规定报告全部银行账号。

第十八条

纳税人按照国务院税务主管部门的规定使用税务登记证件。税务登记证件不得转借、涂改、损毁、买卖或者伪造。

一、法条简析

本条是对税务登记证件使用管理的规定。

二、相关规定

《税收征收管理法》第六十条

纳税人有下列行为之一的，由税务机关责令限期改正，可以处二千元以下的罚款；情节严重的，处二千元以上一万元以下的罚款：

---

[1] 案例来源：上海市第一中级人民法院行政判决书（2014）沪一中行终字第435号。

（一）未按照规定的期限申报办理税务登记、变更或者注销登记的；

（二）未按照规定设置、保管账簿或者保管记账凭证和有关资料的；

（三）未按照规定将财务、会计制度或者财务、会计处理办法和会计核算软件报送税务机关备查的；

（四）未按照规定将其全部银行账号向税务机关报告的；

（五）未按照规定安装、使用税控装置，或者损毁或者擅自改动税控装置的。

纳税人不办理税务登记的，由税务机关责令限期改正；逾期不改正的，经税务机关提请，由工商行政管理机关吊销其营业执照。

纳税人未按照规定使用税务登记证件，或者转借、涂改、损毁、买卖、伪造税务登记证件的，处二千元以上一万元以下的罚款；情节严重的，处一万元以上五万元以下的罚款。

三、应用场景

（一）应用场景一：结合《税收征收管理法实施细则》第三条第二款规定，论述税务登记证件不得转借、买卖

在湖南省长沙市地方税务局稽查局、余忠诚税务行政管理（税务）再审案[①]中，湖南省高级人民法院认为，《税收征收管理法》（2013年修正）第十八条规定："纳税人按照国务院税务主管部门的规定使用税务登记证件。税务登记证件不得转借、涂改、损毁、买卖或者伪造。"《个体工商户条例》（2011年）第十六条第二款规定："个体工商户税务登记内容发生变化的，应当依法办理变更或者注销税务登记。"《税收征收管理法实施细则》（2012年修订）第三条第二款规定："纳税人应当依照税收法律、行政法规的规定履行纳税义务；其签订的合同、协议等与税收法律、行政法规相抵触的，一律无效。"本案中，星盛盛记酒楼系税务机关依法登记的纳税人，故其负有依法使用税务登记证件，不得转借他人使用的法定义务；同时，当其税务登记内容发生变化时，负有依法申请办理税务登记变更或注销手续的义务；此外，其应当依法履行纳税义务，不得违反税收法律、行政法规规定与他人签订合同、协议。即使余忠诚抗辩的星盛盛记酒楼为盛记餐饮公司经营管理并由"阳辉平"承包经营的事实成立，但因星盛盛记酒楼从未依法办理税务登记的变更或注销手续，当事人约定由税务登记的纳税人之外的主体承担纳税义务的协议因违反税收法律、行政法规的规定而对税务机关不产生约束

[①] 案例来源：湖南省高级人民法院行政判决书（2017）湘行再104号。

力，故长沙地税稽查局在此情形下继续将星盛盛记酒楼认定为偷税主体并将其作为税务行政处罚对象，亦无不当。

（二）应用场景二：结合《税收征收管理法》第十五条规定，论述使用他人的税务登记证件开具发票不合法

在洛阳创速汽车销售服务有限公司与河南吉之盈汽车销售服务有限公司、洛阳车一路汽车销售服务有限公司追偿权纠纷案[①]中，法院经审理后认为，民事主体的人身权利、财产权利以及其他合法权益受法律保护，任何组织或者个人不得侵犯。民事主体从事民事活动，不得违反法律，不得违背公序良俗。本案原告洛阳创速公司与被告河南吉之盈公司系因双方共用被告洛阳车一路公司账户销售平台合作销售车辆，就合作的税费问题产生的纠纷，《税收征收管理法》第十五条规定：企业，企业在外地设立的分支机构和从事生产、经营的场所，个体工商户和从事生产、经营的事业单位（以下统称从事生产、经营的纳税人）自领取营业执照之日起三十日内，持有关证件，向税务机关申报办理税务登记。税务机关应当于收到申报的当日办理登记并发给税务登记证件。工商行政管理机关应当将办理登记注册、核发营业执照的情况，定期向税务机关通报。本条第一款规定以外的纳税人办理税务登记和扣缴义务人办理扣缴税款登记的范围和办法，由国务院规定。第十八条规定：纳税人按照国务院税务主管部门的规定使用税务登记证件。税务登记证件不得转借、涂改、损毁、买卖或者伪造。按照上述法律规定，原告洛阳创速公司、被告河南吉之盈公司、被告洛阳车一路公司作为纳税人，应当按照国务院税务主管部门的规定使用税务登记证件，原告洛阳创速公司、被告河南吉之盈公司使用被告洛阳车一路公司的税务登记证件出具增值税发票，违反了《税收征收管理法》的强制性规定，双方之间的纠纷不属于人民法院受理民事诉讼的范围，该诉求在人民法院立案受理后应予驳回。

四、法条总结

税务登记证件和其他的法定证据一样，都是法定证明文件，依法不得转借、涂改、损毁、买卖或者伪造。若有违反，轻则无效，承担民事责任；重则触犯刑法，承担刑事责任。

---

① 案例来源：河南省洛阳市洛龙区人民法院民事裁定书（2020）豫0311民初406号。

第二节 账簿、凭证管理

第十九条 纳税人、扣缴义务人按照有关法律、行政法规和国务院财政、税务主管部门的规定设置账簿,根据合法、有效凭证记账,进行核算。

一、法条简析

本条是对纳税人、扣缴义务人应当依法设置账簿,根据合法有效凭证记账,进行核算的规定。

二、相关规定

(一)《税收征收管理法实施细则》相关规定

第二十二条 从事生产、经营的纳税人应当自领取营业执照或者发生纳税义务之日起15日内,按照国家有关规定设置账簿。

前款所称账簿,是指总账、明细账、日记账以及其他辅助性账簿。总账、日记账应当采用订本式。

第二十三条 生产、经营规模小又确无建账能力的纳税人,可以聘请经批准从事会计代理记账业务的专业机构或者财会人员代为建账和办理账务。

(二)《会计法》第十五条

会计账簿登记,必须以经过审核的会计凭证为依据,并符合有关法律、行政法规和国家统一的会计制度的规定。会计账簿包括总账、明细账、日记账和其他辅助性账簿。

会计账簿应当按照连续编号的页码顺序登记。会计账簿记录发生错误或者隔页、缺号、跳行的,应当按照国家统一的会计制度规定的方法更正,并由会计人员和会计机构负责人(会计主管人员)在更正处盖章。

使用电子计算机进行会计核算的,其会计账簿的登记、更正,应当符合国家统一的会计制度的规定。

(三)《个体工商户建账管理暂行办法》(国家税务总局令第17号)

注释:

《国家税务总局关于修改部分税务部门规章的决定》(国家税务总局令第44号)对本文进行了修正。

第一条 为了规范和加强个体工商户税收征收管理,促进个体工商户加强经济核算,根据《中华人民共和国税收征收管理法》(以下简称税收征管法)及其实施细则和《国务院关于批转国家税务总局加强个体私营经济税收征管强化查账征收工作意见的通知》,制定本办法。

第二条 凡从事生产、经营并有固定生产、经营场所的个体工商户,都应当按照法律、行政法规和本办法的规定设置、使用和保管账簿及凭证,并根据合法、有效凭证记账核算。

税务机关应同时采取有效措施,巩固已有建账成果,积极引导个体工商户建立健全账簿,正确进行核算,如实申报纳税。

第三条 符合下列情形之一的个体工商户,应当设置复式账:

(一)注册资金在20万元以上的。

(二)销售增值税应税劳务的纳税人或营业税纳税人月销售(营业)额在40 000元以上;从事货物生产的增值税纳税人月销售额在60 000元以上;从事货物批发或零售的增值税纳税人月销售额在80 000元以上的。

(三)省税务机关确定应设置复式账的其他情形。

第四条 符合下列情形之一的个体工商户,应当设置简易账,并积极创造条件设置复式账:

(一)注册资金在10万元以上20万元以下的。

(二)销售增值税应税劳务的纳税人或营业税纳税人月销售(营业)额在15 000元至40 000元;从事货物生产的增值税纳税人月销售额在30 000元至60 000元;从事货物批发或零售的增值税纳税人月销售额在40 000元至80 000元的。

(三)省税务机关确定应当设置简易账的其他情形。

第五条 上述所称纳税人月销售额或月营业额,是指个体工商户上一个纳税年度月平均销售额或营业额;新办的个体工商户为业户预估的当年度经营期月平均销售额或营业额。

第六条 达不到上述建账标准的个体工商户,经县以上税务机关批准,可按照税收征管法的规定,建立收支凭证粘贴簿、进货销货登记簿或者使用税控装置。

第七条 达到建账标准的个体工商户,应当根据自身生产、经营情况和本办法规定的设置账簿条件,对照选择设置复式账或简易账,并报主管税务机关备案。账簿方式一经确定,在一个纳税年度内不得进行变更。

第八条 达到建账标准的个体工商户,应当自领取营业执照或者发生纳税义务之日起15日内,按照法律、行政法规和本办法的有关规定设置账簿并办理账务,不得伪造、变造或者擅自损毁账簿、记账凭证、完税凭证和其他有关资料。

第九条 设置复式账的个体工商户应按《个体工商户会计制度(试行)》的规定设置总分类账、明细分类账、日记账等,进行财务会计核算,如实记载财务收支情况。成本、费用列支和其他财务核算规定按照《个体工商户个人所得税计税办法(试行)》执行。

设置简易账的个体工商户应当设置经营收入账、经营费用账、商品(材料)购进账、库存商品(材料)盘点表和利润表,以收支方式记录、反映生产、经营情况并进行简易会计核算。

第十条 复式账簿中现金日记账,银行存款日记账和总分类账必须使用订本式,其他账簿可以根据业务的实际发生情况选用活页账簿。简易账簿均应采用订本式。

账簿和凭证应当按照发生的时间顺序填写,装订或者粘贴。

建账户对各种账簿、记账凭证、报表、完税凭证和其他有关涉税资料应当保存10年。

第十一条 设置复式账的个体工商户在办理纳税申报时,应当按照规定向当地主管税务机关报送财务会计报表和有关纳税资料。月度会计报表应当于月份终了后10日内报出,年度会计报表应当在年度终了后30日内报出。

第十二条 个体工商户可以聘请经批准从事会计代理记账业务的专业机构或者具备资质的财会人员代为建账和办理账务。

第十三条 按照税务机关规定的要求使用税控收款机的个体工商户,其税控收款机输出的完整的书面记录,可以视同经营收入账。

第十四条 税务机关对建账户采用查账征收方式征收税款。建账初期,也可以采用查账征收与定期定额征收相结合的方式征收税款。

第十五条 依照本办法规定应当设置账簿的个体工商户,具有税收征管法第三十五条第一款第二项至第六项情形之一的,税务机关有权根据税收征管法实施细则第四十七条规定的方法核定其应纳税额。

第十六条 依照本办法规定应当设置账簿的个体工商户违反有关法律、行政法规和本办法关于账簿设置、使用和保管规定的,由税务机关按照税收征管法的有关规定进行处理。

第十七条 个体工商户建账工作中所涉及的有关账簿、凭证、表格，按照有关规定办理。

第十八条 本办法所称"以上"均含本数。

第十九条 各省、自治区、直辖市和计划单列市税务局可根据本办法制定具体实施办法，并报国家税务总局备案。

第二十条 本办法自2007年1月1日起施行。1997年6月19日国家税务总局发布的《个体工商户建账管理暂行办法》同时废止。

三、应用场景

结合企业所得税相关规定，论述白条收据不得税前扣除

1.典型案例1：吉林省丰达高速公路服务有限公司（原告）与公主岭市国家税务局稽查局（被告）等税务行政处理纠纷案[①]

在该案中，2010年度、2011年度原告购进肉类、冻货类原材料价款合计2 639 658.6元，原始凭证均为收据（无税务机关发票监制章），计入南、北餐厅"主营业务成本"结转后计入当期损益。在年度企业所得税汇算清缴时未作纳税调整。2016年1月8日被告作出公国税稽处（2016）1号税务处理决定：责令原告补缴企业所得税、增值税45 179.46元，并按日收取滞纳税款万分之五的滞纳金。原告不服，诉至法院。

针对原告提出的认为本案中的"合法有效凭证"不仅限于发票的观点，一审法院认为，《税收征收管理法》第十九条规定："纳税人、扣缴义务人按照有关法律、行政法规和国务院财政、税务主管部门的规定设置账簿，根据合法、有效凭证记账，进行核算"，《国家税务总局关于印发〈进一步加强税收征管若干具体措施〉的通知》[②]（国税发〔2009〕114号）第六条规定：未按规定取得的合法有效凭证不得在税前扣除。根据上述规定，合法有效凭证是企业税前扣除成本、费用的依据。本案中，被告稽查局与原告公司均认可成本扣除需要合法有效凭证，但双方对于何谓"合法有效凭证"存在争议，被告稽查局认为是发票，而原告公司认为不仅包括发票，也包括其他财务凭证。对于"合法有效凭证"，现行法律规定

---

① 案例来源：吉林省公主岭市人民法院行政判决书（2016）吉0381行初45号、吉林省四平市中级人民法院行政判决书（2017）吉03行终36号。

② 注：根据国家税务总局公告2018年第33号《国家税务总局关于公布全文失效废止和部分条款失效废止的税收规范性文件目录的公告》，本法规已全文废止。

主要有：（1）《发票管理办法》第二十条规定："所有单位和从事生产、经营活动的个人在购买商品、接受服务以及从事其他经营活动支付款项，应当向收款方取得发票"；第二十一条规定："不符合规定的发票，不得作为财务报销凭证，任何单位和个人有权拒收。"（2）《共和国增值税暂行条例》第九条规定，纳税人购进货物或者应税劳务，取得的增值税扣税凭证不符合法律、行政法规或者国务院税务主管部门有关规定的，其进项税额不得从销项税额中抵扣。（3）《增值税暂行条例实施细则》第十九条规定："条例第九条所称增值税扣税凭证，是指增值税专用发票、海关进口增值税专用缴款书、农产品收购发票和农产品销售发票以及运输费用结算单据。"本案中，存在争议成本支出是用于购买原材料，支付的对象是我国境内的单位或个人，且上述单位或个人生产销售的原材料是属于增值税征税范围的，因此应当以发票作为唯一合法有效的凭证。原告在2010年度、2011年度购进肉类、冻货类合计金额2 639 658.6元的原始凭证均为收据（无税务机关发票监制章）而非发票。因此被告稽查局不承认该项业务税前列支，责令原告补缴税款659 914.66元的处理决定符合法律规定。

原告上诉称：根据《企业所得税法》第八条、《企业所得税法实施条例》第二十七条的规定，只要是符合"合理支出"的要件，就应予以认定为有效，没有理由予以补缴。被告所称"合理支出"需要提供发票是没有法律规定的。

二审法院认为，虽然《企业所得税法》第八条规定"企业实际发生的与取得收入有关的、合理的支出，包括成本、费用、税金、损失和其他支出，准予在计算应纳税所得额时扣除"，但仍不能认为"白条收据"可以按照合法、有效的票据在计算应纳税所得额时扣除。上诉人认为其以"白条收据"入账的支出是合理的实际支出，应在计算应纳税所得额时扣除的观点不能成立。

2.典型案例2：广州市耐奇科技实业有限公司与国家税务总局广州市税务局第一稽查局、国家税务总局广州市税务局税务处理及行政复议决定纠纷案

如果说前一案例发生于国家税务总局对所得税前扣除凭证的管理规定尚不明确、具体时，《企业所得税税前扣除凭证管理办法》（国家税务总局公告2018年第28号）发布后，本条法规引发的案件减少了不少。而本案例具有一定代表性，在此呈现给读者：

在本案中，2019年7月16日，市税务局第一稽查局向耐奇科技公司作出穗税一稽处〔2019〕150414号"税务处理决定书"。认定耐奇科技公司向三鑫运业物流有限公司购进运输服务，但从销售方取得第三方马鞍山佳荣物流有限公司开具的9份货物运输业增值税专用发票，金额共547 686.49元，税额共计60 245.51元，

价税合计共607 932.00元；向三鑫运业物流有限公司购进运输服务，从销售方取得第三方马鞍山福瑞物流有限公司开具的货物运输业增值税专用发票2份，金额共计121 481.98元，税额共计13 363.02元，价税合计134 845.00元。以上11份发票经原安徽省马鞍山市国家税务局稽查局证实，上述发票为虚开的增值税专用发票。上述发票涉及的进项税额合计73 608.53元，耐奇科技公司于2013年10月、11月和2014年1月、4月、6月、7月（税款所属时期）向税务机关申报抵扣，至该局检查之日止未作进项转出处理，少缴增值税及相关城市维护建设税、教育费附加及地方教育附加；耐奇科技公司分别于2013年、2014年当年企业所得税税前扣除669 168.47元……至该局检查之日止未作纳税调整。经原广州市国家税务局南区稽查局发出"税务事项通知书"（穗国税南稽税通〔2018〕479号）后，耐奇科技公司未能在规定的期限内从销售方补开、换开发票，也无法提供涉及金额669 168.47元支出真实性的相关资料，造成少计企业所得税应纳税所得额。遂决定追缴增值税及附加税费、企业所得税，并加征相应滞纳金。

针对市税务局第一稽查局适用《企业所得税税前扣除凭证管理办法》（国家税务总局公告2018年第28号）的第十六条适用法律是否正确，一审法院认为，《企业所得税税前扣除凭证管理办法》第十四条规定："企业在补开、换开发票、其他外部凭证过程中，因对方注销、撤销、依法被吊销营业执照、被税务机关认定为非正常户等特殊原因无法补开、换开发票、其他外部凭证的，可凭以下资料证实支出真实性后，其支出允许税前扣除：（一）无法补开、换开发票、其他外部凭证原因的证明资料（包括工商注销、机构撤销、列入非正常经营户、破产公告等证明资料）；（二）相关业务活动的合同或者协议；（三）采用非现金方式支付的付款凭证；（四）货物运输的证明资料；（五）货物入库、出库内部凭证；（六）企业会计核算记录以及其他资料。前款第一项至第三项为必备资料。"第十六条规定："企业在规定的期限未能补开、换开符合规定的发票、其他外部凭证，并且未能按照本办法第十四条的规定提供相关资料证实其支出真实性的，相应支出不得在发生年度税前扣除。"其一，在实施时间上，《企业所得税税前扣除凭证管理办法》自2018年7月1日起实施，原广州市国家税务局南区稽查局于2018年7月2日出具穗国税南稽税通〔2018〕479号"税务事项通知书"时，该管理办法已经实施。其二，在制定依据上，《企业所得税税前扣除凭证管理办法》系根据《企业所得税法》及其实施条例、《税收征收管理法》及其实施细则、《发票管理办法》及其实施细则等规定而制定的，具有充分的上位法依据。其三，在内容上，《企业所得税税前扣除凭证管理办法》的第十四条是针对企业未取得外部凭证或取得不合规外部凭证的情况下,规定企业可以采取的补救措施,有利于企业及时改正相应的不合法或不合规的纳税行为。本案中,耐奇科技公司申报企业所得税使用了涉案11份增值税发票作为抵扣凭证,市税务局第一稽查局适用《企业所得税税前扣除凭证管理办法》第十四条的规定,要求耐奇科技公司采取相应的补救措施,并无不当。耐奇科技公司并未提供符合《企业所得税税前扣除凭证管理办法》第十四条规定的证实其支出真实性相关资料,市税务局第一稽查局则适用该管理办法第十六条的规定予以处理,亦并无不当。

耐奇科技公司上诉称:虚开的增值税发票虽不得抵扣进项税额,但相关支出如真实发生,且符合《企业所得税法》等相关规定,可以在企业所得税税前扣除,不属于偷税。

市税务局第一稽查局答辩称:鉴于耐奇科技公司的11份增值税专用发票是虚开的发票,不能证实该公司的运输费用真实发生,不能作为企业所得税税前扣除的凭证,原广州市国家税务局南区稽查局已依法通知耐奇科技公司在指定期限内补开、换开发票,或提供资料证实其支出的真实性,耐奇科技公司在指定期限内既不能补开、换开发票,提供的资料也不能证实其支出的真实性,市税务局第一稽查局依法追缴企业所得税具有事实和法律依据。

二审法院认为,企业在申请企业所得税税前扣除时,扣除的支出应为企业实际发生的与取得收入有关的合理支出,且支出的真实性具有相关资料予以证实。对于企业进行虚假纳税申报、少缴应纳税款的,由税务机关追缴其少缴的税款。本案中,耐奇科技公司使用涉案11份虚开的货物运输业增值税专用发票进行企业所得税税前扣除,其税前扣除支出的发票不具有真实性,相应支出不应作为企业所得税税前扣除。因此,市税务局第一稽查局要求耐奇科技公司采取相应的补救措施证明其支出真实性,并无不当。因耐奇科技公司未能提交符合《企业所得税税前扣除凭证管理办法》第十四条规定的证实支出真实性的相关资料,市税务局第一稽查局认定其税前扣除不符合上述法律法规的规定,据此作出被诉税务处理决定追缴其少缴的企业所得税,认定事实清楚,适用法律正确,处理结果适当,依法应予维持。

四、法条总结

本条规定有两个要点:1.按规定设置账簿;2.根据合法、有效凭证记账,进行核算。与《企业所得税法》相关规定结合,就可得到非法凭证不得扣除的结论。

第二十条

从事生产、经营的纳税人的财务、会计制度或者财务、会计处理办法和会计核算软件，应当报送税务机关备案。

纳税人、扣缴义务人的财务、会计制度或者财务、会计处理办法与国务院或者国务院财政、税务主管部门有关税收的规定抵触的，依照国务院或者国务院财政、税务主管部门有关税收的规定计算应纳税款、代扣代缴和代收代缴税款。

一、法条简析

本条是对纳税人、扣缴义务人财务、会计制度，财务、会计处理办法及会计核算软件的管理的规定。第一款规定从事生产、经营的纳税人的报送义务；第二款规定处理纳税事项时，若税会差异，税收规定优先适用。

二、相关规定

（一）《税收征收管理法实施细则》相关规定

第二十四条 从事生产、经营的纳税人应当自领取税务登记证件之日起15日内，将其财务、会计制度或者财务、会计处理办法报送主管税务机关备案。

纳税人使用计算机记账的，应当在使用前将会计电算化系统的会计核算软件、使用说明书及有关资料报送主管税务机关备案。

纳税人建立的会计电算化系统应当符合国家有关规定，并能正确、完整核算其收入或者所得。

第二十五条 扣缴义务人应当自税收法律、行政法规规定的扣缴义务发生之日起10日内，按照所代扣、代收的税种，分别设置代扣代缴、代收代缴税款账簿。

第二十六条 纳税人、扣缴义务人会计制度健全，能够通过计算机正确、完整计算其收入和所得或者代扣代缴、代收代缴税款情况的，其计算机输出的完整的书面会计记录，可视同会计账簿。

纳税人、扣缴义务人会计制度不健全，不能通过计算机正确、完整计算其收入和所得或者代扣代缴、代收代缴税款情况的，应当建立总账及与纳税或者代扣代缴、代收代缴税款有关的其他账簿。

(二)《企业所得税法》第二十一条

在计算应纳税所得额时,企业财务、会计处理办法与税收法律、行政法规的规定不一致的,应当依照税收法律、行政法规的规定计算。

三、应用场景

结合《企业所得税法》第二十一条规定,论述处理纳税事项时税收规定的优先性

在圳市玉龙宫实业发展有限公司、国家税务总局深圳市税务局稽查局税务行政处罚及行政复议纠纷案[①]中,针对涉案少计的所得税收入,是否属于正常的税会差异问题,二审法院认为,根据《企业所得税法》第二十一条的规定,在计算应纳税所得额时,企业财务、会计处理办法与税收法律、行政法规的规定不一致的,应当依照税收法律、行政法规的规定计算。根据《税收征收管理法》第二十条第二款的规定,纳税人、扣缴义务人的财务、会计制度或者财务、会计处理办法与国务院或者国务院财政、税务主管部门有关税收的规定抵触的,依照国务院或者国务院财政、税务主管部门有关税收的规定计算应纳税款、代扣代缴和代收代缴税款。根据涉案2011—2013年度有效的前述规定,在企业所得税应纳税所得额计算问题上,如果税法和会计规定存在不一致,应当以税务主管部门有关税收的规定为准。

四、法条总结

本条规定中,第一款规定明确,从事生产、经营的纳税人的财务、会计制度或者财务、会计处理办法和会计核算软件,应当报送税务机关备案。这是法定义务。实务中,以提交《财务会计制度及核算软件备案报告书》的形式,完成报送备案义务。之所以做出第二款规定,概因在《国家税务总局关于做好2009年度企业所得税汇算清缴工作的通知》(国税函〔2010〕148号)中曾规定"企业所得税法规定不明确的,在没有明确规定之前,暂按企业财务、会计规定计算",引起了部分人员的误解。需要注意的是:1.依据《国家税务总局关于发布〈中华人民共和国企业所得税年度纳税申报表(A类,2014年版)〉的公告》(国家税务总局公告2014年第63号),该规定已于2015年1月1日起全文废止。2.早在2001年修

[①] 案例来源:广东省深圳市盐田区人民法院行政判决书(2017)粤0308行初2588号、广东省深圳市中级人民法院行政判决书(2019)粤03行终1898号。

订的《税收征收管理法》第二十条就作出与现在第二十条相同的规定了。笔者认为，当下，处理纳税事项出现税会差异时，遵循税收规定优先原则，应不再存在不同认识。

第二十一条

税务机关是发票的主管机关，负责发票印制、领购、开具、取得、保管、缴销的管理和监督。

单位、个人在购销商品、提供或者接受经营服务以及从事其他经营活动中，应当按照规定开具、使用、取得发票。

发票的管理办法由国务院规定。

一、法条简析

本条是对发票管理的规定。包括三个方面：1.明确税务机关对发票的主管职责；2.要求按照规定开具、使用、取得发票；3.授权国务院制定发票管理办法。

二、相关规定

（一）《中华人民共和国发票管理办法》

（1993年12月12日国务院批准　1993年12月23日财政部令第6号发布　根据2010年12月20日《国务院关于修改〈中华人民共和国发票管理办法〉的决定》第一次修订　根据2019年3月2日《国务院关于修改部分行政法规的决定》第二次修订）

第一章　总则

第一条　为了加强发票管理和财务监督，保障国家税收收入，维护经济秩序，根据《中华人民共和国税收征收管理法》，制定本办法。

第二条　在中华人民共和国境内印制、领购、开具、取得、保管、缴销发票的单位和个人（以下称印制、使用发票的单位和个人），必须遵守本办法。

第三条　本办法所称发票，是指在购销商品、提供或者接受服务以及从事其他经营活动中，开具、收取的收付款凭证。

第四条　国务院税务主管部门统一负责全国的发票管理工作。省、自治区、直辖市税务机关依据职责做好本行政区域内的发票管理工作。

财政、审计、市场监督管理、公安等有关部门在各自的职责范围内，配合税务机关做好发票管理工作。

第五条 发票的种类、联次、内容以及使用范围由国务院税务主管部门规定。

第六条 对违反发票管理法规的行为，任何单位和个人可以举报。税务机关应当为检举人保密，并酌情给予奖励。

第二章 发票的印制

第七条 增值税专用发票由国务院税务主管部门确定的企业印制；其他发票，按照国务院税务主管部门的规定，由省、自治区、直辖市税务机关确定的企业印制。禁止私自印制、伪造、变造发票。

第八条 印制发票的企业应当具备下列条件：

（一）取得印刷经营许可证和营业执照；

（二）设备、技术水平能够满足印制发票的需要；

（三）有健全的财务制度和严格的质量监督、安全管理、保密制度。

税务机关应当以招标方式确定印制发票的企业，并发给发票准印证。

第九条 印制发票应当使用国务院税务主管部门确定的全国统一的发票防伪专用品。禁止非法制造发票防伪专用品。

第十条 发票应当套印全国统一发票监制章。全国统一发票监制章的式样和发票版面印刷的要求，由国务院税务主管部门规定。发票监制章由省、自治区、直辖市税务机关制作。禁止伪造发票监制章。

发票实行不定期换版制度。

第十一条 印制发票的企业按照税务机关的统一规定，建立发票印制管理制度和保管措施。

发票监制章和发票防伪专用品的使用和管理实行专人负责制度。

第十二条 印制发票的企业必须按照税务机关批准的式样和数量印制发票。

第十三条 发票应当使用中文印制。民族自治地方的发票，可以加印当地一种通用的民族文字。有实际需要的，也可以同时使用中外两种文字印制。

第十四条 各省、自治区、直辖市内的单位和个人使用的发票，除增值税专用发票外，应当在本省、自治区、直辖市内印制；确有必要到外省、自治区、直辖市印制的，应当由省、自治区、直辖市税务机关商印制地省、自治区、直辖市税务机关同意，由印制地省、自治区、直辖市税务机关确定的企业印制。

禁止在境外印制发票。

第三章　发票的领购

第十五条　需要领购发票的单位和个人，应当持税务登记证件、经办人身份证明、按照国务院税务主管部门规定式样制作的发票专用章的印模，向主管税务机关办理发票领购手续。主管税务机关根据领购单位和个人的经营范围和规模，确认领购发票的种类、数量以及领购方式，在5个工作日内发给发票领购簿。

单位和个人领购发票时，应当按照税务机关的规定报告发票使用情况，税务机关应当按照规定进行查验。

第十六条　需要临时使用发票的单位和个人，可以凭购销商品、提供或者接受服务以及从事其他经营活动的书面证明、经办人身份证明，直接向经营地税务机关申请代开发票。依照税收法律、行政法规规定应当缴纳税款的，税务机关应当先征收税款，再开具发票。税务机关根据发票管理的需要，可以按照国务院税务主管部门的规定委托其他单位代开发票。

禁止非法代开发票。

第十七条　临时到本省、自治区、直辖市以外从事经营活动的单位或者个人，应当凭所在地税务机关的证明，向经营地税务机关领购经营地的发票。

临时在本省、自治区、直辖市以内跨市、县从事经营活动领购发票的办法，由省、自治区、直辖市税务机关规定。

第十八条　税务机关对外省、自治区、直辖市来本辖区从事临时经营活动的单位和个人领购发票的，可以要求其提供保证人或者根据所领购发票的票面限额以及数量交纳不超过1万元的保证金，并限期缴销发票。

按期缴销发票的，解除保证人的担保义务或者退还保证金；未按期缴销发票的，由保证人或者以保证金承担法律责任。

税务机关收取保证金应当开具资金往来结算票据。

第四章　发票的开具和保管

第十九条　销售商品、提供服务以及从事其他经营活动的单位和个人，对外发生经营业务收取款项，收款方应当向付款方开具发票；特殊情况下，由付款方向收款方开具发票。

第二十条　所有单位和从事生产、经营活动的个人在购买商品、接受服务以及从事其他经营活动支付款项，应当向收款方取得发票。取得发票时，不得要求变更品名和金额。

第二十一条 不符合规定的发票，不得作为财务报销凭证，任何单位和个人有权拒收。

第二十二条 开具发票应当按照规定的时限、顺序、栏目，全部联次一次性如实开具，并加盖发票专用章。

任何单位和个人不得有下列虚开发票行为：

（一）为他人、为自己开具与实际经营业务情况不符的发票；

（二）让他人为自己开具与实际经营业务情况不符的发票；

（三）介绍他人开具与实际经营业务情况不符的发票。

第二十三条 安装税控装置的单位和个人，应当按照规定使用税控装置开具发票，并按期向主管税务机关报送开具发票的数据。

使用非税控电子器具开具发票的，应当将非税控电子器具使用的软件程序说明资料报主管税务机关备案，并按照规定保存、报送开具发票的数据。

国家推广使用网络发票管理系统开具发票，具体管理办法由国务院税务主管部门制定。

第二十四条 任何单位和个人应当按照发票管理规定使用发票，不得有下列行为：

（一）转借、转让、介绍他人转让发票、发票监制章和发票防伪专用品；

（二）知道或者应当知道是私自印制、伪造、变造、非法取得或者废止的发票而受让、开具、存放、携带、邮寄、运输；

（三）拆本使用发票；

（四）扩大发票使用范围；

（五）以其他凭证代替发票使用。

税务机关应当提供查询发票真伪的便捷渠道。

第二十五条 除国务院税务主管部门规定的特殊情形外，发票限于领购单位和个人在本省、自治区、直辖市内开具。

省、自治区、直辖市税务机关可以规定跨市、县开具发票的办法。

第二十六条 除国务院税务主管部门规定的特殊情形外，任何单位和个人不得跨规定的使用区域携带、邮寄、运输空白发票。

禁止携带、邮寄或者运输空白发票出入境。

第二十七条 开具发票的单位和个人应当建立发票使用登记制度，设置发票登记簿，并定期向主管税务机关报告发票使用情况。

第二十八条 开具发票的单位和个人应当在办理变更或者注销税务登记的同

时，办理发票和发票领购簿的变更、缴销手续。

第二十九条 开具发票的单位和个人应当按照税务机关的规定存放和保管发票，不得擅自损毁。已经开具的发票存根联和发票登记簿，应当保存5年。保存期满，报经税务机关查验后销毁。

第五章 发票的检查

第三十条 税务机关在发票管理中有权进行下列检查：

（一）检查印制、领购、开具、取得、保管和缴销发票的情况；

（二）调出发票查验；

（三）查阅、复制与发票有关的凭证、资料；

（四）向当事各方询问与发票有关的问题和情况；

（五）在查处发票案件时，对与案件有关的情况和资料，可以记录、录音、录像、照像和复制。

第三十一条 印制、使用发票的单位和个人，必须接受税务机关依法检查，如实反映情况，提供有关资料，不得拒绝、隐瞒。

税务人员进行检查时，应当出示税务检查证。

第三十二条 税务机关需要将已开具的发票调出查验时，应当向被查验的单位和个人开具发票换票证。发票换票证与所调出查验的发票有同等的效力。被调出查验发票的单位和个人不得拒绝接受。

税务机关需要将空白发票调出查验时，应当开具收据；经查无问题的，应当及时返还。

第三十三条 单位和个人从中国境外取得的与纳税有关的发票或者凭证，税务机关在纳税审查时有疑义的，可以要求其提供境外公证机构或者注册会计师的确认证明，经税务机关审核认可后，方可作为记账核算的凭证。

第三十四条 税务机关在发票检查中需要核对发票存根联与发票联填写情况时，可以向持有发票或者发票存根联的单位发出发票填写情况核对卡，有关单位应当如实填写，按期报回。

第六章 罚则

第三十五条 违反本办法的规定，有下列情形之一的，由税务机关责令改正，可以处1万元以下的罚款；有违法所得的予以没收：

（一）应当开具而未开具发票，或者未按照规定的时限、顺序、栏目，全部联次一次性开具发票，或者未加盖发票专用章的；

（二）使用税控装置开具发票，未按期向主管税务机关报送开具发票的数据的；

（三）使用非税控电子器具开具发票，未将非税控电子器具使用的软件程序说明资料报主管税务机关备案，或者未按照规定保存、报送开具发票的数据的；

（四）拆本使用发票的；

（五）扩大发票使用范围的；

（六）以其他凭证代替发票使用的；

（七）跨规定区域开具发票的；

（八）未按照规定缴销发票的；

（九）未按照规定存放和保管发票的。

第三十六条 跨规定的使用区域携带、邮寄、运输空白发票，以及携带、邮寄或者运输空白发票出入境的，由税务机关责令改正，可以处1万元以下的罚款；情节严重的，处1万元以上3万元以下的罚款；有违法所得的予以没收。

丢失发票或者擅自损毁发票的，依照前款规定处罚。

第三十七条 违反本办法第二十二条第二款的规定虚开发票的，由税务机关没收违法所得；虚开金额在1万元以下的，可以并处5万元以下的罚款；虚开金额超过1万元的，并处5万元以上50万元以下的罚款；构成犯罪的，依法追究刑事责任。

非法代开发票的，依照前款规定处罚。

第三十八条 私自印制、伪造、变造发票，非法制造发票防伪专用品，伪造发票监制章的，由税务机关没收违法所得，没收、销毁作案工具和非法物品，并处1万元以上5万元以下的罚款；情节严重的，并处5万元以上50万元以下的罚款；对印制发票的企业，可以并处吊销发票准印证；构成犯罪的，依法追究刑事责任。

前款规定的处罚，《中华人民共和国税收征收管理法》有规定的，依照其规定执行。

第三十九条 有下列情形之一的，由税务机关处1万元以上5万元以下的罚款；情节严重的，处5万元以上50万元以下的罚款；有违法所得的予以没收：

（一）转借、转让、介绍他人转让发票、发票监制章和发票防伪专用品的；

（二）知道或者应当知道是私自印制、伪造、变造、非法取得或者废止的发票而受让、开具、存放、携带、邮寄、运输的。

第四十条 对违反发票管理规定2次以上或者情节严重的单位和个人，税务机关可以向社会公告。

第四十一条 违反发票管理法规,导致其他单位或者个人未缴、少缴或者骗取税款的,由税务机关没收违法所得,可以并处未缴、少缴或者骗取的税款1倍以下的罚款。

第四十二条 当事人对税务机关的处罚决定不服的,可以依法申请行政复议或者向人民法院提起行政诉讼。

第四十三条 税务人员利用职权之便,故意刁难印制、使用发票的单位和个人,或者有违反发票管理法规行为的,依照国家有关规定给予处分;构成犯罪的,依法追究刑事责任。

第七章 附则

第四十四条 国务院税务主管部门可以根据有关行业特殊的经营方式和业务需求,会同国务院有关主管部门制定该行业的发票管理办法。

国务院税务主管部门可以根据增值税专用发票管理的特殊需要,制定增值税专用发票的具体管理办法。

第四十五条 本办法自发布之日起施行。财政部1986年发布的《全国发票管理暂行办法》和原国家税务局1991年发布的《关于对外商投资企业和外国企业发票管理的暂行规定》同时废止。

(二)《中华人民共和国发票管理办法实施细则》

(2011年2月14日国家税务总局令第25号公布,根据2014年12月27日《国家税务总局关于修改〈中华人民共和国发票管理办法实施细则〉的决定》、2018年6月15日《国家税务总局关于修改部分税务部门规章的决定》、2019年7月24日《国家税务总局关于公布取消一批税务证明事项以及废止和修改部分规章规范性文件的决定》修正)

第一章 总则

第一条 根据《中华人民共和国发票管理办法》(以下简称《办法》)规定,制定本实施细则。

第二条 在全国范围内统一式样的发票,由国家税务总局确定。

在省、自治区、直辖市范围内统一式样的发票,由省、自治区、直辖市税务局(以下简称省税务局)确定。

第三条 发票的基本联次包括存根联、发票联、记账联。存根联由收款方或开票方留存备查；发票联由付款方或受票方作为付款原始凭证；记账联由收款方或开票方作为记账原始凭证。

省以上税务机关可根据发票管理情况以及纳税人经营业务需要，增减除发票联以外的其他联次，并确定其用途。

第四条 发票的基本内容包括：发票的名称、发票代码和号码、联次及用途、客户名称、开户银行及账号、商品名称或经营项目、计量单位、数量、单价、大小写金额、开票人、开票日期、开票单位（个人）名称（章）等。

省以上税务机关可根据经济活动以及发票管理需要，确定发票的具体内容。

第五条 用票单位可以书面向税务机关要求使用印有本单位名称的发票，税务机关依据《办法》第十五条的规定，确认印有该单位名称发票的种类和数量。

第二章 发票的印制

第六条 发票准印证由国家税务总局统一监制，省税务局核发。

税务机关应当对印制发票企业实施监督管理，对不符合条件的，应当取消其印制发票的资格。

第七条 全国统一的发票防伪措施由国家税务总局确定，省税务局可以根据需要增加本地区的发票防伪措施，并向国家税务总局备案。

发票防伪专用品应当按照规定专库保管，不得丢失。次品、废品应当在税务机关监督下集中销毁。

第八条 全国统一发票监制章是税务机关管理发票的法定标志，其形状、规格、内容、印色由国家税务总局规定。

第九条 全国范围内发票换版由国家税务总局确定；省、自治区、直辖市范围内发票换版由省税务局确定。

发票换版时，应当进行公告。

第十条 监制发票的税务机关根据需要下达发票印制通知书，被指定的印制企业必须按照要求印制。

发票印制通知书应当载明印制发票企业名称、用票单位名称、发票名称、发票代码、种类、联次、规格、印色、印制数量、起止号码、交货时间、地点等内容。

第十一条 印制发票企业印制完毕的成品应当按照规定验收后专库保管，不得丢失。废品应当及时销毁。

第三章 发票的领购

第十二条 《办法》第十五条所称经办人身份证明是指经办人的居民身份证、

护照或者其他能证明经办人身份的证件。

第十三条 《办法》第十五条所称发票专用章是指用票单位和个人在其开具发票时加盖的有其名称、税务登记号、发票专用章字样的印章。

发票专用章式样由国家税务总局确定。

第十四条 税务机关对领购发票单位和个人提供的发票专用章的印模应当留存备查。

第十五条 《办法》第十五条所称领购方式是指批量供应、交旧购新或者验旧购新等方式。

第十六条 《办法》第十五条所称发票领购簿的内容应当包括用票单位和个人的名称、所属行业、购票方式、核准购票种类、开票限额、发票名称、领购日期、准购数量、起止号码、违章记录、领购人签字（盖章）、核发税务机关（章）等内容。

第十七条 《办法》第十五条所称发票使用情况是指发票领用存情况及相关开票数据。

第十八条 税务机关在发售发票时，应当按照核准的收费标准收取工本管理费，并向购票单位和个人开具收据。发票工本费征缴办法按照国家有关规定执行。

第十九条 《办法》第十六条所称书面证明是指有关业务合同、协议或者税务机关认可的其他资料。

第二十条 税务机关应当与受托代开发票的单位签订协议，明确代开发票的种类、对象、内容和相关责任等内容。

第二十一条 《办法》第十八条所称保证人，是指在中国境内具有担保能力的公民、法人或者其他经济组织。

保证人同意为领购发票的单位和个人提供担保的，应当填写担保书。担保书内容包括：担保对象、范围、期限和责任以及其他有关事项。

担保书须经购票人、保证人和税务机关签字盖章后方为有效。

第二十二条 《办法》第十八条第二款所称由保证人或者以保证金承担法律责任，是指由保证人缴纳罚款或者以保证金缴纳罚款。

第二十三条 提供保证人或者交纳保证金的具体范围由省税务局规定。

第四章　发票的开具和保管

第二十四条 《办法》第十九条所称特殊情况下，由付款方向收款方开具发

票,是指下列情况:

(一)收购单位和扣缴义务人支付个人款项时;

(二)国家税务总局认为其他需要由付款方向收款方开具发票的。

第二十五条 向消费者个人零售小额商品或者提供零星服务的,是否可免予逐笔开具发票,由省税务局确定。

第二十六条 填开发票的单位和个人必须在发生经营业务确认营业收入时开具发票。未发生经营业务一律不准开具发票。

第二十七条 开具发票后,如发生销货退回需开红字发票的,必须收回原发票并注明"作废"字样或取得对方有效证明。

开具发票后,如发生销售折让的,必须在收回原发票并注明"作废"字样后重新开具销售发票或取得对方有效证明后开具红字发票。

第二十八条 单位和个人在开具发票时,必须做到按照号码顺序填开,填写项目齐全,内容真实,字迹清楚,全部联次一次打印,内容完全一致,并在发票联和抵扣联加盖发票专用章。

第二十九条 开具发票应当使用中文。民族自治地方可以同时使用当地通用的一种民族文字。

第三十条 《办法》第二十六条所称规定的使用区域是指国家税务总局和省税务局规定的区域。

第三十一条 使用发票的单位和个人应当妥善保管发票。发生发票丢失情形时,应当于发现丢失当日书面报告税务机关。

第五章 发票的检查

第三十二条 《办法》第三十二条所称发票换票证仅限于在本县(市)范围内使用。需要调出外县(市)的发票查验时,应当提请该县(市)税务机关调取发票。

第三十三条 用票单位和个人有权申请税务机关对发票的真伪进行鉴别。收到申请的税务机关应当受理并负责鉴别发票的真伪;鉴别有困难的,可以提请发票监制税务机关协助鉴别。

在伪造、变造现场以及买卖地、存放地查获的发票,由当地税务机关鉴别。

第六章 罚则

第三十四条 税务机关对违反发票管理法规的行为进行处罚,应当将行政处罚决定书面通知当事人;对违反发票管理法规的案件,应当立案查处。

对违反发票管理法规的行政处罚,由县以上税务机关决定;罚款额在2 000元以下的,可由税务所决定。

第三十五条 《办法》第四十条所称的公告是指,税务机关应当在办税场所或者广播、电视、报纸、期刊、网络等新闻媒体上公告纳税人发票违法的情况。公告内容包括:纳税人名称、纳税人识别号、经营地点、违反发票管理法规的具体情况。

第三十六条 对违反发票管理法规情节严重构成犯罪的,税务机关应当依法移送司法机关处理。

第七章 附则

第三十七条 《办法》和本实施细则所称"以上""以下"均含本数。

第三十八条 本实施细则自2011年2月1日起施行。

(三)《网络发票管理办法》

(2013年2月25日国家税务总局令第30号公布,根据2018年6月15日《国家税务总局关于修改部分税务部门规章的决定》修正)

第一条 为加强普通发票管理,保障国家税收收入,规范网络发票的开具和使用,根据《中华人民共和国发票管理办法》规定,制定本办法。

第二条 在中华人民共和国境内使用网络发票管理系统开具发票的单位和个人办理网络发票管理系统的开户登记、网上领取发票手续、在线开具、传输、查验和缴销等事项,适用本办法。

第三条 本办法所称网络发票是指符合国家税务总局统一标准并通过国家税务总局及省、自治区、直辖市税务局公布的网络发票管理系统开具的发票。

国家积极推广使用网络发票管理系统开具发票。

第四条 税务机关应加强网络发票的管理,确保网络发票的安全、唯一、便利,并提供便捷的网络发票信息查询渠道;应通过应用网络发票数据分析,提高信息管税水平。

第五条 税务机关应根据开具发票的单位和个人的经营情况,核定其在线开具网络发票的种类、行业类别、开票限额等内容。

开具发票的单位和个人需要变更网络发票核定内容的,可向税务机关提出书面申请,经税务机关确认,予以变更。

第六条 开具发票的单位和个人开具网络发票应登录网络发票管理系统,如实完整填写发票的相关内容及数据,确认保存后打印发票。

开具发票的单位和个人在线开具的网络发票，经系统自动保存数据后即完成开票信息的确认、查验。

第七条 单位和个人取得网络发票时，应及时查询验证网络发票信息的真实性、完整性，对不符合规定的发票，不得作为财务报销凭证，任何单位和个人有权拒收。

第八条 开具发票的单位和个人需要开具红字发票的，必须收回原网络发票全部联次或取得受票方出具的有效证明，通过网络发票管理系统开具金额为负数的红字网络发票。

第九条 开具发票的单位和个人作废开具的网络发票，应收回原网络发票全部联次，注明"作废"，并在网络发票管理系统中进行发票作废处理。

第十条 开具发票的单位和个人应当在办理变更或者注销税务登记的同时，办理网络发票管理系统的用户变更、注销手续并缴销空白发票。

第十一条 税务机关根据发票管理的需要，可以按照国家税务总局的规定委托其他单位通过网络发票管理系统代开网络发票。

税务机关应当与受托代开发票的单位签订协议，明确代开网络发票的种类、对象、内容和相关责任等内容。

第十二条 开具发票的单位和个人必须如实在线开具网络发票，不得利用网络发票进行转借、转让、虚开发票及其他违法活动。

第十三条 开具发票的单位和个人在网络出现故障，无法在线开具发票时，可离线开具发票。

开具发票后，不得改动开票信息，并于48小时内上传开票信息。

第十四条 开具发票的单位和个人违反本办法规定的，按照《中华人民共和国发票管理办法》有关规定处理。

第十五条 省以上税务机关在确保网络发票电子信息正确生成、可靠存储、查询验证、安全唯一等条件的情况下，可以试行电子发票。

第十六条 本办法自2013年4月1日起施行。

（四）《国家税务总局关于修订〈增值税专用发票使用规定〉的通知》（国税发〔2006〕156号）

注释：

条款失效，第二十八条失效。参见：《国家税务总局关于简化增值税发票领用和使用程序有关问题的公告》（国家税务总局公告2014年第19号）。条款失效，

第五条失效。参见：《国家税务总局关于在全国开展营业税改征增值税试点有关征收管理问题的公告》（国家税务总局公告2013年第39号）。《国家税务总局关于修改部分税收规范性文件的公告》（国家税务总局公告2018年第31号）对本文进行了修改。

各省、自治区、直辖市和计划单列市国家税务局：

为适应增值税专用发票管理需要，规范增值税专用发票使用，进一步加强增值税征收管理，在广泛征求意见的基础上，国家税务总局对现行的《增值税专用发票使用规定》进行了修订。现将修订后的《增值税专用发票使用规定》印发给你们，自2007年1月1日起施行。

各级税务机关应做好宣传工作，加强对税务人员和纳税人的培训，确保新规定贯彻执行到位。执行中如有问题，请及时报告总局（货物和劳务税司）。

附件：1.最高开票限额申请表

2.销售货物或者提供应税劳务清单

3.开具红字增值税专用发票申请单

4.开具红字增值税专用发票通知单

5.丢失增值税专用发票已报税证明单

国家税务总局

2006年10月17日

增值税专用发票使用规定

第一条 为加强增值税征收管理，规范增值税专用发票（以下简称专用发票）使用行为，根据《中华人民共和国增值税暂行条例》及其实施细则和《中华人民共和国税收征收管理法》及其实施细则，制定本规定。

第二条 专用发票，是增值税一般纳税人（以下简称一般纳税人）销售货物或者提供应税劳务开具的发票，是购买方支付增值税额并可按照增值税有关规定据以抵扣增值税进项税额的凭证。

第三条 一般纳税人应通过增值税防伪税控系统（以下简称防伪税控系统）使用专用发票。使用，包括领购、开具、缴销、认证纸质专用发票及其相应的数据电文。

本规定所称防伪税控系统，是指经国务院同意推行的，使用专用设备和通用设备、运用数字密码和电子存储技术管理专用发票的计算机管理系统。

本规定所称专用设备，是指金税卡、IC卡、读卡器和其他设备。

本规定所称通用设备,是指计算机、打印机、扫描器具和其他设备。

第四条 专用发票由基本联次或者基本联次附加其他联次构成,基本联次为三联:发票联、抵扣联和记账联。发票联,作为购买方核算采购成本和增值税进项税额的记账凭证;抵扣联,作为购买方报送主管税务机关认证和留存备查的凭证;记账联,作为销售方核算销售收入和增值税销项税额的记账凭证。其他联次用途,由一般纳税人自行确定。

第五条 专用发票实行最高开票限额管理。最高开票限额,是指单份专用发票开具的销售额合计数不得达到的上限额度。

最高开票限额由一般纳税人申请,税务机关依法审批。最高开票限额为十万元及以下的,由区县级税务机关审批;最高开票限额为一百万元的,由地市级税务机关审批;最高开票限额为一千万元及以上的,由省级税务机关审批。防伪税控系统的具体发行工作由区县级税务机关负责。

税务机关审批最高开票限额应进行实地核查。批准使用最高开票限额为十万元及以下的,由区县级税务机关派人实地核查;批准使用最高开票限额为一百万元的,由地市级税务机关派人实地核查;批准使用最高开票限额为一千万元及以上的,由地市级税务机关派人实地核查后将核查资料报省级税务机关审核。

一般纳税人申请最高开票限额时,需填报"最高开票限额申请表"(附件1)。

第六条 一般纳税人领购专用设备后,凭"增值税专用发票最高开票限额申请单""发票领购簿"到主管税务机关办理初始发行。

本规定所称初始发行,是指主管税务机关将一般纳税人的下列信息载入空白金税卡和IC卡的行为。

(一)企业名称;

(二)税务登记代码;

(三)开票限额;

(四)购票限量;

(五)购票人员姓名、密码;

(六)开票机数量;

(七)国家税务总局规定的其他信息。

一般纳税人发生上列第一、三、四、五、六、七项信息变化,应向主管税务机关申请变更发行;发生第二项信息变化,应向主管税务机关申请注销发行。

第七条 一般纳税人凭"发票领购簿"、IC卡和经办人身份证明领购专用发票。

第八条 一般纳税人有下列情形之一的，不得领购开具专用发票：

（一）会计核算不健全，不能向税务机关准确提供增值税销项税额、进项税额、应纳税额数据及其他有关增值税税务资料的。

上列其他有关增值税税务资料的内容，由省、自治区、直辖市和计划单列市税务局确定。

（二）有《税收征收管理法》规定的税收违法行为，拒不接受税务机关处理的。

（三）有下列行为之一，经税务机关责令限期改正而仍未改正的：

1. 虚开增值税专用发票；

2. 私自印制专用发票；

3. 向税务机关以外的单位和个人买取专用发票；

4. 借用他人专用发票；

5. 未按本规定第十一条开具专用发票；

6. 未按规定保管专用发票和专用设备；

7. 未按规定申请办理防伪税控系统变更发行；

8. 未按规定接受税务机关检查。

有上列情形的，如已领购专用发票，主管税务机关应暂扣其结存的专用发票和IC卡。

第九条 有下列情形之一的，为本规定第八条所称未按规定保管专用发票和专用设备：

（一）未设专人保管专用发票和专用设备；

（二）未按税务机关要求存放专用发票和专用设备；

（三）未将认证相符的专用发票抵扣联、"认证结果通知书"和"认证结果清单"装订成册；

（四）未经税务机关查验，擅自销毁专用发票基本联次。

第十条 一般纳税人销售货物或者提供应税劳务，应向购买方开具专用发票。

商业企业一般纳税人零售的烟、酒、食品、服装、鞋帽（不包括劳保专用部分）、化妆品等消费品不得开具专用发票。

增值税小规模纳税人（以下简称小规模纳税人）需要开具专用发票的，可向主管税务机关申请代开。

销售免税货物不得开具专用发票，法律、法规及国家税务总局另有规定的除外。

第十一条 专用发票应按下列要求开具:

(一)项目齐全,与实际交易相符;

(二)字迹清楚,不得压线、错格;

(三)发票联和抵扣联加盖财务专用章或者发票专用章;

(四)按照增值税纳税义务的发生时间开具。

对不符合上列要求的专用发票,购买方有权拒收。

第十二条 一般纳税人销售货物或者提供应税劳务可汇总开具专用发票。汇总开具专用发票的,同时使用防伪税控系统开具"销售货物或者提供应税劳务清单"(附件2),并加盖财务专用章或者发票专用章。

第十三条 一般纳税人在开具专用发票当月,发生销货退回、开票有误等情形,收到退回的发票联、抵扣联符合作废条件的,按作废处理;开具时发现有误的,可即时作废。

作废专用发票须在防伪税控系统中将相应的数据电文按"作废"处理,在纸质专用发票(含未打印的专用发票)各联次上注明"作废"字样,全联次留存。

第十四条 一般纳税人取得专用发票后,发生销货退回、开票有误等情形但不符合作废条件的,或者因销货部分退回及发生销售折让的,购买方应向主管税务机关填报"开具红字增值税专用发票申请单"(以下简称"申请单",附件3)。

"申请单"所对应的蓝字专用发票应经税务机关认证。

经认证结果为"认证相符"并且已经抵扣增值税进项税额的,一般纳税人在填报"申请单"时不填写相对应的蓝字专用发票信息。

经认证结果为"纳税人识别号认证不符""专用发票代码、号码认证不符"的,一般纳税人在填报"申请单"时应填写相对应的蓝字专用发票信息。

第十五条 "申请单"一式两联:第一联由购买方留存;第二联由购买方主管税务机关留存。

"申请单"应加盖一般纳税人财务专用章。

第十六条 主管税务机关对一般纳税人填报的"申请单"进行审核后,出具"开具红字增值税专用发票通知单"(以下简称"通知单",附件4)。"通知单"应与"申请单"一一对应。

第十七条 "通知单"一式三联:第一联由购买方主管税务机关留存;第二联由购买方送交销售方留存;第三联由购买方留存。

"通知单"应加盖主管税务机关印章。

"通知单"应按月依次装订成册,并比照专用发票保管规定管理。

第十八条 购买方必须暂依"通知单"所列增值税税额从当期进项税额中转出，未抵扣增值税进项税额的可列入当期进项税额，待取得销售方开具的红字专用发票后，与留存的"通知单"一并作为记账凭证。属于本规定第十四条第四款所列情形的，不作进项税额转出。

第十九条 销售方凭购买方提供的"通知单"开具红字专用发票，在防伪税控系统中以销项负数开具。

红字专用发票应与"通知单"一一对应。

第二十条 同时具有下列情形的，为本规定所称作废条件：

（一）收到退回的发票联、抵扣联时间未超过销售方开票当月；

（二）销售方未抄税并且未记账；

（三）购买方未认证或者认证结果为"纳税人识别号认证不符""专用发票代码、号码认证不符"。

本规定所称抄税，是报税前用IC卡或者IC卡和软盘抄取开票数据电文。

第二十一条 一般纳税人开具专用发票应在增值税纳税申报期内向主管税务机关报税，在申报所属月份内可分次向主管税务机关报税。

本规定所称报税，是纳税人持IC卡或者IC卡和软盘向税务机关报送开票数据电文。

第二十二条 因IC卡、软盘质量等问题无法报税的，应更换IC卡、软盘。

因硬盘损坏、更换金税卡等原因不能正常报税的，应提供已开具未向税务机关报税的专用发票记账联原件或者复印件，由主管税务机关补采开票数据。

第二十三条 一般纳税人注销税务登记或者转为小规模纳税人，应将专用设备和结存未用的纸质专用发票送交主管税务机关。

主管税务机关应缴销其专用发票，并按有关安全管理的要求处理专用设备。

第二十四条 本规定第二十三条所称专用发票的缴销，是指主管税务机关在纸质专用发票监制章处按"V"字剪角作废，同时作废相应的专用发票数据电文。

被缴销的纸质专用发票应退还纳税人。

第二十五条 用于抵扣增值税进项税额的专用发票应经税务机关认证相符（国家税务总局另有规定的除外）。认证相符的专用发票应作为购买方的记账凭证，不得退还销售方。

本规定所称认证，是税务机关通过防伪税控系统对专用发票所列数据的识别、确认。

本规定所称认证相符，是指纳税人识别号无误，专用发票所列密文解译后与明文一致。

第二十六条 经认证，有下列情形之一的，不得作为增值税进项税额的抵扣凭证，税务机关退还原件，购买方可要求销售方重新开具专用发票。

（一）无法认证

本规定所称无法认证，是指专用发票所列密文或者明文不能辨认，无法产生认证结果。

（二）纳税人识别号认证不符

本规定所称纳税人识别号认证不符，是指专用发票所列购买方纳税人识别号有误。

（三）专用发票代码、号码认证不符

本规定所称专用发票代码、号码认证不符，是指专用发票所列密文解译后与明文的代码或者号码不一致。

第二十七条 经认证，有下列情形之一的，暂不得作为增值税进项税额的抵扣凭证，税务机关扣留原件，查明原因，分别情况进行处理。

（一）重复认证

本规定所称重复认证，是指已经认证相符的同一张专用发票再次认证。

（二）密文有误

本规定所称密文有误，是指专用发票所列密文无法解译。

（三）认证不符

本规定所称认证不符，是指纳税人识别号有误，或者专用发票所列密文解译后与明文不一致。

本项所称认证不符不含第二十六条第二项、第三项所列情形。

（四）列为失控专用发票

本规定所称列为失控专用发票，是指认证时的专用发票已被登记为失控专用发票。

第二十八条 一般纳税人丢失已开具专用发票的发票联和抵扣联，如果丢失前已认证相符的，购买方凭销售方提供的相应专用发票记账联复印件及销售方所在地主管税务机关出具的"丢失增值税专用发票已报税证明单"（附件5），经购买方主管税务机关审核同意后，可作为增值税进项税额的抵扣凭证；如果丢失前未认证的，购买方凭销售方提供的相应专用发票记账联复印件到主管税务机关进行认证，认证相符的凭该专用发票记账联复印件及销售方所在地主管税务机关出具的"丢失增值税专用发票已报税证明单"，经购买方主管税务机关审核同意后，可作为增值税进项税额的抵扣凭证。

一般纳税人丢失已开具专用发票的抵扣联，如果丢失前已认证相符的，可使用专用发票发票联复印件留存备查；如果丢失前未认证的，可使用专用发票发票联到主管税务机关认证，专用发票发票联复印件留存备查。

一般纳税人丢失已开具专用发票的发票联，可将专用发票抵扣联作为记账凭证，专用发票抵扣联复印件留存备查。

第二十九条 专用发票抵扣联无法认证的，可使用专用发票发票联到主管税务机关认证。专用发票发票联复印件留存备查。

第三十条 本规定自2007年1月1日施行，《国家税务总局关于印发〈增值税专用发票使用规定〉的通知》（国税发〔1993〕150号）、《国家税务总局关于增值税专用发票使用问题的补充通知》（国税发〔1994〕056号）、《国家税务总局关于由税务所为小规模企业代开增值税专用发票的通知》（国税发〔1994〕058号）、《国家税务总局关于印发〈关于商业零售企业开具增值税专用发票的通告〉的通知》（国税发〔1994〕081号）、《国家税务总局关于修改〈国家税务总局关于严格控制增值税专用发票使用范围的通知〉的通知》（国税发〔2000〕075号）、《国家税务总局关于加强防伪税控开票系统最高开票限额管理的通知》（国税发明电〔2001〕57号）、《国家税务总局关于增值税一般纳税人丢失防伪税控系统开具的增值税专用发票有关税务处理问题的通知》（国税发〔2002〕010号）、《国家税务总局关于进一步加强防伪税控开票系统最高开票限额管理的通知》（国税发明电〔2002〕33号）同时废止。以前有关政策规定与本规定不一致的，以本规定为准。

三、应用场景

（一）应用场景一：结合《税收征收管理法》第十四条，论述税务机关的发票监管职责

在张涛与厦门市国家税务局等处罚法定职责纠纷案[①]中，针对上诉人（张涛）主张市国税稽查局应自行查处其检举事项并作出行政处罚决定的问题，厦门市中级人民法院认为，市国税稽查局下设的税收违法案件举报中心在接到案涉检举事项后予以受理，经审查认为上诉人检举涉及企业的一般发票违法行为，遂将检举事项移送被检举企业的主管税务机关办理，符合《税收违法行为检举管理办法》

---

① 案例来源：福建省厦门市思明区人民法院行政判决书（2016）闽0203行初109号、福建省厦门市中级人民法院行政判决书（2017）闽02行终219号。

的相关规定，并无不当。根据《税收征收管理法》第十四条规定，该法所称税务机关是指各级税务局、税务分局、税务所和按照国务院规定设立的并向社会公告的税务机构；第二十一条第一款规定，税务机关是发票的主管机关，负责发票印制、领购、开具、取得、保管、缴销的管理和监督。思明国税局、湖里国税局及市国税直属分局作为依法设立的税务机构，依法有权根据《发票管理办法》的相关规定，对其主管的企业涉嫌发票违法行为进行查处。市国税稽查局在收到承办部门回复的查办结果后，业以书面形式告知上诉人，已经履行了相应的法定职责。上诉人主张市国税稽查局应自行查处其检举事项并作出行政处罚决定、未履行其法定职责的意见，缺乏事实与法律依据，不予支持。

（二）应用场景二：结合《发票管理办法》第十九条规定，论述开具发票是否属于民事案件审理范围

关于开具发票是否属于民事案件审理范围问题，有不少相关案例，部分案例中法院的观点甚至是冲突的。为权威起见，笔者选取了最高人民法院的一个案例进行叙述。在新疆天宇建设工程有限责任公司与新疆新颐园房地产开发有限公司建设工程施工合同纠纷案[1]中，针对天宇公司申请再审称"根据《税收征收管理法》《发票管理办法》《民事诉讼法》的规定，开具发票属于税务行政主管部门的管辖范围，不属于人民法院民事案件的审理范围"的观点，最高人民法院认为，根据《税收征收管理法》第二十一条第一款"税务机关是发票的主管机关，负责发票印制、领购、开具、取得、保管、缴销的管理和监督。单位、个人在购销商品、提供或者接受经营服务以及从事其他经营活动中，应当按照规定开具、使用、取得发票"及《发票管理办法》第十九条"销售商品、提供服务以及从事其他经营活动的单位和个人，对外发生经营业务收取款项，收款方应当向付款方开具发票；特殊情况下，由付款方向收款方开具发票"的规定，收取工程款，开具工程款发票是承包方税法上的义务，承包人应当依据税法的相关规定向发包人开具发票。本案中，双方补充协议中约定的提供发票并非是指由税务机关提供发票，而是指在给付工程款时需由承包方向发包人给付税务机关开具的发票，当事人之间就一方自主申请开具发票与另一方取得发票的关系，属于民事法律关系范畴，原判决认定开具发票属于民事案件的审理范围，并无不当。天宇公司该再审

---

[1] 案例来源：新疆维吾尔自治区乌鲁木齐市中级人民法院民事判决书（2018）新01民初88号、新疆维吾尔自治区高级人民法院民事判决书（2019）新民终297号、中华人民共和国最高人民法院民事裁定书（2021）最高法民申1337号。

申请事由不能成立。

（三）应用场景三：结合《发票管理办法》第十九条规定，论述销售方的开具发票义务

在山西奕和混凝土有限公司与王玉明买卖合同纠纷案[①]中，针对王玉明应否向奕和公司开具增值税发票，再审法院（山西省高级人民法院）认为，《合同法》第一百三十六条[②]规定："出卖人应当按照约定或者交易习惯向买受人交付提取标的物单证以外的有关单证和资料。"《最高人民法院关于审理买卖合同纠纷案件适用法律问题的解释》第七条[③]规定，"合同法第一百三十六条规定的'提取标的物单证以外的有关单证和资料'，主要应当包括保险单、保修单、普通发票、增值税专用发票、产品合格证、质量保证书、质量鉴定书、品质检验证书、产品进出口检疫书、原产地证明书、使用说明书、装箱单等"，增值税专用发票属于合同法规定的"提取标的物单证以外的有关单证和资料"，因此，出卖人负有将有关单证和资料交付给买受人的合同义务。

根据《税收征收管理法》第二十一条第一款规定"税务机关是发票的主管机关，负责发票印制、领购、开具、取得、保管、缴销的管理和监督。单位、个人在购销商品、提供或者接受经营服务以及从事其他经营活动中，应当按照规定开具、使用、取得发票"及《发票管理办法》第十九条"销售商品、提供服务以及从事其他经营活动的单位和个人，对外发生经营业务收取款项，收款方应当向付款方开具发票"之规定，收取货款后开具相应发票是销售商品者税法上的法定义务，本案中，粉煤灰的销售者王玉明应当依据税法的相关规定向奕和公司开具发票。

四、法条总结

本条规定原则性规定了税务机关对发票的监管职责和单位、个人应按规定开具、使用、取得发票外，主要通过授权国务院制定《发票管理办法》的方式，以适应发票印制、领购、开具、取得、保管、缴销等复杂又多变的实际问题。所以，本条规定需主要结合《发票管理办法》相关规定进行理解和适用。

---

① 案例来源：山西省大同市平城区人民法院民事判决书（2019）晋0213民初2074号、山西省大同市中级人民法院民事判决书（2019）晋02民终2048、山西省高级人民法院民事裁定书（2020）晋民申1034号。
② 注：现为《民法典》第五百九十九条规定。
③ 注：现为第四条规定。

第二十二条

增值税专用发票由国务院税务主管部门指定的企业印制;其他发票,按照国务院税务主管部门的规定,分别由省、自治区、直辖市国家税务局、地方税务局指定企业印制。

未经前款规定的税务机关指定,不得印制发票。

一、法条简析

本条是对发票印制管理的规定。本条规定主旨有三个:一是明确发票的印制管理由税务机关负责,以实现对发票印制的集中统一管理。二是明确增值税专用发票由国务院税务主管部门指定的企业印制,其他发票由省、自治区、直辖市税务局指定企业印制。三是明确未经本条规定的税务机关指定,任何单位和个人都不得印制发票。这为税务机关加强发票印制管理提供了法律依据和保障。

二、相关规定

(一)《发票管理办法》相关规定

第七条 增值税专用发票由国务院税务主管部门确定的企业印制;其他发票,按照国务院税务主管部门的规定,由省、自治区、直辖市税务机关确定的企业印制。禁止私自印制、伪造、变造发票。

第八条 印制发票的企业应当具备下列条件:

(一)取得印刷经营许可证和营业执照;

(二)设备、技术水平能够满足印制发票的需要;

(三)有健全的财务制度和严格的质量监督、安全管理、保密制度。

税务机关应当以招标方式确定印制发票的企业,并发给发票准印证。

第九条 印制发票应当使用国务院税务主管部门确定的全国统一的发票防伪专用品。禁止非法制造发票防伪专用品。

第十条 发票应当套印全国统一发票监制章。全国统一发票监制章的式样和发票版面印刷的要求,由国务院税务主管部门规定。发票监制章由省、自治区、直辖市税务机关制作。禁止伪造发票监制章。

发票实行不定期换版制度。

第十一条 印制发票的企业按照税务机关的统一规定,建立发票印制管理制度和保管措施。

发票监制章和发票防伪专用品的使用和管理实行专人负责制度。

第十二条 印制发票的企业必须按照税务机关批准的式样和数量印制发票。

第十三条 发票应当使用中文印制。民族自治地方的发票,可以加印当地一种通用的民族文字。有实际需要的,也可以同时使用中外两种文字印制。

第十四条 各省、自治区、直辖市内的单位和个人使用的发票,除增值税专用发票外,应当在本省、自治区、直辖市内印制;确有必要到外省、自治区、直辖市印制的,应当由省、自治区、直辖市税务机关商印制地省、自治区、直辖市税务机关同意,由印制地省、自治区、直辖市税务机关确定的企业印制。

禁止在境外印制发票。

第三十八条 私自印制、伪造、变造发票,非法制造发票防伪专用品,伪造发票监制章的,由税务机关没收违法所得,没收、销毁作案工具和非法物品,并处1万元以上5万元以下的罚款;情节严重的,并处5万元以上50万元以下的罚款;对印制发票的企业,可以并处吊销发票准印证;构成犯罪的,依法追究刑事责任。

前款规定的处罚,《中华人民共和国税收征收管理法》有规定的,依照其规定执行。

(二)《发票管理办法实施细则》相关规定

第六条 发票准印证由国家税务总局统一监制,省税务局核发。

税务机关应当对印制发票企业实施监督管理,对不符合条件的,应当取消其印制发票的资格。

第七条 全国统一的发票防伪措施由国家税务总局确定,省税务局可以根据需要增加本地区的发票防伪措施,并向国家税务总局备案。

发票防伪专用品应当按照规定专库保管,不得丢失。次品、废品应当在税务机关监督下集中销毁。

第八条 全国统一发票监制章是税务机关管理发票的法定标志,其形状、规格、内容、印色由国家税务总局规定。

第九条 全国范围内发票换版由国家税务总局确定;省、自治区、直辖市范围内发票换版由省税务局确定。

发票换版时,应当进行公告。

第十条 监制发票的税务机关根据需要下达发票印制通知书,被指定的印制企业必须按照要求印制。

发票印制通知书应当载明印制发票企业名称、用票单位名称、发票名称、发票代码、种类、联次、规格、印色、印制数量、起止号码、交货时间、地点等内容。

第十一条 印制发票企业印制完毕的成品应当按照规定验收后专库保管，不得丢失。废品应当及时销毁。

(三)《刑法》相关规定

第二百零六条 伪造或者出售伪造的增值税专用发票的，处三年以下有期徒刑、拘役或者管制，并处二万元以上二十万元以下罚金；数量较大或者有其他严重情节的，处三年以上十年以下有期徒刑，并处五万元以上五十万元以下罚金；数量巨大或者有其他特别严重情节的，处十年以上有期徒刑或者无期徒刑，并处五万元以上五十万元以下罚金或者没收财产。

单位犯本条规定之罪的，对单位判处罚金，并对其直接负责的主管人员和其他直接责任人员，处三年以下有期徒刑、拘役或者管制；数量较大或者有其他严重情节的，处三年以上十年以下有期徒刑；数量巨大或者有其他特别严重情节的，处十年以上有期徒刑或者无期徒刑。

第二百零九条 伪造、擅自制造或者出售伪造、擅自制造的可以用于骗取出口退税、抵扣税款的其他发票的，处三年以下有期徒刑、拘役或者管制，并处二万元以上二十万元以下罚金；数量巨大的，处三年以上七年以下有期徒刑，并处五万元以上五十万元以下罚金；数量特别巨大的，处七年以上有期徒刑，并处五万元以上五十万元以下罚金或者没收财产。

伪造、擅自制造或者出售伪造、擅自制造的前款规定以外的其他发票的，处二年以下有期徒刑、拘役或者管制，并处或者单处一万元以上五万元以下罚金；情节严重的，处二年以上七年以下有期徒刑，并处五万元以上五十万元以下罚金。

非法出售可以用于骗取出口退税、抵扣税款的其他发票的，依照第一款的规定处罚。

非法出售第三款规定以外的其他发票的，依照第二款的规定处罚。

(四)《最高人民检察院 公安部关于公安机关管辖的刑事案件立案追诉标准的规定》(二)(公通字〔2022〕12号) 相关规定

第五十八条 〔伪造、出售伪造的增值税专用发票案（刑法第二百零六条）〕 伪造或者出售伪造的增值税专用发票，涉嫌下列情形之一的，应予立案追诉：

（一）票面税额累计在十万元以上的；

（二）伪造或者出售伪造的增值税专用发票十份以上且票面税额在六万元以上的；

（三）非法获利数额在一万元以上的。

第六十一条〔非法制造、出售非法制造的用于骗取出口退税、抵扣税款发票案（刑法第二百零九条第一款）〕 伪造、擅自制造或者出售伪造、擅自制造的用于骗取出口退税、抵扣税款的其他发票，涉嫌下列情形之一的，应予立案追诉：

（一）票面可以退税、抵扣税额累计在十万元以上的；

（二）伪造、擅自制造或者出售伪造、擅自制造的发票十份以上且票面可以退税、抵扣税额在六万元以上的；

（三）非法获利数额在一万元以上的。

第六十二条〔非法制造、出售非法制造的发票案（刑法第二百零九条第二款）〕 伪造、擅自制造或者出售伪造、擅自制造的不具有骗取出口退税、抵扣税款功能的其他发票，涉嫌下列情形之一的，应予立案追诉：

（一）伪造、擅自制造或者出售伪造、擅自制造的不具有骗取出口退税、抵扣税款功能的其他发票一百份以上且票面金额累计在三十万元以上的；

（二）票面金额累计在五十万元以上的；

（三）非法获利数额在一万元以上的。

第六十三条〔非法出售用于骗取出口退税、抵扣税款发票案（刑法第二百零九条第三款）〕 非法出售可以用于骗取出口退税、抵扣税款的其他发票，涉嫌下列情形之一的，应予立案追诉：

（一）票面可以退税、抵扣税额累计在十万元以上的；

（二）非法出售用于骗取出口退税、抵扣税款的其他发票十份以上且票面可以退税、抵扣税额在六万元以上的；

（三）非法获利数额在一万元以上的。

三、法条总结

本条规定虽然非常重要，但一旦违反本条规定，大多涉及刑事责任，刑事司法程序中会适用《刑法》相关规定进行处理，进而使得本条规定不被适用。

第二十三条

国家根据税收征收管理的需要,积极推广使用税控装置。纳税人应当按照规定安装、使用税控装置,不得损毁或者擅自改动税控装置。

一、法条简析

本条是对国家积极推广使用税控装置的规定,并对安装、使用税控装置提出明确要求。

二、相关规定

(一)《国家税务总局关于税控发票印制使用管理有关问题的通知》(国税发〔2005〕65号)

各省、自治区、直辖市和计划单列市国家税务局、地方税务局:

为了贯彻落实《国家税务总局 财政部 信息产业部 国家质量监督检验检疫总局关于推广应用税控收款机加强税源监控的通知》(国税发〔2004〕44号,以下简称《通知》)的有关规定,规范税控收款机所用发票(以下简称"税控发票")的印制、使用和管理,现将有关问题明确如下:

一、税控发票的运用范围

税控发票是指通过税控收款机系列产品打印,并带有税控码等要素内容的发票。税控发票适用于税控收款机系列产品,包括税控收款机、税控器、税控打印机(税控开票机)和金融税控收款机。

二、税控发票的名称、种类和规格

(一)税控发票的名称

税控发票按地区加行业确定,例如"××省(市)商业零售发票""××省(市)服务业发票"等。

(二)税控发票的种类

税控发票分为:卷式发票和平推式发票。

1.卷式发票是指按卷筒式方法进行分装的发票。卷式发票又分为定长和不定长两种。

2.平推式发票是指按平张连续方式装订的发票。平推式发票按设计权限又分两种,即:由总局确定全国统一式样的发票和由省级税务机关确定式样的发票。

(三)定长、不定长发票的规格

1.定长发票的规格为:宽度分别为57mm、76mm、82mm三种;长度分别为127mm、152mm、177mm三种。即可组合为以下九种规格:

(1)57mm×127mm;(2)57mm×152mm;(3)57mm×177mm;

(4)76mm×127mm;(5)76mm×152mm(票样附后);

(6)76mm×177mm;(7)82mm×127mm;

(8)82mm×152mm;(9)82mm×177mm。

具体采用哪种规格,由省、自治区、直辖市和计划单列市税务局(以下简称省级税务局)根据实际需要在上述规格中选定。

2.不定长发票规格为:宽度分别为57mm、76mm、82mm三种;长度按打印内容多少确定。

三、卷式发票的内容

(一)卷式发票印制内容和要求

1.印制的基本内容包括:发票名称、发票监制章、发票联、发票代码、发票号码(印刷号)、机打号码、机器编号、收款单位及其税号、开票日期、收款员、付款单位(两行间距)、项目、数量、单价、金额、小写合计、大写合计、税控码、印制单位。

需要增加其他民族文字、英文对照以及"兑奖区"的,由省级税务局确定。

2.税控发票的黑标尺寸为10mm×6mm;套印位置在发票右上角,黑标的上沿与监制章的下沿对齐;税控发票监制章下沿到发票代码的垂直距离为5mm。

3.不定长发票每间隔60.96mm套印一个发票监制章;两个发票监制章中间套印一个"发票联";发票监制章的颜色为浅红色;"发票联"颜色为浅棕色。"存根联"是否套印发票监制章及其字样、颜色由省级税务局确定。

4.有条件的地区,卷式发票可印制卷号。每卷印制相同的一个卷号,印在发票右侧;卷号应不少于8位。

(二)卷式发票打印内容和要求

1.定长发票打印内容对应空白票面预先印制的项目内容进行"填充式"打印。机打号码必须与预先印制在空白票面上的发票号码相一致。当开票项目较多,在一张发票上打印不下时,机器自动再打印一份发票,每张发票分别汇总计价。

不定长发票打印的内容,除"发票监制章""发票联"和"印刷单位"字样,全部由机器打印。

2.发生退货时,应在退货的小写金额前加负号"-",在大写金额的第一个字前加"退"字。

3.当需要查阅税控发票的电子存根时,可使用普通打印纸打印发票电子存根,同时打印出"电子存根"字样。

4.对于金融税控收款机打印的税控发票,银行卡刷卡业务的内容,应打印在小写合计上方的空白位置。银行卡刷卡业务的内容包括:卡号/有效期、刷卡金额、新参考号、签名、备注等内容。

(三)平推式发票印制和打印的内容,除总局统一规定的式样外,比照卷式发票的基本要求及行业特点,由省级税务机关确定。

(四)税控发票的其他要求

1.税控收款机打印机分为针打和喷墨两种,针打可一次性打印一联或两联;喷墨需一次分联打印。

2.卷式定长发票每卷100份,不定长发票长度与定长发票长度相同。定长发票开头与结尾留出两份发票长度的空白;不定长发票结尾30公分边沿必须印有红色标记。

3.平推式发票的打印软件除总局有统一规定外,由省级税务局统一组织开发。

四、税控发票的联次和要求

(一)卷式发票基本联次为一联,即"发票联",也可为两联,即第一联为"发票联",第二联为"存根联"或"记账联"。每卷发票按号码打印完毕后,可打印本卷发票汇总,具体由省级税务局确定。

(二)纳税人发票使用数据量过大,且用户后台管理系统能可靠保存发票明细数据的(保存期5年),经税务机关核准,可使用一联式税控发票(即发票联),并由用户保存"存根联"和发票明细数据,确保税务机关能够完整、准确、及时、可靠地进行核查。税控发票为两联时,用户必须妥善保管"存根联",以备税务机关核查。

(三)平推式发票的联次由省级税务局按实际需要确定。

五、税控发票的印制和防伪措施

税控发票由省级税务局统一组织印制。税控发票采用密码防伪,故在印制环节不再采用原规定的水印纸和荧光油墨的防伪措施。

定额发票的防伪措施,在总局尚未规定之前,省级税务局可根据本省的需要，确定防伪措施，并报总局备案。

六、税控发票报送数据的内容

（一）税控发票报送数据包括发票汇总数据和发票明细数据。除总局规定必须报送发票明细数据的行业外，具体何种发票需报送发票汇总数据或者发票明细数据，或既要报送发票汇总数据又要报送发票明细数据，由省级税务机关确定。凡按规定只报送发票汇总数据的纳税人，必须保存发票存根联并可靠存储发票明细电子数据。

（二）发票汇总数据包括单卷发票使用汇总数据、指定时间段内发票使用汇总数据和日交易数据。

单卷发票使用汇总数据的内容包括：发票代码、起止号码、正常发票份数、正常发票开票金额、废票份数、退票份数、退票金额及发票开票时间段。

指定时间段内发票使用汇总数据包括：正常发票份数、正常发票开票金额、废票份数、退票份数、退票金额。指定时间段内发票使用汇总数据应当等于该时间段的日交易数据之和。

日交易数据包括：正常发票份数、退票份数、废票份数、按税种税目分类统计的正常发票的累计金额和退票累计金额。

（三）发票明细数据包括：每张税控发票打印的全部内容。具体报送发票明细时间，待国标修改确定后再予明确。

（四）对需要抵扣和特殊控制的行业和发票，如交通运输业发票、机动车销售发票、建筑安装业发票、房产业发票的印制、使用和管理，以及使用何种税控器具实施控管，总局将另行规定。

七、税控发票盖章

税控发票必须加盖开票单位的发票专用章或财务印章。

经税务机关批准印制的企业冠名发票，可以在印制发票时，将企业发票专用章（浅色）套印在税控发票右下方。

八、税控发票的鉴别和查询

税控发票采取密码加密技术。税控收款机系列产品可在税控发票上打印出××位税控码，并可通过税控收款机管理系统，以电话查询、网上查询等方式辨别发票真伪。

附件（具体内容略）：

1. 税控卷式发票票样76mm×152mm（见纸质文件）
2. 税控收款机名词解释及相关注释

（二）《国家税务总局关于印发〈关于加油机安装税控装置的通告〉的通知》（国税发〔2000〕76号）

国家税务总局关于加油机安装税控装置的通告

为了贯彻落实国务院关于清理整顿小炼油厂和规范原油成品油流通秩序的工作部署，加强加油站的税收管理，堵塞税收漏洞，国家税务总局决定对全国的加油站加油机安装税控装置，现就有关问题通告如下：

一、全国各地加油站要按照《国务院办公厅转发国家经贸委等部门关于清理整顿小炼油厂和规范原油成品油流通秩序意见的通知》（国办发〔1999〕38号）和国家经贸委等五部委《关于印发〈关于清理整顿成品油流通企业和规范成品油流通秩序的实施意见〉的通知》的规定，凡经清理整顿合格的加油站（点）必须安装税控装置。

加油站要积极配合税务机关及有关部门安装税控装置工作的实施，保证在2000年10月底前全部安装完毕。

二、目前通过防爆、计量、税控功能检测并取得合格证的A类税控装置及生产厂家有：

（一）广东省汕头金税科技有限公司的BAJ51加油机计税器

（二）湖南计算机股份有限公司的HCC188加油机税控计量器

（三）杭州大自然智能卡有限公司的SK-Ⅱ加油税控机

（四）北京中软融兴智能卡有限公司的OM-200系列加油机税控装置

（五）四川宝兴电子科技有限公司的SL-9801燃油加油机税控装置

（六）江苏东富石油自动化设备有限公司的SKDF-1型燃油加油机税控装置

（七）江苏万成自动化控制设备有限公司的WSK加油机税控装置

（八）北京长空工业有限公司的SK系列加油机防爆税控装置

（九）航天科技有限公司的CASIL-TCTD加油机税控装置

（十）海南金牌信息技术公司的MIC-A燃油加油机税控装置

（十一）江西高安市金山电气有限公司的GMS-1100K加油机税控装置

三、凡未取得防爆、计量、税控合格证的产品，一律不得安装使用。

四、国家税务总局不再鉴定A类加油机税控装置。

五、各地税务机关要认真做好加油机税控装置的选型工作，在选型过程中一定经过试点，选择适合本地区加油机的税控装置，通过招标的方式确定生产厂家及其产品，并考察其生产能力、质检和管理。

六、各地购买税控装置签订合同时,要有赔偿条款。支付款项时,要采取分期付款的方式。凡税务机关统一定货的,要将货款与后期服务费分开支付。

七、在税控装置选型、安装过程中,任何单位和个人不得擅自加价和变相提高税控装置的价格。除按国家法律、法规规定可以收取的费用外,任何部门不得搭车收取其他费用。各地税务机关不得借安装税控装置之机乱收费,直接或间接谋取任何经济利益。凡税务机关通过推行安装税控装置,直接或间接谋取商业利益的,一旦查实,除进行经济处罚外,要追究当事人和分管领导的责任。

特此通告。

国家税务总局
二〇〇〇年五月八日

三、法条总结

本条规定是倡导性规范,实务中无相关案例被披露。

第二十四条

从事生产、经营的纳税人、扣缴义务人必须按照国务院财政、税务主管部门规定的保管期限保管账簿、记账凭证、完税凭证及其他有关资料。

账簿、记账凭证、完税凭证及其他有关资料不得伪造、变造或者擅自损毁。

一、法条简析

本条是对从事生产、经营的纳税人、扣缴义务人的账簿、记账凭证、完税凭证及其他有关资料的保存和管理的规定。

二、相关规定

(一)《税收征收管理法实施细则》第二十九条

账簿、记账凭证、报表、完税凭证、发票、出口凭证以及其他有关涉税资料应当合法、真实、完整。

账簿、记账凭证、报表、完税凭证、发票、出口凭证以及其他有关涉税资料应当保存10年;但是,法律、行政法规另有规定的除外。

(二)《会计法》相关规定

第十四条 会计凭证包括原始凭证和记账凭证。

办理本法第十条所列的经济业务事项,必须填制或者取得原始凭证并及时送交会计机构。

会计机构、会计人员必须按照国家统一的会计制度的规定对原始凭证进行审核,对不真实、不合法的原始凭证有权不予接受,并向单位负责人报告;对记载不准确、不完整的原始凭证予以退回,并要求按照国家统一的会计制度的规定更正、补充。

原始凭证记载的各项内容均不得涂改;原始凭证有错误的,应当由出具单位重开或者更正,更正处应当加盖出具单位印章。原始凭证金额有错误的,应当由出具单位重开,不得在原始凭证上更正。

记账凭证应当根据经过审核的原始凭证及有关资料编制。

第十五条 会计账簿登记,必须以经过审核的会计凭证为依据,并符合有关法律、行政法规和国家统一的会计制度的规定。会计账簿包括总账、明细账、日记账和其他辅助性账簿。

会计账簿应当按照连续编号的页码顺序登记。会计账簿记录发生错误或者隔页、缺号、跳行的,应当按照国家统一的会计制度规定的方法更正,并由会计人员和会计机构负责人(会计主管人员)在更正处盖章。

使用电子计算机进行会计核算的,其会计账簿的登记、更正,应当符合国家统一的会计制度的规定。

第二十条 财务会计报告应当根据经过审核的会计账簿记录和有关资料编制,并符合本法和国家统一的会计制度关于财务会计报告的编制要求、提供对象和提供期限的规定;其他法律、行政法规另有规定的,从其规定。

财务会计报告由会计报表、会计报表附注和财务情况说明书组成。向不同的会计资料使用者提供的财务会计报告,其编制依据应当一致。有关法律、行政法规规定会计报表、会计报表附注和财务情况说明书须经注册会计师审计的,注册会计师及其所在的会计师事务所出具的审计报告应当随同财务会计报告一并提供。

第二十三条 各单位对会计凭证、会计账簿、财务会计报告和其他会计资料应当建立档案,妥善保管。会计档案的保管期限和销毁办法,由国务院财政部门会同有关部门制定。

（三）《会计档案管理办法》相关规定

第十一条 当年形成的会计档案，在会计年度终了后，可由单位会计管理机构临时保管一年，再移交单位档案管理机构保管。因工作需要确需推迟移交的，应当经单位档案管理机构同意。

单位会计管理机构临时保管会计档案最长不超过三年。临时保管期间，会计档案的保管应当符合国家档案管理的有关规定，且出纳人员不得兼管会计档案。

第十四条 会计档案的保管期限分为永久、定期两类。定期保管期限一般分为10年和30年。

会计档案的保管期限，从会计年度终了后的第一天算起。

（四）《发票管理办法》第二十九条

开具发票的单位和个人应当按照税务机关的规定存放和保管发票，不得擅自损毁。已经开具的发票存根联和发票登记簿，应当保存5年。保存期满，报经税务机关查验后销毁。

（五）刑事法律相关规定

1.《刑法》第一百六十二条之一

隐匿或者故意销毁依法应当保存的会计凭证、会计账簿、财务会计报告，情节严重的，处五年以下有期徒刑或者拘役，并处或者单处二万元以上二十万元以下罚金。

单位犯前款罪的，对单位判处罚金，并对其直接负责的主管人员和其他直接责任人员，依照前款的规定处罚。

2.《最高人民检察院、公安部关于印发〈最高人民检察院、公安部关于公安机关管辖的刑事案件立案追诉标准的规定（二）〉的通知》（公通字〔2022〕12号）第八条

[隐匿、故意销毁会计凭证、会计账簿、财务会计报告案（刑法第一百六十二条之一）] 隐匿或者故意销毁依法应当保存的会计凭证、会计账簿、财务会计报告，涉嫌下列情形之一的，应予立案追诉：

（一）隐匿、故意销毁的会计凭证、会计账簿、财务会计报告涉及金额在五十万元以上的；

（二）依法应当向监察机关、司法机关、行政机关、有关主管部门等提供而

隐匿、故意销毁或者拒不交出会计凭证、会计账簿、财务会计报告的；

（三）其他情节严重的情形。

三、应用场景

结合《税收征收管理法》第十九条、第六十条第一款第（二）项的规定，论述税务机关有处罚权

在广东省开平市创丰贸易有限公司与国家税务总局江门市税务局稽查局、国家税务总局江门市税务局税务行政处罚行政复议纠纷案[1]中，关于未按规定设置、保管账簿或保管记账凭证和有关资料的处罚问题，广东省江门市中级人民法院认为，根据《税收征收管理法》第十九条规定："纳税人、扣缴义务人按照有关法律、行政法规和国务院财政、税务主管部门的规定设置账簿，根据合法、有效凭证记帐，进行核算"。第二十四条规定："从事生产、经营的纳税人、扣缴义务人必须按照国务院财政、税务主管部门规定的保管期限保管账簿、记账凭证、完税凭证及其他有关资料。账簿、记账凭证、完税凭证及其他有关资料不得伪造、变造或者擅自损毁。"本案中，江门市税务稽查局对创丰公司进行纳税检查时，发现创丰公司在2003年至2013年未能妥善保管财务账册、记账凭证及其他财务资料，且创丰公司提供的2008年至2013年的账册和记账凭证等资料不完整，遂根据《税收征收管理法》第六十条第一款第（二）项的规定对创丰公司处以5 000元罚款决定，因账簿或记账凭证和有关资料的设置及保管是连续的过程。所以，江门市税务稽查局作出上述处罚决定实体符合法律规定。

四、法条总结

按照本条规定，只有从事生产、经营的纳税人、扣缴义务人才有按照国务院财政、税务主管部门规定的保管期限保管账簿、记账凭证、完税凭证及其他有关资料的法定义务。而根据《税收征收管理法》第十五条规定，企业，企业在外地设立的分支机构和从事生产、经营的场所，个体工商户和从事生产、经营的事业单位，被统称为从事生产、经营的纳税人。所以适用本条规定时，需要注意其适用主体的特殊性。本条规定仅仅是规定法定义务，追究违法责任时，需要结合第六十条、《会计法》《刑法》相关规定进行。

---

[1] 案例来源：广东省江门市江海区人民法院行政判决书（2018）粤0704行初2号、广东省江门市中级人民法院行政判决书（2018）粤07行终134号。

第三节 纳税申报

第二十五条 纳税人必须依照法律、行政法规规定或者税务机关依照法律、行政法规的规定确定的申报期限、申报内容如实办理纳税申报，报送纳税申报表、财务会计报表以及税务机关根据实际需要要求纳税人报送的其他纳税资料。

扣缴义务人必须依照法律、行政法规规定或者税务机关依照法律、行政法规的规定确定的申报期限、申报内容如实报送代扣代缴、代收代缴税款报告表以及税务机关根据实际需要要求扣缴义务人报送的其他有关资料。

一、法条简析

本条是对纳税人、扣缴义务人必须依照规定的申报期限、申报内容办理纳税申报或者报送代扣代缴、代收代缴税款报告表的规定。

二、相关规定

《税收征收管理法实施细则》相关规定

第三十二条　纳税人在纳税期内没有应纳税款的，也应当按照规定办理纳税申报。

纳税人享受减税、免税待遇的，在减税、免税期间应当按照规定办理纳税申报。

第三十三条　纳税人、扣缴义务人的纳税申报或者代扣代缴、代收代缴税款报告表的主要内容包括：税种、税目，应纳税项目或者应代扣代缴、代收代缴税款项目，计税依据，扣除项目及标准，适用税率或者单位税额，应退税项目及税额、应减免税项目及税额，应纳税额或者应代扣代缴、代收代缴税额，税款所属期限、延期缴纳税款、欠税、滞纳金等。

第三十四条　纳税人办理纳税申报时，应当如实填写纳税申报表，并根据不同的情况相应报送下列有关证件、资料：

（一）财务会计报表及其说明材料；

（二）与纳税有关的合同、协议书及凭证；

（三）税控装置的电子报税资料；

（四）外出经营活动税收管理证明和异地完税凭证；

（五）境内或者境外公证机构出具的有关证明文件；

（六）税务机关规定应当报送的其他有关证件、资料。

第三十五条 扣缴义务人办理代扣代缴、代收代缴税款报告时，应当如实填写代扣代缴、代收代缴税款报告表，并报送代扣代缴、代收代缴税款的合法凭证以及税务机关规定的其他有关证件、资料。

三、应用场景

（一）应用场景一：结合相关规定，论述税务机关要求纳税人纳税申报是否具有可诉性

关于税务机关通知纳税人进行纳税申报行为，是否具有可诉性，有两类相反的观点，详见如下案例：

1.典型案例1：海南贵族游艇会有限公司与国家税务总局海口市税务局税务行政管理纠纷案[①]：

（1）基本案情。

原海口市秀英区地方税务局（以下简称"秀英税务局"）于2016年10月26日作出〔2016〕1944号"责令限期改正通知书"（以下简称"1944号通知书"）认为，游艇会公司违反税收管理，不进行纳税申请，不缴或者少缴应纳税款。依据《税收征收管理法》第六十条、《城镇土地使用税暂行条例》的规定，限游艇会公司于2016年11月9日前纳税申报。游艇会公司不服，向海口税务局申请复议，海口税务局于2018年6月27日作出海口地税复不受字〔2018〕2号"不予受理行政复议申请决定书"（以下简称"2号决定书"），对游艇会公司的复议申请不予受理。

（2）再审申请理由。

再审申请人海南贵族游艇会有限公司（以下简称"游艇会公司"）认为，二审判决适用《最高人民法院关于适用〈中华人民共和国行政诉讼法〉的解释》第

---

① 案例来源：海南省海口市中级人民法院行政判决书（2018）琼01行终292号、海南省高级人民法院行政裁定书（2019）琼行申113号。

一条第二款第（六）项、第（十）项及其认定游艇会公司对具体行政行为"不具有复议、诉讼的权利"的错误。秀英税务局的1944号通知书不是法定的"（六）行政机关为作出行政行为而实施的准备、论述、研究、层报、咨询等过程性行为"，而是可诉的具体行政行为。二审判决认定游艇会公司对具体行政行为"不具有复议、诉讼的权利"，不但没有法律依据，还助长了秀英税务局行政裁量权的滥用，加剧了秀英税务局行政裁量权失范行为。

（3）再审被申请人辩称。

纳税申报是每一个纳税人的法定义务，税务机关要求纳税人依法纳税申报是过程性、阶段性征税行为，不具有可诉性、不可以申请行政复议。《税收征收管理法》第二十五条规定将税务机关依法确定的纳税申报内容与法律、行政法规并列，法律、行政法规不具有可诉性，不可提请行政复议，税务机关依法确定的"责令限期改正通知书"也不具有可诉性，不可以申请行政复议。如实办理纳税申报是国家法律对每一个纳税人的强制性规定。《税收征收管理法》第三十五条规定：纳税人有下列情形之一的，税务机关有权核定其应纳税额：……（五）发生纳税义务，未按照规定的期限办理纳税申报，经税务机关责令限期申报，逾期仍不申报的。要求纳税人办理纳税申报是税务机关征税中的过程性、阶段性行政行为。

（4）再审法院认为。

《税收征收管理法》第二十五条第一款规定：纳税人必须依照法律、行政法规规定或者税务机关依照法律、行政法规的规定确定的申报期限、申报内容如实办理纳税申报，报送纳税申报表、财务会计报表以及税务机关根据实际需要要求纳税人报送的其他纳税资料。第三十五条规定：纳税人有下列情形之一的，税务机关有权核定其应纳税额：……（五）发生纳税义务，未按照规定的期限办理纳税申报，经税务机关责令限期申报，逾期仍不申报的。根据上述法律规定，游艇会公司作为纳税人应履行纳税申报义务；税务机关在纳税人未进行纳税申报的情况下才对其应纳数额进行核定。本案中，秀英税务局于2016年10月26日作出1944号通知书限游艇会公司于2016年11月9日前纳税申报的行为是税务机关作出征税决定的过程性、阶段性行政行为，对游艇会公司的权利义务不产生实际影响，并未侵犯其合法权益。根据《行政复议法》第九条关于公民、法人或者其他组织认为具体行政行为侵犯其合法权益的，可以自知道该具体行政行为之日起六十日内提出行政复议申请的规定，海口税务局作出2号决定书并无不当，二审判决驳回游艇会公司的诉讼请求亦无不当。

2.典型案例2:云南玉溪宣桥知识产权代理有限公司与国家税务总局玉溪市红塔区税务局玉带税务分局税务行政管理纠纷案①

(1)基本案情。

宣桥公司自2019年1月1日至2019年3月31日发生经营行为,因认为其应享受税收优惠未获玉带税务分局认可,遂对2019年1月1日至2019年3月31日的企业所得税、增值税未按期办理纳税申报。玉带税务分局催告宣桥公司及时进行纳税申报,宣桥公司仍未申报,该局于2019年4月22日作出红塔玉带分税限改〔2019〕100445号"责令限期改正通知书",认定宣桥公司对2019年1月1日至2019年3月31日的企业所得税(应纳税所得额)及增值税(知识产权服务)未按期进行申报,并限宣桥公司于2019年4月25日前携带相关资料至玉带税务分局处申报办理相关事项。玉带税务分局在作出该"责令限期改正通知书"后就即时通过电话告知宣桥公司内容并要求其到玉带税务分局处领取,2019年5月14日宣桥公司的法定代表人到玉带税务分局处领取了该"责令限期改正通知书"并在税务文书送达回证上签章。2019年11月12日,宣桥公司诉至一审法院,请求撤销玉带税务分局作出的红塔玉带分税限改〔2019〕100445号"责令限期改正通知书"。

(2)上诉理由。

上诉人宣桥公司称,宣桥公司2005年成立,至2013年7月一直开具两种发票:云南省其他服务统一发票和云南省收款专用发票。代国家知识产权局、国家商标总局收取的"官费"②通过"收款专用发票"进行抵扣,不需要纳税。2013年7月后,红塔区税务局对宣桥公司代国家知识产权局、国家商标总局收取的"官费"不再给予抵扣,增加了公司纳税压力,扰乱了公司的财务收支账务。宣桥公司2014年至2018年持续向玉带税务分局提出申请,要求免去不应当由公司承担的税收,均被拒绝。宣桥公司之所以没有按期进行税务申报工作,系因玉带税务分局对该公司的行政违法行为无任何部门干涉所致,宣桥公司于2018年12月至2019年7月向多部门反映,均未得到回复。法院、行政复议部门均以税务部门没有对宣桥公司作出任何加盖税务局公章的法律文书为由,不予受理该公司对税务部门提起的行政复议和诉讼。宣桥公司不得不以停报税的方式取得税务部门发出的加盖公章的法律文书,以启动复议和诉讼。

---

① 案例来源:云南省玉溪市红塔区人民法院行政判决书(2019)云0402行初51号、云南省玉溪市中级人民法院行政判决书(2020)云04行终13号。

② 判决书原文如此,该表述属上诉人的理解与表述,尊重判决书原文。

(3)被上诉人辩称。

玉带税务分局答辩称：宣桥公司实际发生经营行为但未按期申报纳税，其行为违反了税收征管法及税收相关法律法规，在对其催报后其仍未申报，对其作出的责令限期改正通知证据充分，适用法律正确。

(4)二审法院认为。

根据《税收征收管理法》第五条第一款之规定，玉带税务分局有权对其职责范围内的税收征收工作行使职权，是适格的执法主体。《税收征收管理法》第二十五条第一款规定："纳税人必须依照法律、行政法规规定或者税务机关依照法律、行政法规的规定确定的申报期限、申报内容如实办理纳税申报，报送纳税申报表、财务会计报表以及税务机关根据实际需要要求纳税人报送的其他纳税资料。"第六十二条规定："纳税人未按照规定的期限办理纳税申报和报送纳税资料的，或者扣缴义务人未按照规定的期限向税务机关报送代扣代缴、代收代缴税款报告表和有关资料的，由税务机关责令限期改正，可以处二千元以下的罚款；情节严重的，可以处二千元以上一万元以下的罚款。"《企业所得税法》第五十四条规定："企业所得税分月或者分季预缴。企业应当自月份或者季度终了之日起十五日内，向税务机关报送预缴企业所得税纳税申报表，预缴税款。企业应当自年度终了之日起五个月内，向税务机关报送年度企业所得税纳税申报表，并汇算清缴，结清应缴应退税款。企业在报送企业所得税纳税申报表时，应当按照规定附送财务会计报告和其他有关资料。"《增值税暂行条例》第二十三条规定："增值税的纳税期限分别为1日、3日、5日、10日、15日、1个月或者1个季度。纳税人的具体纳税期限，由主管税务机关根据纳税人应纳税额的大小分别核定；不能按照固定期限纳税的，可以按次纳税。纳税人以1个月或者1个季度为1个纳税期的，自期满之日起15日内申报纳税；以1日、3日、5日、10日或者15日为1个纳税期的，自期满之日起5日内预缴税款，于次月1日起15日内申报纳税并结清上月应纳税款。扣缴义务人解缴税款的期限，依照前两款规定执行。"本案宣桥公司发生应税经营后在限期内未依法进行纳税申报，玉带税务分局依照《税收征收管理法》第六十二条之规定对宣桥公司作出"责令限期改正通知书"事实清楚，适用法律、法规正确，程序合法。

其实，法院及被告似乎均忽视了《税收征收管理法实施细则》第三十二条有明确规定，纳税人在纳税期内没有应纳税款的，也应当按照规定办理纳税申报。纳税人享受减税、免税待遇的，在减税、免税期间应当按照规定办理纳税申报。

3. 笔者观点

"税务事项通知书"是国家税务总局依据《税收征收管理法》及其实施细则制定的具有统一格式的税务文书之一,其是否可诉不能一概而论,而应当结合其具体内容、适用依据及行政诉讼法的相关规定进行判断。一般而言,告知纳税人、扣缴义务人及纳税担保人缴纳税款、滞纳金的税务事项通知书,被通知人可经行政复议后向人民法院提起行政诉讼;告知纳税义务人其他涉税事项的税务事项通知书,应当在具备终局性、权利义务影响性且具有救济紧迫性之前提下,被通知人才能依据行政诉讼法第二条提起行政诉讼,否则人民法院可依照行政诉讼法司法解释第一条第二款第(六)项、第(十)项的规定,裁定驳回其起诉。

(二)应用场景二:结合《税收征收管理法》第七十二条规定,论述经责令申报,逾期未改正的,税务机关有停票权力

光明娱乐事业(昆山)有限公司与苏州市昆山地方税务局行政处罚纠纷案[①]。

1. 基本案情

2013年11月12日,因光明娱乐公司未按规定期限办理2013年7—9月城镇土地使用税纳税申报事项,昆山地税局向光明娱乐公司发送了昆地税二限改(2013)第3004号责令限期改正通知书。2014年3月4日,因光明娱乐公司未按规定期限办理2013年10—12月城镇土地使用税纳税申报事项,昆山地税局向光明娱乐公司发送了昆地税二限改(2014)第3001号责令限期改正通知书。2014年4月22日,因光明娱乐公司逾期未改正,昆山地税局向该公司送达昆地税罚告(2014003)号税务行政处罚事项告知书,告知了光明娱乐公司违法事实、处罚的法律依据、拟处罚内容及陈述、申辩的权利。光明娱乐公司于2014年4月28日提出了陈述申辩,认为公司与昆山市土地管理局1994年在出让合同中约定的土地权属管理费就是土地使用税,苏州市政府的通知未经人大审议,也未对相关企业进行听证。2014年10月16日,昆山地税局作出昆地税罚(2014005)号税务行政处罚决定书,决定对光明娱乐公司收缴空白发票并停止发售发票,并在当天收缴了光明娱乐公司空白发票390份。光明娱乐公司不服该行政处罚决定书,向昆山市人民政府申请行政复议。2015年1月4日,昆山市人民政府作出(2014)昆府行复第75号行政复议决定书,维持昆山地税局作出的具体行政行为。光明娱乐公司不服,提起行政诉讼。

[①] 案例来源:江苏省张家港市人民法院行政判决书(2015)张行初字第00047号、江苏省苏州市中级人民法院行政判决书(2015)苏中行终字第00215号。

2.上诉理由（部分）

涉诉行政行为是收缴空白发票并停止发售发票，该行为旨在促使税收征管对象纠正一定违法行为，因此属于暂时性的行政强制措施，而不是终局性的行政处罚，故本案应当适用行政强制法的相关规定。

3.被上诉人辩称

被上诉人昆山地税局答辩称，被上诉人所作行政处罚事实清楚、证据确凿、法律依据充分，程序合法，依法应当予以维持。上诉人的上诉事实和理由牵强，上诉请求依法不能成立，请求二审法院驳回上诉，维持原判。

4.二审法院认为

《城镇土地使用税暂行条例》第二条规定，在城市、县城、建制镇、工矿区范围内使用土地的外商投资企业，为城镇土地使用税的纳税人，应当按照该条例的规定缴纳城镇土地使用税。《税收征收管理法》第二十五条第一款规定，纳税人必须依照法律、行政法规规定或者税务机关依照法律、行政法规的规定确定的申报期限、申报内容如实办理纳税申报，报送纳税申报表、财务会计报表以及税务机关根据实际需要要求纳税人报送的其他纳税资料。《税收征收管理法》第七十二条规定，从事生产、经营的纳税人、扣缴义务人有该法规定的税收违法行为，拒不接受税务机关处理的，税务机关可以收缴其发票或者停止向其发售发票。上诉人光明娱乐公司作为使用昆山市周庄镇土地的外商投资企业，未按规定申报2013年度1—4季度城镇土地使用税，且逾期并未改正，被上诉人昆山地税局对上诉人做出收缴空白发票并停止发售发票的行政处罚，符合上述法律法规规定。

5.相关思考

关于上诉人指出的"收缴空白发票并停止发售发票"系"暂时性的行政强制措施""不是终局性的行政处罚"的观点，似乎值得深入思考。根据《行政处罚法》第二条对行政处罚的定义和第九条对行政处罚类型的列举，税务机关停票行为似乎不符合"以减损权益或者增加义务的方式予以惩戒"的行政处罚定义，亦不在列举的行政处罚种类之中，停票的根本原因是督促税收违法行为人纠正违法行为。

（三）应用场景三：结合《税收征收管理法》第六十三条规定，论述经税务机关通知申报而拒不申报，构成偷税行为

在云浮市天成电力开发有限公司清算管理人与广东省云浮市国家税务局稽查

局、国家税务总局广东省税务局税务行政处罚及行政复议纠纷案[①]中，一审、二审法院均认为：天成电力公司与鑫拓公司于2012年3月15日签订《转让合同》和《补充协议》，天成电力公司将其持有的益和公司100%股权转让给鑫拓公司，转让价款4 280万元。鑫拓公司受让益和公司的股权后通过银行转账方式支付50万元至天成电力公司银行账户，鑫拓公司法定代表人张某通过现金方式支付200万元、个人账户转账方式支付4 150万元至天成电力公司林A的个人账户，共计支付4 400万元股权转让款（其中股权转让款4 280万元，逾期付款补偿金120万元）的事实有天成电力公司的财务负责人林B、会计黄某，鑫拓公司法定代表人张某签名的询问笔录等证据予以证实。天成电力公司转让益和公司的股权收入账上只反映通过银行收款方式收取了50万元，其余4 350万元股权转让款一直未在天成电力公司账上反映，也未按规定申报缴纳企业所得税的事实有天成电力公司的税务登记资料及2012年至2013年的申报资料证实。《税收征收管理法》第二十五条第一款规定："纳税人必须依照法律、行政法规规定或者税务机关依照法律、行政法规的规定确定的申报期限、申报内容如实办理纳税申报，报送纳税申报表、财务会计报表以及税务机关根据实际需要要求纳税人报送的其他纳税资料。"上法第六十三条第一款规定："纳税人伪造、变造、隐匿、擅自销毁账簿、记账凭证，或者在账簿上多列支出或者不列、少列收入，或者经税务机关通知申报而拒不申报或者进行虚假的纳税申报，不缴或者少缴应纳税款的，是偷税。对纳税人偷税的，由税务机关追缴其不缴或者少缴的税款、滞纳金，并处不缴或者少缴的税款百分之五十以上五倍以下的罚款；构成犯罪的，依法追究刑事责任。"天成电力公司取得转让股权权收入4 400万元后，没有如实办理纳税申报，云浮市国税稽查局根据上述规定和《广东省国家税务局广东省地方税务局关于发布〈广东省税务系统规范税务行政处罚裁量权实施办法〉的公告》等有关规定，对天成电力公司上述违法行为定性为偷税，并决定对天成电力公司处以偷逃税款一倍的罚款，即罚款10 869 431.36元的事实清楚，证据充分，适用法律、法规正确，处罚适当。

（四）应用场景四：结合《税收征收管理法实施细则》相关规定，论述免税时，也需纳税申报

在武汉万吨冷储物流有限公司与国家税务总局武汉市武昌区税务局第二税务

---

① 案例来源：广东省云城区人民法院行政判决书（2017）粤5302行初69号、广东省云浮市中级人民法院行政判决书（2018）粤53行终22号。

所税务行政管理纠纷案[1]中,针对免征土地增值税的情形是否需进行纳税申报的问题,原被告及法院的观点如下:

原告(武汉万吨冷储物流有限公司)认为,法定免税业务无须被告核准,原告无须填制申报表,被告适用法律错误。《税收征收管理法》第六十二条适用的情形是"纳税人未按照规定的期限办理纳税申报和报送纳税资料的……"即以"纳税人负有纳税申报义务和没有报送相关资料"为适用条件,但原告涉案交易属于土地增值税的免税范围。自《国务院办公厅关于公开国务院各部门行政审批事项等相关工作的通知》(国办发〔2014〕5号)统一部署清理取消非许可类审批事项,国家税务总局2014年发布第10号《关于公开行政审批事项等相关工作的公告》,公开了国家税务局系统的审批目录清单(87项),同年湖北省地方税务局发布2014年第8号公告公开了湖北省地税局系统的审批目录清单(10项),均已经将2004年被国务院《保留的非行政许可审批项目目录(211项)》第129项(因城市规划自行出售房地产免征土地增值税审批)非许可审批项目取消,原告既不需要申请被告核准,也不需要向被告备案以及报送免税资料,而改为由原告将业务资料留存备查,且被告早已完成备案。

被告(国家税务总局武汉市武昌区税务局第二税务所)认为,即使如原告所称转让土地使用权行为属于土地增值税免税范围,原告仍应依法办理纳税申报。

法院认为,《税收征收管理法》第二十五条第一款规定:"纳税人必须依照法律、行政法规规定或者税务机关依照法律、行政法规的规定确定的申报期限、申报内容如实办理纳税申报,报送纳税申报表、财务会计报表以及税务机关根据实际需要要求纳税人报送的其他纳税资料。"第八条第三款规定:"纳税人依法享有申请减税、免税、退税的权利。"第三十三条规定:"纳税人依照法律、行政法规的规定办理减税、免税。"《中华人民共和国税收征收管理法实施细则》第三十二条第二款规定:"纳税人享受减税、免税待遇的,在减税、免税期间应当按照规定办理纳税申报。"《土地增值税暂行条例》第十条规定:"纳税人应当自转让房地产合同签订之日起7日内向房地产所在地主管税务机关办理纳税申报。"《印花税暂行条例》第七条规定:"应纳税凭证应当于书立或者领受时贴花。"上述规定并未将减税、免税、退税作为免申请事项,《税收征收管理法》经修改后只是对申请形式不再要求"书面",无纳税义务人认为自己属于免税情形即可免予纳税申报之规定。本案中,原告作为土地增值税和印花税的纳税人,应当于签订《转

---

[1] 案例来源:湖北省武汉市武昌区人民法院行政判决书(2019)鄂0106行初235号。

让补偿合同》之日起七日内办理土地增值税的纳税申报，于书立或者领受应纳税凭证时贴花。即便存在法定免税的情形，原告仍应当按照规定办理纳税申报，其主张"属于法定免税情形无须申报"没有法律依据。

四、法条总结

本条规定与《税收征收管理法》第十五条规定共同构成税收征管的两大基础性制度：税务登记与纳税申报。对于本条规定，需要结合《税收征收管理法》第三十五条、第六十三条、第七十二条及《税收征收管理法实施细则》相关规定一并进行理解。

第二十六条

纳税人、扣缴义务人可以直接到税务机关办理纳税申报或者报送代扣代缴、代收代缴税款报告表，也可以按照规定采取邮寄、数据电文或者其他方式办理上述申报、报送事项。

一、法条简析

本条是对纳税申报方式的规定。根据本条规定，有四种申报方式可供选择：上门申报、邮寄申报、电子申报、其他方式（即委托申报）。

二、相关规定

（一）《税收征收管理法实施细则》相关规定

第三十条 税务机关应当建立、健全纳税人自行申报纳税制度。纳税人、扣缴义务人可以采取邮寄、数据电文方式办理纳税申报或者报送代扣代缴、代收代缴税款报告表。

数据电文方式，是指税务机关确定的电话语音、电子数据交换和网络传输等电子方式。

第三十一条 纳税人采取邮寄方式办理纳税申报的，应当使用统一的纳税申报专用信封，并以邮政部门收据作为申报凭据。邮寄申报以寄出的邮戳日期为实际申报日期。

纳税人采取电子方式办理纳税申报的，应当按照税务机关规定的期限和要求保存有关资料，并定期书面报送主管税务机关。

（二）《国家税务总局 邮电部关于印发〈邮寄纳税申报办法〉的通知》（国税发〔1997〕147号）

注释：

条款废止。废止第一条"经主管税务机关批准"的内容。参见《国家税务总局关于公布全文废止和部分条款废止的税务部门规章目录的决定》（国家税务总局令第40号）。1997年9月26日国税发〔1997〕147号文件印发，根据2016年5月29日《国家税务总局关于公布全文废止和部分条款废止的税务部门规章目录的决定》和2018年6月15日《国家税务总局关于修改部分税务部门规章的决定》修正。

邮寄纳税申报办法

为贯彻《国务院办公厅关于转发国家税务总局深化税收征管改革方案的通知》（国办发〔1997〕1号），不断深化税收征管改革，完善纳税申报制度，方便纳税人申报纳税，依据《中华人民共和国税收征收管理法》及其有关规定，以及国家邮政局颁布的《国内特快专递邮件处理规则》，制定本办法。

一、适用范围

凡实行查账征收方式的纳税人，均可采用本办法。

二、邮寄内容

邮寄申报的邮件内容包括纳税申报表、财务会计报表以及税务机关要求纳税人报送的其他纳税资料。

三、办理程序

（一）纳税人在法定的纳税申报期内，按税务机关规定的要求填写各类申报表和纳税资料后，使用统一规定的纳税申报特快专递专用信封，可以根据约定时间由邮政人员上门收寄，也可到指定的邮政部门办理交寄手续。

无论是邮政人员上门收寄，还是由纳税人到邮政部门办理交寄，邮政部门均应向纳税人开具收据。该收据作为邮寄申报的凭据，备以查核。

（二）邮政部门办理纳税申报特快专递邮件参照同城特快邮件方式交寄、封发处理，按照与税务机关约定的时限投递，保证传递服务质量。具体投递频次、时限由省、自治区、直辖市邮政、税务部门协商确定。业务量、业务收入统计按照同城特快业务现行规定办理。

（三）各基层税务机关要指定人员统一接收、处理邮政部门送达的纳税申报邮件。

四、邮资

纳税申报特快专递邮件实行按件收费，每件中准价为8元，各省、自治区、直辖市邮政管理局可根据各地实际情况，以中准价为基础上下浮动30%。价格确定后，须报经省物价主管部门备案。

邮件资费的收取方式及相关手续由各省、自治区、直辖市税务和邮政部门协商确定。

五、申报日期确认

邮寄纳税申报的具体日期以邮政部门收寄日戳日期为准。

六、专用信封

邮寄纳税申报专用信封，由各省、自治区、直辖市邮政管理局与同级税务机关共同指定印刷厂承印，并负责监制；由各地（市）、州、盟税务局按照国家邮政局、国家税务总局确定的式样（附后）印制；由纳税人向主管税务机关领购。

七、本办法由国家税务总局、国家邮政局负责解释；各省、自治区、直辖市税务局、邮政管理局可依据本办法制定具体的实施办法。

八、本办法自发布之日起生效。

三、法条总结

本条系明确纳税申报方式的规定，实务中，无相关案例被披露。

第二十七条

纳税人、扣缴义务人不能按期办理纳税申报或者报送代扣代缴、代收代缴税款报告表的，经税务机关核准，可以延期申报。

经核准延期办理前款规定的申报、报送事项的，应当在纳税期内按照上期实际缴纳的税额或者税务机关核定的税额预缴税款，并在核准的延期内办理税款结算。

一、法条简析

本条是对延期申报的规定。主要有两点：1.经税务机关核准，可以延期申报。2.即使延期申报，也需要预缴税款，并在核准的延期内办理税款结算。

二、相关规定

（一）《税收征收管理法实施细则》第三十七条

纳税人、扣缴义务人按照规定的期限办理纳税申报或者报送代扣代缴、代收代缴税款报告表确有困难，需要延期的，应当在规定的期限内向税务机关提出书面延期申请，经税务机关核准，在核准的期限内办理。

纳税人、扣缴义务人因不可抗力，不能按期办理纳税申报或者报送代扣代缴、代收代缴税款报告表的，可以延期办理；但是，应当在不可抗力情形消除后立即向税务机关报告。税务机关应当查明事实，予以核准。

（二）《国家税务总局关于延期申报预缴税款滞纳金问题的批复》（国税函〔2007〕753号）

深圳市国家税务局：

你局《关于延期申报是否加收滞纳金问题的请示》（深国税发〔2007〕92号）收悉。对于纳税人经税务机关批准延期申报，并在核准的延期内办理税款结算，因预缴税款小于实际应纳税额所产生的补税是否应当加收滞纳金的问题，经研究，批复如下：

一、《中华人民共和国税收征收管理法》（以下简称税收征管法）第二十七条规定，纳税人不能按期办理纳税申报的，经税务机关核准，可以延期申报，但要在纳税期内按照上期实际缴纳的税额或者税务机关核定的税额预缴税款，并在核准的延期内办理税款结算。预缴税款之后，按照规定期限办理税款结算的，不适用税收征管法第三十二条关于纳税人未按期缴纳税款而被加收滞纳金的规定。

二、经核准预缴税款之后按照规定办理税款结算而补缴税款的各种情形，均不适用加收滞纳金的规定。在办理税款结算之前，预缴的税额可能大于或小于应纳税额。当预缴税额大于应纳税额时，税务机关结算退税但不向纳税人计退利息；当预缴税额小于应纳税额时，税务机关在纳税人结算补税时不加收滞纳金。

三、当纳税人本期应纳税额远远大于比照上期税额的预缴税款时，延期申报则可能成为纳税人拖延缴纳税款的手段，造成国家税款被占用。为防止此类问题发生，税务机关在审核延期申报时，要结合纳税人本期经营情况来确定预缴税额，对于经营情况变动大的，应合理核定预缴税额，以维护国家税收权益，并保护真正需要延期申报的纳税人的权利。

三、法条总结

本条规定旨在明确延期申报的相关程序要求，结合《税收征收管理法实施细则》第三十七条规定，严格适用即可。

第三章 税款征收

第二十八条 税务机关依照法律、行政法规的规定征收税款,不得违反法律、行政法规的规定开征、停征、多征、少征、提前征收、延缓征收或者摊派税款。

农业税应纳税额按照法律、行政法规的规定核定。

一、法条简析

本条是对税务机关应当依法征税的规定。

第一款规定,从正反两方面强调了依法征税的明确要求。首先,从正面规定,要求税务机关依照法律、行政法规的规定征收税款。其次,从反面规定,税务机关不得违反法律、行政法规的规定开征、停征、多征、少征、提前征收或者延缓征收税款。

至于第二款规定,根据2005年12月29日第十届全国人大常委会第十九次会议决定,《中华人民共和国农业税条例》已自2006年1月1日起废止。

二、相关规定

《国家税务总局贵州省税务局关于严格执行〈优化税收营商环境"十五条禁令"〉的公告》(国家税务总局贵州省税务局公告2021年第6号)第(四)项

严禁滥用权力随意征收。不准擅自扩大核定征收范围;不准未经调查、未按规定流程随意核定、调整纳税人定额;不准违反法律法规的规定提前征收、延缓征收或者摊派税款;不准征收无实质交易行为,虚假签订合同所涉及的税收。

三、应用场景

(一) 应用场景一：结合《税收征收管理法法》第十四条规定，论述税务机关的税款征收职责

在李永政等与盐城市滨海地方税务局第一分局税款征收纠纷案[①]中，针对滨海地税一分局是否有权征收李永政、梁克艳应纳契税问题，江苏省盐城市中级人民法院认为，根据《税收征收管理法》第十四条"本法所称税务机关是指各级税务局、税务分局、税务所和按照国务院规定设立的并向社会公告的税务机构"，以及第二十八条"税务机关依照法律、行政法规的规定征收税款，不得违反法律、行政法规的规定开征、停征、多征、少征、提前征收、延缓征收或者摊派税款"的规定。本案中，滨海地税一分局作为税务机关，依法对辖区内的契税具有征收的职责。

(二) 应用场景二：用于论述税务机关的依法征税职责

在王正权与兰州市国家税务局履行法定职责纠纷案[②]中，原告王正权以邮寄的方式向被告（兰州市国家税务局）提出履行法定职责申请，请求解决其买不上汽车配件的问题。兰州市国家税局答辩称，根据《税收征收管理法》第二十八条规定，税务机关的法定职责是依照法律、法规规定的规定征收税款，不得违反法律、行政法规的规定开征、停征、多征、少征、提前征收、延缓征收或者摊派税款。法院认为，原告王正权诉请要求被告（兰州市国家税务局）协助解决车辆配件购买一事，并非被告的法定职责。被告既没有法定权限，也没有法定义务，故不存在行政不作为。

四、法条总结

本条之第一款规定，从正反两面说明，仅仅是强调税务机关必须依法征收。但从中可以得出税务机关的法定职责为征税，并且要依法征税。不得有违背依法征税的任何行为。若有违背，即为违法。

---

① 案例来源：江苏省响水县人民法院行政判决书（2013）响行初字第0005号、江苏省盐城市中级人民法院行政判决书（2013）盐行终字第0056号。

② 案例来源：甘肃省兰州铁路运输中级人民法院行政裁定书（2017）甘71行初236号、甘肃省高级人民法院行政裁定书（2018）甘行终150号。

第二十九条

除税务机关、税务人员以及经税务机关依照法律、行政法规委托的单位和人员外,任何单位和个人不得进行税款征收活动。

一、法条简析

本条是对征税主体的规定,包括三个意思:1.税务机关、税务人员具有征税主体资格。2.经税务机关依照法律、行政法规委托的单位和人员,也具有征税主体资格。3.除上述规定的机关和人员外,任何单位和个人不得进行税款征收活动。

二、相关规定

(一)《税收征收管理法》第七十八条

未经税务机关依法委托征收税款的,责令退还收取的财物,依法给予行政处分或者行政处罚;致使他人合法权益受到损失的,依法承担赔偿责任;构成犯罪的,依法追究刑事责任。

(二)《税收征收管理法实施细则》第四十四条

税务机关根据有利于税收控管和方便纳税的原则,可以按照国家有关规定委托有关单位和人员代征零星分散和异地缴纳的税收,并发给委托代征证书。受托单位和人员按照代征证书的要求,以税务机关的名义依法征收税款,纳税人不得拒绝;纳税人拒绝的,受托代征单位和人员应当及时报告税务机关。

(三)《国家税务总局关于发布〈委托代征管理办法〉的公告》(国家税务总局公告2013年第24号)

根据《中华人民共和国税收征收管理法》及实施细则和《中华人民共和国发票管理办法》的规定,现将国家税务总局制定的《委托代征管理办法》予以发布,自2013年7月1日起施行。

特此公告。

国家税务总局
2013年5月10日

委托代征管理办法

第一章 总则

第一条 为加强税收委托代征管理,规范委托代征行为,降低征纳成本,根据《中华人民共和国税收征收管理法》《中华人民共和国税收征收管理法实施细则》《合同法》及《中华人民共和国发票管理办法》的有关规定,制定本办法。

第二条 本办法所称委托代征,是指税务机关根据《中华人民共和国税收征收管理法实施细则》有利于税收控管和方便纳税的要求,按照双方自愿、简便征收、强化管理、依法委托的原则和国家有关规定,委托有关单位和人员代征零星、分散和异地缴纳的税收的行为。

第三条 本办法所称税务机关,是指县以上(含本级)税务局。

本办法所称代征人,是指依法接受税务机关委托、行使代征税款权利并承担《委托代征协议书》规定义务的单位或人员。

第二章 委托代征的范围和条件

第四条 委托代征范围由税务机关根据《中华人民共和国税收征收管理法实施细则》关于加强税收控管、方便纳税的规定,结合当地税源管理的实际情况确定。税务机关不得将法律、行政法规已确定的代扣代缴、代收代缴税收,委托他人代征。

第五条 税务机关确定的代征人,应当与纳税人有下列关系之一:

(一)与纳税人有管理关系;

(二)与纳税人有经济业务往来;

(三)与纳税人有地缘关系;

(四)有利于税收控管和方便纳税人的其他关系。

第六条 代征人为行政、事业、企业单位及其他社会组织的,应当同时具备下列条件:

(一)有固定的工作场所;

(二)内部管理制度规范,财务制度健全;

(三)有熟悉相关税收法律、法规的工作人员,能依法履行税收代征工作;

(四)税务机关根据委托代征事项和税收管理要求确定的其他条件。

第七条 代征税款人员,应当同时具备下列条件:

(一)具备中国国籍,遵纪守法,无严重违法行为及犯罪记录,具有完全民事行为能力;

（二）具备与完成代征税款工作要求相适应的税收业务知识和操作技能；

（三）税务机关根据委托代征管理要求确定的其他条件。

第八条 税务机关可以与代征人签订代开发票书面协议并委托代征人代开普通发票。代开发票书面协议的主要内容应当包括代开的普通发票种类、对象、内容和相关责任。

代开发票书面协议由各省、自治区、直辖市和计划单列市自行制定。

第九条 代征人不得将其受托代征税款事项再行委托其他单位、组织或人员办理。

第三章　委托代征协议的生效和终止

第十条 税务机关应当与代征人签订"委托代征协议书"，明确委托代征相关事宜。"委托代征协议书"包括以下内容：

（一）税务机关和代征人的名称、联系电话，代征人为行政、事业、企业单位及其他社会组织的，应包括法定代表人或负责人姓名、居民身份证号码和地址；代征人为自然人的，应包括姓名、居民身份证号码和户口所在地、现居住地址；

（二）委托代征范围和期限；

（三）委托代征的税种及附加、计税依据及税率；

（四）票、款结报缴销期限和额度；

（五）税务机关和代征人双方的权利、义务和责任；

（六）代征手续费标准；

（七）违约责任；

（八）其他有关事项。

代征人为行政、事业、企业单位及其他社会组织的，"委托代征协议书"自双方的法定代表人或法定代理人签字并加盖公章后生效；代征人为自然人的，"委托代征协议书"自代征人及税务机关的法定代表人签字并加盖税务机关公章后生效。

第十一条 "委托代征协议书"签订后，税务机关应当向代征人发放"委托代征证书"，并在广播、电视、报纸、期刊、网络等新闻媒体或者代征范围内纳税人相对集中的场所，公告代征人的委托代征资格和"委托代征协议书"中的以下内容：

（一）税务机关和代征人的名称、联系电话，代征人为行政、事业、企业单位及其他社会组织的，应包括法定代表人或负责人姓名和地址；代征人为自然人的，应包括姓名、户口所在地、现居住地址；

（二）委托代征的范围和期限；

（三）委托代征的税种及附加、计税依据及税率；

（四）税务机关确定的其他需要公告的事项。

第十二条 "委托代征协议书"有效期最长不得超过3年。有效期满需要继续委托代征的，应当重新签订"委托代征协议书"。

"委托代征协议书"签订后，税务机关应当向代征人提供受托代征税款所需的税收票证、报表。

第十三条 有下列情形之一的，税务机关可以向代征人发出"终止委托代征协议通知书"，提前终止委托代征协议：

（一）因国家税收法律、行政法规、规章等规定发生重大变化，需要终止协议的；

（二）税务机关被撤销主体资格的；

（三）因代征人发生合并、分立、解散、破产、撤销或者因不可抗力发生等情形，需要终止协议的；

（四）代征人有弄虚作假、故意不履行义务、严重违反税收法律法规的行为，或者有其他严重违反协议的行为；

（五）税务机关认为需要终止协议的其他情形。

第十四条 终止委托代征协议的，代征人应自委托代征协议终止之日起5个工作日内，向税务机关结清代征税款，缴销代征业务所需的税收票证和发票；税务机关应当收回"委托代征证书"，结清代征手续费。

第十五条 代征人在委托代征协议期限届满之前提出终止协议的，应当提前20个工作日向税务机关申请，经税务机关确认后按照本办法第十四条的规定办理相关手续。

第十六条 税务机关应当自委托代征协议终止之日起10个工作日内，在广播、电视、报纸、期刊、网络等新闻媒体或者代征范围内纳税人相对集中的场所，公告代征人委托代征资格终止和本办法第十一条规定需要公告的"委托代征协议书"主要内容。

第四章 委托代征管理职责

第十七条 税收委托代征工作中，税务机关应当监督、管理、检查委托代征业务，履行以下职责：

（一）审查代征人资格，确定、登记代征人的相关信息；

（二）填制、发放、收回、缴销"委托代征证书"；

（三）确定委托代征的具体范围、税种及附加、计税依据、税率等；

（四）核定和调整代征人代征的个体工商户定额，并通知纳税人和代征人执行；

（五）定期核查代征人的管户信息，了解代征户籍变化情；

（六）采集委托代征的征收信息、纳税人欠税信息、税收票证管理情况等信息；

（七）辅导和培训代征人；

（八）在有关规定确定的代征手续费比率范围内，按照手续费与代征人征收成本相匹配的原则，确定具体支付标准，办理手续费支付手续；

（九）督促代征人按时解缴代征税款，并对代征情况进行定期检查；

（十）其他管理职责。

第十八条 税收委托代征工作中，代征人应当履行以下职责：

（一）根据税务机关确定的代征范围、核定税额或计税依据、税率代征税款，并按规定及时解缴入库；

（二）按照税务机关有关规定领取、保管、开具、结报缴销税收票证、发票，确保税收票证和发票安全；

（三）代征税款时，向纳税人开具税收票证；

（四）建立代征税款账簿，逐户登记代征税种税目、税款金额及税款所属期等内容；

（五）在税款解缴期内向税务机关报送"代征代扣税款结报单"，以及受托代征税款的纳税人当期已纳税、逾期未纳税、管户变化等相关情况；

（六）对拒绝代征人依法代征税款的纳税人，自其拒绝之时起24小时内报告税务机关；

（七）在代征税款工作中获知纳税人商业秘密和个人隐私的，应当依法为纳税人保密。

第十九条 代征人不得对纳税人实施税款核定、税收保全和税收强制执行措施，不得对纳税人进行行政处罚。

第二十条 代征人应根据"委托代征协议书"的规定向税务机关申请代征税款手续费，不得从代征税款中直接扣取代征税款手续费。

第五章　法律责任

第二十一条　代征人在"委托代征协议书"授权范围内的代征税款行为引起纳税人的争议或法律纠纷的，由税务机关解决并承担相应法律责任；税务机关拥有事后向代征人追究法律责任的权利。

第二十二条　因代征人责任未征或少征税款的，税务机关应向纳税人追缴税款，并可按"委托代征协议书"的约定向代征人按日加收未征少征税款万分之五的违约金，但代征人将纳税人拒绝缴纳等情况自纳税人拒绝之时起24小时内报告税务机关的除外。代征人违规多征税款的，由税务机关承担相应的法律责任，并责令代征人立即退还，税款已入库的，由税务机关按规定办理退库手续；代征人违规多征税款致使纳税人合法权益受到损失的，由税务机关赔偿，税务机关拥有事后向代征人追偿的权利。

代征人违规多征税款而多取得代征手续费的，应当及时退回。

第二十三条　代征人造成印有固定金额的税收票证损失的，应当按照票面金额赔偿，未按规定领取、保管、开具、结报缴销税收票证的，税务机关应当根据情节轻重，适当扣减代征手续费。

第二十四条　代征人未按规定期限解缴税款的，由税务机关责令限期解缴，并可从税款滞纳之日起按日加收未解缴税款万分之五的违约金。

第二十五条　税务机关工作人员玩忽职守，不按照规定对代征人履行管理职责，给委托代征工作造成损害的，按规定追究相关人员的责任。

第二十六条　违反"委托代征协议书"其他有关规定的，按照协议约定处理。

第二十七条　纳税人对委托代征行为不服，可依法申请税务行政复议。

第六章　附则

第二十八条　各省、自治区、直辖市和计划单列市税务机关根据本地实际情况制定具体实施办法。

第二十九条　税务机关可以比照本办法的规定，对代售印花税票者进行管理。

第三十条　本办法自2013年7月1日起施行。

附件（具体内容略）：

1. 委托代征协议书
2. 委托代征协议书使用说明

3.终止委托代征协议通知书

4.委托代征证书

分送：各省、自治区、直辖市和计划单列市国家税务局、地方税务局。

（四）《国家税务总局关于加强国家税务局、地方税务局互相委托代征税收的通知》（税总发〔2015〕155号）

各省、自治区、直辖市和计划单列市国家税务局、地方税务局：

近年来，各地国家税务局、地方税务局（以下简称国税、地税）就互相委托代征税款等合作征税工作进行了大量有益的探索，纳税人满意度、税法遵从度和税收征管质效得到了同步提升，社会各界反响良好。随着中办、国办印发的《深化国税、地税征管体制改革方案》的颁布，对国税、地税进一步理清职责、推进合作、优化服务、强化征管提出了新的更高的要求，国税、地税合作空间将更加广阔，合作需求也更为迫切。为此，现就加强国税、地税互相委托代征税收工作通知如下：

一、代征依据

根据《中华人民共和国税收征收管理法》及其实施细则、《中华人民共和国合同法》《中华人民共和国发票管理办法》《国家税务总局关于发布〈委托代征管理办法〉的公告》（国家税务总局公告2013年第24号）的规定，开展国税、地税互相委托代征税收工作。

二、主要内容

（一）代征范围

各地国税、地税机关根据委托代征相关规定，按照有利于方便纳税、降低征收成本的原则，结合当地税源、征管资源配置及信息化建设实际情况，在双方自愿的基础上，重点针对下列情形确定具体代征税费的种类和管理范围：

1.税源相对分散但计征简便的；

2.执法风险较小，便于管理的；

3.与受托方主体税种紧密相连的；

4.有利于提升纳税人满意度的。

（二）职责分工

县级以上（含本级）国税、地税机关是国税、地税委托代征税收工作的实施主体，负责按规定签订书面协议，依法履行相关责任，承担相关义务。委托方税务机关应当在其管辖范围内以适当形式公开委托代征税款相关事宜。

省国税、地税机关提出本辖区国税、地税委托代征工作范围的统一指导意见,进行管理监督,为工作开展提供必要的信息化支持。

(三)票据使用

国税、地税互相委托代征税收,可使用委托方税务机关票据;如经双方协商一致,也可以使用受托方税务机关票据。使用委托方税务机关票据的,由委托方税务机关负责收入对账和会计核算等工作,受托方税务机关应当建立代征税款备查账,逐笔、序时、分项目登记代征税款;使用受托方税务机关票据的,由受托方税务机关负责收入对账和会计核算等工作。

(四)责任界定

受托方税务机关应当按照委托代征协议依法征收税款,履行协议确定的管理职责,为纳税人提供优质服务,按规定期限及时、足额解缴税款。

委托方税务机关应当加强对税款收缴、结报和税源变动等信息的核对,对受托方协议履行和为纳税人服务情况进行监督,确保代征税款及时、足额入库,纳税人满意度得到有效提升。发生退库等特殊事项,由委托方负责处理,受托方配合。

纳税人拒绝接受委托代征税款的,受托方税务机关应当及时报告委托方税务机关,由委托方税务机关依据税收征管法及其实施细则相关规定处理。

三、工作要求

(一)统一思想,提高认识

各地国税、地税机关要充分认识到加强互相委托代征税收工作是落实中央《深化国税、地税征管体制改革方案》的重大举措,是加强国税、地税合作的重要内容,是发挥国税、地税各自优势推动服务深度融合的具体体现。要立足当地实际,紧密结合国税、地税征管体制改革的需求,解放思想,更新理念,积极探索互相委托代征税收工作的新思路,创新互相委托代征的新途径,不断优化整合征管资源,更好地方便纳税人。

(二)统筹协调,周密安排

各地国税、地税机关要统筹协调,积极争取当地政府和相关部门的支持配合,为国税、地税互相委托代征税收工作营造良好的外部环境。要主动沟通,积极行动,结合本地实际及时分析税源状况和征管税种的关联性、办税服务厅资源等情况,确定互相委托代征范围,根据需要调整信息系统、调配征管资源、规范代征工作,确保工作实效。

(三)强化培训,稳步推进

各地国税、地税机关要加强对税务干部代征业务的培训,特别是政策的学习、工作流程的把握、软件的操作应用。要强化信息共享和信息系统融合，做好必要的应急预案，防止因相关工作不到位而出现负面舆情。

此前相关规定与本通知不符的，以本通知为准。执行中如遇问题，请及时向税务总局（征管科技司）反馈。

（五）《国家税务总局 交通运输部关于发布〈船舶车船税委托代征管理办法〉的公告》（国家税务总局 交通运输部公告2013年第1号）

为了贯彻落实车船税法及其实施条例，方便纳税人缴纳车船税，提高船舶车船税的征管质量和效率，现将国家税务总局、交通运输部联合制定的《船舶车船税委托代征管理办法》予以发布，自2013年2月1日起施行。

各地对执行中遇到的情况和问题，请及时报告国家税务总局、交通运输部。

特此公告。

国家税务总局　交通运输部
2013年1月5日

船舶车船税委托代征管理办法

第一条 为加强船舶车船税征收管理，做好船舶车船税委托代征工作，方便纳税人履行纳税义务，根据《中华人民共和国税收征收管理法》及其实施细则、《中华人民共和国车船税法》及其实施条例、《国家税务总局 交通运输部关于进一步做好船舶车船税征收管理工作的通知》（国税发〔2012〕8号）、《财政部 国家税务总局 中国人民银行关于进一步加强代扣代收代征税款手续费管理的通知》（财行〔2005〕365号）等有关规定，制定本办法。

第二条 本办法所称船舶车船税委托代征，是指税务机关根据有利于税收管理和方便纳税的原则，委托交通运输部门海事管理机构代为征收船舶车船税税款的行为。

第三条 本办法适用于船舶车船税的委托征收、解缴和监督。

第四条 在交通运输部直属海事管理机构（以下简称海事管理机构）登记的应税船舶，其车船税由船籍港所在地的税务机关委托当地海事管理机构代征。

第五条 税务机关与海事管理机构应签订委托代征协议书，明确代征税种、代征范围、完税凭证领用要求、代征税款的解缴要求、代征手续费比例和支付方式、纳税人拒绝纳税时的处理措施等事项，并向海事管理机构发放委托代征证书。

第六条 海事管理机构受税务机关委托，在办理船舶登记手续或受理年度船舶登记信息报告时代征船舶车船税。

第七条 海事管理机构应根据车船税法律、行政法规和相关政策规定代征车船税，不得违反规定多征或少征。

第八条 海事管理机构代征船舶车船税的计算方法：

（一）船舶按一个年度计算车船税。计算公式为：

年应纳税额=计税单位×年基准税额

其中，机动船舶、非机动驳船、拖船的计税单位为净吨位每吨；游艇的计税单位为艇身长度每米；年基准税额按照车船税法及其实施条例的相关规定执行。

（二）购置的新船舶，购置当年的应纳税额自纳税义务发生时间起至该年度终了按月计算。计算公式为：

应纳税额=年应纳税额×应纳税月份数÷12

应纳税月份数=12−纳税义务发生时间（取月份）+1

其中，纳税义务发生时间为纳税人取得船舶所有权或管理权的当月，以购买船舶的发票或者其他证明文件所载日期的当月为准。

第九条 海事管理机构在计算船舶应纳税额时，船舶的相关技术信息以船舶登记证书所载相应数据为准。

第十条 税务机关出具减免税证明和完税凭证的船舶，海事管理机构对免税和完税船舶不代征车船税，对减税船舶根据减免税证明规定的实际年应纳税额代征车船税。海事管理机构应记录上述凭证的凭证号和出具该凭证的单位名称，并将上述凭证的复印件存档备查。

第十一条 对于以前年度未依照车船税法及其实施条例的规定缴纳船舶车船税的，海事管理机构应代征欠缴税款，并按规定代加收滞纳金。

第十二条 海事管理机构在代征税款时，应向纳税人开具税务机关提供的完税凭证。完税凭证的管理应当遵守税务机关的相关规定。

第十三条 海事管理机构依法履行委托代征税款职责时，纳税人不得拒绝。纳税人拒绝的，海事管理机构应当及时报告税务机关。

第十四条 海事管理机构应将代征的车船税单独核算、管理。

第十五条 海事管理机构应根据委托代征协议约定的方式、期限及时将代征税款解缴入库，并向税务机关提供代征船舶名称、代征金额及税款所属期等情况，不得占压、挪用、截留船舶车船税。

第十六条 已经缴纳船舶车船税的船舶在同一纳税年度内办理转让过户的，在原登记地不予退税，在新登记地凭完税凭证不再纳税，新登记地海事管理机构应记录上述船舶的完税凭证号和出具该凭证的税务机关或海事管理机构名称,并将完税凭证的复印件存档备查。

第十七条 完税船舶被盗抢、报废、灭失而申请车船税退税的,由税务机关按照有关规定办理。

第十八条 税务机关查询统计船舶登记的有关信息,海事管理机构应予以配合。

第十九条 税务机关应按委托代征协议的规定及时、足额向海事管理机构支付代征税款手续费。海事管理机构取得的手续费收入纳入预算管理,专项用于委托代征船舶车船税的管理支出,也可以适当奖励相关工作人员。

第二十条 各级税务机关应主动与海事管理机构协调配合,协助海事管理部门做好船舶车船税委托代征工作。税务机关要及时向海事管理机构通报车船税政策变化情况,传递直接征收车船税和批准减免车船税的船舶信息。

第二十一条 税务机关和海事管理机构应对对方提供的涉税信息予以保密,除办理涉税事项外,不得用于其他目的。

第二十二条 地方海事管理机构开展船舶车船税代征工作的,适用本办法。

第二十三条 本办法由国家税务总局、交通运输部负责解释。

第二十四条 本办法自2013年2月1日起施行。

分送:各省、自治区、直辖市和计划单列市国家税务局、地方税务局、交通厅(局、委),天津、上海市交通运输和港口管理局,新疆生产建设兵团交通局,各直属海事局、地方海事局。

三、应用场景

(一)应用场景一:用于论述税款征收主体的唯一性和权威性

1.典型案例1:抚顺市紫金园矿业有限公司与抚顺市东洲区人民政府行政处罚纠纷案[①]

2010年6月28日抚顺市机构编制委员会办公室作出抚编办发〔2010〕44号文件同意东洲区成立矿管办,作为被告下属的事业单位。2009年被告下发了东政办发〔2009〕号《关于印发东洲区加强矿产资源管理的若干规定的通知》,根据该文件规定,铁矿产品销售企业外运铁矿石需到矿管办预交矿产资源保证金,企业持铁矿产品运输申报单到检量站计量。矿管办根据企业缴纳的税费退还企业预

---

① 案例来源:辽宁省抚顺市中级人民法院行政判决书(2015)抚中行初字第00039号。

交的保证金，矿管办将计量结果及销售价格提供给税务机关作为企业纳税申报审核的依据。原告是2010年11月16日成立的自然人独资有限责任公司，法定代表人是冉红光，经营铁矿石加工、销售等业务，在原告成立之前，由原告的法定代表人投资成立的个人独资企业抚顺市紫金园选矿厂经营铁矿石加工业务。原告按照上述文件规定向矿管办交纳了250 000元保证金，领取了铁矿产品运输申报单。矿管办将该250 000元以抚顺市紫金园选矿厂名义向税务机关缴纳了2010年11月1日至2010年11月30日的资源税。2010年11月25日原告在运输铁矿粉时因未将申报单交由检查站检查，被认定为偷逃税，被告执法部门将原告6台运输铁矿粉的车辆扣押，并依照《税收征收管理法》第六十三条的规定，对原告罚款180 000元。2010年11月26日原告向矿管办交纳了180 000元的罚款，矿管办向原告出具了盖有抚顺市东洲区聚源检斤计量站财务专用章的收款收据。矿管办将原告交纳的180 000元罚款作为抚顺市紫金园选矿厂2011年6月的资源税交付税务机关。

法院经审理认为，矿管办作为被告（注：抚顺市东洲区人民政府）组建的事业单位法人，依被告的授权对该区的矿产资源进行管理，依照《行政诉讼法》第二十六条第五款的规定，行政机关委托的组织所作的行政行为，委托的行政机关是被告，因此，被告抚顺市东洲区人民政府应当对其组建单位实施的行为承担法律责任。被告认为原告未经检查卡点检查，即视为其偷逃税，并依照《税收征收管理法》第六十三条的规定，对原告处以偷逃税额的5倍罚款180 000元。根据《税收征收管理法》第二十九条及第六十三条的规定，除税务机关、税务人员以及经税务机关依照法律、行政法规委托的单位和人员外，任何单位和个人不得进行税款征收活动。对纳税人偷税的，由税务机关追缴税款并处罚款。按照上述法律规定，被告没有对偷逃税行为作出认定及处罚的职权。因此被告不具有对原告作出行政处罚的主体资格，其作出的行政处罚行为应属无效。而且被告对原告既没有制作行政处罚决定书，也没有告知原告有要求组织听证及陈述、申辩的权利，违反了《行政处罚法》的规定。根据《行政处罚法》第三条第二款的规定，不遵守法定程序的行政处罚无效。

2. 典型案例2：赖立克与佛山市顺德区地方税务局税务行政处罚纠纷案[①]

（1）基本案情。

顺德市北滘镇新达电器有限公司股东周少兰于2002年12月20日与该公司股

---

① 案例来源：广东省佛山市顺德区人民法院行政判决（2006）顺法行初字第00032号、广东省佛山市中级人民法院行政判决书（2006）佛中法行终字第112号。

东区永坤、赖立克签订《股权转让合同书》，并于2002年12月19日签署《声明》，将其拥有的顺德市北滘镇新达电器有限公司33.33%的股权和在公司的债权（以其女儿徐佩雯的名义借给公司的流动资金6 500 000元）以10 000 000元分别等额转让给区永坤、赖立克，区永坤、赖立克各受让股权5 000 000元，周少兰先后于2002年12月20日和2003年2月24日取得转让收入10 036 000元（其中36 000元是超期付款违约金），减除在公司的债权〔以其女儿徐佩雯的名义借给公司的流动资金6 500 000元和佛山市顺德区国家、地方税务局查补的税款罚款各自负担的部分303 951.97元（911 855.92元÷3）〕，实际取得股权转让收入3 232 048.03元（10 036 000元-6 500 000元-303 951.97元）。按规定可减除属于股权原值的注册资本1 700 000元，余额1 532 048.03元（3 232 048.03元-1 700 000元）应作为财产转让所得缴纳个人所得税306 409.61元（1 532 048.03元×20%）。且应由受让人区永坤与原告赖立克分别负责履行扣缴义务，即原告应代扣代缴个人所得税153 204.81元（306 409.61元÷2），但原告（赖立克）作为扣缴义务人没有履行扣缴义务（区永坤另案处理）。

2005年12月22日，被告佛山市顺德区地方税务局以原告（赖立克）应扣未扣个人所得税，少缴产权转移书据印花税款，根据《个人所得税法》《税收征收管理法》第六十九条、第六十四条第二款的规定，作出"税务行政处罚决定书"。

（2）上诉理由（部分）。

上诉人赖立克不服原判，提起上诉称：上诉人不应该是该股权转让的个人所得税的扣缴义务人。依据《税收征收管理法》第二十九条的规定，未经税务机关委托的个人是不能行使税款征收活动的。本案中税务机关未委托上诉人行使代扣代缴权。同时根据《个人所得税法》和《个人所得税代扣代缴暂行办法》的相关规定，代扣代缴义务人只能是单位。

（3）二审法院观点。

本案争议的焦点是上诉人赖立克是不是本案中股权转让的个人所得税的扣缴义务人。上诉人根据《税收征收管理法》第二十九条"除税务机关、税务人员以及经税务机关依照法律、行政法规委托的单位和人员外，任何单位和个人不得进行税款征收活动"的规定，上诉认为履行代扣代缴义务应以税务机关的委托为前提。该法律条款是对征税主体和方式的规定，明确了税款征收为税务机关与税务人员的直接征收和税务机关依法委托的单位和人员征收两种方式。扣缴义务人不是征税主体，它履行的是法定的扣缴义务，而不是征税权，该扣缴义务不是以税务机关的委托为前提。故上诉人该上诉理由不能成立。

（二）应用场景二：结合《税收征收管理法》第四十一条、第八十八条规定，论述法院对税务强制执行申请能否支持

1. 典型案例1：国家税务总局和田地区税务局与和田巴格其棉业有限责任公司行政处罚非诉执行案①

针对国家税务总局和田地区税务局提交的针对田巴格其棉业有限责任公司的"税务处理决定书"和"税务行政处罚决定书"，新疆维吾尔自治区和田县人民法院经审查后认为，对于申请执行人作出的税务处理决定书事实清楚、证据充分，适用法律、法规正确，程序合法，但根据《税收征收管理法》第二十九条规定，"除税务机关、税务人员以及经税务机关依照法律、行政法规委托的单位和人员外，任何单位和个人不得进行税款征收活动"，以及第四十一条规定"本法第二十七条、第二十八条、第四十条规定的采取税收保全措施、强制执行措施的权力，不得由法定的税务机关以外的单位和个人行使"，以上两条款明确了对于税款和滞纳金，税务机关被法律赋予了强制执行的权力，其有权自行执行该费用。对于申请强制执行的税务处罚决定书事实清楚、证据充分，适用法律、法规正确，程序合法，申请执行人在向申请法院强制执行前，已依法进行了催告，且不存在行政强制法第五十八条不予执行的情形，故对罚款强制执行的申请符合法律规定，予以准许。

2. 典型案例2：国家税务总局邵阳市税务局非诉执行案②

国家税务总局邵阳市税务局向人民法院申请执行其对被申请人湖南荣兴置业有限公司作出的"税务处理决定书"，复议法院认为，《税收征收管理法》第二十九条规定"除税务机关、税务人员以及经税务机关依照法律、行政法规委托的单位和人员外，任何单位和个人不得进行税款征收活动"。第八十八条第三款规定"当事人对税务机关的处罚决定逾期不申请行政复议也不向人民法院起诉、又不履行的，作出处罚决定的税务机关可以采取本法第四十条规定的强制执行措施，或者申请人民法院强制执行"。因此，征收税款是法律赋予税务机关的法定权利，不得自由转让；税务机关只是对罚款等行政处罚可以申请人民法院强制执行。复议申请人国家税务总局邵阳市税务局（原申请人）向人民法院申请执行其对被申请人（原被执行人）湖南荣兴置业有限公司作出的隆地税稽处〔2017〕1

---

① 案例来源：新疆维吾尔自治区和田县人民法院行政裁定书（2020）新3221行审6号。
② 案例来源：湖南省隆回县人民法院行政裁定书（2019）湘0524行审14号、湖南省邵阳市中级人民法院行政裁定书（2019）湘05行审复4号。

号"隆回县地方税务局稽查局税务处理决定书",不符合《中华人民共和国税收征收管理法》的规定。原裁定"对申请执行人国家税务总局邵阳市税务局申请强制执行于2017年2月17日对被执行人湖南荣兴置业有限公司作出'稽查局税务处理决定书'不予受理"的结果正确,应予维持。

(三)应用场景三:结合《税收征收管理法》第三十条规定,论述非法定或受托扣缴义务人无征税权

在袁可、昆明建发房地产开发有限公司房屋买卖合同纠纷案①中,关于原告(注:袁可)主张被告(注:昆明建发房地产开发有限公司)退还的契税、印花税及服务费的诉讼请求,法院认为,根据《税收征收管理法》第二十九条"除税务机关、税务人员以及经税务机关依照法律、行政法规委托的单位和人员外,任何单位和个人不得进行税款征收活动"及第三十条第一款"纳税人、扣缴义务人按照法律、行政法规规定或者税务机关依照法律、行政法规的规定确定的期限,缴纳或者解缴税款"的规定,本案中,原告已自行办理涉案房屋的不动产权登记手续,且被告非法律、行政法规规定的代扣、代收税款的扣缴义务人或税务机关委托代征的代征单位,故被告应当向原告返还房产契税8 100元、印花税135元及服务费1 100元。

关于原告要求退还的公共维修基金2 590元的诉讼请求,法院认为,被告于2017年4月24日向原告代收涉案房屋公共维修基金,根据《云南省住宅专项维修资金交存管理规定》(云南省住房和城乡建设厅公告第22号)第四条"四、住宅专项维修资金的交存要求。开发建设单位或者公有住房售房单位应当认真履行代收住宅专项维修资金的责任和义务,并及时将业主交存的住宅专项维修资金移交给县级建设(房地产)主管部门代管……"的规定,被告作为房地产开发建设单位有权代收公共维修基金,即住宅专项维修基金,并向主管部门移交,故原告无权主张予以返还。

(四)应用场景四:结合《税收征收管理法》第二十八条、第七十八条规定,论述非法定或受托扣缴义务人征税案不属于法院受理范围

在中展远洋商务咨询(北京)有限公司与固安建投房地产开发有限公司委托合同纠纷案②中,起诉人[注:中展远洋商务咨询(北京)有限公司,下同]于2018年7月31日与被起诉人(注:固安建投房地产开发有限公司,下同)签订了

---

① 案例来源:云南省昆明市五华区人民法院民事判决书(2021)云0102民初5153号。
② 案例来源:河北省固安县人民法院民事裁定书(2021)冀1022民初3138号。

商品房买卖合同，房屋地点位于河北建投（固安）农业科技产业园二期项目，房号为L26-1-104。起诉人于2018年11月31日收房。被起诉人于收房当日代收起诉人契税等费用总计114 180.34元，被起诉人告知起诉人由被起诉人代起诉人办理缴纳房屋契税等费用并取得房屋不动产权证。双方已形成实质上的委托关系。但被起诉人一直迟迟没有为起诉人缴纳契税等税费，更没有办理不动产权证。起诉人多次与被起诉人沟通，但被起诉人仍未履行其应尽义务，经多方了解，被起诉人已将一千多万元代收的契税挪作他用，现无力缴纳或退还。

法院审查后认为，起诉人来院诉请判令解除起诉人与被起诉人的委托关系、判令被起诉人退回其代收起诉人所购房屋需缴纳的契税和印花税共计114 180.34元，判令被起诉人赔偿起诉人的全部损失，参照银行同期贷款利率自应缴纳契税之日起至判决之日止，及判令本案全部诉讼费用由被起诉人承担。根据相关法律规定，税务机关依照法律、行政法规的规定征收税款，除税务机关、税务人员以及经税务机关依照法律、行政法规委托的单位和人员外，任何单位和个人不得进行税款征收活动，未经税务机关依法委托征收税款的，由税务机关责令退还收取的财物，依法给予行政处分或者行政处罚，故起诉人的诉请属税务机关行政监管职权范畴，不属人民法院受理民事诉讼的范围。依照《税收征收管理法》第二十八条、第二十九条、第七十八条，《民事诉讼法》第一百一十九条第（四）项、第一百二十三条、第一百五十四条第一款第（一）项之规定，裁定不予受理。

四、法条总结

与本条规定相关的法条较多，因此演化出多种应用场景，也概因社会生活的多样性，使得本条法规得以在多种场合下应用。理解本条规定，需重点关注征税主体的唯一性和特定性，并结合相关法条规定进行综合理解。

第三十条 扣缴义务人依照法律、行政法规的规定履行代扣、代收税款的义务。对法律、行政法规没有规定负有代扣、代收税款义务的单位和个人，税务机关不得要求其履行代扣、代收税款义务。

扣缴义务人依法履行代扣、代收税款义务时，纳税人不得拒绝。纳税人拒绝的，扣缴义务人应当及时报告税务机关处理。

税务机关按照规定付给扣缴义务人代扣、代收手续费。

一、法条简析

本条是对扣缴义务人代扣、代收税款的规定。代扣税款是指由扣缴义务人在向纳税人支付款项时从其所支付的款项中依法直接扣缴税款。代收税款是指由扣缴义务人在向纳税人收取款项时依法收缴税款。本条规定主要规定了四方面内容：第一，扣缴义务人依照法律、行政法规的规定履行代扣、代收税款义务。即扣缴义务人履行代扣、代收税款义务是一项法定义务，依照法律、行政法规的具体规定履行代扣代缴、代收代缴税款义务。第二，对法律、行政法规没有规定负有代扣、代收税款义务的单位和个人，税务机关不得要求其履行代扣、代收税款义务。第三，扣缴义务人依法履行代扣、代收税款义务时，纳税人不得拒绝。纳税人拒绝的，扣缴义务人应当及时报告税务机关。第四，税务机关按照规定付给扣缴义务人代扣、代收手续费。

二、相关规定

（一）《国家税务总局关于贯彻〈中华人民共和国税收征收管理法〉及其实施细则若干具体问题的通知》（国税发〔2003〕47号）第二条

负有代扣代缴义务的单位和个人，在支付款项时应按照征管法及其实施细则的规定，将取得款项的纳税人应缴纳的税款代为扣缴，对纳税人拒绝扣缴税款的，扣缴义务人应暂停支付相当于纳税人应纳税款的款项，并在一日之内报告主管税务机关。

负有代收代缴义务的单位和个人，在收取款项时应按照征管法及其实施细则的规定，将支付款项的纳税人应缴纳的税款代为收缴，对纳税人拒绝给付的，扣缴义务人应在一日之内报告主管税务机关。

扣缴义务人违反征管法及其实施细则规定应扣未扣、应收未收税款的，税务机关除按征管法及其实施细则的有关规定对其给予处罚外，应当责成扣缴义务人限期将应扣未扣、应收未收的税款补扣或补收。

（二）《财政部 税务总局 人民银行关于进一步加强代扣代收代征税款手续费管理的通知》（财行〔2019〕11号）

各省、自治区、直辖市、计划单列市财政厅（局），国家税务总局各省、自治区、直辖市、计划单列市税务局，中国人民银行上海总部，各分行、营业管理部，各省会（首府）城市中心支行，各副省级城市中心支行：

为进一步规范和加强代扣代缴、代收代缴和委托代征（以下简称"三代"）

税款手续费的管理，根据《中华人民共和国预算法》和《中华人民共和国税收征收管理法》及其他有关法律、行政法规的规定，就进一步加强"三代"税款手续费管理通知如下：

一、"三代"范围

（一）代扣代缴是指税收法律、行政法规已经明确规定负有扣缴义务的单位和个人在支付款项时，代税务机关从支付给负有纳税义务的单位和个人的收入中扣留并向税务机关解缴的行为。

（二）代收代缴是指税收法律、行政法规已经明确规定负有扣缴义务的单位和个人在收取款项时，代税务机关向负有纳税义务的单位和个人收取并向税务机关缴纳的行为。

（三）委托代征是指税务机关根据《中华人民共和国税收征收管理法》及其实施细则关于有利于税收控管和方便纳税的要求，按照双方自愿、简便征收、强化管理、依法委托的原则和国家有关规定，委托有关单位和人员代征零星、分散和异地缴纳税收的行为。

二、"三代"的管理

税务机关应严格按照《中华人民共和国税收征收管理法》及其实施细则有关规定和"放管服"改革有关要求开展"三代"工作。税务机关应按照法律、行政法规，以及国家税务总局有关规定确定"三代"单位或个人，不得自行扩大"三代"范围和提高"三代"税款手续费支付比例。

（一）税务机关应依据国家税务总局有关规定，对负有代扣代缴、代收代缴的扣缴义务人办理登记。

对法律、行政法规没有规定负有代扣代缴、代收代缴税款义务的单位和个人，税务机关不得要求履行代扣代缴、代收代缴税款义务。

（二）税务机关应严格按照法律、行政法规，以及国家税务总局委托代征相关规定确定委托代征范围，不得将法律、行政法规已确定的代扣代缴、代收代缴税款，委托他人代征。

（三）对于需按比例支付"三代"税款手续费的，税务机关在确定"三代"单位或个人的手续费比例时，应从降低税收成本的角度，充分考虑"三代"单位或个人的业务量、工作成本等因素，确定合理的手续费支付比例，可根据需要在相应规定的支付比例范围内设置手续费支付限额。

三、"三代"税款手续费支付比例和限额

（一）法律、行政法规规定的代扣代缴税款，税务机关按不超过代扣税款的

2%支付手续费,且支付给单个扣缴义务人年度最高限额70万元,超过限额部分不予支付。对于法律、行政法规明确规定手续费比例的,按规定比例执行。

(二)法律、行政法规规定的代收代缴车辆车船税,税务机关按不超过代收税款的3%支付手续费。

(三)法律、行政法规规定的代收代缴委托加工消费税,税务机关按不超过代收税款的2%支付手续费。委托受托双方存在关联关系的,不得支付代收手续费。关联关系依据《中华人民共和国企业所得税法》及其实施条例有关规定确定。

(四)法律、行政法规规定的代收代缴其他税款,税务机关按不超过代收税款的2%支付手续费。

(五)税务机关委托交通运输部门海事管理机构代征船舶车船税,税务机关按不超过代征税款的5%支付手续费。

(六)税务机关委托代征人代征车辆购置税,税务机关按每辆车支付15元手续费。

(七)税务机关委托证券交易所或证券登记结算机构代征证券交易印花税,税务机关按不超过代征税款的0.03%支付代征手续费,且支付给单个代征人年度最高限额1 000万元,超过限额部分不予支付。委托有关单位代售印花税票按不超过代售金额5%支付手续费。

(八)税务机关委托邮政部门代征税款,税务机关按不超过代征税款的3%支付手续费。

(九)税务机关委托代征人代征农贸市场、专业市场等税收以及委托代征人代征其他零星分散、异地缴纳的税收,税务机关按不超过代征税款的5%支付手续费。

四、手续费管理

(一)预算管理

1."三代"税款手续费纳入预算管理,由财政通过预算支出统一安排。法律、行政法规另有规定的,按法律、行政法规的规定执行。

2."三代"税款手续费按年据实清算。代扣、代收扣缴义务人和代征人应于每年3月30日前,向税务机关提交上一年度"三代"税款手续费申请相关资料,因"三代"单位或个人自身原因,未及时提交申请的,视为自动放弃上一年度"三代"税款手续费。各级税务机关应严格审核"三代"税款手续费申请情况,并以此作为编制下一年度部门预算的依据。

3.代扣、代收扣缴义务人和代征人在年度内扣缴义务终止或代征关系终止的,应在终止后3个月内向税务机关提交手续费申请资料,由税务机关办理手续费清算。

4.各级税务机关应按照《中华人民共和国预算法》《国务院关于深化预算管理制度改革的决定》和财政部部门预算编制的有关程序和要求,将"三代"税款手续费申请情况据实编入下一年度部门预算。教育费附加的手续费预算,按代扣、代收、代征所划缴正税的手续费比例编制。各级税务机关要积极配合财政部驻各地财政监察专员办事处开展部门预算监管工作。

5.财政部根据批复的"三代"税款手续费预算,及时核批用款计划。各级税务机关应主动、及时支付"三代"税款手续费。

6."三代"税款手续费当年预算不足部分,在下年预算中弥补;结转部分,留待下年继续使用;结余部分,按规定上缴中央财政。

7.各级税务机关应强化"三代"税款手续费预算绩效管理,科学设置绩效目标,完善绩效评价方法,提高绩效评价质量,加强绩效评价结果应用。

(二)核算管理

1.各级税务机关应按照行政事业单位会计核算有关管理规定,及时、全面、完整核算"三代"税款手续费。

2.各级税务机关应根据财政部部门决算编报和审核有关要求,真实、准确、全面、及时编报"三代"税款手续费决算,并做好决算审核相关工作。

(三)支付管理

1.税务机关应按照国库集中支付制度和本通知规定支付"三代"税款手续费。

2.税务机关对单位和个人未按照法律、行政法规或者委托代征协议规定履行代扣、代收、代征义务的,不得支付"三代"税款手续费。

3.税务机关之间委托代征税款,不得支付手续费。

4."三代"单位所取得的手续费收入应单独核算,计入本单位收入,用于与"三代"业务直接相关的办公设备、人员成本、信息化建设、耗材、交通费等管理支出。上述支出内容,国家已有相关支出标准的,严格执行有关规定;没有支出标准的,参照当地物价水平及市场价格,按需支出。单位取得的"三代"税款手续费以及手续费的使用,应按照法律、法规有关规定执行。

(四)监督管理

1.各级财政、税务部门及其工作人员在"三代"税款手续费预算编制、调剂、决算等审批工作中,存在违规编报、批复预决算,违规管理"三代"税款手续费项目资金等行为的,以及其他滥用职权、玩忽职守、徇私舞弊等违法违纪行为的,按照《中华人民共和国预算法》《中华人民共和国公务员法》《中华人民共和国行政监察法》《财政违法行为处罚处分条例》等国家有关规定追究相应责任;

涉嫌犯罪的，移送司法机关处理。对于发现存在上述违法、违规行为的税务机关，财政部、上级税务机关可按照有关规定扣减下一年度经费预算。

2.税务总局应加强对各级税务机关经费使用和管理情况的检查、审计，并接受审计署等有关部门的监督检查。

3.除法律、行政法规另有规定外，各级税务机关均不得从税款中直接提取手续费或办理退库，各级国库不得办理"三代"税款手续费退库。

本通知自印发之日起执行。《财政部 国家税务总局 中国人民银行关于进一步加强代扣代收代征税款手续费管理的通知》（财行〔2005〕365号）和《财政部 国家税务总局关于明确保险机构代收代缴车船税手续费有关问题的通知》（财行〔2007〕659号）相应废止。

三、应用场景

（一）应用场景一：结合《个人所得税法》相关规定，论述纳税人拒绝代扣时，扣缴义务人应如何处理

1.典型案例1：卢宏伟与北京时刻文化传媒中心劳动争议执行异议案[①]

（1）基本案情。

2019年4月30日，北京市西城区人民法院作出（2019）京0102民初6154号民事判决书，判决：一、确认卢宏伟与北京时刻文化传媒中心于2011年5月4日至2018年8月1日期间存在劳动关系；二、自本判决生效之日起七日内，北京时刻文化传媒中心向原告（卢宏伟）支付2011年5月4日至2018年8月1日期间提成十五万零二百七十元；三、自本判决生效之日起七日内，北京时刻文化传媒中心向原告（卢宏伟）支付违法解除劳动关系赔偿金十一万五千八百七十七元五角五分。

2019年8月15日，时刻文化传媒中心向卢宏伟名下账户汇款254 013.55元。并于该月申报卢宏伟个人所得税12 134元。卢宏伟依据上述生效裁判文书向北京市西城区人民法院申请执行。2019年10月15日，北京市西城区人民法院从时刻文化传媒中心账户扣划12 216元。

（2）法院裁判。

《个人所得税法》第九条第一款规定，个人所得税以所得人为纳税人，以支付所得的单位或者个人为扣缴义务人。《税收征收管理法》第三十条第一款、第二款规定，扣缴义务人依照法律、行政法规的规定履行代扣、代收税款的义务。

[①] 案例来源：北京市西城区人民法院执行裁定书（2020）京0102执异365号。

对法律、行政法规没有规定负有代扣、代收税款义务的单位和个人，税务机关不得要求其履行代扣、代收税款义务。扣缴义务人依法履行代扣、代收税款义务时，纳税人不得拒绝。纳税人拒绝的，扣缴义务人应当及时报告税务机关处理。卢宏伟为纳税义务人，有依法纳税的义务。时刻文化传媒中心作为扣缴义务人，有代扣、代收税款的义务。但按照上述法律规定，在纳税人拒绝扣缴义务人代扣、代缴时，扣缴义务人应该及时报告税务机关，由税务机关处理，其无权强行代扣代缴。尤其是本案中，时刻文化传媒中心与卢宏伟是诉讼相对方，存在利害关系，时刻文化传媒中心在处理涉及卢宏伟权益的时候更应该依法、审慎。时刻文化传媒中心在代扣税款过程中，未征询卢宏伟的意见。所以时刻文化传媒中心主张，税务机关认可其代扣数额，但未提供其接受税务部门指令进行扣缴的依据，对此不予采信。综上所述，在时刻文化传媒中心与卢宏伟存在利害关系的情况下，其未能举证证明其善意、依法履行其扣缴义务，在税款数额可能产生争议的情况下，不能产生债务抵销的结果。在其未按照判决指定的期限，全面履行给付金钱义务的情况下，本院依据申请执行人申请，划扣其未履行部分及迟延履行利息，符合法律规定和执行规范。时刻文化传媒中心的异议理由不成立，其相关异议请求，应予驳回。

2.典型案例2：孔明杰与济南米诺信息科技有限公司劳动争议执行异议案①

（1）基本案情。

申请执行人孔明杰与济南米诺信息科技有限公司劳动争议一案，山东省济南市历城区人民法院作出的（2018）鲁0112民初10539号民事判决书已于2019年4月3日发生法律效力，判决主要内容为：一、济南米诺信息科技有限公司支付孔明杰工资差额27 855.17元；二、济南米诺信息科技有限公司支付孔明杰经济补偿金7 500元。判决生效后，济南米诺信息科技有限公司在判决指定的期间内支付孔明杰工资差额27 855.17元、经济补偿金7 500元，但拒绝支付剩余3 952.25元。孔明杰向山东省济南市历城区人民法院申请执行。在执行过程中，2019年4月9日，济南米诺信息科技有限公司按照判决确定的工资数额向国家税务总局济南市历城区税务局代缴了孔明杰2017年6月个人所得税1 480.35元、2017年7月个人所得税1 740.69元、2017年8月个人所得税731.21元，合计3 952.25元。

（2）法院裁判。

根据《税收征收管理法》第三十条规定，扣缴义务人依照法律、行政法规的规

---

① 案例来源：山东省济南市历城区人民法院执行裁定书（2019）鲁0112执2047号。

定履行代扣、代收税款的义务。对法律、行政法规没有规定负有代扣、代收税款义务的单位和个人，税务机关不得要求其履行代扣、代收税款义务。扣缴义务人依法履行代扣、代收税款义务时，纳税人不得拒绝。纳税人拒绝的，扣缴义务人应当及时报告税务机关处理。根据《个人所得税法（2011修正）》第八条[①]规定，个人所得税以所得人为纳税义务人，以支付所得的单位或者个人为扣缴义务人。本案中，济南米诺信息科技有限公司作为扣缴义务人，其按照生效判决确定的工资数额向税务机关履行代扣税款义务，符合上述法律规定，孔明杰作为纳税人不得拒绝。根据《最高人民法院关于人民法院执行工作若干问题的规定（试行）》第十八条之规定，人民法院受理执行案件应当符合下列条件：……（5）义务人在生效法律文书确定的期限内未履行义务。本案中，济南米诺信息科技有限公司已履行完毕民事判决书确定的义务。依照《最高人民法院关于适用〈中华人民共和国民事诉讼法〉的解释》第四百六十三条、《最高人民法院关于执行案件立案、结案若干问题的意见》第二十条、《最高人民法院关于人民法院执行工作若干问题的规定（试行）》第十八条第一款第（五）项之规定，裁定如下：驳回孔明杰的执行申请。

基本相同的案情，不同的判决结果，源于法院对《税收征收管理法》第三十条规定的理解不同。案例1中，法院之所以不支持时刻文化传媒中心的异议，可能也因为法院在执行异议案裁定作出日（注：2020年6月28日）前，已于2019年10月15日划扣了时刻文化传媒中心的款项。本案中，时刻文化传媒中心只能依法向主管税务机关申请退还已经代缴的税款，法院此举有徒增被执行人工作量之嫌疑。

（二）应用场景二：结合《个人所得税法》相关规定，论述税费负担约定对合同解除法律责任的影响

典型案例：相东元、李娟与李勇亮、张新国合同纠纷案[②]。

1.当事人

原告：相东元、李娟

被告：李勇亮、张新国

2.基本案情

（1）转让标的：奇台县永宏车辆检测有限责任公司股权。

[①] 注：现为《个人所得税法》（2018年修改）第九条。

[②] 案例来源：新疆维吾尔自治区奇台县人民法院民事判决书（2016）新2325民初2054号、新疆维吾尔自治区昌吉回族自治州中级人民法院民事判决书（2017）新23民终608号、新疆维吾尔自治区高级人民法院民事判决书（2018）新民再40号。

（2）第一次股权转让。

2013年10月20日，杨存岩、穆金凤将其二人在该公司的出资额转让给李勇亮、张新国。其中，杨存岩将其在该公司的出资额35万元，占公司注册资本的70%，其中30万元转让给被告李勇亮，5万元转让给被告张新国；穆金凤将其在该公司出资额15万元，占公司注册资本30%转让给被告张新国。2013年11月22日在工商部门申请办理了变更登记手续。

（3）第二次股权转让。

2014年1月1日签订合同甲方（李勇亮、张新国）将二人在该公司的出资额以200万元的价格转让给乙方（相东元、李娟）。

合同约定：转让款应于协议书签订之日支付100万元，剩余100万元乙方于本协议签订之日起三个月内支付给甲方。所有变更费用由乙方承担。

（4）第二次股权转让履行情况。

协议签订后，二原告（相东元、李娟）向二被告（李勇亮、张新国）支付了转让款100万元。2014年2月19日双方去工商局办理变更登记手续，双方各自交纳了印花税，因未提供个人所得税完税凭证，工商局未能办理变更登记手续。

（5）其他情况。

2014年8月1日被告李勇亮给杨存岩出具承认书，内容为"本人李勇亮，于2013年9月6日同杨存岩签订了一份'房屋租赁协议'，经双方协商，与2013年12月30日解除'房屋租赁协议'，租赁费用结算到2013年12月30日，本协议解除后，本人将所租赁的房屋及院落与2014年8月1日返还给杨存岩，房屋及院落中的所有设备及办公设施本人均放弃所有权，由杨存岩自行处理，由此造成的损失由本人李勇亮全部承担，与杨存岩无任何法律及其连带责任"。

2014年8月27日原告将之前李勇亮移交的检查公司的大门、营业厅钥匙、自来水卡交给了杨存岩委托代理人刘生林。

3.诉讼请求

解除原告、被告于2014年1月1日签订的"公司转让协议"，判令被告返还原告转让款100万元，并从交款之日起承担20‰利息至给付之日。

4.一审裁判

原告与被告签订的"公司转让协议"是双方当事人的真实意思表示，不违背法律、行政法规的强制性规定，其效力应予认定。关于原告主张的解除协议的理由能否成立的问题。根据原告、被告之间签订的转让协议，双方在协议中约定协议签字生效后，依法向工商行政管理局办理变更登记手续。2014年2月19日双方到工商行政管理局办理变更登记时,工商行政部门工作人员已经告知双方,向税务机关缴纳相应的税款方可办理变更登记。根据《税收征收管理法》及《股权转让所得个人所得税管理办法(施行)》中"个人股权转让所得个人所得税,以股权转让方为纳税人,以受让方为扣缴义务人"的规定,股权转让的必须向税务机关缴纳个人所得税。本案中转让方被告李勇亮、张新国作为纳税义务人,应该向税务机关缴纳个人所得税。二被告辩称协议第六条约定"所有变更费用由乙方承担",其中包含个人所得税。但根据《个人所得税法》规定,个人所得税是纳税义务人法定的义务。对于原告、被告签订的协议中约定"所有变更费用由乙方承担"是否包含个人所得税及个人所得税应该由谁承担属于另一法律关系。因此,本院认为,由于二被告一直未履行缴纳税款的义务,致使二原告无法在工商行政管理局办理变更登记手续,二被告的行为已经构成违约。因此认为,二原告要求解除协议的请求,符合《合同法》第九十四条第(四)项[①]"当事人一方延迟履行债务,或者有其他违约行为致使不能实现合同目的"的解除合同的法定情形。现原告要求解除二原告与二被告之间签订的"公司转让协议"的请求,本院予以支持。二被告在签订协议当天收取的二原告支付的转让款100万元应予以退还。由于二被告未履行缴纳个人所得税的义务的违约行为导致无法办理变更登记手续,现二原告要求被告承担转让款100万元的利息的请求,本院予以支持。具体应按照中国人民银行同期贷款利率计算利息。

5.二审裁判

驳回上诉,维持原判。

6.再审裁判

《税收征收管理法》第四条规定:"法律、行政法规规定负有纳税义务的单位和个人为纳税人""法律、行政法规规定负有代扣代缴、代收代缴税款义务的单位和个人为扣缴义务人""纳税人、扣缴义务人必须依照法律、行政法规的规定缴纳税款、代扣代缴、代收代缴税款",第三十条第一款、第二款规定:"扣缴义务人依照法律、行政法规的规定履行代扣、代收税款的义务。对法律、行政法规没有规定负有代扣、代收税款义务的单位和个人,税务机关不得要求其履行代扣、代收税款义务""扣缴义务人依法履行代扣、代收税款义务时,纳税人不得拒绝。纳税人拒绝的,扣缴义务人应当及时报告税务机关处理",第三十一条第一款规定:"纳税人、扣缴义务人按照法律、行政法规规定或者税务机关依照法

---

① 注:现为《民法典》第五百六十三条。

律、行政法规的规定确定的期限,缴纳或者解缴税款。"《个人所得税法》第八条(注:现为第九条)规定,个人所得税以所得人为纳税义务人、以支付所得的单位或者个人为扣缴义务人。2015年1月1日前施行的《国家税务总局关于加强股权转让所得征收个人所得税管理的通知》[①](国税函〔2009〕285号)第一条规定:"股权交易各方在签订股权转让协议并完成股权转让交易以后至企业变更股权登记之前,负有纳税义务或代扣代缴义务的转让方或受让方,应到主管税务机关办理纳税(扣缴)申报,并持税务机关开具的股权转让所得缴纳个人所得税完税凭证或免税、不征税证明,到工商行政管理部门办理股权变更登记手续。"根据上述规定,在涉案股权转让行为涉及的个人所得税款缴纳问题上,李勇亮、张新国为纳税人,相东元、李娟为扣缴义务人。虽然法律对于税款应当由何人负担的问题作出了规定,但这并不禁止当事人之间可以就税款的最终承担问题另行进行约定,只是此种约定并不能对抗税务机关。涉案《公司转让协议》约定"所有变更费用由乙方承担",这表明所有涉及股权变更需要支付的费用均应当由相东元、李娟承担,而办理股权变更必然会涉及纳税问题,因此,办理股权变更时涉及的税款也应当属于该约定所称的"所有变更费用"的范围,最终也应当由相东元、李娟承担而不是由李勇亮、张新国承担。原审人民法院在本案中认为税款最终应当由李勇亮、张新国负担并进而认为李勇亮、张新国存在违约行为错误。同时,相东元、李娟作为扣缴义务人,也负有代扣代缴义务,原审人民法院免除相东元、李娟此项义务而认为因李勇亮、张新国的原因才导致股东变更登记未能办理亦没有法律依据。另外,李勇亮、张新国、相东元、李娟在公司登记机关办理股东变更登记的时间为2014年2月19日,而《股权转让所得个人所得税管理办法(试行)》于2015年1月1日起施行,原审人民法院适用《股权转让所得个人所得税管理办法(试行)》错误。

(三)应用场景三:结合《税收征收管理法》第二十八条、第二十九条规定,论述非征收主体和扣缴义务人,无权征税和代缴税款

在饶永金与吉安市水利局合同纠纷案[②]中,针对合同第三条中关于税费5 500万元的约定内容是否有效,法院认为,《税收征收管理法》第五条规定,国务院税务主管部门主管全国税收征收管理工作。各地国家税务局和地方税务局应当按

---

① 注:根据国家税务总局关于发布《股权转让所得个人所得税管理办法(试行)》的公告(国家税务总局公告2014年第67号)规定,本通知已自2015年1月1日起废止。
② 案例来源:江西省吉安市中级人民法院民事判决书(2016)赣08民初65号。

照国务院规定的税收征收管理范围分别进行征收管理。第二十八条规定，税务机关依照法律、行政法规的规定征收税款，不得违反法律、行政法规的规定开征、停征、多征、少征、提前征收、延缓征收或者摊派税款。第二十九条规定，除税务机关、税务人员以及经税务机关依照法律、行政法规委托的单位和人员外，任何单位和个人不得进行税款征收活动。第三十条规定，扣缴义务人依照法律、行政法规的规定履行代扣、代收税款的义务。对法律、行政法规没有规定负有代扣、代收税款义务的单位和个人，税务机关不得要求其履行代扣、代收税款义务。除第五条规定外，上述规定均属强制性规定，任何单位、个人不得违反。根据上述规定，税收征收主体只能是税务机关，税务机关不得提前征收税款。其他单位必须依照法律规定代扣、代收税款。合同第三条中约定饶永金应向吉安市水利局缴交 5 500 万元税费，在合同期内不再向县内其他部门缴纳税费，可见该 5 500 万元税费中包括了增值税、资源税、城建税等相应税种及相关行政管理部门应依法征收的规费。被告（反诉原告）吉安市水利局既非税收征收主体，也非扣缴义务人，依法无权定税和代扣、代缴税款。《合同法》第五十二条第（五）项[①]规定，违反法律、行政法规的强制性规定的合同无效。第六十条规定，合同部分无效，不影响其他部分效力的，其他部分仍然有效。故合同第三条中关于饶永金向吉安市水利局缴交 5 500 万元税费的约定无效。饶永金及金华公司在合同期内应缴税费应由税务机关及相关行政管理部门依法定职责核定后征收。

四、法条总结

适用本条规定重点在于扣缴义务人依照法律、行政法规的规定履行代扣、代收税款的义务。但规定代扣代缴义务的法律，均为税收实体法，所以和税收实体法规定相结合，有助于更好地理解本条规定。

第三十一条

纳税人、扣缴义务人按照法律、行政法规规定或者税务机关依照法律、行政法规的规定确定的期限，缴纳或者解缴税款。

纳税人因有特殊困难，不能按期缴纳税款的，经省、自治区、直辖市国家税务局、地方税务局批准，可以延期缴纳税款，但是最长不得超过三个月。

---

① 注：现为《民法典》第一百五十三条。

一、法条简析

本条是对纳税人、扣缴义务人依照法定期限缴纳或者解缴税款义务以及延期纳税的规定。第一款是关于纳税人、扣缴义务人按照法定期限缴纳税款和解缴税款的规定,是针对一般情况而作的要求。本条第二款关于延期纳税是就特殊情况作的规定。

二、相关规定

(一)《税收征收管理法实施细则》相关规定

第四十一条 纳税人有下列情形之一的,属于税收征管法第三十一条所称特殊困难:

(一)因不可抗力,导致纳税人发生较大损失,正常生产经营活动受到较大影响的;

(二)当期货币资金在扣除应付职工工资、社会保险费后,不足以缴纳税款的。

计划单列市国家税务局、地方税务局可以参照税收征管法第三十一条第二款的批准权限,审批纳税人延期缴纳税款。

第四十二条 纳税人需要延期缴纳税款的,应当在缴纳税款期限届满前提出申请,并报送下列材料:申请延期缴纳税款报告,当期货币资金余额情况及所有银行存款账户的对账单,资产负债表,应付职工工资和社会保险费等税务机关要求提供的支出预算。

税务机关应当自收到申请延期缴纳税款报告之日起20日内作出批准或者不予批准的决定;不予批准的,从缴纳税款期限届满之日起加收滞纳金。

(二)《国家税务总局关于延期缴纳税款有关问题的通知》(国税函〔2004〕1406号)

各省、自治区、直辖市和计划单列市国家税务局、地方税务局,扬州税务进修学院,局内各单位:

为进一步加强延期缴纳税款的审批管理,维护国家的税收权益,现对有关问题明确如下:

《中华人民共和国税收征收管理法实施细则》第四十一条规定纳税人"当期货币资金在扣除应付职工工资、社会保险费后,不足以缴纳税款的",经批准可延期缴纳税款。此条规定中的"当期货币资金"是指纳税人申请延期缴纳税款之日的资金余额,其中不含国家法律和行政法规明确规定企业不可动用的资金;"应付职工工资"是指当期计提数。

三、应用场景

（一）应用场景一：结合《税收征收管理法》第三十二条及相关税收实体法，论述加收税收滞纳金的条件

在黄冈永安药业有限公司与国家税务总局黄冈市税务局稽查局、国家税务总局湖北省税务局税务行政处理决定及行政复议纠纷案[①]中，针对被诉税务处理决定加收滞纳金是否符合法律规定的问题。法院认为，《企业所得税法》第五十四条第三款规定："企业应当自年度终了之日起五个月内，向税务机关报送年度企业所得税纳税申报表，并汇算清缴，结清应缴应退税款。"《税收征收管理法》第三十一条规定："纳税人、扣缴义务人按照法律、行政法规规定或者税务机关依照法律、行政法规的规定确定的期限，缴纳或者解缴税款。纳税人因有特殊困难，不能按期缴纳税款的，经省、自治区、直辖市国家税务局、地方税务局批准，可以延期缴纳税款，但是最长不得超过三个月。"第三十二条规定："纳税人未按照规定期限缴纳税款的，扣缴义务人未按照规定期限解缴税款的，税务机关除责令限期缴纳外，从滞纳税款之日起，按日加收滞纳税款万分之五的滞纳金。"根据上述规定，企业如无特殊困难，应当自年度终了之日起五个月内结清该年度企业所得税税款，否则除责令限期缴纳外还应加收滞纳金。因此，判断是否加收滞纳金应基于纳税人是否在法律、法规规定的期限内结清税款。本案中，原告涉案的股权交易企业所得税税款所属期间为2014年度，根据上述规定，本案中原告无因特殊困难申请延期申报缴纳的情形，故其应在2015年5月31日前申报并结清相应企业所得税税款6 820 270.51元，而原告在该期限截止前并未缴纳相应税款。因此，被告应依照税收征收管理法第三十二条的规定对原告依法加收滞纳金。

（二）应用场景二：结合相关税收实体法规定，论述纳税人、扣缴义务人有缴纳或解缴税款义务

在山东绅力士酒业有限公司与国家税务总局烟台市税务局第三稽查局行政处罚纠纷案[②]中，针对上诉人（山东绅力士酒业有限公司）是否有缴税义务，二审法院认为，《城镇土地使用税暂行条例》第二条规定："在城市、县城、建制镇、工矿区范围内使用土地的单位和个人，为城镇土地使用税的纳税人，应当依照本

---

① 案例来源：湖北省武汉市武昌区人民法院行政判决书（2019）鄂0106行初67号。
② 案例来源：山东省烟台市牟平区人民法院行政判决书（2018）鲁0612行初21号、山东省烟台市中级人民法院行政判决书（2019）鲁06行终88号。

条例的规定缴纳土地使用税。"《税收征收管理法》第三十一条第一款规定："纳税人、扣缴义务人按照法律、行政法规规定或者税务机关依照法律、行政法规的规定确定的期限，缴纳或者解缴税款。"上诉人作为依法登记、独立核算的纳税人，具有依法缴纳城镇土地使用税的义务。

（三）应用场景三：用于核准延期缴纳税款

2022年8月5日，国家税务总局江门市税务局发布《对纳税人延期缴纳税款的核准》的通知[①]，该通知指出，若纳税人符合制造业中小微企业办理延缓缴纳部分税费的条件，即：1.制造业中型企业在2021年11月、12月及2022年1月申报期结束前，通过登录电子税务局（含自然人电子税务局，下同）或办税服务厅依法申报后，界面自动弹出是否延缓缴纳规定范围内税费50%的提示。纳税人需进行确认，确认不缓缴的，在该界面填写理由，并依法缴纳相关税费；确认缓缴的，界面跳转进入缴款界面并缴纳应缴税费金额的50%，剩余部分税费缴纳期限自动延长3个月。2.制造业小微企业在2021年11月、12月及2022年1月申报期结束前，通过登录电子税务局或办税服务厅依法申报后，界面自动弹出是否延缓缴纳规定范围内税费的提示。纳税人需进行确认，确认不缓缴的，在该界面填写理由，并依法缴纳相关税费；确认缓缴的，规定范围内税费缴纳期限自动延长3个月。3.实行简易申报的制造业个体工商户，纳税人无须确认，2021年11月、12月及2022年1月暂不划扣其应缴纳的规定范围内税费，自动延缓缴纳3个月。

四、法条总结

依据本条规定，按规定期限缴纳或者解缴税款，是纳税人、扣缴义务人的法定义务，若有违反，面临被加征滞纳金和处以罚款的法律风险。只有在满足规定条件，则经省级税务机关批准，才可延期（最长3个月）缴纳、解缴税款。

第三十二条

纳税人未按照规定期限缴纳税款的，扣缴义务人未按照规定期限解缴税款的，税务机关除责令限期缴纳外，从滞纳税款之日起，按日加收滞纳税款万分之五的滞纳金。

[①] 注：详见https://guangdong.chinatax.gov.cn/gdsw/jmsw_hqhrpt_hdfw_nsfw_bszn/2022-08/05/content_29f4940b0d0e4e1bb9fdae0448ebf9a2.shtml，最后一次访问时间：2023年1月26日。

一、法条简析

本条是对纳税人延期缴纳税款、扣缴义务人延期解缴税款加收滞纳金的规定。加征滞纳金属于一种经济上的补偿性与惩罚性相结合的征管措施。加收滞纳金的前提是纳税人未按照规定期限缴纳税款,扣缴义务人未按照规定期限解缴税款;程序是需由税务机关责令限期缴纳;标准是按日加收滞纳税款万分之五;起算时点是从滞纳税款之日起;截止时点是实际缴纳或者解缴税款之日。

二、相关规定

(一)《税收征收管理法实施细则》相关规定

第七十三条 从事生产、经营的纳税人、扣缴义务人未按照规定的期限缴纳或者解缴税款的,纳税担保人未按照规定的期限缴纳所担保的税款的,由税务机关发出限期缴纳税款通知书,责令缴纳或者解缴税款的最长期限不得超过15日。

第七十五条 税收征管法第三十二条规定的加收滞纳金的起止时间,为法律、行政法规规定或者税务机关依照法律、行政法规的规定确定的税款缴纳期限届满次日起至纳税人、扣缴义务人实际缴纳或者解缴税款之日止。

(二)《国家税务总局关于税收优先权包括滞纳金问题的批复》(国税函〔2008〕1084号)

广东省国家税务局:

你局《关于税收优先权是否包括滞纳金的请示》(粤国税发〔2008〕225号)收悉。现批复如下:

按照《中华人民共和国税收征收管理法》的立法精神,税款滞纳金与罚款两者在征收和缴纳时顺序不同,税款滞纳金在征缴时视同税款管理,税收强制执行、出境清税、税款追征、复议前置条件等相关条款都明确规定滞纳金随税款同时缴纳。税收优先权等情形也适用这一法律精神,《税收征收管理法》第四十五条规定的税收优先权执行时包括税款及其滞纳金。

(三)《国家税务总局关于贯彻〈中华人民共和国税收征收管理法〉及其实施细则若干具体问题的通知》(国税发〔2003〕47号)

第五条 关于滞纳金的计算期限问题

对纳税人未按照法律、行政法规规定的期限或者未按照税务机关依照法律、行政法规的规定确定的期限向税务机关缴纳的税款,滞纳金的计算从纳税人应缴纳税款的期限届满之次日起至实际缴纳税款之日止。

第六条 关于滞纳金的强制执行问题

根据征管法第四十条规定"税务机关在采取强制执行措施时，对纳税人未缴纳的滞纳金同时强制执行"的立法精神，对纳税人已缴纳税款，但拒不缴纳滞纳金的，税务机关可以单独对纳税人应缴未缴的滞纳金采取强制执行措施。

（四）《国家税务总局关于税收征管若干事项的公告》（国家税务总局公告2019年第48号）

第一条 关于欠税滞纳金加收问题

（一）对纳税人、扣缴义务人、纳税担保人应缴纳的欠税及滞纳金不再要求同时缴纳，可以先行缴纳欠税，再依法缴纳滞纳金。

（二）本条所称欠税，是指依照《欠税公告办法（试行）》（国家税务总局令第9号公布，第44号修改）第三条、第十三条规定认定的，纳税人、扣缴义务人、纳税担保人超过税收法律、行政法规规定的期限或者超过税务机关依照税收法律、行政法规规定确定的纳税期限未缴纳的税款。

三、应用场景

（一）应用场景一：结合《税收征收管理法》第五十二条规定，论述加征滞纳金的具体条件

在龙岩和鑫房地产开发有限公司与龙岩市地方税务局稽查局、龙岩市地方税务局、福建省地方税务局税务行政处罚及行政复议纠纷案[①]中，针对市稽查局对上诉人加收滞纳金是否符合法律规定问题，二审法院认为，《税收征收管理法》第三十二条规定："纳税人未按照规定期限缴纳税款的，扣缴义务人未按照规定期限解缴税款的，税务机关除责令限期缴纳外，从滞纳税款之日起，按日加收滞纳税款万分之五的滞纳金。"第五十二条第二款规定："因纳税人、扣缴义务人计算错误等失误，未缴或者少缴税款的，税务机关在三年内可以追征税款、滞纳金；有特殊情况的，追征期可以延长到五年。"从该规定看，加收滞纳金应当符合以下条件之一：纳税人未按规定期限缴纳税款；自身存在计算错误等失误；或者故意偷税、抗税、骗税的。本案中，闽地税政〔1999〕18号《福建省地方税务局关于营业税若干政策问题的通知》于1999年2月14日发出，该文件在省政府的

---

① 案例来源：福建省龙岩市新罗区人民法院行政判决书（2017）闽0802行初12号、福建省龙岩市中级人民法院行政判决书（2017）闽08行终148号。

政务公开网上可以随时查询,和鑫公司作为房地产开发企业应当知道该规定并在规定期限内按通知要求缴纳税款,或在规定期限内对持有异议部分提出主张,从调查情况看,和鑫公司虽在规定期限内缴纳税款,但所缴税额并非按上述通知规定标准为计算依据,而是按其自身理解即实际交易所得为计算依据,且未在缴费期限内对缴费计算依据的不同理解提出主张;其要求按实际交易所得作为计算各种税费的依据已如前所述,理由不成立,故和鑫公司的少缴税费应属于自身存在计算错误的情形,市稽查局按上述法律规定对和鑫公司应纳税费根据各税种的相关法律法规规定的缴费期限届满之次日起加收滞纳金(其中教育附加费、地方教育附加合计37 601.03元依法未加收滞纳金)并无不当。

(二)应用场景二:结合《税收征收管理法实施细则》第七十三条、第七十五条规定,论述加征滞纳金的标准及程序

在广东省开平市创丰贸易有限公司与国家税务总局江门市税务局稽查局、国家税务总局江门市税务局行政处理及行政复议纠纷案[①]中,关于滞纳金的问题,广东省江门市中级人民法院认为,《税收征收管理法》第三十二条规定:"纳税人未按照规定期限缴纳税款的,扣缴义务人未按照规定期限解缴税款的,税务机关除责令限期缴纳外,从滞纳税款之日起,按日加收滞纳税款万分之五的滞纳金。"《税收征收管理法实施细则》第七十三条规定:"从事生产、经营的纳税人、扣缴义务人未按照规定的期限缴纳或者解缴税款的,纳税担保人未按照规定的期限缴纳所担保的税款的,由税务机关发出限期缴纳税款通知书,责令缴纳或者解缴税款的最长期限不得超过15日。"第七十五条规定:"税收征管法第三十二条规定的加收滞纳金的起止时间,为法律、行政法规规定或者税务机关依照法律、行政法规的规定确定的税款缴纳期限届满次日起至纳税人、扣缴义务人实际缴纳或者解缴税款之日止。"创丰公司未按照法律规定申报缴纳前述税款,税务机关除责令其限期缴纳税款本金外,还可以从滞纳税款之日起,按日加收滞纳税款0.05%的滞纳金。

四、关于滞纳金能否超税款金额的争论

(一)代表案例及相关信息

实务中,对适用本条规定争议主要集中在税收滞纳金能否超过税款金额问题上。这个争议自《行政强制法》于2012年1月1日起实施,已有十年之久,所以

[①] 案例来源:广东省江门市江海区人民法院行政判决书(2018)粤0704行初144号、广东省江门市中级人民法院行政判决书(2018)粤07行终216号。

相关案例较多。在此,分享几则代表性的案件,以飨读者:

1.典型案例1:深圳市广源机电发展有限公司与国家税务总局深圳市税务局稽查局行政强制执行决定纠纷案①

在该案中,广东省深圳市中级人民法院指出,《税收征收管理法》第三十二条规定:"纳税人未按照规定期限缴纳税款的,扣缴义务人未按照规定期限解缴税款的,税务机关除责令限期缴纳外,从滞纳税款之日起,按日加收滞纳税款万分之五的滞纳金。"《税收征收管理法实施细则》第七十五条进一步明文规定:"税收征管法第三十二条规定的加收滞纳金的起止时间,为法律、行政法规规定或者税务机关依照法律、行政法规的规定确定的税款缴纳期限届满次日起至纳税人、扣缴义务人实际缴纳或者解缴税款之日止。"上述法条对税款滞纳金的数额、起止时间作了明确规定。《税收征收管理法》是税收征管领域特别法,其实施细则为行政法规。被上诉人(国家税务总局深圳市税务局稽查局)依据上述规定对上诉人(深圳市广源机电发展有限公司)作出强制执行决定,扣缴滞纳金数额超过税款数额,并不违反法律规定。上诉人有关违反《行政强制法》第四十五条第二款规定的主张,本院不予支持。

另外,还请特别留意如下信息:

(1)2022年6月1日,国家税务总局深圳市税务局12366呼叫中心答复相关网友关于"深圳企业增值税和企业所得税的滞纳金可以超过本金吗"的提问时,亦指出"对于纳税人未按照规定期限缴纳税款产生的滞纳金没有上限规定,故存在超过本金的情形"。

(2)2021年1月24日,税务总局内蒙古自治区税务局针对网友提出的"税款加收滞纳金的金额能否超过税款本金"问题,指出"根据总局答复口径:税收滞纳金本质上是税收征收行为,税收征管法中的罚款是行政处罚行为,二者均不是行政强制法所规定的'加处罚款及滞纳金'行为,不适用行政强制法,因此二者均可以超过欠缴税款的金额"。

2.典型案例2:国家税务总局济南市槐荫区税务局与山东省建材物资总公司破产债权确认纠纷案②

在该案中,因槐荫税务局主张税款滞纳金并非行政强制执行滞纳金的意见,

---

① 案例来源:广东省深圳市盐田区人民法院行政判决书(2019)粤0308行初1836号、广东省深圳市中级人民法院行政判决书(2019)粤03行终1725号。

② 案例来源:山东省济南市槐荫区人民法院民事判决书(2018)鲁0104民初7704号、山东省济南市中级人民法院民事判决书(2019)鲁01民终4926号。

一审法院不予采纳。槐荫税务局上诉指出，（一）"税款滞纳金"和"行政强制执行滞纳金"系两个不同的概念，不能混为一谈。第一，两者的加收法律依据不同。税款滞纳金的征收依据是《税收征收管理法》第三十二条，即"纳税人未按照规定期限缴纳税款的，扣缴义务人未按照规定期限解缴税款的，税务机关除责令限期缴纳外，从滞纳税款之日起，按日加收滞纳税款万分之五的滞纳金"。行政强制执行滞纳金的加收依据是《行政强制法》第四十五条，即"行政机关依法作出金钱给付义务的行政决定，当事人逾期不履行的，行政机关可以依法加处罚款或者滞纳金"。第二，两者的加收条件不同。税款滞纳金的加收条件是纳税人发生纳税义务后未照规定期限缴纳税款；行政强制执行滞纳金的加收条件是行政机关作出金钱给付义务决定后，义务人未按期履行。因此，税款滞纳金的加收前提是纳税人未履行纳税的法定义务，行政强制滞纳金的加收前提是义务人未履行行政机关作出行政决定规定的义务。一个是"法定义务"，另一个是"行政决定规定的义务"。第三，两者加收的起止期限不同。《税收征收管理法实施细则》第七十五条规定，税收征管法第三十二条规定的加收滞纳金的起止时间，为法律、行政法规规定或者税务机关依照法律、行政法规的规定确定的税款缴纳期限届满次日起至纳税人、扣缴义务人实际缴纳或者解缴税款之日止。根据《行政强制法》第四十五条的规定，行政强制执行滞纳金是从行政机关作出金钱给付义务的行政决定要求履行的期限届满开始计算到义务人实际履行完毕金钱给付义务为止，但滞纳金的数额不得超出金钱给付义务的数额。因此，"税款滞纳金"和"行政强制滞纳金"是两个不同的概念，两者在适用的法律依据、加收条件和起止期限上都有不同的规定。为此国家税务局总局服务司于2012年8月22日就"征收税款加收滞纳金的金额能否超出税款本金"的问题答疑，明确答复"税收滞纳金的加收按照征管法执行，不适用行政强制法，不存在是否超出税款本金的问题。如滞纳金加收数据超过本金，按征管法的规定进行加收"。（二）本案涉及税收管理过程中，槐荫税务局对于建材公司未采取行政强制执行措施，一审判决将税款滞纳金认定为行政强制执行滞纳金，没有任何事实依据。《行政强制法》第十二条规定，行政强制执行的方式：加处罚款或者滞纳金；第三十四条规定，行政机关依法作出行政决定后，当事人在行政机关决定的期限内不履行义务的，具有行政强制执行权的行政机关依照本章规定强制执行；第三十五条规定，行政机关作出强制执行决定前，应当事先催告当事人履行义务；第三十六条规定，当事人收到催告书后有权进行陈述和申辩；第三十七条规定经催告，当事人逾期仍不履行行政决定，且无正当理由的，行政机关可以作出强制执行决定。根据上述关于行政强制执行的法律规定,如果槐荫税务局对于建材公司采取了行政强制执行,应履行催告、陈述申辩、下达行政强制执行决定书等程序。而事实是槐荫税务局并没有对建材公司采取上述行政强制执行程序,也没有下达行政强制执行决定。因此,一审判决将税款滞纳金认定为行政强制执行滞纳金没有事实依据。综上所述,"税款滞纳金"与"行政强制执行滞纳金"系两个不同的概念。建材公司的破产管理人将"税款滞纳金"认定为"行政强制执行滞纳金"继而对超出税款金额部分的滞纳金没有认定为破产债权是错误的,侵犯了槐荫税务局的合法权益,损害了国家利益。

建材公司则反驳称,(一)从《行政强制法》的相关规定来看,本案中税款滞纳金不应超过税款本金。1.《税收征收管理法》第三十二条与《行政强制法》第四十五条第二款之间不存在冲突,应当对税款滞纳金数额进行限制。从《税收征收管理法》第三十二条的规定来看,税款滞纳金的数额的计算取决于三个要素:税款本金、比率(即日万分之五)、滞纳天数,用数学公式可表示为:税款滞纳金=税款本金×日万分之五×滞纳天数。《税收征收管理法》第三十二条只规定了前两个要素,对滞纳天数只规定了起算时间,但并未规定截止日期。因此,仅依据《税收征收管理法》第三十二条是无法计算出税款滞纳金具体数额的。《行政强制法》第四十五条第二款规定,"加处罚款或者滞纳金的数额不得超出金钱给付义务的数额"。即税款滞纳金≤税款本金,此规定是对滞纳金最高限额的规定,与《税收征收管理法》第三十二条的规定并不存在冲突。2.按照新法优于旧法的原则,应当对税金滞纳金数额进行限制。3.《税收征管法实施细则》《国家税务总局关于贯彻及其实施细则若干具体问题的通知》(国税发〔2003〕47号)效力等级低于《中华人民共和国行政强制法》,当前两者的规定与后者的规定不一致时,应当优先适用法律,应当对税金滞纳金数额进行限制。(二)从税款滞纳金的性质来看,应当对税款滞纳金的数额进行限制。根据《税收征收管理法》第三十二条和第四十条的规定可知,税收滞纳金兼具损害赔偿性和行政强制执行中的执行罚的性质。国家对滞纳税款的纳税人、扣缴义务人征收滞纳金,目的是保证纳税人、扣缴义务人及时履行缴纳或者解缴税款的义务。从民法角度讲,滞纳金是纳税人、扣缴义务人因迟延缴纳国家税款所作的赔偿;从行政法角度讲,滞纳金是国家对不及时履行缴纳或者解缴税款义务的纳税人、扣缴义务人施加的一种加重给付义务,具有执行罚的性质。既然税款滞纳金具有双重性质,那就不仅需要考虑其执行罚的性质,还需考虑赔偿的适度,从滞纳金的比率从日千分之五到日千分之二再到现行的日万分之五的变化,就可以看出,滞纳金作为对未按时缴纳或解缴税款的赔偿，越来越趋于合理、公平。在民事法律关系中，作为违约方，有请求对过高的违约金进行调整的权利，税收滞纳金的现行比率日万分之五，相当于年利率18%，远远高于现行最高银行贷款年利率4.9%，那么作为税法律关系中违约方的纳税企业，也有要求对滞纳金进行限制的权利，这样才能在维护国家税收公权利的同时，兼顾纳税人的利益。因此，从税款滞纳金的性质考虑，也应当对数额进行限制。（三）退一步讲，即使税款滞纳金不以税款金额为限，也应当按照《中华人民共和国税收征收管理法》的规定，以日万分之五为计算滞纳金的比率。本案中，槐荫税务局对2001年5月1日前的滞纳金按照日千分之二的比率进行计算，与《税收征收管理法》第九十二条"本法施行前颁布的税收法律与本法有不同规定的，适用本法规定"的规定不相符合。按照上述规定，应适用《税收征收管理法》第三十二条规定的日万分之五的比率计算滞纳金。（四）税务机关未及时催缴或扣划税款，导致税款滞纳金的无限增加，其本身未尽相关催缴义务，应承担相应责任。（五）建材公司作为已停止生产经营多年的企业，其欠缴税款并非故意，从维护企业职工权益及企业发展的角度考虑，也应当对税款滞纳金进行限制。另外，对于一些暂时出现生产经营困难的企业，如果不考虑企业的具体情况，只单纯计收税款滞纳金，可能会导致部分能够继续生存的企业，因税款滞纳金过高，而无法继续经营，这对国家社会经济发展的不利影响是毋庸置疑的。（六）对税款滞纳金数额进行限制，是《破产法》保障破产程序中全体债权人公平清偿原则的体现。本案中，建材公司已被人民法院裁定受理进行破产清算，按照《破产法》的相关规定，应当对债权人进行公平清偿，税款本金债权按照该法规定，已经优先于其他普通债权将在第二顺序得到清偿，若对税款滞纳金不加以限制，将更不利于其他普通债权人权利的实现与维护，因此对税款滞纳金应当进行限制。

山东省济南市中级人民法院"一锤定音"认为，加收滞纳金系纳税人未在法律规定期限内完税的一种处罚举措，系行政强制执行的一种方式，一审法院对此认定并无不当。《行政强制法》第四十五条第二款"加处罚款或者滞纳金的数额不得超出金钱给付义务的数额"。建材公司管理人认定的滞纳金数额，符合法律规定。对于槐荫税务局要求建材公司管理人确认超出本金的税款滞纳金，不符合法律规定，不应支持。综上所述，槐荫税务局的上诉请求不能成立，应予驳回；一审判决认定事实清楚，适用法律正确，应予维持。

如果上述案例仅代表部分司法系统观点，国家税务总局天津市税务局第一稽查局《关于送达天津亚得置业发展集团有限公司"税务处理决定书""不予税务行政处罚决定书"的公告》①（津税一稽处〔2022〕390号）直接指出"根据《税收征收管理法》第三十二条及《关于调整我市财政附加滞纳金征收比率的通知》（津财税政〔2002〕12号）的规定对上述税费款按日加收万分之五的滞纳金。根据《行政强制法》第四十五条第二款'加处罚款或者滞纳金的数额不得超出金钱给付义务的数额'的规定，收取的滞纳金不应超过对应的当期税费款"。则表明至少部分税务机关亦认同税收滞纳金不能超过税款金额。

（二）争议的解决方向

法律适用时有争议，甚至存在完全相反的理解，至少说明本条规定内容不科学，需要修改。笔者认为，从财政部答复人大代表相关建议，也许可以看出这个争议的解决方案。

在财政部公布的关于"优化税收征管支持经济发展"建议的答复（摘要）②中，财政部指出，"关于滞纳金问题。《行政强制法》第四十五条规定，行政机关依法作出金钱给付义务的行政决定，当事人逾期不履行的，行政机关可以依法加处罚款或者滞纳金。加处罚款或者滞纳金的数额不得超出金钱给付义务的数额。《税收征收管理法》第三十二条规定，纳税人未按照规定期限缴纳税款的，扣缴义务人未按照规定期限解缴税款的，税务机关除责令限期缴纳外，从滞纳税款之日起，按日加收滞纳税款万分之五的滞纳金。由此可见，《税收征收管理法》所规定的滞纳金属于利息性质，在《税收征收管理法》修订过程中，我部会同税务总局等有关部门正在研究厘清税收利息与滞纳金的关系，并合理确定征收比例。"

从中可以看出，财政部认为税收滞纳金属于利息性质，财政部也在会同税务总局等有关部门研究税收利息与滞纳金的关系，未来可能通过"合理确定征收比例"的方式解决该项争议。

五、法条总结

本条规定需要结合《税收征收管理法实施细则》第七十三条、第七十五条规定一并进行理解和适用，但是因为与《行政强制法》第四十五条规定之间有一定

---

① 注：详见http：//tianjin.chinatax.gov.cn/11200000000/0100/010014/20221011095520883.shtml，最近访问时间：2023年1月26日。

② 注：详见http：//www.mof.gov.cn/zhuantihuigu/2014lh/2014rd/201602/t20160216_1698374.htm，最近访问时间：2023年1月26日。

程度的冲突，所以围绕本条规定的争议一直存在至今，期待《税收征收管理法》修订时能彻底改变这一现状。

第三十三条

纳税人依照法律、行政法规的规定办理减税、免税。

地方各级人民政府、各级人民政府主管部门、单位和个人违反法律、行政法规规定，擅自作出的减税、免税决定无效，税务机关不得执行，并向上级税务机关报告。

一、法条简析

本条是对减税、免税申请与审批程序的规定，包括三个内容：第一，依照法律、行政法规的规定办理减税、免税。第二，违反法律、行政法规规定，擅自作出的减税、免税决定无效。第三，税务机关不得执行无效的减免税决定，并向上级税务机关报告。

二、相关规定

（一）《税收征收管理法实施细则》相关规定

第三十二条 纳税人在纳税期内没有应纳税款的，也应当按照规定办理纳税申报。

纳税人享受减税、免税待遇的，在减税、免税期间应当按照规定办理纳税申报。

第四十三条 享受减税、免税优惠的纳税人，减税、免税期满，应当自期满次日起恢复纳税；减税、免税条件发生变化的，应当在纳税申报时向税务机关报告；不再符合减税、免税条件的，应当依法履行纳税义务；未依法纳税的，税务机关应当予以追缴。

（二）《国家税务总局关于发布修订后的〈企业所得税优惠政策事项办理办法〉的公告》（国家税务总局公告2018年第23号）

为优化税收环境，有效落实企业所得税各项优惠政策，根据《国家税务总局关于进一步深化税务系统"放管服"改革 优化税收环境的若干意见》（税总发〔2017〕101号）有关精神，现将修订后的《企业所得税优惠政策事项办理办法》

予以发布。

特此公告。

附件：企业所得税优惠事项管理目录（2017年版）

国家税务总局
2018年4月25日

企业所得税优惠政策事项办理办法

第一条 为落实国务院简政放权、放管结合、优化服务要求，规范企业所得税优惠政策事项（以下简称"优惠事项"）办理，根据《中华人民共和国企业所得税法》（以下简称"企业所得税法"）及其实施条例、《中华人民共和国税收征收管理法》（以下简称"税收征管法"）及其实施细则，制定本办法。

第二条 本办法所称优惠事项是指企业所得税法规定的优惠事项，以及国务院和民族自治地方根据企业所得税法授权制定的企业所得税优惠事项。包括免税收入、减计收入、加计扣除、加速折旧、所得减免、抵扣应纳税所得额、减低税率、税额抵免等。

第三条 优惠事项的名称、政策概述、主要政策依据、主要留存备查资料、享受优惠时间、后续管理要求等，见本公告附件《企业所得税优惠事项管理目录（2017年版）》（以下简称《目录》）。

《目录》由税务总局编制、更新。

第四条 企业享受优惠事项采取"自行判别、申报享受、相关资料留存备查"的办理方式。企业应当根据经营情况以及相关税收规定自行判断是否符合优惠事项规定的条件，符合条件的可以按照《目录》列示的时间自行计算减免税额，并通过填报企业所得税纳税申报表享受税收优惠。同时，按照本办法的规定归集和留存相关资料备查。

第五条 本办法所称留存备查资料是指与企业享受优惠事项有关的合同、协议、凭证、证书、文件、账册、说明等资料。留存备查资料分为主要留存备查资料和其他留存备查资料两类。主要留存备查资料由企业按照《目录》列示的资料清单准备，其他留存备查资料由企业根据享受优惠事项情况自行补充准备。

第六条 企业享受优惠事项的，应当在完成年度汇算清缴后，将留存备查资料归集齐全并整理完成，以备税务机关核查。

第七条 企业同时享受多项优惠事项或者享受的优惠事项按照规定分项目进行核算的，应当按照优惠事项或者项目分别归集留存备查资料。

第八条 设有非法人分支机构的居民企业以及实行汇总纳税的非居民企业机构、场所享受优惠事项的,由居民企业的总机构以及汇总纳税的主要机构、场所负责统一归集并留存备查资料。分支机构以及被汇总纳税的非居民企业机构、场所按照规定可独立享受优惠事项的,由分支机构以及被汇总纳税的非居民企业机构、场所负责归集并留存备查资料,同时分支机构以及被汇总纳税的非居民企业机构、场所应在当完成年度汇算清缴后将留存的备查资料清单送总机构以及汇总纳税的主要机构、场所汇总。

第九条 企业对优惠事项留存备查资料的真实性、合法性承担法律责任。

第十条 企业留存备查资料应从企业享受优惠事项当年的企业所得税汇算清缴期结束次日起保留10年。

第十一条 税务机关应当严格按照本办法规定的方式管理优惠事项,严禁擅自改变优惠事项的管理方式。

第十二条 企业享受优惠事项后,税务机关将适时开展后续管理。在后续管理时,企业应当根据税务机关管理服务的需要,按照规定的期限和方式提供留存备查资料,以证实享受优惠事项符合条件。其中,享受集成电路生产企业、集成电路设计企业、软件企业、国家规划布局内的重点软件企业和集成电路设计企业等优惠事项的企业,应当在完成年度汇算清缴后,按照《目录》"后续管理要求"项目中列示的清单向税务机关提交资料。

第十三条 企业享受优惠事项后发现其不符合优惠事项规定条件的,应当依法及时自行调整并补缴税款及滞纳金。

第十四条 企业未能按照税务机关要求提供留存备查资料,或者提供的留存备查资料与实际生产经营情况、财务核算情况、相关技术领域、产业、目录、资格证书等不符,无法证实符合优惠事项规定条件的,或者存在弄虚作假情况的,税务机关将依法追缴其已享受的企业所得税优惠,并按照税收征管法等相关规定处理。

第十五条 本办法适用于2017年度企业所得税汇算清缴及以后年度企业所得税优惠事项办理工作。《国家税务总局关于发布〈企业所得税优惠政策事项办理办法〉的公告》(国家税务总局公告2015年第76号)同时废止。

(三)《国家税务总局关于贯彻〈中华人民共和国税收征收管理法〉及其实施细则若干具体问题的通知》(国税发〔2003〕47号)

第八条 关于减免税管理问题

除法律、行政法规规定不需要经税务机关审批的减免税外,纳税人享受减税、免税的应当向主管税务机关提出书面申请,并按照主管税务机关的要求附送有关资料,经税务机关审核,按照减免税的审批程序经由法律、行政法规授权的机关批准后,方可享受减税、免税。

三、应用场景

结合《税收征收管理法实施细则》相关规定,论述需要通过申报方可享受免税待遇

在武汉万吨冷储物流有限公司与国家税务总局武汉市武昌区税务局第二税务所税务行政处理纠纷案[①]中,原告主张其因城市实施规划搬迁而取得财产收入,属于《土地增值税暂行条例实施细则》规定免征土地增值税的情形,无须申报。法院认为,《税收征收管理法》第二十五条第一款规定:"纳税人必须依照法律、行政法规规定或者税务机关依照法律、行政法规的规定确定的申报期限、申报内容如实办理纳税申报,报送纳税申报表、财务会计报表以及税务机关根据实际需要要求纳税人报送的其他纳税资料。"第八条第三款规定:"纳税人依法享有申请减税、免税、退税的权利。"第三十三条规定:"纳税人依照法律、行政法规的规定办理减税、免税。"《税收征收管理法实施细则》第三十二条第二款规定:"纳税人享受减税、免税待遇的,在减税、免税期间应当按照规定办理纳税申报。"《土地增值税暂行条例》第十条规定:"纳税人应当自转让房地产合同签订之日起7日内向房地产所在地主管税务机关办理纳税申报",《中华人民共和国印花税暂行条例》第七条规定:"应纳税凭证应当于书立或者领受时贴花。"上述规定并未将减税、免税、退税作为免申请事项,《税收征收管理法》经修改后只是对申请形式不再要求"书面",无纳税义务人认为自己属于免税情形即可免予纳税申报之规定。本案中,原告作为土地增值税和印花税的纳税人,应当于签订"转让补偿合同"之日起七日内办理土地增值税的纳税申报,于书立或者领受应纳税凭证时贴花。即便存在法定免税的情形,原告仍应当按照规定办理纳税申报,其主张"属于法定免税情形无须申报"没有法律依据。需要指出的是,根据《税收征收管理法》的规定,纳税申报是程序义务,并不必然导致税款缴纳义务,只要纳税人进行了纳税申报,其申报义务便履行完毕。至于申报的真实性和合法性,是否减免,应由税务机关

---

① 案例来源:湖北省武汉市武昌区人民法院行政判决书(2019)鄂0106行初235号、湖北省武汉市中级人民法院行政判决书(2020)鄂01行终540号。

依法调查处理。综上所述，被诉处罚决定认定原告存在《税收征收管理法》第六十二条规定的纳税人未按照规定的期限办理纳税申报和报送纳税资料的行为证据确凿，适用该条规定对原告处以2 000元罚款适用法律正确，符合法定程序。

四、法条总结

本条规定主旨是规定纳税人依照法律、行政法规的规定办理减税、免税。延伸出来的是，未按规定进行纳税申报，不得享受减税、免税待遇；同时规定违反法律、行政法规规定，擅自作出的减税、免税决定无效，税务机关不得执行。

第三十四条

税务机关征收税款时，必须给纳税人开具完税凭证。扣缴义务人代扣、代收税款时，纳税人要求扣缴义务人开具代扣、代收税款凭证的，扣缴义务人应当开具。

一、法条简析

本条是对税务机关给纳税人开具完税凭证的规定。规定了两种情况：第一，税务机关在征收税款时，必须给纳税人开具完税凭证。第二，扣缴义务人代扣、代收税款时，纳税人要求扣缴义务人开具代扣、代收税款凭证的，扣缴义务人应当开具。

二、相关规定

（一）《税收征收管理法实施细则》相关规定

第四十五条　税收征管法第三十四条所称完税凭证，是指各种完税证、缴款书、印花税票、扣（收）税凭证以及其他完税证明。

未经税务机关指定，任何单位、个人不得印制完税凭证。完税凭证不得转借、倒卖、变造或者伪造。

完税凭证的式样及管理办法由国家税务总局制定。

第四十六条　税务机关收到税款后，应当向纳税人开具完税凭证。纳税人通过银行缴纳税款的，税务机关可以委托银行开具完税凭证。

（二）《国家税务总局关于纳税人遗失完税凭证后处理办法的批复》（国税函〔2004〕761号）

上海市国家税务局：

你局《关于纳税人遗失完税凭证后处理办法的请示》（沪国税计〔2004〕20号）收悉，现批复如下：

纳税人遗失完税凭证后，经纳税人申请，主管税务机关核实税款确已缴纳的，可以向其提供原完税凭证的复印件，也可以为其补开相关完税凭证，并在补开的完税凭证的备注栏注明：原××号完税凭证遗失作废。

（三）《国家税务总局关于进一步做好个人所得税完税凭证开具工作的通知》（国税发〔2010〕63号）

各省、自治区、直辖市和计划单列市地方税务局，西藏、宁夏、青海省（自治区）国家税务局：

为进一步优化纳税服务，保护纳税人的合法权益，现就个人所得税完税凭证（以下简称完税凭证）开具及相关工作事项通知如下：

一、切实提高对完税凭证开具工作重要性的认识

由税务机关直接向个人所得税纳税人开具完税凭证，告知其纳税情况，是贯彻落实"服务科学发展、共建和谐税收"的工作要求的具体体现，是优化纳税服务的客观需要，更是进一步推动全员全额扣缴明细申报、提升个人所得税征管质量和效率的重要举措，也为个人所得税制改革奠定基础。各级税务机关要进一步统一思想，提高认识，按照"明确目标、全力推进、多措并举、逐步到位"的基本原则，以强化全员全额扣缴明细申报为契机，创造条件，采取多种方式，坚定不移地推进完税凭证的开具工作，加大工作力度，切实满足纳税人税收知情权的诉求。

二、工作目标和要求

工作目标：按照个人所得税制改革方向和优化纳税服务的要求，通过多种方式，保证纳税人能够方便、快捷、准确知晓个人所得税纳税情况，保护其知情权。保证税务机关能归集和掌握个人收入和纳税信息，加强个人所得税征收管理。具体要求是：

（一）税务机关直接征收税款的（如个体户生产经营所得、自行纳税申报纳税的）、纳税人申请开具完税凭证的，税务机关应当为纳税人开具通用完税证或缴款书、完税证明。

（二）凡是扣缴义务人已经实行扣缴明细申报，且具备条件的地区，2010年

应当向纳税人告知个人所得税纳税情况,具体方式如下:

1.直接为纳税人开具"中华人民共和国个人所得税完税证明"(以下简称"完税证明")。

"完税证明"为一联式凭证,由国家税务总局统一制定,式样附后(见附件1;完税证明开具示例见附件2与附件3)。"完税证明"比照"税收转账专用完税证",按《国家税务总局关于印发〈税收票证管理办法〉的通知》(国税发〔1998〕32号)的规定严格管理。

自2010年8月1日起,凡向个人纳税人开具的完税证明,统一按此格式开具,原《国家税务总局关于试行税务机关向扣缴义务人实行明细申报后的纳税人开具个人所得税完税证明的通知》(国税发〔2005〕8号)文件规定的证明样式停止使用。

2.通过税务网站,由纳税人网络查询、打印纳税情况,并告知纳税人开具完税证明的方法和途径。

3.通过手机短信等方式告知纳税人纳税情况(如每半年或一年向纳税人发送短信一次),并告知纳税人到税务机关开具完税证明的方法和途径。

4.其他方式。各地可以结合本地的实际,确定告知纳税人纳税情况的方式。

(三)扣缴义务人未实行全员全额扣缴明细申报和实行明细申报但不具备开具条件的地区,应积极创造条件,推广应用个人所得税管理系统,扩大全员全额扣缴明细申报覆盖面,尽快实现直接为纳税人开具完税证明。同时,要做好本地的宣传解释工作,说明不能直接开具完税证明的原因,并采取有效措施,保护纳税人的税收知情权。

(四)督促扣缴义务人履行告知义务。一方面,要督促扣缴义务人在发放工资扣缴个人所得税后,在工资单上注明个人已扣缴税款的金额。另一方面,纳税人要求扣缴义务人开具代扣、代收税款凭证的,扣缴义务人必须开具。

前款所称个人所得税完税凭证包括完税证、缴款书、代扣代收税款凭证,以及个人所得税完税证明。

三、发布个人所得税完税凭证索取指引

各地应自本通知发布之日起1个月内,结合本地实际,发布个人所得税完税凭证的索取指引,向纳税人告知如下事项(不限于):

(一)明确告知个人所得税完税凭证的种类。

(二)具体说明纳税人在不同情形下,应取得完税凭证的种类。

(三)详尽描述开具不同完税凭证的时间、地点、流程及附送资料,保证纳税人按照索取指引,即可获取完税凭证。

四、协同配合做好完税凭证开具工作

各级税务机关要按照国税发〔2005〕8号文件和本通知的要求，进一步做好完税凭证的开具工作。各部门之间要明确职责、密切配合，所得税部门要积极推广应用个人所得税管理系统，全面实行全员全额扣缴明细申报，推进为纳税人直接开具完税证明的基础工作。收入规划核算部门要协助做好完税证明开具的具体工作，研究完善代扣代收税款凭证开具工作。纳税服务部门要做好宣传解释工作，让纳税人知晓获取完税证明和纳税信息的渠道。征管科技部门和电子税务管理部门要配合加快个人所得税管理系统的推广应用，加大自然人数据库归集数据工作力度，提高数据质量，为全员全额扣缴明细申报和开具完税证明工作提供技术支撑。

附件（具体内容略）：

1."中华人民共和国个人所得税完税证明"式样
2.年终为纳税人开具全年纳税情况的个人所得税完税证明示例
3.日常为纳税人开具的个人所得税完税证明示例

（四）《国家税务总局 国家外汇管理局关于个人财产对外转移提交税收证明或者完税凭证有关问题的通知》（国税发〔2005〕13号）

注释：

《国家税务总局关于修改部分税收规范性文件的公告》（国家税务总局公告2018年第31号）对本文进行了修改。

各省、自治区、直辖市和计划单列市国家税务局、地方税务局，国家外汇管理局各省、自治区、直辖市分局、外汇管理部，深圳、大连、青岛、厦门、宁波市分局：

为落实《个人财产对外转移售付汇管理暂行办法》（中国人民银行公告〔2004〕第16号，以下简称《办法》），便利申请人办理业务，防止国家税收流失，现就《办法》所涉及个人财产对外转移提交税收证明或完税凭证的有关问题通知如下：

一、税务机关对申请人缴纳税款情况进行证明。税务机关在为申请人开具税收证明时，应当按其收入或财产不同类别、来源，由收入来源地或者财产所在地税务局分别开具。

二、申请人拟转移的财产已取得完税凭证的，可直接向外汇管理部门提供完税凭证，不需向税务机关另外申请税收证明。

申请人拟转移的财产总价值在人民币15万元以下的，可不需向税务机关申请税收证明。

三、申请人申请领取税收证明的程序如下：

（一）申请人按照本通知第五条的规定提交相关资料，按财产类别和来源地，分别向税务局申请开具税收证明。

开具税收证明的税务机关为县级或者县级以上税务局。

（二）申请人资料齐全的，税务机关应当在15日内开具税收证明；申请人提供资料不全的，可要求其补正，待补正后开具。

（三）申请人有未完税事项的，允许补办申报纳税后开具税收证明。

（四）税务机关有根据认为申请人有偷税、骗税等情形，需要立案稽查的，在稽查结案并完税后可开具税收证明。

申请人与纳税人姓名、名称不一致的，税务机关只对纳税人出具证明，申请人应向外汇管理部门提供其与纳税人关系的证明。

四、税务机关开具税收证明的内部工作程序由省、自治区、直辖市和计划单列市税务局明确。

五、申请人向税务机关申请税收证明时，应当提交的资料分别为：代扣代缴单位报送的含有申请人明细资料的"扣缴个人所得税报告表"复印件，"个体工商户所得税年度申报表""个人承包承租经营所得税年度申报表"原件，有关合同、协议原件，取得有关所得的凭证，以及税务机关要求报送的其他有关资料。

申请人发生财产变现的，应当提供交易合同、发票等资料。

必要时税务机关应当对以上资料进行核实；对申请人没有缴税的应税行为，应当责成纳税人缴清税款并按照税收征管法的规定处理后开具税收证明。

六、税务机关必须按照申请人实际入库税额如实开具证明，并审查其有无欠税情况，严禁开具虚假证明。

申请人编造虚假的计税依据骗取税收证明的，伪造、变造、涂改税收证明的，按照税收征管法及其实施细则的规定处理。

七、税务机关应当与当地外汇管理部门加强沟通和协作，要建立定期协调机制，共同防范国家税收流失。税务机关应当将有税收违法行为且可能转移财产的纳税人情况向外汇管理部门通报，以防止申请人非法对外转移财产。外汇管理部门审核过程中，发现申请人有偷税嫌疑的，应当及时向相应税务机关通报。

有条件的地方，税务机关应当与外汇管理部门建立电子信息交换制度，建立税收证明的电子传递、比对、统计、分析评估制度。

各地税务机关、外汇管理部门对执行中的问题，应及时向国家税务总局、国家外汇管理局反映。

三、应用场景

（一）应用场景一：用于论述税务机关开具"税收完税证明"程序的合法性

在珠海市第二城市开发有限公司与国家税务总局珠海市斗门区税务局税务行政管理纠纷案①中，针对被诉征收税款滞纳金的行为程序合法问题，法院认为，《税收征收管理法》第三十四条规定："税务机关征收税款时，必须给纳税人开具完税凭证。扣缴义务人代扣、代收税款时，纳税人要求扣缴义务人开具代扣、代收税款凭证的，扣缴义务人应当开具。"本案中，原告于2017年9月28日向被告原斗门地税城区分局申报案涉土地使用权过户的纳税申请，被告原斗门地税城区分局于当日计算出转让方和受让方应支付的税费总额，并于2017年10月9日通过审批。原告于2017年10月31日和2017年11月8日缴清全部税费及滞纳金，被告原斗门地税城区分局于原告缴费的当日开具"税收完税证明"，符合法定程序。

（二）应用场景二：用于论述用人单位有向劳动者开具"税收完税证明"的法定义务

在郴州市新世纪郴阳房地产开发有限责任公司与曹婷劳动争议案②中，曹婷诉请郴阳房地产公司代扣个人所得税税款时开具完税凭证。法院指出，《税收征收管理法》第三十四条规定，税务机关征收税款时必须给纳税人开具完税凭证。扣缴义务人代扣、代收税款的，纳税人要求扣缴义务人开具代扣、代收税款凭证的，扣缴义务人应当开具。本案中，郴阳房地产公司在曹婷工作期间代扣了其个人所得税税款，根据上述法律规定，郴阳房地产公司应为曹婷开具完税凭证。

（三）应用场景三：结合行政诉讼法司法解释相关规定，论述"税收完税证明"不具有可诉性

王某等与国家税务总局琼海市税务局其他税务纠纷再审案③。

1.基本案情

2017年4月10日，上诉人史博与原审第三人甘绪安签订"协议书"，约定史

---

① 案例来源：广东省珠海市金湾区人民法院行政判决书（2018）粤0404行初86号。
② 案例来源：湖南省郴州市苏仙区人民法院民事判决书（2015）郴苏民初字第2041号、湖南省郴州市中级人民法院民事判决书（2016）湘10民终1458号。
③ 案例来源：海南省第一中级人民法院行政裁定书（2019）琼96行终31号、海南省高级人民法院行政裁定书（2019）琼行申124号。

博以人民币185万元的价格将198平方米的国有土地使用权转让给甘绪安,土地证号为[海国用(2007)第15某某号],但未办理土地使用权过户手续,至今为止,甘绪安共支付给史博土地转让款155万元,尚余30万元未付。2017年4月29日,甘绪安与张志平签订"协议书",以人民币249万元的价格又将上述土地使用权转让给第三人张志平,但亦未办理土地使用权过户手续,该土地使用权至今仍登记在史博名下。至2017年6月23日止,张志平共支付给甘绪安土地转让款183万元。甘绪安和张志平为了逃避国家税收以及将涉案土地使用权过户给张志平,冒用史博的名义,委托海南立诚土地房产评估有限公司对涉案土地进行评估,海南立诚土地房产评估有限公司于2017年5月15日出具"土地评估报告",将涉案土地的价格评估为40.59万元。2017年5月3日,甘绪安伪造史博的签名,与张志平签订了"国有土地使用权转让合同",约定涉案土地转让价为37.62万元。之后,甘绪安要求史博配合到琼海市税务局办理完税手续,称办理完税手续后即将余款30万元支付给史博。2017年6月12日,史博、甘绪安、王运、张志平到琼海市税务局处办理关于土地使用权转让的纳税手续。甘绪安和王运、张志平将"土地评估报告"以及伪造史博签名的"国有土地使用权转让合同"提交给琼海市税务局,作为申请纳税的依据。同日,史博、王运、张志平填写了缴纳税款申报单,史博在"填报人声明"处签名确认:"本单位(人)所填报的项目内容真实可靠,填报信息及提交的资料真实、准确,如有虚假内容,愿承担相关法律责任。"琼海市税务局根据史博、王运、张志平填报的项目内容,为王运开具了编号为01354282的"海南增值税普通发票",载明购买方为王运、张志平,销售方为史博,货物或应税劳务、服务名称为土地转让使用权,纳税金额为403 689.32元,所缴税款为12 110.68元,王运代史博支付增值税款12 110.68元。同日,琼海市税务局为史博开具了[(151)琼国证00366725号]"税收完税证明",载明纳税人为史博,税种为增值税,实缴金额为12 110.68元。同日,琼海市税务局出具编号为16000390的"房地产过户税收证明书",载明:位于琼海市嘉积镇银海开发区198平方米土地使用权[土地使用证号为海国用(2007)第1586号],由史博过户给王运、张志平,以上项目已按税法规定缴清税款。之后,张志平、王运得知甘绪安与史博签订的土地转让协议约定的转让价格是185万元,张志平、王运向甘绪安提出要求按照185万元的价格支付给甘绪安,甘绪安不同意,要求张志平、王运按照双方所订"协议书"约定的249万元付款,张志平、王运与甘绪安因此发生纠纷。2018年4月13日,王运、张志平以史博为被告向琼海市法院提起民事诉讼,张志平、王运称"国有土地使用权转让合同"是双方真实意思表示，请求法院确认"国有土地使用权转让合同"有效，并请求判令史博退还142.41万元给王运和张志平。史博认为该"国有土地使用权转让合同"是甘绪安和张志平为了逃避国家税收，伪造其签名的虚假合同，其本人并不知情，琼海市税务局根据伪造的合同为王运、张志平出具完税证明，侵害其合法权益，故而向一审法院提起行政诉讼，请求撤销琼海市税务局开具的编号为×××房地产过户税收证明书及［（151）琼国证00366725号］"税收完税证明"。

2. 二审裁判

二审法院指出：第一，依照《最高人民法院关于适用〈中华人民共和国行政诉讼法〉的解释》第一条第二款第（十）项的规定，对公民、法人或者其他组织权利义务不产生实际影响的行为不属于人民法院行政诉讼的受案范围。本案中，琼海市税务局开具的"房地产过户税收证明书"及"税收完税证明"是根据纳税人提供的纳税材料、缴纳完税款后出具的证明材料，并无对纳税人设定权利义务。完税证明与税务机关作出追缴税款的处理决定不同，税务机关作出追缴税款的处理决定具有行政强制力，对被追缴人的实体权利产生影响。所以，税务机关作出追缴税款的处理决定是具体行政行为，而开具完税证明并无这些性质。而且，依照《税收征收管理法》第三十四条规定，税务机关征收税款时，必须给纳税人开具完税凭证。可见，纳税人缴纳完税款后，税务机关开具完税凭证是其必须履行的法定职责，也是税务机关内部税收管理行为。所以，琼海市税务局开具完税证明对纳税人的权利义务并不产生影响，也不具有强制力，不具有可诉性，不属于人民法院行政诉讼的受案范围。

第二，需要指出的问题是，《税收征收管理法》第二十五条已明确规定，纳税人必须依照法律、行政法规规定或者税务机关依照法律、行政法规的规定确定的申报期限、申报内容如实办理纳税申报。本案中，王运、张志平、甘绪安为了偷逃国家税收，伪造史博本人的签名，于2017年5月3日签订了虚假的"国有土地使用权转让合同"，王运、张志平、甘绪安明知其双方之间2017年4月29日签订的土地转让"协议书"中约定的土地转让价格为249万元，但却故意在"国有土地使用权转让合同"中编造土地转让价格为37.62万元，造成与实际应缴纳的税金总额相差二百多万元，并以此提交给琼海市税务局作为申报纳税的依据，依照《税收征收管理法》第六十四条规定，其行为具有编造虚假计税依据、不依法纳税申报、故意偷税漏税之嫌，建议琼海市税务局按照《税收征收管理法》及有关法律的规定，依职权进行查处。

综上所述，被上诉人琼海市税务局出具的完税证明对上诉人史博的权利义务不产生影响，不属行政诉讼受案范围。上诉人史博请求撤销琼海市税务局出具的完税证明的理由不成立，本院不予支持。

（四）应用场景四：结合《民事诉讼法》相关规定，论述诉求交付完税凭证非法院民事诉讼审理范围

在重庆渝康建设（集团）有限公司与四川省德阳市中亚房地产有限公司建设工程施工合同纠纷案[①]中，针对上诉人［重庆渝康建设（集团）有限公司］要求四川省德阳市中亚房地产有限公司交付完税凭证的问题，二审法院指出，根据《税收征收管理法》第三十四条"税务机关征收税款时，必须给纳税人开具完税凭证"的规定，缴纳税款是纳税人的应尽义务，纳税人是否缴纳了税款，税务机关是否开具了完税凭证不属民事案件的审理范围，依照《民事诉讼法》第一百二十四条的规定，上诉人可就该主张向有关税务机关申请解决。

四、法条总结

向纳税人开具完税凭证，对于正确贯彻执行税收法律、行政法规，保证国家税款的及时入库，维护纳税人的合法权益，都具有重要意义。

第三十五条

纳税人有下列情形之一的，税务机关有权核定其应纳税额：
（一）依照法律、行政法规的规定可以不设置账簿的；
（二）依照法律、行政法规的规定应当设置账簿但未设置的；
（三）擅自销毁账簿或者拒不提供纳税资料的；
（四）虽设置账簿，但账目混乱或者成本资料、收入凭证、费用凭证残缺不全，难以查账的；
（五）发生纳税义务，未按照规定的期限办理纳税申报，经税务机关责令限期申报，逾期仍不申报的；
（六）纳税人申报的计税依据明显偏低，又无正当理由的。
税务机关核定应纳税额的具体程序和方法由国务院税务主管部门规定。

---

① 案例来源：四川省德阳市旌阳区人民法院（2013）旌民初字第666号民事判决、四川省德阳市中级人民法院民事判决书（2015）德民一终字第183号。

一、法条简析

核定税额征收税款是在不能以纳税人的账簿为基础计算其应纳税额时,由税务机关核定其应纳税额的一种征税方法。本条规定了六种情形,税务机关有权核定其应纳税额。

二、相关规定

(一)《税收征收管理法实施细则》第四十七条

纳税人有税收征管法第三十五条或者第三十七条所列情形之一的,税务机关有权采用下列任何一种方法核定其应纳税额:

(一)参照当地同类行业或者类似行业中经营规模和收入水平相近的纳税人的税负水平核定;

(二)按照营业收入或者成本加合理的费用和利润的方法核定;

(三)按照耗用的原材料、燃料、动力等推算或者测算核定;

(四)按照其他合理方法核定。

采用前款所列一种方法不足以正确核定应纳税额时,可以同时采用两种以上的方法核定。

纳税人对税务机关采取本条规定的方法核定的应纳税额有异议的,应当提供相关证据,经税务机关认定后,调整应纳税额。

(二)《个人所得法实施条例》第十六条

个人所得税法第六条第一款第(五)项规定的财产原值,按照下列方法确定:

(一)有价证券,为买入价以及买入时按照规定交纳的有关费用;

(二)建筑物,为建造费或者购进价格以及其他有关费用;

(三)土地使用权,为取得土地使用权所支付的金额、开发土地的费用以及其他有关费用;

(四)机器设备、车船,为购进价格、运输费、安装费以及其他有关费用。

其他财产,参照前款规定的方法确定财产原值。

纳税人未提供完整、准确的财产原值凭证,不能按照本条第一款规定的方法确定财产原值的,由主管税务机关核定财产原值。

个人所得税法第六条第一款第(五)项所称合理费用,是指卖出财产时按照规定支付的有关税费。

（三）《国家税务总局关于发布〈股权转让所得个人所得税管理办法（试行）〉的公告》（国家税务总局公告2014年第67号）相关规定

第十一条　符合下列情形之一的，主管税务机关可以核定股权转让收入：
（一）申报的股权转让收入明显偏低且无正当理由的；
（二）未按照规定期限办理纳税申报，经税务机关责令限期申报，逾期仍不申报的；
（三）转让方无法提供或拒不提供股权转让收入的有关资料；
（四）其他应核定股权转让收入的情形。

第十四条　主管税务机关应依次按照下列方法核定股权转让收入：
（一）净资产核定法
股权转让收入按照每股净资产或股权对应的净资产份额核定。
被投资企业的土地使用权、房屋、房地产企业未销售房产、知识产权、探矿权、采矿权、股权等资产占企业总资产比例超过20%的，主管税务机关可参照纳税人提供的具有法定资质的中介机构出具的资产评估报告核定股权转让收入。
6个月内再次发生股权转让且被投资企业净资产未发生重大变化的，主管税务机关可参照上一次股权转让时被投资企业的资产评估报告核定此次股权转让收入。
（二）类比法
1.参照相同或类似条件下同一企业同一股东或其他股东股权转让收入核定；
2.参照相同或类似条件下同类行业企业股权转让收入核定。
（三）其他合理方法
主管税务机关采用以上方法核定股权转让收入存在困难的，可以采取其他合理方法核定。

（四）《国家税务总局关于贯彻〈中华人民共和国税收征收管理法〉及其实施细则若干具体问题的通知》（国税发〔2003〕47号）

第十四条　关于税款核定征收条款的适用对象问题
征管法第三十五条、实施细则第四十七条关于核定应纳税款的规定，适用于单位纳税人和个人纳税人。对个人纳税人的核定征收办法，国家税务总局将另行制定。

三、应用场景

（一）应用场景一：结合《税收征收管理法实施细则》第四十七条规定，论述税务机关核定税额方法的合法性

在河南舒莱卫生用品有限公司与河南省许昌市国家税务局稽查局税务处理纠纷案[①]中，一审、二审法院均认为，许昌市国家税务局稽查局提供的证据足以证明舒莱公司虽设置账簿，但存在账目混乱或者成本资料、费用凭证、收入凭证残缺不全。根据《税收征收管理法》第三十五条第一款第（四）项、《税收征收管理法实施细则》第四十七条第一款、第二款的规定，许昌市国家税务局稽查局对舒莱公司应纳税额依法享有采取核定的法定职权，其以核定方式计算出的舒莱公司少缴增值税税额以及企业所得税税额，方法合理且不违反法律规定，舒莱公司对此虽有异议，但未提供相应证据，对其主张不予支持，故许昌市国家税务局稽查局作出本案被诉税务处理决定事实清楚，证据充分。在程序方面，许昌市国家税务局稽查局履行了立案、检查、送达、告知、审理、裁决等程序性规定，程序合法。

（二）应用场景二：在逃税罪案件中，论述作为刑事证据的税务机关核定文件合法性

在朱良淮逃税案[②]中，上诉人朱良淮提出，原审法院将澧县国家税务局关于《对澧县铝制品加工厂纳税情况进行税务核定函》的复函作为定案依据不当。二审法院认为，经查，依据《税收征收管理法》第三十五条第一款第（二）、第（三）项之规定，依照法律、行政法规的规定应当设置但未设置账簿、擅自销毁账簿或拒不提供纳税资料的，税务机关有权核定其应纳税额。因此，澧县国家税务局作为核定主体合法。同时该复函依据侦查机关收集的创元铝业和晟通集团给朱良淮销售铝灰、出铝包皮明细等书证认定铝制品厂的应纳税额，其内容客观真实，与本案其他相关证据相互印证，原审法院将其作为定案依据并无不当。朱良淮的该上诉意见不成立，本院不予支持。

---

① 案例来源：河南省许昌市中级人民法院行政判决书（2014）许行初字第15号、河南省高级人民法院行政判决书（2017）豫行终3048号。

② 案例来源：湖南省澧县人民法院刑事判决书（2013）澧刑初字第230号、湖南省常德市中级人民法院刑事裁定书（2014）常刑二终字第53号。

(三)应用场景三：在逃税罪案件中，论述核定税款金额的税务稽查报告或税务处理决定书，可作为刑事定案证据

1. 典型案例1：南充市桓某冷食品有限公司等逃税案[①]

在该案中，针对辩护人提出"本案采取成本加利润的方法核定欠缴的税款，没有考虑桓荣公司低于或等于进价的销售情况，税务稽查报告不是鉴定结论，不应作为定案证据"的辩护意见，法院认为，经查，因桓荣公司账面购进和销售数量、单价、规格与实际不符，账目混乱难以查账，且销售对象又大多为个体工商户，无法完整准确取得销售单价和数量，南充市国家税务局稽查局在查处桓荣公司的逃税案件时，通过调取该公司及与其有销售业务往来相关企业的财会凭据等资料，根据《税收征收管理法》第三十五条"纳税人擅自销毁账簿或者拒不提供纳税资料的；虽设置账簿，但账目混乱或者成本资料、收入凭证、费用凭证残缺不全，难以查账的，税务机关有权核定其应纳税额"的规定，对桓荣公司2010年至2014年的应纳税额进行了核定计算，其行为符合相关法律规定，且被告人李某某、张某某对核定计算结果无异议，故南充市国家税务局稽查局的税务稽查报告应当作为认定案件事实的依据，其辩护人的该辩护意见不能成立，不予采纳。

2. 典型案例2：张明聪逃税案[②]

在该案中，关于被告人张明聪逃税数额的认定。法院认为，《安徽省城镇土地使用税实施办法》第三条规定："土地使用税以纳税人实际占用的土地面积为计税依据，依照规定税额计算征收。纳税人实际占用的土地面积，以县级以上人民政府核发的土地使用证书所确认的土地面积为准。尚未核发土地使用证书的，以纳税人据实申报并经地方税务机关核实的土地面积为准。"《税收征收管理法》第三十五条第一款第（五）规定："纳税人有下列情形之一的，税务机关有权核定其应纳税额：（五）发生纳税义务，未按照规定的期限办理纳税申报，经税务机关责令限期申报，逾期仍不申报的。"樱皇公司办理税务登记后应主动向税务机关申报纳税事项，在税务机关下达限期纳税申报通知后仍未申报。根据上述法律规定，税务机关有权采取合理的方法核定樱皇公司应纳税税额。本案在案证据可以证明税务机关是根据樱皇公司的投资协议、沫河口工业园区管理委员会的证明、相关政府文件以及部分土地出让合同和土地使用权证等认定计税依据来核定樱皇公司应缴纳税款。《税收征收管理法》第八十八条规定："纳税人、扣缴

---

① 案例来源：四川省南充市高坪区人民法院刑事判决书（2016）川1303刑初221号。
② 案例来源：安徽省五河县人民法院刑事判决书（2014）五刑重初字第00001号。

义务人、纳税担保人同税务机关在纳税上发生争议时，必须先依照税务机关的纳税决定缴纳或者解缴税款及滞纳金或者提供相应的担保，然后可以依法申请行政复议；对行政复议决定不服的，可以依法向人民法院起诉。"根据该条规定，樱皇公司接到税务机关下达的税务处理决定后，如果在计税依据、纳税数额等存在纳税争议，有权在缴纳税款或者提供担保后申请行政复议，但樱皇公司没有缴纳税款或提供担保，其丧失了复议救济的权利，税务机关的税务处理决定已经产生法律效力，非经法定程序撤销或确认无效，对樱皇公司具有法定拘束力。综上所述，公诉机关依据税务机关税务处理决定认定被告人逃税数额证据充分，被告人张明聪及其辩护人提出公司只领到182.22亩的土地使用权证，不应按330亩计算的观点不能成立，不予采纳。

（四）应用场景四：结合法释〔2009〕5号第十九条规定，论述民事审判中，能否以税务机关核定价格作为判断交易价格合理的标准

1. 典型案例1：任晓华、陈朱贵等债权人撤销权纠纷案①

在该案中，法院指出，依照《最高人民法院关于适用〈中华人民共和国合同法〉若干问题的解释（二）》②第十九条的规定："对于合同法第七十四条规定的'明显不合理的低价'，人民法院应当以交易当地一般经营者的判断，并参考交易当时交易地的物价部门指导价或者市场交易价，结合其他相关因素综合考虑予以确认。"《房地产估价报告书》显示，案涉房产在2017年1月3日时的市场价格为703 000元。法庭辩论终结后，陈爱花、陈明云向本院提交了融地税权证〔2017〕9号"福建省福清市地方税务局房产/土地使用权权属转移涉税证明"（以下简称"涉税证明"），并据此主张案涉房产交易价格合理。该"涉税证明"显示，案涉房产转移的协议价格为50万元，评估价格（不含税）为549 897元。本院认为，国家税务机关并非物价指导部门，案涉房产交易发生于2017年，根据《中华人民共和国税收征收管理法》第三十五条第一款第（六）项规定："纳税人有下列情形之一的，税务机关有权核定其应纳税额：……（六）纳税人申报的计税依据明显偏低，又无正当理由的。"因此，"涉税证明"中体现的评估价格仅系国家税务机关为防止纳税人申报的成交价格、互换价格差额明显偏低且无正当理由而导致国家税收逸失，规范税收征收和缴纳行为，保障国家税收收入的核定计税依据，并不完全对等于价值时点的市场价格。

---

① 案例来源：福建省福清市人民法院民事判决书（2020）闽0181民初984号。
② 注：本司法解释自2021年1月1日起废止，废止依据文件：法释〔2020〕16号。

2.典型案例2：曹艳豪、张静平等债权人撤销权纠纷案①

在该案中，关于张静平是否以明显不合理的低价转让房产问题，法院认为，《税收征收管理法》第三十五条第一款第（六）项规定：纳税人有下列情形之一的，税务机关有权核定其应纳税额：（六）纳税人申报的计税依据明细偏低，又无正当理由的。案涉房屋在进行产权转让时，税务部门并未按双方约定的价格计税，而是依规定对案涉房屋的价格进行了核定，就该核定的计算价格标准，《国家税务总局关于个人转让房屋有关税收征管问题的通知》（国税发〔2007〕33号）第一条第（一）项"确定合理的房屋交易最低计税价格办法"规定，制定房屋交易税最低价格，"但是定价时要考虑房屋的坐落地点、建筑结构、建筑年限、历史交易价格或建筑价格、同类房屋先期交易价格等因素"。《国家税务总局关于应用评税技术核定房地产交易计税价格的意见》（国税函〔2008〕309号）指导思想"对于房地产交易中纳税人申报的计税依据明显低于市场价格并且无正当理由的，参照市场价格核定计税价格……"以上规定说明，税务部门的计税价格反映了当时当地的房屋市场价格。根据《最高人民法院关于适用〈中华人民共和国合同法〉若干问题的解释（二）》第十九条第一款、第二款规定："对于合同法第七十四条规定的'明显不合理的低价'，人民法院应当以交易当地的物价部门指导价或者市场交易价，结合其他相关因素综合考虑予以确认。转让价格达不到交易时交易地指导价或者市场交易价百分之七十的，一般可以视为明不合理的低价……"根据以上规定，涉案房屋价格是经孟村税务部门评估作价计税，不符合法定明显低于市场价的认定标准。

（五）应用场景五：结合《税收征收管理法》第六十三条规定，论述在账簿上不列收入不符合税款核定条件

在贵州凯里银福有色合金制造有限公司与黔东南州国家税务局稽查局税务处理决定纠纷案②中，上诉人银福公司上诉称：被上诉人（黔东南州国家税务局稽查局，下同）采取的税款征收方式没有法律依据，违反了税收立法原则。上诉人在经营活动中确实有废料销售行为，废料销售收入未入账的原因是用以抵销经营活动中没有运输发票的运输成本。为了公司内部各个生产车间的核算和股东的红

---

① 案例来源：河北省孟村回族自治县人民法院民事判决（2021）冀0930民初595号、河北省沧州市中级人民法院民事判决书（2021）冀09民终6616号。
② 案例来源：贵州省凯里市人民法院行政判决书（2014）凯行初字第1号、贵州省黔东南苗族侗族自治州中级人民法院行政判决书（2014）黔东行终字第88号。

利分配，上诉人建有备查账，根据备查账，2009年至2011年，上诉人废料销售收入是1 348 246.7元。被上诉人既没有根据上诉人提供的账簿反映的废料销售收入征税，也未依照《税收征收管理法》第三十五条、《税收征收管理法实施细则》第四十七条规定的方式征税，而是按照上诉人的法定代表人宋培福个人账户上的资金流量及宋培福个人、收购方的证词确认的废料销售额征收税款没有法律依据。

对此，二审法院认为，上诉人在废品销售过程中，销售收入不经过公司账户，也没有在公司经营账簿中列支，属于《税收征收管理法》第六十三条第一款规定的在账簿上不列收入的偷税行为，不符合《税收征收管理法》第三十五条规定税务机关核定纳税额的情形，上诉人提出被上诉人应当依照《税收征收管理法》第三十五条、《税收征收管理法实施细则》第四十七条规定的方式征税的上诉理由亦不能成立。

（六）应用场景六：结合国税函〔2003〕140号规定，论述税务稽查局可行使应纳税额核定权

在广州德发房产建设有限公司与广东省广州市地方税务局第一稽查局税务处理决定纠纷审判监督案[①]中，关于广州税稽一局行使《税收征管法》第三十五条规定的应纳税额核定权是否超越职权的问题。最高人民法院认为，此问题涉及《税收征管法实施细则》第九条关于税务局和所属稽查局的职权范围划分原则的理解和适用。《税收征管法实施细则》第九条除明确税务局所属稽查局的法律地位外，还对税务稽查局的职权范围作出了原则规定，即专司偷税、逃避追缴欠税、骗税、抗税案件的查处，同时授权国家税务总局明确划分税务局和稽查局的职责，避免职责交叉。国家税务总局据此于2003年2月28日作出的《国家税务总局关于稽查局职责问题的通知》（国税函〔2003〕140号）进一步规定：" 《中华人民共和国税收征管法实施细则》第九条第二款规定'国家税务总局应当明确划分税务局和稽查局的职责，避免职责交叉'。为了切实贯彻这一规定，保证税收征管改革的深化与推进，科学合理地确定稽查局和其他税务机构的职责，国家税务总局正在调查论述具体方案。在国家税务总局统一明确之前，各级稽查局现行职责不变。稽查局的现行职责是指：稽查业务管理、税务检查和税收违法案件查处；凡需要对纳税人、扣缴义务人进行账证检查或者调查取证，并对其税收违法行为进行税务行政处理（处罚）的执法活动，仍由各级稽查局负责。"从上述规定可知，税务稽查局的职权范围不仅包括偷税、逃避追缴欠税、骗税、抗税案

---

① 案例来源：中华人民共和国最高人民法院行政判决书（2015）行提字第13号。

件的查处，还包括与查处税务违法行为密切关联的稽查管理、税务检查、调查和处理等延伸性职权。虽然国家税务总局没有明确各级稽查局是否具有《税收征管法》第三十五条规定的核定应纳税额的具体职权，但稽查局查处涉嫌违法行为不可避免地需要对纳税行为进行检查和调查。特别是出现《税收征管法》第三十五条规定的计税依据明显偏低的情形时，如果稽查局不能行使应纳税款核定权，必然会影响稽查工作的效率和效果，甚至对税收征管形成障碍。因此，稽查局在查处涉嫌税务违法行为时，依据《税收征管法》第三十五条的规定核定应纳税额是其职权的内在要求和必要延伸，符合税务稽查的业务特点和执法规律，符合《国家税务总局关于稽查局职责问题的通知》中关于税务局和稽查局的职权范围划分的精神。在国家税务总局对税务局和稽查局职权范围未另行作出划分前，各地税务机关根据通知确立的职权划分原则，以及在执法实践中形成的符合税务执法规律的惯例，人民法院应予尊重。本案中，广州税稽一局根据《税收征管法》第三十五条规定核定应纳税款的行为是在广州税稽一局对德发公司销售涉案房产涉嫌偷税进行税务检查的过程中作出的，不违反税收征管法实施细则第九条的规定。德发公司以《税收征管法实施细则》第九条规定"稽查局专司偷税、逃避追缴欠税、骗税、抗税案件的查处"，本案不属于"偷税、逃避追缴欠税、骗税、抗税"的情形为由，认为广州税稽一局无权依据《税收征管法》第三十五条的规定对德发公司拍卖涉案不动产的收入重新核定应纳税额，被诉税务处理决定超出广州税稽一局的职权范围，应属无效决定的理由不能成立。

（七）应用场景七：结合《拍卖法》规定，论述拍卖行为有效并不意味税务机关不能行使应纳税额核定权

在广州德发房产建设有限公司与广东省广州市地方税务局第一稽查局税务处理决定纠纷审判监督案中，最高人民法院还指出，拍卖价格的形成机制较为复杂，因受到诸多不确定因素的影响，相同商品的拍卖价格可能会出现较大差异。影响房地产价格的因素更多，拍卖价格差异可能会更大。依照法定程序进行的拍卖活动，由于经过公开、公平的竞价，不论拍卖成交价格的高低，都是充分竞争的结果，较之一般的销售方式更能客观地反映商品价格，可以视为市场的公允价格。如果没有法定机构依法认定拍卖行为无效或者违反拍卖法的禁止性规定，原则上税务机关应当尊重作为计税依据的拍卖成交价格，不能以拍卖价格明显偏低为由行使核定征收权。广州市地方税务局2013年修订后的《存量房交易计税价格异议处理办法》就明确规定，通过具有合法资质的拍卖机构依法公开拍卖的房屋权属转移，以拍卖对价为计税价格的，可以作为税务机关认定的正当理由。该规范性文件虽然在本案税收征管行为发生后施行，但文件中对拍卖价格本身即构成正当理由的精神，本案可以参考。因此，对于一个明显偏低的计税依据，并不必然需要税务机关重新核定；尤其是该计税依据是通过拍卖方式形成时，税务机关一般应予认可和尊重，不宜轻易启动核定程序，以行政认定取代市场竞争形成的计税依据。但应当明确，拍卖行为的效力与应纳税款核定权，分别受民事法律规范和行政法律规范调整，拍卖行为有效并不意味税务机关不能行使应纳税额核定权，另行核定应纳税额也并非否定拍卖行为的有效性。保障国家税收的足额征收是税务机关的基本职责，税务机关对作为计税依据的交易价格采取严格的判断标准符合税收征管法的目的。如果不考虑案件实际，一律要求税务机关必须以拍卖成交价格作为计税依据，则既可能造成以当事人意思自治为名排除税务机关的核定权，还可能因市场竞价不充分导致拍卖价格明显偏低而造成国家税收流失。因此，有效的拍卖行为并不能绝对地排除税务机关的应纳税额核定权，但税务机关行使核定权时仍应有严格限定。

（八）应用场景八：结合《税收征收管理法》第五十二条规定，论述纳税义务人不存在违反税法和税收征管过错的情况下，税款追征期限，原则上应限制在三年内

在广州德发房产建设有限公司与广东省广州市地方税务局第一稽查局税务处理决定纠纷审判监督案中，最高人民法院亦指出，税收征管法对税务机关在纳税人已经缴纳税款后重新核定应纳税款并追征税款的期限虽然没有明确规定，但并不意味税务机关的核定权和追征权没有期限限制。税务机关应当在统筹兼顾保障国家税收、纳税人的信赖利益和税收征管法律关系的稳定等因素的基础上，在合理期限内核定和追征。在纳税义务人不存在违反税法和税收征管过错的情况下，税务机关可以参照《税收征管法》第五十二条第一款规定确定的税款追征期限，原则上在三年内追征税款。本案核定应纳税款之前的纳税义务发生在2005年1月，广州税稽一局自2006年对涉案纳税行为进行检查，虽经三年多调查后，未查出德发公司存在偷税、骗税、抗税等违法行为，但依法启动的调查程序期间应当予以扣除，因而广州税稽一局2009年9月重新核定应纳税款并作出被诉税务处理决定，并不违反上述有关追征期限的规定。德发公司关于追征税款决定必须在2008年1月15日以前作出的主张不能成立。

根据依法行政的基本要求，没有法律、法规和规章的规定，行政机关不得作出影响行政相对人合法权益或者增加行政相对人义务的决定；在法律规定存在多种解释时，应当首先考虑选择适用有利于行政相对人的解释。有权核定并追缴税款，与加收滞纳金属于两个不同问题。根据《税收征管法》第三十二条、第五十二条第二款、第三款规定，加收税收滞纳金应当符合以下条件之一：纳税人未按规定期限缴纳税款；自身存在计算错误等失误；或者故意偷税、抗税、骗税的。本案中德发公司在拍卖成交后依法缴纳了税款，不存在计算错误等失误，税务机关经过长期调查也未发现德发公司存在偷税、抗税、骗税情形，因此德发公司不存在缴纳滞纳金的法定情形。被诉税务处理决定认定的拍卖底价成交和一人竞买拍卖行为虽然能证明税务机关对成交价格未形成充分竞价的合理怀疑具有正当理由，但拍卖活动和拍卖价格并非德发公司所能控制和决定，广州税稽一局在依法进行的调查程序中也未能证明德发公司在拍卖活动中存在恶意串通等违法行为。同时本案还应考虑德发公司基于对拍卖行为以及地方税务局完税凭证的信赖而形成的信赖利益保护问题。在税务机关无法证明纳税人存在责任的情况下，可以参考《税收征管法》第五十二条第一款关于"因税务机关的责任，致使纳税人、扣缴义务人未缴或者少缴税款的，税务机关在三年内可以要求纳税人、扣缴义务人补缴税款，但是不得加收滞纳金"的规定，作出对行政相对人有利的处理方式。因此，广州税稽一局重新核定德发公司拍卖涉案房产的计税价格后新确定的应纳税额，纳税义务应当自核定之日发生，其对德发公司征收该税款确定之前的滞纳金，没有法律依据。

四、法条总结

关于本条规定的争议较大，案例也较多，为此笔者仅在此列举了部分颇具代表性的案例，以飨读者。因涉及的利益较大，理解本条规定，需要从依法行政、行政效率、信赖利益保护、民事与行政独立等原则出发，探究个案的合法、合理处理之道。

第三十六条

企业或者外国企业在中国境内设立的从事生产、经营的机构、场所与其关联企业之间的业务往来，应当按照独立企业之间的业务往来收取或者支付价款、费用；不按照独立企业之间的业务往来收取或者支付价款、费用，而减少其应纳税的收入或者所得额的，税务机关有权进行合理调整。

一、法条简析

本条规定，关联企业之间的业务往来，应按独立企业之间的业务往来收取或者支付价款、费用。不然，税务机关有权进行合理调整。

二、相关规定

（一）《税收征收管理法实施细则》相关规定

第五十一条 税收征管法第三十六条所称关联企业，是指有下列关系之一的公司、企业和其他经济组织：

（一）在资金、经营、购销等方面，存在直接或者间接的拥有或者控制关系；

（二）直接或者间接地同为第三者所拥有或者控制；

（三）在利益上具有相关联的其他关系。

纳税人有义务就其与关联企业之间的业务往来，向当地税务机关提供有关的价格、费用标准等资料。具体办法由国家税务总局制定。

第五十二条 税收征管法第三十六条所称独立企业之间的业务往来，是指没有关联关系的企业之间按照公平成交价格和营业常规所进行的业务往来。

第五十三条 纳税人可以向主管税务机关提出与其关联企业之间业务往来的定价原则和计算方法，主管税务机关审核、批准后，与纳税人预先约定有关定价事项，监督纳税人执行。

第五十四条 纳税人与其关联企业之间的业务往来有下列情形之一的，税务机关可以调整其应纳税额：

（一）购销业务未按照独立企业之间的业务往来作价；

（二）融通资金所支付或者收取的利息超过或者低于没有关联关系的企业之间所能同意的数额，或者利率超过或者低于同类业务的正常利率；

（三）提供劳务，未按照独立企业之间业务往来收取或者支付劳务费用；

（四）转让财产、提供财产使用权等业务往来，未按照独立企业之间业务往来作价或者收取、支付费用；

（五）未按照独立企业之间业务往来作价的其他情形。

第五十六条 纳税人与其关联企业未按照独立企业之间的业务往来支付价款、费用的，税务机关自该业务往来发生的纳税年度起3年内进行调整；有特殊情况的，可以自该业务往来发生的纳税年度起10年内进行调整。

（二）《国家税务总局关于贯彻〈中华人民共和国税收征收管理法〉及其实施细则若干具体问题的通知》（国税发〔2003〕47号）

第十二条 关于关联企业间业务往来的追溯调整期限问题

实施细则第五十六条规定："有特殊情况的，可以自该业务往来发生的纳税年度起10年内进行调整"。该条所称"特殊情况"是指纳税人有下列情形之一：（一）纳税人在以前年度与其关联企业间的业务往来累计达到或超过10万元人民币的；（二）经税务机关案头审计分析，纳税人在以前年度与其关联企业间的业务往来，预计需调增其应纳税收入或所得额达到或超过50万元人民币的；（三）纳税人在以前年度与设在避税地的关联企业有业务往来的；（四）纳税人在以前年度未按规定进行关联企业间业务往来年度申报，或者经税务机关审查核实，关联企业间业务往来年度申报内容不实，以及不履行提供有关价格、费用标准等资料义务的。

三、应用场景

（一）应用场景一：结合相关规定，用于关联公司的认定

在海南宝贝房地产开发有限公司与海南日月佳实业有限公司等借款合同纠纷案[①]中，针对关联公司认定的问题，法院指出，目前，我国公司法对关联公司尚未作出明确界定，对于关联公司的认定，需要结合公司之间的具体情况，并参照其他有关法律、法规综合判断。《企业所得税法》第四十一条规定，企业与其关联方之间的业务往来，不符合独立交易原则而减少企业或者其关联方应纳税收入或者所得额的，税务机关有权按照合理方法调整。《企业所得税法实施条例》第一百零九条规定，企业所得税法第四十一条所称关联方，是指与企业有下列关联关系之一的企业、其他组织或者个人：（一）在资金、经营、购销等方面存在直接或者间接的控制关系；（二）直接或者间接地同为第三者控制；（三）在利益上具有相关联的其他关系。《税收征收管理法（2015年修正）》第三十六条规定，企业或者外国企业在中国境内设立的从事生产、经营的机构、场所与其关联企业之间的业务往来，应当按照独立企业之间的业务往来收取或者支付价款、费用。《税收征收管理法实施细则（2012年修订）》第五十一条规定，《税收征收管理法》第三十六条所称关联企业，是指有下列关系之一的公司、企业和其他经济组织：（一）在资金、经营、购销等方面，存在直接或者间接的拥有或者控制关系；

---

① 案例来源：北京市东城区人民法院民事判决书（2017）京0101民初22817号。

（二）直接或者间接地同为第三者所拥有或者控制；（三）在利益上具有相关联的其他关系。国家税务总局《特别纳税调整实施办法（试行）》（国税发〔2009〕2号）第九条规定，《企业所得税法实施条例》第一百零九条及《税收征收管理法实施细则》第五十一条所称关联关系，主要是指企业与其他企业、组织或个人具有下列之一关系：（一）一方直接或间接持有另一方的股份总和达到25%以上，或者双方直接或间接同为第三方所持有的股份达到25%以上。若一方通过中间方对另一方间接持有股份，只要一方对中间方持股比例达到25%以上，则一方对另一方的持股比例按照中间方对另一方的持股比例计算。（二）一方与另一方（独立金融机构除外）之间借贷资金占一方实收资本50%以上，或者一方借贷资金总额的10%以上是由另一方（独立金融机构除外）担保。（三）一方半数以上的高级管理人员（包括董事会成员和经理）或至少一名可以控制董事会的董事会高级成员是由另一方委派，或者双方半数以上的高级管理人员（包括董事会成员和经理）或至少一名可以控制董事会的董事会高级成员同为第三方委派。（四）一方半数以上的高级管理人员（包括董事会成员和经理）同时担任另一方的高级管理人员（包括董事会成员和经理），或者一方至少一名可以控制董事会的董事会高级成员同时担任另一方的董事会高级成员。（五）一方的生产经营活动必须由另一方提供的工业产权、专有技术等特许权才能正常进行。（六）一方的购买或销售活动主要由另一方控制。（七）一方接受或提供劳务主要由另一方控制。（八）一方对另一方的生产经营、交易具有实质控制，或者双方在利益上具有相关联的其他关系，包括虽未达到本条第（一）项持股比例，但一方与另一方的主要持股方享受基本相同的经济利益，以及家族、亲属关系等。参照上述规定，具体到本案中，长江公司为法人独资公司，股东为香港凯立集团有限公司，卫凯征通过海利亚洲有限公司实际控股香港凯立集团有限公司。日月佳公司亦为法人独资公司，其股东原为香港凯立集团有限公司，现为创佳国际投资有限公司，卫凯征通过ANANDA RESOURCES LIMITED（阿南达资源有限公司）实际控股创佳国际投资有限公司。香港凯立集团有限公司的现任董事为陈卫与海利亚洲有限公司，创佳国际投资有限的现任董事为廖斌、卫凯征与ANANDA RESOURCES LIMITED（阿南达资源有限公司）。同时，卫凯征是长江公司的原法定代表人、董事长与现任董事，是日月佳公司的原法定代表人、董事长与现任董事。陈卫是日月佳公司的现任法定代表人、董事长兼总经理，廖斌是日月佳公司现任董事。由此可见，卫凯征为长江公司与日月佳公司的实际控制人，长江公司与日月佳公司之间存在关联公司关系。

长江公司为凯立公司的发起人，在1999年无偿转让股份前为凯立公司的控股股东，卫凯征现任凯立公司的法定代表人与董事长，日月佳公司是凯立公司的控股股东（持股77.619%）。故长江公司与凯立公司之间存在关联公司关系。

卫凯征是卫中公司控股股东（持股83.33%，2018年4月12日退出股东）与高级管理人员（2018年4月12日退出）。卫中公司的现任股东为卫萌、卫娅，法定代表人与执行董事为赵洋洋，卫中公司是凯立公司的股东（持股2.619%）。在原告提起本诉时，卫中公司与长江公司存在关联关系，现卫凯征已退出卫中公司，依现有证据，无法证明卫中公司与长江公司目前存在关联公司关系。

世源公司是凯立公司股东（持股9.5238%），依据现有证据，无法证明世源公司与长江公司之间存在关联公司关系。

（二）应用场景二：结合相关规定，论述税务机关对收入进行合理调整的合法性

在江苏大山房地产开发有限公司与江苏省宿迁地方税务局稽查局税务处理纠纷案①中，针对宿迁地税稽查局针对大山公司将不动产投资给自己的关联企业，依法进行合理调整是否合法、适当问题，二审法院认为，根据《公司法》第二十七条的规定，"股东可以用货币出资，也可以用实物、知识产权、土地使用权等可以用货币估价并可以依法转让的非货币财产作价出资；但是，法律、行政法规规定不得作为出资的财产除外。对作为出资的非货币财产应当评估作价，核实财产，不得高估或者低估作价。法律、行政法规对评估作价有规定的，从其规定。"上诉人大山公司以不动产对外投资，应当评估作价。根据《国家税务总局关于房地产开发企业土地增值税清算管理有关问题的通知》（国税发〔2006〕187号）第三条的规定，"非直接销售和自用房地产的收入确定：房地产开发企业将开发产品用于职工福利、奖励、对外投资、分配给股东或投资人、抵偿债务、换取其他单位和个人的非货币性资产等，发生所有权转移时应视同销售房地产，其收入按下列方法和顺序确认：1.按本企业在同一地区、同一年度销售的同类房地产的平均价格确定；2.由主管税务机关参照当地当年、同类房地产的市场价格或评估价值确定。"上诉人大山公司在同一地区、同一年度无同类房地产销售平均价格，当地当年也无同类房地产的市场价格，因此被上诉人宿迁地税稽查局按照上述规定的方法和顺序，评估价值确定收入正确。且根据《税收征收管理法》第三十六条"企业或者外国企业在中国境内设立的从事生产、经营的机构、场所与

---

① 案例来源：江苏省宿迁市中级人民法院行政判决书（2014）宿中行初字第00045号、江苏省高级人民法院行政判决书（2015）苏行终字第00508号。

其关联企业之间的业务往来，应当按照独立企业之间的业务往来收取或者支付价款、费用；不按照独立企业之间的业务往来收取或者支付价款、费用，而减少其应纳税的收入或者所得额的，税务机关有权进行合理调整"和《税收征收管理法实施细则》第五十四条"纳税人与其关联企业之间的业务往来有下列情形之一的，税务机关可以调整其应纳税额：……（四）转让财产、提供财产使用权等业务往来，未按照独立企业之间业务往来作价或者收取、支付费用"的规定，宿迁地税稽查局针对大山公司将不动产投资给自己的关联企业，依法进行合理调整是合法、适当的。

四、法条总结

适用本条规定，有两个重点问题：1.如何判断关联关系？2.怎么才算是合理方法？这两个问题，《税收征收管理法实施细则》都作出了明确的指引性规定。但如何进一步落实，考验着税务执法人员和被检查单位的智慧和专业坚持。

第三十七条

对未按照规定办理税务登记的从事生产、经营的纳税人以及临时从事经营的纳税人，由税务机关核定其应纳税额，责令缴纳；不缴纳的，税务机关可以扣押其价值相当于应纳税款的商品、货物。扣押后缴纳应纳税款的，税务机关必须立即解除扣押，并归还所扣押的商品、货物；扣押后仍不缴纳应纳税款的，经县以上税务局（分局）局长批准，依法拍卖或者变卖所扣押的商品、货物，以拍卖或者变卖所得抵缴税款。

一、法条简析

本条是关于对未依法进行税务登记和临时从事经营的纳税人征收税款的规定。规定了由税务机关进行核定其应纳税额、扣押价值相当于应纳税额的商品和货物、依法拍卖或者变卖所扣押的商品和货物这三种征税措施，主要是为了保证国家税收。

二、相关规定

（一）《税务登记管理办法》第二条

企业，企业在外地设立的分支机构和从事生产、经营的场所，个体工商户和从事生产、经营的事业单位,均应当按照《税收征收管理法》及《实施细则》和本办法的规定办理税务登记。

前款规定以外的纳税人,除国家机关、个人和无固定生产、经营场所的流动性农村小商贩外,也应当按照《税收征收管理法》及《实施细则》和本办法的规定办理税务登记。

根据税收法律、行政法规的规定负有扣缴税款义务的扣缴义务人(国家机关除外),应当按照《税收征收管理法》及《实施细则》和本办法的规定办理扣缴税款登记。

(二)《税收征收管理法实施细则》相关规定

第五十七条 税收征管法第三十七条所称未按照规定办理税务登记从事生产、经营的纳税人,包括到外县(市)从事生产、经营而未向营业地税务机关报验登记的纳税人。

第五十八条 税务机关依照税收征管法第三十七条的规定,扣押纳税人商品、货物的,纳税人应当自扣押之日起15日内缴纳税款。

对扣押的鲜活、易腐烂变质或者易失效的商品、货物,税务机关根据被扣押物品的保质期,可以缩短前款规定的扣押期限。

三、应用场景

应用场景:结合《税收征收管理法》第三十八条、第四十条规定,用于论述税务机关对税收有强制执行权

在龙岩市国家税务局行政非诉执行非诉执行审查案[①]中,针对申请执行人龙岩市国家税务局向龙岩市新罗区人民法院申请强制执行岩国税稽处〔2016〕12号"税务处理决定书",该院经审查后认为,《税收征收管理法》第三十七条、第三十八条、第四十条规定,县级以上税务机关具有采取税收保全、强制执行措施的权力。《行政强制法》第五十三条规定,"当事人在法定期限内不申请行政复议或者提起行政诉讼,又不履行行政决定的,没有行政强制执行权的行政机关可以自期限届满之日起三个月内,依照本章规定申请人民法院强制执行"。据此,申请执行人龙岩市国家税务局及其直属稽查局对有关税收征收决定具有强制执行权,龙岩市国家税务局稽查局作出的岩国税稽处〔2016〕12号"税务处理决定书"应由其组织强制执行,依法不可以向人民法院申请强制执行。故对龙岩市国家税

---

① 案例来源:福建省龙岩市新罗区人民法院行政裁定书(2018)闽0802行审63号。

务局的申请,该院依法不予受理。

四、法条总结

理解本条规定,应注意与第三十五条规定的区别:第三十五条规定的情况是纳税人依照本法规定进行了税务登记,但是因为未设置账簿或者在账簿的保管、记录、纳税申报等方面违反有关规定,使得税务机关不能查账征收税款,因此,本法规定税务机关有权核定这些纳税人的应纳税额。第三十七条规定是针对纳税人没有进行税务登记以及临时从事经营而作的规定,不进行税务登记,税务机关就无法及时、全面了解纳税人情况,无法对其进行日常的监督管理。为了堵塞税收漏洞,保证国家税收收入,本条赋予税务机关对这两种纳税人核定其应纳税额并限期缴纳的权力。

第三十八条

税务机关有根据认为从事生产、经营的纳税人有逃避纳税义务行为的,可以在规定的纳税期之前,责令限期缴纳应纳税款;在限期内发现纳税人有明显的转移、隐匿其应纳税的商品、货物以及其他财产或者应纳税的收入的迹象的,税务机关可以责成纳税人提供纳税担保。如果纳税人不能提供纳税担保,经县以上税务局(分局)局长批准,税务机关可以采取下列税收保全措施:

(一)书面通知纳税人开户银行或者其他金融机构冻结纳税人的金额相当于应纳税款的存款;

(二)扣押、查封纳税人的价值相当于应纳税款的商品、货物或者其他财产。

纳税人在前款规定的限期内缴纳税款的,税务机关必须立即解除税收保全措施;限期期满仍未缴纳税款的,经县以上税务局(分局)局长批准,税务机关可以书面通知纳税人开户银行或者其他金融机构从其冻结的存款中扣缴税款,或者依法拍卖或者变卖所扣押、查封的商品、货物或者其他财产,以拍卖或者变卖所得抵缴税款。

个人及其所扶养家属维持生活必需的住房和用品,不在税收保全措施的范围之内。

一、法条简析

本条是对税务机关采取税收保全措施的条件、程序及具体措施的规定。

二、相关规定

（一）《税收征收管理法实施细则》相关规定

第五十九条 税收征管法第三十八条、第四十条所称其他财产，包括纳税人的房地产、现金、有价证券等不动产和动产。

机动车辆、金银饰品、古玩字画、豪华住宅或者一处以外的住房不属于税收征管法第三十八条、第四十条、第四十二条所称个人及其所扶养家属维持生活必需的住房和用品。

税务机关对单价5 000元以下的其他生活用品，不采取税收保全措施和强制执行措施。

第六十条 税收征管法第三十八条、第四十条、第四十二条所称个人所扶养家属，是指与纳税人共同居住生活的配偶、直系亲属以及无生活来源并由纳税人扶养的其他亲属。

第六十一条 税收征管法第三十八条、第八十八条所称担保，包括经税务机关认可的纳税保证人为纳税人提供的纳税保证，以及纳税人或者第三人以其未设置或者未全部设置担保物权的财产提供的担保。

纳税保证人，是指在中国境内具有纳税担保能力的自然人、法人或者其他经济组织。

法律、行政法规规定的没有担保资格的单位和个人，不得作为纳税担保人。

第六十二条 纳税担保人同意为纳税人提供纳税担保的，应当填写纳税担保书，写明担保对象、担保范围、担保期限和担保责任以及其他有关事项。担保书须经纳税人、纳税担保人签字盖章并经税务机关同意，方为有效。

纳税人或者第三人以其财产提供纳税担保的，应当填写财产清单，并写明财产价值以及其他有关事项。纳税担保财产清单须经纳税人、第三人签字盖章并经税务机关确认，方为有效。

第六十三条 税务机关执行扣押、查封商品、货物或者其他财产时，应当由两名以上税务人员执行，并通知被执行人。被执行人是自然人的，应当通知被执行人本人或者其成年家属到场；被执行人是法人或者其他组织的，应当通知其法定代表人或者主要负责人到场；拒不到场的，不影响执行。

第六十四条 税务机关执行税收征管法第三十七条、第三十八条、第四十条的规定，扣押、查封价值相当于应纳税款的商品、货物或者其他财产时，参照同类商品的市场价、出厂价或者评估价估算。

税务机关按照前款方法确定应扣押、查封的商品、货物或者其他财产的价值时，还应当包括滞纳金和拍卖、变卖所发生的费用。

第六十五条 对价值超过应纳税额且不可分割的商品、货物或者其他财产，税务机关在纳税人、扣缴义务人或者纳税担保人无其他可供强制执行的财产的情况下，可以整体扣押、查封、拍卖。

第六十六条 税务机关执行税收征管法第三十七条、第三十八条、第四十条的规定，实施扣押、查封时，对有产权证件的动产或者不动产，税务机关可以责令当事人将产权证件交税务机关保管，同时可以向有关机关发出协助执行通知书，有关机关在扣押、查封期间不再办理该动产或者不动产的过户手续。

第六十七条 对查封的商品、货物或者其他财产，税务机关可以指令被执行人负责保管，保管责任由被执行人承担。

继续使用被查封的财产不会减少其价值的，税务机关可以允许被执行人继续使用；因被执行人保管或者使用的过错造成的损失，由被执行人承担。

第七十一条 税收征管法所称其他金融机构，是指信托投资公司、信用合作社、邮政储蓄机构以及经中国人民银行、中国证券监督管理委员会等批准设立的其他金融机构。

第七十二条 税收征管法所称存款，包括独资企业投资人、合伙企业合伙人、个体工商户的储蓄存款以及股东资金账户中的资金等。

（二）《纳税担保试行办法》（国家税务总局令第11号）

《纳税担保试行办法》已经2005年1月13日第1次局务会议审议通过，现予发布，自2005年7月1日起施行。

国家税务总局局长：谢旭人

二〇〇五年五月二十四日

纳税担保试行办法

第一章 总则

第一条 为规范纳税担保行为，保障国家税收收入，保护纳税人和其他当事人的合法权益，根据《中华人民共和国税收征收管理法》（以下简称《税收征收管理法》）及其实施细则和其他法律、法规的规定，制定本办法。

第二条 本办法所称纳税担保，是指经税务机关同意或确认，纳税人或其他自然人、法人、经济组织以保证、抵押、质押的方式，为纳税人应当缴纳的税款及滞纳金提供担保的行为。

纳税担保人包括以保证方式为纳税人提供纳税担保的纳税保证人和其他以未设置或者未全部设置担保物权的财产为纳税人提供纳税担保的第三人。

第三条 纳税人有下列情况之一的，适用纳税担保：

（一）税务机关有根据认为从事生产、经营的纳税人有逃避纳税义务行为，在规定的纳税期之前经责令其限期缴纳应纳税款，在限期内发现纳税人有明显的转移、隐匿其应纳税的商品、货物以及其他财产或者应纳税收入的迹象，责成纳税人提供纳税担保的；

（二）欠缴税款、滞纳金的纳税人或者其法定代表人需要出境的；

（三）纳税人同税务机关在纳税上发生争议而未缴清税款，需要申请行政复议的；

（四）税收法律、行政法规规定可以提供纳税担保的其他情形。

第四条 扣缴义务人按照《税收征收管理法》第八十八条规定需要提供纳税担保的，适用本办法的规定。

纳税担保人按照《税收征收管理法》第八十八条规定需要提供纳税担保的，应当按照本办法规定的抵押、质押方式，以其财产提供纳税担保；纳税担保人已经以其财产为纳税人向税务机关提供担保的，不再需要提供新的担保。

第五条 纳税担保范围包括税款、滞纳金和实现税款、滞纳金的费用。费用包括抵押、质押登记费用，质押保管费用，以及保管、拍卖、变卖担保财产等相关费用支出。

用于纳税担保的财产、权利的价值不得低于应当缴纳的税款、滞纳金，并考虑相关的费用。纳税担保的财产价值不足以抵缴税款、滞纳金的，税务机关应当向提供担保的纳税人或纳税担保人继续追缴。

第六条 用于纳税担保的财产、权利的价格估算，除法律、行政法规另有规定外，由税务机关按照税收征管法实施细则第六十四条规定的方式，参照同类商品的市场价、出厂价或者评估价估算。

第二章 纳税保证

第七条 纳税保证，是指纳税保证人向税务机关保证，当纳税人未按照税收法律、行政法规规定或者税务机关确定的期限缴清税款、滞纳金时，由纳税保证人按照约定履行缴纳税款及滞纳金的行为。税务机关认可的，保证成立；税务机关不认可的，保证不成立。

本办法所称纳税保证为连带责任保证，纳税人和纳税保证人对所担保的税款及滞纳金承担连带责任。当纳税人在税收法律、行政法规或税务机关确定的期限届满未缴清税款及滞纳金的，税务机关即可要求纳税保证人在其担保范围内承担保证责任，缴纳担保的税款及滞纳金。

第八条 纳税保证人，是指在中国境内具有纳税担保能力的自然人、法人或者其他经济组织。法人或其他经济组织财务报表资产净值超过需要担保的税额及滞纳金2倍以上的，自然人、法人或其他经济组织所拥有或者依法可以处分的未设置担保的财产的价值超过需要担保的税额及滞纳金的，为具有纳税担保能力。

第九条 国家机关，学校、幼儿园、医院等事业单位，社会团体不得作为纳税保证人。

企业法人的职能部门不得为纳税保证人。企业法人的分支机构有法人书面授权的，可以在授权范围内提供纳税担保。

有以下情形之一的，不得作为纳税保证人：

（一）有偷税、抗税、骗税、逃避追缴欠税行为被税务机关、司法机关追究过法律责任未满2年的；

（二）因有税收违法行为正在被税务机关立案处理或涉嫌刑事犯罪被司法机关立案侦查的；

（三）纳税信誉等级被评为C级以下的；

（四）在主管税务机关所在地的市（地、州）没有住所的自然人或税务登记不在本市（地、州）的企业；

（五）无民事行为能力或限制民事行为能力的自然人；

（六）与纳税人存在担保关联关系的；

（七）有欠税行为的。

第十条 纳税保证人同意为纳税人提供纳税担保的，应当填写纳税担保书。纳税担保书应当包括以下内容：

（一）纳税人应缴纳的税款及滞纳金数额、所属期间、税种、税目名称；

（二）纳税人应当履行缴纳税款及滞纳金的期限；

（三）保证担保范围及担保责任；

（四）保证期间和履行保证责任的期限；

（五）保证人的存款账号或者开户银行及其账号；

（六）税务机关认为需要说明的其他事项。

第十一条 纳税担保书须经纳税人、纳税保证人签字盖章并经税务机关签字盖章同意方为有效。

纳税担保从税务机关在纳税担保书签字盖章之日起生效。

第十二条 保证期间为纳税人应缴纳税款期限届满之日起60日，即税务机关自纳税人应缴纳税款的期限届满之日起60日内有权要求纳税保证人承担保证责任，缴纳税款、滞纳金。

履行保证责任的期限为15日，即纳税保证人应当自收到税务机关的纳税通知书之日起15日内履行保证责任，缴纳税款及滞纳金。

纳税保证期间内税务机关未通知纳税保证人缴纳税款及滞纳金以承担担保责任的，纳税保证人免除担保责任。

第十三条 纳税人在规定的期限届满未缴清税款及滞纳金，税务机关在保证期限内书面通知纳税保证人的，纳税保证人应按照纳税担保书约定的范围，自收到纳税通知书之日起15日内缴纳税款及滞纳金，履行担保责任。

纳税保证人未按照规定的履行保证责任的期限缴纳税款及滞纳金的，由税务机关发出责令限期缴纳通知书，责令纳税保证人在限期15日内缴纳；逾期仍未缴纳的，经县以上税务局（分局）局长批准，对纳税保证人采取强制执行措施，通知其开户银行或其他金融机构从其存款中扣缴所担保的纳税人应缴纳的税款、滞纳金，或扣押、查封、拍卖、变卖其价值相当于所担保的纳税人应缴纳的税款、滞纳金的商品、货物或者其他财产，以拍卖、变卖所得抵缴担保的税款、滞纳金。

第三章　纳税抵押

第十四条 纳税抵押，是指纳税人或纳税担保人不转移对本办法第十五条所列财产的占有，将该财产作为税款及滞纳金的担保。纳税人逾期未缴清税款及滞纳金的，税务机关有权依法处置该财产以抵缴税款及滞纳金。

前款规定的纳税人或者纳税担保人为抵押人，税务机关为抵押权人，提供担保的财产为抵押物。

第十五条 下列财产可以抵押：

（一）抵押人所有的房屋和其他地上定着物；

（二）抵押人所有的机器、交通运输工具和其他财产；

（三）抵押人依法有权处分的国有的房屋和其他地上定着物；

（四）抵押人依法有权处分的国有的机器、交通运输工具和其他财产；

（五）经设区的市、自治州以上税务机关确认的其他可以抵押的合法财产。

第十六条 以依法取得的国有土地上的房屋抵押的，该房屋占用范围内的国有土地使用权同时抵押。

以乡（镇）、村企业的厂房等建筑物抵押的，其占用范围内的土地使用权同时抵押。

第十七条 下列财产不得抵押：

（一）土地所有权；

（二）土地使用权，但本办法第十六条规定的除外；

（三）学校、幼儿园、医院等以公益为目的的事业单位、社会团体、民办非企业单位的教育设施、医疗卫生设施和其他社会公益设施；

（四）所有权、使用权不明或者有争议的财产；

（五）依法被查封、扣押、监管的财产；

（六）依法定程序确认为违法、违章的建筑物；

（七）法律、行政法规规定禁止流通的财产或者不可转让的财产；

（八）经设区的市、自治州以上税务机关确认的其他不予抵押的财产。

第十八条 学校、幼儿园、医院等以公益为目的的事业单位、社会团体，可以其教育设施、医疗卫生设施和其他社会公益设施以外的财产为其应缴纳的税款及滞纳金提供抵押。

第十九条 纳税人提供抵押担保的，应当填写纳税担保书和纳税担保财产清单。纳税担保书应当包括以下内容：

（一）担保的纳税人应缴纳的税款及滞纳金数额、所属期间、税种名称、税目；

（二）纳税人履行应缴纳税款及滞纳金的期限；

（三）抵押物的名称、数量、质量、状况、所在地、所有权权属或者使用权权属；

（四）抵押担保的范围及担保责任；

（五）税务机关认为需要说明的其他事项。

纳税担保财产清单应当写明财产价值以及相关事项。纳税担保书和纳税担保财产清单须经纳税人签字盖章并经税务机关确认。

第二十条 纳税抵押财产应当办理抵押物登记。纳税抵押自抵押物登记之日起生效。纳税人应向税务机关提供由以下部门出具的抵押登记的证明及其复印件（以下简称证明材料）：

（一）以城市房地产或者乡（镇）、村企业的厂房等建筑物抵押的，提供县级以上地方人民政府规定部门出具的证明材料；

（二）以船舶、车辆抵押的，提供运输工具的登记部门出具的证明材料；

（三）以企业的设备和其他动产抵押的，提供财产所在地的工商行政管理部门出具的证明材料或者纳税人所在地的公证部门出具的证明材料。

第二十一条 抵押期间，经税务机关同意，纳税人可以转让已办理登记的抵押物，并告知受让人转让物已经抵押的情况。

纳税人转让抵押物所得的价款，应当向税务机关提前缴纳所担保的税款、滞纳金。超过部分，归纳税人所有，不足部分由纳税人缴纳或提供相应的担保。

第二十二条 在抵押物灭失、毁损或者被征用的情况下，税务机关应该就该抵押物的保险金、赔偿金或者补偿金要求优先受偿，抵缴税款、滞纳金。

抵押物灭失、毁损或者被征用的情况下，抵押权所担保的纳税义务履行期未满的，税务机关可以要求将保险金、赔偿金或补偿金等作为担保财产。

第二十三条 纳税人在规定的期限内未缴清税款、滞纳金的，税务机关应当依法拍卖、变卖抵押物，变价抵缴税款、滞纳金。

第二十四条 纳税担保人以其财产为纳税人提供纳税抵押担保的，按照纳税人提供抵押担保的规定执行；纳税担保书和纳税担保财产清单须经纳税人、纳税担保人签字盖章并经税务机关确认。

纳税人在规定的期限届满未缴清税款、滞纳金的，税务机关应当在期限届满之日起15日内书面通知纳税担保人自收到纳税通知书之日起15日内缴纳担保的税款、滞纳金。

纳税担保人未按照前款规定的期限缴纳所担保的税款、滞纳金的，由税务机关责令限期在15日内缴纳；逾期仍未缴纳的，经县以上税务局（分局）局长批准，税务机关依法拍卖、变卖抵押物，抵缴税款、滞纳金。

第四章 纳税质押

第二十五条 纳税质押，是指经税务机关同意，纳税人或纳税担保人将其动产或权利凭证移交税务机关占有，将该动产或权利凭证作为税款及滞纳金的担保。纳税人逾期未缴清税款及滞纳金的，税务机关有权依法处置该动产或权利凭证以抵缴税款及滞纳金。纳税质押分为动产质押和权利质押。

动产质押包括现金以及其他除不动产以外的财产提供的质押。

汇票、支票、本票、债券、存款单等权利凭证可以质押。

对于实际价值波动很大的动产或权利凭证，经设区的市、自治州以上税务机关确认，税务机关可以不接受其作为纳税质押。

第二十六条 纳税人提供质押担保的，应当填写纳税担保书和纳税担保财产清单并签字盖章。纳税担保书应当包括以下内容：

（一）担保的税款及滞纳金数额、所属期间、税种名称、税目；

（二）纳税人履行应缴纳税款、滞纳金的期限；

（三）质物的名称、数量、质量、价值、状况、移交前所在地、所有权权属或者使用权权属；

（四）质押担保的范围及担保责任；

（五）纳税担保财产价值；

（六）税务机关认为需要说明的其他事项。

纳税担保财产清单应当写明财产价值及相关事项。

纳税质押自纳税担保书和纳税担保财产清单经税务机关确认和质物移交之日起生效。

第二十七条 以汇票、支票、本票、公司债券出质的，税务机关应当与纳税人背书清单记载"质押"字样。以存款单出质的，应由签发的金融机构核押。

第二十八条 以载明兑现或者提货日期的汇票、支票、本票、债券、存款单出质的，汇票、支票、本票、债券、存款单兑现日期先于纳税义务履行期或者担保期的，税务机关与纳税人约定将兑现的价款用于缴纳或者抵缴所担保的税款及滞纳金。

第二十九条 纳税人在规定的期限内缴清税款及滞纳金的，税务机关应当自纳税人缴清税款及滞纳金之日起3个工作日内返还质物，解除质押关系。

纳税人在规定的期限内未缴清税款、滞纳金的，税务机关应当依法拍卖、变卖质物，抵缴税款、滞纳金。

第三十条 纳税担保人以其动产或财产权利为纳税人提供纳税质押担保的，按照纳税人提供质押担保的规定执行；纳税担保书和纳税担保财产清单须经纳税人、纳税担保人签字盖章并经税务机关确认。

纳税人在规定的期限内缴清税款、滞纳金的，税务机关应当在3个工作日内将质物返还给纳税担保人，解除质押关系。

纳税人在规定的期限内未缴清税款、滞纳金的，税务机关应当在期限届满之日起15日内书面通知纳税担保人自收到纳税通知书之日起15日内缴纳担保的税款、滞纳金。

纳税担保人未按照前款规定的期限缴纳所担保的税款、滞纳金，由税务机关责令限期在15日内缴纳；缴清税款、滞纳金的，税务机关自纳税担保人缴清税款及滞纳金之日起3个工作日内返还质物、解除质押关系；逾期仍未缴纳的，经县以上税务局（分局）局长批准，税务机关依法拍卖、变卖质物，抵缴税款、滞纳金。

第五章 法律责任

第三十一条 纳税人、纳税担保人采取欺骗、隐瞒等手段提供担保的，由税务机关处以1 000元以下的罚款；属于经营行为的，处以10 000元以下的罚款。

非法为纳税人、纳税担保人实施虚假纳税担保提供方便的，由税务机关处以1 000元以下的罚款。

第三十二条 纳税人采取欺骗、隐瞒等手段提供担保，造成应缴税款损失的，由税务机关按照《税收征收管理法》第六十八条规定处以未缴、少缴税款50%以上5倍以下的罚款。

第三十三条 税务机关负有妥善保管质物的义务。因保管不善致使质物灭失或者毁损，或未经纳税人同意擅自使用、出租、处分质物而给纳税人造成损失的，税务机关应当对直接损失承担赔偿责任。

纳税义务期限届满或担保期间，纳税人或者纳税担保人请求税务机关及时行使权利，而税务机关怠于行使权利致使质物价格下跌造成损失的，税务机关应当对直接损失承担赔偿责任。

第三十四条 税务机关工作人员有下列情形之一的，根据情节轻重给予行政处分：

（一）违反本办法规定，对符合担保条件的纳税担保，不予同意或故意刁难的；

（二）违反本办法规定，对不符合担保条件的纳税担保，予以批准，致使国家税款及滞纳金遭受损失的；

（三）私分、挪用、占用、擅自处分担保财物的；

（四）其他违法情形。

第六章 附则

第三十五条 纳税担保文书由国家税务总局统一制定。

第三十六条 本办法自2005年7月1日起施行。

附件（具体内容略）：

1.责成提供纳税担保通知书

2.纳税担保财产清单

3.纳税担保书

4.解除纳税担保通知书

三、应用场景

（一）应用场景一：结合《税收征收管理法》第五十五条规定，论述税务机关作出税收保全措施的前提条件

在西双版纳佛顺缘珠宝有限公司与国家税务总局景洪市税务局税务保全措施纠纷案①中，上诉人西双版纳佛顺缘珠宝有限公司因与被上诉人国家税务总局景洪市税务局税务其他行政行为一案，不服景洪市人民法院（2018）云2801行初8号行政判决，向云南省西双版纳傣族自治州中级人民法院提起上诉。云南省西双版纳傣族自治州中级人民法院经审理后认为，根据《税收征收管理法》第三十八条"税务机关有根据认为从事生产、经营的纳税人有逃避纳税义务行为的，可以在规定的纳税期之前，责令限期缴纳应纳税款；在限期内发现纳税人有明显的转移、隐匿其应纳税的商品、货物以及其他财产或者应纳税的收入的迹象的，税务机关可以责成纳税人提供纳税担保。如果纳税人不能提供纳税担保，经县以上税务局（分局）局长批准，税务机关可以采取下列税收保全措施：（一）书面通知纳税人开户银行或者其他金融机构冻结纳税人的金额相当于应纳税款的存款；（二）扣押、查封纳税人的价值相当于应纳税款的商品、货物或者其他财产。纳税人在前款规定的限期内缴纳税款的，税务机关必须立即解除税收保全措施；限期期满仍未缴纳税款的，经县以上税务局（分局）局长批准，税务机关可以书面通知纳税人开户银行或者其他金融机构从其冻结的存款中扣缴税款，或者依法拍卖或者变卖所扣押、查封的商品、货物或者其他财产，以拍卖或者变卖所得抵缴税款。个人及其所扶养家属维持生活必需的住房和用品，不在税收保全措施的范围之内"及第五十五条"税务机关对从事生产、经营的纳税人以前纳税期的纳税情况依法进行税务检查时，发现纳税人有逃避纳税义务行为，并有明显的转移、隐匿其应纳税的商品、货物以及其他财产或者应纳税的收入的迹象的，可以按照本法规定的批准权限采取税收保全措施或者强制执行措施"的规定，税务机关作出税收保全措施的前提条件是：1.税务机关有根据从事生产、经营的纳税人有逃避纳税义务行为；2.在规定的纳税期之前，责令纳税人限期缴纳应纳税款；3.在限期内发现纳税人有明显的转移、隐匿其应纳税的商品、货物以及其他财产或者应纳税的收入的迹象，税务机关可以责成纳税人提供纳税担保；4.纳税人不能提供纳税担保，经县以上税务局（分局）局长批准，税务机关可以采取税收保全措施。本案中，景洪市税务局在2017

---

① 案例来源：云南省景洪市人民法院行政判决书（2018）云2801行初8号、云南省西双版纳傣族自治州中级人民法院行政判决书（2020）云28行终2号。

年9月11日对纳税人佛顺缘珠宝公司进行税务检查,在未责令纳税人佛顺缘珠宝公司限期缴纳应纳税款或发现纳税人佛顺缘珠宝公司有明显的转移、隐匿财产的前提下,于2017年9月13日直接冻结纳税人佛顺缘珠宝公司银行账户内的存款,不符合上述法律规定,作出税收保全行为的事实不清,程序违法。

(二)应用场景二:结合《税收征收管理法实施细则》第七十三条规定,论述税收保全的程序性要求

在石河子市天山建筑劳务(集团)有限公司与石河子地方税务局稽查局税务行政征收纠纷案①中,关于程序是否合法的问题,新疆生产建设兵团第八师中级人民法院认为,《税收征收管理法》第三十八条规定:"税务机关有根据认为从事生产、经营的纳税人有逃避纳税义务行为的,可以在规定的纳税期之前,责令限期缴纳应纳税款……"《税收征收管理法实施细则》第七十三条规定:"从事生产、经营的纳税人、扣缴义务人未按照规定的期限缴纳或者解缴税款的,纳税担保人未按照规定的期限缴纳所担保的税款的,由税务机关发出限期缴纳税款通知书,责令缴纳或者解缴税款的最长期限不得超过15日。"本案中,被上诉人(石河子地方税务局稽查局)对上诉人[石河子市天山建筑劳务(集团)有限公司]进行稽查过程中发现上诉人有少缴税款的情况,作出石地税稽处(2013)56号"税务处理决定书",其中载明了追缴税款及加收滞纳金的处理决定,并载明了缴纳税费及滞纳金的期限,其内容符合《税收征收管理法实施细则》第七十三条规定的限期缴纳税款通知书的相关规定。被上诉人将该处理决定书进行了送达,已尽到书面通知的法定职责,其行政行为程序符合法律规定。对于上诉人所主张的被上诉人未送达"补缴税款通知书",违反法定程序的上诉理由,缺乏事实依据,本院不予采纳。

(三)应用场景三:结合《税收征收管理法》第四十条、第四十一条规定,论述税收保全职责仅供税务机构行使

在国家税务总局上杭县税务局、福建上杭新九洲硅业有限公司非诉执行审查案②中,针对国家税务总局上杭县税务局的强制执行福建上杭新九洲硅业有限公司所欠税款及滞纳金的申请,福建省上杭县人民法院经审查后认为:1.依据《税收征收管理法》第三十八条、第四十条、第四十一条之规定,对于从事生产、经营的纳税人、扣缴义务人的税收缴纳,税务机关有强制执行的权力,该强制执行的方式包

---

① 案例来源:新疆维吾尔自治区石河子市人民法院行政判决书(2014)石行初字第0027号、新疆生产建设兵团第八师中级人民法院行政判决书(2015)兵八行终字第2号。
② 案例来源:福建省上杭县人民法院行政裁定书(2020)闽0823行审122号。

括查询、扣押、扣划存款和税收保全等。该强制执行的权力不得由法定的税务机关以外的单位和个人行使。该规定排除了人民法院对税收征收案件的强制执行权。2.《最高人民法院关于适用〈中华人民共和国行政诉讼法〉的解释》第一百五十六条规定，"没有强制执行权的行政机关申请人民法院强制执行其行政行为，应当自被执行人的法定起诉期限届满之日起三个月内提出。逾期申请的，除有正当理由外，人民法院不予受理。"该条规定明确只有没有强制执行权的行政机关才可以向人民法院申请强制执行，本案中申请执行人国家税务总局上杭县税务局对其作出的行政行为，法律已赋予其行政强制执行权，依法不属于可以向人民法院申请强制执行的行政机关。3.依据《最高人民法院关于适用〈中华人民共和国行政诉讼法〉的解释》第一百五十五条第一款第（一）项及第三款规定，税务事项通知依法不属于可以向人民法院申请强制执行的行政行为，对不符合条件的申请，应当裁定不予受理。

四、法条总结

适用本条规定时，需重点把握税收保全执行的前提及程序性要求。

第三十九条

纳税人在限期内已缴纳税款，税务机关未立即解除税收保全措施，使纳税人的合法利益遭受损失的，税务机关应当承担赔偿责任。

一、法条简析

本条是对纳税人在限期内缴纳税款，税务机关未及时解除税收保全措施应当承担赔偿责任的规定。如果纳税人在限期内已缴纳税款，税务机关未立即解除税收保全措施，使纳税人合法利益遭受损失的，纳税人有权根据国家赔偿法的规定向税务机关提出赔偿要求。

二、相关规定：《税收征收管理法实施细则》

第六十八条 纳税人在税务机关采取税收保全措施后，按照税务机关规定的期限缴纳税款的，税务机关应当自收到税款或者银行转回的完税凭证之日起1日内解除税收保全。

第七十条 税收征管法第三十九条、第四十三条所称损失，是指因税务机关的责任，使纳税人、扣缴义务人或者纳税担保人的合法利益遭受的直接损失。

三、法条总结

因税务机关执行税收保全措施机会较少,一般不会出现本条规定"未立即解除税收保全措施"之情形,所以暂未发现相关的案例被披露。把握本条规定,仅需重点关注:要"立即解除税收保全措施"即可。

第四十条

从事生产、经营的纳税人、扣缴义务人未按照规定的期限缴纳或者解缴税款,纳税担保人未按照规定的期限缴纳所担保的税款,由税务机关责令限期缴纳,逾期仍未缴纳的,经县以上税务局(分局)局长批准,税务机关可以采取下列强制执行措施:

(一)书面通知其开户银行或者其他金融机构从其存款中扣缴税款;

(二)扣押、查封、依法拍卖或者变卖其价值相当于应纳税款的商品、货物或者其他财产,以拍卖或者变卖所得抵缴税款。

税务机关采取强制执行措施时,对前款所列纳税人、扣缴义务人、纳税担保人未缴纳的滞纳金同时强制执行。

个人及其所扶养家属维持生活必需的住房和用品,不在强制执行措施的范围之内。

一、法条简析

本条是对税务机关对从事生产、经营的纳税人、扣缴义务人、纳税担保人采取强制执行措施的规定,包括税收强制执行的条件、程序及具体执行措施。

二、相关规定

(一)《税收征收管理法》第八十八条第三款

当事人对税务机关的处罚决定逾期不申请行政复议也不向人民法院起诉、又不履行的,作出处罚决定的税务机关可以采取本法第四十条规定的强制执行措施,或者申请人民法院强制执行。

(二)《税收征收管理法实施细则》第七十三条

从事生产、经营的纳税人、扣缴义务人未按照规定的期限缴纳或者解缴税款的,纳税担保人未按照规定的期限缴纳所担保的税款的,由税务机关发出限期缴纳税款通知书，责令缴纳或者解缴税款的最长期限不得超过15日。

（三）《国家税务总局关于贯彻〈中华人民共和国税收征收管理法〉及其实施细则若干具体问题的通知》（国税发〔2003〕47号）第六条

关于滞纳金的强制执行问题

根据征管法第四十条规定"税务机关在采取强制执行措施时，对纳税人未缴纳的滞纳金同时强制执行"的立法精神，对纳税人已缴纳税款，但拒不缴纳滞纳金的，税务机关可以单独对纳税人应缴未缴的滞纳金采取强制执行措施。

（四）《国家税务总局关于人民法院强制执行被执行人财产有关税收问题的复函》（国税函〔2005〕869号）

最高人民法院：

你院《关于人民法院依法强制执行拍卖、变卖被执行人财产后，税务部门能否直接向人民法院征收营业税的征求意见稿》（〔2005〕执他字第12号）收悉。经研究，函复如下：

一、人民法院的强制执行活动属司法活动，不具有经营性质，不属于应税行为，税务部门不能向人民法院的强制执行活动征税。

二、无论拍卖、变卖财产的行为是纳税人的自主行为，还是人民法院实施的强制执行活动，对拍卖、变卖财产的全部收入，纳税人均应依法申报缴纳税款。

三、税收具有优先权。《中华人民共和国税收征收管理法》第四十五条规定，税务机关征收税款，税收优先于无担保债权，法律另有规定的除外；纳税人欠缴的税款发生在纳税人以其财产设定抵押、质押或者纳税人的财产被留置之前的，税收应当先于抵押权、质权、留置权执行。

四、鉴于人民法院实际控制纳税人因强制执行活动而被拍卖、变卖财产的收入，根据《中华人民共和国税收征收管理法》第五条的规定，人民法院应当协助税务机关依法优先从该收入中征收税款。

（五）《国家税务总局北京市税务局办公室 国家税务总局天津市税务局办公室 国家税务总局河北省税务局办公室关于印发〈京津冀地区不予实施行政强制措施事项清单〉的通知》（京税办发〔2023〕2号）

国家税务总局北京市各区（地区）税务局，各派出机构，各事业单位，市局机关各处室；国家税务总局天津市各区税务局，各派出机构，各事业单位，市局机关各处室；国家税务总局河北省各市（含定州、辛集市）、河北雄安新区税务局，局内各单位：

为贯彻落实党中央、国务院关于推进京津冀协同发展的重大战略部署，扎实做好税务部门支持和促进京津冀协同发展有关工作，认真落实中共中央办公厅、国务院办公厅印发《关于进一步深化税收征管改革的意见》和《国务院关于开展营商环境创新试点工作的意见》（国发〔2021〕24号）等文件要求，进一步推进深化税收征管改革，创新税收精准监管方式，优化京津冀地区营商环境，国家税务总局北京市税务局、天津市税务局和河北省税务局联合制定了《京津冀地区不予实施行政强制措施清单》（以下简称《清单》，详见附件），现印发给你们，请依照执行。本《清单》适用主体为在京津冀地区从事生产、经营的纳税人、扣缴义务人和当事人。

本通知自发布之日起执行。

附件：京津冀地区不予实施行政强制措施清单

京津冀地区不予实施行政强制措施清单

序号	不予实施强制措施	设定依据	适用条件
1	不予采取阻止出境强制措施	《中华人民共和国税收征收管理法》第四十四条 欠缴税款的纳税人或者他的法定代表人需要出境的，应当在出境前向税务机关结清应纳税款、滞纳金或者提供担保。未结清税款、滞纳金，又不提供担保的，税务机关可以通知出境管理机关阻止其出境	①欠缴税款的自然人，欠税3万元以下的 ②欠缴税款的纳税人或者其他经济组织的法定代表人或负责人，欠税20万元以下的
2	不予采取划拨存款，拍卖或者变卖其商品、货物或者其他财产的强制措施	《中华人民共和国税收征收管理法》第四十条 从事生产、经营的纳税人、扣缴义务人未按照规定的期限缴纳或者解缴税款，纳税担保人未按照规定的期限缴纳所担保的税款，由税务机关责令限期缴纳，逾期仍未缴纳的，经县以上税务局（分局）局长批准，税务机关可以采取下列强制执行措施： （一）书面通知其开户银行或者其他金融机构从其存款中扣缴税款 （二）扣押、查封、依法拍卖或者变卖其价值相当于应纳税款的商品、货物或者其他财产，以拍卖或者变卖所得抵缴税款 税务机关采取强制执行措施时，对前款所列纳税人、扣缴义务人、纳税担保人未缴纳的滞纳金同时强制执行 个人及其所扶养家属维持生活必需的住房和用品，不在强制执行措施的范围之内	欠缴税款的纳税人、扣缴义务人已制订了还款计划且正在主动清偿欠缴税款的

续表

序号	不予实施强制措施	设定依据	适用条件
3	不予采取扣押商品、货物的强制措施	《中华人民共和国税收征收管理法》第三十七条 对未按照规定办理税务登记的从事生产、经营的纳税人以及临时从事经营的纳税人，由税务机关核定其应纳税额，责令缴纳；不缴纳的，税务机关可以扣押其价值相当于应纳税款的商品、货物。扣押后缴纳应纳税款的，税务机关必须立即解除扣押，并归还所扣押的商品、货物；扣押后仍不缴纳应纳税款的，经县以上税务局（分局）局长批准，依法拍卖或者变卖所扣押的商品、货物，以拍卖或者变卖所得抵缴税款	未按照规定办理税务登记的从事生产、经营的纳税人以及临时从事经营的纳税人，存在欠缴核定税款，无逃避纳税义务的主观故意，且有正当理由的
4	不予采取加处罚款的强制措施	《中华人民共和国行政处罚法》第七十二条第一款第（一）项 当事人逾期不履行行政处罚决定的，作出行政处罚决定的行政机关可以采取下列措施：（一）到期不缴纳罚款的，每日按罚款数额的百分之三加处罚款，加处罚款的数额不得超出罚款的数额；《中华人民共和国行政强制法》第三十七条第一款 经催告，当事人逾期仍不履行行政决定，且无正当理由的，行政机关可以作出强制执行决定	逾期未缴纳罚款的当事人，无逃避缴纳罚款的主观故意，且未缴纳罚款在3 000元以下的
5	不予采取冻结存款的强制措施	《中华人民共和国税收征收管理法》第五十五条 税务机关对从事生产、经营的纳税人以前纳税期的纳税情况依法进行税务检查时，发现纳税人有逃避纳税义务行为，并有明显的转移、隐匿其应纳税的商品、货物以及其他财产或者应纳税的收入的迹象的，可以按照本法规定的批准权限采取税收保全措施或者强制执行措施	纳税人账户余额不足2 000元的

注：以上欠缴税款或罚款的金额均包含本数。

国家税务总局北京市税务局办公室
国家税务总局天津市税务局办公室
国家税务总局河北省税务局办公室
2023年2月2日

（六）《抵税财物拍卖、变卖试行办法》（国家税务总局令第12号）

《抵税财物拍卖、变卖试行办法》已经2005年1月13日第1次局务会议审议通过，现予发布，自2005年7月1日起施行。

国家税务总局局长：谢旭人
二〇〇五年五月二十四日

抵税财物拍卖、变卖试行办法

第一章 总则

第一条 为规范税收强制执行中抵税财物的拍卖、变卖行为，保障国家税收收入，保护纳税人合法权益，根据《中华人民共和国税收征收管理法》及其实施细则和有关法律法规规定，制定本办法。

第二条 税务机关拍卖、变卖抵税财物，以拍卖、变卖所得抵缴税款、滞纳金的行为，适用本办法。

拍卖是指税务机关将抵税财物依法委托拍卖机构，以公开竞价的形式，将特定财物转让给最高应价者的买卖方式。

变卖是指税务机关将抵税财物委托商业企业代为销售、责令纳税人限期处理或由税务机关变价处理的买卖方式。

抵税财物，是指被税务机关依法实施税收强制执行而扣押、查封或者按照规定应强制执行的已设置纳税担保物权的商品、货物、其他财产或者财产权利。

被执行人是指从事生产经营的纳税人、扣缴义务人或者纳税担保人等税务行政相对人。

第三条 拍卖或者变卖抵税财物应依法进行，并遵循公开、公正、公平、效率的原则。

第四条 有下列情形之一的，税务机关依法进行拍卖、变卖：

（一）采取税收保全措施后，限期期满仍未缴纳税款的；

（二）设置纳税担保后，限期期满仍未缴纳所担保的税款的；

（三）逾期不按规定履行税务处理决定的；

（四）逾期不按规定履行复议决定的；

（五）逾期不按规定履行税务行政处罚决定的；

（六）其他经责令限期缴纳，逾期仍未缴纳税款的。

对前款（三）至（六）项情形进行强制执行时，在拍卖、变卖之前（或同时）进行扣押、查封，办理扣押、查封手续。

第五条 税务机关按照拍卖优先的原则确定抵税财物拍卖、变卖的顺序：

（一）委托依法成立的拍卖机构拍卖；

（二）无法委托拍卖或者不适于拍卖的，可以委托当地商业企业代为销售，或者责令被执行人限期处理；

（三）无法委托商业企业销售，被执行人也无法处理的，由税务机关变价处理。

国家禁止自由买卖的商品、货物、其他财产,应当交由有关单位按照国家规定的价格收购。

第六条 税务机关拍卖变卖抵税财物时按下列程序进行:

(一)制作拍卖(变卖)抵税财物决定书,经县以上税务局(分局)局长批准后,对被执行人下达拍卖(变卖)抵税财物决定书。

依照法律法规规定需要经过审批才能转让的物品或财产权利,在拍卖、变卖前,应当依法办理审批手续。

(二)查实需要拍卖或者变卖的商品、货物或者其他财产。在拍卖或者变卖前,应当审查所扣押商品、货物、财产专用收据和所查封商品、货物、财产清单,查实被执行人与抵税财物的权利关系,核对盘点需要拍卖或者变卖的商品、货物或者其他财产是否与收据或清单一致。

(三)按照本办法规定的顺序和程序,委托拍卖、变卖,填写拍卖(变卖)财产清单,与拍卖机构签订委托拍卖合同,与受委托的商业企业签订委托变卖合同,对被执行人下达税务事项通知书,并按规定结算价款。

(四)以拍卖、变卖所得支付应由被执行人依法承担的扣押、查封、保管以及拍卖、变卖过程中的费用。

(五)拍卖、变卖所得支付有关费用后抵缴未缴的税款、滞纳金,并按规定抵缴罚款。

(六)拍卖、变卖所得支付扣押、查封、保管、拍卖、变卖等费用并抵缴税款、滞纳金后,剩余部分应当在3个工作日内退还被执行人。

(七)税务机关应当通知被执行人将拍卖、变卖全部收入计入当期销售收入额并在当期申报缴纳各种应纳税款。

拍卖、变卖所得不足抵缴税款、滞纳金的,税务机关应当继续追缴。

第七条 拍卖、变卖抵税财物,由县以上税务局(分局)组织进行。变卖鲜活、易腐烂变质或者易失效的商品、货物时,经县以上税务局(分局)局长批准,可由县以下税务机关进行。

第八条 拍卖、变卖抵税财物进行时,应当通知被执行人到场;被执行人未到场的,不影响执行。

第九条 税务机关及其工作人员不得参与被拍卖或者变卖商品、货物或者其他财产的竞买或收购,也不得委托他人为其竞买或收购。

第二章 拍卖

第十条 拍卖由财产所在地的省、自治区、直辖市的人民政府和设区的市的人民政府指定的拍卖机构进行拍卖。

第十一条 抵税财物除有市场价或其价格依照通常方法可以确定的外,应当委托依法设立并具有相应资质的评估鉴定机构进行质量鉴定和价格评估,并将鉴定、评估结果通知被执行人。

拍卖抵税财物应当确定保留价,由税务机关与被执行人协商确定,协商不成的,由税务机关参照市场价、出厂价或者评估价确定。

第十二条 委托拍卖的文物,在拍卖前,应当经文物行政管理部门依法鉴定、许可。

第十三条 被执行人应当向税务机关说明商品、货物或其他财产的瑕疵,税务机关应当向拍卖机构说明拍卖标的的来源和了解到的瑕疵。

第十四条 拍卖机构接受委托后,未经委托拍卖的税务机关同意,不得委托其他拍卖机构拍卖。

第十五条 税务机关应当在作出拍卖决定后10日内委托拍卖。

第十六条 税务机关应当向拍卖机构提供下列材料:

(一)税务机关单位证明及委托拍卖的授权委托书;

(二)拍卖(变卖)抵税财物决定书;

(三)拍卖(变卖)财产清单;

(四)抵税财物质量鉴定与价格评估结果;

(五)与拍卖活动有关的其他资料。

第十七条 税务机关应当与拍卖机构签订书面委托拍卖合同。委托拍卖合同应载明以下内容:

(一)税务机关及拍卖机构的名称、住所、法定代表人姓名;

(二)拍卖标的的名称、规格、数量、质量、存放地或者坐落地、新旧程度或者使用年限等;

(三)拍卖的时间、地点,拍卖标的交付或转移的时间、方式,拍卖公告的方式及其费用的承担;

(四)拍卖价款结算方式及价款给付期限;

(五)佣金标准及其支付的方式、期限;

(六)违约责任;

(七)双方约定的其他事项。

第十八条 拍卖一次流拍后,税务机关经与被执行人协商同意,可以将抵税财物进行变卖;被执行人不同意变卖的,应当进行第二次拍卖。不动产和文物应当进行第二次拍卖。

第二次拍卖仍然流拍的,税务机关应当将抵税财物进行变卖,以抵缴税款、滞纳金或罚款。

经过流拍再次拍卖的,保留价应当不低于前次拍卖保留价的2/3。

第十九条 税务机关可以自行办理委托拍卖手续,也可以由其上级税务机关代为办理拍卖手续。

第三章 变卖

第二十条 下列抵税财物为无法委托拍卖或者不适于拍卖,可以交由当地商业企业代为销售或责令被执行人限期处理,进行变卖:

(一)鲜活、易腐烂变质或者易失效的商品、货物;

(二)经拍卖程序一次或二次流拍的抵税财物;

(三)拍卖机构不接受拍卖的抵税财物。

第二十一条 变卖抵税财物的价格,应当参照同类商品的市场价、出厂价遵循公平、合理、合法的原则确定。税务机关应当与被执行人协商是否需要请评估机构进行价格评估,被执行人认为需要的,税务机关应当委托评估机构进行评估,按照评估价确定变卖价格。

对有政府定价的商品、货物或者其他财产,由政府价格主管部门,按照定价权限和范围确定价格。对实行政府指导价的商品、货物或者其他财产,按照定价权限和范围规定的基准价及其浮动幅度确定。

经拍卖流拍的抵税财物,其变卖价格应当不低于最后一次拍卖保留价的2/3。

第二十二条 委托商业企业变卖的,受委托的商业企业要经县以上税务机关确认,并与商业企业签订委托变卖合同,按本办法第二十一条规定的核价方式约定变卖价格。委托变卖合同应载明下列内容:

(一)税务机关及商业企业的名称、地址、法定代表人姓名;

(二)变卖商品、货物或其他财产的名称、规格、数量、质量、存放地或坐落地、新旧程度或使用年限等;

(三)变卖商品、货物或其他财产的时间、地点及其费用的承担;

(四)变卖价款结算方式及价款给付期限;

(五)违约责任;

(六)双方约定的其他事项。

第二十三条 抵税财物委托商业企业代为销售15日后,无法实现销售的,税务机关应当第二次核定价格,由商业企业继续销售,第二次核定的价格应当不低于首次核定价格的2/3。

第二十四条 无法委托商业企业销售,被执行人也无法处理的,税务机关应当进行变价处理。

有下列情形之一的,属于无法委托商业企业代为销售:

(一)税务机关与两家(含两家)以上商业企业联系协商,不能达成委托销售的;

(二)经税务机关在新闻媒体上征求代售单位,自征求公告发出之日起10日内无应征单位或个人,或应征之后未达成代售协议的;

(三)已达成代售协议的商业企业在经第二次核定价格15日内仍无法售出税务机关委托代售的商品、货物或其他财产的。

被执行人无法处理,包括拒绝处理、逾期不处理等情形。

第二十五条 税务机关变价处理时,按照本办法第二十一条规定的原则以不低于前两种变卖方式定价的2/3确定价格。

税务机关实施变卖前,应当在办税服务厅、税务机关网站或当地新闻媒体上公告,说明变卖财物的名称、规格、数量、质量、新旧程度或使用年限、变卖价格、变卖时间等事项;登出公告10日后实施变卖。

税务机关实施变卖10日后仍没有实现变卖的,税务机关可以重新核定价格,再次发布变卖公告,组织变卖。再次核定的价格不得低于首次定价的2/3。

经过二次定价变卖仍未实现变卖的,以市场可接受的价格进行变卖。

第四章 税款的实现和费用的支付

第二十六条 以拍卖、变卖收入抵缴未缴的税款、滞纳金和支付相关费用时按照下列顺序进行:

(一)拍卖、变卖费用。由被执行人承担拍卖变卖所发生的费用,包括扣押、查封活动中和拍卖或者变卖活动中发生的依法应由被执行人承担的费用,具体为:保管费、仓储费、运杂费、评估费、鉴定费、拍卖公告费、支付给变卖企业的手续费以及其他依法应由被执行人承担的费用。

拍卖物品的买受人未按照约定领受拍卖物品的,由买受人支付自应领受拍卖财物之日起的保管费用。

(二)未缴的税款、滞纳金。

(三)罚款。下列情况可以用拍卖、变卖收入抵缴罚款:

1.被执行人主动用拍卖、变卖收入抵缴罚款的;

2.对价值超过应纳税额且不可分割的商品、货物或者其他财产进行整体扣押、查封、拍卖,以拍卖收入抵缴未缴的税款、滞纳金时,连同罚款一并抵缴;

3.从事生产经营的被执行人对税务机关的处罚决定逾期不申请行政复议也不向人民法院起诉、又不履行的,作出处罚决定的税务机关可以强制执行,抵缴罚款。

第二十七条 拍卖或者变卖实现后,税务机关在结算并收取价款后3个工作日内,办理税款、滞纳金或者罚款的入库手续。

第二十八条 拍卖或者变卖收入抵缴税款、滞纳金、罚款后有余额的,税务机关应当自办理入库手续之日起3个工作日内退还被执行人,并通知被执行人将拍卖、变卖全部收入记入当期销售收入额并在当期申报缴纳各种税款。

第二十九条 拍卖变卖结束后,税务机关制作拍卖、变卖结果通知书,拍卖、变卖扣押、查封的商品、货物、财产清单一式两份,一份税务机关留存,一份交被执行人。

第三十条 被执行人在拍卖、变卖成交前缴清了税款、滞纳金的,税务机关应当终止拍卖或者变卖活动,税务机关将商品、货物或其他财产退还被执行人,扣押、查封、保管以及拍卖或者变卖已经产生的费用由被执行人承担。

被执行人拒不承担上述相关费用的,继续进行拍卖或者变卖,以拍卖、变卖收入扣除被执行人应承担的扣押、查封、保管、拍卖或者变卖费用后,剩余部分税务机关在3个工作日内返还被执行人。

第三十一条 对抵税财物经鉴定、评估为不能或不适于进行拍卖、变卖的,税务机关应当终止拍卖、变卖,并将抵税财物返还被执行人。

对抵税财物经拍卖、变卖程序而无法完成拍卖、变卖实现变价抵税的,税务机关应当将抵税财物返还被执行人。

抵税财物无法或不能返还被执行人的,税务机关应当经专门鉴定机构或公证部门鉴定或公证,报废抵税财物。

被执行人应缴纳的税款、滞纳金和应支付的费用,由税务机关采取其他措施继续追缴。

第五章 法律责任

第三十二条 拍卖、变卖过程中,严禁向被执行人摊派、索取任何不合法费用。税务人员在拍卖、变卖过程中,向被执行人摊派、索取不合法费用的,依法给予行政处分;税务机关及其工作人员参与被拍卖或者变卖商品、货物或者其他财产的竞买或收购,或者委托他人竞买或收购,依法给予行政处分。

第三十三条 税务人员有不依法对抵税财物进行拍卖或者变卖,或者擅自将应该拍卖的改为变卖的,在变卖过程中擅自将应该委托商业企业变卖、责令被执行人自行处理的由税务机关直接变价处理的行为,依法给予行政处分;给被执行人造成损失的,由批准拍卖或者变卖的税务机关赔偿其直接损失。

税务机关可向直接责任人追偿部分或全部直接损失。对有故意或重大过失的责任人员依法给予行政处分。

第三十四条 因税务机关违法对扣押、查封的商品、货物或者其他财产造成损失的,由造成损失的税务机关负责赔偿直接损失,并可向直接责任人追偿部分或全部直接损失。

第三十五条 受税务机关委托的拍卖机构或商业企业违反拍卖合同或变卖合同的约定进行拍卖或变卖的,依照合同的约定承担违约责任;合同无约定的,依照法律的规定承担违约责任;其行为构成违法的,依法承担法律责任。

第三十六条 抵税财物在被查封、扣押前,已经设置担保物权而被执行人隐瞒的,或者有瑕疵、质量问题而被执行人隐瞒的,由被执行人承担扣押、查封、拍卖、变卖活动产生的费用,并依法承担法律责任。

第六章 附则

第三十七条 税务机关追缴从事生产经营的纳税人骗取国家出口退税的,适用本办法规定。

第三十八条 税收强制执行拍卖、变卖文书由国家税务总局统一制定。

第三十九条 本办法自2005年7月1日起施行。

附件(具体内容略):

1.拍卖/变卖抵税财物决定书

2.拍卖/变卖结果通知书

3.拍卖/变卖商品、货物或者其他财产清单

4.返还商品、货物或者其他财产通知书

5.返还商品、货物或者其他财产清单

(七)《国家税务总局关于贯彻〈中华人民共和国税收征收管理法〉及其实施细则若干具体问题的通知》(国税发〔2003〕47号)第六条

根据《税收征管法》第四十条"税务机关在采取强制执行措施时,对纳税人未缴纳的滞纳金同时强制执行"的立法精神,对纳税人已缴纳税款,但拒不缴纳滞纳金的,税务机关可以单独对纳税人应缴未缴的滞纳金采取强制执行措施。

三、应用场景

（一）应用场景一：结合《行政强制法》相关规定，论述税务机关强制执行的前提条件

在陕西千业房地产开发有限责任公司与国家税务总局西安市未央区税务局强制执行纠纷案[①]中，2018年6月5日，被告（原西安市未央区地方税务局）向第三人添好公司作出未地税强扣〔2018〕001号"税收强制执行决定书"，决定：根据《税收征收管理法》第四十条规定，决定从第三人单位银行账户中扣缴包括税款、滞纳金共计10 435 093.94元，并于同日从第三人银行账户扣缴上述金额。2018年8月2日，原告千业公司收到第三人添好公司向其发出的"关于联建项目土地增值税及抓紧销售剩余房源的联系函"及"工作联系函关于缴纳土地增值税的通知"，要求原告公司补缴添好花园住宅小区项目土地增值税税款。

针对被告未将原告作为行政相对人，未向原告作出被诉行政行为是否违法问题。法院认为，根据《行政强制法》第三十五条规定，"行政机关作出强制执行决定前，应当事先催告当事人履行义务。催告应当以书面形式作出，并载明下列事项：（一）履行义务的期限；（二）履行义务的方式；（三）涉及金钱给付的，应当有明确的金额和给付方式；（四）当事人依法享有的陈述权和申辩权"。第三十六条规定，"当事人收到催告书后有权进行陈述和申辩。行政机关应当充分听取当事人的意见，对当事人提出的事实、理由和证据，应当进行记录、复核。当事人提出的事实、理由或者证据成立的，行政机关应当采纳"。第三十七条规定，"经催告，当事人逾期仍不履行行政决定，且无正当理由的，行政机关可以作出强制执行决定"。在已确认原告与被诉行政行为有利害关系，原告主体适格的前提下，根据上述规定，行政机关应当履行催告义务，并充分保障原告行使陈述、申辩的权利。因此，行政机关向行政相对人作出强制执行决定的，必须同时满足以下三个条件：（1）行政机关向当事人作出了书面催告，并说明了履行义务的期限、方式和享有的陈述、申辩权利；（2）当事人在催告期内行使陈述、申辩权利的，行政机关进行了复核；（3）催告期届满当事人仍不履行且无正当理由。《税收征收管理法》第四十条规定，"从事生产、经营的纳税人、扣缴义务人未按照规定的期限缴纳或者解缴税款，纳税担保人未按照规定的期限缴纳所担保的税款，由税务机关责令限期缴纳，逾期仍未缴纳的，经县以上税务局（分局）局长批准，税务机关可以采取下列强制执行措施：（一）书面通知其开户银行或者

---

① 案例来源：西安铁路运输法院行政判决书（2019）陕7102行初209号。

其他金融机构从其存款中扣缴税款；（二）扣押、查封、依法拍卖或者变卖其价值相当于应纳税款的商品、货物或者其他财产，以拍卖或者变卖所得抵缴税款。税务机关采取强制执行措施时，对前款所列纳税人、扣缴义务人、纳税担保人未缴纳的滞纳金同时强制执行……"据此，税务机关应当先向纳税人作出责令限期缴纳通知，责令期满后纳税人仍不履行纳税义务的，税务机关才可以向纳税人实施强制执行措施。本案中，原告作为与被诉行政行为有利害关系的行政相对人，被告在没有向原告作出任何书面催告的情况下直接向第三人添好公司作出了税收强制执行决定，扣缴了第三人添好公司的银行存款，侵害了原告的陈述、申辩的合法权利，被告所作的行政行为违反法定程序，故依法应当予以撤销。

（二）应用场景二：用于论述强制执行担保财产的程序性要求

在郑钰宝与国家税务总局铁岭市税务局稽查局、国家税务总局铁岭市税务局税收强制执行及行政复议纠纷案[①]中，针对被上诉人铁岭市稽查局作出的铁国税强拍〔2017〕6号"税收强制执行决定书"认定事实是否清楚、证据是否充分的焦点，辽宁省铁岭市中级人民法院指出，根据《税收征收管理法》第四十条第一款第（二）项、第二款规定："从事生产、经营的纳税人、扣缴义务人未按照规定的期限缴纳或者解缴纳税款，纳税担保人未按照规定的期限缴纳所担保的税款，由税务机关责令限期缴纳，逾期仍未缴纳的，经县级以上税务局（分局）局长批准，税务机关可以采取下列强制执行措施：（二）扣押、查封、依法拍卖或者变卖其价值相当于应缴纳税款的商品、货物或者其他财产，以拍卖或者变卖所得抵缴税款。税务机关采取强制执行措施时，对前款所列纳税人、扣缴义务人、纳税担保人未缴纳的滞纳金同时强制执行。"本案中，长兴荣公司于2015年8月19日申请纳税担保，铁岭市稽查局对所提供材料进行审核，于同年8月31日为该公司办理纳税担保。郑钰宝以其个人独有的一套商品住宅，为长兴荣公司应缴纳的税款及滞纳金一并提供了纳税担保。郑钰宝在为长兴荣公司提供纳税担保后，对该公司应缴纳的税款及滞纳金承担连带责任。铁岭市稽查局两次通知其限期缴纳所担保的税款及滞纳金，郑钰宝逾期仍未缴纳，铁岭市稽查局有权对其提供的用于纳税担保的一套商品住宅予以拍卖或者变卖，以拍卖或者变卖所得抵缴税款、滞纳金，故铁岭市稽查局作出的铁国税强拍〔2017〕6号"税收强制执行决定书"认定事实清楚、证据充分。

---

① 案例来源：辽宁省昌图县人民法院行政判决书（2018）辽1224行初47号、辽宁省铁岭市中级人民法院行政判决书（2019）辽12行终62号。

（三）应用场景三：用于论述税收强制拍卖的程序性要求

在海南三强农业开发有限公司与海南省地方税务局第一稽查局税务行政管理纠纷案①中，针对海南省地方税务局第一稽查局拍卖海南三强农业开发有限公司国有土地使用权程序是否合法问题，海南省海口市中级人民法院认为，《税收征收管理法》第四十条第一款规定："从事生产、经营的纳税人、扣缴义务人未按照规定的期限缴纳或者解缴税款，纳税担保人未按照规定的期限缴纳所担保的税款，由税务机关责令限期缴纳，逾期仍未缴纳的，经县级以上税务局（分局）局长批准，税务机关可以采取下列强制执行措施：……（二）扣押、查封、依法拍卖或者变卖其价值相当于应纳税款的商品、货物或者其他财产，以拍卖或者变卖所得抵缴税款。"本案中，省地税第一稽查局对三强公司作出琼地税一稽处〔2015〕15号"税务处理决定书"和琼地税一稽罚〔2015〕15号"税务行政处罚决定书"，对其不缴纳城镇土地使用税的违法行为处以罚款，三强公司逾期未提供担保、申请复议或提起诉讼，又未履行处罚决定的内容，省地税第一稽查局作出"保全决定书"，查封三强公司的国有土地使用权，三强公司亦未申请复议或提起诉讼。在此情况下，省地税第一稽查局依照上述法律规定作出涉案的琼地税一稽强拍〔2016〕1号"税收强制执行决定书"，决定对所查封的三强公司的土地使用权予以拍卖，以拍卖或者变卖所得抵缴税款、滞纳金、罚款等并无不当。

（四）应用场景四：结合《民法典》相关规定，论述如何处理商品房消费者优先权与税收优先权的关系

典型案例：龚淑如与广州市地方税务局第三稽查局强制措施纠纷案②

1.当事人

上诉人（原审原告）：龚淑如

被上诉人（原审被告）：广州市地方税务局第三稽查局

原审第三人：广州市万昊房地产开发有限公司

2.基本案情

原告在本案诉讼时，提供了在2004年5月31日，与第三人广州市万昊房地产开发有限公司签订的两份"嘉汇华庭认购书"，分别由原告向第三人购买嘉汇

---

① 案例来源：海南省海口市龙华区人民法院行政判决（2016）琼0106行初60号、海南省海口市中级人民法院行政判决书（2017）琼01行终71号。

② 案例来源：广东省广州市海珠区人民法院行政判决书（2011）穗海法行初字第39号、广东省广州市中级人民法院行政判决书（2012）穗中法行终字第173号。

华庭C座18-19楼02室及嘉汇华庭B座18-19楼04室,价格分别为1 219 943元和1 019 791元。及同年6月15日,原告向第三人分别交纳了500 943元和500 791元的房款,并交纳其他相关费用并入住使用上述房屋至今。

2005年12月27日,被告广州市地方税务局第三稽查局作出穗地税稽三处〔2005〕17号"税务处理决定书",查明第三人广州市万昊房地产开发有限公司在2002年1月1日至2004年12月31日,欠缴营业税、城市维护建设税、教育附加费、堤围防护费、企业所得税等及滞纳金共8 089 491.07元,限第三人在本决定书送达之日起15日内缴纳入库,逾期强制执行。

2010年4月29日,广州市地方税务局第三稽查局作出穗地税稽三强封〔2010〕2号"税收强制执行决定书(查封\扣押适用)",决定对第三人开发的广州市海珠区前进路嘉汇街13号1804房、广州市海珠区前进路嘉汇街17号1802房〔嘉汇华庭(预售证030122)B栋1804房、C栋1802房〕予以查封、扣押。上述文书被告在翌日送达给了第三人。

由于第三人至今未能办理上述查封房产的权属证书,原告于2010年向广东省广州市中级人民法院起诉要求第三人协助办理上述房产的权属证书,该院以原告的房屋被查封,办理权属证书的条件尚不具备为由,于2010年10月26日分别以(2010)海民三初字第2482号、第2483号民事裁定书作出驳回其起诉的裁定。

3.一审裁判

本案诉争房屋在房产登记机构记载的初始登记权属人为第三人广州市万昊房地产开发有限公司,根据《物权法》第九条①规定,"不动产物权的设立、变更、转让、和消灭,经依法登记,发生效力;未经登记,不发生效力,但法律另有规定的除外"。被告对诉争的房产作出查封时,经房屋登记机关查册显示,涉案房屋的权属仍登记在第三人名下。对第三人欠缴税款的事实,有被告作出的"税务处理决定书"予以认定,根据《税收征收管理法》第四十条第一款(二)项规定"从事生产、经营的纳税人、扣缴义务人未按照规定的期限缴纳或者解缴税款,纳税担保人未按照规定的期限缴纳所担保的税款,由税务机关责令限期缴纳,逾期仍未缴纳的,经县以上税务局(分局)局长批准,税务机关可以采取下列强制执行措施:……(二)扣押、查封、依法拍卖或者变卖其价值相当于应纳税款的商品、货物或者其他财产,以拍卖或者变卖所得抵缴税款"。故被告依法有权对第三人名下的财产实施强制保全的措施。对原告主张诉争房产权属的事项,应由

---

① 注:类似规定见《民法典》第二百零八条。

原告另循其他法律途径予以解决，原告现提交的证据不足以有效证明涉案房屋权属已为其交易过户所有，被告现阶段对第三人名下的房产采取查封强制措施的事实清楚，证据充分，程序合法，适用法律法规正确。法院予以维持处理。

4.上诉理由（要点）

（1）原判重要事实没有查清。涉案4套房屋系上诉人购买在先，被上诉人实施查封在后。（2）原判认定事实严重错误。上诉人和原审第三人签订的认购书未违反法律规定并且已实际履行，且上诉人正在处理产权转移，足以证明涉案房屋已归上诉人所有的事实被原判忽略。（3）原判未能正确适用法律。本案应当以最高人民法院《关于人民法院民事执行中查封、扣押、冻结财产的规定》第十七条处理。原判未查清事实，适用《物权法》第九条有误。

5.二审裁判

《税收征收管理法》第四十条第一款规定："从事生产、经营的纳税人、扣缴义务人未按照规定的期限缴纳或者解缴税款，纳税担保人未按照规定的期限缴纳所担保的税款，由税务机关责令限期缴纳，逾期仍未缴纳的，经县以上税务局（分局）局长批准，税务机关可以采取下列强制执行措施：……（二）扣押、查封、依法拍卖或者变卖其价值相当于应纳税款的商品、货物或者其他财产，以拍卖或者变卖所得抵缴税款。"本案中因原审第三人欠缴税款，被上诉人针对登记在原审第三人名下的涉案房屋采取税收强制执行措施，查封涉案房屋事实依据充分，适用法律正确。原审判决予以维持正确，本院亦予以维持。上诉人认为原审判决认定事实不清，适用法律正确的主张理据不足，本院不予支持。

关于上诉人主张其购买在先，被上诉人查封在后，查封涉案房屋属于转嫁责任，以及适用法律错误的问题。《物权法》第九条规定："不动产物权的设立、变更、转让和消灭，经依法登记，发生效力；未经登记，不发生效力，但法律另有规定的除外。"本案中上诉人虽然主张其已购买涉案房屋，但既未能提交证据证明涉案房屋在其名下，亦未能提交证据证明其已支付了全部房款，故其以购买在先，被上诉人无权查封理由不充分。因原审第三人欠缴税款，被上诉人针对登记在原审第三人名下的涉案房屋采取税收强制措施，并不属于将原审第三人应纳税款的责任转移至上诉人，上诉人如认为其合法权益受到损害的，可寻其他法律途径解决。被上诉人依照《税收征收管理法》作出涉案强制执行措施并无不当，上诉人上述主张无法律依据，不予采纳。

6.案例评析

本案生效裁判发生于2012年，彼时《最高人民法院关于人民法院办理执行异议和复议案件若干问题的规定》(2014年12月29日最高人民法院审判委员会第1638次会议通过，根据2020年12月23日最高人民法院审判委员会第1823次会议通过的《最高人民法院关于修改〈最高人民法院关于人民法院扣押铁路运输货物若干问题的规定〉等十八件执行类司法解释的决定》修正)尚未颁布，据此司法解释第二十九条确立的商品房消费者优先权还未出现。为此，本典型案例才出现上诉人龚淑如已全额付款并入住长达6年之久的房产，仅仅因未办理权属登记手续，被税务机关强制拍卖执行处置的结果。自2015年1月1日起，该类案件应不会出现本案相同或类似判决结果。

（五）应用场景五：结合《行政强制法》相关规定，论述法院不应受理税务机关的强制执行申请

额敏县地税局与新疆中海盛鑫房地产开发有限公司税务行政强制复议申请案①中，额敏县地税局向新疆生产建设兵团额敏垦区人民法院申请强制执行税款，该院不予受理。额敏县地税局复议至新疆生产建设兵团第九师中级人民法院，该院指出，《行政强制法》对行政强制执行问题作了明确规定，该法第三十四条和第五十三条规定："行政机关依法作出行政决定后，当事人在行政机关决定的期限内不履行义务的，具有行政强制执行权的行政机关依照本章规定强制执行。""当事人在法定期限内不申请复议或者提起行政诉讼，又不履行行政决定的，没有行政强制执行权的行政机关可以自期限届满之日起三个月内，依照本章规定申请人民法院强制执行。"该法明确了一旦法律授予了行政机关强制执行权，该行政机关就不能主动放弃强制执行权，转由申请人民法院强制执行。人民法院只受理没有行政强制执行权的行政机关作出的行政决定。如果特别法规定了行政机关既可以自己强制执行，也可以申请人民法院强制执行，则应依照特别法的规定执行。根据《税收征收管理法》第四十条的规定，授予了税务机关强制执行权，故对复议申请人额敏县地方税务局的复议申请不予支持。

四、法条总结

税收强制执行权是税务机关的一项重要执法权，但在适用该条授权法律时，需要结合《行政强制法》，甚至《民法典》相关法律规定一并理解和运用。所以，本条规定的应用场景较多。其中，对非生产经营的纳税人，税务机关能否适用强制执行权问题，司法实践中，有不少争议。但根据全国人大法工委对《税收征收

---

① 案例来源：新疆生产建设兵团第九师中级人民法院行政裁定书（2016）兵09行审复2号。

管理法》的相关释义，明确提出"税务机关无权对非生产、经营纳税人采取强制执行措施。如果非生产、经营纳税人未依法缴纳税款，税务机关责令其限期缴纳而仍不缴纳，同时其对税务机关缴纳税款的决定又不依法提起行政诉讼的，根据行政诉讼法的规定，税务机关可以申请人民法院强制执行"。在适用时，应可参照。

五、修法建议

建议：1.明确税务机关对非生产经营的纳税人，无强制执行权。以便回应实务中，对非生产经营的纳税人，税务机关无权强制执行、人民法院不愿强制执行的窘境。2.向人民法院民事执行措施看齐，或可规定税收强制执行程序参照适用民商事法律、司法解释规定。3.明确税收强制执行需同时遵守《行政强制法》相关规定。

第四十一条

本法第三十七条、第三十八条、第四十条规定的采取税收保全措施、强制执行措施的权力，不得由法定的税务机关以外的单位和个人行使。

一、法条简析

本条是在第三十七条、第三十八条、第四十条规定的基础上，又单独规定的一条。旨在特别强调采取税收保全措施和强制执行措施的权力，只能由法定的税务机关行使，不得由法定的税务机关以外的单位和个人行使。

二、相关规定

《税收征收管理法》第二十九条

除税务机关、税务人员以及经税务机关依照法律、行政法规委托的单位和人员外，任何单位和个人不得进行税款征收活动。

三、应用场景

（一）应用场景一：结合《行政强制法》相关规定，论述法院无权对税款进行强制执行

在国家税务总局乳山市税务局与乳山市鑫旺达汽车配件有限公司行政强制执

行纠纷案[①]中，申请执行人国家税务总局乳山市税务局以被执行人乳山市鑫旺达汽车配件有限公司2017年3月自行申报所属期2月份实现增值税税金138 044.97元，一直未按期缴纳为由，于2017年3月23日向被执行人下达责令限期缴纳税款通知书，限期于2017年3月31日前缴纳应缴税款，并告知相应的权利义务。在对被执行人账户进行扣划税款60.9元后，剩余税款137 984.07元及滞纳金一直未缴，申请执行人于2017年11月10日向乳山市人民法院申请强制执行。乳山市人民法院于2017年12月15日作出（2017）鲁1083行审13号行政裁定书。经该院审判委员会讨论决定，于2020年11月9日作出（2020）鲁1083行监1号行政裁定书裁定再审，该院依法另行组成合议庭，进行了审查。

乳山市人民法院经审查后认为，根据《行政强制法》第三十四条、第五十三条规定，对当事人不履行行政决定义务的，具有行政强制执行权的行政机关可自行采取强制执行措施，没有行政强制执行权的行政机关在法定期限内申请人民法院强制执行。《税收征收管理法》第四十一条规定：本法第三十七条、第三十八条、第四十条规定的采取税收保全措施、强制执行措施的权力，不得由法定的税务机关以外的单位和个人行使。综上所述，原审申请执行人对被执行人未按规定期限缴纳税款的行为具有行政强制执行权，需自行采取强制执行措施，不得申请人民法院强制执行，故对其行政强制执行申请依法应当裁定不予受理，已经受理的，依法应裁定驳回，原审裁定错误，应予撤销。遂裁定：撤销该院所作（2017）鲁1083行审13号行政裁定书，驳回国家税务总局乳山市税务局对乳山市鑫旺达汽车配件有限公司税款137 984.07元及滞纳金的强制执行申请。

也许上述法院在论述时，稍显笼统，在宁夏回族自治区吴忠市中级人民法院所作（2019）宁03行审复2号"行政裁定书"中，则直指问题核心，即根据《行政强制法》第五十三条、《税收征收管理法》第四十条规定，复议申请人（国家税务总局吴忠市利通区税务局）是具有强制执行权的行政机关，没有强制执行权的行政机关可以向人民法院申请强制执行。《税收征收管理法》第四十一条规定，本法第三十七条、第三十八条、第四十条规定的采取税收保全措施、强制执行措施的权力，不得由法定的税务机关以外的单位和个人行使。故申请人国家税务总局吴忠市利通区税务局不仅是具有强制执行权力的行政机关，而且所享有的强制执行权属于专属权利，法律已经明确作出了排他性的规定，复议申请人不得

[①] 案例来源：山东省乳山市人民法院行政裁定书（2017）鲁1083行审13号、（2020）鲁1083行再2号。

再向法定的税务机关以外的单位和个人申请行使强制执行权。《行政诉讼法》第九十七条系有关强制执行的一般性规定，虽然并未禁止税务机关向人民法院申请强制执行，但《税收征收管理法》是有关税务征收方面的特别法，在该部法律已经明确禁止法定的税务机关以外的其他单位和个人行使强制执行权的情况下，应当优先适用《税收征收管理法》的有关规定。复议申请人向人民法院提起的强制执行申请不属于人民法院受理执行案件的范围，应予驳回。

（二）应用场景二：结合《行政诉讼法》相关规定，论述法院无权税款进行强制执行

在国家税务总局扎鲁特旗税务局行政登记非诉执行审查案[①]中，国家税务总局扎鲁特旗税务局于2020年5月22日作出扎鲁特税税通（2020）3969号"税务事项通知书"，要求赵桂珍补缴个人所得税4 217 148.18元、印花税12 105.65元。国家税务总局扎鲁特旗税务局向法院申请强制执行赵桂珍所欠缴的税款。

扎鲁特旗人民法院经审查后认为，《最高人民法院关于适用〈中华人民共和国行政诉讼法〉的解释》第一百五十六条规定："没有强制执行权的行政机关申请人民法院强制执行其行政行为，应当自被执行人的法定起诉期限届满之日起三个月内提出。逾期申请的，除有正当理由外，人民法院不予受理。"该条规定只有没有强制执行权的行政机关才可以向人民法院申请强制执行。又依据《中华人民共和国税收征收管理法》第四十一条之规定，税款征收的强制执行措施，不得由法定的税务机关以外的单位和个人行使，故申请人不仅是具有强制执行权力的行政机关，而且所享有的强制执行权属于专属权利，法律已经明确作出了排他性的规定，故本院无权对申请执行人国家税务总局扎鲁特旗税务局作出的"税收事项通知书"予以强制执行。对不符合条件的申请，应当裁定不予受理。

（三）应用场景三：结合《税收征收管理法》第八十八条第三款规定，论述法院仅对税务行政处罚有强制执行权

在大田县国家税务局与优斯达（大田）玩具实业有限公司非诉执行纠纷案[②]中，大田县国家税务局于2017年4月17日依法向大田县人民法院申请强制执行其作出的田国处〔2016〕8号"税务处理决定书"及田国罚〔2016〕9号"税务行政处罚决定书"，该院经审查后认为，申请执行人在行政主体、行政权限、行为

---

① 案例来源：内蒙古自治区扎鲁特旗人民法院行政裁定书（2021）内0526行审11号。
② 案例来源：福建省大田县人民法院行政裁定书（2017）闽0425行审33号、（2020）闽0425行再1号。

根据和依据方面符合法律规定，被执行人优斯达（大田）玩具实业有限公司在法律规定的期间内既不申请行政复议，也不提起行政诉讼，又未完成决定书确定的义务，申请执行人依法向该院申请强制执行，符合法律规定。遂裁定：准予强制执行。

但该案经大田县人民检察院向该院发出田检行监〔2020〕35042500001号检察建议书，建议撤销（2017）闽0425行审33号行政裁定后，该院于同年9月8日作出（2020）闽0425行监1号行政裁定决定再审。

再审后认为，根据《税收征收管理法》第四十条第一款、第二款及第四十一条规定，大田县国家税务局对其作出的田国处〔2016〕8号"税务处理决定书"，决定对优斯达公司追缴税款及依法应加收滞纳金的事项，具有行政强制执行权，该强制执行权不能由本院行使，该院作出的（2017）闽0425行审33号行政裁定，裁定准予强制执行大田县国家税务局作出的田国处〔2016〕8号"税务处理决定书"中优斯达公司未缴纳的查补税款289 326.35元及滞纳金，确有错误，应予纠正。另外，根据《税收征收管理法》第八十八条第三款规定："当事人对税务机关的处罚决定逾期不申请行政复议也不向人民法院起诉、又不履行的，作出处罚决定的税务机关可以采取本法第四十条规定的强制执行措施，或者申请人民法院强制执行。"本案中，大田县国家税务局作出的田国罚〔2016〕9号"税务行政处罚决定书"，在行政主体、行政权限、行为根据和依据方面符合法律规定，优斯达公司在法律规定的期间内既不申请行政复议，也不提起行政诉讼，又未履行上述"税务行政处罚决定书"确定的义务，故大田县国家税务局依法向该院申请强制执行，符合法律规定。遂裁定：撤销该院（2017）闽0425行审33号行政裁定；准予强制执行大田县国家税务局作出的田国罚〔2016〕9号"税务行政处罚决定书"。

四、法条总结

本条规定内容十分明确，但在具体适用时，仍需结合《税收征收管理法》和《行政强制法》及《行政诉讼法》的相关法条规定，一并进行理解和应用。但上述案例仅展示了依照《税收征收管理法》第四十一条规定所作的裁判，在司法实践中，不依据本条规定，却既有部分法院准予执行"税务处理决定书"的现象，也有部分法院不予执行"税务行政处罚决定书"的情形，还有部分法院不受理对非生产经营的纳税人的非诉执行申请的情况。具体可见《税收保全与执行》[①]一书第十一章第二节相关内容。

---

① 刘金涛：《税收保全与执行》，中国市场出版社，2022。

第四十二条

税务机关采取税收保全措施和强制执行措施必须依照法定权限和法定程序，不得查封、扣押纳税人个人及其所扶养家属维持生活必需的住房和用品。

一、法条简析

本条对税务机关采取税收保全措施和强制执行措施的要求是：第一，必须依照法定权限和程序进行。第二，在采取税收保全措施和强制执行措施时，不得查封、扣押纳税人个人及其所扶养家属维持生活必需的住房和用品。

二、相关规定

《税收征收管理法实施细则》相关规定

第五十九条 税收征管法第三十八条、第四十条所称其他财产，包括纳税人的房地产、现金、有价证券等不动产和动产。

机动车辆、金银饰品、古玩字画、豪华住宅或者一处以外的住房不属于税收征管法第三十八条、第四十条、第四十二条所称个人及其所扶养家属维持生活必需的住房和用品。

税务机关对单价5 000元以下的其他生活用品，不采取税收保全措施和强制执行措施。

第六十条 税收征管法第三十八条、第四十条、第四十二条所称个人所扶养家属，是指与纳税人共同居住生活的配偶、直系亲属以及无生活来源并由纳税人扶养的其他亲属。

三、应用场景

未查到适用本条规定的相关案例。概因本条规定系相关条文的重复，适应性较弱所致。本条规定，前半部分系依法行政、税收法治的必然内涵；后半部分系《税收征收管理法》第三十七条第三款、第四十条第三款规定的综合。

四、法条总结

虽然本条规定在相关执法或司法中实用性不强，但前半部分仍可直接用于强调税收保全措施和强制执行措施需符合法治性要求,即需依照法定权限和法定程序进行税收保全措施和强制执行。

五、修法建议

本条规定后半部分系重复第三十八条、第四十条明确规定,为保持立法简洁与严谨,建议:将后半部分删除。

第四十三条

税务机关滥用职权违法采取税收保全措施、强制执行措施,或者采取税收保全措施、强制执行措施不当,使纳税人、扣缴义务人或者纳税担保人的合法权益遭受损失的,应当依法承担赔偿责任。

一、法条简析

一方面,本条是从税务机关违法行使税收保全措施和强制执行措施应当承担赔偿责任的角度作的规定。另一方面,因税务机关违法行使职权而受到损害的纳税人、扣缴义务人、纳税担保人,有权依照国家赔偿法的规定向税务机关提出赔偿要求。

二、相关规定

(一)《国家赔偿法》第四条

行政机关及其工作人员在行使行政职权时有下列侵犯财产权情形之一的,受害人有取得赔偿的权利:

(一)违法实施罚款、吊销许可证和执照、责令停产停业、没收财物等行政处罚的;

(二)违法对财产采取查封、扣押、冻结等行政强制措施的;

(三)违法征收、征用财产的;

(四)造成财产损害的其他违法行为。

(二)《税收违法违纪行为处分规定》第五条

税务机关及税务人员有下列行为之一的,对有关责任人员,给予警告或者记过处分；情节较重的，给予记大过或者降级处分；情节严重的，给予撤职处分：

（一）违反规定采取税收保全、强制执行措施的；

（二）查封、扣押纳税人个人及其所扶养家属维持生活必需的住房和用品的。

三、应用场景

结合《国家赔偿法》相关规定，论述违法行使税收保全措施和强制执行措施的赔偿责任

在杨军校与曲阳县国家税务局行政赔偿纠纷案[①]中，1996年4月，杨军校购买解放142主车牌照号为冀F×××××、挂车号1 568一辆用于交通运输经营。1998年8月1日，曲阳县国家税务局通知其应缴纳增值税17 215.58元、滞纳金7 299.41元。杨军校以自己不是增值税纳税义务人为由，拒绝缴纳增值税。1998年11月8日，曲阳县国税局作出（98）国税第03号查封扣押证，将杨军校经营的解放142汽车主挂车一辆、煤23.5吨扣押，并于11月15日向杨军校送达（98）曲国税字001号行政处罚告知书。

本案经一审、二审，河北省高院再审，最高人民法院再审决定发回重审，2015年11月5日，河北省高级人民法院经再审作出（2015）冀行再终字第14号行政判决书，撤销曲阳县国家税务局所作查封（扣押）证。2016年10月27日，曲阳县国家税务局向杨军校出具了收到杨军校行政赔偿申请书的收据，但在法定期限内，未作出是否行政赔偿的决定，因此涉诉。

一审法院认为，在该院审理赔偿案件过程中，杨军校同样未能出示被查封（扣押）车辆价值10万元的合法有效证据和被查封（扣押）煤炭价值1万元的合法有效证据及因被告扣押车辆造成其他直接经济损失的合法有效证据。依照《行政诉讼法》第七十六条第（二）项、《国家赔偿法》第三十六条第（五）项之规定，判决：曲阳县国税局给付原告汽车鉴定估价价款22 000元，煤炭价款5 000元，两项共计27 000元及利息（利息按同期曲阳县农村信用社存款利率计算，从1998年11月8日起至判决生效后10日止）。

杨军校以如下理由提前上诉：1.要求曲阳县国税局赔偿车辆损失10万元和其他已交费用11 140元，证据确实充分，应予以认定。2.主张的营运损失是其因经营权受到侵犯后必然遭受到的实际经济损失。根据《国家赔偿法》的有关规

[①] 案例来源：河北省唐县人民法院行政赔偿判决书（2017）冀0627行初34号、河北省保定市中级人民法院行政赔偿判决书（2017）冀06行赔终2号。

定,曲阳县国税局应当依法赔偿上诉人的营运损失。3.要求赔偿的货物损失问题,一审法院认定为5 000元,有失公正。要求被上诉人依法返还23.5吨块煤实物。4.其受到巨大的经济损失,身心受到严重摧残,差旅费票据丢失,应当根据实际情况,对差旅费等其他损失和精神损害赔偿金酌情予以认定。5.主张的利息损失符合实际,应依法作出认定。请求撤销河北省唐县人民法院所作行政赔偿判决,改判支持上诉人有关车辆直接损失、货物损失、已交费用以及营运损失等诉请。

二审法院认为,根据《国家赔偿法》第四条第(二)项规定:"行政机关及其工作人员在行使行政职权时有下列侵犯财产权情形之一的,受害人有取得赔偿的权利:……(二)违法对财产采取查封、扣押、冻结等行政强制措施的;……"《国家赔偿法》第三十六条第(四)项规定:"侵犯公民、法人和其他组织的财产权造成损害的,按照下列规定处理:……(四)应当返还的财产灭失的,给付相应的赔偿金;……"被上诉人曲阳县国家税务局作出的查封(扣押)上诉人杨军校的车辆及煤炭的国税稽封扣字(2000)第1号查封(扣押)证,经河北省高级人民法院(2015)冀行再终字第14号行政判决予以撤销,对上诉人杨军校造成的损失,应予赔偿。因车辆及煤炭已经被收归国库,抵缴税款,无法返还,被上诉人曲阳县国家税务局应给付相应的赔偿金。(2015)冀行再终字第14号行政判决同时对上诉人杨军校被扣押的解放汽车价值人民币22 000元,煤炭价值5 000元,与被上诉人曲阳县国家税务局通知上诉人杨军校缴纳的税款相当,不存在超值扣押的情形予以认定。一审判决对上诉人杨军校被扣押物品的直接损失认定为27 000元事实清楚,证据充分。根据《国家赔偿法》第三十五条规定:"有本法第三条或者第十七条规定情形之一,致人精神损害的,应当在侵权行为影响的范围内,为受害人消除影响,恢复名誉,赔礼道歉;造成严重后果的,应当支付相应的精神损害抚慰金。"《国家赔偿法》第三条及第十七条规定的是受害人人身权受到侵犯,取得赔偿的情形。赔偿请求人杨军校因财产权受到侵犯要求支付精神损害抚慰金无法律依据,不予支持。赔偿请求人杨军校主张车辆经营营运损失、交通费、住宿费,不属于国家赔偿范围内直接损失,不予支持。遂判决:驳回上诉,维持原判。

四、法条总结

本条规定是《国家赔偿法》第四条规定,在税收保全与强制执行领域的再明确。具体适用本条规定时,需要结合《国家赔偿法》相关规定进行一并理解。

第四十四条 欠缴税款的纳税人或者他的法定代表人需要出境的,应当在出境前向税务机关结清应纳税款、滞纳金或者提供担保。未结清税款、滞纳金,又不提供担保的,税务机关可以通知出境管理机关阻止其出境。

一、法条简析

本条是对阻止欠税的纳税人或者其法定代表人出境的规定。分为两个部分:1.离境清税是欠缴税款的纳税人或者他的法定代表人出境前的法定义务。2.对未结清税款,又不能提供担保的纳税人或者其法定代表人,税务机关可以通知出境管理机关阻止其出境。

二、相关规定

(一)《税收征收管理法实施细则》第七十四条

欠缴税款的纳税人或者其法定代表人在出境前未按照规定结清应纳税款、滞纳金或者提供纳税担保的,税务机关可以通知出入境管理机关阻止其出境。阻止出境的具体办法,由国家税务总局会同公安部制定。

(二)《国家税务总局 公安部关于印发〈阻止欠税人出境实施办法〉的通知》(国税发〔1996〕215号)

各省、自治区、直辖市国家税务局、地方税务局,公安厅、局:

为加强税收征收管理、依法治税,根据《中华人民共和国税收征收管理法》的规定,国家税务总局和公安部联合制定了《阻止欠税人出境实施办法》。现印发给你们,请认真贯彻执行。在执行中有何问题,请及时报告。

阻止欠税人出境实施办法

第一条 根据《中华人民共和国税收征收管理法》第二十八条及其实施细则第五十二条的规定制定本办法。

第二条 《中华人民共和国税收征收管理法实施细则》第五十二条所称欠缴税款的纳税人指欠缴税款的公民、法人和其他经济组织,统称为欠税人。

第三条 经税务机关调查核实,欠税人未按规定结清应纳税款又未提供纳税担保且准备出境的，税务机关可依法向欠税人申明不准出境。对已取得出境证件执意出境的，税务机关可按本办法第四条规定的程序函请公安机关办理边控手续，阻止其出境。

欠税人为自然人的，阻止出境的对象为当事人本人。

欠税人为法人的，阻止出境对象为其法定代表人。

欠税人为其他经济组织的，阻止出境对象为其负责人。

上述法定代表人或负责人变更时，以变更后的法定代表人或负责人为阻止出境对象；法定代表人不在中国境内的，以其在华的主要负责人为阻止出境对象。

第四条　阻止欠税人出境由县级以上（含县级下同）税务机关申请，报省、自治区、直辖市税务机关审核批准，由审批机关填写"边控对象通知书"，函请同级公安厅、局办理边控手续。

已移送法院审理的欠税人由法院依照法律规定处理。

第五条　各省、自治区、直辖市公安厅、局接到税务机关"边控对象通知书"后，应立即通知本省、自治区、直辖市有关边防口岸，依法阻止有关人员出境、欠税人跨省、自治区、直辖市出境的，由本省、自治区、直辖市公安厅、局通知对方有关省、自治区、直辖市公安厅、局通知对方有关省、自治区、直辖市公安厅、局实施边控。有关边防检查站在接到边控通知后应依法阻止欠税人出境。必要时，边防检查站可以依法扣留或者收缴欠缴税款的中国大陆居民的出境证件。

第六条　在对欠税人进行控制期间，税务机关应采取措施，尽快使欠税人完税。

第七条　边防检查站阻止欠税人出境的期限一般为一个月。对控制期限逾期的，边防检查站可自动撤控。需要延长控制期限的，税务机关按照第四条、第五条规定办理续控手续。

第八条　被阻止出境的欠税人有下列情形之一者，有关省、自治区、直辖市税务机关应立即依照布控程序通知同级公安厅、局撤控：

1. 已结清阻止出境时欠缴的全部税款（包括滞纳金和罚款，下同）。
2. 已向税务机关提供相当全部欠缴税款的担保。
3. 欠税企业已依法宣告破产，并依《破产法》程序清偿终结者。

第九条　本办法中所称税务机关是指各级国家税务局和地方税务局。各地国家税务局、地方税务局应依各自所管税种行使阻止欠税人出境的权限。

第十条 本办法自发布之日起执行。

附件1：边控对象通知书（略）

附件2："边控对象通知书"填写说明（略）

三、应用场景

结合《阻止欠税人出境实施办法》，论述税务机关具有通知出境管理机关阻止欠税人出境的法定职责

在刘慧宇与北京市密云区国家税务局稽查局等撤销阻止出境决定及复议决定纠纷案①中，2012年6月1日，密云国税局向艾恩吉公司作出密国处〔2012〕5号"税务处理决定书"，认定艾恩吉公司存在虚开增值税发票的违法行为，要求艾恩吉公司补缴增值税8 450 322.31元。2012年9月13日，密云国税局向艾恩吉公司作出密国罚〔2012〕8号"税务行政处罚决定书"，对艾恩吉公司的偷税和虚开发票的违法行为处以8 958 658.19元的罚款。2012年9月17日，密云国税局向艾恩吉公司公告送达了上述行政处理决定和行政处罚决定。2012年10月22日，艾恩吉公司被吊销营业执照。2015年6月9日，密云国税局稽查局向密云国税局提出请示，要求对包括艾恩吉公司在内的11家企业的法定代表人采取阻止出境措施。2015年7月10日，密云国税局向北京市国家税务局提出申请，申请出境管理机关对刘慧宇采取阻止出境措施。2015年7月13日，市国税局向北京出入境边防检查总站提交了《北京市国家税务局关于阻止欠税人陈海燕等8人出境的函》和"边控对象通知书"，要求阻止刘慧宇等8人出境。2015年7月23日，密云国税局稽查局向刘慧宇作出密国税稽阻〔2015〕2号"阻止出境决定书"（以下简称"决定书"），内容如下："北京艾恩吉商贸有限公司：鉴于你（单位）未按规定结清应纳税款、滞纳金，又不提供纳税担保，根据《税收征收管理法》（2015年修正）（以下简称《税收征管法》）第四十四条规定，决定并通知出入境管理机关于2015年7月23日起阻止你（单位）刘慧宇出境。"2015年9月29日，密云国税局稽查局将"决定书"向刘慧宇进行了送达。刘慧宇收到"决定书"后向国家税务总局提起行政复议。2015年10月12日，国家税务总局收到刘慧宇提交的复议申请及相关材料并予以受理。2015年12月2日，国家税务总局对上述行政复议申请进行了延期审理。2016年1月7日，国家税务总局作出税复决字〔2015〕13号"行

---

① 案例来源：北京市海淀区人民法院行政判决书（2016）京0108行初66号、北京市第一中级人民法院行政判决书（2017）京01行终387号。

政复议决定书"（以下简称被诉复议决定），维持了密云国税局稽查局作出的"决定书"。刘慧宇于2016年1月向一审法院提起行政诉讼。

二审法院认为，《税收征收管理法》第四十四条明确规定："欠缴税款的纳税人或者他的法定代表人需要出境的，应当在出境前向税务机关结清应纳税款、滞纳金或者提供担保。未结清税款、滞纳金，又不提供担保的，税务机关可以通知出境管理机关阻止其出境。"实施细则第七十四条亦规定："欠缴税款的纳税人或者其法定代表人在出境前未按照规定结清应纳税款、滞纳金或者提供纳税担保的，税务机关可以通知出入境管理机关阻止其出境。阻止出境的具体办法，由国家税务总局会同公安部制定。"对此，国家税务总局和公安部联合制定了《阻止欠税人出境实施办法》，其中第三条第一款规定："经税务机关调查核实，欠税人未按规定结清应纳税款又未提供纳税担保且准备出境的，税务机关可依法向欠税人申明不准出境。对已取得出境证件执意出境的，税务机关可按本办法第四条规定的程序函请公安机关办理边控手续，阻止其出境。"该办法第三条第三款亦规定："欠税人为法人的，阻止出境对象为其法定代表人。"根据实施细则规定，密云国税局稽查局作为偷税、逃避追缴欠税、骗税、抗税案件的查处机关，具有对未结清税款、滞纳金，又不提供担保的有关人员，通知出境管理机关阻止其出境的法定职责。

本案中，密云国税局向艾恩吉公司作出密国处〔2012〕5号"税务处理决定书"能够证明艾恩吉公司存在虚开增值税发票的违法行为，并应补缴增值税8 450 322.31元。因艾恩吉公司未按规定结清应纳税款又未提供纳税担保，故密云国税局稽查局通知出入境管理机关阻止该公司的法定代表人刘慧宇出境符合上述法律、法规的规定。《阻止欠税人出境实施办法》第四条第一款规定："阻止欠税人出境由县级以上（含县级，下同）税务机关申请，报省、自治区、直辖市税务机关审核批准，由审批机关填写'边控对象通知书'，函请同级公安厅、局办理边控手续。"通过对在案程序证据的审查，密云国税局稽查局通知出入境管理机关阻止刘慧宇出境的程序符合上述规范性文件的规定，亦无不当。

四、法条总结

阻止欠税人出境措施相对于偷税、逃避追缴欠税、骗税、抗税行为，是一种法律责任的承担方式。针对企业存在的税收违法行为阻止企业法定代表人出境的目的在于督促企业承担纳税的法律责任。适用本条规定时，需要结合《阻止欠税人出境实施办法》相关内容一并理解和操作。

第四十五条

税务机关征收税款,税收优先于无担保债权,法律另有规定的除外;纳税人欠缴的税款发生在纳税人以其财产设定抵押、质押或者纳税人的财产被留置之前的,税收应当先于抵押权、质权、留置权执行。

纳税人欠缴税款,同时又被行政机关决定处以罚款、没收违法所得的,税收优先于罚款、没收违法所得。

税务机关应当对纳税人欠缴税款的情况定期予以公告。

一、法条简析

本条是对税收优先权的规定。主要包括四个方面的内容:1.税收优先于无担保债权,但法律另有规定的除外。比如,《海商法》第一章第三节规定的"船舶优先权";《民用航空法》第三章第四节规定的"民用航空器优先权"等。2.国家税收与抵押权、质押权和留置权的关系。即:纳税人欠缴的税款发生在纳税人以其财产设定抵押、质押或者纳税人的财产被留置之前的,税收应当优先于抵押权、质权、留置权执行。3.税务机关应当对纳税人欠缴税款的情况定期予以公告。因为税收有优先权,为了便于有关当事人在经济往来中能够及时了解对方的纳税情况,以保护自己的利益,所以作了这样的规定。4.税款优先于罚款和没收违法所得。为了优先保证国家税收,本条规定纳税人欠缴税款,同时又被行政机关决定处以罚款、没收违法所得的,税收优先于罚款、没收违法所得。

二、相关规定

(一)《国家税务总局关于税收优先权包括滞纳金问题的批复》(国税函〔2008〕1084号)

广东省国家税务局:

你局《关于税收优先权是否包括滞纳金的请示》(粤国税发〔2008〕225号)收悉。现批复如下:

按照《中华人民共和国税收征收管理法》的立法精神,税款滞纳金与罚款两者在征收和缴纳时顺序不同,税款滞纳金在征缴时视同税款管理,税收强制执行、出境清税、税款追征、复议前置条件等相关条款都明确规定滞纳金随税款同时缴纳。税收优先权等情形也适用这一法律精神,《税收征收管理法》第四十五条规定的税收优先权执行时包括税款及其滞纳金。

(二)《国家税务总局关于人民法院强制执行被执行人财产有关税收问题的复函》(国税函〔2005〕869号)

最高人民法院:

你院《关于人民法院依法强制执行拍卖、变卖被执行人财产后,税务部门能否直接向人民法院征收营业税的征求意见稿》(〔2005〕执他字第12号)收悉。经研究,函复如下:

一、人民法院的强制执行活动属司法活动,不具有经营性质,不属于应税行为,税务部门不能向人民法院的强制执行活动征税。

二、无论拍卖、变卖财产的行为是纳税人的自主行为,还是人民法院实施的强制执行活动,对拍卖、变卖财产的全部收入,纳税人均应依法申报缴纳税款。

三、税收具有优先权。《中华人民共和国税收征收管理法》第四十五条规定,税务机关征收税款,税收优先于无担保债权,法律另有规定的除外;纳税人欠缴的税款发生在纳税人以其财产设定抵押、质押或者纳税人的财产被留置之前的,税收应当先于抵押权、质权、留置权执行。

四、鉴于人民法院实际控制纳税人因强制执行活动而被拍卖、变卖财产的收入,根据《中华人民共和国税收征收管理法》第五条的规定,人民法院应当协助税务机关依法优先从该收入中征收税款。

国家税务总局
二〇〇五年九月十二日

(三)《国家税务总局关于税收征管若干事项的公告》(国家税务总局公告2019年第48号)第四条

四、关于企业破产清算程序中的税收征管问题

(一)税务机关在人民法院公告的债权申报期限内,向管理人申报企业所欠税款(含教育费附加、地方教育附加,下同)、滞纳金及罚款。因特别纳税调整产生的利息,也应一并申报。

企业所欠税款、滞纳金、罚款,以及因特别纳税调整产生的利息,以人民法院裁定受理破产申请之日为截止日计算确定。

(二)在人民法院裁定受理破产申请之日至企业注销之日期间,企业应当接受税务机关的税务管理,履行税法规定的相关义务。破产程序中如发生应税情

形，应按规定申报纳税。

从人民法院指定管理人之日起，管理人可以按照《中华人民共和国企业破产法》（以下简称企业破产法）第二十五条规定，以企业名义办理纳税申报等涉税事宜。

企业因继续履行合同、生产经营或处置财产需要开具发票的，管理人可以以企业名义按规定申领开具发票或者代开发票。

（三）企业所欠税款、滞纳金、因特别纳税调整产生的利息，税务机关按照企业破产法相关规定进行申报，其中，企业所欠的滞纳金、因特别纳税调整产生的利息按照普通破产债权申报。

（四）《最高人民法院关于税务机关就破产企业欠缴税款产生的滞纳金提起的债权确认之诉应否受理问题的批复》（法释〔2012〕9号）

青海省高级人民法院：

你院《关于税务机关就税款滞纳金提起债权确认之诉应否受理问题的请示》（青民他字〔2011〕1号）收悉。经研究，答复如下：

税务机关就破产企业欠缴税款产生的滞纳金提起的债权确认之诉，人民法院应依法受理。依照企业破产法、税收征收管理法的有关规定，破产企业在破产案件受理前因欠缴税款产生的滞纳金属于普通破产债权。对于破产案件受理后因欠缴税款产生的滞纳金，人民法院应当依照《最高人民法院关于审理企业破产案件若干问题的规定》第六十一条规定处理。

此复。

2012年6月4日

（五）《税收征收管理法实施细则》第七十六条

县级以上各级税务机关应当将纳税人的欠税情况，在办税场所或者广播、电视、报纸、期刊、网络等新闻媒体上定期公告。

对纳税人欠缴税款的情况实行定期公告的办法，由国家税务总局制定。

（六）《担保法》[①]第二条

在借贷、买卖、货物运输、加工承揽等经济活动中，债权人需要以担保方式保障其债权实现的，可以依照本法规定设定担保。

本法规定的担保方式为保证、抵押、质押、留置和定金。

---

① 注：已于2021年1月1日起废止，本书下同。

(七)《民法典》第三百八十七条

债权人在借贷、买卖等民事活动中,为保障实现其债权,需要担保的,可以依照本法和其他法律的规定设立担保物权。

第三人为债务人向债权人提供担保的,可以要求债务人提供反担保。反担保适用本法和其他法律的规定。

(八)《刑法》第二百一十二条

犯本节第二百零一条至第二百零五条规定之罪,被判处罚金、没收财产的,在执行前,应当先由税务机关追缴税款和所骗取的出口退税款。

(九)《欠税公告办法(试行)》(国家税务总局令第9号)

注释:

《国家税务总局关于修改部分税务部门规章的决定》(国家税务总局令第44号)对本文进行了修正。

第一条 为了规范税务机关的欠税公告行为,督促纳税人自觉缴纳欠税,防止新的欠税的发生,保证国家税款的及时足额入库,根据《中华人民共和国税收征收管理法》(以下简称《税收征收管理法》)及其实施细则的规定,制定本办法。

第二条 本办法所称公告机关为县以上(含县)税务局。

第三条 本办法所称欠税是指纳税人超过税收法律、行政法规规定的期限或者纳税人超过税务机关依照税收法律、行政法规规定确定的纳税期限(以下简称税款缴纳期限)未缴纳的税款,包括:

(一)办理纳税申报后,纳税人未在税款缴纳期限内缴纳的税款;

(二)经批准延期缴纳的税款期限已满,纳税人未在税款缴纳期限内缴纳的税款;

(三)税务检查已查定纳税人的应补税额,纳税人未在税款缴纳期限内缴纳的税款;

(四)税务机关根据《税收征收管理法》第二十七条、第三十五条核定纳税人的应纳税额,纳税人未在税款缴纳期限内缴纳的税款;

(五)纳税人的其他未在税款缴纳期限内缴纳的税款。

税务机关对前款规定的欠税数额应当及时核实。

本办法公告的欠税不包括滞纳金和罚款。

第四条 公告机关应当按期在办税场所或者广播、电视、报纸、期刊、网络等新闻媒体上公告纳税人的欠缴税款情况。

（一）企业或单位欠税的，每季公告一次；

（二）个体工商户和其他个人欠税的，每半年公告一次；

（三）走逃、失踪的纳税户以及其他经税务机关查无下落的非正常户欠税的，随时公告。

第五条 欠税公告内容如下：

（一）企业或单位欠税的，公告企业或单位的名称、纳税人识别号、法定代表人或负责人姓名、居民身份证或其他有效身份证件号码、经营地点、欠税税种、欠税余额和当期新发生的欠税金额；

（二）个体工商户欠税的，公告业户名称、业主姓名、纳税人识别号、居民身份证或其他有效身份证件号码、经营地点、欠税税种、欠税余额和当期新发生的欠税金额；

（三）个人（不含个体工商户）欠税的，公告其姓名、居民身份证或其他有效身份证件号码、欠税税种、欠税余额和当期新发生的欠税金额。

第六条 企业、单位纳税人欠缴税款200万元以下（不含200万元），个体工商户和其他个人欠缴税款10万元以下（不含10万元）的，由县级税务局（分局）在办税服务厅公告。

企业、单位纳税人欠缴税款200万元以上（含200万元），个体工商户和其他个人欠缴税款10万元以上（含10万元）的，由地（市）级税务局（分局）公告。

对走逃、失踪的纳税户以及其他经税务机关查无下落的纳税人欠税的，由各省、自治区、直辖市和计划单列市税务局公告。

第七条 对按本办法规定需要由上级公告机关公告的纳税人欠税信息，下级公告机关应及时上报。具体的时间和要求由各省、自治区、直辖市和计划单列市税务局确定。

第八条 公告机关在欠税公告前，应当深入细致地对纳税人欠税情况进行确认，重点要就欠税统计清单数据与纳税人分户台账记载数据、账簿记载书面数据与信息系统记录电子数据逐一进行核对，确保公告数据的真实、准确。

第九条 欠税一经确定，公告机关应当以正式文书的形式签发公告决定，向社会公告。

欠税公告的数额实行欠税余额和新增欠税相结合的办法，对纳税人的以下欠税，税务机关可不公告：

（一）已宣告破产，经法定清算后，依法注销其法人资格的企业欠税；

（二）被责令撤销、关闭，经法定清算后，被依法注销或吊销其法人资格的

企业欠税;

(三)已经连续停止生产经营一年(按日历日期计算)以上的企业欠税;

(四)失踪两年以上的纳税人的欠税。

公告决定应当列为税收征管资料档案,妥善保存。

第十条 公告机关公告纳税人欠税情况不得超出本办法规定的范围,并应依照《税收征收管理法》及其实施细则的规定对纳税人的有关情况进行保密。

第十一条 欠税发生后,除依照本办法公告外,税务机关应当依法催缴并严格按日计算加收滞纳金,直至采取税收保全、税收强制执行措施清缴欠税。任何单位和个人不得以欠税公告代替税收保全、税收强制执行等法定措施的实施,干扰清缴欠税。各级公告机关应指定部门负责欠税公告工作,并明确其他有关职能部门的相关责任,加强欠税管理。

第十二条 公告机关应公告不公告或者应上报不上报,给国家税款造成损失的,上级税务机关除责令其改正外,应按《中华人民共和国公务员法》规定,对直接责任人员予以处理。

第十三条 扣缴义务人、纳税担保人的欠税公告参照本办法的规定执行。

第十四条 各省、自治区、直辖市和计划单列市税务局可以根据本办法制定具体实施细则。

第十五条 本办法由国家税务总局负责解释。

第十六条 本办法自2005年1月1日起施行。

(十)《国家税务总局关于贯彻〈中华人民共和国税收征收管理法〉及其实施细则若干具体问题的通知》(国税发〔2003〕47号)第七条

关于税款优先的时间确定问题

征管法第四十五条规定"纳税人欠缴的税款发生在纳税人以其财产设定抵押、质押或者纳税人的财产被留置之前的,税收应当先于抵押权、质权、留置权执行",欠缴的税款是纳税人发生纳税义务,但未按照法律、行政法规规定的期限或者未按照税务机关依照法律、行政法规的规定确定的期限向税务机关申报缴纳的税款或者少缴的税款,纳税人应缴纳税款的期限届满之次日即是纳税人欠缴税款的发生时间。

(十一)《最高人民法院关于适用〈中华人民共和国民事诉讼法〉的解释》第五百零六条

被执行人为公民或者其他组织,在执行程序开始后,被执行人的其他已经取得执行依据的债权人发现被执行人的财产不能清偿所有债权的，可以向人民法院申请参与分配。

对人民法院查封、扣押、冻结的财产有优先权、担保物权的债权人，可以直接申请参与分配，主张优先受偿权。

（十二）《企业破产法》第一百一十三条

破产财产在优先清偿破产费用和共益债务后，依照下列顺序清偿：

（一）破产人所欠职工的工资和医疗、伤残补助、抚恤费用，所欠的应当划入职工个人账户的基本养老保险、基本医疗保险费用，以及法律、行政法规规定应当支付给职工的补偿金；

（二）破产人欠缴的除前项规定以外的社会保险费用和破产人所欠税款；

（三）普通破产债权。

破产财产不足以清偿同一顺序的清偿要求的，按照比例分配。

破产企业的董事、监事和高级管理人员的工资按照该企业职工的平均工资计算。

三、应用场景

（一）应用场景一：结合《民事诉讼法》相关规定，论述税务机关无权在执行程序中参与案款分配并优先受偿

在国家税务总局霍林郭勒市税务局、李春等借款合同纠纷执行异议案[①]中，原告李春与被告兆丰房地产、张宝山、孙丽民间借贷纠纷一案，南关法院作出（2018）吉0102民初4157号民事调解书。调解书生效后，李春向南关法院申请执行，南关法院立执行案号为（2019）吉0102执467号。在执行过程中，南关法院于2020年12月29日向霍林郭勒市住房和城乡建设局送达执行裁定书、协助执行通知书，将兆丰房地产棚改购房款3 224 603.18元扣划至南关法院银行账户。异议人霍林郭勒税务局向南关法院提出异议，称欠缴税费优先受偿，请求法院中止执行裁定书的执行，撤销扣划协助通知书，确认优先受偿。2021年7月2日霍林郭勒税务局作出霍协税（2021）1号协助执行通知书，请霍林郭勒市住房和城乡建设局协助执行扣缴兆丰房地产的欠缴税（费）：柒百陆拾捌万肆仟叁佰陆拾元零玖分（7 684 360.09）。

---

① 案例来源：吉林省长春市南关区人民法院执行裁定书（2021）吉0102执异306号、吉林省长春市中级人民法院执行裁定书（2022）吉01执复30号。

吉林省长春市中级人民法院认为,《税收征收管理法》第四十五条第一款:"税务机关征收税款,税收优先于无担保债权,法律另有规定的除外;纳税人欠缴的税款发生在纳税人以其财产设定抵押、质押或者纳税人的财产被留置之前的,税收应当先于抵押权、质权、留置权执行。"该条规定了税收优先权制度,但除企业破产情形外,有关民事执行方面的法律及司法解释并无适用税收优先权制度的规定,亦无对税收优先权可在执行程序中参与案款分配并优先受偿的规定。《最高人民法院关于适用〈中华人民共和国民事诉讼法〉的解释》第五百零八条第一款:"被执行人为公民或者其他组织,在执行程序开始后,被执行人的其他已经取得执行依据的债权人发现被执行人的财产不能清偿所有债权的,可以向人民法院申请参与分配。"霍林郭勒税务局在本案中提出的税收款应优先征收的主张,实质上类似于以法定优先债权请求在参与分配程序中优先受偿,但本案被执行人霍林郭勒市兆丰房地产开发有限公司为企业法人,不符合其他债权人申请参与分配的法定条件,并不适用参与分配制度。《企业破产法》第一百一十三条是关于企业破产财产的清偿顺序规定,本案中霍林郭勒市兆丰房地产开发有限公司并没有启动破产清算程序,因此关于税款优先于普通破产债权受偿的规定并不适用于本案。综上所述,霍林郭勒税务局不能以税收优先为由主张中止对霍林郭勒市兆丰房地产开发有限公司有关财产权的执行,其复议请求不能成立,应予驳回。

在国家税务总局海口市税务局、钟卓标等借款合同纠纷执行复议案[1]中,广东省高级人民法院亦认为,虽然海口市税务局具有征收税款的职责,但征收税款的行政行为与民事执行行为分属不同的程序。现行法律法规中,唯有破产法对税务机关在民事诉讼程序中享有税收优先权作出相关规定,民事执行方面的法律以及司法解释没有关于税收优先权可在执行程序中参加案款分配并优先实现的规定。因此,海口市税务局以钱江公司欠有税款且税款具有优先权为由,请求揭阳中院确认海口市××大厦××层享有税收优先权的复议理由,不能成立。

(二)应用场景二:结合国税函〔2005〕869号复函等相关规定,论述法院对执行程序中的新增税收债权有优先保障和协助执行职责

在温建玉与张亚楠、李军、戴晓婷、孙佳伟借款合同纠纷执行异议案[2]中,

---

[1] 案例来源:广东省高级人民法院执行裁定书(2021)粤执复302号。
[2] 案例来源:江苏省邳州市人民法院执行裁定书(2020)苏0382执异3号、江苏省徐州市中级人民法院执行裁定书(2020)苏03执复88号。

2018年7月23日,邳州市人民法院对李军诉温建玉、戴晓婷、孙佳伟民间借贷纠纷一案作出(2017)苏0382民初9941号民事判决:(一)温建玉于本判决生效之日起10日内偿还李军借款本金30万元及利息(以30万元为本金,按照月利率2%,自2017年9月21日起计算至实际给付之日止);(二)戴晓婷、孙佳伟对第(一)项中的借款本金30万元承担连带责任,戴晓婷、孙佳伟在偿还上述债务后可向主债务人温建玉追偿。2018年7月5日,邳州市人民法院根据李军申请作出(2017)苏0382民初9941号民事裁定:查封戴晓婷所有的位于常熟市××大道××湖畔现代城××、××组团××单元××室房产一处(合同编号y20160014546),保全价值40万元。根据李军申请,邳州市人民法院于2019年3月19日立案强制执行,案号为(2019)苏0382执912号。该案执行过程中,原审法院于2019年11月12日发布拍卖公告,将被执行人戴晓婷位于常熟市××大道××湖畔现代城××、××组团××单元××室进行拍卖。标的物调查情况载明:"……权证情况:法院执行之日起90日到相关部门办理涉案不动产的产权证照转移手续"。张亚楠称该房屋已过户至其名下,其代戴晓婷缴纳税费20多万元。张亚楠已向邳州市人民法院递交申请书一份,要求对戴晓婷的税费,人民法院应协助税务机关从拍卖款中依法缴付。对拍卖款中戴晓婷需承担的部分,暂不予分配。

复议法院(江苏省徐州市中级人民法院)经审查后认为,《税收征收管理法》第四十五条规定,税务机关征收税款,税收优先于无担保债权,法律另有规定的除外;纳税人欠缴的税款发生在纳税人以其财产设定抵押、质押或者纳税人的财产被留置之前的,税收应当先于抵押权、质权、留置权执行。国家税务总局向最高人民法院发出的《国家税务总局关于人民法院强制执行被执行人财产有关税收问题的复函》中也要求:"鉴于人民法院实际控制纳税人因强制执行活动而被拍卖、变卖财产的收入,根据《税收征收管理办法》第五条规定,人民法院应当协助税收机关依法优先从该收入中征收税款。"综上所述,对于被执行人在前次交易行为中产生的欠缴税费,人民法院应协助税务机关从拍卖款项中依法缴付。

(三)应用场景三:结合国税函〔2005〕869号复函等相关规定,论述税收优先权指向的是欠税

在四川省南部县金城房地产开发有限责任公司借款合同纠纷执行异议案[①]中,关于国家税务总局南充经开区税务分局就本院前述执行拍卖案涉土地交易产

---

① 案例来源:四川省南充市中级人民法院执行裁定书(2019)川13执异184号。

生的土地增值税、土地使用税共计876.529955万元和国家税务总局南部县税务局就本院前述执行拍卖案涉土地交易产生的增值税、城建税、教育附加税、地方教育费附加、印花税、企业所得税等共计364.805248万元予以函告，并请求协助的问题。法院经审查后认为，金城房产公司是本案的被执行人，其原拥有建设用地使用权的案涉土地被依法变卖后取得的价款在未支付给债权人之前仍属于金城房产公司所有，金城房产公司应当为此次土地经司法变卖所发生的交易缴纳土地增值税、土地使用税、教育费附加等税费，依照《税收征收管理法》第五条、《国家税务总局关于人民法院强制执行被执行人财产有关税收问题的复函》（国税函〔2005〕869号）第四条关于"鉴于人民法院实际控制纳税人因执行活动而被拍卖、变卖财产的收入，根据《中华人民共和国税收征收管理法》第五条的规定，人民法院应当协助税务机关依法优先从该收入中征收税款"之规定，在当前国家税务总局南充市经开区税务分局和国家税务总局南部县税务局向本院送达协助执行通知书及提供了向金城房产公司因变卖案涉土地的征收相关税费的相关通知的情况下，人民法院应当依法按照税务机关相关通知的要求预留相应税费。至于鸿鑫公司提及的《税收征收管理法》第四十五条关于"税务机关征收税款，税收优先于无担保债权，法律另有规定的除外；纳税人欠缴的税款发生在纳税人以其财产设定抵押、质押或者纳税人的财产被留置之前的，税收应当先于抵押权、质权、留置权执行"之规定，虽然该条规定正如鸿鑫公司所称确立了"税收原则上不能优先于担保债权，唯一例外情形是担保物权设立之前纳税人欠缴的税款"的规则，但是从前述《税收征收管理法》第五条和《国家税务总局关于人民法院强制执行被执行人财产有关税收问题的复函》第四条的规定及《税收征收管理法》第四十五条的立法本意来看，《税收征收管理法》第四十五条规定中所称的税款应当理解为是纳税人因其经营活动而欠缴的税款，不应当包含拍卖、变卖抵押物本身而产生的税款，鸿鑫公司将国家税务总局南充市经开区税务分局和国家税务总局南部县税务局向金城房产公司征收的因案涉土地变更而产生的税款视为《税收征收管理法》第四十五条规定中所称税款，系对法律法规的错误理解，应不予支持。

在东莞信托有限公司、中山市腾好漂染纺织有限公司金融借款合同纠纷执行异议案[1]中，广东省中山市中级人民法院亦认为，《税收征收管理法》第四十五条第一款规定的"欠缴的税款"应是指企业在生产经营活动中所欠缴的税款，有别

---

[1] 案例来源：广东省中山市中级人民法院执行裁定书（2018）粤20执异4号。

于因法院民事执行导致被执行财产被拍卖所新产生的税款。

（四）应用场景四：结合《欠税公告办法（试行）》规定，论述税务机关行使税收优先权的前提必须依法发布欠税公告

在国家税务总局武平县税务局、王春水生、龙岩福联房地产开发有限公司执行异议案[①]中，龙岩市中级人民法院就第三人设定的抵押权能否对抗税收优先权问题分析如下：武平县税务局于2018年4月10日对福联公司作出武地税梁处〔2018〕1号"税务处理决定书"、2019年1月31日对福联公司的欠税情况发布2019年第1号欠税公告，在2××5年5月福联公司将涉案房产抵押给王春水生并进行抵押登记前，武平县税务局未按照国家税务总局颁布的《欠税公告办法（试行）》（2004年10月10日国家税务总局令第9号）第四条第（一）项"企业或单位欠税的，每季公告一次"的规定对福联公司的欠税情况作出处理并发布欠税公告，以便相关当事人及时了解福联公司的欠税情况，从而避免交易风险。王春水生在不知福联公司欠税的情况下与其签订借款合同并就涉案财产设定抵押权，属于善意抵押权人，其享有优先受偿权应予以保护。

所以，税务机关欲行使税收优先权，必须依法及时发布欠税公告。

四、法条总结

税务机关大多在民事执行程序中主张行使税收优先权，所以不得不面临法院依据《民事诉讼法》相关执行程序规定的审查。通过上述案例梳理可以看出，对民事执行程序中的新增税收债权，法院有协助执行义务。

笔者认为，对欠税，一般来说，法院无协助优先执行权。根据《最高人民法院关于适用〈中华人民共和国民事诉讼法〉的解释》第五百零六条规定，欠税人为公民或者其他组织的，民事执行程序开始后，税务机关发现欠税人的财产不能清偿所有债权的，可以向人民法院申请参与分配。

五、修法建议

建议：1.增加"扣缴义务人欠缴已扣、已收税款"情形。2.进一步明确如何判断"税收优先"，比如可结合税务机关是否依法进行了欠税公告来判断，即以税务机关欠税公告发布时间来判断。3.明确税收优先于罚金和没收财产。虽然《刑

---

① 案例来源：福建省武平县人民法院执行裁定书（2019）闽0824执异3号、福建省龙岩市中级人民法院执行裁定书（2019）闽08执复20号。

法》第二百一十二条对此有规定,但仅限于犯第二百零一条至第二百零五条规定之涉税犯罪,所以远远不够。

第四十六条

纳税人有欠税情形而以其财产设定抵押、质押的,应当向抵押权人、质权人说明其欠税情况。抵押权人、质权人可以请求税务机关提供有关的欠税情况。

一、法条简析

本条是对欠税人以其财产设定抵押、质押时应当说明欠税情况及抵押权人、质权人可以请求税务机关提供有关欠税情况的规定。

二、相关规定

《国家税务总局关于发布〈涉税信息查询管理办法〉的公告》(国家税务总局公告2016年第41号)第三条

本办法适用于社会公众对公开涉税信息的查询,纳税人对自身涉税信息的查询。

税务部门之外具有社会管理和公共服务职能的有关部门依法对特定涉税信息的查询,以及抵押权人、质权人对欠税信息的查询,由各级税务机关依照相关法律、法规及国家税务总局相关规定组织实施。

三、应用场景

根据本条规定,论述抵押权人在缔结抵押担保合同时有查明抵押人是否欠税的法定义务

在重庆业如小额贷款有限公司与重庆市开州区规划和自然资源局确认行政行为违法纠纷案[①]中,嘉年华建设公司于2013年12月24日与开州区规划和自然资源局签订了"国有建设用地使用权出让合同"。2014年1月22日,嘉年华建设公司向原开县国土资源和房屋管理局申请办理其位于开县临江镇草街子2号城镇住宅

---

① 案例来源:重庆市开州区人民法院行政裁定书(2019)渝0154行初113号、重庆市第二中级人民法院行政裁定书(2020)渝02行终222号。

用地国有土地使用权初始登记。2014年1月27日，嘉年华建设公司向原开县国土资源和房屋管理局提交承诺，承诺前述地块的契税在2014年2月28日全部缴清，开县临江镇人民政府在该承诺书上签字盖章同意。2014年1月28日，原开县国土资源和房屋管理局在嘉年华建设公司未缴清契税但出具限期缴税承诺的情况下为其颁发了312房地证2014字第00584号国有土地使用权证，颁证面积为61 045平方米。2014年3月3日，业如贷款公司与西大房地产公司签订"借款合同"，向该公司出借人民币5 000万元。为确保该"借款合同"的履行，嘉年华建设公司以312房地证2014字第00584号国有土地使用权证下的土地为前述借款提供抵押担保并于2014年3月5日在开州区规划和自然资源局办理了第二顺位抵押登记；重庆德航建筑工程有限公司以及自然人杨以斌、唐应莲等为前述借款提供连带责任保证担保。借款期限届满，西大房地产公司未按期归还借款本息，业如贷款公司向重庆市第一中级人民法院提起诉讼。诉讼中，该案当事人之间达成了调解协议，其中协议第四条载明：确认业如贷款公司对嘉年华建设公司提供的抵押物（位于开县临江镇草街子某某城镇住宅用地土地使用权，面积61 045平方米，证号：某某地证2014字第某某）拍卖或变卖后的价款享有优先受偿权，重庆市第一中级人民法院以（2015）渝一中法民初字第00336号民事调解书对该案当事人达成的协议予以确认。

因业如贷款公司未完全实现其债权，业如贷款公司在执行中将嘉年华建设公司的抵押物——开县临江镇草街子2号土地申请司法拍卖。2017年6月27日，法院通过淘宝网司法拍卖网络平台向社会公开拍卖了嘉年华建设公司提供的前述抵押财产。2017年8月2日，重庆克忠房地产开发有限公司以105 546 840元取得开县临江县草街子2号城镇住宅用地国有土地使用权。业如贷款公司认为，开州区规划和自然资源局未按照先税后证的原则办理第三人的国有土地使用权证的行为给其造成巨大的经济损失，故起诉至法院，请求确认开州区规划和自然资源局为嘉年华建设公司办理312房地证2014字第00584号土地使用权证的行为违法。

业如贷款公司认为开州区规划和自然资源局颁证时违反"先税后证"的规定，致使其有理由相信嘉年华建设公司提供的担保物没有瑕疵而向其发放贷款，故请求确认开州区规划和自然资源局的颁证行为违法。二审法院认为，业如贷款公司因为民事纠纷通过司法拍卖方式实现抵押权，至于能否实现全部债权，取决于嘉年华建设公司提供的担保物拍卖后的价款，而嘉年华建设公司因欠税被执行的款项，并非开州区规划和自然资源局颁证行为造成。根据《税收征收管理法》

第四十六条规定:"纳税人有欠税情形而以其财产设定抵押、质押的,应当向抵押权人、质权人说明其欠税情况,抵押权人、质权人可以请求税务机关提供有关的欠税情况。"可见,抵押权人在缔结抵押担保合同时,应根据上述规定查明抵押人是否欠税,或者请求税务机关提供抵押人是否欠税的书面证明,以防止因抵押人欠税给抵押权人带来的风险。但业如贷款公司在发放大额贷款时,并未认真审查嘉年华建设公司有无欠税事实,其债权未能完全实现与开州区规划和自然资源局颁证行为之间并无直接因果关系。

四、法条总结

本条规定较为明确,实务中应用时无争议。但因该条规定在《税收征收管理法》中,大多数人都不甚了解该规定内容,致使在实践中出现上述案例类似情形,使抵押权人经济利益受损。这一点,值得关注和重视。

第四十七条

税务机关扣押商品、货物或者其他财产时,必须开付收据;查封商品、货物或者其他财产时,必须开付清单。

一、法条简析

本条规定了两项制度:一是税务机关扣押商品、货物或者其他财产时,必须开付扣押收据的制度;二是税务机关查封商品、货物或者其他财产时,必须开付查封清单的制度。所谓扣押收据和查封清单,也就是税务机关在行使扣押权或查封权时,向当事人开具的证明扣押或查封了商品、货物或者其他财产的两种凭证。

二、相关规定

(一)《行政强制法》第二十四条

行政机关决定实施查封、扣押的,应当履行本法第十八条规定的程序,制作并当场交付查封、扣押决定书和清单。

查封、扣押决定书应当载明下列事项:

(一)当事人的姓名或者名称、地址;

(二)查封、扣押的理由、依据和期限;

（三）查封、扣押场所、设施或者财物的名称、数量等；

（四）申请行政复议或者提起行政诉讼的途径和期限；

（五）行政机关的名称、印章和日期。

查封、扣押清单一式二份，由当事人和行政机关分别保存。

（二）《税收征收管理法实施细则》相关规定

第六十三条 税务机关执行扣押、查封商品、货物或者其他财产时，应当由两名以上税务人员执行，并通知被执行人。被执行人是自然人的，应当通知被执行人本人或者其成年家属到场；被执行人是法人或者其他组织的，应当通知其法定代表人或者主要负责人到场；拒不到场的，不影响执行。

第六十四条 税务机关执行税收征管法第三十七条、第三十八条、第四十条的规定，扣押、查封价值相当于应纳税款的商品、货物或者其他财产时，参照同类商品的市场价、出厂价或者评估价估算。

税务机关按照前款方法确定应扣押、查封的商品、货物或者其他财产的价值时，还应当包括滞纳金和拍卖、变卖所发生的费用。

第六十五条 对价值超过应纳税额且不可分割的商品、货物或者其他财产，税务机关在纳税人、扣缴义务人或者纳税担保人无其他可供强制执行的财产的情况下，可以整体扣押、查封、拍卖。

第六十六条 税务机关执行税收征管法第三十七条、第三十八条、第四十条的规定，实施扣押、查封时，对有产权证件的动产或者不动产，税务机关可以责令当事人将产权证件交税务机关保管，同时可以向有关机关发出协助执行通知书，有关机关在扣押、查封期间不再办理该动产或者不动产的过户手续。

第六十七条 对查封的商品、货物或者其他财产，税务机关可以指令被执行人负责保管，保管责任由被执行人承担。

继续使用被查封的财产不会减少其价值的，税务机关可以允许被执行人继续使用；因被执行人保管或者使用的过错造成的损失，由被执行人承担。

三、法条总结

本条规定意在强调税务机关需要开付收据或清单的义务，但因为已是常识，在实务中较少发生争议，更无直接相关案例被披露。笔者认为，本条规定的存在意义不大。

第四十八条

纳税人有合并、分立情形的，应当向税务机关报告，并依法缴清税款。纳税人合并时未缴清税款的，应当由合并后的纳税人继续履行未履行的纳税义务；纳税人分立时未缴清税款的，分立后的纳税人对未履行的纳税义务应当承担连带责任。

一、法条简析

本条是对纳税人有合并、分立情形应当缴清税款及未缴清税款由谁承担纳税义务的规定。

二、相关规定

（一）《税收征收管理法实施细则》相关规定

第四十九条 承包人或者承租人有独立的生产经营权，在财务上独立核算，并定期向发包人或者出租人上缴承包费或者租金的，承包人或者承租人应当就其生产、经营收入和所得纳税，并接受税务管理；但是，法律、行政法规另有规定的除外。

发包人或者出租人应当自发包或者出租之日起30日内将承包人或者承租人的有关情况向主管税务机关报告。发包人或者出租人不报告的，发包人或者出租人与承包人或者承租人承担纳税连带责任。

第五十条 纳税人有解散、撤销、破产情形的，在清算前应当向其主管税务机关报告；未结清税款的，由其主管税务机关参加清算。

（二）《公司法》相关规定

第一百七十二条 公司合并可以采取吸收合并或者新设合并。

一个公司吸收其他公司为吸收合并，被吸收的公司解散。两个以上公司合并设立一个新的公司为新设合并，合并各方解散。

第一百七十三条 公司合并，应当由合并各方签订合并协议，并编制资产负债表及财产清单。公司应当自作出合并决议之日起十日内通知债权人，并于三十日内在报纸上公告。债权人自接到通知书之日起三十日内，未接到通知书的自公告之日起四十五日内，可以要求公司清偿债务或者提供相应的担保。

第一百七十四条 公司合并时，合并各方的债权、债务，应当由合并后存续的公司或者新设的公司承继。

第一百七十五条 公司分立，其财产作相应的分割。

公司分立，应当编制资产负债表及财产清单。公司应当自作出分立决议之日起十日内通知债权人，并于三十日内在报纸上公告。

第一百七十六条 公司分立前的债务由分立后的公司承担连带责任。但是，公司在分立前与债权人就债务清偿达成的书面协议另有约定的除外。

（三）《公司登记管理条例》相关规定

第三十八条 因合并、分立而存续的公司，其登记事项发生变化的，应当申请变更登记；因合并、分立而解散的公司，应当申请注销登记；因合并、分立而新设立的公司，应当申请设立登记。

公司合并、分立的，应当自公告之日起45日后申请登记，提交合并协议和合并、分立决议或者决定以及公司在报纸上登载公司合并、分立公告的有关证明和债务清偿或者债务担保情况的说明。法律、行政法规或者国务院决定规定公司合并、分立必须报经批准的，还应当提交有关批准文件。

第六十九条 公司在合并、分立、减少注册资本或者进行清算时，不按照规定通知或者公告债权人的，由公司登记机关责令改正，处以1万元以上10万元以下的罚款。

公司在进行清算时，隐匿财产，对资产负债表或者财产清单作虚假记载或者在未清偿债务前分配公司财产的，由公司登记机关责令改正，对公司处以隐匿财产或者未清偿债务前分配公司财产金额5%以上10%以下的罚款；对直接负责的主管人员和其他直接责任人员处以1万元以上10万元以下的罚款。

公司在清算期间开展与清算无关的经营活动的，由公司登记机关予以警告，没收违法所得。

（四）《财政部 国家税务总局关于企业重组业务企业所得税处理若干问题的通知》（财税〔2009〕59号）第一条

本通知所称企业重组，是指企业在日常经营活动以外发生的法律结构或经济结构重大改变的交易，包括企业法律形式改变、债务重组、股权收购、资产收购、合并、分立等。

（一）企业法律形式改变，是指企业注册名称、住所以及企业组织形式等的简单改变，但符合本通知规定其他重组的类型除外。

（二）债务重组，是指在债务人发生财务困难的情况下，债权人按照其与债务人达成的书面协议或者法院裁定书，就其债务人的债务作出让步的事项。

（三）股权收购，是指一家企业（以下称为收购企业）购买另一家企业（以下称为被收购企业）的股权，以实现对被收购企业控制的交易。收购企业支付对价的形式包括股权支付、非股权支付或两者的组合。

（四）资产收购，是指一家企业（以下称为受让企业）购买另一家企业（以下称为转让企业）实质经营性资产的交易。受让企业支付对价的形式包括股权支付、非股权支付或两者的组合。

（五）合并，是指一家或多家企业（以下称为被合并企业）将其全部资产和负债转让给另一家现存或新设企业（以下称为合并企业），被合并企业股东换取合并企业的股权或非股权支付，实现两个或两个以上企业的依法合并。

（六）分立，是指一家企业（以下称为被分立企业）将部分或全部资产分离转让给现存或新设的企业（以下称为分立企业），被分立企业股东换取分立企业的股权或非股权支付，实现企业的依法分立。

（五）《国家工商行政管理总局关于做好公司合并分立登记支持企业兼并重组的意见》（工商企字〔2011〕226号）第二条第（一）项规定

支持公司采取多种方式合并分立重组。公司合并可以采取两种形式：一种是吸收合并，指一个公司吸收其他公司后存续，被吸收公司解散；另一种是新设合并，指两个或者两个以上公司归并为一个新公司，原有各公司解散。

公司分立可以采取两种形式：一种是存续分立，指一个公司分出一个或者一个以上新公司，原公司存续；另一种是解散分立，指一个公司分为两个或者两个以上新公司，原公司解散。

三、法条总结

本条规定是税收法律中关于税收连带责任的唯一一条规定，其法理基础与《公司法》相关规定原理一致。

四、修法建议

本条规定远不能应对现实中大量出现的欠税人蓄意转移应税财产行为，建议在本条规定中增加或在本法中单列如下内容：对纳税人、扣缴义务人应缴税款承担连带责任的判断，适用民商事法律及相关司法解释规定。

第四十九条

欠缴税款数额较大的纳税人在处分其不动产或者大额资产之前,应当向税务机关报告。

一、法条简析

依据本条规定,欠缴税款数额较大的纳税人在处分其不动产或者大额资产之前,应当向税务机关报告。这条规定给欠缴税款数额较大的纳税人增加了一项法律义务,即在他们处分其不动产或者大额资产之前,应当向税务机关报告,如果他们没有履行报告义务,就构成一种违法行为。

二、相关规定

(一)《税收征收管理法实施细则》第七十七条

税收征管法第四十九条所称欠缴税款数额较大,是指欠缴税款5万元以上。

(二)《刑法》第二百零三条

纳税人欠缴应纳税款,采取转移或者隐匿财产的手段,致使税务机关无法追缴欠缴的税款,数额在一万元以上不满十万元的,处三年以下有期徒刑或者拘役,并处或者单处欠缴税款一倍以上五倍以下罚金;数额在十万元以上的,处三年以上七年以下有期徒刑,并处欠缴税款一倍以上五倍以下罚金。

三、应用场景

本条规定可与逃避追缴欠税罪相关规定结合适用

在云南省普洱市孟连县地方税务局、曲靖市非公中小企业融资担保股份有限公司执行审查纠纷案①中,曲靖中院在执行曲靖市非公中小企业融资担保股份有限公司申请执行应斌、杨晓丽、陆长春、应沥瑶、普洱兴联房地产有限公司(以下简称"兴联地产")一案中,查封了兴联地产在孟连县城东路西北片区盛世嘉园小区的商品房。孟连地税向曲靖中院提出书面异议,认为其对兴联地产的税收应该在案涉房产处置中享有优先受偿权,故要求人民法院中止对前述房产的执行。

---

① 案例来源:云南省曲靖市中级人民法院执行裁定书(2018)云03执异18号、云南省高级人民法院执行裁定书(2018)云执复173号。

孟连地税称，兴联地产欠缴营业税及附加税 6 426 019.86 元，欠缴土地增值税 1 893 729.65 元，欠缴印花税 58 418.37 元，共计欠缴税款 8 378 167.88 元。2016 年 8 月 1 日，曲靖中院作出（2016）云 03 民初 137 号民事裁定书，裁定查封兴联地产在孟连县城东路西北片区的盛世嘉园商品房。其税款应在房产的处置中享有优先受偿权。

曲靖市中级人民法院审查后认为，异议的请求应当在执行程序终结之前提出。在孟连地税提出执行异议之前，异议指向的执行标的已执行终结，且在处置案涉房产的执行行为中，对案涉房产涉及的相应税收也已作出相应处理。故孟连地税的异议申请不符合受理条件，应裁定驳回申请。故裁定驳回异议申请人孟连地税的申请。

孟连地税不服，提出复议称：一、兴联地产为应斌借款提供担保时，担保范围不包含土地上的建筑物，故曲靖市非公中小企业融资担保股份有限公司不应享有地上建筑物的优先受偿权。依照《税收征收管理法》第四十五条规定，税收优先于无担保债权。二、《税收征收管理法》第四十九条规定，欠缴税款数额较大的纳税人在处分其不动产或者大额资产之前，应当向税务机关报告，而兴联地产自 2014 年以来，在多次被下发催缴通知的情形下，与曲靖市非公中小企业融资担保股份有限公司达成和解而不向税务机关报告，明显存在转移资产逃避缴税的行为。故曲靖中院（2018）云 03 执异 18 号"执行裁定书"裁定驳回其申请不当，依法提出复议。

云南省高级人民法院审查后认为，本案焦点是能否通过执行异议程序处理司法强制执行权与行政强制执行权的冲突。执行异议是在司法执行过程中，为了救济当事人、利害关系人及案外人的权利，解决执行过程中发生的程序和实体争议而设置的程序。根据《税收征收管理法》第四十条的规定，纳税义务人未缴纳税款的，税务机关可以责令限期缴纳，并可以采取扣缴、扣押、查封、依法拍卖或者变卖等强制执行措施。同时《行政强制法》也规定，当事人在期限内不履行义务的，具有行政强制执行权的行政机关可依法强制执行。本案中孟连地税认为兴联地产未缴纳应缴税款，可以依法作出行政决定，并采取行政强制执行，在执行过程中，对于行政机关所作出的行政决定，当事人享有复议或诉讼的权利。孟连地税在本案中所提异议，实质是司法强制执行与行政强制执行的冲突，以执行异议的名义提出，并不符合执行异议的受理范围，应另循途径依法解决。遂裁定驳回复议申请人云南省普洱市孟连县地方税务局的复议申请。

笔者认为，孟连地税复议时称"兴联地产自 2014 年以来，在多次被下发催缴通知的情形下，与曲靖市非公中小企业融资担保股份有限公司达成和解而不向税务机关报告，明显存在转移资产逃避缴税的行为"。这不是正好符合逃避追缴欠税罪的犯罪构成吗？兴联地产不仅违反本条关于欠缴税款数额较大的纳税人报告财产处置义务的规定，也涉嫌构成逃避追缴欠税罪。

四、法条总结

因本条规定无相应的罚则，部分纳税人对此毫不为意。但若结合《刑法》第二百零三条规定，将有利于更顺利完成欠税清缴工作。

第五十条

欠缴税款的纳税人因怠于行使到期债权，或者放弃到期债权，或者无偿转让财产，或者以明显不合理的低价转让财产而受让人知道该情形，对国家税收造成损害的，税务机关可以依照合同法第七十三条、第七十四条的规定行使代位权、撤销权。

税务机关依照前款规定行使代位权、撤销权的，不免除欠缴税款的纳税人尚未履行的纳税义务和应承担的法律责任。

一、法条简析

本条是对税务机关行使代位权、撤销权的规定。根据本条规定，在符合法定条件时，税务机关可依法向人民法院提出民事诉讼，行使税收代位权和撤销权。

二、相关规定

（一）《合同法》相关规定

第七十三条 因债务人怠于行使其到期债权，对债权人造成损害的，债权人可以向人民法院请求以自己的名义代位行使债务人的债权，但该债权专属于债务人自身的除外。

代位权的行使范围以债权人的债权为限。债权人行使代位权的必要费用，由债务人负担。

第七十四条 因债务人放弃其到期债权或者无偿转让财产，对债权人造成损害的，债权人可以请求人民法院撤销债务人的行为。债务人以明显不合理的低价转让财产，对债权人造成损害，并且受让人知道该情形的，债权人也可以请求人民法院撤销债务人的行为。

撤销权的行使范围以债权人的债权为限。债权人行使撤销权的必要费用,由债务人负担。

第七十五条 撤销权自债权人知道或者应当知道撤销事由之日起一年内行使。自债务人的行为发生之日起五年内没有行使撤销权的,该撤销权消灭。

(二)《民法典》相关规定

第五百三十五条 因债务人怠于行使其债权或者与该债权有关的从权利,影响债权人的到期债权实现的,债权人可以向人民法院请求以自己的名义代位行使债务人对相对人的权利,但是该权利专属于债务人自身的除外。

代位权的行使范围以债权人的到期债权为限。债权人行使代位权的必要费用,由债务人负担。

相对人对债务人的抗辩,可以向债权人主张。

第五百三十八条 债务人以放弃其债权、放弃债权担保、无偿转让财产等方式无偿处分财产权益,或者恶意延长其到期债权的履行期限,影响债权人的债权实现的,债权人可以请求人民法院撤销债务人的行为。

第五百三十九条 债务人以明显不合理的低价转让财产、以明显不合理的高价受让他人财产或者为他人的债务提供担保,影响债权人的债权实现,债务人的相对人知道或者应当知道该情形的,债权人可以请求人民法院撤销债务人的行为。

第五百四十条 撤销权的行使范围以债权人的债权为限。债权人行使撤销权的必要费用,由债务人负担。

第五百四十一条 撤销权自债权人知道或者应当知道撤销事由之日起一年内行使。自债务人的行为发生之日起五年内没有行使撤销权的,该撤销权消灭。

第五百四十二条 债务人影响债权人的债权实现的行为被撤销的,自始没有法律约束力。

(三)《最高人民法院关于适用〈中华人民共和国合同法〉若干问题的解释(二)》①**相关规定**

第十八条 债务人放弃其未到期的债权或者放弃债权担保,或者恶意延长到

---

① 因截至本书交稿前,最高人民法院尚未就《民法典》合同篇发布专门的司法解释,所以暂时参照之前的《合同法》司法解释内容。

期债权的履行期,对债权人造成损害,债权人依照合同法第七十四条的规定提起撤销权诉讼的,人民法院应当支持。

第十九条 对于合同法第七十四条规定的"明显不合理的低价",人民法院应当以交易当地一般经营者的判断,并参考交易当时交易地的物价部门指导价或者市场交易价,结合其他相关因素综合考虑予以确认。

转让价格达不到交易时交易地的指导价或者市场交易价百分之七十的,一般可以视为明显不合理的低价;对转让价格高于当地指导价或者市场交易价百分之三十的,一般可以视为明显不合理的高价。

债务人以明显不合理的高价收购他人财产,人民法院可以根据债权人的申请,参照合同法第七十四条的规定予以撤销。

三、应用场景

(一)应用场景一:结合《合同法》相关规定,论述税收代位权诉讼的行使条件

在安徽省界首市国家税务局与姜杰因代位权纠纷案[①]中,浙江嘉得莱控股集团股份有限公司自2006年9月至2008年2月28日在界首市租赁经营原安徽沙河酒厂和随后购买安徽沙河酒厂破产资产经营期间,共偷逃税费22 274 226.40元。为此界首市国家税务局先后作出界国税处〔2010〕0701号税务处理决定书、界国税罚告〔2010〕0701号税务行政处罚事项告知书、界国税罚〔2010〕0701号税务行政处罚决定书,并于2010年8月4日、2010年9月16日将该税务文书在浙江日报刊登,以公告方式送达。公告期满后,浙江嘉得莱控股集团股份有限公司没有在法定期限内申请复议,也没有履行处罚决定。2008年4月2日,浙江嘉得莱控股集团股份有限公司与姜杰签订股权转让协议,约定将其40%的股权以一比一的价格转让给姜杰,共计人民币2 640万元,于2008年4月30日前支付1 000万元,2008年12月31日前支付640万元,2010年12月1日前支付500万元,2012年12月31日前支付500万元。双方约定自签字之日起生效。

法院审理后认为,浙江嘉得莱控股集团股份有限公司偷逃税费已经界首市国家税务局作出处理和处罚决定,且已发生法律效力,而该公司至今未按处理和处罚决定履行义务,侵害了国家利益。浙江嘉得莱控股集团股份有限公司却又将其所有的股权以一比一的价格转让给姜杰,依双方约定,姜杰至今未按期支付股权

---

① 案例来源:安徽省阜阳市中级人民法院民事判决书(2011)阜民一初字第00013号。

转让款，浙江嘉得莱控股集团股份有限公司又怠于行使到期债权，所以界首市国家税务局依法向姜杰提起代位权诉讼，请求判令姜杰支付2 140元，符合法律规定，应予支持。依照《合同法》第七十三条、《税收征收管理法》第五十条、最高人民法院《关于适用〈中华人民共和国合同法〉若干问题的解释（一）》第十一条、第十二条、第十三条、第十九条、第二十条的规定，判决：姜杰于判决生效之日起15日内支付界首市国家税务局股权转让款2 140万元。案件受理费人民币148 800元，由姜杰负担。

（二）应用场景二：结合《合同法》相关规定，论述税收撤销权诉讼的行使条件

在浙江省瑞安市国家税务局与温州信燕房地产开发有限公司债权人撤销权纠纷案①中，瑞安市人民法院经审理后认为，被告（温州信燕房地产开发有限公司）在尚未清偿原告（浙江省瑞安市国家税务局）税款的情况下，与第三人（林阿敏）协商转让座落于瑞安市安阳新区七号地块的"润锦苑"第1幢1单元2×3号的商品房，以6 000元/平方米的价格转让房屋，低于当时市场价11 000元/平方米的70%即7 700元/米，对债权人造成损害，第三人作为被告公司的监事，应当知晓该一事实，故被告与第三人之间的房屋买卖合同予以撤销。原告的诉讼请求合法，本院予以支持。据此，依照《合同法》第七十四条、《民事诉讼法》第一百四十四条的规定，判决：撤销被告温州信燕房地产开发有限公司与第三人林阿敏于2009年7月22日签订的购置瑞安市安阳街道润锦苑1幢1单元2×3号的商品房买卖合同（合同编号为×××）。本案受理费12 435元，由被告温州信燕房地产开发有限公司负担（被告于本判决生效后10日内到本院缴纳受理费）。

（三）应用场景三：本条规定不能用于税务机关诉请确认可能危害税收债权合同无效

在国家税务总局漳州市税务局第一稽查局与福建万绿欣医药有限公司、福建健安莱药业有限公司确认合同无效纠纷案②中，原南靖县国家税务局稽查局于2017年7月14日作出靖国税稽处（2017）2号"税务处理决定书"，限万绿欣公司在15日内到南靖县国家税务局缴纳税款159 670 110.02元及滞纳金，该处理决

---

① 案例来源：浙江省瑞安市人民法院民事判决书（2014）温瑞民初字第4179号。
② 案例来源：福建省南靖县人民法院民事裁定书（2019）闽0627民初2535号之一、福建省漳州市中级人民法院民事裁定书（2020）闽06民终1929号、福建省高级人民法院民事裁定书（2021）闽民申672号。

定书已生效。因机构改革,原南靖县税务局稽查局依法被取消,该案的执法主体变更为漳州税务第一稽查局。因万绿欣公司未按期缴纳所欠税款及滞纳金,漳州税务第一稽查局于2019年6月10日作出漳税一稽强拍(2019)1号"税收强制执行决定书"及"强制腾房告知书",对万绿欣公司位于南靖县的不动产[靖国用(2015)第02081]号宗地、漳房权证靖更字第××号房屋所有权予以查封、拍卖或者变卖,用于抵缴应纳税款及相应的滞纳金。后万绿欣公司及健安莱公司提交(2017)漳证民内字第15376号"公证书"及"房屋租赁补充合同",主张房屋和土地已经出租给健安莱公司,租期20年,房屋年租金427 262.4元,逐年支付。2017年8月7日两公司又签订"房屋租赁补充合同",约定甲方同意乙方以应收账款一次性抵扣20年房屋租金8 545 248元。漳州税务第一稽查局认为,万绿欣公司在明知自身欠缴税款情形下,违反《税收征收管理法》第四十九条之规定,在处分其大额资产前,未向税务机关报备。万绿欣公司和健安莱公司系关联企业,恶意串通订立租赁合同,为避免缴纳税收,刻意为税务机关拍卖靖国用(2015)第02081号宗地、漳房权证靖更字第××号房屋所有权设置瑕疵,损害国家利益,应当认定万绿欣公司与健安莱公司签订的"房屋租赁合同""房屋租赁补充合同"无效。

一审法院经审查认为,《民事诉讼法》第一百一十九条规定:"起诉必须符合下列条件:(一)原告是与本案有直接利害关系的公民、法人和其他组织;(二)有明确的被告;(三)有具体的诉讼请求和事实、理由;(四)属于人民法院受理民事诉讼的范围和受诉人民法院管辖。"万绿欣公司与健安莱公司签订"房屋租赁合同""房屋租赁补充合同"。漳州税务第一稽查局并非合同相对方,作为税务机关与纳税人万绿欣公司不是平等主体之间的民事法律关系,本案争议和诉讼请求不属于人民法院受理民事诉讼的范围。遂裁定:驳回国家税务总局漳州市税务局第一稽查局的起诉。

在二审法院裁定驳回国家税务总局漳州市税务局第一稽查局上诉后,国家税务总局漳州市税务局第一稽查局提起再审请求。再审申请称:一、本案申请人与被申请人属于平等民事主体。漳州税务第一稽查局虽属于机关单位,但申请人与被申请人系对两被申请人之间签订的"房屋租赁合同""房屋租赁补充合同"的效力发生争议,确认上述两份合同是否有效属于人民法院的职权范围,申请人与被申请人争议的事项属于民事争议事项,申请人与两被申请人之间属于平等民事主体法律关系,一、二审法院对此认定错误。二、虽然申请人非合同相对方,但是两被申请人之间签订的"房屋租赁合同"及"房屋租赁补充合同"与申请人存在直接利害关系，针对两被申请人恶意串通损害国家利益的行为，申请人具有诉权。三、依照《税收征收管理法》第五十条规定，欠缴税款的纳税人因怠于行使到期债权，或者放弃到期债权，或者无偿转让财产，或者以明显不合理的低价转让财产而受让人知道该情形的，对国家税收造成损害的，税务机关可以依照合同法第七十三条、第七十四条的规定行使代位权、撤销权。根据法律体系解释，被申请人串通签订无效合同的行为，对国家的税收造成损害，申请人作为利害关系人，依法具有诉权。

再审审查法院（福建省高级人民法院）经审查后认为，漳州税务第一稽查局依照《税收征收管理法》第五十条规定主张诉权。但该法律规定系税务机关行使代位权、撤销权的适用情形，与漳州税务第一稽查局本案中主张确认合同无效纠纷，系属不同法律关系和法律适用范围，该主张不属于本案审查范畴，所以不予审查。裁定：驳回国家税务总局漳州市税务局第一稽查局的再审申请。

四、法条总结

本条规定需结合《合同法》第七十三条、第七十四条规定，一并进行理解。但随着《民法典》于2021年1月1日起实施，《合同法》第七十三条、第七十四条规定被《民法典》相关规定吸收并更新。这对理解本条规定提出了更高的要求，也对《税收征收管理法》修订提出了配套性要求。

五、修法建议

税收代位权、撤销权诉讼的行使，除了该法要对行使基本条件进行明确外，还需结合最高人民法院颁布的相关司法解释进行。所以，建议明确代位权及撤销权诉讼，依据《民法典》第五百三十五条至第五百四十二条规定进行，《民法典》无规定的，适用最高人民法院发布的相关司法解释。

第五十一条

纳税人超过应纳税额缴纳的税款，税务机关发现后应当立即退还；纳税人自结算缴纳税款之日起三年内发现的，可以向税务机关要求退还多缴的税款并加算银行同期存款利息，税务机关及时查实后应当立即退还；涉及从国库中退库的，依照法律、行政法规有关国库管理的规定退还。

一、法条简析

本条规定是对多征多缴的税款应当如何处理作出的专门规定。分两类情况分别处理：情况一，由税务机关发现的多征税款，税务机关必须主动通知纳税人并立即办理退还手续，将纳税人超过应纳税额缴纳的税款马上退还。情况二，由纳税人自己发现的多缴税款，自结算缴纳税款之日起三年内，纳税人可以向税务机关提出退还的申请，要求税务机关退还多缴的税款并加算银行同期存款利息，税务机关经查实后认定确实是纳税人多缴了，就应当立即办理退还手续，将纳税人超过应纳税额缴纳的税款及加算的银行同期存款利息一并退还。

二、相关规定

（一）《税收征收管理法实施细则》相关规定

第七十八条 税务机关发现纳税人多缴税款的，应当自发现之日 10 日内办理退还手续；纳税人发现多缴税款，要求退还的，税务机关应当自接到纳税人退还申请之日起 30 日内查实并办理退还手续。

税收征管法第五十一条规定的加算银行同期存款利息的多缴税款退税，不包括依法预缴税款形成的结算退税、出口退税和各种减免退税。

退税利息按照税务机关办理退税手续当天中国人民银行规定的活期存款利率计算。

第七十九条 当纳税人既有应退税款又有欠缴税款的，税务机关可以将应退税款和利息先抵扣欠缴税款；抵扣后有余额的，退还纳税人。

（二）《财政部 国家税务总局 中国人民银行关于纳税人多缴税款及应付利息办理退库的通知》（财预字〔2001〕502号）

一、自新征管法实施之日起，凡纳税人申请退付多缴税款，各级税务机关应根据多缴税款数额和开具"收入退还书"当日中国人民银行规定的活期存款利率计算利息，随同多缴的税款一并办理退付手续。计息时间从纳税人结算缴纳税款之日起至税务机关开具"收入退还书"之日止。

二、税务机关对纳税人的退付申请及所附多缴税款的入库凭证（缴款书）进行审核后，开具"收入退还书"。纳税人持"收入退还书"到当地国库就地办理退库。

纳税人多缴税款及应付利息由国库直接退付申请人银行账户。如以现金缴税需退付现金时，由征收机关在"收入退还书"上加盖"退付现金"戳记，纳税人再持身份证和原缴款书复印件到指定国库办理退付手续，指定国库将款项划至原经收银行，纳税人从原经收银行领取退付的现金。

三、纳税人多缴税款及应付利息，统一采用冲减正税入库科目的办法，由正税入库收入中退付。

（三）《国家税务总局关于贯彻实施〈中华人民共和国税收征收管理法〉有关问题的通知》（国税发〔2001〕54号）第五条规定

关于计退利息（新《征管法》第五十一条），对纳税人多缴的税款退还时，自2001年5月1日起按照人民银行规定的同期活期存款的利率计退利息。新《征管法》第五十一条对纳税人超过应纳税额缴纳税款的退还，不包括预缴税款的退还、出口退税和政策性税收优惠的先征后退等情形。

三、应用场景

（一）应用场景一：论述退税的原理及程序性要求

1.典型案例1：鞍山新兴房屋开发有限公司与国家税务总局鞍山市税务局行政复议纠纷案[①]

在该案中，辽宁省高级人民法院指出，《税收征收管理法》第五十一条规定是关于退税的规定。退税是将纳税人已经缴入国库的税款，依法定程序办理退库手续，退还给纳税人的制度。税款退还的前提是纳税人已经缴纳了应纳税款，而税款一经缴入国库，即成为国家所有的预算资金，一般不再退还给纳税人。税款退还是一项十分严肃的工作，必须严格按照规定的退税范围、审批权限、程序和手续办理。根据有关国库管理的规定，一般是先由纳税人提出书面申请，并填写退税申请书，申述差错的原因和多缴税款的数额，同时提出原纳税凭证的号码、税款金额、缴库日期，报经原征收税务机关审核无误后，填制收入退还书，经上级税务机关审核批准，交纳税人持向代理金库的银行办理转账手续，将退税转入纳税人开户银行存款内。

2.典型案例2：沈恒诉国家税务总局北京市西城区税务局作出的通知及国家税务总局北京市税务局行政复议纠纷案

在该案中，针对西城税务局适用《税收征收管理法》第五十一条作出被诉通知书是否正确问题。北京市西城区人民法院认为，税务机关针对纳税人提出的退

[①] 案例来源：辽宁省鞍山市中级人民法院行政判决书（2019）辽03行终144号、辽宁省高级人民法院行政裁定书（2020）辽行申544号。

税申请，应遵循税法的立法精神，秉承行政合法性原则为基础、行政合理性原则为补充的执法理念，正确行使税收管理职责，切实维护行政相对人的合法权益。退税制度由纳税人退还请求权的实现和征税主体的退还义务两部分构成，主要解决纳税人因超出应纳税额缴税、误缴或不应缴纳税款等多种因素引发的税款是否应予退还等问题。目前，我国税收管理领域关于退税制度的法律规定主要是《税收征收管理法》第五十一条，即纳税人超过应纳税额缴纳的税款，税务机关发现后应当立即退还；纳税人自结算缴纳税款之日起三年内发现的，可以向税务机关要求退还多缴的税款并加算银行同期存款利息，税务机关及时查实后应当立即退还；涉及从国库中退库的，依照法律、行政法规有关国库管理的规定退还。

关于如何理解和适用上述法律及相关规定，在学术界以及税收行政管理执法实践中均存在较大争议，集中体现在何种情况下适用以及如何适用《税收征管法》第五十一条中关于三年退税期限的规定。沈恒代表一方观点，即认为其曾缴纳的税款不再属于税款性质，不应受《税收征管法》第五十一条超过应纳税额缴纳的税款之前提条件，进而不应适用三年退税申请期限的限制；西城税务局及市税务局代表另一方观点，即认为沈恒2011年9月5日结算缴纳税款，2016年12月13日申请退税，已超过三年退税申请期限，故不应予以退还。对此，西城区人民法院结合行政执法理念与司法审查标准，作如下分析：

第一，行政合法性原则的基本要求。行政合法性原则，是行政法上的基本原则，也是行政诉讼法上应当遵循的基本原则，合法行政既要保障行政相对人的合法权益，又要求行政机关及时、正确行使行政职权。《税收征收管理法》第五十一条是目前我国税收管理领域中关于退税的法律依据，其中针对纳税人超过应纳税额缴纳的税款，主要分两种情况予以处理：一是税务机关发现应当立即退还；二是纳税人自结算缴纳税款之日起三年内发现的，可以向税务机关要求退还多缴的税款，税务机关及时查实后应当立即退还。税务机关在行政执法过程中，应基于行政合法性原则，针对具体涉案事实所对应的法律适用情形，严格依法履职，不作当然的扩大解释或缩小解释。本案中，如焦点一所述，刘玉秀与沈恒曾缴纳的税款已不符合税的根本属性，不具备税收依据，国家作为征税主体依法应予退还，但《税收征收管理法》第五十一条中没有与之完全相对应的适用情形，在此情况下，需要行政机关运用行政合理性原则，正确行使自由裁量权。

第二，行政合理性原则的有益补充。行政合理性原则，主要体现在行政机关自由裁量权的行使过程中，不仅应当按照法律、法规规定的条件、种类和幅度范围实施行政管理，且要符合法律的意图、精神和宗旨，符合公平正义等法的价值目标。随着行政法治的发展和我国依法治国方略的确立，行政诉讼司法审查不仅限于对行政行为合法性的审查，最终目标是实现行政争议的实质性解决，行政行为是否合理、适当亦成为目前我国行政诉讼司法审查的内容之一。

行政机关如何运用行政权解决行政争议，是对其执法水平和能力提出的更高要求。《税收征收管理法》第五十一条规定"纳税人超过应纳税额缴纳的税款，税务机关发现后应当立即退还"，其主旨也是本着税收公平、公正等基本原则的考虑，赋予税务机关针对客观上确应予以退税的情形，不以期限限制而运用行政自由裁量权加以甄别和判断，以确保依法及时退还多缴税款，最大限度地保护纳税人及相关利害关系人的合法权益。本案中，西城税务局已明知沈恒就退税问题引发争议且应属退税情形，应遵循税法立法精神和税收法定、公平、公正等基本原则，综合考虑刘玉秀一直通过民事诉讼等途径主张纳税损失等具体情况，对沈恒提出的退税申请予以全面、客观、正确的评价和考量并作出实质性判定，切实解决在房产交易经司法审查不能继续履行的情况下，如何最大程度保护行政相对人合法权益的问题，不宜对纳税人应在三年内就发现多缴的税款申请退税作形式理解，苛以更为严格的义务，使行政执法缺乏合理性和必要性，让行政相对人或公众质疑行政执法的可信度，降低执法公信力。

需要指出的是，目前我国公民总体法律意识仍然处于较低水平，法律意识体现着社会成员对国家法律制度的认知水平、价值取向、行为自觉性以及对法律制度的支持态度和心理接受能力。具体到本案，沈恒因对我国现行税收管理制度和相关法律规定不甚了解，致使其未能及时向税务主管部门主张退税的合法权利，这也从另一角度真实反映出我国公民普遍存在的对纳税知识、税收管理法律规定知之甚少的现状，究其原因是多方面的。鉴于此，对公民个人而言，不能因不知法抗辩不守法，而要积极学习法律、践行法律，逐步提高全民法律素养，正确运用法律手段维护自身合法权益；对税务机关而言，根据我国目前公民对税收政策和法律规定知悉程度不高的现状，应更为广泛地宣传税收法律、行政法规，普及纳税知识，无偿地为纳税人提供咨询服务，制定更有针对性的纳税人基本权利保护制度，如完善纳税人在缴纳税款时对退税、复议诉讼等权利救济途径的释明和告知程序等，使公民对税法的认知水平逐步提高，以期进一步规范税收征管秩序，营造良好的执法环境。税收主管部门在行政执法过程中，应依法依规并结合个案具体情形，坚持服务与执法并重，在实事求是的基础上正确行使行政职权，让行政相对人得以信服，从而提升执法公信力，实现法的价值的内在要求，促进经济和社会良性、稳定、健康发展。

本案中，西城税务局过于严格要求沈恒对税收法律制度明确知悉，并适用《税收征收管理法》第五十一条纳税人应在缴纳税款之日起三年内提出退税申请，缺乏行政合理性，适用法律错误。市税务局在行政复议程序中，就涉案事实进行核查，对所确认的事实部分一审法院不持异议；其严格按照法律规定履行受理、审查、请示、延期、中止、恢复审理等事项，执法程序并无不当；其对西城税务局适用《税收征收管理法》第五十一条是否合法的问题已予以高度关注并报请国家税务总局，但依然未从税收的性质、课税要素以及税法宗旨等方面并结合涉案事实予以综合考量，将沈恒不应缴纳的契税，适用《税收征收管理法》第五十一条加以退税期限三年的时限约束，有违合理行政原则。据此，市税务局依据《行政复议法》第二十八条第一款第（一）项、《税务行政复议规则》第七十五条第（一）项的规定维持被诉通知书，适用法律错误。

（二）应用场景二：结合《税收征收管理法实施细则》第七十八条规定，论述对不予退税行为申请行政复议的起算点

在岳阳市灏东荣湾实业有限公司与国家税务总局岳阳市税务局税务行政复议决定纠纷案①中，针对岳阳县税务局不予退税的行为申请行政复议的起算点问题，岳阳市中级人民法院认为，根据《税收征收管理法》第五十一条规定："纳税人超过应纳税额缴纳的税款，税务机关发现后应当立即退还；纳税人自结算缴纳税款之日起三年内发现的，可以向税务机关要求退还多缴的税款并加算银行同期存款利息，税务机关及时查实后应当立即退还；涉及从国库中退库的，依照法律、行政法规有关国库管理的规定退还。"上诉人灏东荣湾公司于2018年10月9日向岳阳县税务局递交《关于申请退还预缴税收款的报告》，没有超过法律规定的申请期限。岳阳县税务局收到退税报告后并未告知上诉人灏东荣湾公司按照何种流程申请退税，还在退税报告上签署了有歧义的意见，足以让上诉人灏东荣湾公司相信岳阳县税务局受理了其退税申请，无须另行办理退税手续。被上诉人岳阳市税务局提出上诉人灏东荣湾公司没有按照规定流程申请退税，应视为没有申请退税的辩论意见，不予采信。岳阳县税务局在《关于申请退还预缴税收款的报告》上签署意见的时间，即2019年1月9日应作为岳阳县税务局接到上诉人灏东荣湾公司退税申请之日。根据《税收征收管理法实施细则》第七十八条规定："税务机关发现纳税人多缴税款的，应当自发现之日起10日内办理退还手续；纳税人发

---

① 案例来源：湖南省岳阳市君山区人民法院行政判决书（2019）湘0611行初143号、湖南省岳阳市中级人民法院行政判决书（2020）湘06行终74号。

现多缴税款，要求退还的，税务机关应当自接到纳税人退还申请之日起30日内查实并办理退还手续。"上诉人灏东荣湾公司可自岳阳县税务局接到退税申请30日后申请行政复议，即针对岳阳县税务局不予退税的行为申请行政复议的起算点，应以2019年2月10日为起算点。

（三）应用场景三：结合《税收征收管理法实施细则》相关规定，论述税务机关发现纳税人超过应纳税额缴纳税款，应当立即退还

在国家税务总局兴城市税务局与辽宁万来轮胎有限公司税务行政管理纠纷案[①]中，辽宁万来轮胎有限公司（一审原告、二审被上诉人）住所地为兴城市羊安乡刘八斗村，企业类型为有限责任公司，为国家税务总局兴城市税务局（一审被告、二审上诉人）辖区内的应纳税企业。2016年2月，被告在工作中发现原告的经营地、实际注册地及划归的纳税范围地（原告被列入兴城市曹庄工业园区范围）不符，致使对原告征收的税种与相关法律规定不一致。2016年3月14日，在被告征缴完原告2016年2月1日至2016年2月29日房产税、城镇土地使用税后，被告对原告停征了房产税、城镇土地使用税，减少了城市维护建设税的征收率（由原来的7%降至1%）。自2004年1月至2016年3月，被告向原告征收房产税2 526 019.85元、城镇土地使用税5 771 121.44元、城市维护建设税2 076 862.20元（按1%计算，多征了1 780 167.60元），其中2004年征收房产税、城镇土地使用税，多征城市维护建设税合计342 001.55元，2005年合计379 711.83元，2006年合计374 240.44元，2007年合计1 171 951.64元，2008年合计985 940.45元，2009年合计890 905.32元，2010年合计895 537.05元，2011年合计923 557.01元，2012年合计1 004 208.64元，2013年合计1 023 691.94元，2014年合计957 490.48元，2015年合计916 343.94元，2016年合计211 728.60元。2019年3月12日，原告向被告提出退税申请。2019年5月28日，原告向被告递交了税务行政复议申请书，2019年7月15日，被告作出兴税复驳字〔2019〕第1号驳回行政复议申请决定书。2019年7月22日，原告提起行政诉讼。

二审法院经审理后认为，上诉人国家税务总局兴城市税务局在工作中发现多征收了被上诉人辽宁万来轮胎有限公司的房产税、城镇土地使用税、城市维护建设税，且上诉人国家税务总局兴城市税务局征缴完被上诉人辽宁万来轮胎有限公司2016年2月1日至2016年2月29日房产税、城镇土地使用税后，于2016年3月

---

① 案例来源：辽宁省葫芦岛市连山区人民法院行政判决书（2019）辽1402行初49号、辽宁省葫芦岛市中级人民法院行政判决书（2020）辽14行终12号。

14日主动对被上诉人辽宁万来轮胎有限公司停征了房产税、城镇土地使用税,并减少了城市维护建设税的征收率(由原来的7%降至1%)。《税收征收管理法》第五十一条:纳税人超过应纳税额缴纳的税款,税务机关发现后应当立即退还;纳税人自结算缴纳税款之日起三年内发现的,可以向税务机关要求退还多缴的税款并加算银行同期存款利息,税务机关及时查实后应当立即退还;涉及从国库中退库的,依照法律、行政法规有关国库管理的规定退还。因为本案被上诉人辽宁万来轮胎有限公司超过应纳税额缴纳的税款是上诉人国家税务总局兴城市税务局在工作中发现的,上诉人国家税务总局兴城市税务局发现后应当立即退还,但是上诉人拒绝履职,不利于维护国家机关的公信力。

(四)应用场景四:论述纳税人向税务机关要求退还已缴税款应自结算缴纳税款之日起三年内提出,并提交证明自己所缴税款超过应纳税额的事实证据

1. 典型案例1:西安大鹏生物科技股份有限公司与西安市高陵区地方税务局、西安市地方税务局税务其他行政行为纠纷案①

在该案中,主要争议点在于被上诉人高陵地税局作出的高地税税通〔2017〕3642号"税务事项通知书"是否合法。被上诉人高陵地税局作出的该"税务事项通知书",认为上诉人大鹏科技公司要求退还多缴税款的请求理由,不符合税法和相关税收政策规定,经审核其房地产转让交易行为应纳税款不存在多缴税款的问题,决定不予退还其请求退还的税款金额。高陵地税局决定不予退税的第一项理由,是依据《税收征收管理法》第五十一条规定,认为大鹏科技公司提出退税申请的时限已超过三年的法定期限。根据《税收征收管理法》第五十一条规定:"纳税人超过应纳税额缴纳的税款,税务机关发现后应当立即退还;纳税人自结算缴纳税款之日起三年内发现的,可以向税务机关要求退还多缴的税款并加算银行同期存款利息,税务机关及时查实后应当立即退还;涉及从国库中退库的,依照法律、行政法规有关国库管理的规定退还。"该法律规定了退还多缴纳税款的两种情形,一种是税务机关发现的,应当立即退还;另一种是纳税人自结算缴纳税款之日起三年内发现的,可以向税务机关要求退还。本案是上诉人大鹏科技公司认为其公司多缴纳税款而向被上诉人高陵地税局提出退还税款申请的情形,应适用第二种情形规定的申请期限。本案中,上诉人大鹏科技公司向被上诉人高陵地税局缴纳及结算缴纳税款的时间均为2011年4月25日,大鹏科技公司如认为其

---

① 案例来源:西安铁路运输法院行政判决书(2018)陕7102行初367号、西安铁路运输中级法院行政判决书(2018)陕71行终475号。

多缴纳税款，依据上述法律规定，应当自其结算缴纳税款之日起三年内向高陵地税局提出退还税款申请，但其迟至2017年5月16日和7月16日才向高陵地税局提出退还税款申请，故高陵地税局第一项理由符合法律规定，一审法院关于大鹏科技公司提出退还税款申请已超过三年的期限，不符合申请退还税款的法定条件的认定于法有据，本院予以认可。

2.典型案例：威海仙姑顶旅游开发有限公司与国家税务总局威海市环翠区税务局、威海市人民政府税收行政管理及行政复议纠纷案①

在该案中，法院认为，根据《税收征收管理法》第五十一条规定，纳税人发现缴纳的税款超过应缴税额，才可要求税务机关退还多缴的税款。因此，纳税人申请退税时，应向税务机关提交证明自己所缴税款超过应纳税额的事实证据。经查，仙姑顶开发公司在申请退税时，向税务机关提供了自2015年1月至2016年12月多缴营业税及附加费20 742 713.94元的"营业税及附加退税申请"、自行制作的"退税明细表"及"2015年至2016年收款、营业税及附加费缴纳明细表"（以下简称"明细表"）及相关完税证明，但经原直属征收局核对仙姑顶开发公司日常缴税时给原直属征收局提供的2015年度和2016年度"日常纳税申报表"中的信息和数据，与仙姑顶开发公司提交的"明细表"存在巨大差异（注：具体差异数据略）。因此，仙姑顶开发公司申请退税时提供的证据体现的数据与其日常纳税时提供给原直属征收局的申报表中显示的数据，明显不相符，且存有诸多疑点，未能证明自己申请退还的税款属多缴。原直属征收局为了查实应予退税的具体数额向仙姑顶开发公司下达了调取账簿资料的通知，因仙姑顶开发公司不予配合，原直属征收局未在法定期限内作出终结性答复，在被威海市政府确认违法后，又根据仙姑顶开发公司退税时提供的证据以及在因仙姑顶开发公司不予配合导致无法排除疑点、准确查实退税数额的情况下，原直属征收局作出了被诉"税务事项通知书"，决定不予退税，并无不当。

（五）应用场景五：结合《税款缴库退库工作规程》相关规定，论述退税应由纳税人向税务机关提出申请

1.典型案例1：刘君与抚顺市东洲区章党镇人民政府乡政府返还税款纠纷案②

在该案中，法院认为，根据《税收征收管理法》第五十一条"纳税人超过

---

① 案例来源：山东省威海市环翠区人民法院行政判决书（2018）鲁1002行初55号、山东省威海市中级人民法院行政判决书（2019）鲁10行终15号。

② 案例来源：抚顺市新抚区人民法院行政裁定书（2020）辽0402行初34号。

应纳税额缴纳的税款，税务机关发现后应当立即退还……涉及从国库中退库的，依照法律、行政法规有关国库管理的规定退还。"《税款缴库退库工作规程》第二十二条第一款"税务机关办理税款退库应当直接退还纳税人"的规定，原告要求被告抚顺市东洲区章党镇人民政府返还税款属于被告主体不适格，不符合上述法律规定。

2.典型案例2：陈炳辉与国家税务总局中山市税务局东凤税务分局、国家税务总局中山市税务局税务行政决定纠纷案[①]

在该案中，法院认为，陈炳辉要求东凤税务分局向其退还的税赋款项是杨柳菊作为纳税人缴纳的增值税48 507.05元、城市维护建设税2 425.35元、教育费附加1 455.21元、地方教育附加970.14元、个人所得税29 104.23元（合计82 461.98元）。即陈炳辉并非涉案税赋的纳税人，涉案税赋的纳税人是杨柳菊。且生效的行政裁定亦认定陈炳辉既非涉案税赋的税收征收行为的行政相对人，亦不属于纳税义务人为杨柳菊的涉案税赋税收征管行为的利害关系人。《税收征收管理法》第五十一条规定："纳税人超过应纳税额缴纳的税款，税务机关发现后应当立即退还，纳税人自结算缴纳税款之日起三年内发现的，可以向税务机关要求退还多缴的税款并加算银行同期存款利息，税务机关及时查实后应当立即退还；涉及从国库中退库的，依照法律、行政法规有关国库管理的规定退还。"《税款缴库退库工作规程》第二十二条规定："税务机关办理税款退库应当直接退还纳税人。纳税人经由扣缴义务人代扣代收的税款发生多缴的，经纳税人同意，税务机关可以将税款退还扣缴义务人，由扣缴义务人转退纳税人。国家政策明确规定税款退给非原纳税人的，税务机关应当向非原纳税人退还，退库办理程序参照本章规定执行。"第二十三条规定："税务机关直接向纳税人退还税款的，应当由纳税人填写退税申请。税务机关通过扣缴义务人向纳税人退还税款的，可以由扣缴义务人填写退税申请。"本案中，陈炳辉基于拍卖合同的约定承担了杨柳菊的税赋，但其既不是涉案税赋的纳税人，也不是涉案税赋的扣缴义务人，更不是基于国家政策明确规定缴纳税赋的，不符合前述法律规定的退税主体资格条件，故东凤税务分局决定不予向其退涉案税赋款项的处理结果并无不当，本院予以支持。市税务局经审查后依法维持东凤税务分局作出的中山东凤税通〔2020〕000050号"税务事项通知书"，处理适当。

[①] 案例来源：广东省中山市第一人民法院行政判决书（2020）粤2071行初1353号。

（六）应用场景六：结合《税收征收管理法实施细则》第一百条规定，论述退税争议属于纳税争议，应遵循行政复议前置程序

在于淑琴诉国家税务总局深圳市福田区税务局不予退税决定案[①]中，原告（于淑琴）及案外人江泽于2008年8月6日与原深圳市国土资源和房产管理局签订"深圳市经济适用住房买卖合同"，约定购买位于南山区星海名城六期2栋25D的经济适用住房（以下简称"涉案经济适用住房"），并于2011年11月9日取得该房产的非市场商品房的房地产证书。原告又于2009年9月11日另行购买了位于中海××20D的住房一套。2012年8月14日，深圳市住房和建设局因原告在持有涉案经济适用住房期间另行购买住房，向原告出具"解除合同并收回经济适应住房通知书"，收回涉案经济适用住房、退回房款并要求其收到该通知书之日起30日内搬出。深圳市住房和建设局与原告于2012年12月1日签订"深圳市住房和建设局政策性住房退房合同"，同日，原告填写了"经济适用住房退房登记表"。但直至2017年12月1日，涉案经济适用住房的产权才由原告名下转移登记至深圳市住房和建设局名下。其间，原告因转让位于中海××20D的住房，于2017年8月30日向被告（国家税务总局深圳市福田区税务局）缴纳个人所得税共计108 696.45元。原告认为其已于2012年12月完成涉案经济适用住房的退房手续，该经济适用住房所有权××××于深圳市住房和建设局，办理上述房产转移登记之时，原告名下有且仅有一套房产，被告应退回其因销售该房产所缴纳的个人所得税108 696.45元。被告于2018年7月口头回复原告不予退税。

法院审理后认为，《税收征收管理法》第八十八条第一款规定，"纳税人、扣缴义务人、纳税担保人同税务机关在纳税上发生争议时，必须先依照税务机关的纳税决定缴纳或者解缴税款及滞纳金或者提供相应的担保，然后可以依法申请行政复议；对行政复议决定不服的，可以依法向人民法院起诉"。《税收征收管理法实施细则》第一百条规定，"税收征管法第八十八条规定的纳税争议，是指纳税人、扣缴义务人、纳税担保人对税务机关确定纳税主体、征税对象、征税范围、减税、免税及退税、适用税率、计税依据、纳税环节、纳税期限、纳税地点以及税款征收方式等具体行政行为有异议而发生的争议"。另外，《税收征收管理法》第五十一条规定，"纳税人超过应纳税额缴纳的税款，税务机关发现后应当立即退还；纳税人自结算缴纳税款之日起三年内发现的，可以向税务机关要求退还多缴的税款并加算银行同期存款利息，税务机关及时查实后应当立即退还；涉

[①] 案例来源：广东省深圳市盐田区人民法院行政裁定书（2020）粤0308行初469号。

及从国库中退库的,依照法律、行政法规有关国库管理的规定退还"。本案中,原告认为其存在多缴纳税款的情况而向被告申请的退税属于《收征收管理法》第五十一条规定的误收多缴退税种类,本质上属于纳税争议。依照《税收征收管理法》第八十八条第一款的规定,纳税争议属于行政复议前置的法定情形,本案原告未就被告所作不予退税处理提起行政复议直接向法院提起诉讼,其起诉应予驳回。

(七)应用场景七:结合《税收征收管理法实施细则》及《税款缴库退库工作规程》相关规定,论述仅限纳税人可申请退税

在李金权与盐城市建湖地方税务局不履行法定职责纠纷案[①]中,2011年5月28日,李金权购买了江苏建湖农村商业银行股份有限公司位于宝塔镇前庄居委会建湖县农村信用合作联社房产(原基金会办公楼)。建湖农商行与李金权协商一致,由李金权自行过户,并承担一切过户费用。2013年10月28日,建湖农商行向建湖地税局申报缴纳了房产交易过程中所产生的相关税费及滞纳金,共计人民币25 661.22元。建湖地税局开具了编号为苏地完电×××、×××号纳税人为江苏建湖农村商业银行股份有限公司的现金完税证。2016年1月19日,李金权向被告申请退税,建湖地税局以李金权不是纳税人为由,认为李金权不符合退税条件,并于2016年4月12日书面告知李金权"建湖地税局征收的建湖农商行销售的位于建湖县宝塔镇前庄居委会的房产所缴纳的营业税、土地增值税等地方各税,事实清楚,适用法律法规准确"。李金权不服,于2016年5月20日向建湖地税局提出听证要求,建湖地税局于2016年5月20日作出"税务听证不予受理通知书"。李金权诉至法院,要求建湖地税局退还被征税款。

一审、二审法院均裁判不支持李金权诉讼请求后,李金权向江苏省高级人民法院提出再审申请。江苏省高级人民法院审查后认为,根据《税收征收管理法》第五十一条及《税收征收管理法实施细则》第七十八条第一款规定,申请退税只能由纳税人提出申请,这里的纳税人应当是《税收征收管理法》第四条第一款所规定的纳税人,即"法律、行政法规规定负有纳税义务的单位和个人"。李金权与建湖农商行之间有关房屋买卖税费负担的约定,并不会改变法律关于应税行为法定纳税人的规定。李金权申请再审称,其符合国家税务总局规章《税款缴库退

---

① 案例来源:江苏省盐城市盐都区人民法院行政判决书(2016)苏0903行初517号、江苏省盐城市中级人民法院行政判决书(2017)苏09行终336号、江苏省高级人民法院行政裁定书(2018)苏行申995号。

库工作规程》第二十二条第三款所规定的申请退税资格，但《税款缴库退库工作规程》第二十二条第三款规定："国家政策明确规定税款退给非原纳税人的，税务机关应当向非原纳税人退还，退库办理程序参照本章规定执行。"本案中，李金权之所以代替建湖农商行承担本应当由卖方承担的税费，并非国家政策的明确规定，而是基于双方的民事约定，这既未改变纳税人的法律规定，也没有赋予其可以直接向税务机关申请退税的主体资格。因此，李金权主张原建湖地税局应当向其退还税款缺乏法律依据。

四、法条总结

退税涉及纳税人、扣缴义务人重大切身利益，因此诉诸法院的情况也较多。所以准确理解本条法律规定，至关重要。适用本条法律，需结合《税收征收管理法》《税收征收管理法实施细则》《税款缴库退库工作规程》相关法条一并进行理解。

第五十二条

因税务机关的责任，致使纳税人、扣缴义务人未缴或者少缴税款的，税务机关在三年内可以要求纳税人、扣缴义务人补缴税款，但是不得加收滞纳金。

因纳税人、扣缴义务人计算错误等失误，未缴或者少缴税款的，税务机关在三年内可以追征税款、滞纳金；有特殊情况的，追征期可以延长到五年。

对偷税、抗税、骗税的，税务机关追征其未缴或者少缴的税款、滞纳金或者所骗取的税款，不受前款规定期限的限制。

一、法条简析

本条是对纳税人、扣缴义务人未缴或者少缴税款补缴和追征期的规定。围绕本条规定的理解和适用，争议较多。

二、相关规定

（一）《税收征收管理法实施细则》相关规定

第八十条 税收征管法第五十二条所称税务机关的责任，是指税务机关适用税收法律、行政法规不当或者执法行为违法。

第八十一条 税收征管法第五十二条所称纳税人、扣缴义务人计算错误等失误，是指非主观故意的计算公式运用错误以及明显的笔误。

第八十二条 税收征管法第五十二条所称特殊情况，是指纳税人或者扣缴义务人因计算错误等失误，未缴或者少缴、未扣或者少扣、未收或者少收税款，累计数额在10万元以上的。

第八十三条 税收征管法第五十二条规定的补缴和追征税款、滞纳金的期限，自纳税人、扣缴义务人应缴未缴或者少缴税款之日起计算。

（二）《国家税务总局关于欠税追缴期限有关问题的批复》（国税函〔2005〕813号）

湖北省国家税务局：

你局《关于明确欠税追缴期限的请示》（鄂国税发〔2005〕82号）收悉。经研究，批复如下：

按照《中华人民共和国税收征收管理法》（以下简称税收征管法）和其他税收法律、法规的规定，纳税人有依法缴纳税款的义务。纳税人欠缴税款的，税务机关应当依法追征，直至收缴入库，任何单位和个人不得豁免。税务机关追缴税款没有追征期的限制。

税收征管法第五十二条有关追征期限的规定，是指因税务机关或纳税人的责任造成未缴或少缴税款在一定期限内未发现的，超过此期限不再追征。纳税人已申报或税务机关已查处的欠缴税款，税务机关不受该条追征期规定的限制，应当依法无限期追缴税款。

（三）《国家税务总局关于未申报税款追缴期限问题的批复》（国税函〔2009〕326号）

新疆维吾尔自治区地方税务局：

你局《关于明确未申报税款追缴期限的请示》（新地税发〔2009〕156号）收悉。经研究，批复如下：

税收征管法第五十二条规定：对偷税、抗税、骗税的，税务机关可以无限期追征其未缴或者少缴的税款、滞纳金或者所骗取的税款。税收征管法第六十四条第二款规定的纳税人不进行纳税申报造成不缴或少缴应纳税款的情形不属于偷税、抗税、骗税，其追征期按照税收征管法第五十二条规定的精神，一般为三年，特殊情况可以延长至五年。

（四）《国家税务总局关于贯彻〈中华人民共和国税收征收管理法〉及其实施细则若干具体问题的通知》（国税发〔2003〕47号）第七条

关于税款优先的时间确定问题

征管法第四十五条规定"纳税人欠缴的税款发生在纳税人以其财产设定抵押、质押或者纳税人的财产被留置之前的，税收应当先于抵押权、质权、留置权执行"，欠缴的税款是纳税人发生纳税义务，但未按照法律、行政法规规定的期限或者未按照税务机关依照法律、行政法规的规定确定的期限向税务机关申报缴纳的税款或者少缴的税款，纳税人应缴纳税款的期限届满之次日即是纳税人欠缴税款的发生时间。

（五）《全国人民代表大会常务委员会法制工作委员会关于提请明确对行政处罚追诉时效"二年未被发现"认定问题的函的研究意见》（法工委复字〔2004〕27号）

司法部：

你处送来的关于提请明确对行政处罚追诉时效"二年未被发现"认定问题的函收悉。经研究，同意你部的意见。

附：司法部关于提请明确对行政处罚追诉时效"二年未被发现"认定问题的函

（司发函〔2004〕212号 2004年11月10日）

全国人大法工委：

根据胡锦涛总书记等中央领导同志关于进一步加强律师队伍建设的重要指示精神，今年4月以来，我部在全国律师队伍中开展了集中教育整顿活动，目前已经进入违法违纪律师集中查处阶段，包括对一些地方的律师行贿法官问题的查处。根据《行政处罚法》第二十九条规定："违法行为在二年内未被发现的，不再给予行政处罚。法律另有规定的除外。"在对违法违纪律师行政处罚中，一些地方司法行政机关对该条款中"二年未被发现"的认定问题存在不同理解。为了推动律师队伍集中教育整顿活动的深入开展，有必要对此予以明确。

经研究，我部认为，《行政处罚法》第二十九条规定的发现违法违纪行为的主体是处罚机关或有权处罚的机关，公安、检察、法院、纪检监察部门和司法行政机关都是行使社会公权力的机关，对律师违法违纪行为的发现都应该具有《行政处罚法》规定的法律效力。因此上述任何一个机关对律师违法违纪行为只要启动调查、取证和立案程序，均可视为"发现"；群众举报后被认定属实的，发现时效以举报时间为准。

以上当否，请函复。

第三章 税款征收

三、应用场景

（一）应用场景一：结合《税收征收管理法》第三十一条、第三十二条规定，论述加征滞纳金的条件或情形

1.典型案例1：林碧钦诉与莆田市地方税务局稽查局、福建省地方税务局税务行政处理及行政复议纠纷再审审查与审判监督案①

在该案中，最高人民法院指出，根据依法行政的基本要求，没有法律、法规和规章的规定，行政机关不得作出影响行政相对人合法权益或者增加行政相对人义务的决定；在法律规定存在多种解释时，应当首先考虑选择适用有利于行政相对人的解释。依据纳税人经营活动的实质而非表面形式予以征税的情形样态复杂，脱法避税与违法逃税的法律评价和后果并不相同，且各地对民间借贷的利息收入征收相关税款的实践不一。税务机关有权基于实质课税原则核定、征缴税款，但加收滞纳金仍应严格依法进行。根据《税收征收管理法》第三十二条、第五十二条之规定，加收滞纳金的条件为：纳税人未按规定期限缴纳税款且自身存在计算错误等失误，或者故意偷税、抗税、骗税的。因此，对于经核定依法属于税收征收范围的民间借贷行为，只要不存在恶意逃税或者计算错误等失误，税务机关经调查也未发现纳税人存在偷税、抗税、骗税等情形，而仅系纳税义务人对相关法律关系的错误理解和认定的，税务机关按实质课税的同时并不宜一律征缴滞纳金甚至处罚。

2.典型案例2：黄冈永安药业有限公司与国家税务总局黄冈市税务局稽查局、国家税务总局湖北省税务局及第三人国家税务总局黄冈市税务局税务行政处理及行政复议纠纷案②

在该案中，湖北省武汉市武昌区人民法院指出，针对被诉税务处理决定加收滞纳金是否符合法律规定的问题。《企业所得税法》第五十四条第三款规定："企业应当自年度终了之日起五个月内，向税务机关报送年度企业所得税纳税申报表，并汇算清缴，结清应缴应退税款。"《税收征收管理法》第三十一条规定："纳税人、扣缴义务人按照法律、行政法规规定或者税务机关依照法律、行政法规的规定确定的期限，缴纳或者解缴税款。纳税人因有特殊困难，不能按期缴纳税款的，经省、自治区、直辖市国家税务局、地方税务局批准，可以延期缴纳税款，但是最长不得超过三个月。"第三十二条规定："纳税人未按照规定期限缴纳

---

① 案例来源：中华人民共和国最高人民法院行政裁定书（2018）最高法行申253号。
② 案例来源：湖北省武汉市武昌区人民法院行政判决书（2019）鄂0106行初67号、湖北省武汉市中级人民法院行政判决书（2019）鄂01行终1029号。

税款的，扣缴义务人未按照规定期限解缴税款的，税务机关除责令限期缴纳外，从滞纳税款之日起，按日加收滞纳税款万分之五的滞纳金。"根据上述规定，企业如无特殊困难，应当自年度终了之日起五个月内结清该年度企业所得税税款，否则除责令限期缴纳外还应加收滞纳金。因此，判断是否加收滞纳金应基于纳税人是否在法律、法规规定的期限内结清税款。本案中，永安药业公司涉案的股权交易企业所得税税款所属期间为2014年度，根据上述规定，本案中永安药业公司无因特殊困难申请延期申报缴纳的情形，故其应在2015年5月31日前申报并结清相应企业所得税税款6 820 270.51元，而永安药业公司在该期限截止前并未缴纳相应税款。永安药业公司述称其属于《税收征收管理法》第五十二条第一款"因税务机关的责任，致使纳税人、扣缴义务人未缴或者少缴税款的，税务机关在三年内可以要求纳税人、扣缴义务人补缴税款，但是不得加收滞纳金"规定的不得加收滞纳金的情形。如实、正确填写企业所得税纳税申报表及其附表，完整报送相关资料是永安药业公司作为纳税人的义务，由永安药业公司对纳税申报的真实性、准确性和完整性承担法律责任。《税收征收管理法实施细则》第八十条规定："税收征收管理法第五十二条所称税务机关的责任，是指税务机关适用税收法律、行政法规不当或者执法行为违法。"本案中，导致永安药业公司未在法律、法规规定的期限内结清企业所得税税款的原因是其未如实申报2014年度企业所得税，在申报时将相关股权的"处置收益"申报为"持有收益"。纳税申报是永安药业公司单方行为，不存在税务机关适用法律、法规的行为，更不存在适用不当的问题。永安药业公司认为"导致永安药业公司少缴税款的责任者是税务机关。在长达2年的时间里，税务机关无论是没有发现还是发现了故意不通知永安药业公司补缴企业所得税，都说明税务机关没有履职尽责"的理由没有事实和法律依据。故本案不存在《税收征收管理法》第五十二条第一款不得加收滞纳金的情形。所以，原黄冈地税稽查局应依照《税收征收管理法》第三十二条的规定对永安药业公司依法加收滞纳金，经庭审确认永安药业公司对于原黄冈地税稽查局计算滞纳金的滞纳期限以及金额无异议。因此，被诉税务处理决定加收滞纳金符合法律规定。

3. **典型案例3：淮安宝铁龙汽车销售有限公司与淮安经济开发区国家税务局、江苏省淮安市国家税务局行政复议纠纷案**①

在该案中，关于滞纳金的问题。本院认为，《税收征收管理法》第三条规定：

---

① 案例来源：江苏省淮安市清江浦区人民法院行政判决书（2017）苏0812行初222号、江苏省淮安市中级人民法院行政判决书（2018）苏08行终33号。

"税收的开征、停征以及减税、免税、退税、补税，依照法律的规定执行；法律授权国务院规定的，依照国务院制定的行政法规的规定执行。任何机关、单位和个人不得违反法律、行政法规的规定，擅自作出税收开征、停征以及减税、免税、退税、补税和其他同税收法律、行政法规相抵触的决定。"因此，我们国家实行的是税收法定原则，包括滞纳金的加收问题，加收滞纳金应当具有法定事由。从《税收征收管理法》第三十二条、第五十二条第二款、第三款规定来看，加收税收滞纳金三种法定情形为：纳税人未按照规定期限缴纳税款；自身存在计算错误等失误；故意偷税、抗税、骗税的。本案中，上诉人未缴纳税款不属于上述三种情形中的任何一种，即上诉人未缴纳企业所得税，不能归咎于上诉人。在税务机关无法证明纳税人存在责任的情况下，可以参考《税收征收管理法》第五十二条第一款关于"因税务机关的责任，致使纳税人、扣缴义务人未缴或者少缴税款的，税务机关在三年内可以要求纳税人、扣缴义务人补缴税款，但是不得加收滞纳金"的规定，在滞纳金方面作出对行政相对人相对有利的处理方式。因此，被上诉人开发区国税局作出的税务处理决定要求上诉人补缴税款具有法律依据，但未缴或少缴税款并非上诉人责任，其加收滞纳金的决定缺乏法律依据，依法应予撤销。

（二）应用场景二：结合国税函〔2005〕813号文，论述欠缴税款不受追征期规定限制

在合肥凯正医药有限公司与肥西县国家税务局稽查局等税务行政强制及行政复议纠纷再审案[①]中，凯正医药申请再审称：被诉行政行为所依据的主要证据是肥西县稽查局于2011年8月30日对申请人作出的（2011）8号"税务处理决定书"，申请人在缴纳了40万元税款后，因对税务处理决定不服诉至法院。2012年4月，肥西县稽查局自行停止执行该处理决定，之后再未要求申请人缴纳剩余的税款、滞纳金和罚款，也未采取任何催告、保全和强制执行措施，未将申请人列为欠税人，相反于2016年将申请人评定为A级纳税人，表明申请人没有欠税。2017年5月，肥西县稽查局恢复已停止的"税务处理决定"，重新要求申请人缴纳2008年、2009年的税款。该行为违反了《税收征收管理法》第五十二条第一款规定的三年追征期，肥西县稽查局无权超期要求申请人补缴税款。

对此，安徽省高级人民法院经审查后认为，《税收征收管理法》第五十二条第一款规定："因税务机关的责任，致使纳税人、扣缴义务人未缴或者少缴税款的，税务机关在三年内可以要求纳税人、扣缴义务人补缴税款，但是不得加收滞纳金。"《国

---

① 案例来源：安徽省高级人民法院行政裁定书（2019）皖行申89号。

家税务总局关于欠税追缴期限有关问题的批复》明确税收征管法第五十二条有关追征期限的规定,是指未缴或少缴税款在一定期限内未发现的情形,对于纳税人已申报或税务机关已查处的欠缴税款,不受该条追征期规定的限制。本案中,肥西县稽查局于2011年8月30日作出"税务处理决定书",即已经开始对凯正医药2008年和2009年应补缴的税款进行追征。因此本案行政强制行为所涉欠缴税款属于已经被税务机关查处的欠缴税款和罚款,故上述有关追征期限的规定不适用于本案。所以申请人关于肥西县稽查局无权超期要求申请人补缴税款的理由没有事实和法律依据。

(三)应用场景三:结合《税收征收管理法实施细则》第八十条规定,论述如何确定是税务机关的责任

在上述黄冈永安药业有限公司与国家税务总局黄冈市税务局稽查局、国家税务总局湖北省税务局及第三人国家税务总局黄冈市税务局税务行政处理及行政复议纠纷案中,二审法院(湖北省武汉市中级人民法院)指出,《税收征收管理法》第五十二条规定:"因税务机关的责任,致使纳税人、扣缴义务人未缴或者少缴税款的,税务机关在三年内可以要求纳税人、扣缴义务人补缴税款,但是不得加收滞纳金。因纳税人、扣缴义务人计算错误等失误,未缴或者少缴税款的,税务机关在三年内可以追征税款、滞纳金;有特殊情况的,追征期可以延长到五年。对偷税、抗税、骗税的,税务机关追征其未缴或者少缴的税款、滞纳金或者所骗取的税款,不受前款规定期限的限制。"以及《税收征收管理法实施细则》第八十条规定:"税收征管法第五十二条所称税务机关的责任,是指税务机关适用税收法律、行政法规不当或者执法行为违法。"本案中,上诉人提起本诉的主要原因系对加收滞纳金的部分不服,认为其在2014年的税务申报表上已经将涉案款项有所载明,作为专业的税务机关应当及时发现并要求补缴,涉案情形符合《税收征收管理法》第五十二条第一款的规定,属于税务机关的责任所致,不应加收滞纳金。然纳税是企业的基本义务,纳税人必须依照法律、行政法规规定如实办理纳税申报。尽管上诉人在2014年度税务申报中,的确将涉案款项载明,但是却并未列入"应纳税所得额"(2014年度为0)当中,而是列在了"纳税调整减少额"中,故上诉人少缴税款原因不属于税务机关适用税收法律、行政法规不当或者执法行为违法所致,其认为不应加收滞纳金的上诉理由法院不予支持。

(四)应用场景四:结合《税收征收管理法实施细则》第八十一条、第八十二条规定,论述如何确定可适用五年追征期

在上述淮安宝铁龙汽车销售有限公与淮安经济开发区国家税务局、江苏省淮安市国家税务局税务处理决定及行政复议纠纷案中，江苏省淮安市中级人民法院还指出，关于追征期的问题。《企业所得税法》第五十四条规定："企业所得税分月或者分季预缴。企业应当自月份或者季度终了之日起十五日内，向税务机关报送预缴企业所得税纳税申报表，预缴税款。企业应当自年度终了之日起五个月内，向税务机关报送年度企业所得税纳税申报表，并汇算清缴，结清应缴应退税款……"《税收征收管理法》第五十二条规定："因税务机关的责任，致使纳税人、扣缴义务人未缴或者少缴税款的，税务机关在三年内可以要求纳税人、扣缴义务人补缴税款，但是不得加收滞纳金。因纳税人、扣缴义务人计算错误等失误，未缴或者少缴税款的，税务机关在三年内可以追征税款、滞纳金；有特殊情况的，追征期可以延长到五年。对偷税、抗税、骗税的，税务机关追征其未缴或者少缴的税款、滞纳金或者所骗取的税款，不受前款规定期限的限制。"《税收征收管理法实施细则》第八十一条规定："税收征管法第五十二条所称纳税人、扣缴义务人计算错误等失误，是指非主观故意的计算公式运用错误以及明显的笔误。"第八十二条规定："税收征管法第五十二条所称特殊情况，是指纳税人或者扣缴义务人因计算错误等失误，未缴或者少缴、未扣或者少扣、未收或者少收税款，累计数额在10万元以上的。"第八十三条规定："税收征管法第五十二条规定的补缴和追征税款、滞纳金的期限，自纳税人、扣缴义务人应缴未缴或者少缴税款之日起计算。"本案中，从上诉人未缴纳税款的数额来看，已远远超过法律规定的特殊情况的10万元限额，因此，本案所涉税款的追征期可以适用"特殊情况"下的5年，从上诉人2011年纳税年度缴税期满（年度终了之日起5个月内，即2012年5月31日）至其2016年11月4日通知检查计算，并未超过法律规定的5年期限。上诉人主张已超过追征期的主张，缺乏事实依据和法律依据，法院不予支持。

（五）应用场景五：结合《企业所得税法》相关规定，论述如何理解和适用三年的追征期

深圳市国家税务局稽查局与深圳市科拓投资有限公司征收行为纠纷案[①]。

1.基本案情

原告深圳市科拓投资有限公司的位置为深圳市福田区彩田路5015号中银大厦B座××楼。2006年7月7日，深圳市福田区国家税务局向原告发出深国税福

---

① 案例来源：广东省深圳市福田区人民法院行政判决书（2012）深福法行初字第345号、广东省深圳市中级人民法院行政判决书（2013）深中法行终字第126号。

企核（2006）第10786号"核定征收通知书"，主要内容：同意认定原告企业所得税实行核定征收。执行日期2006年7月1日起；核定企业行业：其他行业；核定征收方式：核定应税所得率（按收入总额）；应税所得率：10%。2008年4月11日，深圳市福田区国家税务局向原告发出深国税福企核（2008）第0270号"取消核定征收通知书"，主要内容：同意认定原告申请，企业所得税征收方式由核定征收改为查账征收。执行日期2008年1月1日起。诉讼中原告主张已按核定征收方式缴纳了其2007年度的企业所得税802 573.58元，被告未否认。原告提交的银行委托收款凭证显示，原告于2007年4月9日缴纳2007年第一季度企业所得税3 723.84元，于2007年7月16日缴纳2007年第二季度企业所得税531 728.07元，于2007年10月18日缴纳2007年第三季度企业所得税144 121.22元，于2008年1月15日缴纳2007年第四季度企业所得税123 000.45元，全年合计缴纳企业所得税802 573.58元。

2011年5月13日，被告作出深国税稽处（2011）0016号"税务处理决定书"，决定追缴原告2007年年度少缴的企业所得税7 646 038.20元。原告不服，申请行政复议，深圳市国家税务局于2011年10月9日作出深国税复议（2011）17号"税务行政复议决定书"，认为被告主要事实认定不清、证据不足，决定撤销被告的上述税务处理决定行为，并责令被告重新作出处理。2012年1月5日，被告作出深国税稽处（2012）W1号"税务处理决定书"，认定原告2006年少缴企业所得税37 398.24元，2007年度少缴企业所得税5 221 138.69元。由于相关税务机关在对原告2006—2007年度实行核定征收企业所得税的行政行为中有失当之处，根据《税收征收管理法》第五十二条，原告2006年度少缴企业所得税已超过3年的税款追征期，不作补税处理；并根据《税收征收管理法》第五十二条和《企业所得税暂行条例》第四条的规定，追缴原告2007年度少缴企业所得税5 221 138.69元，不予加收滞纳金。原告不服，申请行政复议，深圳市国家税务局于2012年5月10日作出深国税复议（2012）14号"税务行政复议决定书"，维持了被告作出的深国税稽处（2012）W1号"税务处理决定书"的具体行政行为。原告仍不服，遂向法院提起行政诉讼。另，2012年5月10日，深圳市福田区国家税务局向原告发出深国税福发（2012）14号《关于撤销"核定征收通知书"［深国税福企核（2006）第10786号］的决定》，决定撤销其2006年7月7日作出的深国税福企核（2006）第10786号"核定征收通知书"，原告不服已另案提起行政诉讼。

2.一审裁判

依照《核定征收企业所得税暂行办法》（国税发〔2000〕38号）第十四条规

定,税务机关要合理调配稽查力量,加强对实行核定征收方式的纳税人的稽查力度,并将汇缴检查和日常检查结合起来,年度检查面不得低于30%,对不按期申报或申报不实的,要按《税收征收管理法》的有关规定给予处罚。依照《税收征收管理法》第五十二条第一款规定,因税务机关责任,致使纳税人、扣缴义务人未缴或少缴税款的,税务机关在3年内可以要求纳税人、扣缴义务人补缴税款,但是不得加收滞纳金。本案中,原告缴纳2007年第四季度企业所得税的时间是2008年1月15日,依照上述规定,如认为原告少缴纳企业所得税,应在3年内,即2011年1月15日前要求原告补缴,但被告2011年5月13日才作出深国税稽处(2011)0016号"税务处理决定书"向原告追缴,超过了上述规定的补缴期限。

被告主张依照《企业所得税法》第五十四条的规定,原告应当自年度终了之日起5个月内报送年度企业所得税纳税申报表,即原告应在2008年5月31日前汇算清缴2007年度企业所得税,因此,其追缴期限应为2008年6月1日起3年内,其于2011年5月13日已作出深国税稽处(2011)0016号"税务处理决定书",未超过追缴期限。而深国税稽处(2012)W1号"税务处理决定书"的处理范围未超过深国税稽处(2011)0016号"税务处理决定书"的处理范围,因此不存在超过追缴期限问题。法院认为,《企业所得税法》第五十四条的规定,是对企业缴纳企业所得税时间的宽限规定,是指企业可以在5月31日前清缴上年度企业所得税。本案中,原告是按季度缴纳企业所得税,缴纳2007年第四季度企业所得税的时间是2008年1月15日,依照《税收征收管理法》第五十二条规定,如认为原告少缴纳企业所得税,应在2011年1月15日前要求原告补缴,但被告2011年5月13日才要求原告补缴,超过了3年补缴期限。因此,被告关于其要求原告补缴2007年度企业所得税未超过追缴期限的主张不成立,不予采纳。

3. 上诉理由(部分)

深圳市国家税务局稽查局上诉称,企业所得税是采取"按年计算,分期预缴,年终汇算清缴"的办法征收的,预缴是为了保证税款均衡入库的一种手段。企业的收入和费用列支要到企业的一个会计年度结束后才能准确计算出来,平时在预缴中无论是采用按纳税期限的实际数预缴,还是按上一年度应纳税所得额的一定比例预缴,或者按其他方法预缴,都存在不能准确计算当期应纳税所得额的问题。原审判决未识别和区分企业所得税"预缴"和"汇算清缴"的概念,笼统地将"预缴"理解并认定为"缴纳"。原审判决仅确认了"预缴"的事实,不关注也未查明"汇算清缴"的事实情况,根据上诉人提供的证据,被上诉人是在2008年5月20日向主管税务机关申报汇算清缴的,原审判决未查明这一重要事实。

企业所得税是"按年计算，分期预缴，年终汇算清缴"，只有到汇算清缴之日才能确定年度的企业所得税。被上诉人按季度缴交的企业所得税仅为预缴性质，是可以在汇算清缴之日进行调整并多退少补的。原审法院将汇算清缴期限认定为"企业缴纳企业所得税时间的宽限期"是错误的，汇算清缴期限应理解为确定并应缴清年度企业所得税的期限。

4.被上诉人辩称（部分）

深圳市科拓投资有限公司辩称，本案应如何理解与适用《税收征收管理法》第五十二条规定的3年补缴期间。首先，该规定第一款适用的前提是"因税务机关的责任致使纳税人未缴或少缴税款的"，本案中税务机关没有责任，不存在致使少缴税款的问题。其次，"3年内"可以作两种解释，第一种解释是税务机关责任产生之日起3年内，第二种解释是税务机关责任造成少缴税款行为发生之日起3年内。如是本案适用核定征收方式而非查账征收方式存在问题，构成税务机关的责任，则作出核定征收通知之日就是致使少缴税款的起始时间，即2006年7月7日；即使以实缴税款时间起算，本案所谓少缴税款的原因是征收方式造成，那在2008年1月15日前的四次缴纳发生时少缴税款的事实就已经确定发生了，要求补缴的时间应该截至2011年1月14日。无论采用哪种解释，上诉人都没有在3年截止期之前提出过补征的要求。再次，合法有效的补缴要求必须是先明确行政机关责任之后而提出的，而不能是非不清、事实不明、证据不足情况下提出任意要求。上诉人2011年5月13日作出的追征决定已经被行政复议撤销，显然不能作为有效的补缴要求。并且2011年5月13日决定中表述的是追征而非补缴，追征适用是《税收征收管理法》第五十二条第二款与第三款，该决定不能作为已经要求补缴的证明。最后，假设因对3年期间计算方法有不同解释，应当采取对行政相对人有利的解释方法，这样才符合行政合法性和合理性原则，保护相对人的信赖利益。

5.二审法院裁判

上诉人作出被诉税务处理决定行为没有明确适用《税收征收管理法》第五十二条的具体款，根据税务处理决定内容应当确定为该条第一款，该款规定"因税务机关责任，致使纳税人、扣缴义务人未缴或少缴税款的，税务机关在三年内可以要求纳税人、扣缴义务人补缴税款，但是不得加收滞纳金"。上诉人认为被上诉人的税务主管机关深圳市福田区国家税务局作出深国税福企核（2006）第10786号"核定征收通知书"失当构成税务机关责任，但在上诉人作出被诉税务处理决定时，该核定征收行为并未被深圳市福田区国家税务局或其上级机关撤销，仍然具有法律效力，上诉人也未在被诉税务处理决定中说明认定税务机关责任的事实和法律依据。上诉人作出被诉税务处理决定行为后，深圳市福田区国家税务局根据深圳市国家税务局的指令撤销深国税福企核（2006）第10786号"核定征收通知书"，经过另案行政诉讼，该撤销行为已经被人民法院判决撤销。因此，上诉人作出被诉税务处理决定之时及之后，均没有事实和法律依据认定《税收征收管理法》第五十二条第一款规定的税务机关责任。

即使上诉人认为在被上诉人的税务主管机关核定征收通知有效的情况下，也可以判定本案核定征收不符合核定征收适用条件来直接认定税务机关责任，致使纳税义务人即被上诉人少缴税款，也应当遵守关于补缴税款的期限规定。上诉人在被诉税务处理决定中，并没有查明或认定被上诉人少缴税款日期，认定的是被上诉人少缴2007年度企业所得税税款。《税收征收管理法实施细则》第八十三条规定："税收征管法第五十二条规定的补缴和追征税款、滞纳金的期限，自纳税人、扣缴义务人应缴未缴或者少缴税款之日起计算。"被上诉人按照核定征收通知分季度缴纳企业所得税税款，最后缴纳2007年度企业所得税的时间是2008年1月15日。上诉人认为企业所得税缴纳分为预缴和汇算清缴，但是法律法规并没有规定一律以法定汇算清缴期限或者实际汇算清缴日期为少缴税款的起算日，上诉人认为要求被上诉人补缴税款的起算时间应为法定汇算清缴期限即2008年5月31日没有法律依据。另外，上诉人还提出，根据《国家税务总局关于欠税追缴期限有关问题的批复》，本案也没有超过法定补缴期限的理由，经审查，该批复针对的是追征税款期限的问题，并非补缴税款期限的问题，上诉人该项理由与本案不符。

（六）应用场景六：结合财税〔2016〕25号文规定，论述文化事业建设费的追征期问题

在国家税务总局海宁市税务局与浙江海宁奇迹创造影视文化传媒有限公司非诉执行审查纠纷案[①]中，申请执行人国家税务总局海宁市税务局于2020年7月6日向法院申请强制执行海宁税通〔2019〕06002号"税务事项通知书"。申请执行人国家税务总局海宁市税务局于2019年6月12日作出海宁税通（2019）06002号"税务事项通知书"，认定被执行人浙江海宁奇迹创造影视文化传媒有限公司未按规定缴纳2016年12月（所属期）应缴纳的文化事业建设费共计2 430 000元。

经审查后，海宁市人民法院认为，关于申请执行人于2019年进行征缴的期限问题。首先，财税〔2016〕25号文件第五条、第六条规定，文化事业建设费缴纳

---

① 案例来源：浙江省海宁市人民法院行政裁定书（2020）浙0481行审78号。

义务发生时间、扣缴义务发生时间以及缴纳期限均与增值税的规定相同，而《增值税暂行条例》（2016修订）第十九条规定，"增值税纳税义务发生时间：（一）销售货物或者应税劳务，为收讫销售款项或者取得索取销售款项凭据的当天；先开具发票的，为开具发票的当天……增值税扣缴义务发生时间为纳税人增值税纳税义务发生的当天。"案涉广告费增值税专用发票开具时间分别为2016年7月25日、8月16日、9月12日及12月29日，则被执行人应当于开具发票时履行缴纳文化事业建设费的义务。其次，《增值税暂行条例》（2016修订）第二十六条规定，"增值税的征收管理，依照《税收征收管理法》及本条例有关规定执行。"《税收征收管理法》第五十二条规定，"因税务机关的责任，致使纳税人、扣缴义务人未缴或者少缴税款的，税务机关在三年内可以要求纳税人、扣缴义务人补缴税款，但是不得加收滞纳金。因纳税人、扣缴义务人计算错误等失误，未缴或者少缴税款的，税务机关在三年内可以追征税款、滞纳金；有特殊情况的，追征期可以延长到五年。对偷税、抗税、骗税的，税务机关追征其未缴或者少缴的税款、滞纳金或者所骗取的税款，不受前款规定期限的限制。"故按照财税〔2016〕25号文件精神，申请执行人于2019年6月12日作出海宁税通（2019）06002号"税务事项通知书"追缴案涉文化事业建设费不存在超期征缴的违法情形。

四、法条总结

本条规定仅从立法技术角度来看，至少存在如下两个问题：1.设计不周密，即可能存在既不是税务机关的责任，也不是纳税人、扣缴义务人计算错误等失误，也不是偷税、抗税、骗税导致的未缴税、少缴税情形。2.从第三款规定能否反推出"不是偷税、抗税、骗税就必须适用有期限追征原则"，目前尚无定论。考虑到追征期规定对税收执法相对人利害关系极大，若将但凡不能证明是纳税人、扣缴义务人错误（含失误或故意）的税款责任就交给税务机关，则对税务机关不公平；若不能证明是税务机关的责任，就推定给纳税人、扣缴义务人承担税款及滞纳金责任，也略显武断。希望在不久的将来，《税收征收管理法》修订时，能找到公平、合理的解决方案。

五、修法建议

本条规定下有一个重要问题需要明确，即追征期的终止点是什么时候。实务中，有三种观点：1.以"检查通知书"送达日期为准。2.以"税务处理决定书"送达日期为准。3.以立案日期为准。各有道理，但都有不足。为树立税法权威，建议在修法时统一明确。

关于不进行纳税申报如何适用本条规定，笔者认为：没办理税务登记的自然人，不进行纳税申报应适用最长5年期追征期。具体理由如下：

1.《税收征收管理法》未对不进行纳税申报行为如何适用追征期作出规定。

根据《税收征收管理法实施细则》第八十条至第八十二条对《税收征收管理法》第五十二条的解释，《税收征收管理法》仅对三种情况税款追征期进行了明确，即：（1）税务机关适用税收法律、行政法规不当或者执法行为违法，适用3年的税款追征期；（2）纳税人、扣缴义务人非主观故意的计算公式运用错误以及明显的笔误，适用3年或5年的税款追征期；（3）纳税人偷税、抗税、骗税的，适用无限税款追征期。

笔者认为，对不进行纳税申报的行为如何适用追征期，《税收征收管理法》未有明确规定。

2.国税函〔2009〕326号明确不进行纳税申报适用最长5年税款追征期规定。

《国家税务总局关于未申报税款追缴期限问题的批复》（国税函〔2009〕326号）规定，税收征管法第六十四条第二款规定的纳税人不进行纳税申报造成不缴或少缴应纳税款的情形不属于偷税、抗税、骗税，其追征期按照税收征管法第五十二条规定的精神，一般为3年，特殊情况可以延长至5年。

注意：国税函〔2009〕326号是应新疆维吾尔自治区地方税务局《关于明确未申报税款追缴期限的请示》（新地税发〔2009〕156号）作出。

笔者认为，从该批复可以看出：（1）税法上，"不进行纳税申报"就是"未申报税款"，两者等同，"不进行纳税申报"并不区分是否故意或过失，仅关注有无纳税申报的结果。（2）"不进行纳税申报"与"偷税、抗税、骗税"明显有别，所以，《税收征收管理法》第六十三条、第六十七条、第六十六条分别对偷税、抗税、骗税的定义及法律责任进行规定，而第六十四条第二款对"不进行纳税申报"行为的定义及法律责任进行了规定。（3）国家税务总局认为，"纳税人不进行纳税申报"应适用最长5年的税款追征期。

3.国税办函〔2007〕647号将不进行纳税申报的行为主体进行了明确。

《国家税务总局办公厅关于税收征管法有关条款规定的复函》（国税办函〔2007〕647号）规定，《税收征管法》第六十四条第二款仅适用第六十三条规定之外的未办理税务登记的纳税人在发生纳税义务以后不进行纳税申报，从而造成不缴或少缴税款结果的情形。而《税收征管法》第六十四条第二款说的就是"纳税人不进行纳税申报"。

结合《税务登记管理办法》第二条第二款规定可得出：税法上，对"不进行纳税申报"行为适用最长5年税款追征期的主体仅限国家机关、个人和无固定生产、经营场所的流动性农村小商贩。

4.没办理税务登记的自然人适用5年税款追征期符合相关司法解释精神。

这一点从最高人民法院《关于审理偷税抗税刑事案件具体应用法律若干问题的解释》（法释〔2002〕33号）相关规定可以看出。其第二条第二款将偷税的纳税人分为没办理税务登记和办理了税务登记两类。对前者，必须经税务机关书面通知申报，才构成偷税；对后者，直接推定其已"经税务机关通知申报"，其"拒不申报或虚假申报"，就构成偷税。

笔者认为，国税函〔2009〕326号将"不进行纳税申报"与"偷税"作了区分，国税办函〔2007〕647号将适用5年追征期的纳税人限定为不办理税务登记的纳税人，均符合上述司法解释精神。因为办理了税务登记的纳税人，有较高的税法遵从义务，大多数都有自己的专业财务人员，其有能力依法履行纳税申报义务而不申报，就构成偷税行为。没办理税务登记的纳税人，不进行纳税申报的原因是多方面的，包括无申报税款的专业知识和技能等，法律不强其所难，所以，不对其按偷税行为进行处罚。进而，不对其适用无限期追征标准。

第五十三条

国家税务局和地方税务局应当按照国家规定的税收征收管理范围和税款入库预算级次，将征收的税款缴入国库。

对审计机关、财政机关依法查出的税收违法行为，税务机关应当根据有关机关的决定、意见书，依法将应收的税款、滞纳金按照税款入库预算级次缴入国库，并将结果及时回复有关机关。

一、法条简析

本条是对税务机关税款收缴入库行为的规定。

二、相关规定

（一）《税收征收管理法实施细则》第八十四条

审计机关、财政机关依法进行审计、检查时，对税务机关的税收违法行为作出的决定，税务机关应当执行；发现被审计、检查单位有税收违法行为的，向被审计、检查单位下达决定、意见书，责成被审计、检查单位向税务机关缴纳应当缴纳的税款、滞纳金。税务机关应当根据有关机关的决定、意见书，依照税收法律、行政法规的规定，将应收的税款、滞纳金按照国家规定的税收征收管理范围和税款入库预算级次缴入国库。

税务机关应当自收到审计机关、财政机关的决定、意见书之日起30日内将执行情况书面回复审计机关、财政机关。

有关机关不得将其履行职责过程中发现的税款、滞纳金自行征收入库或者以其他款项的名义自行处理、占压。

（二）《预算法》相关规定

第三条 国家实行一级政府一级预算，设立中央，省、自治区、直辖市，设区的市、自治州，县、自治县、不设区的市、市辖区，乡、民族乡、镇五级预算。

全国预算由中央预算和地方预算组成。地方预算由各省、自治区、直辖市总预算组成。

地方各级总预算由本级预算和汇总的下一级总预算组成；下一级只有本级预算的，下一级总预算即指下一级的本级预算。没有下一级预算的，总预算即指本级预算。

第五条 预算包括一般公共预算、政府性基金预算、国有资本经营预算、社会保险基金预算。

一般公共预算、政府性基金预算、国有资本经营预算、社会保险基金预算应当保持完整、独立。政府性基金预算、国有资本经营预算、社会保险基金预算应当与一般公共预算相衔接。

第六条 一般公共预算是对以税收为主体的财政收入，安排用于保障和改善民生、推动经济社会发展、维护国家安全、维持国家机构正常运转等方面的收支预算。

中央一般公共预算包括中央各部门（含直属单位，下同）的预算和中央对地方的税收返还、转移支付预算。

中央一般公共预算收入包括中央本级收入和地方向中央的上解收入。中央一般公共预算支出包括中央本级支出、中央对地方的税收返还和转移支付。

第七条 地方各级一般公共预算包括本级各部门（含直属单位，下同）的预算和税收返还、转移支付预算。

地方各级一般公共预算收入包括地方本级收入、上级政府对本级政府的税收返还和转移支付、下级政府的上解收入。地方各级一般公共预算支出包括地方本级支出、对上级政府的上解支出、对下级政府的税收返还和转移支付。

第十五条 国家实行中央和地方分税制。

（三）《审计法》及实施条例相关规定

《审计法》第三条 审计机关依照法律规定的职权和程序，进行审计监督。

审计机关依据有关财政收支、财务收支的法律、法规和国家其他有关规定进行审计评价，在法定职权范围内作出审计决定。

《审计法实施条例》第五条 审计机关依照审计法和本条例以及其他有关法律、法规规定的职责、权限和程序进行审计监督。

审计机关依照有关财政收支、财务收支的法律、法规，以及国家有关政策、标准、项目目标等方面的规定进行审计评价，对被审计单位违反国家规定的财政收支、财务收支行为，在法定职权范围内作出处理、处罚的决定。

三、应用场景：审计机关也可查处税收违法行为

典型案例[①]：2019年，江门市审计局派出审计组，对某乡镇领导干部任期履行经济责任情况进行审计。在对该乡镇历年的土地租赁收入方面的审查过程中，发现该乡镇2012—2019年有2块土地的对外租赁收入没有申报纳税。经过审查"土地租赁合同"并与相关人员谈话核实，该镇分别于2012年、2016年将2块土地出租给个人，共收取租赁费661.7万元，涉及土地面积71.6亩，但没有向税务机关申报纳税，无法提供完税凭证。

该乡镇作为土地使用权人，在出租土地供他人经营时已经收取了全部的租赁费用，但未向税务机关纳税，没有履行代缴义务，造成漏税。

根据审计程序，市审计局将该问题移送至国家税务总局江门市税务局进行处理，同时通过审计报告的形式向被审单位反馈了该问题。

在审计和税务机关的合力监督下，该镇政府于2019年10月和12月分两次补缴税费及滞纳金177.87万元，其中税费103.13万元，滞纳金74.74万元。

根据《税收征收管理法》第二十五条"纳税人必须依照法律、行政法规规定

[①] 详见：《纳税没有旁观者，你我皆是践行人——江门市审计局典型案例》，http://www.jiangmen.gov.cn/jmsjj/gkmlpt/content/2/2634/mpost_2634418.html#353，最近访问时间：2023年3月22日。

或者税务机关依照法律、行政法规的规定确定的申报期限、申报内容如实办理纳税申报"、《城镇土地使用税暂行条例》第二条"在城市、县城、建制镇、工矿区范围内使用土地的单位和个人，为城镇土地使用税（以下简称土地使用税）的纳税人，应当按照本条例的规定缴纳土地使用税"的规定，该乡镇应当及时申报纳税并按规定的税率缴纳税费。

由于该乡镇一直没有就该项收入申报纳税，根据《税收征收管理法》第三十二条"纳税人未按照规定期限缴纳税款的，扣缴义务人为按照规定期限解缴税款的，税务机关除责令限期缴纳外，从滞纳税款之日起，按日加收滞纳税款万分之五的滞纳金"的规定，该乡镇最终补缴了74.74万元的滞纳金。

四、法条总结

实务中，审计机关、财政机关也可依据本条规定将相关涉税案件移交税务机关进一步查处或依法执行追缴税款、滞纳金及罚款。税务机关必须自收到审计机关、财政机关的决定、意见书之日起30日内将执行情况书面回复审计机关、财政机关。

第四章　税务检查

第五十四条

税务机关有权进行下列税务检查：

（一）检查纳税人的账簿、记账凭证、报表和有关资料，检查扣缴义务人代扣代缴、代收代缴税款账簿、记账凭证和有关资料；

（二）到纳税人的生产、经营场所和货物存放地检查纳税人应纳税的商品、货物或者其他财产，检查扣缴义务人与代扣代缴、代收代缴税款有关的经营情况；

（三）责成纳税人、扣缴义务人提供与纳税或者代扣代缴、代收代缴税款有关的文件、证明材料和有关资料；

（四）询问纳税人、扣缴义务人与纳税或者代扣代缴、代收代缴税款有关的问题和情况；

（五）到车站、码头、机场、邮政企业及其分支机构检查纳税人托运、邮寄应纳税商品、货物或者其他财产的有关单据、凭证和有关资料；

（六）经县以上税务局（分局）局长批准，凭全国统一格式的检查存款账户许可证明，查询从事生产、经营的纳税人、扣缴义务人在银行或者其他金融机构的存款账户。税务机关在调查税收违法案件时，经设区的市、自治州以上税务局（分局）局长批准，可以查询案件涉嫌人员的储蓄存款。税务机关查询所获得的资料，不得用于税收以外的用途。

一、法条简析

本条是对税务机关进行税务检查职权的规定。

二、相关规定

(一)《税收征收管理法实施细则》相关规定

第八十五条 税务机关应当建立科学的检查制度,统筹安排检查工作,严格控制对纳税人、扣缴义务人的检查次数。

税务机关应当制定合理的税务稽查工作规程,负责选案、检查、审理、执行的人员的职责应当明确,并相互分离、相互制约,规范选案程序和检查行为。

税务检查工作的具体办法,由国家税务总局制定。

第八十六条 税务机关行使税收征管法第五十四条第(一)项职权时,可以在纳税人、扣缴义务人的业务场所进行;必要时,经县以上税务局(分局)局长批准,可以将纳税人、扣缴义务人以前会计年度的账簿、记账凭证、报表和其他有关资料调回税务机关检查,但是税务机关必须向纳税人、扣缴义务人开付清单,并在3个月内完整退还;有特殊情况的,经设区的市、自治州以上税务局局长批准,税务机关可以将纳税人、扣缴义务人当年的账簿、记账凭证、报表和其他有关资料调回检查,但是税务机关必须在30日内退还。

第八十七条 税务机关行使税收征管法第五十四条第(六)项职权时,应当指定专人负责,凭全国统一格式的检查存款账户许可证明进行,并有责任为被检查人保守秘密。

检查存款账户许可证明,由国家税务总局制定。

税务机关查询的内容,包括纳税人存款账户余额和资金往来情况。

第九十五条 税务机关依照税收征管法第五十四条第(五)项的规定,到车站、码头、机场、邮政企业及其分支机构检查纳税人有关情况时,有关单位拒绝的,由税务机关责令改正,可以处1万元以下的罚款;情节严重的,处1万元以上5万元以下的罚款。

(二)《国家税务总局关于贯彻〈中华人民共和国税收征收管理法〉及其实施细则若干具体问题的通知》(国税发〔2003〕47号)第十一条

十一、关于账簿凭证的检查问题

征管法第五十四条第六款规定:"税务机关在调查税收违法案件时,经设区的市、自治州以上税务局(分局)局长批准,可以查询案件涉嫌人员的储蓄存款";实施细则第八十六条规定:"有特殊情况的,经设区的市、自治州以上税务局局长批准,税务机关可以将纳税人、扣缴义务人当年的账簿、记账凭证、报表和其他有关资料调回检查"。这里所称的"经设区的市、自治州以上税务局局长"包括地（市）一级（含直辖市下设区）的税务局局长。这里所称的"特殊情况"是指纳税人有下列情形之一：（一）涉及增值税专用发票检查的；（二）纳税人涉嫌税收违法行为情节严重的；（三）纳税人及其他当事人可能毁灭、藏匿、转移账簿等证据资料的；（四）税务机关认为其他需要调回检查的情况。

三、应用场景

（一）应用场景一：用于论述税务检查人员检查时是否用尽检查手段，是否存在职务过失行为

在欧某某、苏某某玩忽职守案[①]中，2009年10月，永州市某某区地方税务局对某某公司开发的"某某国际"项目的纳税情况进行了专项检查。税务人员尹某某、秦某某在检查过程中发现，某某公司与章某某签署的"某某国际"项目中8号楼（建筑面积为41986平方米）整体转让合同中的转让价格2000万元，与浙江建工集团永州项目部提供给税务机关报告上"某某置业开发有限公司实付工程款的成本价相差甚微，计税价格明显偏低"。检查组工作人员尹某某发现上述情况后，向时任检查科科长的被告人欧某某汇报，并提出以2000万元作为计税价格明显偏低的意见。被告人欧某某则认为纳税方在出具的情况说明中提出的公司投资方向错误、股东不合等属于正当理由，应当按照纳税方的合同价来作为计税依据，最后计税书上确定的价格为合同价2000万元。税务检查工作人员随后将对"某某国际"项目8号楼检查形成的数据及报告连同检查底稿同时提交给审理组进行审理，并且在计税告知书中明确表示以2000万元的价格作为计税依据偏低，要求审理组和领导予以审核再确认计税价格。但当时的审查组组长被告人苏某某在审理"某某国际"项目8号楼的计税价格过程中，仅仅核对了数字的计算结果，并没有对计税价格的认定提出质疑。最后，"某某国际"项目8号楼只是经过了审理组的审理，没有提交某某区地方税务局重大税务案件审理委员会审理，即作出税务处理决定。

2010年1月永州市某某区地税局对某某公司"某某国际"项目进行土地增值税清算过程中，审理人员被告人苏某某未按照土地增值税条例的相关规定，未要求检查人员对"某某国际"项目8号楼重新收集资料制定计税价格，仍继续沿用

---

① 案例来源：湖南省蓝山县人民法院刑事判决书（2015）蓝法刑初字第237号。

虚假合同中的销售收入2 000万元作为计税依据。经鉴定，被告人欧某某、苏某某的行为共造成某某公司营业税、城市建设税、土地增值税等少缴税额共计人民币1 259 942.52元。

庭审中，辩护人提出，被告人苏某某在审查中采纳某某公司提供的理由认可2 000万元的转让价格，符合《税收征收管理法》第三十五条第六款的规定，不存在职务过失行为。但法院认为，根据《税收征收管理法》第五十四条的规定，被告人苏某某未穷尽检查手段，仅凭某某公司的两份书面情况说明就轻易采信了2 000万元为转让价格，故该辩护意见不予采纳。

（二）应用场景二：结合《税收征收管理法》第五十六、第五十七条规定，论述税务机关有检查职权，被检查人有配合检查、如实反映情况义务

在山东京信医药有限公司与山东省济南市国家税务局稽查局停止发售发票决定纠纷案[①]中，针对市国税稽查局依法作出济国税稽停票〔2016〕1号"收缴、停止发售发票决定书"是否符合法律规定问题，法院经审理后认为，根据《税收征收管理法》第五十四条"税务机关有权进行下列税务检查：（一）检查纳税人的账簿、记账凭证、报表和有关资料，……；（二）……；（三）责成纳税人、扣缴义务人提供与纳税或者代扣代缴、代收代缴税款有关的文件、证明材料和有关资料；（四）询问纳税人、扣缴义务人与纳税或者代扣代缴、代收代缴税款有关的问题和情况……"第五十六条"纳税人、扣缴义务人必须接受税务机关依法进行的税务检查，如实反映情况，提供有关资料，不得拒绝、隐瞒"及第五十七条"税务机关依法进行税务检查时，有权向有关单位和个人调查纳税人、扣缴义务人和其他当事人与纳税或者代扣代缴、代收代缴税款有关的情况，有关单位和个人有义务向税务机关如实提供有关资料及证明材料"。本案中，被告市国税稽查局于2015年11月11日收到审计署驻济南特派办提供的涉税违法线索，对原告涉嫌虚开增值税专用发票的情况进行税务检查属于被告职责范围，原告应按法律规定配合检查，如实反映情况。根据被告市国税稽查局对原告的法定代表人及相关人员进行询问所形成笔录内容的情况，原告法定代表人及相关人员所陈述的内容相互之间存在矛盾，并且有关人员对询问其业务范围内的问题存在回答"不知道、不清楚"的情况，未能如实向被告反映情况。根据《税收征收管理法》第七十二条"从事生产、经营的纳税人、扣缴义务人有本法规定的税收违法行为，拒不接受税务机关处理的，税务机关可以收缴其发票或者停止向其发售发票"规

---

① 案例来源：山东省济南市历下区人民法院行政判决书（2016）鲁0102行初204号。

定，被告市国税稽查局依法作出济国税稽停票〔2016〕1号"收缴、停止发售发票决定书"符合法律规定，并无不当。

(三) 应用场景三：根据本条规定，对税收违法行为人进行检查

在国家税务总局乌鲁木齐市税务局稽查局《关于送达"税务行政处罚决定书"的公告》（乌税稽公告〔2022〕24号）[①]中，乌鲁木齐市税务局稽查局提到"根据《税收征收管理法》第五十四条规定，我局对你（单位）2013年1月1日至2018年12月31日期间缴纳税款情况进行检查，对你（单位）上述期间的违法事实作出了税务行政处罚决定"。

在国家税务总局盐城市税务局稽查局送达公告（盐税稽公告〔2022〕1号）[②]中，盐城市税务局稽查局指出："根据《税收征收管理法》第五十四条及国家有关税收法律规定，我局对本公告列明单位涉税情况进行税务检查，并作出了税务处理、处罚决定。由于采取直接送达等方式无法向列明单位送达本局'税务处理决定书'，根据《税收征收管理法实施细则》（国务院令〔2002〕第362号）第一百零六条第二款之规定，现予公告送达。"

四、法条总结

本条规定是授权性规定，授权税务机关对纳税人、扣缴义务人或相关人员、场所、账户有检查的权力。适用时，可以结合《税收征收管理法》相关规定一并理解。

第五十五条 税务机关对从事生产、经营的纳税人以前纳税期的纳税情况依法进行税务检查时，发现纳税人有逃避纳税义务行为，并有明显的转移、隐匿其应纳税的商品、货物以及其他财产或者应纳税的收入的迹象的，可以按照本法规定的批准权限采取税收保全措施或者强制执行措施。

---

① 参见https://xinjiang.chinatax.gov.cn/wlmq/tzgg/202202/t20220211_96286.html，最近访问时间：2023年3月23日。

② 参见https://jiangsu.chinatax.gov.cn/art/2022/2/11/art_9530_376087.html，最近访问时间：2023年3月23日。

一、法条简析

税务机关在对从事生产、经营的纳税人以前年度的纳税情况进行检查时，经常发现纳税人有逃避纳税义务的行为，待税务机关查清后，纳税人已经预先将财产转移、隐匿，使税务机关无法追缴税款。所以，立法时制定了本条规定。

二、相关规定

《税收征收管理法实施细则》第八十八条　依照税收征管法第五十五条规定，税务机关采取税收保全措施的期限一般不得超过6个月；重大案件需要延长的，应当报国家税务总局批准。

三、应用场景

（一）应用场景一：结合《税收征收管理法》第八十八条规定，论述本条规定的适用情形

在合山市天子山泉水有限责任公司与国家税务总局来宾市税务局第一稽查局税收保全措施处理决定纠纷案[①]中，2019年5月10日，被告来宾市税务局第一稽查局作出来市税一稽处（2019）1号"税务处理决定书"，限天子山泉水公司自收到该决定书之日起15日内缴纳税费及滞纳金共计67 300.52元。期限届满后，天子山泉水公司未履行该税务处理决定书所确定的义务。2019年7月5日，来宾市税务局第一稽查局根据法律的规定，作出来税一稽保（2019）1号"税收保全措施决定书"，决定从2019年7月5日起冻结天子山泉水公司在合山市农村信用合作联社账户25×××80存款（大写）壹拾陆万伍仟元（小写165 000.00元），冻结期限为6个月。限天子山泉水公司于2019年7月20日前缴纳应纳税款；逾期未缴的，将依照《税收征收管理法》第三十八条、第四十条、第五十五条、第八十八条规定采取强制执行措施。原告天子山泉水公司认为，被告税务处理决定，认定事实不清，证据不足，违反法定程序，应以撤销，而被告依据其的税务处理决定冻结原告银行账户存款，因此，被告作出来税一稽保（2019）1号税收保全措施决定，无事实和法律依据，属适用法律错误，不服被告来宾市税务局第一稽查局税收保全措施决定，向一审法院提起行政诉讼。请求人民法院判决撤销被告该税收保全措施决定。

[①] 案例来源：广西壮族自治区宾市兴宾区人民法院行政判决书（2019）桂1302行初92号、广西壮族自治区来宾市中级人民法院行政判决书（2020）桂13行终46号。

一审宣判后，合山市天子山泉水有限责任公司上诉至二审法院。二审法院认为，被上诉人来宾市税务局第一稽查局因上诉人天子山泉水公司有偷税逃避纳税义务及以其他凭证代替发票使用的违法行为，作出来市税一稽处（2019）1号税务处理决定书。依据《税收征收管理法》第八十八条规定，纳税人同税务机关在纳税上发生争议时，必须先依照税务机关的纳税决定缴纳或者解缴税款及滞纳金或者提供相应的担保，然后可以依法申请行政复议；对行政复议决定不服的，可以依法向人民法院起诉。现上诉人天子山泉水公司未在规定的期限内履行该税务处理决定书所确定的缴纳税款及滞纳金的义务、未提供相应的担保，亦未申请行政复议。上诉人天子山泉水公司未按照法定途径对纳税争议寻求救济，且其主张及现有证据亦无法证实被上诉人来宾市税务局第一稽查局作出的税务处理决定存在重大明显的违法情形。在此情况下，被上诉人来宾市税务局第一稽查局以其税务处理决定所认定的上诉人天子山泉水公司有偷税逃避纳税义务的违法事实，依据《税收征收管理法》第五十五条："税务机关对从事生产、经营的纳税人以前纳税期的纳税情况依法进行税务检查时，发现纳税人有逃避纳税义务行为，并有明显的转移、隐匿其应纳税的商品、货物以及其他财产或者应纳税的收入的迹象的，可以按照本法规定批准权限采取税收保全措施或者强制执行措施"的规定，作出来税一稽保（2019）1号税收保全措施决定书，系其依法行使并采取税收保全措施的法定程序，该行政行为有事实和法律依据，证据充分，程序合法。

（二）应用场景二：结合《行政强制法》第五十三条规定，论述税务机关对生产经营的纳税人所提出的非诉执行，法院不应受理

在国家税务总局南充市税务局稽查局、四川新利康药业有限公司其他非诉执行审查案[①]中，国家税务总局南充市税务局稽查局（以下简称"市税务稽查局"）2017年11月15日作出南市国税稽处（2017）24号"税务处理决定书"送达执行。决定追缴四川新利康药业有限公司（以下简称"新利康公司"）因取得四川辰龙制药有限公司虚开增值税专用发票抵扣的增值税3 107 367.24元，对取得发票行为确定为善意取得增值税专用发票，不加收滞纳金。新利康公司在税务检查期间于2017年9月6日自行补缴了增值税30万元，在接到"税务处理决定书"后于2017年11月30日预缴了增值税70万元，在缴纳共计100万元税款后，对其余应补缴的增值税2 107 367.24元一直拖延不缴，市税务稽查局2018年4月10日作出南市

---

① 案例来源：四川省南充市顺庆区人民法院行政裁定书（2018）川1302行审64号、四川省南充市中级人民法院行政裁定书（2018）川13行审复3号。

国税稽催（2018）2号"催告通知书"，4月12日送达企业负责人张某，限期在接"催告通知书"的15日内立即履行缴款义务。市税务稽查局案件执行人员多次口头催促缴款，并约见企业负责人张某，张某虽口头答应缴款，就是不落实行动，至今仍拒不履行。该公司在2016年就开始收缩经营业务，到2017年年初已基本上撤销了公司在航空港工业园区西区兴安路38号的经营机构。2018年5月18日，该局依法检查了新利康公司原开设的2个存款账户和张某个人开设的2个存款账户，均未发现最近期有连续资金活动和存款余额，没有发现可供执行的纳税财产；到现场查询经营场所，因企业撤销了在高坪区航空港工业园区租赁的经营场所和相关经营设施，也没有发现可供执行的财产。至此，该局无法按照《税收征收管理法》第四十条的规定采取行政强制执行措施。为了确保国家税收及时足额入库，根据《行政强制法》第五十四条，《行政诉讼法》第九十七条，特申请法院强制执行。

在原审法院裁定不准予强制执行后，市税务稽查局提出复议，四川省南充市中级人民法院经审查后认为，依据《税收征收管理法》第五十五条"税务机关对从事生产、经营的纳税人以前纳税期的纳税情况依法进行税务检查时，发现纳税人有逃避纳税义务行为，并有明显的转移、隐匿其应纳税的商品、货物以及其他财产或者应纳税的收入的迹象的，可以按照本法规定的批准权限采取税收保全措施或者强制执行措施"的规定，市税务稽查局对追缴税款及滞纳金具有强制执行权。依照最高人民法院法释〔2013〕5号批复①精神，法律已经授予行政机关强制执行权的，人民法院不受理行政机关提出的非诉行政执行申请。同时，《行政强制法》第五十三条也规定，当事人在法定期限内不申请行政复议或者提起行政诉讼，又不履行行政决定的，没有行政强制执行权的行政机关可以自期限届满之日起3个月内，依照本章规定申请人民法院强制执行。故市税务稽查局向法院提出追缴税款的非诉执行申请，法院不应予以受理。

（三）应用场景三：结合《税收征收管理法》第三十八条规定，论述税务机关有行使税收保全措施的权力

在西双版纳佛顺缘珠宝有限公司与云南省景洪市国家税务局税务保全措施纠纷案②中，法院认为，依法纳税是每个公民、法人及其他组织应尽的义务。税

---

① 该批复的内容为：根据行政强制法和城乡规划法有关规定精神，对涉及违反城乡规划法的违法建筑物、构筑物、设施等的强制拆除，法律已经授予行政机关强制执行权，人民法院不受理行政机关提出的非诉行政执行申请。

② 案例来源：云南省景洪市人民法院行政判决书（2018）云2801行初8号。

务机关根据法律的规定，有权进行税务检查。根据《税收征收管理法》第五十五条的规定，被告作为税务部门，在税务检查过程中，发现纳税人有逃避纳税义务行为，并有明显转移、隐匿财产或应纳税收入迹象的，经税务局（分局）局长批准，可以采取税收保全措施。因此，被告作为本案执法主体适格。《税收征收管理法》第三十八条第一款规定，税收保全措施为以下两种措施：（一）书面通知纳税人开户银行或者其他金融机构冻结纳税人的金额相当于应纳税款的存款；（二）扣押、查封纳税人的价值相当于应纳税款的商品、货物或其他财产。《税收征收管理法实施细则》第八十八条规定：依照税收征管法第五十五条规定，税务机关采取税收保全措施的期限一般不得超过6个月；重大案件需要延长的，应当报国家税务总局批准。被告云南省景洪市国家税务局于2017年9月13日对原告西双版纳佛顺缘珠宝有限公司作出的景国税稽保冻（2017）1号"税收保全措施决定书"符合法律规定，依法应予维持，且该保全措施已于2017年12月1日被被告云南省景洪市国家税务局以景国税稽解保冻（2017）1号解除保全措施。原告西双版纳佛顺缘珠宝有限公司要求确认被告对原告实施税收保全措施冻结存款100万元的行政行为违法的诉请，理由不能成立。

四、法条总结

本条规定在实务中，应用较少。但也有适用错误的情形。适用时，需要特别注意3个问题：1.时间上，适用于税务机关对从事生产、经营的纳税人以前纳税期的纳税情况依法进行税务检查时。2.前提上，发现纳税人有逃避纳税义务行为，并有明显的转移、隐匿其应纳税的商品、货物以及其他财产或者应纳税的收入的迹象。3.程序上，需要遵守《税收征收管理法》第三十八条、第四十条规定的相关要求。

第五十六条

纳税人、扣缴义务人必须接受税务机关依法进行的税务检查，如实反映情况，提供有关资料，不得拒绝、隐瞒。

一、法条简析

本条规定主要有两方面：1.纳税人、扣缴义务人必须接受税务机关依法进行的税务检查。注意这里的"依法"，言外之意，对违反法律、行政法规规定的或不符合法律、行政法规规定范围和程序的税务检查，有权拒绝接受。2.纳税人、扣缴义务人必须如实反映情况，提供有关资料，不得拒绝、隐瞒，这是对纳税人、扣缴义务人在接受税务机关依法进行的税务检查过程中的要求。

二、相关规定

（一）《税收征收管理法》相关规定

第五十四条 税务机关有权进行下列税务检查：

（一）检查纳税人的账簿、记账凭证、报表和有关资料，检查扣缴义务人代扣代缴、代收代缴税款账簿、记账凭证和有关资料；

（二）到纳税人的生产、经营场所和货物存放地检查纳税人应纳税的商品、货物或者其他财产，检查扣缴义务人与代扣代缴、代收代缴税款有关的经营情况；

（三）责成纳税人、扣缴义务人提供与纳税或者代扣代缴、代收代缴税款有关的文件、证明材料和有关资料；

（四）询问纳税人、扣缴义务人与纳税或者代扣代缴、代收代缴税款有关的问题和情况；

（五）到车站、码头、机场、邮政企业及其分支机构检查纳税人托运、邮寄应纳税商品、货物或者其他财产的有关单据、凭证和有关资料；

（六）经县以上税务局（分局）局长批准，凭全国统一格式的检查存款账户许可证明，查询从事生产、经营的纳税人、扣缴义务人在银行或者其他金融机构的存款账户。税务机关在调查税收违法案件时，经设区的市、自治州以上税务局（分局）局长批准，可以查询案件涉嫌人员的储蓄存款。税务机关查询所获得的资料，不得用于税收以外的用途。

第五十七条 税务机关依法进行税务检查时，有权向有关单位和个人调查纳税人、扣缴义务人和其他当事人与纳税或者代扣代缴、代收代缴税款有关的情况，有关单位和个人有义务向税务机关如实提供有关资料及证明材料。

（二）《税收征收管理法实施细则》第二十九条

账簿、记账凭证、报表、完税凭证、发票、出口凭证以及其他有关涉税资料应当合法、真实、完整。

账簿、记账凭证、报表、完税凭证、发票、出口凭证以及其他有关涉税资料应当保存10年；但是，法律、行政法规另有规定的除外。

三、应用场景

（一）应用场景一：结合《税收征收管理法》第五十六、第五十七条规定，论述税务机关有检查职权，被检查人有配合检查、如实反映情况义务

具体案例详见：前述山东京信医药有限公司与山东省济南市国家税务局稽查局停止发售发票决定纠纷案。

（二）应用场景二：结合《税收征收管理法》第七十条规定，论述对拒绝检查行为，税务机关有处罚权

在青岛宏源消防电器有限公司与青岛市地方税务局稽查局税务行政处罚纠纷案[①]中，2012年1月，青岛市地方税务局市南分局在日常税收管理工作中发现原告（青岛宏源消防电器有限公司）存在重大税务违法行为，将该案移交被告（青岛市地方税务局稽查局）。被告立案后于同年3月对原告实施税务检查。2012年3月5日，被告向原告送达了"调取账簿资料通知书"，要求原告于2012年3月8日前将2009年1月1日至2011年12月31日的账簿、记账凭证、报表和其他相关资料送交被告进行税务检查。后原告送交给被告的账簿均为空白账，全部账页均为空白，全部信息均未填写，亦未加盖公司印章，原告也一直没有送交记账凭证报表和相关资料。截至2012年3月28日，原告的法定代表人也未能根据其承诺提供2009年年底丢失账簿、凭证到登州路派出所的报案证明。2012年3月23日，被告作出青地税稽限改（2012）3号"责令限期改正通知书"，责令原告对未按规定建立账簿并根据合法、有效凭证记账的行为在3月29日前予以改正，并告知其复议及诉讼权利，于当日送达给原告；同年4月1日，被告作出青地税稽限改（2012）7号"责令限期改正通知书"，责令原告对未按规定限期送交账簿、记账凭证、报表和其他有关资料的行为在4月10日前予以改正，并告知其复议及诉讼权利，于当日送达给原告。原告逾期未改正上述行为，也未在规定期限内提起复议或诉讼。2012年4月24日，被告将上述调查情况告知原告，原告法定代表人在被告的"税务稽查工作底稿"签字，并加盖公章，确认了关于账簿事实，情况属实。

2012年6月6日，被告作出青地税稽罚告（2012）121号"税务行政处罚事项告知书"，告知原告根据《税收征收管理法》第七十条、《税收征收管理法实施细

---

① 案例来源：山东省青岛市市南区人民法院行政判决书（2013）南行初字第85号、山东省青岛市中级人民法院行政判决书（2014）青行终字第90号。

则》第九十六条第（一）项的规定，对原告不提供账簿、凭证及有关资料的行为拟处1万元的罚款。

二审法院审理后认为，《税收征收管理法》第五十六条规定，纳税人、扣缴义务人必须接受税务机关依法进行的税务检查，如实反映情况，提供有关资料，不得拒绝、隐瞒。第七十条规定，纳税人、扣缴义务人逃避、拒绝或者以其他方式阻挠税务机关检查的，由税务机关责令改正，可以处1万元以下的罚款；情节严重的，处1万元以上5万元以下的罚款。《税收征收管理法实施细则》第九十六条第（一）项规定，纳税人、扣缴义务人提供虚假资料，不如实反映情况，或者拒绝提供有关资料的，依照税收征收管理法第七十条的规定处罚。本案中，因上诉人未按照被上诉人的要求提供账簿、凭证及其他有关资料，违反了《税收征收管理法》第五十六条的规定，故被上诉人依据《税收征收管理法实施细则》第九十六条第（一）项、《税收征收管理法》第七十条的规定，对上诉人处以1万元的罚款，结果并无不当。

（三）应用场景三：结合《税收征收管理法实施细则》第二十九条规定，论述涉税人有如实提供财务资料的义务

在原告祥盛公司与合肥市国税局第二稽查局、合肥市国家税务局税务处理决定及行政复议纠纷案[①]中，2016年9月9日，第二稽查局作出合国税二稽处字（2016）37号税务处理决定书（以下简称"37号处理决定书"），认定祥盛公司2011年11月至2012年6月出口销售针织衣服、木柜板等，提供的38份备案单证（海运提单）均为虚假。依据《关于出口货物退（免）税实行有关单证备案管理制度（暂行）的通知》（国税发〔2005〕199号）（以下简称"199号《通知》"）的规定，决定对上述38份海运提单对应的退税申请金额5 983 443.74元，不享受增值税退（免）税政策。

关于199号《通知》第六条的规定，是否属于擅自对纳税人创设非法定义务的问题。法院认为，《税收征收管理法》第五十六条规定"纳税人、扣缴义务人必须接受税务机关依法进行的税务检查，如实反映情况，提供有关资料，不得拒绝、隐瞒"。《税收征收管理法实施细则》第二十九条规定"账簿、记账凭证、报表、完税凭证、发票、出口凭证以及其他有关涉税资料应当合法、真实、完整"。所以，涉税人应依法接受税务检查，并如实提供相关资料，不得弄虚作假。《税收征收管理法》第三条第一款规定"税收的开征、停征以及减税、免税、退

---

① 案例来源：安徽省巢湖市人民法院行政判决书（2017）皖0181行初3号。

税、补税，依照法律的规定执行；法律授权国务院规定的，依照国务院制定的行政法规的规定执行"。《增值税暂行条例》第二十五条规定"纳税人出口货物适用退（免）税规定的，应当向海关办理出口手续，凭出口报关单等有关凭证，在规定的出口退（免）税申报期限内按月向主管税务机关申报办理项出口货物的退（免）税。具体办法由国务院财政、税务主管部门制定"。《消费税暂行条例》第十一条规定"对纳税人出口应税消费品，免征消费税；国务院另有规定的除外。出口应税消费品的免税办法，由国务院财政、税务主管部门规定"。可见，199号《通知》系根据法律、法规授权制定，且与《税收征收管理法》《增值税暂行条例》等上位法并不冲突，可以作为案涉行政行为的法律依据，其第六条规定并非擅自对纳税人创设非法定义务，也与其第四条及12号《公告》第五条的规定不矛盾。

四、法条总结

本条规定可视为落实《税收征收管理法》第五十四条规定的税务检查权，对被检查对象所作的法定配合义务。但可结合《税收征收管理法》第七十条规定、《税收征收管理法实施细则》第二十九条规定，进一步扩展其适用范围。

第五十七条

税务机关依法进行税务检查时，有权向有关单位和个人调查纳税人、扣缴义务人和其他当事人与纳税或者代扣代缴、代收代缴税款有关的情况，有关单位和个人有义务向税务机关如实提供有关资料及证明材料。

一、法条简析

本条规定有两层意思：1.赋予税务机关一项权力，即有权向有关单位和个人调查纳税人、扣缴义务人和其他当事人与纳税或者代扣代缴、代收代缴税款有关的情况。2.为有关单位和个人设定了一项义务，即与税务机关依法进行税务检查有密切联系的单位和个人，如市场监督管理部门、邮政电信、交通部门和金融机构等以及与被检查人有来往的第三方当事人，应当支持、协助税务机关开展工作，有义务向税务机关如实反映被检查人的情况，提供有关资料及证明材料。

二、相关规定

《税收征收管理法》相关规定

第五十四条 税务机关有权进行下列税务检查：

（一）检查纳税人的账簿、记账凭证、报表和有关资料，检查扣缴义务人代扣代缴、代收代缴税款账簿、记账凭证和有关资料；

（二）到纳税人的生产、经营场所和货物存放地检查纳税人应纳税的商品、货物或者其他财产，检查扣缴义务人与代扣代缴、代收代缴税款有关的经营情况；

（三）责成纳税人、扣缴义务人提供与纳税或者代扣代缴、代收代缴税款有关的文件、证明材料和有关资料；

（四）询问纳税人、扣缴义务人与纳税或者代扣代缴、代收代缴税款有关的问题和情况；

（五）到车站、码头、机场、邮政企业及其分支机构检查纳税人托运、邮寄应纳税商品、货物或者其他财产的有关单据、凭证和有关资料；

（六）经县以上税务局（分局）局长批准，凭全国统一格式的检查存款账户许可证明，查询从事生产、经营的纳税人、扣缴义务人在银行或者其他金融机构的存款账户。税务机关在调查税收违法案件时，经设区的市、自治州以上税务局（分局）局长批准，可以查询案件涉嫌人员的储蓄存款。税务机关查询所获得的资料，不得用于税收以外的用途。

第五十六条 纳税人、扣缴义务人必须接受税务机关依法进行的税务检查，如实反映情况，提供有关资料，不得拒绝、隐瞒。

三、应用场景

结合个案相关事实，论述被检查人员无正当理由拒绝提供有关资料和证据的法律后果

在广州市金佳信通信产品发展有限公司与广州市国家税务局东区稽查局、被告二广州市国家税务局税务行政决定及行政复议纠纷案①中，关于涉案货物是否交付的问题，法院认为，重庆市潼南区国家税务局提供的协查资料表明心可公司接受了原告开具的30份涉案发票，并抵扣了所含进项。重庆市潼南区

---

① 案例来源：广州铁路运输第一法院行政判决书（2017）粤7101行初2466号。

国家税务局协查回函认定心可公司无生产能力，心可公司在购进入库环节的记账凭证和原材料账上均没有购进手机的记录，库存商品账上也没有找到手机的出、入库记录，同时其对外开具的增值税专用发票以及主营业务收入账上都没有手机的销售记录。心可公司法定代表人吴显芬则称其为四川省大竹县周家镇村民，从未注册过任何公司，未听说过心可公司、未到过广州，更未到原告处提货。上述证据表明心可公司没有购买涉案增值税发票所指向的商品。而原告作为手机零售经营者，其使用的金蝶k3财务管理系统支持其经营管理，被告一对原告仓管陈巧妹所做的询问笔录也证明原告发货是通过k3系统管理的，原告的"业务情况说明"证明原告的k3系统没有上述涉案发票所涉货物的出库记录。《税收征收管理法》第五十七条规定，税务机关依法进行税务检查时，有权向有关单位和个人调查纳税人、扣缴义务人和其他当事人与纳税或者代扣代缴、代收代缴税款有关的情况，有关单位和个人有义务向税务机关如实提供有关资料及证明材料。在税务行政处理过程中，原告拒不提供任何账册资料，亦拒绝提供k3系统的任何资料，且未能作出合理说明，其在购进入库环节的记账凭证和原材料账上均没有购进手机的记录，库存商品账上也没有找到手机的出、入库记录，同时其对外开具的增值税专用发票以及主营业务收入账上都没有手机的销售记录。上述证据不能证明原告向心可公司出售了涉案增值税发票所指向的商品。

四、法条总结

本条规定主旨意在为有关单位和个人设定了一项法定义务，即需要配合税务机关的检查工作，如实提供有关资料及证明材料。

第五十八条

税务机关调查税务违法案件时，对与案件有关的情况和资料，可以记录、录音、录像、照相和复制。

一、法条简析

税务机关调查税务违法案件是综合性、技术性、政策性和法律性极强的执法活动，它往往需要采取多种调查取证手段来综合进行。本条是对税务违法案件调查取证手段的规定。

二、修法建议

本条是对税务机关取证手段的规定，但除列举的"记录、录音、录像、照相和复制"五种手段外，诸如鉴定、制作询问笔录等手段，也可加入进来。

第五十九条

税务机关派出的人员进行税务检查时，应当出示税务检查证和税务检查通知书，并有责任为被检查人保守秘密；未出示税务检查证和税务检查通知书的，被检查人有权拒绝检查。

一、法条简析

这条规定包括三层含义：1.明确了税务机关派出的人员进行税务检查时必须向被检查人出示税务检查证和税务检查通知书。2.规定了税务机关派出的人员有为被检查人保守秘密的责任。3.赋予了被检查人对于未出示税务检查证和税务检查通知书的检查有拒绝的权利。

二、相关规定

（一）《行政处罚法》第五十五条

执法人员在调查或者进行检查时，应当主动向当事人或者有关人员出示执法证件。当事人或者有关人员有权要求执法人员出示执法证件。执法人员不出示执法证件的，当事人或者有关人员有权拒绝接受调查或者检查。

当事人或者有关人员应当如实回答询问，并协助调查或者检查，不得拒绝或者阻挠。询问或者检查应当制作笔录。

（二）《税收征收管理法实施细则》第八十九条

税务机关和税务人员应当依照税收征管法及本细则的规定行使税务检查职权。

税务人员进行税务检查时，应当出示税务检查证和税务检查通知书；无税务检查证和税务检查通知书的，纳税人、扣缴义务人及其他当事人有权拒绝检查。税务机关对集贸市场及集中经营业户进行检查时，可以使用统一的税务检查通知书。

税务检查证和税务检查通知书的式样、使用和管理的具体办法，由国家税务总局制定。

（三）《国家税务总局关于发布〈税务检查证管理办法〉的公告》（国家税务总局公告2018年第44号）

为落实国税地税征管体制改革工作要求，加强税务检查证管理，规范税务执法行为，国家税务总局制定了《税务检查证管理办法》，现予以公布。

本公告自2019年1月1日起实施，同时启用新的税务检查证。

特此公告。

国家税务总局

2018年8月7日

税务检查证管理办法

第一章　总则

第一条　为加强税务检查证管理，规范税务执法行为，保护纳税人、扣缴义务人及其他当事人合法权益，根据《中华人民共和国税收征收管理法》等相关规定，制定本办法。

第二条　税务检查证是具有法定执法权限的税务人员，对纳税人、扣缴义务人及其他当事人进行检查时，证明其执法身份、职责权限和执法范围的专用证件。

税务检查证的名称为《中华人民共和国税务检查证》。

第三条　国家税务总局负责制定、发布税务检查证式样和技术标准。

第四条　国家税务总局负责适用全国范围税务检查证的审批、制作、发放、监督管理工作。

国家税务总局各省、自治区、直辖市、计划单列市税务局（以下简称省税务局）负责适用本辖区税务检查证的审批、制作、发放、监督管理工作。

国家税务总局和省税务局应当严格控制税务检查证的发放。

第五条　税务检查证分为稽查部门专用税务检查证和征收管理部门专用税务检查证。

稽查部门专用税务检查证，适用于稽查人员开展稽查工作，由稽查部门归口管理。

征收管理部门专用税务检查证，适用于征收、管理人员开展日常检查工作，由征收管理部门归口管理。

第六条　税务检查证实行信息化管理。

省税务局应当在税收征管信息系统中的税务检查证管理模块内及时完善、更新持证人员相关信息,提供税务检查证互联网验证服务。

第二章 证件式样

第七条 税务检查证由专用皮夹和内卡组成。

第八条 税务检查证的皮夹式样如下:

(一)稽查部门专用税务检查证皮夹为竖式黑色皮质,征收管理部门专用税务检查证皮夹为竖式咖啡色皮质;

(二)皮夹外部正面镂刻税徽图案、"中华人民共和国税务检查证"字样,背面镂刻"CHINA TAXATION"字样;

(三)皮夹内部上端镶嵌税徽一枚和"中国税务"四字,下端放置内卡。

第九条 税务检查证内卡应当载明下列事项:持证人的姓名、照片、工作单位、证号、二维码、检查范围、检查职责、税务检查证专用印章、有效期限。

内卡需内置芯片,存储持证人员上述信息。

第十条 税务检查证的皮夹和内卡文字均使用中文。民族自治区可以同时使用当地通用的一种民族文字。

第三章 证件申领和核发

第十一条 税务人员因岗位职责需要办理税务检查证时,由其所在单位税务检查证主管部门核实基础信息后,填报税务检查证申请。

首次申领税务检查证的,应当取得税务执法资格。

第十二条 国家税务总局及省税务局税务检查证主管部门负责审批办证申请。

第十三条 审批通过后,国家税务总局及省税务局税务检查证主管部门印制"中华人民共和国税务检查证",由申请人员所在单位税务检查证主管部门负责具体发放工作。

第十四条 税务人员到所在单位管辖区域以外临时执行检查公务的,由国家税务总局或者执行公务所在地省税务局税务检查证主管部门核发相应有效期限的临时税务检查证。

临时税务检查证有效期限不得超过一年,临时公务执行完毕后应当及时缴销。

第四章 证件使用

第十五条 税务人员进行检查时,应当出示税务检查证和税务检查通知书,可以以文字或音像形式记录出示情况。

第十六条 税务人员出示税务检查证时，可以告知被检查人或其他当事人通过扫描二维码查验持证人身份。

第十七条 税务人员应当严格依法行使税务检查职权，并为被检查人或其他当事人保守秘密。

第十八条 税务检查证只限于持证人本人使用，不得转借、转让或涂改。

第十九条 持证人应当妥善保管税务检查证，防止遗失、损毁。

税务检查证遗失的，持证人应当作出书面情况说明，并在税务检查证所注明的管辖区域内公开发行的报纸或者政府网站、税务机关网站发布公告后，再申请补发。

税务检查证严重损毁、无法使用的，持证人可以申请换发，并在办理换发手续时交回原证件。

第五章 监督管理

第二十条 税务检查证实行定期审验制度，每两年审验一次。临时税务检查证不在审验范围。

第二十一条 国家税务总局及省税务局税务检查证主管部门统一组织审验工作，持证人所在单位税务检查证主管部门负责具体实施，并及时报送审验情况。

第二十二条 通过比对内卡芯片信息与税务检查证管理模块中所载持证人信息进行审验，一致的为审验通过。

第二十三条 税务检查证审验不通过的，持证人所在单位税务检查证主管部门应当及时变更、清理相关信息。

第二十四条 持证人因调动、辞退、辞职、退休或者岗位调整等原因不再从事税务检查工作的，由持证人所在单位税务检查证主管部门在工作变动前收缴其税务检查证。

持证人因涉嫌违法违纪被立案审查、尚未作出结论的，应当暂时收缴其税务检查证。

第二十五条 收回的税务检查证应当由发放证件机关定期销毁。

第六章 附则

第二十六条 本办法自2019年1月1日起施行。《国家税务总局关于印发〈税务检查证管理暂行办法〉的通知》（国税发〔2005〕154号，国家税务总局公告2018年第31号修改）同时废止。

三、应用场景

（一）应用场景一：结合当地行政执法资格证管理制度，论述检查人员没有取得行政执法资格证是否影响检查行为效力

在百色市第一建筑公司与广西壮族自治区地方税务局百色稽查局税务行政处罚纠纷案[①]中，百色市第一建筑公司认为广西壮族自治区地方税务局百色稽查局派出人员没有取得行政执法资格证，违反《广西壮族自治区行政执法监督办法》第十条的规定。对此，二审法院认为，根据《税收征收管理法》第五十九条的规定："税务机关派出的人员进行税务检查时，应当出示税务检查证和税务检查通知书，并有责任为被检查人保守秘密；未出示税务检查证和税务检查通知书的，被检查人有权拒绝检查。"本案上诉人派出人员对税务进行检查时，出示了税务检查通知书和检查证，符合上述法律的规定。被上诉人认为上诉人派出人员没有取得行政执法资格证，违反《广西壮族自治区行政执法监督办法》第十条的规定。本院认为，该监督办法属于地方政府规章，旨在对行政执法监督工作进行规范，出现违反该办法情形应由行政执行监督机构处理，不能因此否定上诉人依照《税收征收管理法》第五十九条的规定，派出人员进行检查的合法性。

（二）应用场景二：论述税务检查时和诉讼过程中，税务检查证证件不一致，是否影响检查行为效力

在开远市果酒厂与国家税务总局红河州税务局第三稽查局税务行政处罚纠纷案[②]中，关于被告提出的税务检查人员执法资质和税务检查证前后不一致，税务检查人员身份存疑的问题。法院认为，《税收征收管理法》第五十九条规定，税务机关派出的人员进行税务检查时，应当出示税务检查证和税务检查通知书，并有责任为被检查人保守秘密；未出示税务检查证和税务检查通知书的，被检查人有权拒绝检查。经审查，负责本案税务稽查工作的王彪、陈红梅、沐莉三人，系红河税务第三稽查局工作人员，三人均持有税收执法资格证，具有税收执法资质。在对原告开展税务检查时，出具了税务检查证和红税稽三检通一（2018）3号"税务检查通知书"，程序符合法律规定。由于国、地税务机关机构改革的原因，在机构改革完成后国家税务总局云南省税务局统一重新制发了税务检查证，从而出现了税务检查

---

① 案例来源：广西壮族自治区百色市右江区人民法院行政判决书（2017）桂1002行初29号、广西壮族自治区百色市中级人民法院行政判决书（2018）桂10行终186号。

② 案例来源：开远铁路运输法院行政判决书（2020）云7102行初11号。

时和诉讼过程中，三人证件不一致的情况。因此，原告提出的税务检查人员执法资质和税务检查证前后不一致，税务检查人员身份存疑的意见，本院不予支持。

四、法条总结

本条规定系要求检查人员在检查时必须出示税务检查证和税务检查通知书。实践中，绝大多数工作人员都会遵守这一明文要求，且大多当事人均不会在这个细节上与税务机关纠缠，所以相关争议案件较少。

第五章　法律责任

第六十条　纳税人有下列行为之一的，由税务机关责令限期改正，可以处二千元以下的罚款；情节严重的，处二千元以上一万元以下的罚款：

（一）未按照规定的期限申报办理税务登记、变更或者注销登记的；

（二）未按照规定设置、保管账簿或者保管记账凭证和有关资料的；

（三）未按照规定将财务、会计制度或者财务、会计处理办法和会计核算软件报送税务机关备查的；

（四）未按照规定将其全部银行账号向税务机关报告的；

（五）未按照规定安装、使用税控装置，或者损毁或者擅自改动税控装置的。

纳税人不办理税务登记的，由税务机关责令限期改正；逾期不改正的，经税务机关提请，由工商行政管理机关吊销其营业执照。

纳税人未按照规定使用税务登记证件，或者转借、涂改、损毁、买卖、伪造税务登记证件的，处二千元以上一万元以下的罚款；情节严重的，处一万元以上五万元以下的罚款。

一、法条简析

本条是对纳税人违反税务登记、账簿、凭证、账户、税控装置管理规定应承担的法律责任的规定。

二、相关规定

《税收征收管理法实施细则》相关规定

第九十条　纳税人未按照规定办理税务登记证件验证或者换证手续的，由税务机关责令限期改正，可以处2 000元以下的罚款；情节严重的，处2 000元以上

1万元以下的罚款。

第九十一条 非法印制、转借、倒卖、变造或者伪造完税凭证的，由税务机关责令改正，处2 000元以上1万元以下的罚款；情节严重的，处1万元以上5万元以下的罚款；构成犯罪的，依法追究刑事责任。

第九十二条 银行和其他金融机构未依照税收征管法的规定在从事生产、经营的纳税人的账户中登录税务登记证件号码，或者未按规定在税务登记证件中登录从事生产、经营的纳税人的账户账号的，由税务机关责令其限期改正，处2 000元以上2万元以下的罚款；情节严重的，处2万元以上5万元以下的罚款。

第九十三条 为纳税人、扣缴义务人非法提供银行账户、发票、证明或者其他方便，导致未缴、少缴税款或者骗取国家出口退税款的，税务机关除没收其违法所得外，可以处未缴、少缴或者骗取的税款1倍以下的罚款。

三、应用场景

（一）应用场景一：论述税务登记证不得转让，转让则行为无效

邵雪平与被告程龙记合同纠纷案[①]中，2021年5月17日，原告（乙方）邵雪平与被告（甲方）程龙记签订"店面转让合同"，约定甲方同意将自己租赁的位于月湖区生活驿站店铺转让给乙方使用，建筑面积为60平方米；店铺转让给乙方后，乙方同意代替甲方履行原有店铺租赁合同中所规定的条款，并且定期交纳租金及该合同所约定的应由甲方交纳的水电费及其他各项费用；转让后店铺现有的装修、营业执照、税务登记证、烟草证、食品经营许可证及所有货物等全部归乙方；乙方在2021年5月17日向甲方支付转让费共计130 000元等内容。合同签订后，原告分别于2021年5月15日、17日向被告转账20 000元、110 000元。2021年5月17日起原告接手案涉店铺并开始实际经营。案涉店铺的烟草专卖零售许可证上登记的负责人（经营者）姓名为李丽霞，系被告程龙记妻子。现原告邵雪平向法院提出诉讼请求：1.判令确认原、被告于2021年5月17日签订的"店面转让合同"无效；2.判令被告立即返还原告已支付的店面转让费130 000元；3.本案诉讼费由被告承担。

法院经审理后认为，根据《个体工商户条例》第二十二条规定"个体工商户提交虚假材料骗取注册登记，或者伪造、涂改、出租、出借、转让营业执照的，由登记机关责令改正，处4 000元以下的罚款；情节严重的，撤销注册登记

[①] 案例来源：江西省鹰潭市月湖区人民法院民事判决书（2021）赣0602民初2160号。

或者吊销营业执照"。《税收征收管理法》第六十条规定"纳税人未按照规定使用税务登记证件,或者转借、涂改、损毁、买卖、伪造税务登记证件的,处二千元以上一万元以下的罚款;情节严重的,处一万元以上五万元以下的罚款"。《烟草专卖许可证管理办法》第四十一条规定"任何企业或者个人不得涂改、伪造、变造烟草专卖许可证。不得买卖、出租、出借或者以其他形式非法转让烟草专卖许可证"。《食品经营许可管理办法》第二十六条规定"食品经营者应当妥善保管食品经营许可证,不得伪造、涂改、倒卖、出租、出借、转让"。因此,案涉个体工商户营业执照、食品经营许可证、烟草专卖许可证以及税务登记证系行政机关在行使职权中许可被告程龙记从事经营活动的凭证,具有独占性,不允许私自转让,故原、被告双方签订的"转让合同"中涉及转让个体工商户营业执照、食品经营许可证、烟草专卖许可证以及税务登记证的行为无效。

(二)应用场景二:结合结合法释〔2002〕33号第二条规定,用于论述办理了税务登记未予申报、缴纳税款,可否被认定为偷税行为

1.典型案例1:三亚承阳实业有限公司与海南省三亚市实业开发公司公司借款纠纷执行案[①]

在该案中,承阳公司申请执行三亚实业公司借款纠纷执行一案,2013年1月10日,执行法院作出(1999)三亚执字第26-10号执行裁定书,查封了登记在被执行人三亚实业公司名下的位于乐东黎族自治县黄流镇尖界村21 330.50平方米的土地使用权[土地使用权证号为:黄流国用(×××)字第×××号]。同年7月1日,执行法院作出(1999)三亚执字第26-13号执行裁定书,裁定拍卖上述土地。同年9月5日,在拍卖会上,海铭公司以1 055万元竞得上述土地。2014年1月13日,执行法院作出(1999)三亚执字第26-14号执行裁定书,裁定将上述土地使用权过户到海铭公司名下。2014年5月14日,乐东地税局向执行法院发出乐地税函(2014)12号《关于协助依法优先征收税款的函》,请求执行法院协助该局优先从拍卖款中征收税款7 783 343.09元。

乐东地税局不服执行法院作出的不予支持的裁定,向海南省高级人民法院提出复议,请求撤销执行法院作出的(2014)三亚执异字第177、178号执行裁定书。乐东地税局申请复议称,纳税人在办理税务登记或者扣缴税款登记后即应认定为税务机关已通知申报,而纳税人经税务机关通知申报而拒不申报的行为则属于偷税。三亚实业公司已在三亚市地方税务局办理了税务登记,其在取得了涉案土地

[①] 案例来源:海南省高级人民法院执行裁定书(2015)琼执复字第8、9号。

使用权后对该事实进行了隐瞒且连续多年未予申报、缴纳税款,该行为为偷税行为。海南省高级人民法院认为,乐东地税局的上述主张是将《税收征收管理法》第六十条和《最高人民法院关于审理偷税抗税刑事案件具体应用法律若干问题的解释》(法释〔2002〕33号)第二条的规定结合适用提出的。但法释〔2002〕33号文是最高人民法院为了依法惩处偷税、抗税犯罪活动,就当时《刑法》第二百零一条等相关条款作出的司法解释,而并非针对《税收征收管理法》作出的司法解释。且法释〔2002〕33号文属于刑事法律规范,不能作为行政管理行为中对偷税行为认定的法律依据。因此,乐东地税局认为三亚实业公司的行为为偷税行为法律依据不足,其主张不能成立。

2.典型案例2:青岛双巧建筑装饰工程有限公司与青岛市地方税务局稽查局行政处罚纠纷案

在该案中,原告(青岛双巧建筑装饰工程有限公司,下同)主张,因原告未进行纳税申报,导致其未缴纳2005—2009年度的土地使用税,应适用《税收征收管理法》第六十四条第二款及国家税务总局《关于未申报税款追缴期限问题的批复》的规定,对原告不缴税款的追征期限为3年。法院经审理后认为,根据《最高人民法院关于审理偷税抗税刑事案件具体应用法律若干问题的解释》第二条第二款的规定:"具有下列情形之一的,应当认定为刑法第二百零一条第一款规定的'经税务机关通知申报':(一)纳税人、扣缴义务人已经依法办理税务登记或者扣缴税款登记的。"本案原告已于2003年2月26日在青岛市地方税务局崂山分局办理了税务登记,应视为已经税务机关通知申报,不符合《税收征收管理法》第六十四条第二款及国家税务总局《关于未申报税款追缴期限问题的批复》的规定的未进行纳税申报的情形,故对于原告的该项主张,本院不予支持。

(三)应用场景三:结合《税收征收管理法》第二十四条、第十九条规定,论述对未按照规定设置、保管账簿或者保管记账凭证和有关资料,税务机关有处罚权

1.典型案例1:泰州市圣达不锈钢管业有限公司与江苏省兴化市国家税务局税务行政处罚纠纷案[①]

在该案中,法院认为,根据《税收征收管理法》第二十四条的规定,从事生产、经营的纳税人、扣缴义务人必须按照国务院财政、税务主管部门规定

---

① 案例来源:江苏省兴化市人民法院行政判决书(2015)泰兴行初字第0001号。

的保管期限保管账簿、记账凭证、完税凭证及其他有关资料,根据《税收征收管理法实施细则》第二十九条第二款的规定,账簿、记账凭证、报表、完税凭证、发票、出口凭证以及其他有关涉税资料应当保存10年。但圣达公司未能提供2011年9月之前的账册资料,且无证据证明其有正当理由,被告认定原告圣达公司的这一行为属未按照规定设置、保管账簿或者保管记账凭证和有关资料,并根据《税收征收管理法》第六十条的规定,处以罚款1 000元,不违反法律的规定。

2.典型案例2:国家税务总局南充市税务局稽查局、南充南百大珠宝有限公司非诉执行审查案[①]

在该案中,法院经审查后认为,南百大公司经营期间未按规定设置"库存商品"明细账,该行为违反了《税收征收管理法》第十九条"纳税人、扣缴义务人按照有关法律、行政法规和国务院财政、税务主管部门的规定设置账簿,根据合法、有效凭证记账,进行核算"之规定,应由市税务稽查局按照《税收征收管理法》第六十条第一款第(二)项"纳税人有下列行为之一的,由税务机关责令限期改正,可以处二千元以下的罚款;情节严重的,处二千元以上一万元以下的罚款:……(二)未按照规定设置、保管账簿或者保管记账凭证和有关资料的……"之规定处罚。市税务稽查局对南百大公司作出的税务行政处罚决定事实清楚,证据确凿,适用法律法规正确。

(四)应用场景四:结合税务处罚裁量基准,论述对未按照规定设置、保管账簿或者保管记账凭证和有关资料,税务可处罚金额

在绍兴市波斯登服饰有限公司与国家税务总局绍兴市税务局稽查局税务行政处罚纠纷案[②]中,针对涉案行政处罚适用法律是否准确、量罚是否恰当。绍兴市中级人民法院认为,根据《税收征收管理法》第六十条第一款第(二)项之规定,未按照规定设置、保管账簿或者保管记账凭证和有关资料,情节严重的,处二千元以上一万元以下的罚款。根据《浙江省税务处罚裁量基准》,丢失账簿、记账凭证及有关资料属严重情节,被上诉人在上述处罚幅度内作出处罚5 000元的决定,无明显不当,应予维持。

---

① 案例来源:四川省南充市顺庆区人民法院行政裁定书(2018)川1302行审67号。
② 案例来源:浙江省绍兴市越城区人民法院行政判决书(2019)浙0602行初17号、浙江省绍兴市中级人民法院行政判决书(2019)浙06行终466号。

四、法条总结

本条是对特定违法行为授权税务机关给予处罚的规定,适用时需要结合《税收征收管理法》其他条文规定的相关法律义务一并理解。

第六十一条

扣缴义务人未按照规定设置、保管代扣代缴、代收代缴税款账簿或者保管代扣代缴、代收代缴税款记账凭证及有关资料的,由税务机关责令限期改正,可以处二千元以下的罚款;情节严重的,处二千元以上五千元以下的罚款。

一、法条简析

本条是对扣缴义务人违反账簿、凭证管理规定应承担的法律责任的规定。第一,扣缴义务人应当按照规定设置、保管账簿、记账凭证和有关资料。第二,扣缴义务人违反账簿、凭证管理规定应承担的法律责任。

二、应用场景

根据本条规定,论述用人单位主张代扣代缴员工刘功久工资中个人所得税的诉请不属于法院民事诉讼受理范围

在成都潮皇阁餐饮有限公司与刘功久劳动争议纠纷案[①]中,针对原告潮皇阁餐饮公司主张代扣代缴被告刘功久工资中个人所得税部分的诉讼请求。法院认为,根据《税收征收管理法》第六十一条"扣缴义务人未按照规定设置、保管代扣代缴、代收代缴税款账簿或者保管代扣代缴、代收代缴税款记账凭证及有关资料的,由税务机关责令限期改正,相关规定处理……"之规定,该项诉讼请求不属于人民法院审理的劳动争议民事案件范围,不予处理。

三、法条总结

本条规定意在授权税务机关对"扣缴义务人未按照规定设置、保管代扣代缴、代收代缴税款账簿或者保管代扣代缴、代收代缴税款记账凭证及有关资料的"行为给予责令整改及行政处罚的权力。实务中,因此被处罚的案例极少。

---

① 案例来源:四川省成都市金牛区人民法院民事判决书(2012)金牛民初字第4839号。

第六十二条

纳税人未按照规定的期限办理纳税申报和报送纳税资料的，或者扣缴义务人未按照规定的期限向税务机关报送代扣代缴、代收代缴税款报告表和有关资料的，由税务机关责令限期改正，可以处二千元以下的罚款；情节严重的，可以处二千元以上一万元以下的罚款。

一、法条简析

本条是对纳税人、扣缴义务人未按照规定的期限办理纳税申报、报送有关资料应承担的法律责任的规定。其包括两层意思：1.纳税人、扣缴义务人应当按照规定的期限向税务机关办理纳税申报、报送有关资料。2.纳税人、扣缴义务人未按照规定的期限办理纳税申报、报送有关资料应承担的法律责任。

二、相关规定

（一）《税收征收管理法》第二十五条

纳税人必须依照法律、行政法规规定或者税务机关依照法律、行政法规的规定确定的申报期限、申报内容如实办理纳税申报，报送纳税申报表、财务会计报表以及税务机关根据实际需要要求纳税人报送的其他纳税资料。

扣缴义务人必须依照法律、行政法规规定或者税务机关依照法律、行政法规的规定确定的申报期限、申报内容如实报送代扣代缴、代收代缴税款报告表以及税务机关根据实际需要要求扣缴义务人报送的其他有关资料。

（二）《税收征收管理法实施细则》第三十二条

纳税人在纳税期内没有应纳税款的，也应当按照规定办理纳税申报。

纳税人享受减税、免税待遇的，在减税、免税期间应当按照规定办理纳税申报。

三、应用场景

（一）应用场景一：结合《发票管理办法》第十五条规定，论述要求销售方开具涉案增值税发票非民事诉讼审理范围

在普瑞奇科技（北京）有限公司与被上诉人深圳市宝安联华实业有限公司机

电专用设备厂、深圳市宝安联华实业有限公司加工合同纠纷案①中，2012年8月21日，普瑞奇公司与联华设备厂签订了加工合同，合同约定由联华设备厂为普瑞奇公司加工两台设备，总价值为1 208 516元，在普瑞奇公司对联华设备厂交付的设备验收合格并支付95%的合同货款金额后5个工作日内，联华设备厂应按照货款金额开具17%的增值税发票给普瑞奇公司。普瑞奇公司于2012年8月28日支付了合同预付款664 683.8元，于2013年1月22日支付了302 129元，于2013年3月1日支付了181 277.4元，余款尚未支付。普瑞奇公司提交加工合同传真件、技术要求和配置、设备出厂验收单、设备现场调试验收单及银行转账凭证，主张其已履行合同约定的义务。普瑞奇公司起诉至法院，请求判令：联合设备厂与联合公司为普瑞奇公司开具金额为1 208 516元的17%的增值税发票。对此，一审、二审法院均认为，根据《税收征收管理法》第二十一条的规定，税务机关是发票的主管机关，负责发票印制、领购、开具、取得、保管、缴销的管理和监督。根据《发票管理办法》第十五条的规定，需要领购发票的单位和个人，应当持税务登记证件、经办人身份证明、按照国务院税务主管部门规定式样制作的发票专用章的印模，向主管税务机关办理发票领购手续。根据《税收征收管理法》第六十二条的规定，纳税人未按照规定的期限办理纳税申报和报送纳税资料的，或者扣缴义务人未按照规定的期限向税务机关报送代扣代缴、代收代缴税款报告表和有关资料的，由税务机关责令限期改正，可以处二千元以下的罚款。根据上述相关法律规定，联合设备厂与联合公司要向普瑞奇公司开具涉案增值税发票，应当按照相关规定领购发票，如联合设备厂与联合公司未按照相关规定开具发票的，负责发票管理和监督工作的税务机关根据相关规定进行处理。因此普瑞奇公司要求联合设备厂与联合公司开具涉案增值税发票，属于税务行政管理的范畴，并非属于民事法律关系，不属于民事诉讼审理范围，当事人可另循法律途径解决。

（二）应用场景二：结合税收实体法相关规定，论述未按照规定的期限办理纳税申报和报送纳税资料，税务机关有行政处罚权

在北京市赵公口沁园春酒楼与国家税务总局北京市丰台区税务局第一税务所及国家税务总局北京市丰台区税务局行政处罚及行政复议决定纠纷案②中，沁园春酒楼2019年6月1日至2019年6月30日个人所得税（工资薪金所得）未按期进

---

① 案例来源：广东省深圳市宝安区人民法院民事判决书（2013）深宝法公民初字第1094号、广东省深圳市中级人民法院民事判决书（2013）深中法商终字第2191号。

② 案例来源：北京市丰台区人民法院行政判决书（2020）京0106行初236号。

行申报、2019年10月1日至2019年12月31日企业所得税（应纳税所得额）未按期进行申报、2019年10月1日至2019年12月31日城市维护建设税［市区（增值税附征）］未按期进行申报、2019年10月1日至2019年12月31日增值税未按期进行申报。被告第一税务所认定沁园春酒楼的前述行为属于未按照规定期限办理纳税申报和报送纳税资料，违反了《税收征收管理法》第六十二条的规定，于2020年3月23日向沁园春酒楼作出并送达"责令限期改正通知书"，责令其于2020年3月30日前改正上述行为。同日，被告第一税务所向沁园春酒楼作出并送达被诉处罚决定。沁园春酒楼不服被诉处罚决定，于2020年4月3日向丰台税务局提出行政复议申请，丰台税务局于2020年5月20日作出被诉复议决定，维持了被诉处罚决定。沁园春酒楼仍不服，提起诉讼。

  法院经审理后认为：1.《税收征收管理法》第二十五条规定，纳税人必须依照法律、行政法规规定或者税务机关依照法律、行政法规的规定确定的申报期限、申报内容如实办理纳税申报，报送纳税申报表、财务会计报表以及税务机关根据实际需要要求纳税人报送的其他纳税资料。扣缴义务人必须依照法律、行政法规规定或者税务机关依照法律、行政法规的规定确定的申报期限、申报内容如实报送代扣代缴、代收代缴税款报告表以及税务机关根据实际需要要求扣缴义务人报送的其他有关资料。2.《税收征收管理法实施细则》第三十二条规定，纳税人在纳税期内没有应纳税款的，也应当按照规定办理纳税申报。纳税人享受减税、免税待遇的，在减税、免税期间应当按照规定办理纳税申报。3.《个人所得税法》第九条规定，个人所得税以所得人为纳税人，以支付所得的单位或者个人为扣缴义务人。第十四条规定，扣缴义务人每月或者每次预扣、代扣的税款，应当在次月十五日内缴入国库，并向税务机关报送扣缴个人所得税申报表。4.《企业所得税法》第五十四条规定，企业所得税分月或者分季预缴。企业应当自月份或者季度终了之日起十五日内，向税务机关报送预缴企业所得税纳税申报表，预缴税款。企业应当自年度终了之日起五个月内，向税务机关报送年度企业所得税纳税申报表，并汇算清缴，结清应缴应退税款。企业在报送企业所得税纳税申报表时，应当按照规定附送财务会计报告和其他有关资料。5.《增值税暂行条例》第二十三条第二款规定，纳税人以1个月或者1个季度为1个纳税期的，自期满之日起15日内申报纳税。6.《城市维护建设税暂行条例》第三条规定，城市维护建设税，以纳税人实际缴纳的消费税、增值税、营业税税额为计税依据，分别与消费税、增值税、营业税同时缴纳。第五条规定，城市维护建设税的征收、管理、纳税环节、奖罚等事项，比照消费税、增值税、营业税的有关规定办理。7.《税收征收管理法》第六十二条规定，纳税人未按照规定的期限办理纳税申报和报送纳税资料的，或者扣缴义务人未按照规定的期限向税务机关报送代扣代缴、代收代缴税款报告表和有关资料的，由税务机关责令限期改正，可以处二千元以下的罚款；情节严重的，可以处二千元以上一万元以下的罚款。8.《行政处罚法》第三十一条规定，行政机关在作出行政处罚决定之前，应当告知当事人作出行政处罚决定的事实、理由及依据，并告知当事人依法享有的权利。第三十三条规定，违法事实确凿并有法定依据，对公民处以五十元以下、对法人或者其他组织处以一千元以下罚款或者警告的行政处罚的，可以当场作出行政处罚决定。当事人应当依照该法第四十六条、第四十七条、第四十八条的规定履行行政处罚决定。第三十四条规定，执法人员当场作出行政处罚决定的，应当向当事人出示执法身份证件，填写预定格式、编有号码的行政处罚决定书。行政处罚决定书应当当场交付当事人。前款规定的行政处罚决定书应当载明当事人的违法行为、行政处罚依据、罚款数额、时间、地、地点以及行政机关名称由执法人员签名或者盖章。执法人员当场作出的行政处罚决定，必须报所属行政机关备案。9.国家税务总局公告2017年第33号《国家税务总局关于修订税务行政处罚（简易）执法文书的公告》第一条规定，税务机关依法对公民、法人或者其他组织当场作出行政处罚决定的，使用修订后的"税务行政处罚决定书（简易）"，不再另行填写"陈述申辩笔录"和"税务文书送达回证"。

本案中，原告沁园春酒楼应当依照规定办理个人所得税、企业所得税、城市维护建设税及增值税的纳税申报和报送纳税资料，但其未按时进行申报。第一税务所依据相关法律法规，作出责令改正通知书，同时作出被诉处罚决定，事实清楚，程序合法。

（三）应用场景三：论述税务机关是否作出限期责令整改或行政处罚，会否直接影响纳税人、扣缴义务人进行纳税申报

在北京世纪创新文教研究中心与北京市海淀区国家税务局行政处罚纠纷案[①]中，2016年7月7日，海淀区国税局作出海一国限改（2016）26956号"责令限期改正通知书"，认定世纪创新文教中心自2007年3月13日至2016年7月7日增值税逾期未申报，限世纪创新文教中心于2016年7月22日前按规程改正。上述责令限期改正通知书于2016年7月7日送达世纪创新文教中心。2016年7月12日，海

---

① 案例来源：北京市海淀区人民法院行政判决书（2017）京0108行初102号、北京市第一中级人民法院行政判决书（2017）京01行终571号。

淀区国税局作出海一国告（2016）4259号"税务行政处罚事项告知书"，告知世纪创新文教中心拟作出处罚的事实、理由、依据，以及享有听证、陈述、申辩的权利，该告知书于2016年7月18日送达世纪创新文教中心。2016年7月26日，海淀区国税局作出海一国罚（2016）693号税务行政处罚决定书（以下简称"被诉处罚决定"），其中查明：自2007年3月13日至2016年7月7日增值税逾期未申报。根据《税收征收管理法》第六十二条之规定，建议处罚10 000元。并于同年8月10日送达世纪创新文教中心，后世纪创新文教中心对被诉处罚决定不服，遂向法院提起行政诉讼。

在一审法院判决判决驳回世纪创新文教中心的诉讼请求后，北京世纪创新文教研究中心提起上诉。关于上诉人未能及时进行纳税申报的责任归属问题。二审法院认为，本案双方均认可上诉人2007年3月13日至2016年7月7日未进行增值税申报纳税，根据《税收征收管理法》第二十五条的规定，可以认定上诉人存在纳税人未按照规定的期限办理纳税申报的情形。上诉人认可2007年3月未及时进行申报系其自身的责任，但主张其后续未能申报纳税的责任在于海淀区国税局未能及时出具限期责令整改通知书或者行政处罚决定书，本院认为，根据《税收征收管理法》第六十二条的规定，被上诉人有权对上诉人未按照规定的期限办理纳税申报的行为作出相应的限期责令整改或行政处罚，但被上诉人是否作出限期责令整改或行政处罚，并不直接影响上诉人进行纳税申报，上诉人亦未提供证据证明其去海淀区国税局进行纳税申报时，因被上诉人未对其作出限期责令整改或行政处罚而不能进行纳税申报。至于上诉人是否处于税务非正常状态，也不影响上诉人通过现场提交的方式申报纳税。故上诉人认为系因被上诉人的原因导致其不能申报的主张缺乏事实依据，本院不予支持。

（四）应用场景四：论述对未按照规定期限办理纳税申报和报送纳税资料的行为，税务机关责令整改的相关要求

在海南剑桥置业有限公司与海南省洋浦经济开发区地方税务局新都税务分局及海南省洋浦经济开发区地方税务局税务行政管理纠纷案[1]中，二审法院指出，剑桥公司于2013年5月16日参加海南天合拍卖有限公司举行的拍卖会以1 400万元竞买到位于洋浦经济开发区D10区内100 256.253平方米的土地使用权。洋浦地税局新都分局于2015年3月25日作出"税务事项通知书"，在该通知书中该局通

---

[1] 案例来源：海南省洋浦经济开发区人民法院行政判决书（2015）浦行初字第4号、海南省第二中级人民法院行政判决书（2015）海南二中行终字第69号。

知剑桥公司于2015年4月9日前到洋浦地税局纳税服务大厅补缴2013年8月1日起应缴未缴的城镇土地使用税48.457189万元及其滞纳金。洋浦地税局新都分局在剑桥公司未缴纳涉案土地的城镇土地使用税情形下，该分局又于2015年6月25日向剑桥公司作出浦地税限改（2015）79号"责令限期改正通知书"。《税收征收管理法》第六十二条规定，"纳税人未按照规定的期限办理纳税申报和报送纳税资料的，或者扣缴义务人未按照规定的期限向税务机关报送代扣代缴、代收代缴税款报告表和有关资料的，由税务机关责令限期改正，可以处二千元以下的罚款；情节严重的，可以处二千元以上一万元以下的罚款。"根据上述规定，洋浦地税局新都分局向剑桥公司作出的"责令限期改正通知书"事实清楚，适用法律正确。在洋浦地税局新都分局向剑桥公司作出"责令限期改正通知书"之前，该分局已书面告知剑桥公司具有缴纳涉案土地的城镇土地使用税义务，且已明确具体告知剑桥公司应缴纳的时间、受理机构及救济方式等。因此，一审法院对剑桥公司所负缴纳义务的认定事实清楚，适用法律法规正确。

（五）应用场景五：结合《税收征收管理法》第十四条规定，论述税务所可对未按照规定期限办理纳税申报和报送纳税资料的行为责令改正

在吕成果诉淄博市地方税务局周村分局"责令限期改正通知书"案[①]中，2014年4月9日，淄博市地方税务局周村分局大街中心税务所作出淄周村地税大街限改（2014）66号"责令限期改正通知书"，依据《税收征收管理法》第二十五条、第六十二条之规定，通知吕成果于2014年4月30日前进行纳税申报并于当日将该通知书送达吕成果。吕成果不服该通知行为，向法院提起行政诉讼。

二审法院认为，根据《最高人民法院关于执行〈中华人民共和国行政诉讼法〉若干问题的解释》第一条第二款第（六）项之规定，对公民、法人或者其他组织权利义务不产生实际影响的行为不属于人民法院行政诉讼的受案范围。本案被诉淄周村地税大街限改（2014）66号"责令限期改正通知书"仅是就纳税申报向上诉人吕成果进行的通知行为，并不对上诉人的权利义务产生实际影响，不属于行政诉讼的受案范围。此外，根据《税收征收管理法》第六十二条之规定，纳税人未按照规定期限办理纳税申报和报送纳税资料的，由税务机关责令限期改正；同时，该法第十四条规定，税务机关包括税务所等机构。本案被诉责令限期改正通知书的作出机关是淄博市地方税务局周村分局大街中心税务所，税务所具

---

① 案例来源：山东省淄博市周村区人民法院行政裁定（2014）周行初字第20号、山东省淄博市中级人民法院行政裁定书（2014）淄行终字第58号。

有行政主体资格,是本案的适格被告,起诉人吕成果以淄博市地方税务局周村分局为被告提起行政诉讼系错列被告。

(六)应用场景六:结合《税收征收管理法实施细则》第三十二条规定,论述对未实际经营所以没申报纳税行为,也应给予处罚

在济南星云信息咨询有限公司与山东省济南市历下国家税务局税务行政处罚纠纷案[①]中,法院指出,《税收征收管理法》第四条第一款规定:"法律、行政法规规定负有纳税义务的单位和个人为纳税人。"第二十五条第一款规定:"纳税人必须依照法律、行政法规规定或者税务机关依照法律、行政法规的规定确定的申报期限、申报内容如实办理纳税申报,报送纳税申报表、财务会计报表以及税务机关根据实际需要要求纳税人报送的其他纳税资料。"及《税收征收管理法实施细则》第三十二条第一款规定:"纳税人在纳税期内没有应纳税款的,也应当按照规定办理纳税申报。"依据上述规定,星云公司作为纳税人,负有在法定期限内办理增值税及企业所得税纳税申报的义务,星云公司自成立以来,一直进行正常的纳税申报,其将2017年7月1日至2017年9月30日的逾期申报归咎于历下国税局未提前通知显然不能成立。且依据上述规定,纳税申报义务不因没有应纳税款而免除,星云公司提出其未实际经营故不应纳税申报显然亦不能成立。现星云公司于2017年7月1日至2017年9月30日未进行两税纳税申报,事实清楚,历下国税局就此进行行政处罚,符合上述法律规定。《税收征收管理法》第六十二条规定:"纳税人未按照规定的期限办理纳税申报和报送纳税资料的,或者扣缴义务人未按照规定的期限向税务机关报送代扣代缴、代收代缴税款报告表和有关资料的,由税务机关责令限期改正,可以处二千元以下的罚款;情节严重的,可以处二千元以上一万元以下的罚款。"依据上述规定,历下国税局针对星云公司未按期办理纳税申报和报送纳税资料的行为,给予其1 000元的罚款并无不当。历下国税局在对星云公司进行行政处罚的过程中,在处罚决定书中告知了处罚的事实、理由、依据及陈述和申辩的权利,星云公司对此也签字、盖章予以认可,该程序并无不当。

(七)应用场景七:结合《土地增值税暂行条例》相关规定,论述通过以物抵债的方式转移土地使用权是否应当办理纳税申报

在中山市裕中房地产有限公司与中山市地方税务局港口税务分局、中山市地

---

① 案例来源:山东省济南市历下区人民法院行政判决书(2018)鲁0102行初119号。

方税务局税务行政决定纠纷案①中,针对裕中房地产公司通过以物抵债的方式转移土地使用权是否应当办理土地交易清算和进行纳税申报问题,法院认为,《土地增值税暂行条例》第二条规定:"转让国有土地使用权、地上的建筑物及其附着物并取得收入的单位和个人,为土地增值税的纳税义务人,应依照本条例缴纳土地增值税。"第五条规定:"纳税人转让房地产所取得的收入,包括货币收入、实物收入和其他收入。"《土地增值税暂行条例实施细则》第二条规定:"条例第二条所称的转让国有土地使用权、地上的建筑物及其附着物并取得收入,是指以出售或者其他方式有偿转让房地产的行为。不包括以继承、赠与方式无偿转让房地产的行为。"根据上述规定,除继承、赠与等无偿方式转让房地产的行为外,其他所有有偿转让房地产的行为均应依照前引规定缴纳土地增值税。本案中,以物抵债土地使用权自抵债裁定〔(2014)中中法执字第30-4号〕送达李立时转移。目前,上述裁定已发生法律效力,所涉当事人应当执行。因此,作价抵偿债务应属于前引规定的有偿转让房地产的方式之一,故本案符合《土地增值税条例》和《土地增值税暂行条例实施细则》规定的缴纳土地增值税的条件,属应缴纳土地增值税的范畴。

如前规定,转让国有土地使用权的单位为土地增值税的纳税义务人。显然,裕中房地产公司是土地增值税的法定纳税义务人。根据国税发〔2009〕91号《关于印发〈土地增值税清算管理规程〉的通知》第十一条、《税收征收管理法》第二十五条的规定,裕中房地产公司应当在法院执行裁定书生效之日起90日内前往主管税务机关办理清算手续和纳税申报。现港口税务分局按照《税收征收管理法》第六十二条的规定,向裕中房地产公司出具中山地税港口限改〔2017〕第11TS0477号责令限期改正通知书,责令该公司限期到港口税务分局办理土地交易清算及相关纳税申报事项,并无不妥。需要说明的是,作为涉案土地使用权的受让人,李立可以申请以转让人裕中房地产公司的名义代为申报并缴交涉案税款,这与裕中房地产公司是法定纳税义务人并不矛盾。

四、法条总结

概因未按照规定的期限办理纳税申报和报送纳税资料较常发生,本条规定应用场景较多。适用本条规定时,需多与相关税收实体法规定相结合,一并理解。

---

① 案例来源:广东省中山市第一人民法院行政判决书(2017)粤2071行初605号。

第六十三条

纳税人伪造、变造、隐匿、擅自销毁账簿、记账凭证，或者在账簿上多列支出或者不列、少列收入，或者经税务机关通知申报而拒不申报或者进行虚假的纳税申报，不缴或者少缴应纳税款的，是偷税。对纳税人偷税的，由税务机关追缴其不缴或者少缴的税款、滞纳金，并处不缴或者少缴的税款百分之五十以上五倍以下的罚款；构成犯罪的，依法追究刑事责任。

扣缴义务人采取前款所列手段，不缴或者少缴已扣、已收税款，由税务机关追缴其不缴或者少缴的税款、滞纳金，并处不缴或者少缴的税款百分之五十以上五倍以下的罚款；构成犯罪的，依法追究刑事责任。

一、法条简析

本条是对纳税人、扣缴义务人偷税行为的处罚规定。本条规定的偷税行为有四种：1.通过伪造、变造、隐匿、擅自销毁账簿、记账凭证等手段，不缴或者少缴应纳税款的行为。2.通过在账簿上多列支出或者不列、少列收入，不缴或者少缴应纳税款的行为。3.经税务机关通知而拒不申报，不缴或者少缴应纳税款的行为。4.进行虚假的纳税申报，不缴或者少缴应纳税款的行为。

对纳税人、扣缴义务人偷税的，首先由税务机关追缴其不缴或者少缴的税款、滞纳金，以纠正偷税人的违法行为，保证国家税收不受损失。同时应当由税务机关对其处以不缴或者少缴的税款百分之五十以上五倍以下的罚款。沟通犯罪的，依法追究偷税行为人的刑事责任。

二、相关规定

（一）《国家税务总局关于北京聚菱燕塑料有限公司偷税案件复核意见的批复》（税总函〔2016〕274号）

北京市国家税务局：

你局《关于对2009年北京聚菱燕塑料有限公司偷税案件复核意见有关问题的请示》（京国税发〔2016〕138号）收悉。经研究，批复如下：

根据《中华人民共和国企业所得税法实施条例》第三十六条，该企业为部分管理人员购买的商业保险支出不得在企业所得税税前扣除。但是，该企业税前扣除的上述支出，是企业真实发生的支出。

根据你局提供的材料：一、除本案所涉及稽查外，未对该企业进行过其他稽查立案处理；二、除本案所涉违规列支行为外，未发现该企业成立以来存在其他违规列支行为；三、本案所涉该企业为部分管理人员购买的商业保险已在当期代扣代缴了个人所得税。据此，从证据角度不能认定该企业存在偷税的主观故意。

综上，我局同意你局的第二种复核意见，即不认定为偷税。

（二）《国家税务总局关于界定超标准小规模纳税人偷税数额的批复》（税总函〔2015〕311号）

黑龙江省国家税务局：

你局《关于界定超标准小规模纳税人偷税数额的请示》（黑国税发〔2014〕85号）收悉。根据《增值税一般纳税人资格认定管理办法》（国家税务总局令第22号）、《国家税务总局关于明确〈增值税一般纳税人资格认定管理办法〉若干条款处理意见的通知》（国税函〔2010〕139号）有关规定，批复如下：

稽查查补销售额和纳税评估调整销售额计入查补税款申报当月的销售额，以界定增值税小规模纳税人年应税销售额。

纳税人年应税销售额超过小规模纳税人标准且未在规定时限内申请一般纳税人资格认定的，主管税务机关应制作"税务事项通知书"予以告知。纳税人在"税务事项通知书"规定时限内仍未向主管税务机关报送一般纳税人认定有关资料的，其"税务事项通知书"规定时限届满之后的销售额依照增值税税率计算应纳税额，不得抵扣进项税额。税务机关送达的"税务事项通知书"规定时限届满之前的销售额，应按小规模纳税人简易计税方法，依3%征收率计算应纳税额。

你局对所属企业实施税务检查，发生的具体涉税事项，应按上述原则处理。其中，涉及滞纳金和罚款的计算等问题，仍按照相关规定执行。

（三）《国家税务总局关于税务检查期间补正申报补缴税款是否影响偷税行为定性有关问题的批复》（税总函〔2013〕196号）

山西省地方税务局：

你局《关于税务检查期间补正申报补缴税款是否影响偷税行为定性的请示》（晋地税发〔2012〕118号）收悉。经研究，批复如下：

税务机关认定纳税人不缴或者少缴税款的行为是否属于偷税，应当严格遵循《中华人民共和国税收征收管理法》第六十三条的有关规定。纳税人未在法定的期限内缴纳税款,且其行为符合《中华人民共和国税收征收管理法》第六十三条规定的构成要件的,即构成偷税,逾期后补缴税款不影响行为的定性。

纳税人在稽查局进行税务检查前主动补正申报补缴税款,并且税务机关没有证据证明纳税人具有偷税主观故意的,不按偷税处理。

(四)《最高人民法院关于审理偷税抗税刑事案件具体应用法律若干问题的解释》(法释〔2002〕33号)

(2002年11月4日最高人民法院审判委员会第1254次会议通过)

为依法惩处偷税、抗税犯罪活动,根据刑法的有关规定,现就审理偷税、抗税刑事案件具体应用法律的若干问题解释如下:

第一条 纳税人实施下列行为之一,不缴或者少缴应纳税款,偷税数额占应纳税额的10%以上且偷税数额在1万元以上的,依照刑法第二百零一条第一款的规定定罪处罚:

(一)伪造、变造、隐匿、擅自销毁账簿、记账凭证;

(二)在账簿上多列支出或者不列、少列收入;

(三)经税务机关通知申报而拒不申报纳税;

(四)进行虚假纳税申报;

(五)缴纳税款后,以假报出口或者其他欺骗手段,骗取所缴纳的税款。

扣缴义务人实施前款行为之一,不缴或者少缴已扣、已收税款,数额在1万元以上且占应缴税额10%以上的,依照刑法第二百零一条第一款的规定定罪处罚。扣缴义务人书面承诺代纳税人支付税款的,应当认定扣缴义务人"已扣、已收税款"。

实施本条第一款、第二款规定的行为,偷税数额在5万元以下,纳税人或者扣缴义务人在公安机关立案侦查以前已经足额补缴应纳税款和滞纳金,犯罪情节轻微,不需要判处刑罚的,可以免予刑事处罚。

第二条 纳税人伪造、变造、隐匿、擅自销毁用于记账的发票等原始凭证的行为,应当认定为刑法第二百零一条第一款规定的伪造、变造、隐匿、擅自销毁记账凭证的行为。

具有下列情形之一的,应当认定为刑法第二百零一条第一款规定的"经税务机关通知申报":

(一)纳税人、扣缴义务人已经依法办理税务登记或者扣缴税款登记的;

(二)依法不需要办理税务登记的纳税人,经税务机关依法书面通知其申报的;

（三）尚未依法办理税务登记、扣缴税款登记的纳税人、扣缴义务人，经税务机关依法书面通知其申报的。

刑法第二百零一条第一款规定的"虚假的纳税申报"，是指纳税人或者扣缴义务人向税务机关报送虚假的纳税申报表、财务报表、代扣代缴、代收代缴税款报告表或者其他纳税申报资料，如提供虚假申请，编造减税、免税、抵税、先征收后退还税款等虚假资料等。

刑法第二百零一条第三款规定的"未经处理"，是指纳税人或者扣缴义务人在5年内多次实施偷税行为，但每次偷税数额均未达到刑法第二百零一条规定的构成犯罪的数额标准，且未受行政处罚的情形。

纳税人、扣缴义务人因同一偷税犯罪行为受到行政处罚，又被移送起诉的，人民法院应当依法受理。依法定罪并判处罚金的，行政罚款折抵罚金。

第三条 偷税数额，是指在确定的纳税期间，不缴或者少缴各税种税款的总额。

偷税数额占应纳税额的百分比，是指一个纳税年度中的各税种偷税总额与该纳税年度应纳税总额的比例。不按纳税年度确定纳税期的其他纳税人，偷税数额占应纳税额的百分比，按照行为人最后一次偷税行为发生之日前一年中各税种偷税总额与该年纳税总额的比例确定。纳税义务存续期间不足一个纳税年度的，偷税数额占应纳税额的百分比，按照各税种偷税总额与实际发生纳税义务期间应当缴纳税款总额的比例确定。

偷税行为跨越若干个纳税年度，只要其中一个纳税年度的偷税数额及百分比达到刑法第二百零一条第一款规定的标准，即构成偷税罪。各纳税年度的偷税数额应当累计计算，偷税百分比应当按照最高的百分比确定。

第四条 两年内因偷税受过二次行政处罚，又偷税且数额在1万元以上的，应当以偷税罪定罪处罚。

第五条 实施抗税行为具有下列情形之一的，属于刑法第二百零二条规定的"情节严重"：

（一）聚众抗税的首要分子；

（二）抗税数额在10万元以上的；

（三）多次抗税的；

（四）故意伤害致人轻伤的；

（五）具有其他严重情节。

第六条 实施抗税行为致人重伤、死亡，构成故意伤害罪、故意杀人罪的，分别依照刑法第二百三十四条第二款、第二百三十二条的规定定罪处罚。

与纳税人或者扣缴义务人共同实施抗税行为的，以抗税罪的共犯依法处罚。

（五）《国家税务总局关于增值税一般纳税人发生偷税行为如何确定偷税数额和补税罚款的通知》（国税发〔1998〕66号）

注释：条款失效。第一条第（三）项失效。参见：《国家税务总局关于修改〈国家税务总局关于增值税一般纳税人发生偷税行为如何确定偷税数额和补税罚款的通知〉的通知》（国税函〔1999〕739号）。

目前，各地对增值税一般纳税人发生偷税行为，如何计算确定其增值税偷税额以及如何补税、罚款的认识和做法不一，现统一明确如下：

一、关于偷税数额的确定

（一）由于现行增值税制采取购进扣税法计税，一般纳税人有偷税行为，其不报、少报的销项税额或者多报的进项税额，即是其不缴或少缴的应纳增值税额。因此，偷税数额应当按销项税额的不报、少报部分或者进项税额的多报部分确定。如果销项、进项均查有偷税问题，其偷税数额应当为两项偷税数额之和。

（二）纳税人的偷税手段如属账外经营，即购销活动均不入账，其不缴或少缴的应纳增值税额即偷税额为账外经营部分的销项税额抵扣账外经营部分中已销货物进项税额后的余额。已销货物的进项税额按下列公式计算：

已销货物进项税额＝账外经营部分购货的进项税额－账外经营部分存货的进项税额

（三）如账外经营部分的销项税额或已销货物进项税额难以核实，应当根据《中华人民共和国增值税暂行条例实施细则》第十六条第（三）项规定，按照组成计税价格公式核定销售额，再行确定偷税数额。凡销项税额难以核实的，以账外经营部分已销货物的成本为基础核定销售额；已销货物进项税额难以核实的，以账外经营部分的购货成本为基础核定销售额。

二、关于税款的补征

偷税款的补征入库，应当视纳税人不同情况处理，即：根据检查核实后一般纳税人当期全部的销项税额与进项税额（包括当期留抵税额），重新计算当期全部应纳税额，若应纳税额为正数，应当作补税处理，若应纳税额为负数，应当核减期末留抵税额（企业账务调整的具体方法，见《增值税日常稽查办法》）。

三、关于罚款

对一般纳税人偷税行为的罚款，应当按照本通知第一条的规定计算确定偷税数额，以偷税数额为依据处理。

（六）《国家税务总局关于个人所得税偷税案件查处中有关问题的补充通知》（国税函〔1996〕602号）

注释：条款失效（国税发〔2006〕62号文件公布）。第一条、第二条、第七条失效，参见：《中华人民共和国税收征收管理法》，第九届全国人民代表大会常务委员会第二十一次会议修订。

注释：条款失效，第六条失效。参见：《国家税务总局关于公布全文失效废止 部分条款失效废止的税收规范性文件目录的公告》国家税务总局公告2011年第2号。

最近，一些省、市反映在个人所得税偷税案件的查处中，对违反税收法律、法规的纳税义务人、扣缴义务人及其他责任人，其法律责任应如何认定等问题，要求予以明确。按照《中华人民共和国税收征收管理法》（以下简称税收征管法）、《全国人民代表大会常务委员会关于惩治偷税抗税犯罪的补充规定》和《中华人民共和国个人所得税法》（以下简称个人所得税法）的有关规定，现明确如下：

一、关于纳税义务人或扣缴义务人违反税收法律、法规进行偷税的认定

1.在扣缴义务人未按规定代扣代缴税款情况下，纳税义务人超过税法规定的纳税申报期限，仍未获取扣缴义务人扣缴税款凭证，又不按规定主动向税务机关办理申报收入或缴纳税款的，为隐匿收入的行为，由此造成税款的少缴或不缴，是偷税。

2.扣缴义务人以书面形式承诺为纳税义务人代付税款，或以口头形式承诺为纳税义务人代付税款且双方都向税务机关承认的，在其向纳税义务人支付所得时即认定为其已将承诺为纳税义务人代付的税款扣收。扣缴义务人不缴或少缴其已承诺应代付税款的，为偷税。

3.同一经济活动中扣缴义务人、纳税义务人和中介人通过签订假协议、假合同、填定虚假扣缴报告表和纳税申报表等手段进行虚假申报，造成不缴或少缴已扣已收税款的，为共同偷税。

4.中介人从事介绍服务、经纪服务和代办服务等活动取得的劳务收入，为应税收入。如未按《国家税务总局关于认真执行个人所得税法的通告》（国税发〔1994〕112号，以下简称通告）的规定进行纳税申报，为隐匿收入的行为，由此造成不缴或少缴税款的，是偷税。

二、关于对纳税义务人或扣缴义务人偷税的处理

1.扣缴义务人有偷税行为，偷税数额占应缴税额10%以上并且数额在1万元以上的，在追缴所偷税款的同时加收滞纳金，并移送司法机关。

2.扣缴义务人、纳税义务人和中介人根据第一条第三项的规定构成共同偷税的，其偷税数额占应缴税额10%以上并且数额在1万元以上的，在追缴所偷税款的同时加收滞纳金，将三者一并移送司法机关。

3.中介人根据第一条第四项的规定有偷税行为，偷税数额占应纳税额10%以上并且数额在1万元以上的，由税务机关追缴其所偷税款的同时加收滞纳金，并移送司法机关。

4.扣缴义务人、纳税义务人和中介人偷税行为依据上述1至3项的规定未构成犯罪的，由税务机关追缴其所偷税款的同时加收滞纳金，并处以偷税数额5倍以下的罚款。

三、关于扣缴义务人的认定

扣缴义务人的认定，按照个人所得税法的规定，向个人支付所得的单位和个人为扣缴义务人。由于支付所得的单位和个人与取得所得的人之间有多重支付的现象，有时难以确定扣缴义务人。为保证全国执行的统一，现将认定标准规定为：凡税务机关认定对所得的支付对象和支付数额有决定权的单位和个人，即为扣缴义务人。

四、关于劳务报酬所得"次"的规定

个人所得税法实施条例第二十一条规定"属于同一项目连续性收入的，以一个月内取得的收入为一次"，考虑属地管辖与时间划定有交叉的特殊情况，统一规定以县（含县级市、区）为一地，其管辖内的一个月内的劳务服务为一次；当月跨县地域的，则应分别计算。

五、关于劳务报酬所得费用的计算与扣除

获取劳务报酬所得的纳税义务人从其收入中支付给中介人和相关人员的报酬，在定率扣除20%的费用后，一律不再扣除。对中介人和相关人员取得的上述报酬，应分别计征个人所得税。

六、在调查个人所得税偷税案件中，对纳税义务人收入取得地和居住地不在同一省级地区的，以纳税义务人、中介人居住地税务机关为主，案件涉及地区的税务机关应积极配合协助。经查证核实后查补的纳税义务人和中介人的税款、滞纳金和罚款，由其向居住地税务机关缴纳入库，其中50%划转给收入取得地的税务机关。

七、关于扣缴义务人未按规定扣缴税款的处理

扣缴义务人未扣缴或未足额扣缴纳税义务人应纳税款的,根据税收征管法第五章法律责任中第四十七条的规定进行处罚。纳税义务人在获取所得时,未同时获取完税证明或未获取足额的完税证明,根据通告及有关规定,应在次月七日内向税务机关申报收入,对不属于代付税款的,在申报的同时还要缴纳税款。

八、本通知自发布之日起执行,通知发布前已经处理的案件,不再变动;尚未处理或者正在处理的案件,一律适用本通知。

(七)《国家税务总局办公厅关于呼和浩特市昌隆食品有限公司有关涉税行为定性问题的复函》(国税办函〔2007〕513号)

最高人民检察院:

《税收征收管理法》未具体规定纳税人自我纠正少缴税行为的性质问题,在处理此类情况时,仍应按《税收征收管理法》关于偷税应当具备主观故意、客观手段和行为后果的规定进行是否偷税的定性。

税务机关在实施检查前纳税人自我纠正属补报补缴少缴的税款,不能证明纳税人存在偷税的主观故意,不应定性为偷税。

国家税务总局办公厅
二〇〇七年五月五日

(八)《国家税务总局关于纳税人取得虚开的增值税专用发票处理问题的通知》(国税发〔1997〕134号)

最近,一些地区国家税务局询问,对纳税人取得虚开的增值税专用发票(以下简称专用发票)如何处理。经研究,现明确如下:

一、受票方利用他人虚开的专用发票,向税务机关申报抵扣税款进行偷税的,应当依照《中华人民共和国税收征收管理法》及有关法规追缴税款,处以偷税数额五倍以下的罚款;进项税金大于销项税金的,还应当调减其留抵的进项税额。利用虚开的专用发票进行骗取出口退税的,应当依法追缴税款,处以骗税数额五倍以下的罚款。

二、在货物交易中,购货方从销售方取得第三方开具的专用发票,或者从销货地以外的地区取得专用发票,向税务机关申报抵扣税款或者申请出口退税的,应当按偷税、骗取出口退税处理,依照《中华人民共和国税收征收管理法》及有关法规追缴税款,处以偷税、骗税数额五倍以下的罚款。

三、纳税人以上述第一条、第二条所列的方式取得专用发票未申报抵扣税

款，或者未申请出口退税的，应当依照《中华人民共和国发票管理办法》及有关法规，按所取得专用发票的份数，分别处以一万元以下的罚款；但知道或者应当知道取得的是虚开的专用发票，或者让他人为自己提供虚开的专用发票的，应当从重处罚。

四、利用虚开的专用发票进行偷税、骗税，构成犯罪的，税务机关依法进行追缴税款等行政处理，并移送司法机关追究刑事责任。

（九）《刑法》第二百零一条

纳税人采取欺骗、隐瞒手段进行虚假纳税申报或者不申报，逃避缴纳税款数额较大并且占应纳税额百分之十以上的，处三年以下有期徒刑或者拘役，并处罚金；数额巨大并且占应纳税额百分之三十以上的，处三年以上七年以下有期徒刑，并处罚金。

扣缴义务人采取前款所列手段，不缴或者少缴已扣、已收税款，数额较大的，依照前款的规定处罚。

对多次实施前两款行为，未经处理的，按照累计数额计算。

有第一款行为，经税务机关依法下达追缴通知后，补缴应纳税款，缴纳滞纳金，已受行政处罚的，不予追究刑事责任；但是，五年内因逃避缴纳税款受过刑事处罚或者被税务机关给予二次以上行政处罚的除外。

（十）《最高人民检察院 公安部关于公安机关管辖的刑事案件立案追诉标准的规定（二）》（公通字〔2022〕12号）第五十二条

[逃税案（刑法第二百零一条）]逃避缴纳税款，涉嫌下列情形之一的，应予立案追诉：

（一）纳税人采取欺骗、隐瞒手段进行虚假纳税申报或者不申报，逃避缴纳税款，数额在十万元以上并且占各税种应纳税总额百分之十以上，经税务机关依法下达追缴通知后，不补缴应纳税款、不缴纳滞纳金或者不接受行政处罚的；

（二）纳税人五年内因逃避缴纳税款受过刑事处罚或者被税务机关给予二次以上行政处罚，又逃避缴纳税款，数额在十万元以上并且占各税种应纳税总额百分之十以上的；

（三）扣缴义务人采取欺骗、隐瞒手段，不缴或者少缴已扣、已收税款，数额在十万元以上的。

纳税人在公安机关立案后再补缴应纳税款、缴纳滞纳金或者接受行政处罚的，不影响刑事责任的追究。

三、应用场景

（一）应用场景一：结合《税收征收管理法》第五十二条规定，对偷税行为进行税款追缴无期限限制

在李某逃税案①中，2009—2015年，被告人李某与他人合伙经营砂石料生意，未依法办理营业执照及税务登记，通过向他人采购砂石料直接供货结算的方式，长期向山东宁某集团万某商品混凝土有限公司（以下简称"万某公司"）供应砂石料，经营期间一直未申报纳税及缴纳税款，经核算销售金额共计71 767 748.70元（含税），应纳税额为3 509 789.86元（其中增值税2 090 322.78元、城市维护建设税146 322.59元、教育费附加62 709.68元、地方教育附加39 967.05元、地方水利建设基金19 063.82元、个人所得税1 151 403.94元）。2018年8月15日，国家税务总局济宁市任城区税务局依法向被告人李某下达责令限期改正通知书，责令被告人李某于2018年8月17日前携带相关资料到济宁市任城区税务局办税服务厅办理纳税申报，被告人李某拒不申报。2018年8月17日，国家税务总局济宁市任城区税务局对被告人李某下达税务事项通知书，责令被告人李某于2018年8月24日前缴纳税款3 509 789.86元，并从税款滞纳之日起至缴纳或解缴之日止，按日加收滞纳税款万分之五的滞纳金，与税款一并缴纳，被告人李某拒不补缴应纳税款及缴纳滞纳金。2018年9月5日，济宁市任城区监察委员会将核查相关线索时发现的上述犯罪事实移交济宁市公安局任城区分局。2019年8月25日，被告人李某接办案民警电话通知后到济宁市公安局任城区分局李营派出所接受讯问，到案后如实供述了其主要犯罪事实。

关于其辩护人提出的对被告人李某追缴税款有部分已经超出了追征期，不应当计算在应纳税额内的辩护意见，法院认为，根据《税收征收管理法》第六十三条第一款"纳税人……经税务机关通知申报而拒不申报或者进行虚假纳税申报，不缴或者少缴应纳税款的，是偷税"及第五十二条第三款"对偷税、抗税、骗税的税务机关追征其未缴或者少缴的税款、滞纳金或者所骗取的税款，不受前款规定期限的限制"的规定，即对于偷税（后变更为逃税）的，税务机关可以无限期追征其未缴或者少缴的税款、滞纳金，该辩护意见不成立，不予采纳。

（二）应用场景二：结合本条规定，论述逃税罪的犯罪故意

在白银嘉垣置业有限公司等逃税案②中，辩护人提出白银嘉垣置业公司不构

---

① 案例来源：山东省济宁市任城区人民法院刑事判决书（2020）鲁0811刑初400号。
② 案例来源：甘肃省白银市白银区人民法院刑事判决书（2012）白刑初字第302号。

成逃税罪。法院经查后认为，税务机关出具的税务稽查报告证明，2004—2007年，白银嘉垣置业公司少申报或不申报缴纳税款8 647 112.92元，白银市地税局于2008年8月12日起对白银嘉垣置业有限公司涉税情况进行检查，并于2009年11月26日，根据《税收征收管理法》第六十三条的规定，对白银嘉垣置业有限公司少申报、未申报缴纳的税款责令限期补缴，白银嘉垣置业有限公司仍然不缴纳税款，主观上具有逃税的故意，客观上利用不申报或虚假申报应纳税款的手段实施了逃税行为，其行为符合逃税罪的构成要件，构成逃税罪。

（三）应用场景三：根据四要件说，论述偷税行为的认定标准

在凌源市北方建材有限公司与国家税务总局凌源市税务局税务行政处罚决定再审审查案①中，辽宁省高级人民法院认为，再审申请人在2013—2017年长达4年的时间内，未对销售15 913.96吨水泥行为进行增值税纳税申报，是客观事实，再审申请人对此并无异议。国家产业政策调整导致企业停产的原因不是再审申请人可以对其销售产品不进行纳税申报的法定事由，再审申请人明知其负有纳税义务，客观上实施了"不列、少列收入"的行为，主观上具有不缴或者少缴应纳税款的目的，造成应缴而未缴税款的结果，侵害了国家税收利益和管理秩序，其行为符合《税收征收管理法》第六十三条第一款规定的情形，故被申请人下属稽查局认定再审申请人构成偷税违法行为，定性正确，原审法院判决驳回再审申请人的诉讼请求并无不当。

（四）应用场景四：结合国税发〔1997〕134号文规定，论述虚取发票进行抵扣，属于虚假纳税申报行为，构成偷税行为

在安徽海通医药股份有限公司与国家税务总局合肥市税务局税务处罚再审审查案②中，安徽省高级人民法院指出，申请人海通医药公司作为增值税一般纳税人，取得了无真实货物交易的增值税专用发票，该公司仓管人员虚构了入库单，财务人员伪造了记账凭证，并对接受虚开的增值税专用发票进行了认证、抵扣了税款。上述行为属于《税收征收管理法》第六十三条第一款所规定的虚假纳税申报行为，该公司通过虚假申报抵扣了进项，造成当期少缴税款。根据《国家税务总局关于纳税人取得虚开的增值税专用发票处理问题的通知》第一条之规定，受票方利用他人虚开的专用发票，向税务机关申报抵扣税款进行偷税的，应当依照

---

① 案例来源：辽宁省高级人民法院行政裁定书（2019）辽行申1793号。
② 案例来源：安徽省高级人民法院行政裁定书（2017）皖行申124号。

《税收征收管理法》及有关法规追缴税款，处以偷税数额5倍以下的罚款。故合肥市国税局对海通医药公司的行政处罚并无不当。

（五）应用场景五：结合法释〔2002〕33号文规定，论述如何认定构成虚假纳税申报

在聊城市隆昌投资有限公司与国家税务总局聊城市税务局第一稽查局税务行政处罚纠纷案①中，针对被上诉人隆昌公司是否构成虚假纳税申报的偷税行为问题，二审法院认为，《税收征收管理法》第六十三条第一款规定："纳税人伪造、变造、隐匿、擅自销毁账簿、记账凭证，或者在账簿上多列支出或者不列、少列收入，或者经税务机关通知申报而拒不申报或者进行虚假的纳税申报，不缴或者少缴应纳税款的，是偷税。对纳税人偷税的，由税务机关追缴其不缴或者少缴的税款、滞纳金，并处不缴或者少缴的税款百分之五十以上五倍以下的罚款；构成犯罪的，依法追究刑事责任。"《最高人民法院关于审理偷税抗税刑事案件具体应用法律若干问题的解释》（法释〔2002〕33号）第二条第三款规定："刑法第二百零一条第一款规定的'虚假的纳税申报'，是指纳税人或者扣缴义务人向税务机关报送虚假的纳税申报表、财务报表、代扣代缴、代收代缴税款报告表或者其他纳税申报资料，如提供虚假申请，编造减税、免税、抵税、先征收后退还税款等虚假资料等。"从上述规定可以看出，构成虚假纳税申报的偷税行为，主观上必须出于故意，即行为人明知自己的行为会造成国家税收损失，而积极希望或追求这一危害结果；客观上实施了提供虚假申请，编造相关虚假资料等行为。

本案中，原东昌府税务稽查局认定被上诉人隆昌公司存在虚假纳税申报的偷税行为，主要是认为隆昌公司未将李庆荣、许效国两案民事判决的逾期利息进行纳税申报。被上诉人认为，根据财政部印发的《金融企业会计制度》和《国家税务总局关于金融企业贷款利息收入确认问题的公告》（国家税务总局公告2010年第23号）的规定，不应对涉及李庆荣案件、许效国案件逾期应收未收利息征收营业税。为此，2017年4月11日原聊城市地方税务局东昌府分局还专门就被上诉人涉税问题向上级有关部门予以请示。上述事实说明，当事人就被上诉人涉及李庆荣案件、许效国案件逾期应收未收利息是否纳税存在着法律认识上的争议。因此，被上诉人隆昌公司未将逾期利息进行纳税申报，不足以认定其具有"虚假纳税申报"的故意。故原东昌府税务稽查局认定被上诉人存在虚假纳税申报的偷税

---

① 案例来源：山东省聊城市东昌府区人民法院行政判决书（2019）鲁1502行初28号、山东省聊城市中级人民法院行政判决书（2019）鲁15行终277号。

行为,并据此作出行政处罚,属适用法律错误,该处罚决定依法应予撤销。

(六)应用场景六:结合《税收征收管理法》第八十八条规定,以"税务处理决定书"确定的偷税行为及金额认定"税务行政处罚决定书"相关内容的合法性

在山东省荣成市北海石油有限公司与山东省荣成市国家税务局稽查局税收行政处罚纠纷案[①]中,二审法院认为,《税收征收管理法》第六十三条第一款规定:"纳税人伪造、变造、隐匿、擅自销毁账簿、记账凭证,或者在账簿上多列支出或者不列、少列收入,或者经税务机关通知申报而拒不申报或者进行虚假的纳税申报,不缴或者少缴应纳税款的,是偷税。对纳税人偷税的,由税务机关追缴其不缴或者少缴的税款、滞纳金,并处不缴或者少缴的税款百分之五十以上五倍以下的罚款;构成犯罪的,依法追究刑事责任。"该法第八十八条规定:"纳税人、扣缴义务人、纳税担保人同税务机关在纳税上发生争议时,必须先依照税务机关的纳税决定缴纳或者解缴税款及滞纳金或者提供相应的担保,然后可以依法申请行政复议;对行政复议决定不服的,可以依法向人民法院起诉。当事人对税务机关的处罚决定、强制执行措施或者税收保全措施不服的,可以依法申请行政复议,也可以依法向人民法院起诉……"本案中,被上诉人荣成市国税局稽查局对上诉人作出的税务处理决定,认定上诉人存在偷税违法事实且偷税金额为6 727 232.28元,被诉税务处罚决定所认定的违法事实及偷税金额与税务处理决定的内容一致。而是否存在偷税行为及偷税金额系纳税争议,对该税务处理决定不服,根据上述法律规定应当复议前置。上诉人未就该税务处理决定提起行政复议,且已过申请复议期限,故对被诉税务处罚决定所认定的偷税行为及偷税金额本院不进行司法审查。根据上述规定,被上诉人对上诉人作出少缴税款百分之五十的罚款符合上述法律规定,处罚适当。被上诉人立案后,进行了调查取证,告知上诉人享有陈述申辩权,并根据上诉人的申请组织了听证,其行政程序合法。

(七)应用场景七:结合《增值税暂行条例》第九条规定,论述税务机关应证明纳税人已收讫销售款或者取得索取销售款凭据,方可证明纳税人存在在账簿上不列、少列收入的偷税行为

佛山市顺德区恒光电器有限公司与佛山市顺德区国家税务局稽查局税务行政

---

① 案例来源:山东省荣成市人民法院行政判决书(2016)鲁1082行初31号、山东省威海市中级人民法院行政判决书(2018)鲁10行终1号。

处罚纠纷案[①]。

1.当事人

上诉人（原审被告）：佛山市顺德区国家税务局稽查局。

被上诉人（原审原告）：佛山市顺德区恒光电器有限公司。

2.基本案情

2004年3月9日，被告佛山市顺德区国家税务局稽查局根据群众举报对原告佛山市顺德区恒光电器有限公司的账簿、凭证及其他有关资料进行调取，调取原告内部账资料7箱，后被告佛山市顺德区国家税务局稽查局对原告佛山市顺德区恒光电器有限公司的法定代表人冯典祺，公司人员韦连伟、唐光琼、杨丽霞、曾翠玲、邵素琴、欧佩虹进行询问，对所调取的有关账册、送货单进行整理核对，将内部明细分类账录入电子表格进行统计，2004年5月10日和14日，原告员工曾翠玲、杨丽霞对被告调取的账册内将货物的单价、金额进行核对，同年5月20至21日，曾翠玲、杨丽霞在被告所调取原告的账册上盖上了原告的公章。2004年12月28日，被告作出顺国税稽告〔2004〕0134号"税务行政处罚事项告知书"，告知原告的违法事实、法律依据和拟作出的处罚，并于当天送达给原告，原告于2004年12月30日向顺德区税务局书面申请听证，2005年1月13日，佛山市顺德区税务局主持了听证，2005年2月3日，被告佛山市顺德区国家税务局稽查局作出了顺国税稽罚字〔2005〕0010号"税务行政处罚决定书"，并于同年2月4日送达给原告。

3.法院裁判

一审法院认为，在本案中，被告佛山市顺德区国家税务局稽查局作出顺国税稽罚字〔2005〕0010号"税务行政处罚决定书"，认定原告佛山市顺德区恒光电器有限公司通过开设内部的账册，记录向外单位及个人销售产品，其中记录的销售额大于实际开票金额，减除向税务机关申报纳税的销售额，剩余部分以没有如实向税务机关申报纳税的手段进行偷税，其行为构成了《税收征收管理法》第六十三条第一款规定的偷税行为，并根据该条规定对原告佛山市顺德区恒光电器有限公司处以4 200 000元罚款。根据《税收征收管理法》第六十三条第一款规定，"纳税人伪造、变造、隐匿、擅自销毁账簿、记账凭证，或者在账簿上多列支出或者不列、少列收入，或者经税务机关通知申报而拒不申报或者进行虚假的

[①] 案例来源：广东省佛山市顺德区人民法院行政判决书（2005）顺法行初字第13号、广东省佛山市中级人民法院行政判决书（2005）佛中法行终字第251号。

纳税申报，不缴或者少缴应纳税款的，是偷税。对纳税人偷税的，由税务机关追缴其不缴或者少缴的税款、滞纳金，并处不缴或者少缴的税款百分之五十以上五倍以下的罚款；构成犯罪的，依法追究刑事责任。"根据该条规定，偷税的定义就是纳税人不缴或者少缴应纳税款的行为，偷税的具体表现形式主要有三种：（一）纳税人伪造、变造、隐匿、擅自销毁账簿、记账凭证；（二）在账簿上多列支出或者不列、少列收入；（三）经税务机关通知申报而拒不申报或者进行虚假的纳税申报。被告作出的"税务行政处罚决定书"认定原告偷税的违法事实，是通过在账簿上不列、少列收入的方式来实现的。根据财政部1998年6月26日颁布的《企业会计准则——收入》（财会字〔1998〕23号）对"收入"的定义为："收入是指企业在销售商品、提供劳务及他人使用本企业资产等日常活动中所形成的经济利益的总流入。收入不包括为第三方或客户代收的款项。"又据《企业会计准则——收入》中"销售商品的收入，应在下列条件均能满足时予以确认：（1）企业已将商品所有权上的主要风险和报酬转移给购货方；（2）企业既没有保留通常与所有权相联系的继续管理权，也没有对已售出的商品实施控制；（3）与交易相关的经济利益能够流入企业；（4）相关的收入和成本能够可靠地计量"和"销售商品的收入应按企业与购货方签订的合同或协议金额或双方接受的金额确定。现金折扣在实际发生时确认为当期费用；销售折让在实际发生时冲减当期收入"。对照以上规定，被告没有提供符合认定原告上列销售收入条件的任何证据，相反原告提供了反证材料证实其货物并未实现销售，因此被告不能确定原告的销售收入，亦未提供原告通过其他方式偷税的有关证据，不能证实原告不缴或少缴应纳税款，不能认定原告有偷税的违法行为，被告认定原告偷税的违法事实主要证据不足，其依据《税收征收管理法》第六十三条第一款规定对原告作出的处罚适用法律错误；另根据《增值税暂行条例》第十九条的规定，"增值税纳税义务发生时间：（一）销售货物或者应税劳务，为收讫销售款或者取得索取销售款凭据的当天。（二）进口货物，为报关进口的当天。"又根据《增值税暂行条例实施细则》第三十三条规定，"条例第十九条第（一）项规定的销售货物或者应税劳务的纳税义务发生时间，按销售结算方式的不同，具体为：（一）采取直接收款方式销售货物，不论货物是否发出，均为收到销售额或取得索取销售额的凭据，并将提货单交给买方的当天；（二）采取托收承付和委托银行收款方式销售货物，为发出货物并办妥托收手续的当天；（三）采取赊销和分期收款方式销售货物，为按合同约定的收款日期的当天；（四）采取预收货款方式销售货物，为货物发出的当天；（五）委托其他纳税人代销货物，为收到代销单位销售的代销清单的当天；（六）销售应税劳务，为提供劳务同时收讫销售额或取得索取销售额的凭据的当天；（七）纳税人发生本细则第四条第（三）项至第（八）项所列视同销售货物行为，为货物移送的当天。"《增值税暂行条例实施细则》第四条规定，"单位或个体经营者的下列行为，视同销售货物：（一）将货物交付他人代销；（二）销售代销货物；（三）设有两上以上机构并实行统一核算的纳税人，将货物从一个机构移送其他机构用于销售，但相关机构设在同一县（市）的除外；（四）将自产或委托加工的货物用于非应税项目；（五）将自产、委托加工或购买的货物作为投资，提供给其他单位或个体经营者；（六）将自产、委托加工或购买的货物分配给股东或投资者；（七）将自产、委托加工的货物用于集体福利或个人消费；（八）将自产、委托加工或购买的货物无偿赠送他人。"根据上述规定，被告未提供有效证据证明原告所销售的货物已到增值税纳税义务的发生时间，因此，被告认定原告销售货物没有如实向税务机关申报纳税缺乏事实和法律依据。被告依法开展税务检查，在作出处罚前依法告知原告，并依原告的申请组织了听证，后作出处罚决定，并送达了原告，程序合法。综上所述，被告作出顺国税稽罚字（2005）0010号"税务行政处罚决定书"的主要证据不足，适用法律错误，应予撤销，原告诉被告作出的顺国税稽罚字（2005）0010号"税务行政处罚决定书"认定事实和适用错误的理由成立，应予采纳，但诉该处罚决定存在违反程序的理由不成立，不予采纳。

二审法院亦基本以上述理由作出驳回上诉的裁定。理由在此，不再赘述。

4.法律评析

提醒读者注意如下三点：（1）本案生效判决作出时间为2006年4月27日。彼时《企业会计准则》（2006年版）尚未实施，《企业所得税法》也未颁布，《国家税务总局关于企业处置资产所得税处理问题的通知》（国税函〔2008〕828号）更是未颁布。所以，本案中法院仅围绕《增值税暂行条例》第十九条规定的增值税纳税义务进行了分析。（2）本案根据《企业会计准则——收入》的收入定义来论述税法问题，显得不够专业。《税收征收管理法》（2001年版）第二十条第二款规定（注：2013年修正、2015年修正均未改变本条规定内容），纳税人、扣缴义务人的财务、会计制度或者财务、会计处理办法与国务院或者国务院财政、税务主管部门有关税收的规定抵触的，依照国务院或者国务院财政、税务主管部门有关税收的规定计算应纳税款、代扣代缴和代收代缴税款。（3）本案法院将论述的重心转到了原告增值税纳税义务发生时间，并将其作为判断纳税义务人是否存在在账簿上不列、少列收入的偷税行为的基础。这一点值得我们借鉴和学习。

（八）应用场景八：结合《企业所得税法实施条例》第二十三条规定，论述跨年度工程未及时转收入属于不列、少列收入的偷税行为

在镇江市国家税务局稽查局与江苏三汇建设工程有限公司税务行政处罚纠纷案[①]中，一审、二审法院均认为，根据《税收征收管理法》第六十三条第一款的规定，纳税人伪造、变造、隐匿、擅自销毁账簿、记账凭证，或者在账簿上多列支出或者不列、少列收入，或者经税务机关通知申报而拒不申报或者进行虚假的纳税申报，不缴或者少缴应纳税款的，是偷税。对纳税人偷税的，由税务机关追缴其不缴或者少缴的税款、滞纳金，并处不缴或者少缴的税款百分之五十以上五倍以下的罚款。本案中，关于江苏三汇建设工程有限公司"跨年度工程未及时转收入"的行为，《企业所得税法》第三条第一款规定，居民企业应当就其来源于中国境内、境外的所得缴纳企业所得税。《企业所得税法实施条例》第二十三条第（二）项规定，企业受托加工制造大型机械设备、船舶、飞机，以及从事建筑、安装、装配工程业务或者提供其他劳务等，持续时间超过12个月的，按照纳税年度内完工进度或者完成的工作量确认收入的实现。江苏三汇建设工程有限公司跨年度工程未及时转收入违反了上述法律法规规定，应属于《税收征收管理法》第六十三条第一款规定的少列收入、少缴应纳税款的情形，构成偷税。镇江市国家税务局稽查局对江苏三汇建设工程有限公司该行为的处罚决定认定事实清楚，适用法律、法规正确。

（九）应用场景九：结合《企业所得税法实施条例》第十三条规定，论述不按公允价值确认以非货币形式取得的收入，即构成偷税

在焦作市新发展房地产开发有限公司与焦作市国家税务局稽查局处罚决定及税务行政复议决定纠纷案中，新发展公司与焦作市解放区王褚乡东王褚村委会于2006年3月18日签订"征地协议书"，约定该东王褚村委会将征地补偿费折抵门面房6 200平方米由新发展公司负责办理房产手续；于同年7月28日签订"协议书"，就开发人民路北侧龙泽苑小区两栋16层综合楼、中间一栋21层综合楼约定，在新发展公司按约定时间取得焦作市龙泽苑小区的规划批文的前提下，由新发展公司提供开发建设的资金，该东王褚村委会提供位于人民路北侧可供三栋综合楼的用地，开发综合楼，该东王褚村委会应获得共计6 200平方米；于2008年8月7日签订"补充协议"，就房屋的分配约定，按原规划该东王褚村委会应得门面房为西楼2 100平方米、东楼2 100平方米、中间楼2 000平方米。新发展公司

---

① 案例来源：江苏省镇江市润州区人民法院行政判决书（2017）苏1111行初15号、江苏省镇江市中级人民法院行政判决书（2017）苏11行终219号。

分别于2011年、2013年分两次将门面房交付东王褚村委会。新发展公司在2014年度申报企业所得税时，将交付东王褚村委会的4 084.28平方米商铺按市场价44 283 480元确认拆迁补偿费计入了开发成本，并在已售、未售面积之间分摊，确认已售面积应分摊的主营业务成本金额，而未将收入44 283 480元合并计入收入总额计算缴纳企业所得税。

焦作市新发展房地产开发有限公司认为，本案不是非货币交易，所谓"非货币交易"，是指交易双方以非货币性资产进行的交换，这种交换不涉及或只涉及少量的货币性资产（即补价）。通俗讲，是指物与物的交换或物与某项使用权利的交换等。由焦作市国土资源局批准，东王褚村与上诉人于2006年3月18日签订了"征地协议书"，从该协议书中可以清晰地看出，本案的实质是由东王褚村将应得的土地补偿费783.75万元作为资金投入来折抵即购买上诉人的6 200平方米的商铺的货币交易行为。

而一审、二审法院均认为，《企业所得税法》第六条规定，企业以货币形式和非货币形式从各种来源取得的收入，为收入总额，包括销售货物收入、提供劳务收入、转让财产收入、股息红利等权益性投资收益、利息收入、租金收入、特许权使用费收入、接受捐赠收入、其他收入。财政部印发的《企业会计准则第7号——非货币性资产交换》第二条第一款规定，非货币性资产交换，是指交易双方主要以存货、固定资产、无形资产和长期股权投资等非货币性资产进行的交换。该交换不涉及或只涉及少量的货币性资产（即补价）；第三条规定，非货币性资产交换同时满足下列条件的，应当以公允价值和应支付的相关税费作为换入资产的成本，公允价值与换出资产账面价值的差额计入当期损益：（一）该项交换具有商业实质；（二）换入资产或换出资产的公允价值能够可靠地计量。换入资产和换出资产公允价值均能够可靠计量的，应当以换出资产的公允价值作为确定换入资产成本的基础，但有确凿证据表明换入资产的公允价值更加可靠的除外。本案中，根据新发展公司与东王褚村委会分别于2006年3月18日、2006年7月28日、2008年8月7日签订的"征地协议书""协议书"以及"补充协议"，并结合新发展公司分两次将包括涉案门面房交付给东王褚村委会等实际情况，法院认为，新发展公司与东王褚村委会存在真实的交易，依据上述规定新发展公司与东王褚村委会的交易性质实质上属于非货币性资产交换。

二审法院进一步指出，《企业所得税法实施条例》第十三条规定，企业所得税法第六条所称企业以非货币形式取得的收入，应当按照公允价值确定收入额。公允价值，是指按照市场价格确定的价值。《税收征收管理法》第六十三条第一款规定，纳税人伪造、变造、隐匿、擅自销毁账簿、记账凭证，或者在账簿上多列支出或者不列、少列收入，或者经税务机关通知申报而拒不申报或者进行虚假的纳税申报，不缴或者少缴应纳税款的，是偷税。对纳税人偷税的，由税务机关追缴其不缴或者少缴的税款、滞纳金，并处不缴或者少缴的税款50%以上5倍以下的罚款。本案中，结合时代雅居商铺销售明细表、新发展公司与焦作市解放区人民政府就同期同一地段商铺交易的市场价格等证据，能够证实新发展公司通过非货币性资产交换的方式，将4 084.28平方米商铺交付东王褚村委会所取得的收入是44 283 480元，并且新发展公司在2014年度申报企业所得税时，将44 283 480元计入了开发成本，但是，新发展公司并未将44 283 480元的销售收入进行纳税申报，其行为构成《税收征收管理法》第六十三条第一款规定的偷税。

（十）应用场景十：论述税务机关进入检查后补充申报的，仍构成偷税行为

在长春圣方经贸有限公司与长春市国家税务局第二稽查局税务行政处罚纠纷案[①]中，长春市宽城区国家税务局于2015年1月在对风险管理系统中的任务指令进行核查时，发现长春圣方经贸有限公司在所属期2014年8月至12月采取虚假申报手段，少报计税销售额11 339 948.34元，造成不缴、少缴增值税1 927 791.39元。长春市宽城区国税局于2015年3月9日以长春圣方经贸有限公司"已实现销售未申报纳税"涉嫌税收违法行为为由依法转办给长春市国家税务局第二稽查局。长春市国家税务局第二稽查局于2015年3月26日对长春圣方经贸有限公司涉嫌税收违法行为立案，后于2015年4月13日向长春圣方经贸有限公司下发"税务检查通知书"，开始对长春圣方经贸有限公司2014年8月1日至2014年12月31日（如检查发现此期间以外明显的税收违法嫌疑或线索不受此限）涉税情况进行检查。调查认定，长春圣方经贸有限公司对销售额合计11 339 948.34元在2015年4月进行了增值税纳税申报，并在"税务检查通知书"送达后将上述收入在2015年企业所得税纳税季度申报。据此，长春市国家税务局第二稽查局作出长国税稽二罚"行政处罚决定书"，认定长春圣方经贸有限公司以少计收入手段少缴税款行为构成偷税。

长春圣方经贸有限公司认为，偷税需要主观故意的要件，其将开票销售额11 339 948.34元计入2015年3月的会计账簿中，并于同年4月1日向主管税务机关作了增值税纳税申报和企业所得税季度申报，不存在《税收征收管理法》第

[①] 案例来源：吉林省长春市南关区人民法院行政判决书（2017）吉0102行初48号、吉林省长春市中级人民法院行政判决书（2017）吉01行终307号。

六十三条规定的在账簿上多列支出或者不列、少列收入的情形。长春市国家税务局第二稽查局的稽查时限是在长春圣方经贸有限公司纳税申报后的2015年4月13日。因此长春圣方经贸有限公司根本不存在主观上不缴或者少缴应纳税款的目的，也就不存在偷税问题。

长春市国家税务局第二稽查局辩称，长春圣方经贸有限公司2014年8—12月开具增值税专用发票118张，实现销售额合计11 339 948.34元，但未在2014年第三季度及第四季度进行季度申报，也未进行2014年度纳税申报，违反了按期如实办理纳税申报的明确规定。其在上诉状中称"将开票销售额11 339 948.34元计入2015年3月的会计账簿中，于2015年4月1日向主管税务机关做了增值税纳税申报，并于2015年4月1日向主管税务机关进行了企业所得税纳税申报"。而事实上，该笔销售额是2014年实现的收入且上诉人也是记在了2014年的账簿上，在2015年4月14日（2015年4月13日下达检查通知后）进行的企业所得税季度申报。长春圣方经贸有限公司故意将记账时间错误的与申报时间契合，用形式上的合法化来掩盖其违法行为。

关于长春圣方经贸有限公司是否存在偷税行为的问题。二审法院认为，《税收征收管理法》第六十三条第一款规定，纳税人伪造、变造、隐匿、擅自销毁账簿、记账凭证，或者在账薄上多列支出或者不列、少列收入，或者经税务机关通知申报而拒不申报或者进行虚假的纳税申报，不缴或者少缴应纳税款的，是偷税。本案中，根据孙运秋、张静的调查笔录及2014年1月1日至12月31日企业所得税申报表等证据能够证明上诉人未将企业2014年8月至12月11 339 948.44元收入进行2014年度企业所得税纳税申报，而是在被上诉人进行税务检查后的2015年4月14日才进行申报。且长春圣方经贸有限公司一直是网上自行申报，不存在因被上诉人原因无法申报的情况。故上诉人存在偷税的行为。

四、法条总结

本条规定对当事人的权益影响极大，所以引发的案件也非常多。适用本条规定时，重要的是如何确定纳税人有列举的四种（也有说法是三种）偷税行为，结合违法行为构成四要件理论，对相关证据认定的事实进行确认，方可作出正确的偷税行为认定。

五、修法建议

面对新出现的偷税手段，本条规定已经略显"应对无力"，比如：骗取税收优惠资格、骗取留抵退税款。为此，建议：增加偷税行为列举种类。

《税收征收管理法》未与《刑法》规定一致。为此，建议：将本条规定的"偷税"替换为"逃税"。

第六十四条

纳税人、扣缴义务人编造虚假计税依据的，由税务机关责令限期改正，并处五万元以下的罚款。

纳税人不进行纳税申报，不缴或者少缴应纳税款的，由税务机关追缴其不缴或者少缴的税款、滞纳金，并处不缴或者少缴的税款百分之五十以上五倍以下的罚款。

一、法条简析

本条是对纳税人、扣缴义务人编造虚假计税依据和纳税人不进行纳税申报不缴或者少缴应纳税款行为的处罚规定。其中，计税依据又称计税基础，是课税对象的数量或数额标准，是计算应征税款的直接依据；纳税人不进行纳税申报，不缴或者少缴应纳税款，是指纳税人在规定的申报期限内未进行纳税申报，超过税款缴纳期限，不缴或者少缴税款的行为。如果纳税人在规定的申报期限内未进行纳税申报，但是在纳税期限届满前足额缴纳税款，未造成不缴或者少缴税款的后果的，应当按照该法第六十二条的规定进行处罚。如果纳税人在规定的期限内未进行纳税申报，经税务机关通知仍拒不申报，不缴或者少缴税款的，属偷税行为，应当按照该法第六十三条的规定进行处罚。

二、相关规定

（一）《税收征收管理法》第二十五条

纳税人必须依照法律、行政法规规定或者税务机关依照法律、行政法规的规定确定的申报期限、申报内容如实办理纳税申报，报送纳税申报表、财务会计报表以及税务机关根据实际需要要求纳税人报送的其他纳税资料。

扣缴义务人必须依照法律、行政法规规定或者税务机关依照法律、行政法规的规定确定的申报期限、申报内容如实报送代扣代缴、代收代缴税款报告表以及税务机关根据实际需要要求扣缴义务人报送的其他有关资料。

(二)《国家税务总局关于未申报税款追缴期限问题的批复》(国税函〔2009〕326号)

新疆维吾尔自治区地方税务局：

你局《关于明确未申报税款追缴期限的请示》（新地税发〔2009〕156号）收悉。经研究，批复如下：

税收征管法第五十二条规定：对偷税、抗税、骗税的，税务机关可以无限期追征其未缴或者少缴的税款、滞纳金或者所骗取的税款。税收征管法第六十四条第二款规定的纳税人不进行纳税申报造成不缴或少缴应纳税款的情形不属于偷税、抗税、骗税，其追征期按照税收征管法第五十二条规定的精神，一般为三年，特殊情况可以延长至五年。

(三)《国家税务总局办公厅关于税收征管法有关条款规定的复函》(国税办函〔2007〕647号)

征管法六十四条第二款仅适用六十三条规定之外的未办理税务登记的纳税人在发生纳税义务以后不进行纳税申报，从而造成不缴或少缴税款结果的情形。

(四)《国家税务总局关于出口货物退(免)税实行有关单证备案管理制度(暂行)的通知》①（国税发〔2005〕199号）

各省、自治区、直辖市和计划单列市国家税务局：

为规范外贸出口经营秩序，加强出口货物退（免）税管理，防范骗取出口退税违法活动，国家税务总局决定对出口企业出口货物退（免）税有关单证实行备案管理制度。现将有关事项通知如下：

一、出口企业自营或委托出口属于退（免）增值税或消费税的货物，最迟应在申报出口货物退（免）税后15天内，将下列出口货物单证在企业财务部门备案，以备税务机关核查。出口货物退（免）税有关单证备案说明详见附件1。

（一）外贸企业购货合同、生产企业收购非自产货物出口的购货合同，包括一笔购销合同下签定的补充合同等；

（二）出口货物明细单；

（三）出口货物装货单；

（四）出口货物运输单据（包括：海运提单、航空运单、铁路运单、货物承

---

① 注：1.全文自2018年5月1日起废止，废止依据：国家税务总局公告2018年第16号。2.第七条规定自2012年7月1日起废止，废止依据：国家税务总局公告2012年第24号。

运收据、邮政收据等承运人出具的货物收据)。

二、备案要求

(一)备案可采取两种方式:

第一种方式:由出口企业按出口货物退(免)税申报顺序,将备案单证对应装订成册,统一编号,并填写"出口货物备案单证目录"。

第二种方式:由出口企业按出口货物退(免)税申报顺序填写"出口货物备案单证目录",不必将备案单证对应装订成册,但必须在"出口货物备案单证目录""备案单证存放处"栏内注明备案单证存放地点,如企业内部单证管理部门、财务部门等。不得将备案单证交给企业业务员(或其他人员)个人保存,必须存放在企业。

但对有下列情形之一的,自发生之日起2年内,出口企业申报出口货物退(免)税后,必须采取第一种方式备案单证:

1. 纳税信用等级评定为C级或D级;

2. 未在规定期限内办理出口退(免)税登记的;

3. 财务会计制度不健全,日常申报出口货物退(免)税时多次出现错误或不准确情况的;

4. 办理出口退(免)税登记不满1年的;

5. 有偷税、逃避追缴欠税、骗取出口退税、抗税、虚开增值税专用发票等涉税违法行为记录的;

6. 有违反税收法律、法规及出口退(免)税管理规定其他行为的。

(二)备案单证应是原件,如无法备案原件,可备案有经办人签字声明与原件相符,并加盖企业公章的复印件。

对于第一条所述购销合同,属于一笔购销合同项下多次出口的货物,可在第一次出口货物时予以备案,其余出口的可在"出口货物备案单证目录""备案单证存放处"中注明第一次购销合同备案的地点。

(三)除另有规定外,备案单证由出口企业存放和保管,不得擅自损毁。保存期5年。

三、税务机关应督促出口企业建立备案单证的档案管理制度,加强对备案单证的日常管理和核查,并将备案单证管理纳入税收管理员的职责范围。在进行退税审核、退税评估、退税日常检查时,可向出口企业调取备案单证,进行检查。同时,各地税务机关退税部门应在内部设置专职岗位,负责出口企业备案单证的日常检查工作。

四、对于出口企业有本通知第二条第二种方式中所述六种情形之一的,税务机关可要求出口企业申报出口货物退（免）税时提供备案单证。对备案单证，税务机关应着重核对以下内容：

（一）备案单证所列购进、出口货物的品名、数量、规格、单价与出口企业申报出口退税资料的内容是否一致。如，是否存在修改出口货物运输单据的问题。

（二）备案单证开具的时间、货物流转的程序是否合理。如，是否存在购销合同签定时间与货物运输、报关时间顺序不一致等。

（三）出口货物明细单、出口货物装货单与增值税专用发票（或增值税专用发票清单）的内容是否一致。

凡对备案单证核对有疑问的，可暂停退税，将有关情况核实清楚后按规定处理。

五、出口企业未按本通知第二条要求进行装订、存放和保管备案单证的，税务机关应依照《中华人民共和国税收征收管理法》第六十条的规定处罚。

六、出口企业提供虚假备案单证、不如实反映情况，或者不能提供备案单证的，税务机关除按照《中华人民共和国税收征收管理法》第六十四条、第七十条的规定处罚外，应及时追回已退（免）税款，未办理退（免）税的，不再办理退（免）税，并视同内销货物征税。

七、本通知自2006年1月1日起执行。

附件（略）：

1. 出口货物退（免）税有关单证备案说明
2. 出口货物备案单证目录

三、应用场景

（一）应用场景一：结合印花税相关规定，论述《税收征收管理法》第六十四条规定的适用性

在柳州市和佳房地产开发有限公司与广西壮族自治区地方税务局柳州稽查局、广西壮族自治区人民政府税务行政处罚以及行政复议决定纠纷案[①]中，二审法院认为，根据《印花税暂行条例》[②]第二条第（三）项及附件"印花税税目税率表"以及《国家税务总局关于资金账簿印花税问题的通知》[③]（国税发〔1994〕25

---

① 案例来源：广西壮族自治区南宁市西乡塘区人民法院行政判决（2017）桂0107行初135号、广西壮族自治区南宁市中级人民法院行政判决书（2019）桂01行终162号。

② 自2022年7月1日起废止，废止依据：《印花税法》第二十条。

③ 自2022年7月1日起废止，废止依据：国家税务总局关于实施《中华人民共和国印花税法》等有关事项的公告（国家税务总局公告2022年第14号）。

号)第一条的规定,"营业账簿"中记载资金账簿按实收资本与资本公积两项合计金额的万分之五贴花。上诉人和佳公司2011年"实收资本"增加43 000万元,应按规定补贴印花。但上诉人和佳公司未申报缴纳资金账簿印花税,造成少缴印花税21.5万元的事实,有被上诉人原柳州稽查局提供的上诉人和佳公司的营业执照、账簿等证据证实。被上诉人原柳州稽查局根据上述事实,依据《税收征收管理法》第六十四条第二款"纳税人不进行纳税申报,不缴或者少缴应纳税款的,由税务机关追缴其不缴或者少缴的税款、滞纳金,并处不缴或者少缴税款百分之五十以上五倍以下的罚款"的规定,对上诉人和佳公司作出"罚款107 500元"的行政处罚,认定事实清楚,适用法律正确,裁量幅度适当,予以支持。

(二)应用场景二:论述因政策理解的原因而少缴税款,不适用本条规定

在法裁诉江苏省镇江地方税务局第四税务分局等税务行政处理案[①]中,江苏省高级人民法院认为,镇江地税四分局提供的对江苏大学财务科科长陈杰的"询问(调查)笔录""江苏大学司法鉴定所2011年1月—2012年11月收入表""实地核查工作底稿"等证据证明,镇江地税四分局已对江苏大学财务科工作人员进行询问,并调查江苏大学司法鉴定所收入情况、比对纳税数额等。镇江地税四分局经调查后认为,江苏大学司法鉴定所2011年至2012年11月少缴营业税等税费共计213 424.67元,故作出2号"税务处理决定书",要求江苏大学补缴税款213 424.67元并加收滞纳金符合法律规定。镇江地税四分局经核查后,认为江苏大学是因政策理解的原因而少缴税款,不存在《中华人民共和国税收征收管理法》第六十四条规定的违法情形,故未依据该条规定进行行政处罚并无不当。

(三)应用场景三:结合国税发〔2005〕第199号文规定,论述本条规定的适用性

在常州对外贸易有限公司与常州市国家税务局稽查局、江苏省常州市国家税务局税务处理决定及复议决定纠纷案[②]中,二审法院认为,《关于出口货物退(免)税实行有关单证备案管理制度(暂行)的通知》(国税发〔2005〕第199号)第六条规定,出口企业提供虚假备案单证、不如实反映情况,或者不能提供备案单证的,税务机关除按照《中华人民共和国税收征收管理法》第六十四条、第七十条的规定处罚外,应及时追回已退(免)税款,未办理退(免)税的,不

---

① 案例来源:江苏省高级人民法院行政裁定书(2016)苏行申1278号。
② 案例来源:江苏省常州市新北区人民法院行政判决书(2015)新行初字第174号、江苏省常州市中级人民法院行政判决书(2016)苏04行终30号。

再办理退（免）税，并视同内销货物征税，此条款至2012年7月方废止。本案中，市国税稽查局对外贸公司2009年1月1日至2012年3月31日纳税情况进行检查，经向海运提单开具单位调查核实，取得了相关货代和船公司出具的书面证明，证实外贸公司提供的备案单证（海运提单）中有45份为虚假海运提单，涉税金额3 362 650.43元。由于外贸公司的案涉出口业务发生在2010年期间，市国税稽查局依据上述规定，追缴外贸公司已取得的出口退税3 362 650.43元并无不当。

（四）应用场景四：结合《税收征收管理法》第二十五条规定，论述如何认定编造虚假计税依据行为

在史博因与国家税务总局琼海市税务局及第三人王运、张志平、甘绪安税务行政管理纠纷案[①]中，2017年4月10日，上诉人史博与原审第三人甘绪安签订"协议书"，约定史博以人民币185万元的价格将198平方米的国有土地使用权转让给甘绪安，土地证号为［海国用（2007）第15某某号］，但未办理土地使用权过户手续，迄今为止，甘绪安共支付给史博土地转让款155万元，尚余30万元未付。2017年4月29日，甘绪安与张志平签订"协议书"，以人民币249万元的价格又将上述土地使用权转让给第三人张志平，但亦未办理土地使用权过户手续，该土地使用权至今仍登记在史博名下。至2017年6月23日止，张志平共支付给甘绪安土地转让款183万元。甘绪安和张志平为了逃避国家税收以及将涉案土地使用权过户给张志平，冒用史博的名义，委托海南立诚土地房产评估有限公司对涉案土地进行评估，海南立诚土地房产评估有限公司于2017年5月15日出具"土地评估报告"，将涉案土地的价格评估为40.59万元。2017年5月3日，甘绪安伪造史博的签名，与张志平签订了"国有土地使用权转让合同"，约定涉案土地转让价为37.62万元。之后，甘绪安要求史博配合到琼海市税务局办理完税手续，称办理完税手续后即将余款30万元支付给史博。2017年6月12日，史博、甘绪安、王运、张志平到琼海市税务局处办理关于土地使用权转让的纳税手续。甘绪安和王运、张志平将"土地评估报告"以及伪造史博签名的"国有土地使用权转让合同"提交给琼海市税务局，作为申请纳税的依据。同日，史博、王运、张志平填写了缴纳税款申报单，史博在"填报人声明"处签名确认："本单位（人）所填报的项目内容真实可靠，填报信息及提交的资料真实、准确，如有虚假内容，愿承担相关法律责任。"琼海市税务局根据史博、王运、张志平填报的项目内容，为王

---

① 案例来源：海南省琼海市人民法院行政裁定书（2018）琼9002行初16号、海南省第一中级人民法院行政裁定书（2019）琼96行终31号。

运开具了编号为01354282的"海南增值税普通发票",载明购买方为王运、张志平,销售方为史博,货物或应税劳务、服务名称为土地转让使用权,纳税金额为403 689.32元,所缴税款为12 110.68元,王运代史博支付增值税款12 110.68元。同日,琼海市税务局为史博开具了[(151)琼国证00366725号]"税收完税证明",载明纳税人为史博,税种为增值税,实缴金额为12 110.68元。同日,琼海市税务局出具编号为16000390号的"房地产过户税收证明书",载明:位于琼海市嘉积镇银海开发区198平方米土地使用权[土地使用证号为海国用(2007)第1586号],由史博过户给王运、张志平,以上项目已按税法规定缴清税款。之后,张志平、王运得知甘绪安与史博签订的土地转让协议约定的转让价格是185万元,张志平、王运向甘绪安提出要求按照185万元的价格支付给甘绪安,甘绪安不同意,要求张志平、王运按照双方所订"协议书"约定的249万元付款,张志平、王运与甘绪安因此发生纠纷。2018年4月13日,王运、张志平以史博为被告向琼海市法院提起民事诉讼,张志平、王运称"国有土地使用权转让合同"是双方真实意思表示,请求法院确认"国有土地使用权转让合同"有效,并请求判令史博退还142.41万元给王运和张志平。史博认为该"国有土地使用权转让合同"是甘绪安和张志平为了逃避国家税收,伪造其签名的虚假合同,其本人并不知情,琼海市税务局根据伪造的合同为王运、张志平出具完税证明,侵害其合法权益,故而向一审法院提起行政诉讼,请求撤销琼海市税务局开具的编号为×××"房地产过户税收证明书"及[(151)琼国证00366725号]"税收完税证明",一审法院以"琼海市税务局开具的编号为×××号的"房地产过户税收证明书"及[(×××)琼国证×××号]'税收完税证明',系根据史博缴纳税款的事实出具的证明,其内容未对史博设定新的权利义务,亦未对其实体权利产生具体的、实质性的影响。故史博诉请求撤销琼海市税务局开具的编号为×××号'房地产过户税收证明书'及[(×××)琼国证×××号]'税收完税证明',不属于人民法院行政诉讼的受案范围,依法应予驳回"为由,裁定驳回史博的起诉后,史博不服,向二审法院提起上诉。

二审法院除支持一审裁定外,还特别指出,《税收征收管理法》第二十五条已明确规定,纳税人必须依照法律、行政法规规定或者税务机关依照法律、行政法规的规定确定的申报期限、申报内容如实办理纳税申报。本案中,王运、张志平、甘绪安为了偷逃国家税收,伪造史博本人的签名,于2017年5月3日签订了虚假的"国有土地使用权转让合同",王运、张志平、甘绪安明知其双方之间2017年4月29日签订的土地转让"协议书"中约定的土地转让价格为249万元,但却故意在"国有土地使用权转让合同"中编造土地转让价格为37.62万元,造成与实际应缴纳的税金总额相差二百多万元,并以此提交给琼海市税务局作为申报纳税的依据,依照《税收征收管理法》第六十四条规定,其行为具有编造虚假计税依据、不依法纳税申报、故意偷税漏税之嫌,建议琼海市税务局按照《税收征收管理法》及有关法律的规定,依职权进行查处。

(五)应用场景五:结合个案情况,论述对"编造虚假计税依据"中的"编造"应作广义理解

在华润水泥(长治)有限公司与长治市国家税务局稽查局行政处罚纠纷案[①]中,华润水泥(长治)有限公司未取得发票税前列支费用和列支与取得收入无关的职工结婚费用及取得非法发票等,未作纳税调整。对此,长治市国家税务局稽查局给于处以5 000元罚款。在一审被判处驳回起诉后,华润水泥(长治)有限公司上诉称,纳税行为均为真实发生并有相关合同等予以证实,并无"编造"的行为存在,不应适用《税收征收管理法》的规定予以处罚15 000元。二审法院认为,《税收征收管理法》第六十四条第一款规定:纳税人、扣缴义务人编造虚假计税依据的,由税务机关责令限期改正,并处以五万元以下罚款。此处"编造"应作广义理解,提供不实纳税材料,未依法进行税项填报,影响税务机关依法进行税款征收工作的,都可理解为"编造虚假计税依据"的行为。上诉人认为其并无"编造"行为的理由不成立。

四、法条总结

本条规定第二款规定在实务中,多被部分纳税人"追捧"。究其原因在于,如果适用本条规定第二款规定,则依据《税收征收管理法》第五十二条规定及《国家税务总局关于未申报税款追缴期限问题的批复》(国税函〔2009〕326号)规定,税务机关追征税会受到最长5年期限限制,这样就可以"彻底"反驳税务机关的超追征期税务处理及处罚决定。

严格按照《税收征收管理法》第六十三条规定的四种偷税行为来看,上述观点可成立,偷税行为应不包括纳税人不进行纳税申报情形。但若参照最高人民法院关于审理偷税抗税刑事案件具体应用法律若干问题的解释》(法释〔2002〕33号)第二条第二款第(二)项的规定,似乎又可得出该种情形也应当认定为"经税务机关通知申报",进而套上《税收征收管理法》第六十三条规定偷税行为之一"经税务机关通知申报而拒不申报"。这里,就出现两种截然不同的观点:

---

① 案例来源:山西省长治市城区人民法院行政判决书(2014)城行初字第63号、山西省长治市中级人民法院行政判决书(2015)长行终字第31号。

1.法释〔2002〕33号文属于刑事法律规范,不能作为行政管理行为中对偷税行为认定的法律依据。例如在三亚承阳实业有限公司与海南省三亚市实业开发公司公司借款纠纷执行案中,法院即持这种观点。2.法释〔2002〕33号文规定精神可被参照,用于论述办理了税务登记,即等于经税务机关通知申报。在青岛双巧建筑装饰工程有限公司与青岛市地方税务局稽查局行政处罚纠纷案中,法院即支持该观点。

有些奇怪的是,《国家税务总局办公厅关于税收征管法有关条款规定的复函》(国税办函〔2007〕647号)似乎被"束之高阁",在北大法宝网站上查询,只有重庆新格有色金属有限公司与国家税务总局重庆市永川区税务局、国家税务总局重庆市税务局退税通知及行政复议纠纷案中,被重庆新格有色金属有限公司引用,以证明永川税务局作出的行政处罚决定是错误的。但法院对此并未给出相应回应。笔者在代理自然人类纳税人涉税相关案件中,引用了国税办函〔2007〕647号,以证明国家税务总局行政解释下,对第六十四条第二款规定对象应仅限于"未办理税务登记的纳税人",但法院也不予回应和认可。

综合来看,笔者认为,大概是为了成就税务机关必须完成所谓的"征税职责",国税办函〔2007〕647号文似乎被有意"忽略"了,法释〔2002〕33号文又被"强加"进来。期待《税收征收管理法》修订时,能对此问题进行正式明确,对不纳税申报如何法律定性"盖棺定论"。

五、修法建议

建议:1.明确何为编造虚假计税依据,以便执行时,有权威定义可供遵守和可资判断。2.明确第二款规定"不进行纳税申报"的"纳税人"具体指哪些纳税人,以改变实务中出现的理解上的混乱状态。

第六十五条

纳税人欠缴应纳税款,采取转移或者隐匿财产的手段,妨碍税务机关追缴欠缴的税款的,由税务机关追缴欠缴的税款、滞纳金,并处欠缴税款百分之五十以上五倍以下的罚款;构成犯罪的,依法追究刑事责任。

一、法条简析

本条是对纳税人逃避追缴欠税行为的处罚规定。

逃避追缴欠税是指纳税人在欠缴应纳税款的情况下，采取转移或者隐匿财产的手段，以对抗税务机关的追缴，逃避国家税收的行为。这里所说的"采取转移或者隐匿财产的手段"，是指纳税人在欠缴税款的情况下，将其所有的财产，转移隐藏起来，使税务机关无法根据法律、行政法规的有关规定，对其采取相应的行政强制措施而追缴其所欠税款。逃避追缴欠税的行为应当是欠缴税款的纳税人的故意行为，纳税人在欠缴税款的情况下，因正当的交易活动而向他人支付价款或者移转财产的行为，不属于本条所说的转移或者隐匿财产，妨碍税务机关追缴欠缴的税款的行为。

对逃避追缴欠税，首先由税务机关追缴欠缴的税款、滞纳金，以纠正违法行为人的违法行为，保证国家税收不受损失。同时应当由税务机关对其处以不缴或者少缴的税款百分之五十以上五倍以下的罚款。构成犯罪的，依照《刑法》第二百零三条规定，追究其逃避追缴欠税罪法律责任。

二、相关规定

（一）《刑法》第二百零三条

纳税人欠缴应纳税款，采取转移或者隐匿财产的手段，致使税务机关无法追缴欠缴的税款，数额在一万元以上不满十万元的，处三年以下有期徒刑或者拘役，并处或者单处欠缴税款一倍以上五倍以下罚金；数额在十万元以上的，处三年以上七年以下有期徒刑，并处欠缴税款一倍以上五倍以下罚金。

（二）《最高人民检察院 公安部关于公安机关管辖的刑事案件立案追诉标准的规定（二）》（公通字〔2022〕12号）第五十四条

［逃避追缴欠税案（刑法第二百零三条）］纳税人欠缴应纳税款，采取转移或者隐匿财产的手段，致使税务机关无法追缴欠缴的税款，数额在一万元以上的，应予立案追诉。

三、应用场景

（一）应用场景一：结合"税务事项通知书"确定的欠税事实，论述逃避追缴欠税的处理、处罚问题

在关于送达福州华园纺织品有限公司"税务行政处罚事项告知书"的公告[①]

---

① 详见http://fujian.chinatax.gov.cn/fzsswj/xxgk/gsgg/qtl/202203/t20220314_447047.htm，最后访问时间：2023年3月28日。

［送达国家税务总局福州市税务局第一稽查局税务行政处罚事项告知书榕税一稽罚告（2022）9号］中，国家税务总局福州市税务局第一稽查局认定，福州华园纺织品有限公司取得拆迁补偿款收入82 694 133.80元，2020年12月10日国家税务总局福州市仓山区税务局盖山税务分局发出"税务事项通知书"［榕仓税盖山通（2020）981号］，限该公司对2019年取得的拆迁补偿款收入于2020年12月14日前据实补申报，2020年12月10日该文书送达。但该公司分别于2020年12月10日和2020年12月11日（收到主管税务机关"税务事项通知书"后）转账给与该公司没有任何业务往来的三家企业上海九臻信息技术有限公司、舟山市定海友利机械设备经营部、新昌县贞信商贸有限公司800万元、500万元、590万元，该公司于2021年1月19日更正申报2019年度企业所得税后形成欠税19 470 876.60元，至今未缴纳，存在明显转移资金逃避追缴欠税的行为，根据《税收征收管理法》第六十五条的规定，拟对该公司处以欠缴税款19 470 876.60元0.5倍的罚款，共计9 735 438.30元。

（二）应用场景二：结合"税务事项通知书"确定的欠税事实，论述逃避追缴欠税罪的认定与处罚问题

在祁连丽晴饭店服务有限公司韩某逃避追缴欠税罪案①中，被告单位祁连丽晴饭店服务有限公司法定代表人为被告人韩某，韩某负责公司事务。祁连县丽晴国际饭店隶属于祁连丽晴饭店服务有限公司经营范围。2018年10月20日祁连丽晴饭店服务有限公司申报2018年7月1日至2018年9月30日的增值税及附加52 264.71元，但一直未缴纳。国家税务总局祁连县税务局分别于2018年10月25日、2018年11月23日向该公司财务人员下达"税务事项通知书"，责令于2018年11月9日前缴纳2018年7月1日至9月30日的应缴纳增值税47 513.37元，于2018年12月8日前缴纳2018年7月1日至9月30日的应缴纳教育费附加、地方教育附加、城市维护建设税4 751.34元。在此期间被告单位与法定代表人韩某不配合，在责令期限内以公司无资金为由拒不缴纳税款。国家税务总局祁连县税务局于2018年11月12日和14日发布欠税公告，但依然未缴纳。被告人韩某到案后，祁连县丽晴饭店服务有限公司于2019年8月28日缴纳了所欠2018年7月1日至9月30日应缴纳增值税47 513.37元、教育费附加、地方教育附加、城市维护建设税4 751.34元、滞纳金7 184.03元；2018年10月1日至12月31日各项增值税、滞纳金13 904.09元，以及罚款30 997.06元。

---

① 案例来源：青海省祁连县人民法院刑事判决书（2020）青2222刑初4号。

被告人韩某在2018年10月1日将经营的祁连县丽晴国际饭店以335万元的价格转让给马生元，2018年11月14日经韩某同意马生元将150万元转让款分别支付给八宝镇东村委员会、马雪芹、马丽芹、祁连县饮用水安全管理站、韩哈三等，用于偿还祁连丽晴饭店服务有限公司、祁连县丽晴国际饭店房租、水费、担保贷款等。其余转让款经韩某同意马生元支付给供暖费、租赁费、电费、货款、担保贷款等后，剩余48 916.8元于2019年8月14日支付给韩某。

法院经审理后认为，被告单位祁连丽晴饭店服务有限公司对应缴税款未予缴纳，其法定代表人被告人韩某在将被告单位实际经营的祁连县丽晴国际饭店以335万元的价格转让后，采取不入公司账户和转移等手段，不及时缴纳税款，致使税务机关无法追缴税款达1万元以上，被告单位及作为主要负责人的被告人韩某行为构成逃避追缴欠税罪，应予处罚。

四、法条总结

据笔者了解，大概是欠税清缴工作压力不大的缘故，税务机关较少适用本条规定。但这不代表本条规定适用性较小。预计伴随着未来税法刚性及税收执法力度不断加大，本条规定适用机会将越来越大。

第六十六条

以假报出口或者其他欺骗手段，骗取国家出口退税款的，由税务机关追缴其骗取的退税款，并处骗取税款一倍以上五倍以下的罚款；构成犯罪的，依法追究刑事责任。

对骗取国家出口退税款的，税务机关可以在规定期间内停止为其办理出口退税。

一、法条简析

本条是对骗取出口退税行为的处罚规定。

二、相关规定

（一）《刑法》第二百零四条

以假报出口或者其他欺骗手段，骗取国家出口退税款，数额较大的，处五年以下有期徒刑或者拘役，并处骗取税款一倍以上五倍以下罚金；数额巨大或者有其他严重情节的，处五年以上十年以下有期徒刑，并处骗取税款一倍以上五倍以下罚金；数额特别巨大或者有其他特别严重情节的，处十年以上有期徒刑或者无期徒刑，并处骗取税款一倍以上五倍以下罚金或者没收财产。

纳税人缴纳税款后，采取前款规定的欺骗方法，骗取所缴纳的税款的，依照本法第二百零一条的规定定罪处罚；骗取税款超过所缴纳的税款部分，依照前款的规定处罚。

（二）《最高人民检察院 公安部关于公安机关管辖的刑事案件立案追诉标准的规定（二）》（公通字〔2022〕12号）第五十五条

[骗取出口退税案（刑法第二百零四条）]以假报出口或者其他欺骗手段，骗取国家出口退税款，数额在十万元以上的，应予立案追诉。

（三）《最高人民法院关于审理骗取出口退税刑事案件具体应用法律若干问题的解释》（法释〔2002〕30号）

为依法惩治骗取出口退税犯罪活动，根据《中华人民共和国刑法》的有关规定，现就审理骗取出口退税刑事案件具体应用法律的若干问题解释如下：

第一条 刑法第二百零四条规定的"假报出口"，是指以虚构已税货物出口事实为目的，具有下列情形之一的行为：

（一）伪造或者签订虚假的买卖合同；

（二）以伪造、变造或者其他非法手段取得出口货物报关单、出口收汇核销单、出口货物专用缴款书等有关出口退税单据、凭证；

（三）虚开、伪造、非法购买增值税专用发票或者其他可以用于出口退税的发票；

（四）其他虚构已税货物出口事实的行为。

第二条 具有下列情形之一的，应当认定为刑法第二百零四条规定的"其他欺骗手段"：

（一）骗取出口货物退税资格的；

（二）将未纳税或者免税货物作为已税货物出口的；

（三）虽有货物出口，但虚构该出口货物的品名、数量、单价等要素，骗取未实际纳税部分出口退税款的；

（四）以其他手段骗取出口退税款的。

第三条 骗取国家出口退税款5万元以上的，为刑法第二百零四条规定的"数额较大"；骗取国家出口退税款50万元以上的，为刑法第二百零四条规定的"数额巨大"；骗取国家出口退税款250万元以上的，为刑法第二百零四条规定的

"数额特别巨大"。

第四条 具有下列情形之一的,属于刑法第二百零四条规定的"其他严重情节":

(一)造成国家税款损失30万元以上并且在第一审判决宣告前无法追回的;

(二)因骗取国家出口退税行为受过行政处罚,两年内又骗取国家出口退税款数额在30万元以上的;

(三)情节严重的其他情形。

第五条 具有下列情形之一的,属于刑法第二百零四条规定的"其他特别严重情节":

(一)造成国家税款损失150万元以上并且在第一审判决宣告前无法追回的;

(二)因骗取国家出口退税行为受过行政处罚,两年内又骗取国家出口退税款数额在150万元以上的;

(三)情节特别严重的其他情形。

第六条 有进出口经营权的公司、企业,明知他人意欲骗取国家出口退税款,仍违反国家有关进出口经营的规定,允许他人自带客户、自带货源、自带汇票并自行报关,骗取国家出口退税款的,依照刑法第二百零四条第一款、第二百一十一条的规定定罪处罚。

第七条 实施骗取国家出口退税行为,没有实际取得出口退税款的,可以比照既遂犯从轻或者减轻处罚。

第八条 国家工作人员参与实施骗取出口退税犯罪活动的,依照刑法第二百零四条第一款的规定从重处罚。

第九条 实施骗取出口退税犯罪,同时构成虚开增值税专用发票罪等其他犯罪的,依照刑法处罚较重的规定定罪处罚。

(四)《国家税务总局关于宣传贯彻〈最高人民法院关于审理骗取出口退税刑事案件具体应用法律若干问题的解释〉的通知》(国税发〔2002〕125号)

各省、自治区、直辖市和计划单列市国家税务局、地方税务局:

最高人民法院2002年9月17日公布了《关于审理骗取出口退税刑事案件具体应用法律若干问题的解释》(法释〔2002〕30号,以下简称《解释》),自2002年9月23日起施行,为办理骗取出口退税刑事案件提供了具体依据,对进一步打击遏制此类不法活动,维护出口退税管理秩序,促进对外贸易和市场经济发展具有重要意义,是加强税收法制建设、推进依法治税的重大步骤。现将《解释》转发给你们,并就宣传贯彻有关事项通知如下:

一、认真学习，深刻领会，大力宣传，切实贯彻

各级税务机关领导和相关人员要认真学习《解释》，深刻领会其实质精神，充分认识当前骗取出口退税活动的严重性和危害性，以及与之斗争的紧迫性和艰巨性。要将《解释》列入税法宣传普及教育的重要内容，渗透到业务管理和执法办案的各个环节。要通过各种新闻媒体，运用多种形式，全面宣传《解释》，发动鼓励广大群众勇敢地同骗取出口退税行为作斗争，把这项斗争建立在坚实的群众基础之上。要会同司法机关选择一些典型案例公开报道，以案说法，张扬法制，扩大社会影响。

要把查办骗取出口退税案件工作提到重要议程，牢固树立"强化出口退税管理、促进对外贸易发展"的指导思想，进一步增强工作责任感、紧迫感，做到组织领导、办案力量和工作措施三落实，深入持久地开展打击骗取出口退税斗争，争取更大的成效。

二、正确适用政策法律，狠查骗取出口退税大案要案

骗取出口退税活动涉及环节多、区域广，在查办过程中必须加强纵向督促与横向合作。对骗取出口退税案件，各地税务机关领导要亲自组织查处；对重大复杂的案件，要及时向上级税务机关请示报告，上级税务机关要给予大力支持和具体指导，必要时直接指挥和组织协调，有关地区要积极协助主办部门调查取证；对函求协查的事项，要及时反馈结果，不得片面强调困难不予合作，不得以任何借口敷衍应付或扯皮推诿。要坚决排除地方、部门保护主义的干扰，严格执法，秉公办案，认真查处每一起案件。对设置障碍阻挠、抵制查处工作，徇私舞弊、包庇、袒护不法分子的，要坚决依法从严处治。

要始终贯彻"一要坚决、二要慎重、务必搞准"的方针，对骗取出口退税案件的具体处理，要注意税法与刑法的衔接，正确履行法定程序，保护当事人合法权利，使所办的每一起案件都事实清楚，依法有据，经得起历史的检验。要综合整治，打教结合，打击少数，教育多数，从根本上遏制骗取出口退税不法活动，力求达到标本兼治的效果。

各地税务机关要细致分析当前骗取出口退税活动的特点和规律，针对出口退税管理中的薄弱环节，研究制定周密的监控措施和防范策略。既要敢于办案，又要善于总结，对办案的好作法、好经验要加以交流与推广。

三、加强协调合作，适时开展打击骗取出口退税专项斗争

各地税务机关要结合贯彻《解释》，将出口退税管理和骗取出口退税问题向当地党委、政府汇报，并向有关部门通报，争取领导重视支持和各方面积极合

作。要会同审判、检察、公安机关,结合实际情况和办案需要,制订贯彻《解释》、落实办案工作的各项计划及实施方案。要与有关部门建立工作联系制度,及时互通信息情况;经常召开联席会议,分析骗取出口退税动向,协调解决执法办案中的问题。

对骗取出口退税涉嫌犯罪的,税务机关要依照刑法、《解释》和国务院《行政执法机关移送涉嫌犯罪案件的规定》移送公安机关侦办,不得只作追缴税款和行政处罚等处理。对于重大复杂的案件,要适时提请公安机关介入,或移送公安机关直接侦办,以迅速抓捕疑犯,有效追缴税款,提高执法办案效率,减少国家税收损失。税务机关要依法协助公安机关侦办骗取出口退税案件,各司其职,各负其责,避免混淆权能。

各级税务机关要把开展打击骗取出口退税专项斗争作为今后工作的重要任务,根据实际情况,会同公安、检察、审判机关适时联手组织专项斗争,形成强大的打击声势和舆论攻势,震慑分化不法分子,鼓舞教育人民群众。

附件:最高人民法院关于审理骗取出口退税刑事案件具体应用法律若干问题的解释(略)

国家税务总局
二〇〇二年九月二十九日

(五)《国家税务总局关于停止为骗取出口退税企业办理出口退税有关问题的通知》(国税发〔2008〕32号)

注释:

《国家税务总局关于修改部分税收规范性文件的公告》(国家税务总局公告2018年第31号)对本文进行了修改。

各省、自治区、直辖市和计划单列市国家税务局:

为加强出口退税管理,规范税收执法,根据《中华人民共和国税收征收管理法》有关规定,现将停止为骗取出口退税企业办理出口退税的有关问题规定如下:

一、出口企业骗取国家出口退税款的,税务机关按以下规定处理:

(一)骗取国家出口退税款不满5万元的,可以停止为其办理出口退税半年以上一年以下。

(二)骗取国家出口退税款5万元以上不满50万元的,可以停止为其办理出口退税一年以上一年半以下。

(三)骗取国家出口退税款50万元以上不满250万元,或因骗取出口退税行为受过行政处罚、两年内又骗取国家出口退税款数额在30万元以上不满150万元的，停止为其办理出口退税一年半以上两年以下。

（四）骗取国家出口退税款250万元以上，或因骗取出口退税行为受过行政处罚、两年内又骗取国家出口退税款数额在150万元以上的，停止为其办理出口退税两年以上三年以下。

二、对拟停止为其办理出口退税的骗税企业，由其主管税务机关或稽查局逐级上报省、自治区、直辖市和计划单列市税务局批准后按规定程序作出"税务行政处罚决定书"。停止办理出口退税的时间以作出"税务行政处罚决定书"的决定之日为起点。

三、出口企业在税务机关停止为其办理出口退税期间发生的自营或委托出口货物以及代理出口货物等，一律不得申报办理出口退税。

在税务机关停止为其办理出口退税期间，出口企业代理其他单位出口的货物，不得向税务机关申请开具"代理出口货物证明"。

四、出口企业自税务机关停止为其办理出口退税期限届满之日起，可以按现行规定到税务机关办理出口退税业务。

五、出口企业违反国家有关进出口经营的规定，以自营名义出口货物，但实质是靠非法出售或购买权益牟利，情节严重的，税务机关可以比照上述规定在一定期限内停止为其办理出口退税。

六、本通知自2008年4月1日起执行。

（六）《国家税务总局对外贸易经济合作部关于规范出口贸易和退税程序防范打击骗取出口退税行为的通知》（国税发〔1998〕84号）

注释：

第二条第一款废止。参见：《国家税务总局关于公布全文失效废止 部分条款失效废止的税收规范性文件目录的公告》国家税务总局公告2011年第2号。《国家税务总局关于修改部分税收规范性文件的公告》（国家税务总局公告2018年第31号）对本文进行了修改。

为进一步支持外贸出口，加快出口退税进度，同时防范和打击骗取出口退税的违法犯罪行为，国家税务总局和外经贸部决定进一步规范出口贸易和出口退税程序。现将有关事项具体通知如下：

一、加强出口贸易管理

（一）出口企业必须端正经营思想。既要努力扩大经营，多创外汇，提高效益,又要遵纪守法,严禁任何形式的弄虚作假。坚决制止少数企业采取"倒汇"手段假冒进出口贸易,骗取退税款的违法犯罪行为,确保对外贸易的健康发展。

(二)出口企业在交易过程中必须做认真细致的工作。要特别注意教育业务人员认真负责地对货源、货物质量、价格以及纳税、客商资信等情况进行认真了解,对交易、仓储、运输、报关等具体出口贸易环节要亲自操作或监管,绝不做"四自、三不见"("客商"或中间人自带客户、自带货源、自带汇票、自行报关和出口企业不见出口产品、不见供货货主、不见外商)的"买单"业务,避免上当受骗。同时内部应建立责任制和奖惩制度,加强制约和处罚。

二、出口退税程序

(一)定期申报。出口企业应建立出口退税凭证收集制度,按期向当地主管出口退税的税务机关申报退税。除中远期结汇的出口货物外,上年度出口退税凡在清算结束前(本年5月31日)应收集齐全,因收集不齐并未申报的,税务机关不再受理该批货物的退税申请。

(二)定期审核、审批退税。对单证齐全真实,且电子信息核对无误的,必须在20个工作日内办完退税审核、审批手续。对有疑问的单证且电子信息核对不上的,要及时发函调查,落实清楚后再办理退税;征税机关应按照国家税务总局的有关规定及时、如实回函,在收到退税机关函调后3个月内必须将函调情况回复发函地退税机关,如因特殊情况确实查不清楚的,应先回函说明暂时查不清的原因以及下次回函的时限。凡经税务机关调查一个生产环节仍查不清、需追溯以往的,应由出口企业负责调查举证,然后报退税机关复核无误后方可退税。举证有误和在本年度退税清算期内不能举证其出口真实有效的,不再办理退税。

三、严格出口退税电子信息审核工作

(一)各地主管出口退税的税务机关应尽快完善出口退税电子化管理,并严格按照有关规定进行审核。除国家税务总局明文规定不进行电子信息审核的出口项目外,对出口企业申报的每一笔退税申请必须与国家税务总局下发的报关单信息、代理出口货物证明信息等进行核对。对确因电子信息原因通不过的退税申请,应适当采用人机结合的办法进行审核。

(二)各级税务局应按照出口退税专用税票认证系统的有关规定采集、传递、分发、使用专用税票电子信息,确保电子信息的完整性和正确性。具体办法另行规定。

四、防范和打击骗取出口退税的违法犯罪行为

(一)各级税务部门、外经贸部门必须时刻注意骗取退税的新动向,密切配合,加强协作,提醒和教育企业采取切实可行措施,防范骗取出口退税,避免给

企业和国家造成损失。

（二）对从事"四自三不见"买单业务的出口企业，一经发现，无论退税额大小或是否申报退税，一律停止其半年以上的退税权。对采取其他手段骗取退税的，也要按规定严惩不贷，情节严重的，由外经贸部及其授权单位批准，撤销其出口经营权。对有关责任人员，要提请司法机关处理，绝不姑息。

五、本通知自一九九八年六月一日起执行。

以上请遵照执行。

三、应用场景

（一）应用场景一：论述套用他人出口货物信息骗取国家出口退税款，构成骗取出口退税行为

在广东省东莞轻工业品进出口有限公司与国家税务总局东莞市税务局稽查局、国家税务总局广东省税务局税务行政处理决定及行政复议纠纷案[①]中，二审法院认为，本案为税务行政处理决定及行政复议纠纷。《国家税务总局关于外贸综合服务企业出口货物退（免）税有关问题的公告》[②]（国家税务总局公告2014年第13号）第一条第一款规定："外贸综合服务企业以自营方式出口国内生产企业与境外单位或个人签约的出口货物，同时具备以下情形的，可由外贸综合服务企业按自营出口的规定申报退（免）税：（一）出口货物为生产企业自产货物；（二）生产企业已将出口货物销售给外贸综合服务企业；（三）生产企业与境外单位或个人已经签订出口合同，并约定货物由外贸综合服务企业出口至境外单位或个人，货款由境外单位或个人支付给外贸综合服务企业；（四）外贸综合服务企业以自营方式出口。"根据《财政部 国家税务总局关于出口货物劳务增值税和消费税政策的通知》（财税〔2012〕39号）第一条第（一）项的规定，出口企业是指依法办理工商登记、税务登记、对外贸易经营者备案登记，自营或委托出口货物的单位或个体工商户，以及依法办理工商登记、税务登记但未办理对外贸易经营者备案登记，委托出口货物的生产企业。本案中，东莞轻出公司向东莞稽查局提交的海关出口货物报关单、增值税发票、产品购销合同、商品出口备货（出货）通知书、通关无纸化出口放行通知书、提单、外贸企业出口退税汇总申报表

---

① 案例来源：广东省东莞市第一人民法院行政判决书（2019）粤1971行初11号、广东省东莞市中级人民法院行政判决书（2019）粤19行终391号。

② 注：自2017年11月1日起废止，废止依据：《国家税务总局关于调整完善外贸综合服务企业办理出口货物退（免）税有关事项的公告》（国家税务总局公告2017年第35号）。

等证据，证明东莞轻出公司是以自营方式出口、按照自营出口的规定申报退税，则申请退税款的货物即应为该公司所有。东莞稽查局提交的提单、订舱确认、关于海运提单的查询证明、外国（地区）企业常驻代表机构登记证、情况说明、装箱单、商业发票、对账通知单、关于货柜运输的查询证明、通知、拖车业务联系单等证据，证明集装箱号为EITU0036157和BSIU9470980的两个集装箱的出口商为鑫尚公司，鑫尚公司与东莞轻出公司、东莞市广兄隆电脑针织有限公司、东莞市正烨针织有限公司均无业务往来，东莞轻出公司也自认该事实，即上述两个集装箱货物的真实货主是鑫尚公司而非东莞轻出公司。由此可见，东莞轻出公司申报退税款时使用了其他公司出口货物信息，属于套用他人出口货物信息骗取国家出口退税款。《税收征收管理法》第六十六条第一款规定："以假报出口或者其他欺骗手段，骗取国家出口退税款的，由税务机关追缴其骗取的退税款，并处骗取税款一倍以上五倍以下的罚款；构成犯罪的，依法追究刑事责任。"东莞稽查局追缴东莞轻出公司骗取的退税款397 409.64元，证据充分，适用法律正确。东莞轻出公司是否获利不是认定该违法行为的条件，该公司以此作为抗辩理由，于法无据，本院不予支持。

（二）应用场景二：论述真实发货人非纳税人，即为虚构出口货物骗取退税

在深圳市海域进出口有限公司与国家税务总局深圳市税务局第一稽查局行政处罚纠纷案①中，被告（国家税务总局深圳市税务局第一稽查局，下同）发现原告（深圳市海域进出口有限公司，下同）在2014—2015年度以自己名义申报退税时提供的订舱单、海运提单、申报表等单证材料上所涉货物真实发货人为深圳市实捷恒安电子有限公司（Sage Human Electronics International Co. Limited）（以下简称"实捷公司"），原告将涉案货物虚构为自己货物申报退税涉及出口销售额2 488 415.5美元，出口进货金额15 149 073.74元，并取得退税额2 575 342.53元。被告遂于2018年4月19日作出一稽罚告（2018）181号"税务行政处罚事项告知书"，并于2019年5月24日作出深税一稽处（2019）100372号"税务处理决定书"和深税一稽罚（2019）100371号"税务行政处罚决定书"并于同年7月8日向原告送达。

法院认为，依据《税收征收管理法》第六十六条规定，以假报出口或者其他欺骗手段，骗取国家出口退税款的，由税务机关追缴其骗取的退税款，并处骗取税款1倍以上5倍以下的罚款；并可以在规定期间内停止为其办理出口退税。本案中，原告以纳税人身份向海关申报外贸企业出口退税，并提交了出口货物报关

---

① 案例来源：广东省深圳市盐田区人民法院行政判决书（2019）粤0308行初2689号。

单、原告与案外人深圳市精博德科技有限公司购销合同及相应增值税专用发票等材料。上述材料显示，原告向精博德公司购买车载音频发射器等货物后，缴纳了增值税，然后原告作为经营单位、发货单位将上述货物出口。原告正是据此申请出口退税。但是，根据被告调查取得的证据材料，上述货物的真实发货人为实捷公司而并非原告，即原告系将实捷公司出口的货物虚构为自己出口的货物而申请了退税。被告又经向当时的深圳市国家税务局直属税务分局调查后，计算确认原告骗取出口退税2 575 342.53元。被告遂依据《税收征收管理法》第六十六条及国家税务总局2012年第24号公告第十三条第（六）项第4目的规定，作出被诉行政处罚决定，对原告处以骗取税款1倍罚款并停止办理出口退税2年，认定事实清楚、适用法律正确、幅度未有明显不当。

四、法条总结

本条规定作为处罚依据，在税务行政执法过程中适用案例较少。因为大多数涉骗取出口退税的当事人，都因被移交公安司法机关追究其刑事责任，转为刑事案件。所以，在此不作进一步阐述。

第六十七条

以暴力、威胁方法拒不缴纳税款的，是抗税，除由税务机关追缴其拒缴的税款、滞纳金外，依法追究刑事责任。情节轻微，未构成犯罪的，由税务机关追缴其拒缴的税款、滞纳金，并处拒缴税款一倍以上五倍以下的罚款。

一、法条简析

本条是对抗税行为的处罚规定。

二、相关规定

（一）《刑法》相关规定

第二百零二条 以暴力、威胁方法拒不缴纳税款的，处三年以下有期徒刑或者拘役，并处拒缴税款一倍以上五倍以下罚金；情节严重的，处三年以上七年以下有期徒刑，并处拒缴税款一倍以上五倍以下罚金。

第二百七十七条 以暴力、威胁方法阻碍国家机关工作人员依法执行职务的，处三年以下有期徒刑、拘役、管制或者罚金。

以暴力、威胁方法阻碍全国人民代表大会和地方各级人民代表大会代表依法执行代表职务的，依照前款的规定处罚。

在自然灾害和突发事件中，以暴力、威胁方法阻碍红十字会工作人员依法履行职责的，依照第一款的规定处罚。

故意阻碍国家安全机关、公安机关依法执行国家安全工作任务，未使用暴力、威胁方法，造成严重后果的，依照第一款的规定处罚。

暴力袭击正在依法执行职务的人民警察的，处三年以下有期徒刑、拘役或者管制；使用枪支、管制刀具，或者以驾驶机动车撞击等手段，严重危及其人身安全的，处三年以上七年以下有期徒刑。

（二）《最高人民检察院 公安部关于公安机关管辖的刑事案件立案追诉标准的规定（二）》（公通字〔2022〕12号）第五十三条

[抗税案（刑法第二百零二条）]以暴力、威胁方法拒不缴纳税款，涉嫌下列情形之一的，应予立案追诉：

（一）造成税务工作人员轻微伤以上的；

（二）以给税务工作人员及其亲友的生命、健康、财产等造成损害为威胁，抗拒缴纳税款的；

（三）聚众抗拒缴纳税款的；

（四）以其他暴力、威胁方法拒不缴纳税款的。

三、法条总结

本条规定的适用极少，能查到的相关刑事案例均在20年前，在此展示实际意义不大。但本条规定具有较强的威慑作用，使得其象征意义大于实际意义，未来应可继续保留。

第六十八条

纳税人、扣缴义务人在规定期限内不缴或者少缴应纳或者应解缴的税款，经税务机关责令限期缴纳，逾期仍未缴纳的，税务机关除依照本法第四十条的规定采取强制执行措施追缴其不缴或者少缴的税款外，可以处不缴或者少缴的税款百分之五十以上五倍以下的罚款。

一、法条简析

本条是对纳税人、扣缴义务人在规定期限内不缴或者少缴应纳或者应解缴的税款应当如何处理的规定。

二、相关规定

《税收征管法实施细则》第九十四条规定,纳税人拒绝代扣、代收税款的,扣缴义务人应当向税务机关报告,由税务机关直接向纳税人追缴税款、滞纳金;纳税人拒不缴纳的,依照《税收征管法》第六十八条的规定执行。

三、应用场景

(一)应用场景一:结合《税收征管法》第六十四条规定,论述本条规定是在纳税申报后的规定期限内不缴或少缴应纳或应缴税款的法律责任

在温州盛都房地产开发有限公司与苍南县地方税务局、苍南县人民政府税务行政处罚案[①]中,法院就苍南地税局同一天作出税务处理决定和税务行政处罚决定是否符合法律规定问题认为,根据《税收征管法》第六十四条第二款的规定,纳税人不进行纳税申报,不缴或者少缴应纳税款的,由税务机关追缴其不缴或者少缴的税款、滞纳金,并处不缴或者少缴的税款50%以上5倍以下的罚款。苍南地税局对盛都房开公司作出处罚决定的前提是对盛都房开公司不缴或少缴的应纳税款、滞纳金予以追缴,并依据追缴的税款的数额处以50%以上5倍以下的罚款,故苍南地税局同一天作出税务处理决定和税务行政处罚决定,符合法律规定。《税收征管法》第六十八条规定的是在纳税申报后的规定期限内不缴或少缴应纳或应缴税款的法律责任,并不适用于本案,故盛都房开公司上诉主张苍南地税局涉案处罚决定法律适用错误,本院不予支持。

(二)应用场景二:结合《税收征管法》第三十一条规定,论述第六十八条规定的适用性

在宿迁市泗阳地方税务局与戴某某非诉执行审查案[②]中,申请人宿迁市泗阳地方税务局认定2011年9月,被申请人戴某某在与泗阳仁慈医院胡某等四十名股东对其拥有的股权进行部分或全部转让时,其股权的受让方为被申请人戴某某。

---

① 案例来源:浙江省苍南县人民法院行政判决书(2016)浙0327行初3号、浙江省温州市中级人民法院行政判决书(2016)浙03行终198号。

② 案例来源:江苏省泗阳县人民法院行政裁定书(2013)泗非诉行审字第0018号。

被申请人在支付股东股权转让款时，已代扣了个人所得税税款，但未按规定期限申报缴纳已代扣的个人所得税税款。其行为违反了《税收征管法》第三十一条第一款的规定，纳税人、扣缴义务人按照法律、行政法规规定或者税务机关依照法律、行政法规的规定确定的期限，缴纳或者解缴税款。申请人于2012年10月9日依据《税收征管法》第六十八条规定，即纳税人、扣缴义务人在规定期限内不缴或者少缴应纳或者应解缴的税款，经税务机关责令限期缴纳，逾期仍未能缴纳的，税务机关除依照该法第四十条的规定采取强制执行措施追缴其不缴或者少缴的税款外，可以处不缴或者少缴的税款50%以上5倍以下的罚款。因此，对被申请人作出泗地税罚〔2012〕2号税务行政处罚决定书，其主要内容是：1.对已代扣未代缴的个人所得税处以1倍罚款计1 380 400元；2.对未申报缴纳的印花税处以1倍罚款计28 000元。以上应缴款项共计1 408 400元。如到期不缴纳罚款，将依照《行政处罚法》第五十一条第（一）项①规定，每日按罚款数额的3%加处罚款。该处罚决定书于2012年10月15日直接送达被申请人。被申请人在法定期限内既未提起行政复议或行政诉讼，亦未履行行政处罚决定书所确定的义务，申请人地税局根据《行政诉讼法》第六十六条②和《税收征管法》第八十八条的规定，于2013年3月11日向法院申请强制执行其行政处罚决定。

法院经审查认为：《个人所得税法》第八条③规定："个人所得税，以所得人为纳税义务人，以支付所得的单位或者个人为扣缴义务人。"本案中，被申请人于2011年9月与泗阳仁慈医院胡某等四十名股东达成股权转让协议，胡某等四十名股东将自己持有的股份部分或全部转让给被申请人，被申请人在支付胡某等人股金时，代扣了胡某等个人所得税10 336 000元。后经申请人核准，实际应为10 330 400元。《个人所得税法》第九条第一款④规定："扣缴义务人每月所扣的税收，自行申报纳税人每月应纳的税款，都应当在次月十五日内缴入国库，并向税务机关报送纳税申报表。"《税收征管法》第三十一条第一款规定："纳税人、扣缴义务人按照法律、行政法规规定或者税务机关依照法律、行政法规的规定确定的期限，缴纳或者解缴税款。"被申请人代扣税款后，未能在规定的期限内向申请人报送纳税申报表，解缴税款。即使按被申请人所述，在股权转让时发生争议，但在宿迁市卫生局2012年1月20日作出宿卫〔2012〕5号《关于确认泗阳仁

---

① 注：现为《行政处罚法》（2021年修订）第七十二条第一款规定。
② 注：现相关内容见《行政诉讼法》（2017年修正）第九十五条规定。
③ 注：现为《个人所得税法》（2018年修正）第九条规定。
④ 注：现相关内容见《个人所得税法》（2018年修正）第十四条规定。

慈医院第二届股东的批复》文件后也应及时将所代扣的税款缴清。但被申请人直至申请人于2012年4月25日接到举报立案查处时，仍未缴清代扣税款。后经申请人催缴，被申请人于2012年3月5日起至2012年5月4日止共计申报解缴代扣个人所得税款8 950 000元，仍欠代扣税款1 380 400元未解缴。同时欠印花税款28 000元。被申请人的上述违法事实，有被申请人于2012年4月27日、2012年7月4日询问（调查）笔录自认所证实。申请人依据《税收征管法》第六十八条之规定，于2012年10月9日对被申请人作出泗地税罚（2012）2号税务行政处罚决定书，有事实和法律依据，程序合法，且罚款数额未超过法定幅度范围，申请人宿迁市泗阳地方税务局申请执行的具体行政行为符合《最高人民法院关于执行〈中华人民共和国行政诉讼法〉若干问题的解释》第八十六条规定的执行条件。依照《中华人民共和国行政诉讼法》第六十六条及《最高人民法院关于执行〈中华人民共和国行政诉讼法〉若干问题的解释》第九十三条之规定，裁定：准予强制执行申请人宿迁市泗阳地方税务局所作的泗地税罚（2012）2号税务行政处罚决定书。

（三）应用场景三：结合本条规定，论述用人单位代扣未代缴的税款，不应归员工所有，应由税务机关追缴

在蜂行天下供应链管理（北京）有限公司与郑雨蒙劳动争议案[①]中，蜂行天下公司代扣郑雨蒙2018年9月至2018年11月个人所得税且已经申报但未缴纳，一审法院判决该工资差额归郑雨蒙所有。二审法院指出，《税收征管法》第二条第二款规定，任何机关、单位和个人不得违反法律、行政法规的规定，擅自作出税收开征、停征以及减税、免税、退税、补税和其他同税收法律、行政法规相抵触的决定；第六十八条规定，纳税人、扣缴义务人在规定期限内不缴或者少缴应纳或者应解缴的税款，经税务机关责令限期缴纳，逾期仍未缴纳的，税务机关除依照该法第四十条的规定采取强制执行措施追缴其不缴或者少缴的税款外，可以处不缴或者少缴的税款百分之五十以上五倍以下的罚款。由此可知，个人所得税的征缴由税务机关实施和监督，并依法上缴国库；一审将之视为工资差额确认归个人所有，处理不当。本院认为，对郑雨蒙个人所得税征缴问题的处理，应由税收征管部门根据税收相关法律、行政法规予以规制，不属于人民法院的审理范围。

[①] 案例来源：北京市昌平区人民法院民事判决书（2019）京0114民初10704号、北京市第一中级人民法院民事判决书（2019）京01民终10484号。

四、法条总结

在税务执法中,本条规定较少被适用。其实,若不抱着"所有的纳税人都可能偷税"的观点去执法,笔者预计本条规定应会大量被适用。

第六十九条

扣缴义务人应扣未扣、应收而不收税款的,由税务机关向纳税人追缴税款,对扣缴义务人处应扣未扣、应收未收税款百分之五十以上三倍以下的罚款。

一、法条简析

本条是对扣缴义务人应扣未扣、应收而不收税款应当如何处理的规定。

二、相关规定

(一)《国家税务总局关于行政机关应扣未扣个人所得税问题的批复》(国税函〔2004〕1199号)

广西壮族自治区地方税务局:

你局《关于行政机关应扣未扣个人所得税法律责任问题的请示》(桂地税报〔2004〕45号)收悉,经研究,现批复如下:

一、关于个人所得税扣缴义务人的认定问题

根据《中华人民共和国个人所得税法》(以下简称《个人所得税法》)第八条规定,行政机关是个人所得税的扣缴义务人,其向职工支付工资、奖金、补贴及其他工资薪金性质的收入,应依法代扣代缴个人所得税。

二、关于扣缴义务人应扣未扣税款的法律责任问题

2001年5月1日前,对扣缴义务人应扣未扣税款,适用修订前的《中华人民共和国税收征收管理法》(以下简称《征管法》),由扣缴义务人缴纳应扣未扣税款;2001年5月1日后,对扣缴义务人应扣未扣税款,适用修订后的《征管法》和《国家税务总局关于贯彻〈中华人民共和国税收征收管理法〉及其实施细则若干具体问题的通知》(国税发〔2003〕47号),由税务机关责成扣缴义务人向纳税人追缴税款,对扣缴义务人处应扣未扣税款百分之五十以上三倍以下的罚款。

三、关于应扣未扣税款是否加收滞纳金的问题

按照《征管法》规定的原则,扣缴义务人应扣未扣税款,无论适用修订前还是修订后的《征管法》,均不得向纳税人或扣缴义务人加收滞纳金。

(二)《国家税务总局关于贯彻〈中华人民共和国税收征收管理法〉及其实施细则若干具体问题的通知》(国税发〔2003〕47号)第二条

关于扣缴义务人扣缴税款问题

负有代扣代缴义务的单位和个人,在支付款项时应按照征管法及其实施细则的规定,将取得款项的纳税人应缴纳的税款代为扣缴,对纳税人拒绝扣缴税款的,扣缴义务人应暂停支付相当于纳税人应纳税款的款项,并在一日之内报告主管税务机关。

负有代收代缴义务的单位和个人,在收取款项时应按照征管法及其实施细则的规定,将支付款项的纳税人应缴纳的税款代为收缴,对纳税人拒绝给付的,扣缴义务人应在一日之内报告主管税务机关。

扣缴义务人违反征管法及其实施细则规定应扣未扣、应收未收税款的,税务机关除按征管法及其实施细则的有关规定对其给予处罚外,应当责成扣缴义务人限期将应扣未扣、应收未收的税款补扣或补收。

三、应用场景

(一)应用场景一:结合《个人所得税法》相关规定,论述在民事执行程序中,支付利息的一方也有代扣代缴个人所得税法定义务

1.典型案例1:刘建洪、威海天置房地产开有限公司房屋买卖合同纠纷执行复议审查案①

在执行法院在执行申请执行人刘建洪与被执行人威海天置房地产开发有限公司房屋买卖合同纠纷一案中,被执行人威海天置房地产开发有限公司向执行法院提出书面异议称,异议人已履行完毕威海市中级人民法院作出的(2022)鲁10民终848号民事判决书(以下简称"二审判决书")内容,不存在未履行判决书的情况。第一,异议人已于2022年7月12日按照二审判决书向刘建洪支付完毕购房款1 152 608元、违约金1 152.6元、诉讼费7 573元。第二,根据二审判决书第二条判决内容,异议人应承担利息:自2019年10月21日起至实际给付之日止,以1 152 608元为基数,按年化4.9%计算利息。异议人截至2022年7月12日

---

① 案例来源:山东省威海市中级人民法院执行裁定书(2022)鲁10执复118号。

应向刘建洪支付利息为154 372.63元,其中按照《个人所得税法》第二条、第三条、第十二条规定且经我司向荣成市税务局咨询,刘建洪所得利息收入应按照利息收入的20%缴纳个人所得税,异议人作为扣缴义务人有义务代扣代缴所得税,异议人已代扣代缴所得税30 874.53元,剩余123 498.10元利息已支付给刘建洪,因此异议人已向刘建洪支付完毕二审判决书第二条判决的利息。综上所述,异议人已履行完毕二审判决书的全部内容,刘建洪申请冻结异议人账户没有任何事实和法律依据,异议人请求法院驳回刘建洪的执行申请,解除对招商银行6319×××0288-60001账户的冻结。申请执行人刘建洪称,二审判决判定的购房款1 152 608元、违约金1 152.60元、诉讼费7 573元申请执行人已收到,按二审判决第二条计算的利息,申请执行人已收到123 498.10元,剩余30 874.53元被执行人未支付,被执行人异议称30 874.53元个人所得税,申请执行人从来没有委托被执行人代扣代缴,被执行人亦无权代扣代缴,故请求法院驳回异议人的异议请求。

在执行法院作出裁定,中止(2022)鲁1082执3603号之一执行裁定对被执行人威海天置房地产开发有限公司在招商银行6319×××0288-60001账户内存款人民币38 287元的执行后,刘建洪向山东省威海市中级人民法院申请复议。山东省威海市中级人民法院经审查后认为,本案的争议焦点为:威海天置房地产开发有限公司向税务部门代扣代缴刘建洪因利息所得而应纳的税款,是否有事实和法律依据。首先,《个人所得税法》第二条第(七)项规定:"利息、股息、红利所得应纳个人所得税。"第八条规定:"个人所得税,以所得人为纳税义务人,以支付所得的单位或者个人为扣缴义务人。"《税收征收管理法》第三十条第二款规定:"扣缴义务人依法履行代扣、代收税款义务时,纳税人不得拒绝。"故利息所得以取得所得的个人为纳税人,以直接向纳税人支付利息的单位和个人为扣缴义务人。扣缴义务人在向个人支付应纳税所得时,应代扣代缴个人应纳的个人所得税税款。《税收征收管理法》第六十九条规定:"扣缴义务人应扣未扣、应收而不收税款的,由税务机关向纳税人追缴税款,对扣缴义务人处应扣未扣、应收未收税款百分之五十以上三倍以下的罚款。"故扣缴义务人如不依法履行扣缴义务,将被税务机关处以罚款。本案中,双方当事人均认可按判决书计算的利息为154 372.63元,威海天置房地产开发有限公司系直接向纳税人支付利息的扣缴义务人,计算得出的应纳税款为30 874.53元,由威海天置房地产开发有限公司向税务机关代扣代缴符合上述法律规定。其次,《个人所得税法》第一条规定:"在中国境内有住所,或者无住所而在境内居住满一年的个人,从中国境内和境外取得的所得,依照本法规定缴纳个人所得税。在中国境内无住所又不居住或者无住所而在境内居住不满一年的个人,从中国境内取得的所得,依照本法规定缴纳个人所得税。"本案中,利息所得的个人所得税的纳税人系取得利息的申请执行人刘建洪,威海天置房地产开发有限公司并非纳税人,只是扣缴义务人,其所代扣代缴的个人所得税产生于申请执行人取得的利息,应由申请执行人在所得利息中支出,而非由威海天置房地产开发有限公司承担。因此,威海天置房地产开发有限公司在支付利息的同时一并代扣代缴个人所得税的行为应视为其已经按照生效判决履行义务。综上所述,复议申请人刘建洪的复议理由不成立,依照《民事诉讼法》第二百二十五条、《最高人民法院关于人民法院办理执行异议和复议案件若干问题的规定》第二十三条第一款第(一)项之规定,裁定:驳回复议申请人刘建洪的复议申请,维持荣成市人民法院(2022)鲁1082执异263号执行裁定。

2. 典型案例2:江苏远旗置业有限公司诉江苏凯威化工有限公司等民间借贷纠纷执行案[①]

在许菁与被执行人江苏凯威化工有限公司、上海柏盛物业管理发展有限公司、上海桑逸国际贸易有限公司、蒋华、伍宏林、第三人江苏远旗置业有限公司民间借贷纠纷执行一案中,无锡中院于2014年7月4日作出(2013)锡民初字第0066号民事判决:一、凯威公司于判决生效之日起10日内归还许菁借款19 625 980元并支付利息(以19 625 980元为基数从2011年5月19日起按照年息24.6%计算至判决确定的给付之日止并扣除已付利息4 954 198元)。二、许菁就第一项判决金额有权对柏盛公司所有的位于上海市长宁区虹井路889弄2、6、7、8、10号房屋(共计建筑面积1 393.11平方米)拍卖或变卖所得的价款按照抵押登记的债权数额及顺序受偿。三、柏盛公司、桑逸公司、伍宏林、蒋华对上述第一项判决中凯威公司的付款义务承担连带责任。该判决生效后,因被执行人未能按期履行,许菁向无锡中院申请强制执行。执行过程中,许菁垫付了对被执行人的房屋评估费499 449元。在被执行人向无锡中院支付了部分执行款项及提供了为许菁代扣代缴的个人所得税发票后,无锡中院于2016年11月28日向许菁发出(2015)锡执字第216号结案通知书,载明:"经计算,截至2016年11月18日,被执行人共结欠你本息43 596 387.77元、诉讼费171 116元。其中本金19 625 980元,利息23 970 407.77元,对此金额你方基本予以认可。在执行过程中,被执行人代你缴纳利息部分的个人所得税5 784 921.15元后,剩余款项已全部执行到位,本案予以结案。"

---

① 案例来源:江苏省高级人民法院执行裁定书(2017)苏执复106号。

许菁提出异议称：本案判决生效后，被执行人未能依法履行，其向法院提出申请强制执行后，有关评估机构对被执行人的房产进行现场评估，后被执行人向法院支付了部分款项，并提供了两张金额分别为 5 246 923.65 元和 537 797.5 元的个人所得税发票。但经其核算，截至 2016 年 11 月 18 日，被执行人共计欠其本息 43 600 084 元，其中本金 19 625 980 元、利息 23 974 104 元（不包括在进入执行之前，被执行人已先行支付的利息 4 954 198 元）。诉讼费 171 116 元、房产评估费 499 499 元。由于个人所得税的申报和缴纳系税务机关的专业工作，不属于法院的职权范围。根据税法的相关规定，其有权在本人住所地申报和缴纳相应税款，如有偷逃税款的行为，付款方可以依法向税务机关举报，并要求税务机关进行追缴。对于被执行人未经其同意擅自代扣代缴个人所得税，导致法院的执行款未能到位的责任应当由被执行人自行承担。执行法院应严格按照判决书的内容执行，而不能任意变更。故请求法院继续执行被执行人应该支付的本金 5 788 417.38 元及相应利息、罚息及评估费 499 499 元，恢复对上海市虹桥路 666 弄 2 号 2301 室房屋的拍卖。

执行异议至复议法院，复议法院经审查后认为：第一，《个人所得税法》第二条第（七）项①规定，利息、股息、红利所得应纳个人所得税。第八条规定，个人所得税，以所得人为纳税义务人，以支付所得的单位或者个人为扣缴义务人。《税收征收管理法》第三十条第二款规定，扣缴义务人依法履行代扣、代收税款义务时，纳税人不得拒绝。故利息所得以取得所得的个人为纳税人，以直接向纳税人支付利息的单位和个人为扣缴义务人。扣缴义务人在向个人支付应纳税所得时，应代扣代缴个人应纳的个人所得税税款。《税收征收管理法》第六十九条规定，扣缴义务人应扣未扣、应收而不收税款的，由税务机关向纳税人追缴税款，对扣缴义务人处应扣未扣、应收未收税款百分之五十以上三倍以下的罚款。故扣缴义务人如不依法履行扣缴义务，将被税务机关处以罚款。本案中，生效判决确定凯威公司应归还许菁借款 19 625 980 元并支付相应利息，凯威公司系直接向纳税人支付利息的扣缴义务人。根据凯威公司结欠利息及已付利息之和计算得出的应纳税款 5 784 921.15 元，由凯威公司向税务机关代缴代扣符合上述法律规定。

第二，凯威公司在案件审判过程中未进行应纳税款的代缴代扣，并不意味着凯威公司放弃其代扣代缴的义务。且扣缴义务人的代扣代缴义务系法定义务，并不以纳税人的授权为依据。故许菁主张凯威公司已经放弃代扣代缴义务或属于无

---

① 注：现为《个人所得税法》（2018 年修正）第二条第一款第（六）项规定。

权处分行为，没有法律依据，依法不予支持。

第三，复议申请人援引的《税收征收管理法》第六十九条规定，即扣缴义务人应扣未扣、应收而不收税款的，由税务机关向纳税人追缴税款，对扣缴义务人处应扣未扣、应收未收税款百分之五十以上三倍以下的罚款。该条文系对扣缴义务人未依法履行扣缴义务时承担何种法律责任的规定，并不能得出扣缴义务人可以放弃其法定扣缴义务的结论，而本案中，被执行人凯威公司已经依法履行其扣缴义务，并不存在应扣未扣、应收而不收税款情形，该条法律规定并不适用于本案。

第四，《个人所得税法》第一条①规定，在中国境内有住所，或者无住所而在境内居住满一年的个人，从中国境内和境外取得的所得，依照本法规定缴纳个人所得税。在中国境内无住所又不居住或者无住所而在境内居住不满一年的个人，从中国境内取得的所得，依照本法规定缴纳个人所得税。本案中，利息所得的个人所得税的纳税人系取得利息的申请执行人许菁，凯威公司并非纳税人，只是扣缴义务人，其所代扣代缴的个人所得税产生于申请执行人取得的利息，应由申请执行人在所得利息中支出，而非由凯威公司承担。因此，凯威公司在支付利息的同时一并代扣代缴个人所得税的行为应视为其已经按照生效判决履行义务。

（二）应用场景二：结合《个人所得税法》相关规定，论述股权受让方有代扣代缴个人所得税法定义务

在杨海斌等与朱红鑫等股权转让合同纠纷案②中，2011年10月10日，转让方（以下简称"甲方"）亚美公司和公司股东朱红鑫、邵瑞飞，与受让方（以下简称"乙方"）杨海斌、林咸里、步丽娜，为企业资产及股权转让充分协商，签订转让合同。约定：甲方自愿将亚美公司的全部资产（包括土地使用权、建筑物、企业设备及配套设施、无形资产等）和股权转让给乙方；甲方将以净资产作价方式一次性转让给乙方，转让前的一切债权债务由甲方承担；甲方转让的标的物以

---

① 注：现为《个人所得税法》（2018年修正）第一条规定内容为：在中国境内有住所，或者无住所而一个纳税年度内在中国境内居住累计满一百八十三天的个人，为居民个人。居民个人从中国境内和境外取得的所得，依照本法规定缴纳个人所得税。在中国境内无住所又不居住，或者无住所而一个纳税年度内在中国境内居住累计不满一百八十三天的个人，为非居民个人。非居民个人从中国境内取得的所得，依照本法规定缴纳个人所得税。纳税年度，自公历一月一日起至十二月三十一日止。

② 案例来源：江苏省启东市人民法院民事判决书（2014）启商初字第00672号、江苏省南通市中级人民法院民事判决书（2014）通中商终字第0614号。

净资产作价780万元作为转让价，2011年10月14日支付定金180万元、股权登记变更完成后支付转让款500万元、余款于甲方协助乙方完成安评及环评手续取得安评及环评试生产证书后付清。双方还就其他事项作出约定。朱红鑫、邵瑞飞起诉称，杨海斌、林咸里、步丽娜至今未能付清全部转让款，杨海斌、林咸里、步丽娜应承担相应的违约责任，故请求杨海斌、林咸里、步丽娜支付转让款718 986元、违约金10万元，并支付从2013年8月27日起至付款之日止按应付的转让款金额、年息8.1%计算的利息。

二审法院认为，上诉人（合同乙方）与被上诉人（合同甲方）作为案涉股权转让的双方，对于未交付的股权转让款余额718 986元均无异议，该未交付的行为如果符合法律规定和合同约定，则上诉人不负有向被上诉人再行交付该部分股权转让款的义务。从法律规定来看，依法纳税是公民应尽的宪法义务。根据《个人所得税法》第二条第（九）项、第八条以及该法《实施条例》第八条第（九）项、第三十五条第一款的规定，股权转让所得应当缴纳个人所得税，转让人为纳税义务人，受让人为扣缴义务人，扣缴义务人在向个人支付应税款项时，应当依照税法规定代扣税款，按时缴库，并专项记载备查。《税收征收管理法》第六十九条还规定了扣缴义务人应扣未扣、应收而不收税款的，由税务机关给予行政处罚。由此可见，股权转让的受让方在支付股权转让款时代扣代缴转让方应缴纳的个人所得税是合法行为。

（三）应用场景三：结合财税〔2003〕158号文规定，论述股东借款超过一个纳税年度，又未用于企业生产经营的，企业仍有代扣代缴个人所得税义务

在黄山市博皓投资咨询有限公司与黄山市地方税务局稽查局处罚决定纠纷案[①]中，二审法院认为，博皓公司股东从博皓公司借款超过一个纳税年度，又未用于博皓公司经营，根据《财政部 国家税务总局关于规范个人投资者个人所得税征收管理的通知》的规定，该借款视为企业对个人投资者的红利分配，应计征个人所得税。博皓公司作为扣缴义务人，未代扣代缴税款，税务机关对博皓公司处应扣未扣税款50%以上3倍以下的罚款，符合《税收征收管理法》第六十九条的规定。虽然博皓公司在税务机关查处后预缴了部分税款，但因博皓公司应扣未扣税款发生在2011年年末，黄山市地方税务局稽查局不将该预缴的税款认定为已经履行代扣代缴的数额并无不当。

---

① 案例来源：安徽省黄山市屯溪区人民法院行政判决书（2014）屯行初字第00022号、安徽省黄山市中级人民法院行政判决书（2015）黄中法行终字第00006号。

（四）应用场景四：结合个案情况，论述依据《税收征收管理法》第六十九条规定给予处罚需满足的条件

在浙江中成建工集团（沈阳）建筑工程有限公司与沈阳市地方税务局第二稽查局行政处罚纠纷案[①]中，2013年10月16日—2013年12月4日，被告沈阳市地方税务局第二稽查局检查组对原告浙江中成沈阳公司进行纳税情况（2010年6月1日—2012年12月31日）检查时发现其存在三项违法事实：1.原告浙江中成沈阳公司2010年签订房屋租赁合同未按规定缴纳印花税，少缴印花税72.10元；2.原告浙江中成沈阳公司2010—2012年未按规定代扣代缴"劳务报酬"税目个人所得税，少代扣代缴个人所得税6 060 776.12元；3.原告浙江中成沈阳公司2010年支付房屋租金未足额取得发票，2011年、2012年支付房屋租金未取得发票。2014年1月3日，被告沈阳市地方税务局第二稽查局向原告浙江中成沈阳公司下发沈地税二稽罚（2014）0002号"税务行政处罚决定书"，并于2014年1月9日送达原告。原告浙江中成沈阳公司不服被告沈阳市地方税务局第二稽查局的处罚决定，起诉到法院。其中，2011年6月23日浙江中成集团公司与沈阳国泰置业有限公司签订"建设工程施工合同"，约定由浙江中成集团公司承建位于沈阳市和平区三好街96号的"同方广场"项目工程。

法院认为，本案中被告根据《税收征收管理法》第六十九条"扣缴义务人应扣未扣、应收而不收税款的，由税务机关向纳税人追缴税款，对扣缴义务人处应扣未扣、应收未收税款百分之五十以上三倍以下的罚款"的规定，对原告浙江中成沈阳公司作出1倍罚款的处罚，应满足以下3个条件：1."同方广场"项目建设的人工费是由原告浙江中成沈阳公司支付的；2.该收入应按照劳务报酬所得缴纳个人所得税；3.该收入的扣缴义务人是原告浙江中成沈阳公司且未扣缴。对此论述如下：

第一，"同方广场"项目建设的人工费是由谁支付的？原告的观点是："同方广场"项目是浙江中成集团公司承揽的，原告是代浙江中成集团公司发放钱款，涉及的建筑工人均由集团公司派遣，与原告浙江中成沈阳公司没有劳务关系。本院认为，从被告提供的原告浙江中成沈阳公司财务账册中，明确记载了"同方广场付人工费、劳务费、民工工资"等科目，在原告浙江中成沈阳公司2010—2012年的劳务费发放明细表中也记载了支付金额并有领取人的签字盖章。故原告浙江中成沈阳公司将人工费的发放情况记载于本公司的财务账册中，能够证明该笔费

---

① 案例来源：辽宁省沈阳市和平区人民法院行政判决书（2014）沈和行初字第00084号。

用系由其支付给劳务者的。

第二，原告浙江中成沈阳公司发放的劳务费应当按照工资、薪金所得项目还是劳务报酬所得项目缴纳个人所得税？原告的观点是：根据《个人所得税法实施条例》（注：为2011年修正版）第八条第（四）项的规定，劳务报酬所得是指个人从事设计、装潢、安装、制图、化验、测试、医疗、法律、会计、咨询、讲学、新闻、广播、翻译、审稿、书画、雕刻、影视、录音、录像、演出、表演、广告、展览、技术服务、介绍服务、经纪服务、代办服务以及其他劳务取得的所得。建筑工人的劳务所得没有包含在上述列举的范围之内，被告按劳务报酬所得计征个人所得税是错误的。本院认为，根据《个人所得税法》（注：为2011年修正版）第一条的规定，在中国境内有住所的个人，从中国境内取得的所得，应当缴纳个人所得税。根据《建筑安装业个人所得税征收管理暂行办法》（国税发〔1996〕127号）（注：2018年已经修正）第三条第三款的规定，从事建筑安装业工程作业的其他人员取得的所得，应当按照工资、薪金所得项目或者劳务报酬所得项目计征个人所得税。根据《个人所得税法实施条例》第八条第一款规定，工资薪金所得是指个人因任职或者受雇而取得的工资、薪金、奖金等以及与任职或者受雇有关的其他所得。工资薪金体现的形式是计入工资总额，而从原告浙江中成沈阳公司的账簿报表中记载2010—2012年三年的"应付职工薪酬"均为零，原告浙江中成沈阳公司也未与领取劳务报酬的人员签订用工合同，未缴纳任何社会保险，其所雇人员均属于临时用工，按月支付报酬，因此，原告浙江中成沈阳公司向劳动者发放的钱款不具有工资、薪金所得的特征。根据《个人所得税法实施条例》第八条第（四）项"劳务报酬所得，是指个人从事设计、装潢……代办服务以及其他劳务所得的所得"的规定，原告浙江中成沈阳公司向临时用工人员支付的报酬可以纳入其他劳务取得的所得范围，应按《个人所得税法》第二条规定的劳务报酬所得缴纳个人所得税。

第三，原告浙江中成沈阳公司应否作为扣缴义务人代扣代缴个人所得税。原告的观点是：原告不是施工合同的相对人，也不是施工的实际主体，不是代扣代缴义务人，浙江中成集团公司承揽了同方时代广场工程后，涉及的所有建筑工人均由其派遣，并与其存在关系，与原告没有任何劳动或劳务关系，其只是代浙江中成集团公司发放钱款，浙江中成集团公司才是代扣代缴义务主体。本院认为，根据《中华人民共和国个人所得税法》第八条"个人所得税，以所得人为纳税义务人，以支付所得的单位或者个人为扣缴义务人"的规定，原告浙江中成沈阳公司将发放的劳务费列入企业工程施工科目人工费支出项目，直接向用工人员发放，属于法律规定的个人所得税扣缴义务人。

综上所述，被告认定原告浙江中成沈阳公司2010—2012年未按规定代扣代缴"劳务报酬"税目个人所得税，符合法律规定。被告提供的证据能够证明原告浙江中成沈阳公司少代扣代缴个人所得税6 060 776.12元。被告作出的处罚决定认定事实清楚，证据充分，适用法律正确，程序合法。被告依据《辽宁省地方税务局行政处罚裁量基准（试行）》的规定，对原告浙江中成沈阳公司处未补扣补缴个人所得税1倍罚款，在法定的处罚幅度内裁量适当。

（五）应用场景五：根据税收法定原则，对扣缴义务人应扣未扣，不加征滞纳金

1.典型案例1：《国家税务总局广西壮族自治区税务局第一稽查局税务处理决定书》（桂税一稽处〔2020〕25号）[①]

罗坚：

我局对你2011年1月1日至2019年12月31日转让广西天盛矿业有限公司股权涉及的个人所得税涉税情况进行检查，违法事实及处理决定如下：

一、违法事实2011年3月10日，广西天盛矿业有限公司（以下简称"天盛公司"）与深圳市宝源升贸易有限公司（以下简称"宝源升公司"）签订了一份"股权收购协议"，股权转让金额53 000 000.00元。天盛公司原股东陈国宁、唐宏辉将所持有的天盛公司股权转让给宝源升公司及其指定方杨建，其中陈国宁持股60%、唐宏辉持股40%。经向陈国宁核实：陈国宁实际持股30%，代李盛长持股30%，罗坚40%股权由唐宏辉代持。同时，广东省深圳市中级人民法院民事判决书（2018）粤03民终19043号认定：天盛公司工商登记的股东为陈国宁60%、唐宏辉40%，罗坚40%股权由唐宏辉代持。罗坚在"股权收购协议"中实际转让40%的股权。

天盛公司股东陈国宁、唐宏辉于2011年3月31日分别与宝源升公司及宝源升公司指定方杨建签订了"股权转让协议书"，并于2011年4月7日完成股权变更登记，宝源升公司和杨建正式成为天盛公司的股东，宝源升公司持股比例95%，杨建持股比例5%。

2011年4月14日宝源升公司向陈国宁支付了第一期股权转让款共计23 000 000.00元，陈国宁确认收到款项，并按原持股比例进行了分配，其中，你

[①] 详见网址：http://guangxi.chinatax.gov.cn/xxgk/jcswgg/202009/t20200908_314103.html，最近访问时间：2023年3月29日。

分得9 200 000.00元。

第二期股权转让款由于股权转让双方之间因股权转让的效力、金额等问题一直存在争议，故余款一直未付。经法院一审、二审程序，（2018）粤03民终19043号终审判决最终确认陈国宁、李盛长、你与宝源升公司、杨建的股权转让行为有效，股权转让金额共计53 000 000.00元，宝源升公司仍需向你支付12 000 000.00元。

根据《个人所得税法》第二条第一款第（八）项、第三条第（三）项、第六条第一款第（五）项、《股权转让所得个人所得税管理办法》（国家税务总局公告2014年第67号）第三条第（一）项、第四条、第五条、第十五条、第十九条、第二十条的规定，你转让天盛公司股权给宝源升公司及杨建，宝源升公司向你支付了部分股权转让款，并完成了工商的股权变更登记，作为股权实际转让方，是个人所得税的纳税人，应按"财产转让所得"申报缴纳个人所得税，你应向国家税务总局南宁青秀山风景区税务局申报缴纳个人所得税。

宝源升公司及杨建作为股权受让方及所得支付方，是代扣代缴义务人，应按规定履行代扣代缴义务。

股权转让款的认定：你将35%的股权转让给宝源升公司，将5%的股权转让给杨建，共取得股权转让款21 200 000.00元，以其实际收到的9 200 000.00元及（2018）粤03民终19043号终审判决确定的12 000 000.00元计算所得。

股权原值的认定：通过到南宁市行政审批局调取天盛公司的企业变更通知书、2011年3月31日广西天盛矿业有限公司第四次股东会决议、财务报表等相关资料，显示"实收资本——法人资本——个人资本"为10 000 000.00元，股东出资信息显示"唐宏辉——实缴出资额"为400万元，持股比例40%，一审判决（2017）粤0306民初16217号及终审判决（2018）粤03民终19043号均已确认唐宏辉所持股权均为代你持有，实际持股人是你，且一审、二审判决的当事人均为你本人，因此认定你的股权原值为4 000 000.00元。

你转让股权行为应按"财产转让所得"申报缴纳的个人所得税为：（21 200 000.00-4 000 000.00）×20%=3 440 000.00元。

宝源升公司及杨建作为代扣代缴义务人，并未代扣代缴上述税款，你本人也并未缴纳上述税款。

二、处理决定

根据《税收征收管理法》第六十九条的规定，追缴你少缴的个人所得税3 440 000.00元。限你自收到本决定书之日起十五日内到主管税务机关国家税务总局南宁青秀山风景区税务局，将上述税款缴纳入库。逾期未缴，将依照《税收征收管理法》第四十条规定强制执行。

2.典型案例2：冯小平非诉执行审查案①

在该案中，申请执行机关分宜县地方税务局稽查局于2016年1月25日作出分地税稽处字（2016）1号税务处理决定，认定被执行人冯小平转让股权未缴纳个人所得税和印花税的行为，违反了《个人所得税法》与《印花税暂行条例》②规定的纳税规定，根据《中华人民共和国税收征收管理法》第三十二条、第六十四条第二款、第六十九条与《国家税务总局关于贯彻〈中华人民共和国税收征收管理法〉及其实施细则若干问题的通知》第五条及《国家税务总局关于行政机关应扣未扣个人所得税问题的批复》（国税函〔2004〕1119号）第三条之规定，作出对被执行人追缴个人所得税9 198 696.80元与印花税40 000元及自滞纳印花税款之日起至实际缴纳印花税款之日止按日加收滞纳税款万分之五滞纳金的税务处理决定。2016年3月4日，申请执行机关向被执行人公告送达了税务处理决定书，被执行人在法定期限内既未申请行政复议又未提起行政诉讼。2016年11月30日，申请执行机关又向被执行人送达了催告通知书，催促被执行人在收到催告通知书后10日内履行税务处理决定书中规定的义务，并告知了逾期未履行义务的法律后果。因被执行人未自动履行，申请执行机关遂向本院申请强制执行。

法院审查后认为，申请执行机关作出的具体行政行为，认定事实清楚，适用法律正确，程序合法。申请执行机关在向本院申请强制执行前，已依法进行了催告。申请执行机关的申请符合法律规定，且不存在《行政强制法》第五十八条规定不予执行的情形。根据《行政诉讼法》第九十七条、《最高人民法院关于执行〈中华人民共和国行政诉讼法〉若干问题的解释》第九十三条之规定，裁定：对申请执行机关分宜县地方税务局稽查局于2016年1月25日作出的分地税稽处字（2016）1号税务处理决定，准予强制执行。

四、法条总结

围绕本条规定有一个较大的争议：扣缴义务人应扣未扣税款的，由税务机关向纳税人追缴税款，对扣缴义务人处罚款外，是否需要追缴滞纳金？如果追缴滞纳金，对纳税人还是扣缴义务人追缴？对于前者，若严格遵守税收法定原则，因

---

① 案例来源：江西省分宜县人民法院行政裁定书（2017）赣0521行审3号。
② 注：自2022年7月1日起作废，作废法律依据为《印花税法》第二十条。

本条规定未规定要追缴滞纳金，似乎追缴滞纳金无直接法律依据。但不少税务机关从惯常思维出发认为，应扣未扣税款，税款未及时入库，一定要加征滞纳金。所以，对此应否加征滞纳金问题，存在不小的争议。对于后者，在递易（上海）智能科技有限公司与张加美劳动合同纠纷案[①]中，法院指出，原告［递易（上海）智能科技有限公司］作为个税扣缴义务人未依法为被告进行个税纳税申报，理应承担向税务机关缴纳个人所得税滞纳金的法律责任。这种纯粹的民事法律归责原则是否能适用于税收执法程序中，尚有争论，但不是毫无道理。

五、修法建议

建议明确两个问题：1.除对扣缴义务人处罚款外，是否需要追缴滞纳金？2.如果追缴滞纳金，对纳税人还是扣缴义务人追缴？

第七十条

纳税人、扣缴义务人逃避、拒绝或者以其他方式阻挠税务机关检查的，由税务机关责令改正，可以处一万元以下的罚款；情节严重的，处一万元以上五万元以下的罚款。

一、法条简析

本条是对纳税人、扣缴义务人逃避、拒绝或者以其他方式阻挠税务机关检查的行为的行政处罚规定，如果行为人以暴力、威胁方法阻碍税务机关工作人员依法进行的检查，根据《刑法》第二百七十七条的规定，可能构成妨害公务罪。

二、相关规定

（一）《税收征收管理法》第五十六条

纳税人、扣缴义务人必须接受税务机关依法进行的税务检查，如实反映情况，提供有关资料，不得拒绝、隐瞒。

（二）《税收征收管理法实施细则》第九十六条

纳税人、扣缴义务人有下列情形之一的，依照税收征管法第七十条的规定处罚：

---

① 案例来源：上海市青浦区人民法院民事判决书（2022）沪0118民初3995号。

（一）提供虚假资料，不如实反映情况，或者拒绝提供有关资料的；

（二）拒绝或者阻止税务机关记录、录音、录像、照相和复制与案件有关的情况和资料的；

（三）在检查期间，纳税人、扣缴义务人转移、隐匿、销毁有关资料的；

（四）有不依法接受税务检查的其他情形的。

三、应用场景

结合《税收征收管理法实施细则》第九十六条规定，论述以拒绝方式阻扰税务机关检查行为的可处罚性

在建湖县华实房地产开发有限责任公司与盐城市建湖地方税务局税务行政处罚纠纷案[1]中，被告建湖地税局根据江苏省盐城地方税务局数据管理处（风险监控局）税收违法案件交办函，于2015年4月30日书面向原告建湖华实公司发出税务检查通知书，于2015年5月13日向原告发出调取账簿资料通知书，要求原告于2015年5月15日前将原告单位"书香圣院"项目2014年1月1日至2014年12月31日的账簿、记账凭证、报表以及项目开发以来所有收取购房款的收据及其销售阁楼的合同送至建湖地税局第四分局检查。截至2015年5月29日，原告建湖华实公司仍未将被告建湖地税局要求检查的账簿等资料送至建湖地税局。被告建湖地税局于2015年5月29日向原告发出责令限期改正通知书，要求原告于2015年6月3日前予以改正，并告知逾期不改正所要承担的法律后果。2015年6月8日，被告建湖地税局向原告发出税务行政处罚事项告知书，告知拟作出税务行政处罚的事实依据、法律依据、拟作出的处罚决定以及告知原告有陈述、申辩、提供资料、听证的权利。2015年11月23日，被告建湖地税局向原告建湖华实公司作出建地税罚（2015）80号税务行政处罚决定书，认定原告未能在规定期限内提交被告建湖地税局要求检查的账簿等资料，原告收到责令限期改正通知书后仍未改正，情节严重。建湖地税局根据《税务征收管理法》第七十条和《税收征收管理法实施细则》第九十六条之规定，决定对建湖华实公司罚款三万元。

法院审理后认为，《税收征收管理法》第七十条规定，纳税人、扣缴义务人逃避、拒绝或者以其他方式阻扰税务机关检查的，由税务机关责令改正，可以处一万元以下罚款；情节严重的，处一万元以上五万元以下的罚款。《税收征收管理法实施细则》第九十六条规定，纳税人、扣缴义务人有下列情形之一的，依照

---

[1] 案例来源：江苏省盐城市盐都区人民法院行政判决书（2016）苏0903行初57号。

税收征收管理法第七十条的规定处罚：（一）提供虚假资料、不如实反映情况，或者拒绝提供有关资料的。本案中，被告建湖地税局于2015年3月13日以原告违反如实申报规定，作出建地税罚（2015）7号税务行政处罚决定书。2015年4月10日，被告建湖地税局收到税收违法案件交办函，分别于2015年5月13日、2015年5月29日向原告发出调取账簿资料通知书、责令限期改正通知书，原告建湖华实公司收到调取账簿资料通知书、责令限期改正通知书后仍未向建湖地税局提交账簿等资料。被告建湖地税局以纳税人、扣缴义务人逃避、拒绝或者以其他方式阻挠税务机关检查为由对其进行处罚。被告建湖地税局作出的建地税罚（2015）80号税务行政处罚与建地税罚（2015）7号税务行政处罚是针对原告不同的行为所作出的行政处罚。

四、法条总结

本条规定在税务检查过程中，适用较多。结合《税收征收管理法实施细则》第九十六条规定一并理解、适用即可。

第七十一条

违反本法第二十二条规定，非法印制发票的，由税务机关销毁非法印制的发票，没收违法所得和作案工具，并处一万元以上五万元以下的罚款；构成犯罪的，依法追究刑事责任。

一、法条简析

本条是对非法印制发票行为的处罚规定。

二、相关规定

（一）《税收征收管理法》相关规定

第二十一条 税务机关是发票的主管机关，负责发票印制、领购、开具、取得、保管、缴销的管理和监督。

单位、个人在购销商品、提供或者接受经营服务以及从事其他经营活动中，应当按照规定开具、使用、取得发票。

发票的管理办法由国务院规定。

第二十二条 增值税专用发票由国务院税务主管部门指定的企业印制；其

他发票,按照国务院税务主管部门的规定,分别由省、自治区、直辖市国家税务局、地方税务局指定企业印制。

未经前款规定的税务机关指定,不得印制发票。

(二)《发票管理办法》相关规定

第七条 增值税专用发票由国务院税务主管部门确定的企业印制;其他发票,按照国务院税务主管部门的规定,由省、自治区、直辖市税务机关确定的企业印制。禁止私自印制、伪造、变造发票。

第八条 印制发票的企业应当具备下列条件:

(一)取得印刷经营许可证和营业执照;

(二)设备、技术水平能够满足印制发票的需要;

(三)有健全的财务制度和严格的质量监督、安全管理、保密制度。

税务机关应当以招标方式确定印制发票的企业,并发给发票准印证。

第九条 印制发票应当使用国务院税务主管部门确定的全国统一的发票防伪专用品。禁止非法制造发票防伪专用品。

第十条 发票应当套印全国统一发票监制章。全国统一发票监制章的式样和发票版面印刷的要求,由国务院税务主管部门规定。发票监制章由省、自治区、直辖市税务机关制作。禁止伪造发票监制章。

发票实行不定期换版制度。

第十一条 印制发票的企业按照税务机关的统一规定,建立发票印制管理制度和保管措施。

发票监制章和发票防伪专用品的使用和管理实行专人负责制度。

第十二条 印制发票的企业必须按照税务机关批准的式样和数量印制发票。

第十三条 发票应当使用中文印制。民族自治地方的发票,可以加印当地一种通用的民族文字。有实际需要的,也可以同时使用中外两种文字印制。

第十四条 各省、自治区、直辖市内的单位和个人使用的发票,除增值税专用发票外,应当在本省、自治区、直辖市内印制;确有必要到外省、自治区、直辖市印制的,应当由省、自治区、直辖市税务机关商印制地省、自治区、直辖市税务机关同意,由印制地省、自治区、直辖市税务机关确定的企业印制。

禁止在境外印制发票。

(三)《刑法》第二百零九条规定

伪造、擅自制造或者出售伪造、擅自制造的可以用于骗取出口退税、抵扣税款的其他发票的，处三年以下有期徒刑、拘役或者管制，并处二万元以上二十万元以下罚金；数量巨大的，处三年以上七年以下有期徒刑，并处五万元以上五十万元以下罚金；数量特别巨大的，处七年以上有期徒刑，并处五万元以上五十万元以下罚金或者没收财产。

伪造、擅自制造或者出售伪造、擅自制造的前款规定以外的其他发票的，处二年以下有期徒刑、拘役或者管制，并处或者单处一万元以上五万元以下罚金；情节严重的，处二年以上七年以下有期徒刑，并处五万元以上五十万元以下罚金。

非法出售可以用于骗取出口退税、抵扣税款的其他发票的，依照第一款的规定处罚。

非法出售第三款规定以外的其他发票的，依照第二款的规定处罚。

（四）《最高人民检察院 公安部关于公安机关管辖的刑事案件立案追诉标准的规定（二）》（公通字〔2022〕12号）相关规定

第六十一条 ［非法制造、出售非法制造的用于骗取出口退税、抵扣税款发票案（刑法第二百零九条第一款）］伪造、擅自制造或者出售伪造、擅自制造的用于骗取出口退税、抵扣税款的其他发票，涉嫌下列情形之一的，应予立案追诉：

（一）票面可以退税、抵扣税额累计在十万元以上的；

（二）伪造、擅自制造或者出售伪造、擅自制造的发票十份以上且票面可以退税、抵扣税额在六万元以上的；

（三）非法获利数额在一万元以上的。

第六十二条 ［非法制造、出售非法制造的发票案（刑法第二百零九条第二款）］伪造、擅自制造或者出售伪造、擅自制造的不具有骗取出口退税、抵扣税款功能的其他发票，涉嫌下列情形之一的，应予立案追诉：

（一）伪造、擅自制造或者出售伪造、擅自制造的不具有骗取出口退税、抵扣税款功能的其他发票一百份以上且票面金额累计在三十万元以上的；

（二）票面金额累计在五十万元以上的；

（三）非法获利数额在一万元以上的。

三、法条总结

因非法印制发票案几乎都涉嫌构成刑事犯罪，根据《行政执法机关移送涉嫌犯罪案件的规定》(2001年7月9日中华人民共和国国务院令第310号公布，根据2020年8月7日《国务院关于修改〈行政执法机关移送涉嫌犯罪案件的规定〉的决定》修订)第三条规定，税务机关都会在第一时间移交公安机关。而非法制造发票罪案件，均依照刑事相关法律进行查处。所以，尚未发现与本条规定直接相关的案件被披露。

第七十二条

从事生产、经营的纳税人、扣缴义务人有本法规定的税收违法行为，拒不接受税务机关处理的，税务机关可以收缴其发票或者停止向其发售发票。

一、法条简析

本条是对税务机关可以向有关纳税人和扣缴义务人收缴、停止发售发票的规定。其中，收缴发票指的是税务机关将从事生产、经营的纳税人、扣缴义务人已领购的发票予以强制收回。所谓停止发售，指的是税务机关对本条规定的纳税人、扣缴义务人在一定时期内不予发售发票。

二、相关规定

《国家税务总局关于税收征管若干事项的公告》(国家税务总局公告2019年第48号)第三条

关于非正常户的认定与解除

（一）已办理税务登记的纳税人未按照规定的期限进行纳税申报，税务机关依法责令其限期改正。纳税人逾期不改正的，税务机关可以按照《中华人民共和国税收征收管理法》(以下简称税收征管法)第七十二条规定处理。

纳税人负有纳税申报义务，但连续三个月所有税种均未进行纳税申报的，税收征管系统自动将其认定为非正常户，并停止其发票领用簿和发票的使用。

（二）对欠税的非正常户，税务机关依照税收征管法及其实施细则的规定追征税款及滞纳金。

（三）已认定为非正常户的纳税人，就其逾期未申报行为接受处罚、缴纳罚款，并补办纳税申报的，税收征管系统自动解除非正常状态，无须纳税人专门申请解除。

三、应用场景

（一）应用场景一：论述《税收征收管理法》第七十二条规定的适用前提条件

在北京国泰宏润国际货运代理有限公司与国家税务总局北京市顺义区税务局马坡税务所收缴停止发售发票决定及国家税务总局北京市顺义区税务局行政复议决定纠纷案①中，马坡税务所发现国泰宏润公司欠缴所属期为2018年10月和所属期为2019年3月的增值税及城市维护建设税，遂于2019年11月18日向国泰宏润公司作出并送达了四份"马坡税务所税务事项通知书"，文号分别为：顺税通（111011324）20190095号、顺税通（111011324）20190097号、顺税通（111011324）20190098号、顺税通（111011324）20190099号。上述四份通知书分别责令国泰宏润公司于2019年12月2日前缴纳所欠缴的2019年3月1日至2019年3月31日应缴纳的税（费）款1 110 551.20元和22 211 023.93元、2018年10月1日至2018年10月31日应缴纳的税（费）款159 458.38元和3 189 167.54元，并要求其依法缴纳滞纳金。国泰宏润公司未按期缴纳上述税（费）款。2019年12月3日，马坡税务所向国泰宏润公司作出并送达了京顺马税通（2019）6000660号和京顺马税通（2019）6000661号"税务事项通知书"，分别责令国泰宏润公司于2019年12月4日前缴纳2018年10月1日至2018年10月31日的应缴纳税款3 348 625.92元，2019年3月1日至2019年3月31日的应缴纳税款24 432 126.33元，并要求其依法缴纳滞纳金。同日，马坡税务所向国泰宏润公司作出并送达了京顺马税限改（2019）6000003号"责令限期改正通知书"，责令国泰宏润公司于2019年12月4日前缴纳所属2019年3月1日至2019年3月31日增值税22 211 023.93元、城市维护建设税1 110 551.20元、教育费附加666 330.72元、地方教育费附加444 220.48元。国泰宏润公司收到马坡税务所送达的上述催缴税款通知书后，于2019年12月11日补缴了所属期为2018年10月1日至2018年10月31日的城市维护建设税120 071.73元，但仍未全部缴清所欠税款。因国泰宏润公司未缴清所欠税款，马坡税务所于2019年12月5日向国泰宏润公司作出京顺马税停票（2019）6000001号"收缴、停止发售发票决定书"，并于同日送达。

法院经审理后认为，双方争议的主要焦点问题是，国泰宏润公司未在规定期限内缴清税款的行为是否属于《税收征收管理法》第七十二条规定的"拒不接受税务机关处理"的行为。

《税收征收管理法》第七十二条规定：从事生产、经营的纳税人、扣缴义务

---

① 案例来源：北京市顺义区人民法院行政判决书（2020）京0113行初88号。

人有本法规定的税收违法行为，拒不接受税务机关处理的，税务机关可以收缴其发票或者停止向其发售发票。从上述规定可以看出，税务机关收缴纳税人和扣缴义务人的发票或者停止向其发售发票，必须同时具备两个前提条件：一是从事生产、经营的纳税人、扣缴义务人存在该法规定的税收违法行为，即从事生产、经营的纳税人、扣缴义务人存在该法规定的违反税务登记、凭证、账簿管理，违反纳税申报制度的行为，欠缴税款行为，偷税、抗税、骗取出口退税、逃避追缴欠税、逃避税务检查等其他违反该法规定的行为；二是纳税人、扣缴义务人针对存在的税收违法行为拒不接受税务机关处理。

首先，对于第一个前提条件，因国泰宏润公司对其未在规定期限内缴清税款的违法事实以及所欠缴的税款数额并无异议，故其已具备第一个前提条件。

其次，对于上述法律规定的"拒不接受税务机关处理"的情形，现有法律、法规、规章及规范性文件并没有明确规定。然而，《税收征收管理法》的立法目的是"为了加强税收征收管理，规范税收征收和缴纳行为，保障国家税收收入，保护纳税人的合法权益，促进经济和社会发展"。税务机关对于存在税收违法行为的纳税人和扣缴义务人依法可以作出催缴税款、责令改正等行政处理决定，也可以作出罚款等行政处罚决定。结合上述立法目的，无论行政处理决定还是行政处罚决定，纳税人和扣缴义务人均应当按决定内容全部执行，才属于接受税务机关处理，而并非仅仅指纳税人、扣缴义务人配合税务机关调查、签收法律文书等行为。因此，对于"拒不接受税务机关处理"的情形，应当包括违法行为人对税务机关作出的限期改正、催缴税款、强制执行、罚款等行政处理决定和行政处罚决定不予执行的情况。本案中，国泰宏润公司存在欠缴税款的违法行为，且在马坡税务所向其多次下发催缴税款的"税务事项通知书"和"责令限期改正通知书"后，仍未在规定期限内缴清全部税款，即未按照上述通知书内容执行，其行为应属于上述法律规定的"拒不接受税务机关处理"的情形。

鉴于国泰宏润公司已具备适用《税收征收管理法》第七十二条的两个前提条件，马坡税务所根据该条文以及国泰宏润公司欠缴税款的事实对国泰宏润公司作出的涉案"收缴、停止发售发票决定书"，其认定事实清楚，适用法律正确，执法程序亦无不当。

（二）应用场景二：结合《税收征收管理法》第五章规定，论述收缴、停止发售发票决定不属于行政强制措施

在光明娱乐事业（昆山）有限公司与苏州市昆山地方税务局行政处罚纠纷

案①中,上诉人[光明娱乐事业(昆山)有限公司]提出,涉诉行政行为是收缴空白发票并停止发售发票,该行为旨在促使税收征管对象纠正一定违法行为,因此属于暂时性的行政强制措施,而不是终局性的行政处罚,故本案应当适用的行政强制法的相关规定。对此,二审法院认为,行政处罚是指公民、法人或者其他组织对其违反行政管理秩序但尚未构成犯罪的违法行为,依法承担的行政法律责任。而行政强制措施是指行政机关在行政管理过程中,为制止违法行为,防止证据毁损、避免危害发生、控制危险扩大等情形,依法对公民的人身自由实施暂时性控制,或者对公民、法人或者其他组织的财物实施暂时性的控制。本案中涉诉行政行为的直接法律依据为《税收征收管理法》第七十二条,该条款规定于《税收征收管理法》第五章"法律责任"中,故依据法律的体系解释,涉诉行政行为应属于上诉人对其税收违法行为依法承担的法律责任,即上诉人未依法申报2013年第1—4季度城镇土地使用税,且逾期并未改正,昆山地税局依法褫夺其在经营活动中开具会计核算原始依据及业务凭证的资格。该资格即使因上诉人改正税务违法行为而重新恢复,也并非是对上诉人权利进行暂时性控制的行政强制措施解除。故上诉人主张的涉诉行政行为属于行政强制措施的上诉理由,本院不予支持。

(三)应用场景三:结合《税收征收管理法》第七十二条规定,论述法院无权基于执行需要要求税务机关停供被执行人的发票

在国家税务总局唐山市丰润区税务局、王振海借款合同纠纷执行审查案②中,王振海与李振江、冀龙水泥公司民间借贷纠纷一案,丰润区人民法院于2019年4月19日作出(2019)冀0208民初1381号民事判决书,判决李振江、冀龙水泥公司于判决生效之日起五日内连带偿还王振海借款1 185 000元及利息,驳回王振海其他诉讼请求。该案进入执行程序后,执行机构于2020年9月29日作出(2019)冀02执15522号执行裁定书,裁定冻结李振江、冀龙水泥公司的银行存款200万元或查封、扣押、冻结其相应价值的财产。执行机构于2020年12月3日向丰润税务局作出(2019)冀02执15522号协助执行通知书,要求其协助执行:暂停办理冀龙水泥公司增值税发票支领、审批等事项,因该公司经营异常,拒不履行法定义务,请根据相关法律作出处理。丰润税务局对此协助执行通知书不服,向本院

---

① 案例来源:江苏省张家港市人民法院行政判决书(2015)张行初字第00047号、江苏省苏州市中级人民法院行政判决书(2015)苏中行终字第00215号。

② 案例来源:河北省唐山市中级人民法院执行裁定书(2020)冀02执异1116号。

提出执行异议,即本案。

唐山市中级人民法院经审查后认为,税务局是主管税收工作的政府行政机构,其依照国家法律、行政法规规定进行相关的税收工作。根据《税收征收管理法》第七十二条规定,从事生产、经营的纳税人、扣缴义务人有该法规定的税收违法行为,拒不接受税务机关处理的,税务机关可以收缴其发票或者停止向其发售发票。本案中,执行机构基于李振江、冀龙水泥公司在(2019)冀0208民初1381号民间借贷纠纷一案中所应履行的对王振海借款的偿还义务进入执行程序,执行过程中,在未发现冀龙水泥公司存在违反上述法律规定的情况下而向丰润税务局作出要求其暂停办理对冀龙水泥公司的增值税发票支领及审批等事项的协助执行通知书,干预了丰润税务局正常的行政行为,缺乏法律依据,应当予以纠正。综上所述,异议人国家税务总局唐山市丰润区税务局的异议理由成立,本院予以支持。依照《民事诉讼法》第二百二十五条、《最高人民法院关于人民法院办理执行异议和复议案件若干问题的规定》第十七条第(二)项规定,裁定如下:撤销本院(2019)冀02执15522号协助执行通知书。

四、法条总结

本条规定是为了限制或者禁止拒不接受税务机关处理的有关纳税人、扣缴义务人从事生产、经营活动,促使其改正错误,避免其屡错不改,甚至采取各种方式对抗税务机关,继续其违法行为。但适用时,需要准确把握其适用前提条件,并遵守法定程序作出,不然税务机关也有败诉风险。

第七十三条

纳税人、扣缴义务人的开户银行或者其他金融机构拒绝接受税务机关依法检查纳税人、扣缴义务人存款账户,或者拒绝执行税务机关作出的冻结存款或者扣缴税款的决定,或者在接到税务机关的书面通知后帮助纳税人、扣缴义务人转移存款,造成税款流失的,由税务机关处十万元以上五十万元以下的罚款,对直接负责的主管人员和其他直接责任人员处一千元以上一万元以下的罚款。

本条是对银行及其他金融机构未按照规定协助税务机关依法履行职务行为的处罚规定。其中,1.根据该法第五十四条的规定,经县以上税务局(分局)局长批准，凭全国统一格式的检查存款账户许可证明，税务机关可以查询从事生产、经营的纳税人、扣缴义务人在银行或者其他金融机构的存款账户。税务机关在调查税收违法案件时，经设区的市、自治州以上税务局（分局）局长批准，可以查询案件涉嫌人员的储蓄存款。2.根据该法第三十八条的规定，税务机关在法定的条件下，经批准可以书面通知欠税人开户银行或者其他金融机构冻结纳税人的金额相当于应纳税款的存款。3.根据该法第四十条的规定，税务机关在法定的条件下，经批准可以书面通知欠税人的开户银行或者其他金融机构从其存款中扣缴其欠缴的税款。

第七十四条

本法规定的行政处罚，罚款额在二千元以下的，可以由税务所决定。

一、法条简析

本条是对税务所行政处罚权限的规定。

二、相关规定

《税收征收管理法》相关规定

第五条 国务院税务主管部门主管全国税收征收管理工作。各地国家税务局和地方税务局应当按照国务院规定的税收征收管理范围分别进行征收管理。

地方各级人民政府应当依法加强对本行政区域内税收征收管理工作的领导或者协调，支持税务机关依法执行职务，依照法定税率计算税额，依法征收税款。

各有关部门和单位应当支持、协助税务机关依法执行职务。

税务机关依法执行职务，任何单位和个人不得阻挠。

第十四条 本法所称税务机关是指各级税务局、税务分局、税务所和按照国务院规定设立的并向社会公告的税务机构。

三、应用场景

（一）应用场景一：结合《税收征收管理法》第十四条规定，论述税务所有一定的处罚权

在北京五常饭香贸易有限责任公司与北京市平谷区国家税务局第一税务所税

收行政处罚纠纷案[1]中，法院经审理后认为，《税收征收管理法》第十四条规定："本法所称税务机关是指各级税务局、税务分局、税务所和按照国务院规定设立的并向社会公告的税务机构。"第七十四条规定："本法规定的行政处罚，罚款额在二千元以下的，可以由税务所决定。"平谷国税一所具有办理本行政区域内区属私营以上企业纳税申报事项以及对违反税收征收管理法律、法规的行为进行二千元以下罚款的职责，系本案适格被告。

（二）应用场景二：结合《税收征收管理法》第五条规定，论述税务所有一定的处罚权

在泰安市泰山新世纪景观饰品有限公司与国家税务总局宁阳县税务局磁窑税务分局税收行政处罚纠纷案[2]中，法院经审理后认为，《税收征收管理法》第五条规定，国务院税务主管部门主管全国税收征收管理工作，各地国家税务局和地方税务局应当按照国务院规定的税收征收管理范围分别进行征收管理；第七十四条规定，该法规定的行政处罚，罚款额在二千元以下的，可以由税务所决定。被告磁窑分局是国家税务总局宁阳县税务局下设的派出机构，有作出被诉行政处罚决定的法定职权。

四、法条总结

本条法律规定，税务所的罚款处罚权限为二千元以下，重点把握处罚上限及处罚程序即可。

第七十五条

税务机关和司法机关的涉税罚没收入，应当按照税款入库预算级次上缴国库。

一、法条简析

本条是关于如何处理涉税罚没收入的规定，包括两个方面的内容：1.税务机关和司法机关的罚没收入，不能自收自支，而应该统一上缴国库，其财政开支由相应的财政预算安排，严格实行收支两条线。2.要按税款入库预算级次上缴，该

---

[1] 案例来源：北京市平谷区人民法院行政判决书（2016）京0117行初118号。
[2] 案例来源：山东省宁阳县人民法院行政判决书（2019）鲁0921行初73号。

是中央政府的收入要上缴中央国库,该是地方哪一级政府的财政收入,按规定收缴入库,不能搞层层隐瞒,层层截留,违反财政法规和纪律。

二、相关规定

(一)《预算法》第三条

国家实行一级政府一级预算,设立中央,省、自治区、直辖市,设区的市、自治州,县、自治县、不设区的市、市辖区,乡、民族乡、镇五级预算。

全国预算由中央预算和地方预算组成。地方预算由各省、自治区、直辖市总预算组成。

地方各级总预算由本级预算和汇总的下一级总预算组成;下一级只有本级预算的,下一级总预算即指下一级的本级预算。没有下一级预算的,总预算即指本级预算。

(二)《最高人民检察院 最高人民法院 国家税务局关于印发〈关于办理偷税、抗税案件追缴税款统一由税务机关缴库的规定〉的通知》(高检会〔1991〕31号)

各省、自治区、直辖市人民检察院、高级人民法院、税务局:

现将《关于办理偷税、抗税案件追缴税款统一由税务机关缴库的规定》印发给你们,请遵照执行。

关于办理偷税、抗税案件追缴税款统一由税务机关缴库的规定

最近,一些地方在办理偷税、抗税犯罪案件中,对追缴的偷税、抗税款(包括滞纳金,下同)、罚款如何上交财政的问题发生分歧意见,要求对此作出明确规定。经研究,现作出以下规定:一、根据《中华人民共和国刑法》第一百二十一条规定的精神,偷税、抗税构成犯罪的,应当按照税收法规补税。这部分税款属于国家应征税款的一部分,对其处理不能按一般赃款对待,不宜由人民检察院或者人民法院追缴后直接上交地方财政,应当由税务机关依法征收,并办理上交国库手续。

二、税务机关移送人民检察院处理的偷税、抗税犯罪案件,移送前可先行依法追缴税款,将所收税款的证明随案移送人民检察院。

三、人民检察院直接受理的偷税、抗税案件,已追缴的税款,应当由税务机关办理补缴税款手续。案件提起公诉时,将所收税款的证明随卷移送人民法院。

四、偷税、抗税案件经人民法院判决应当予以追缴或退回的税款判决生效

后，由税务机关依据判决书收缴或退回。对被告人和其他当事人以及有关单位，拒绝依据判决书缴纳或划拨税款的，由人民法院强制执行。

（三）《财政部关于印发〈罚没财物管理办法〉的通知》（财税〔2020〕54号）相关条款

第三条 本办法所称罚没财物，是指执法机关依法对自然人、法人和非法人组织作出行政处罚决定、没收、追缴决定或者法院生效裁定、判决取得的罚款、罚金、违法所得、非法财物，没收的保证金、个人财产等，包括现金、有价票证、有价证券、动产、不动产和其他财产权利等。

本办法所称执法机关，是指各级行政机关、监察机关、审判机关、检察机关，法律法规授权的具有管理公共事务职能的事业单位和组织。

本办法所称罚没收入是指罚款、罚金等现金收入，罚没财物处置收入及其孳息。

第二十四条 罚没收入属于政府非税收入，应当按照国库集中收缴管理有关规定，全额上缴国库，纳入一般公共预算管理。

第二十六条 中央与省级罚没收入的划分权限，省以下各级政府间罚没收入的划分权限，按照现行预算管理有关规定确定。法律法规另有规定的，从其规定。

第二十七条 除以下情形外，罚没收入应按照执法机关的财务隶属关系缴入同级国库：

（一）海关、公安、中国海警、市场监管等部门取得的缉私罚没收入全额缴入中央国库。

（二）海关（除缉私外）、国家外汇管理部门、国家邮政部门、通信管理部门、气象管理部门、应急管理部所属煤矿安全监察部门、交通运输部所属海事部门中央本级取得的罚没收入全额缴入中央国库。省以下机构取得的罚没收入，50%缴入中央国库，50%缴入地方国库。

（三）国家烟草专卖部门取得的罚没收入全额缴入地方国库。

（四）应急管理部所属的消防救援部门取得的罚没收入，50%缴入中央国库，50%缴入地方国库。

（五）国家市场监督管理总局所属的反垄断部门与地方反垄断部门联合办理或者委托地方查办的重大案件取得的罚没收入，全额缴入中央国库。

（六）国有企业、事业单位监察机构没收、追缴的违法所得，按照国有企业、事业单位隶属关系全额缴入中央或者地方国库。

（七）中央政法机关交办案件按照有关规定执行。

（八）财政部规定的其他情形。

第二十九条 罚没收入的缴库，按下列规定执行：

（一）执法机关取得的罚没收入，除当场收缴的罚款和财政部另有规定外，应当在取得之日缴入财政专户或者国库；

（二）执法人员依法当场收缴罚款的，执法机关应当自收到款项之日起2个工作日内缴入财政专户或者国库；

（三）委托拍卖机构拍卖罚没物品取得的变价款，由委托方自收到款项之日起2个工作日内缴入财政专户或者国库。

三、法条总结

本条规定仅仅是为了明确涉税罚没收入，应当按照税款入库预算级次上缴国库。经过多年的治理、整顿，在税收执法过程中，因此涉法承担法律责任的非常罕见。

第七十六条

税务机关违反规定擅自改变税收征收管理范围和税款入库预算级次的，责令限期改正，对直接负责的主管人员和其他直接责任人员依法给予降级或者撤职的行政处分。

一、法条简析

本条是对税务机关擅自改变税收征收管理范围和税款入库预算级次应承担的法律责任的规定。

二、相关规定

《预算法》第九十三条规定，各级政府及有关部门、单位有下列行为之一的，责令改正，对负有直接责任的主管人员和其他直接责任人员依法给予降级、撤职、开除的处分：

（一）未将所有政府收入和支出列入预算或者虚列收入和支出的；

（二）违反法律、行政法规的规定，多征、提前征收或者减征、免征、缓征应征预算收入的；

（三）截留、占用、挪用或者拖欠应当上缴国库的预算收入的；

（四）违反本法规定，改变预算支出用途的；

（五）擅自改变上级政府专项转移支付资金用途的；

（六）违反本法规定拨付预算支出资金，办理预算收入收纳、划分、留解、退付，或者违反本法规定冻结、动用国库库款或者以其他方式支配已入国库库款的。

三、法条总结

本条规定应和第七十五条规定一并理解和适用，但因只涉及行政处分，不易被披露出来，也基本与税收行政执法无关。

第七十七条

纳税人、扣缴义务人有本法第六十三条、第六十五条、第六十六条、第六十七条、第七十一条规定的行为涉嫌犯罪的，税务机关应当依法移交司法机关追究刑事责任。

税务人员徇私舞弊，对依法应当移交司法机关追究刑事责任的不移交，情节严重的，依法追究刑事责任。

一、法条简析

本条是对税务人员徇私舞弊、违反罪案移送管理规定应承担法律责任的规定。本条所列本法第六十三条、第六十五条规定的行为涉及偷税行为，第六十六条涉及骗税，第六十七条涉及抗税，第七十一条是非法印制发票，对这些违法行为，尚不构成犯罪的，由税务机关依法给予行政处罚，构成刑法规定的犯罪的要件的，税务机关无权处理，需要依法移送司法机关追究刑事责任。

二、相关规定

（一）《刑法》第四百零二条

行政执法人员徇私舞弊，对依法应当移交司法机关追究刑事责任的不移交，情节严重的，处三年以下有期徒刑或者拘役；造成严重后果的，处三年以上七年以下有期徒刑。

（二）《关于人民检察院直接受理立案侦查案件立案标准的规定》（高检发释字〔1999〕2号）第二条第（十）项规定

徇私舞弊不移交刑事案件罪是指行政执法人员，徇私情、私利，伪造材料，隐瞒情况，弄虚作假，对依法应当移交司法机关追究刑事责任的刑事案件，不移交司法机关处理，情节严重的行为。涉嫌下列情形之一的，应予立案：

1. 对依法可能判处3年以上有期徒刑、无期徒刑、死刑的犯罪案件不移交的；

2. 3次以上不移交犯罪案件，或者一次不移交犯罪案件涉及3名以上犯罪嫌疑人的；

3. 司法机关发现并提出意见后，无正当理由仍然不予移交的；

4. 以罚代刑，放纵犯罪嫌疑人，致使犯罪嫌疑人继续进行违法犯罪活动的；

5. 行政执法部门主管领导阻止移交的；

6. 隐瞒、毁灭证据，伪造材料，改变刑事案件性质的；

7. 直接负责的主管人员和其他直接责任人员为牟取本单位私利而不移交刑事案件，情节严重的；

8. 其他情节严重的情形。

（三）《行政执法机关移送涉嫌犯罪案件的规定》第三条

（2001年7月9日中华人民共和国国务院令第310号公布，根据2020年8月7日《国务院关于修改〈行政执法机关移送涉嫌犯罪案件的规定〉的决定》修订）

行政执法机关在依法查处违法行为过程中，发现违法事实涉及的金额、违法事实的情节、违法事实造成的后果等，根据刑法关于破坏社会主义市场经济秩序罪、妨害社会管理秩序罪等罪的规定和最高人民法院、最高人民检察院关于破坏社会主义市场经济秩序罪、妨害社会管理秩序罪等罪的司法解释以及最高人民检察院、公安部关于经济犯罪案件的追诉标准等规定，涉嫌构成犯罪，依法需要追究刑事责任的，必须依照本规定向公安机关移送。

知识产权领域的违法案件，行政执法机关根据调查收集的证据和查明的案件事实，认为存在犯罪的合理嫌疑，需要公安机关采取措施进一步获取证据以判断是否达到刑事案件立案追诉标准的，应当向公安机关移送。

三、应用场景

（一）应用场景一：结合《行政执法机关移送涉嫌犯罪案件的规定》，论述行政执法机关作出行政处罚与向公安机关移送处理之间的先后关系

在连城县林伯矿业有限公司与福建省连城县国家税务局稽查局行政处罚纠纷

案①中，上诉人（连城县林伯矿业有限公司）上诉称，被上诉人连城县国税局在发现上诉人违法行为时，已于2015年6月26日作出行政处罚决定书和税务行政处理决定书同时，又于2015年9月15日向连城县公安局以上诉人涉嫌逃税报案，连城县公安局也于同日作出受理（连公经侦受案字〔2015〕00033号）决定。根据《行政处罚法》（注：《行政处罚法》2009年修正版，下同）第三十八条以及《税收征收管理法》第七十七条，不能既作出行政处罚又作出移送司法机关进行处理，被上诉人连城县国税局作出行政处罚决定和行政处理决定明显属程序不合法，依法应予以撤销。对此，二审法院认为，《行政处罚法》第三十八条以及《税收征收管理法》第七十七条并未完全明确行政执法机关作出行政处罚与向公安机关移送处理之间的先后关系，而根据国务院《行政执法机关移送涉嫌犯罪案件的规定》第十一条第三款规定："依照行政处罚法的规定，行政执法机关向公安机关移送涉嫌犯罪案件前，已经依法给予当事人罚款的，人民法院判处罚金时，依法折抵相应罚金。"此规定理顺了行政执法机关作出行政处罚与向公安机关移送处理之间的关系，在向公安机关移送处理之前已经依法给予行政处罚的，不产生排斥关系，并不导致行政处罚被撤销，而是在人民法院判处罚金时罚款依法折抵相应罚金。因此本案中，于2015年9月15日向连城县公安局以上诉人涉嫌逃税报案移交司法机关追究刑事责任前，就已经启动行政处理程序于2015年6月26日作出行政处罚决定，因听证程序违法被撤销后于2016年9月2日重作行政处罚决定，是在移送司法机关前已启动的行政处理程序的延续，并不违反法律法规的规定，不导致本案被诉行政处罚决定被撤销，而只是导致罚款依法折抵相应罚金的法律后果。上诉人关于不能既作出行政处罚又作出移送司法机关进行处理、行政处罚决定依法应予以撤销的主张，没有法律依据，本院不予支持。

（二）应用场景二：结合《刑法》第二百零一条规定，论述法院不受理税务机关对偷税行为所作处理、处罚决定书的理由

在伊春市国家税务局稽查局申请伊春市南岔区双成面粉加工厂行政非诉执行案②中，针对伊春市国家税务局稽查局申请法院强制执行伊国税稽处〔2017〕5号税务处理决定、伊国税稽罚〔2017〕5号税务行政处罚决定。法院经审查后认为，《税收征收管理法》第七十七条第一款规定，"纳税人、扣缴义务人有本法第

---

① 案例来源：福建省武平县人民法院行政判决书（2017）闽0824行初5号、福建省龙岩市中级人民法院行政判决书（2017）闽08行终112号。
② 案例来源：黑龙江省伊春市南岔区人民法院行政裁定书（2017）黑0703行审2号。

六十三条、第六十五条、第六十六条、第六十七条、第七十一条规定的行为涉嫌犯罪的，税务机关应当依法移交司法机关追究刑事责任"。本案中，被申请执行人具有该法第六十三条第一款的行为，欠缴增值税849 210.62元，根据《刑法》第二百零一条第一款规定，被申请执行人的行为已构成偷税罪，申请执行人应当将该案移交司法机关处理。故申请执行人的申请不符合立案条件，不予受理。

四、法条总结

本条规定重点是强调税务机关需要及时依法移送涉嫌犯罪案件，根据法理，也可推出本条规定之要求。

第七十八条

未经税务机关依法委托征收税款的，责令退还收取的财物，依法给予行政处分或者行政处罚；致使他人合法权益受到损失的，依法承担赔偿责任；构成犯罪的，依法追究刑事责任。

一、法条简析

本条是对未经税务机关依法委托征收税款应承担的法律责任的规定。

二、相关规定

（一）《税收征收管理法》第二十九条

除税务机关、税务人员以及经税务机关依照法律、行政法规委托的单位和人员外，任何单位和个人不得进行税款征收活动。

（二）《税收征收管理法实施细则》第四十四条

税务机关根据有利于税收控管和方便纳税的原则，可以按照国家有关规定委托有关单位和人员代征零星分散和异地缴纳的税收，并发给委托代征证书。受托单位和人员按照代征证书的要求，以税务机关的名义依法征收税款，纳税人不得拒绝；纳税人拒绝的，受托代征单位和人员应当及时报告税务机关。

（三）《国家税务总局关于发布〈委托代征管理办法〉的公告》（国家税务总局公告2013年第24号）第二十五条

税务机关工作人员玩忽职守，不按照规定对代征人履行管理职责，给委托代征工作造成损害的,按规定追究相关人员的责任。

(四)《税收违法违纪行为处分规定》(中华人民共和国监察部 中华人民共和国人力资源和社会保障部 中华人民共和国国家税务总局令第26号)第十六条

未经税务机关依法委托征收税款,或者虽经税务机关依法委托但未按照有关法律、行政法规的规定征收税款的,对有关责任人员,给予警告或者记过处分;情节较重的,给予记大过或者降级处分;情节严重的,给予撤职处分。

三、应用场景

论述房地产开发企业擅自代收契税,属于违法行为

在张子卓、长春中和房地产开发有限责任公司不当得利纠纷案[①]中,2015年7月30日,长春中和房地产开发有限责任公司与张子卓签订"商品房买卖合同",张子卓以按揭贷款的方式购买长春中和房地产开发有限责任公司开发建设的中和首府1号楼1单元1201号楼房。"商品房买卖合同"第七条约定,房屋交付使用的同时,张子卓必须按省市物业管理收费标准交纳物业管理费和房屋维修基金,房屋维修基金按省市有关文件规定标准收取。合同签订后,长春中和房地产开发有限责任公司收取张子卓物业维修基金8 454.00元,代收契税6 318.81元。

法院经审理后认为,关于长春中和房地产开发有限责任公司代收的契税。《税收征收管理法》第七十八条规定:"未经税务机关依法委托征收税款的,责令退还收取的财物,依法给予行政处分或者行政处罚;致使他人合法权益受到损失的,依法承担赔偿责任;构成犯罪的,依法追究刑事责任。"张子卓在购买楼房时,并未委托长春中和房地产开发有限责任公司代办契税缴纳事宜,长春中和房地产开发有限责任公司在未经税务机关依法委托的情况下,擅自代收张子卓契税的行为属于违法行为,该行为导致张子卓的合法权益受到损失,现张子卓要求长春中和房地产开发有限责任公司返还6 318.81元契税的主张并无不当,应予支持。

四、法条总结

从相关案例来看,未经税务机关依法委托征收税款主要集中在商品房买卖领域,因房地产开发企业未经税务机关委托代收契税后挪作他用而案发。至于其他的案件,暂未发现被披露。

---

① 案例来源:吉林省德惠市人民法院民事判决书(2021)吉0183民初2126号。

第七十九条

税务机关、税务人员查封、扣押纳税人个人及其所扶养家属维持生活必需的住房和用品的,责令退还,依法给予行政处分;构成犯罪的,依法追究刑事责任。

一、法条简析

本条是对税务机关、税务人员查封、扣押纳税人个人及其所扶养家属维持生活必需的住房和用品应承担法律责任的规定。

二、相关规定

(一)《税收征收管理法》相关规定

第三十八条 税务机关有根据认为从事生产、经营的纳税人有逃避纳税义务行为的,可以在规定的纳税期之前,责令限期缴纳应纳税款;在限期内发现纳税人有明显的转移、隐匿其应纳税的商品、货物以及其他财产或者应纳税的收入的迹象的,税务机关可以责成纳税人提供纳税担保。如果纳税人不能提供纳税担保,经县以上税务局(分局)局长批准,税务机关可以采取下列税收保全措施:

(一)书面通知纳税人开户银行或者其他金融机构冻结纳税人的金额相当于应纳税款的存款;

(二)扣押、查封纳税人的价值相当于应纳税款的商品、货物或者其他财产。

纳税人在前款规定的限期内缴纳税款的,税务机关必须立即解除税收保全措施;限期期满仍未缴纳税款的,经县以上税务局(分局)局长批准,税务机关可以书面通知纳税人开户银行或者其他金融机构从其冻结的存款中扣缴税款,或者依法拍卖或者变卖所扣押、查封的商品、货物或者其他财产,以拍卖或者变卖所得抵缴税款。

个人及其所扶养家属维持生活必需的住房和用品,不在税收保全措施的范围之内。

第四十条 从事生产、经营的纳税人、扣缴义务人未按照规定的期限缴纳或者解缴税款,纳税担保人未按照规定的期限缴纳所担保的税款,由税务机关责令限期缴纳,逾期仍未缴纳的,经县以上税务局(分局)局长批准,税务机关可以采取下列强制执行措施:

（一）书面通知其开户银行或者其他金融机构从其存款中扣缴税款；

（二）扣押、查封、依法拍卖或者变卖其价值相当于应纳税款的商品、货物或者其他财产，以拍卖或者变卖所得抵缴税款。

税务机关采取强制执行措施时，对前款所列纳税人、扣缴义务人、纳税担保人未缴纳的滞纳金同时强制执行。

个人及其所扶养家属维持生活必需的住房和用品，不在强制执行措施的范围之内。

第四十二条 税务机关采取税收保全措施和强制执行措施必须依照法定权限和法定程序，不得查封、扣押纳税人个人及其所扶养家属维持生活必需的住房和用品。

（二）《税收征收管理法实施细则》相关规定

第五十九条 税收征管法第三十八条、第四十条所称其他财产，包括纳税人的房地产、现金、有价证券等不动产和动产。

机动车辆、金银饰品、古玩字画、豪华住宅或者一处以外的住房不属于税收征管法第三十八条、第四十条、第四十二条所称个人及其所扶养家属维持生活必需的住房和用品。

税务机关对单价5 000元以下的其他生活用品，不采取税收保全措施和强制执行措施。

第六十条 税收征管法第三十八条、第四十条、第四十二条所称个人所扶养家属，是指与纳税人共同居住生活的配偶、直系亲属以及无生活来源并由纳税人扶养的其他亲属。

（三）《税收违法违纪行为处分规定》（中华人民共和国监察部 中华人民共和国人力资源和社会保障部 中华人民共和国国家税务总局令第26号）第五条

税务机关及税务人员有下列行为之一的，对有关责任人员，给予警告或者记过处分；情节较重的，给予记大过或者降级处分；情节严重的，给予撤职处分：

（一）违反规定采取税收保全、强制执行措施的；

（二）查封、扣押纳税人个人及其所扶养家属维持生活必需的住房和用品的。

三、法条总结

本条规定意在强调对个人及其所扶养家属维持生活必需的住房和用品，不得税收保全和强制执行。

第八十条

税务人员与纳税人、扣缴义务人勾结,唆使或者协助纳税人、扣缴义务人有本法第六十三条、第六十五条、第六十六条规定的行为,构成犯罪的,依法追究刑事责任;尚不构成犯罪的,依法给予行政处分。

一、法条简析

本条是对税务人员作为偷、骗税行为的共犯应承担法律责任的规定。其中,所谓勾结,是指与征管对象共谋、策划偷、骗税,或利用职权之便为征管对象提供偷、骗税的方便;唆使是指指导、教唆征管对象偷、骗税;协助是指根据共同作案人的不法要求为其提供偷、骗税的机会和可能。

二、相关规定

(一)《税收违法违纪行为处分规定》(中华人民共和国监察部 中华人民共和国人力资源和社会保障部 中华人民共和国国家税务总局令第26号)第十七条

有下列行为之一的,对有关责任人员,给予记大过处分;情节较重的,给予降级或者撤职处分;情节严重的,给予开除处分:

(一)违反规定为纳税人、扣缴义务人提供银行账户、发票、证明或者便利条件,导致未缴、少缴税款或者骗取国家出口退税款的;

(二)向纳税人、扣缴义务人通风报信、提供便利或者以其他形式帮助其逃避税务行政处罚的;

(三)逃避缴纳税款、抗税、逃避追缴欠税、骗取出口退税的;

(四)伪造、变造、非法买卖发票的;

(五)故意使用伪造、变造、非法买卖的发票,造成不良后果的。

税务人员有前款第(二)项所列行为的,从重处分。

(二)《刑法》相关规定

第二十五条 共同犯罪是指二人以上共同故意犯罪。

二人以上共同过失犯罪,不以共同犯罪论处;应当负刑事责任的,按照他们所犯的罪分别处罚。

第二十六条 组织、领导犯罪集团进行犯罪活动的或者在共同犯罪中起主要作用的,是主犯。

三人以上为共同实施犯罪而组成的较为固定的犯罪组织,是犯罪集团。

对组织、领导犯罪集团的首要分子,按照集团所犯的全部罪行处罚。

对于第三款规定以外的主犯,应当按照其所参与的或者组织、指挥的全部犯罪处罚。

第二十七条 在共同犯罪中起次要或者辅助作用的,是从犯。

对于从犯,应当从轻、减轻处罚或者免除处罚。

第二十八条 对于被胁迫参加犯罪的,应当按照他的犯罪情节减轻处罚或者免除处罚。

第二十九条 教唆他人犯罪的,应当按照他在共同犯罪中所起的作用处罚。教唆不满十八周岁的人犯罪的,应当从重处罚。

如果被教唆的人没有犯被教唆的罪,对于教唆犯,可以从轻或者减轻处罚。

(三)《最高人民检察院法律政策研究室关于税务机关工作人员通过企业以"高开低征"的方法代开增值税专用发票的行为如何适用法律问题的答复》(高检研发〔2004〕6号)

江苏省人民检察院法律政策研究室:

你室《关于税务机关通过企业代开增值税专用发票以"高开低征"的方法吸引税源的行为是否构成犯罪的请示》(苏检研请字〔2003〕第4号)收悉。经研究,答复如下:

税务机关及其工作人员将不具备条件的小规模纳税人虚报为一般纳税人,并让其采用"高开低征"的方法为他人代开增值税专用发票的行为,属于虚开增值税专用发票。对于造成国家税款损失,构成犯罪的,应当依照刑法第二百零五条的规定追究刑事责任。

此复

2004年3月17日

三、法条总结

本条规定意在强调税务人员不得与纳税人、扣缴义务人勾结或唆使、协助纳税人、扣缴义务人从事涉税违法犯罪行为。若真触犯本条规定,则大多都以《刑法》相关规定判处刑罚,基本不会适用本条规定进行处理。

第八十一条

税务人员利用职务上的便利,收受或者索取纳税人、扣缴义务人财物或者谋取其他不正当利益,构成犯罪的,依法追究刑事责任;尚不构成犯罪的,依法给予行政处分。

一、法条简析

本条是对税务人员利用职务便利受贿、索贿或者谋取其他不正当利益应承担的法律责任的规定。所谓的"利用职务上的便利",指的是税务人员凭借对纳税人、扣缴义务人行使征收、管理、检查、处罚职权之便牟取私利的行为。税务人员利用其便利条件受贿、索贿的结果或者是损害国家利益,或者是损害纳税人、扣缴义务人的利益,或者是既损害国家利益也损害纳税人、扣缴义务人的利益,败坏税务机关的形象。

二、相关规定

(一)《刑法》相关规定

第三百八十五条 国家工作人员利用职务上的便利,索取他人财物的,或者非法收受他人财物,为他人谋取利益的,是受贿罪。

国家工作人员在经济往来中,违反国家规定,收受各种名义的回扣、手续费,归个人所有的,以受贿论处。

第三百八十六条 对犯受贿罪的,根据受贿所得数额及情节,依照本法第三百八十三条的规定处罚。索贿的从重处罚。

第三百八十三条 对犯贪污罪的,根据情节轻重,分别依照下列规定处罚:

(一)贪污数额较大或者有其他较重情节的,处三年以下有期徒刑或者拘役,并处罚金。

(二)贪污数额巨大或者有其他严重情节的,处三年以上十年以下有期徒刑,并处罚金或者没收财产。

(三)贪污数额特别巨大或者有其他特别严重情节的,处十年以上有期徒刑或者无期徒刑,并处罚金或者没收财产;数额特别巨大,并使国家和人民利益遭受特别重大损失的,处无期徒刑或者死刑,并处没收财产。

对多次贪污未经处理的,按照累计贪污数额处罚。

犯第一款罪，在提起公诉前如实供述自己罪行、真诚悔罪、积极退赃，避免、减少损害结果的发生，有第（一）项规定情形的，可以从轻、减轻或者免除处罚；有第（二）项、第（三）项规定情形的，可以从轻处罚。

犯第一款罪，有第（三）项规定情形被判处死刑缓期执行的，人民法院根据犯罪情节等情况可以同时决定在其死刑缓期执行二年期满依法减为无期徒刑后，终身监禁，不得减刑、假释。

第三百八十八条 国家工作人员利用本人职权或者地位形成的便利条件，通过其他国家工作人员职务上的行为，为请托人谋取不正当利益，索取请托人财物或者收受请托人财物的，以受贿论处。

（二）《最高人民法院 最高人民检察院关于办理贪污贿赂刑事案件适用法律若干问题的解释》（法释〔2016〕9号）相关规定

第一条 贪污或者受贿数额在三万元以上不满二十万元的，应当认定为刑法第三百八十三条第一款规定的"数额较大"，依法判处三年以下有期徒刑或者拘役，并处罚金。

贪污数额在一万元以上不满三万元，具有下列情形之一的，应当认定为刑法第三百八十三条第一款规定的"其他较重情节"，依法判处三年以下有期徒刑或者拘役，并处罚金：

（一）贪污救灾、抢险、防汛、优抚、扶贫、移民、救济、防疫、社会捐助等特定款物的；

（二）曾因贪污、受贿、挪用公款受过党纪、行政处分的；

（三）曾因故意犯罪受过刑事追究的；

（四）赃款赃物用于非法活动的；

（五）拒不交待赃款赃物去向或者拒不配合追缴工作，致使无法追缴的；

（六）造成恶劣影响或者其他严重后果的。

受贿数额在一万元以上不满三万元，具有前款第（二）项至第（六）项规定的情形之一，或者具有下列情形之一的，应当认定为刑法第三百八十三条第一款规定的"其他较重情节"，依法判处三年以下有期徒刑或者拘役，并处罚金：

（一）多次索贿的；

（二）为他人谋取不正当利益，致使公共财产、国家和人民利益遭受损失的；

（三）为他人谋取职务提拔、调整的。

第二条 贪污或者受贿数额在二十万元以上不满三百万元的，应当认定为刑法第三百八十三条第一款规定的"数额巨大",依法判处三年以上十年以下有期徒刑,并处罚金或者没收财产。

贪污数额在十万元以上不满二十万元,具有本解释第一条第二款规定的情形之一的,应当认定为刑法第三百八十三条第一款规定的"其他严重情节",依法判处三年以上十年以下有期徒刑,并处罚金或者没收财产。

受贿数额在十万元以上不满二十万元,具有本解释第一条第三款规定的情形之一的,应当认定为刑法第三百八十三条第一款规定的"其他严重情节",依法判处三年以上十年以下有期徒刑,并处罚金或者没收财产。

第三条 贪污或者受贿数额在三百万元以上的,应当认定为刑法第三百八十三条第一款规定的"数额特别巨大",依法判处十年以上有期徒刑、无期徒刑或者死刑,并处罚金或者没收财产。

贪污数额在一百五十万元以上不满三百万元,具有本解释第一条第二款规定的情形之一的,应当认定为刑法第三百八十三条第一款规定的"其他特别严重情节",依法判处十年以上有期徒刑、无期徒刑或者死刑,并处罚金或者没收财产。

受贿数额在一百五十万元以上不满三百万元,具有本解释第一条第三款规定的情形之一的,应当认定为刑法第三百八十三条第一款规定的"其他特别严重情节",依法判处十年以上有期徒刑、无期徒刑或者死刑,并处罚金或者没收财产。

第四条 贪污、受贿数额特别巨大,犯罪情节特别严重、社会影响特别恶劣、给国家和人民利益造成特别重大损失的,可以判处死刑。

符合前款规定的情形,但具有自首,立功,如实供述自己罪行、真诚悔罪、积极退赃,或者避免、减少损害结果的发生等情节,不是必须立即执行的,可以判处死刑缓期二年执行。

符合第一款规定情形的,根据犯罪情节等情况可以判处死刑缓期二年执行,同时裁判决定在其死刑缓期执行二年期满依法减为无期徒刑后,终身监禁,不得减刑、假释。

(三)《税收违法违纪行为处分规定》(中华人民共和国监察部 中华人民共和国人力资源和社会保障部 中华人民共和国国家税务总局令第26号)第十一条

税务机关私分、挪用、截留、非法占有税款、滞纳金、罚款或者查封、扣押的财物以及纳税担保财物的,对有关责任人员,给予记大过处分;情节较重的,给予降级或者撤职处分;情节严重的,给予开除处分。

三、法条总结

与上条法律规定相同,本条规定意在强调税务人员不得收受贿赂。若真触犯本条规定,则大多都以《刑法》相关规定判处刑罚,基本不会适用本条规定进行处理。

第八十二条

税务人员徇私舞弊或者玩忽职守,不征或者少征应征税款,致使国家税收遭受重大损失,构成犯罪的,依法追究刑事责任;尚不构成犯罪的,依法给予行政处分。

税务人员滥用职权,故意刁难纳税人、扣缴义务人的,调离税收工作岗位,并依法给予行政处分。

税务人员对控告、检举税收违法违纪行为的纳税人、扣缴义务人以及其他检举人进行打击报复的,依法给予行政处分;构成犯罪的,依法追究刑事责任。

税务人员违反法律、行政法规的规定,故意高估或者低估农业税计税产量,致使多征或者少征税款,侵犯农民合法权益或者损害国家利益,构成犯罪的,依法追究刑事责任;尚不构成犯罪的,依法给予行政处分。

一、法条简析

本条是对税务人员徇私舞弊、玩忽职守、滥用职权和打击报复检举人所应承担的法律责任的规定。

二、相关规定

(一)《刑法》相关规定

第三百九十七条 国家机关工作人员滥用职权或者玩忽职守,致使公共财产、国家和人民利益遭受重大损失的,处三年以下有期徒刑或者拘役;情节特别严重,处三年以上七年以下有期徒刑。本法另有规定的,依照规定。

国家机关工作人员徇私舞弊,犯前款罪的,处五年以下有期徒刑或者拘役;情节特别严重的,处五年以上十年以下有期徒刑。本法另有规定的,依照规定。

第四百零四条 税务机关的工作人员徇私舞弊,不征或者少征应征税款,致使国家税收遭受重大损失的,处五年以下有期徒刑或者拘役;造成特别重大损失的,处五年以上有期徒刑。

第三百零八条 对证人进行打击报复的,处三年以下有期徒刑或者拘役;情节严重的,处三年以上七年以下有期徒刑。

(二)《全国人民代表大会常务委员会关于废止〈中华人民共和国农业税条例〉的决定》(中华人民共和国主席令第46号)

第十届全国人民代表大会常务委员会第十九次会议决定:

第一届全国人民代表大会常务委员会第九十六次会议于1958年6月3日通过的《中华人民共和国农业税条例》自2006年1月1日起废止。

(三)《税收违法违纪行为处分规定》(中华人民共和国监察部 中华人民共和国人力资源和社会保障部 中华人民共和国国家税务总局令第26号)第九条

税务人员有下列行为之一的,对有关责任人员,给予记过或者记大过处分;情节较重的,给予降级或者撤职处分;情节严重的,给予开除处分:

(一)在履行职务过程中侵害公民、法人或者其他组织合法权益的;

(二)滥用职权,故意刁难纳税人、扣缴义务人的;

(三)对控告、检举税收违法违纪行为的纳税人、扣缴义务人以及其他检举人进行打击报复的。

三、法条总结

本条规定意在强调税务人员不得徇私舞弊、玩忽职守、滥用职权和打击报复检举人。若真触犯本条规定,则大多都以《刑法》相关规定判处刑罚,基本不会适用本条规定进行处理。

第八十三条

违反法律、行政法规的规定提前征收、延缓征收或者摊派税款的,由其上级机关或者行政监察机关责令改正,对直接负责的主管人员和其他直接责任人员依法给予行政处分。

一、法条简析

本条是对有关人员违反法律、行政法规提前征税、延缓征税或者摊派税款给予行政处分的规定。

二、相关规定

（一）《税收征收管理法》相关规定

第二十八条 税务机关依照法律、行政法规的规定征收税款，不得违反法律、行政法规的规定开征、停征、多征、少征、提前征收、延缓征收或者摊派税款。

农业税应纳税额按照法律、行政法规的规定核定。

第三十一条 纳税人、扣缴义务人按照法律、行政法规规定或者税务机关依照法律、行政法规的规定确定的期限，缴纳或者解缴税款。

纳税人因有特殊困难，不能按期缴纳税款的，经省、自治区、直辖市国家税务局、地方税务局批准，可以延期缴纳税款，但是最长不得超过三个月。

（二）《税收征收管理法实施细则》第三十七条

纳税人、扣缴义务人按照规定的期限办理纳税申报或者报送代扣代缴、代收代缴税款报告表确有困难，需要延期的，应当在规定的期限内向税务机关提出书面延期申请，经税务机关核准，在核准的期限内办理。

纳税人、扣缴义务人因不可抗力，不能按期办理纳税申报或者报送代扣代缴、代收代缴税款报告表的，可以延期办理；但是，应当在不可抗力情形消除后立即向税务机关报告。税务机关应当查明事实，予以核准。

（三）《税收违法违纪行为处分规定》（中华人民共和国监察部 中华人民共和国人力资源和社会保障部 中华人民共和国国家税务总局令第26号）第十四条

有下列行为之一的，对有关责任人员，给予记过或者记大过处分；情节较重的，给予降级或者撤职处分；情节严重的，给予开除处分：

（一）违反法律、行政法规的规定，摊派税款的；

（二）违反法律、行政法规的规定，擅自作出税收的开征、停征或者减税、免税、退税、补税以及其他同税收法律、行政法规相抵触的决定的。

三、法条总结

本条规定意在强调税务人员不得违反法律、行政法规的规定提前征收、延缓征收或者摊派税款。若触犯本条规定，则大多给予行政处分，基本不会适用本条规定进行处理。

第八十四条

违反法律、行政法规的规定，擅自作出税收的开征、停征或者减税、免税、退税、补税以及其他同税收法律、行政法规相抵触的决定的，除依照本法规定撤销其擅自作出的决定外，补征应征未征税款，退还不应征收而征收的税款，并由上级机关追究直接负责的主管人员和其他直接责任人员的行政责任；构成犯罪的，依法追究刑事责任。

一、法条简析

本条是对擅自作出违反税法的决定应承担的法律责任的规定。

二、相关规定

（一）《税收征收管理法》第三条

税收的开征、停征以及减税、免税、退税、补税，依照法律的规定执行；法律授权国务院规定的，依照国务院制定的行政法规的规定执行。

任何机关、单位和个人不得违反法律、行政法规的规定，擅自作出税收开征、停征以及减税、免税、退税、补税和其他同税收法律、行政法规相抵触的决定。

（二）《税收征收管理法实施细则》第三条

任何部门、单位和个人作出的与税收法律、行政法规相抵触的决定一律无效，税务机关不得执行，并应当向上级税务机关报告。

纳税人应当依照税收法律、行政法规的规定履行纳税义务；其签订的合同、协议等与税收法律、行政法规相抵触的，一律无效。

（三）《税收违法违纪行为处分规定》（中华人民共和国监察部 中华人民共和国人力资源和社会保障部 中华人民共和国国家税务总局令第26号）第十四条

有下列行为之一的，对有关责任人员，给予记过或者记大过处分；情节较重的，给予降级或者撤职处分；情节严重的，给予开除处分：

（一）违反法律、行政法规的规定，摊派税款的；

（二）违反法律、行政法规的规定，擅自作出税收的开征、停征或者减税、免税、退税、补税以及其他同税收法律、行政法规相抵触的决定的。

(四)《刑法》第四百零四条

税务机关的工作人员徇私舞弊,不征或者少征应征税款,致使国家税收遭受重大损失的,处五年以下有期徒刑或者拘役;造成特别重大损失的,处五年以上有期徒刑。

三、法条总结

本条规定意在强调税务人员不得擅自作出税收的开征、停征或者减税、免税、退税、补税以及其他同税收法律、行政法规相抵触的决定。若触犯本条规定,则大多给予行政处分,基本不会适用本条规定进行处理。

第八十五条

税务人员在征收税款或者查处税收违法案件时,未按照本法规定进行回避的,对直接负责的主管人员和其他直接责任人员,依法给予行政处分。

一、法条简析

本条是对税务人员未按照该法规定进行回避应依法给予行政处分的规定。

二、相关规定

(一)《税收征收管理法》第十二条

税务人员征收税款和查处税收违法案件,与纳税人、扣缴义务人或者税收违法案件有利害关系的,应当回避。

(二)《税收征收管理法实施细则》第八条

税务人员在核定应纳税额、调整税收定额、进行税务检查、实施税务行政处罚、办理税务行政复议时,与纳税人、扣缴义务人或者其法定代表人、直接责任人有下列关系之一的,应当回避:

(一)夫妻关系;
(二)直系血亲关系;
(三)三代以内旁系血亲关系;
(四)近姻亲关系;
(五)可能影响公正执法的其他利害关系。

三、法条总结

本条规定意在强调税务人员违反回避的相关决定。若触犯本条规定，则大多给予行政处分，基本不会适用本条规定进行处理。

第八十六条

违反税收法律、行政法规应当给予行政处罚的行为，在五年内未被发现的，不再给予行政处罚。

一、法条简析

本条是对违反税法行为给予行政处罚的追溯期限的规定。

二、相关规定

（一）《行政处罚法》第三十六条

违法行为在二年内未被发现的，不再给予行政处罚；涉及公民生命健康安全、金融安全且有危害后果的，上述期限延长至五年。法律另有规定的除外。

前款规定的期限，从违法行为发生之日起计算；违法行为有连续或者继续状态的，从行为终了之日起计算。

（二）《治安管理处罚法》第二十二条

违反治安管理行为在六个月内没有被公安机关发现的，不再处罚。

前款规定的期限，从违反治安管理行为发生之日起计算；违反治安管理行为有连续或者继续状态的，从行为终了之日起计算。

（三）《国务院法制办公室对湖北省人民政府法制办公室〈关于如何确认违法行为连续或继续状态的请示〉的复函》（国法函〔2005〕442号）

湖北省人民政府法制办公室：

你办《关于如何确认违法行为连续或继续状态的请示》（鄂法制文〔2005〕8号）收悉。经研究并商全国人大常委会法工委行政法室，现函复如下：

《中华人民共和国行政处罚法》第二十九条[①]中规定的违法行为的连续状态，是指当事人基于同一个违法故意，连续实施数个独立的行政违法行为，并触犯同

---

① 注：此处应为《行政处罚法》（1996年修订）。

一个行政处罚规定的情形。

三、应用场景

(一)应用场景一:结合《行政处罚法》相关规定,论述本条规定的适用性

在苏潮滨与龙岩市新罗区地方税务局等税务行政处罚纠纷案[①]中,关于本案是否超过行政处罚的时效的问题,二审法院认为,《行政处罚法》(注:2015年修正版)第二十九条第一款规定:违法行为在二年内未被发现的,不再给予行政处罚。法律另有规定的除外。《税收征收管理法》第八十六条规定:违反税收法律、行政法规应当给予行政处罚的行为,在五年内未被发现的,不再给予行政处罚。联系本案而言,2013年10月9日上诉人以扣缴义务人名义向新罗区地税局白沙分局申报纳税人苏俊兴股权转让收益个人所得税税款239.683463万元,填写了"代扣代缴、代收代缴税款报告表",并于当日以纳税人苏俊兴的名义缴纳了个人所得税239.683463万元。新罗区地税局白沙分局于当日出具了一张税种为个人所得税的完税证给上诉人。至此,上诉人向苏俊兴支付完毕股权转让款3 000万元(含代扣税款290.75万元),印花税1.5万元。也就是说,上诉人违法行为发生之日应为2013年10月9日,至今(注:应为2014年5月30日,新罗区地方税务局白沙分局作出龙新地税通催〔2014〕2号"税务事项通知书"时)未超过前述法律规定的五年时效,上诉人主张超过行政处罚法二年时效的理由于法无据,本院依法不予采纳。

(二)应用场景二:结合国法函〔2005〕442号文,论述如何理解违法行为的连续状态

1.典型案例1:洛阳兴苑房地产开发有限公司与河南省洛阳市地方税务局等税务行政处罚纠纷案[②]

在该案中,兴苑公司在2004年、2005年的金铁花园项目和2009—2011年的衡山雅居项目中,将代收的煤气开口费、电视初装费、暖气开口费计入"其他应付款",共计少申报营业税918 861.69元、城建税64 320.32元。兴苑公司账目显示,其于2011年4月29日代收了潘峰缴纳的煤气开口费、电视初装费、暖气开口

---

① 案例来源:福建省连城县人民法院行政判决书(2016)闽0825行初26号、福建省龙岩市中级人民法院行政判决书(2017)闽08行终59号。

② 案例来源:洛阳铁路运输法院行政判决书(2017)豫7102行初17号、郑州铁路运输中级法院行政判决书(2017)豫71行终221号。

费。洛阳地税稽查局于2016年3月30日对兴苑公司涉嫌偷税立案查处，经过调查取证、听证等程序，于2016年12月29日作出洛地税稽罚（2016）20号"税务行政处罚决定书"（以下简称20号"处罚决定书"）。

一审法院认为，关于违法行为终了之日，因兴苑公司账目记载的时间为2011年4月29日，其提交的2010年1月6日的收据并非记账凭证，故洛阳地税稽查局认定为2011年4月29日并无不当。关于违法行为的连续、继续状态，是指当事人基于同一个违法故意，连续实施数个独立的行政违法行为，并触犯同一个行政处罚规定的情形，洛阳地税稽查局据此认定兴苑公司在两个项目中的违法行为处于继续、连续状态并无不当。

洛阳兴苑房地产开发有限公司上诉称，该行政处罚已超过追诉时效。《税收征收管理法》第八十六条规定："违反税收法律、行政法规应当给予行政处罚的行为，在五年内未被发现的，不再给予行政处罚。"国务院法制办公室对湖北省人民政府法制办公室《关于如何确认违法行为连续或继续状态的请示》的复函也对行政违法行为的连续和继续均明确规定为行为人主观上必须对违法行为存在故意为前提。然而一审法院置事实于不顾，对已超过追溯时效这一事实仅仅以概括性的直接认定，并未对该事实的认定以及所依据的法律加以释明。

二审法院认为，关于追溯期限问题。根据《税收征收管理法》第八十六条的规定，违反税收法律、行政法规应当给予行政处罚的行为，在5年内未被发现的，不再给予行政处罚。兴苑公司无论是在2004年、2005年的金铁花园项目，还是2009—2011年衡山雅居项目，都是因代收煤气开口费、暖气初装费等费用应纳税而未纳税，应当属于处于连续的、持续状态的偷税行为。洛阳地税稽查局在对兴苑公司偷税行为进行查处时，根据兴苑公司提供的收取潘峰煤气开口费、暖气开口费、电视初装费票据的时间均为2014年4月29日，与兴苑公司记账凭证的时间相互印证，可以认定为兴苑公司对涉案应纳税义务的终了时间为2014年4月29日，洛阳地税稽查局于2016年3月30日进行立案查处，并未超过5年的追溯期限。

2.典型案例2：山东绅力士酒业有限公司与国家税务总局烟台市税务局第三稽查局税务行政处罚案[①]

在该案中，2010年2月，烟台市人民政府对烟台市牟平区观水镇崖地村村北

---

① 案例来源：山东省烟台市牟平区人民法院行政判决书（2018）鲁0612行初21号、山东省烟台市中级人民法院行政判决书（2019）鲁06行终88号。

的01-01-651地块土地审核颁发了第40101号土地证，证中登记的土地使用权人为上诉人（山东绅力士酒业有限公司，下同）、所有权人为"观水镇崖地村农民集体所有"、地类（用途）为"工业（061）"、使用权面积为"15 679平方米"。上诉人在经营期间，自2010—2015年未申报缴纳城镇土地使用税，2016年度申报缴纳城镇土地使用税17.5元，上诉人自2010年3月至2016年12月应缴但未缴的城镇土地使用税税款为546 134.32元。2017年10月17日，被上诉人（国家税务总局烟台市税务局第三稽查局，下同）决定对上诉人实施立案检查。2017年10月18日，被上诉人依法作出13号通知书告知上诉人决定派工作人员自2017年10月18日起对上诉人2010年1月1日至2016年12月31日的纳税情况进行检查，并依法作出7号通知书告知上诉人提供相关材料以备对其进行税务检查。被上诉人经调查，于2017年12月13日作出9号告知书，告知上诉人拟作出的处罚决定，并告知上诉人享有陈述、申辩和申请听证的权利。上诉人法定代表人明确表示不进行陈述和申辩。2018年1月4日，被上诉人对上诉人作出1号决定书，决定对上诉人处以应缴未缴税款50%的罚款，共计罚款人民币273 067.21元。上诉人不服，提起行政诉讼。

　　山东绅力士酒业有限公司上诉称，被上诉人所作处罚决定已过时效，不具有法律效力。《税收征收管理法》第八十六条规定："违反税收法律、行政法规应当给予行政处罚的行为，在五年内未被发现的，不再给予行政处罚。"最长时效期间的起算点应为行为发生之日，即2010年。被上诉人作出处罚决定的时间为2018年1月4日，已经超过行政处罚的最长时效期间。

　　国家税务总局烟台市税务局第三稽查局答辩称，《行政处罚法》第二十九条第二款规定："前款规定的期限，从违法行为发生之日起计算；违法行为有连续或者继续状态的，从行为终了之日起计算。"虚假申报行为系处于继续状态的违法行为，因此行政处罚追责时效应从行为终了之日起计算。被上诉人于2017年10月17日对上诉人的涉税违法行为进行立案审批，继而结合税务检查作出处罚决定完全符合行政处罚追责时效。

　　二审法院经审理后认为，关于上诉人主张被上诉人所作处罚决定已过时效的问题，《行政处罚法》（注：2015年修正版）第二十九条第一款规定："违法行为在二年内未被发现的，不再给予行政处罚。"《税收征收管理法》第八十六条规定："违反税收法律、行政法规应当给予行政处罚的行为，在五年内未被发现的，不再给予行政处罚。"本案中，被上诉人所作行政处罚决定属于税收征管领域的行政行为，应受《税收征收管理法》调整，适用五年的诉讼时效。根据《行政处罚法》第二十九条第二款的规定："前款规定的期限，从违法行为发生之日起计算；违法行为有连续或者继续状态的，从行为终了之日起计算。"因上诉人的偷税违法行为自2010年3月至2016年12月一直处于连续状态，被上诉人于2018年1月4日作出处罚决定，未超过法律规定的追诉时效。因此对于上诉人的该项主张，本院依法不予支持。

（三）应用场景三：结合"税务检查通知书"送达时间，论述税收违法行为被发现的时间

在深圳市利保义实业发展有限公司与国家税务总局深圳市税务局第一稽查局行政处罚纠纷案①中，针对上诉人主张被诉处罚决定的作出超过了行政处罚追诉时效问题，二审法院认为：根据《税收征收管理法》第八十六条规定："违反税收法律、行政法规应当给予行政处罚的行为，在五年内未被发现的，不再给予行政处罚。"本案中，原深圳市地方税务局第二稽查局于2009年3月6日向上诉人送达"税务检查通知书"，对上诉人2006年1月1日至2008年12月31日涉税情况进行检查，表明原深圳市地方税务局第二稽查局已经开始对上诉人2006年1月1日至2008年12月31日可能存在的税务违法行为进行调查，本案所诉处罚决定所涉及的违法行为未超过法定的追诉时效。上诉人的上诉理由没有事实和法律依据，本院对此不予支持。

（四）应用场景四：论述对企业所得税的处罚时效从汇算清缴截止日起算

在宁夏德泓金荣物流有限公司与国家税务总局银川市税务局稽查局税务行政处罚纠纷案②中，2016年4月14日，被告银川市税务稽查局对原告德泓物流2010年1月1日至2015年12月31日的涉税情况进行检查。经检查发现原告德泓物流于2010年9月向深圳大正元公司转让持有的德泓国际1.97%的股权，股权转让所得14 000 000元计入其他应付款，未计收入，未申报纳税。被告银川市税务稽查局依照程序进行内部审理和提请重审后，于2016年11月24日作出银国税稽处（2016）163号"税务处理决定书"。要求原告德泓物流补缴2010年度企业所得税2 535 839.50元，并从滞纳税款之日起按日加收滞纳税款万分之五的滞纳金。德泓物流不服，经复议后诉至法院。

---

① 案例来源：广东省深圳市盐田区人民法院行政判决书（2018）粤0308行初427号、广东省深圳市中级人民法院行政判决书（2018）粤03行终1007号。

② 案例来源：宁夏回族自治区银川市金凤区人民法院行政判决书（2018）宁0106行初268号、宁夏回族自治区银川市中级人民法院行政判决书（2020）宁01行终150号。

二审法院经审理后认为,"税务行政处罚决定书"中涉及的上诉人少缴的企业所得税系2010年度的企业所得税,汇算清缴截止日期为2011年5月31日。被上诉人自2016年4月15日起开始实施税务检查,符合《税收征收管理法》第八十六条规定的五年时效期限。且《税收征收管理法》系对国家税收的专门性法律规定,应当优先适用。故上诉人认为税务处罚决定超过税务行政追征及处罚的法定期限,存在程序违法的上诉理由亦不能成立。

(五)应用场景五:论述对未按规定保管账簿、记账凭证等行为进行处罚,如何确定违法行为发生时间

在绍兴市波斯登服饰有限公司与国家税务总局绍兴市税务局稽查局税务行政处罚纠纷案①中,2018年1月10日至2018年5月31日,被告绍兴市税务局稽查局(原绍兴市国家税务局稽查局)对原告在2011年1月1日至2011年12月31日的纳税情况进行检查。被告在查处原告收受南京索纺纺织品有限公司增值税专用发票过程中,发现原告存在未按规定保管账簿、记账凭证等行为。经调查后,原告确认,2015年7月,在账簿、记账凭证的存放地被强制拆迁过程中,案涉账簿、记账凭证等资料丢失,无法挽回。2018年7月3日,被告根据《税收征收管理法》第六十条第二款之规定作出绍市国税稽罚(2018)93号税务处罚决定,对原告处罚款5 000元。原告不服,提起本案行政诉讼。

绍兴市波斯登服饰有限公司上诉称,被上诉人(国家税务总局绍兴市税务局稽查局,下同)在2018年才发现上诉人2011年账簿已经丢失,但却实施了行政处罚,已经远远超出五年,达到了七年。而且上诉人是2015年因客观原因丢失的账簿,并不代表上诉人2011年的账簿是2015年丢失,也有可能2012年上诉人就已经丢失了2011年的账簿,被上诉人2018年在未查明2011年账簿丢失的具体时间前提下,直接实施行政处罚已经超出《行政处罚法》和《税收征收管理法》关于五年时效的限制。

二审法院认为,根据《行政处罚法》第二十九条规定,违法行为在二年内未被发现的,不再给予行政处罚。但法律另有规定的除外。《税收征收管理法》第八十六条规定,违反税收法律、行政法规应当给予行政处罚的行为,在五年内未被发现的,不再给予行政处罚。本案涉及违反税收法律、行政法规应当给予行政处罚的行为,故应适用五年处罚时限。上诉人工作人员在调查笔录中陈述,涉案

---

① 案例来源:浙江省绍兴市越城区人民法院行政判决书(2019)浙0602行初17号、浙江省绍兴市中级人民法院行政判决书(2019)浙06行终466号。

会计账簿及记账凭证损毁发生于2015年，被诉税务行政处罚决定作出于2018年，故并未超出五年处罚时限。

四、法条总结

本条规定对当事人牵扯利益太大，所以引发的相关案例也较多。但重点把握如下三点即可：1.5年，针对的税务行政处罚期限。2.处罚期限从违法行为的发生之日起算。3.有连续或者继续状态的，从该违法行为终了之日起计算。

第八十七条

未按照本法规定为纳税人、扣缴义务人、检举人保密的，对直接负责的主管人员和其他直接责任人员，由所在单位或者有关单位依法给予行政处分。

一、法条简析

本条是对有关人员未按本法规定履行保密义务应承担法律责任的规定。

二、相关规定

（一）《国家税务总局关于印发〈纳税人涉税保密信息管理暂行办法〉的通知》（国税发〔2008〕93号）

注释：

《国家税务总局关于修改部分税收规范性文件的公告》（国家税务总局公告2018年第31号）对本文进行了修改。

纳税人涉税保密信息管理暂行办法

第一章　总则

第一条　为维护纳税人的合法权益，规范对纳税人涉税保密信息管理工作，根据《中华人民共和国税收征收管理法》和《中华人民共和国税收征收管理法实施细则》及相关法律、法规的规定，制定本办法。

第二条　本办法所称纳税人涉税保密信息，是指税务机关在税收征收管理工作中依法制作或者采集的，以一定形式记录、保存的涉及纳税人商业秘密和个人隐私的信息。主要包括纳税人的技术信息、经营信息和纳税人、主要投资人以及经营者不愿公开的个人事项。

纳税人的税收违法行为信息不属于保密信息范围。

第三条 对于纳税人的涉税保密信息，税务机关和税务人员应依法为其保密。除下列情形外，不得向外部门、社会公众或个人提供：

（一）按照法律、法规的规定应予公布的信息；

（二）法定第三方依法查询的信息；

（三）纳税人自身查询的信息；

（四）经纳税人同意公开的信息。

第四条 根据法律、法规的要求和履行职责的需要，税务机关可以披露纳税人的有关涉税信息，主要包括：根据纳税人信息汇总的行业性、区域性等综合涉税信息、税收核算分析数据、纳税信用等级以及定期定额户的定额等信息。

第五条 各级税务机关应指定专门部门负责纳税人涉税非保密信息的对外披露、纳税人涉税保密信息查询的受理和纳税人涉税保密信息的对外提供工作。要制定严格的信息披露、提供和查询程序，明确工作职责。

第二章 涉税保密信息的内部管理

第六条 在税收征收管理工作中，税务机关、税务人员应根据有关法律、法规规定和征管工作需要，向纳税人采集涉税信息资料。

第七条 税务机关、税务人员在税收征收管理工作各环节采集、接触到纳税人涉税保密信息的，应当为纳税人保密。

第八条 税务机关内部各业务部门、各岗位人员必须在职责范围内接收、使用和传递纳税人涉税保密信息。

对涉税保密信息纸质资料，税务机关应明确责任人员，严格按照程序受理、审核、登记、建档、保管和使用。

对涉税保密信息电子数据，应由专门人员负责采集、传输和储存、分级授权查询，避免无关人员接触纳税人的涉税保密信息。

第九条 对存储纳税人涉税保密信息的纸质资料或者电子存储介质按规定销毁时，要指定专人负责监督，确保纸质资料全部销毁，电子存储介质所含数据不可恢复。

第十条 税务机关在税收征收管理信息系统或者办公用计算机系统的开发建设、安装调试、维护维修过程中，要与协作单位签订保密协议，采取保密措施，防止纳税人涉税保密信息外泄。

第十一条 税务机关对纳税人涉税保密资料的存放场所要确保安全，配备必要的防盗设施。

第三章 涉税保密信息的外部查询管理

第十二条 税务机关对下列单位和个人依照法律、法规规定，申请对纳税人涉税保密信息进行的查询应在职责范围内予以支持。具体包括：

（一）人民法院、人民检察院和公安机关根据法律规定进行的办案查询；

（二）纳税人对自身涉税信息的查询；

（三）抵押权人、质权人请求税务机关提供纳税人欠税有关情况的查询。

第十三条 人民法院、人民检察院和公安机关依法查询纳税人涉税保密信息的，应当向被查询纳税人所在地的县级或县级以上税务机关提出查询申请。

第十四条 人民法院、人民检察院和公安机关向税务机关提出查询申请时，应当由两名以上工作人员到主管税务机关办理，并提交以下资料：

1."纳税人、扣缴义务人涉税保密信息查询申请表"（式样见附件）；

2.单位介绍信；

3.有效身份证件原件。

第十五条 纳税人通过税务机关网站提供的查询功能查询自身涉税信息的，必须经过身份认证和识别。

直接到税务机关查询自身涉税保密信息的纳税人，应当向主管税务机关提交下列资料：

1."纳税人、扣缴义务人涉税保密信息查询申请表"；

2.查询人本人有效身份证件原件。

第十六条 纳税人授权其他人员代为查询的，除提交第十五条规定资料外，还需提交纳税人本人（法定代表人或财务负责人）签字的委托授权书和代理人的有效身份证件原件。

第十七条 抵押权人、质权人申请查询纳税人的欠税有关情况时，除提交本办法第十五条、第十六条规定的资料外，还需提交合法有效的抵押合同或者质押合同的原件。

第十八条 税务机关应在本单位职责权限内，向查询申请单位或个人（以下简称"申请人"）提供有关纳税人的涉税保密信息。

第十九条 税务机关负责受理查询申请的部门,应对申请人提供的申请资料进行形式审查。对于资料齐全的,依次交由部门负责人和单位负责人分别进行复核和批准;对申请资料不全的,一次性告知申请人补全相关申请资料。

负责核准的人员应对申请查询的事项进行复核,对符合查询条件的,批准交由有关部门按照申请内容提供相关信息;对不符合查询条件的,签署不予批准的意见,退回受理部门,由受理部门告知申请人。

负责提供信息的部门,应根据已批准的查询申请内容,及时检索、整理和制作有关信息,并按规定程序交由查询受理部门。受理部门应在履行相关手续后将有关信息交给申请人。

第二十条 税务机关应根据申请人查询信息的内容,本着方便申请人的原则,确定查询信息提供的时间和具体方式。

第二十一条 税务机关对申请人申请查询涉税信息的申请资料应专门归档管理,保存期限为3年。

第四章 责任追究

第二十二条 各级税务机关应强化保密教育,努力增强税务人员的保密意识,采取有效措施,防止泄密、失密。

第二十三条 对有下列行为之一的税务人员,按照《中华人民共和国税收征收管理法》第八十七条的规定处理:

(一)在受理、录入、归档、保存纳税人涉税资料过程中,对外泄露纳税人涉税保密信息的;

(二)在日常税收管理、数据统计、报表管理、税源分析、纳税评估过程中,对外泄露纳税人涉税保密信息的;

(三)违规设置查询权限或者违规进行技术操作,使不应知晓纳税人涉税保密信息的税务人员可以查询或者知晓的;

(四)违反规定程序向他人提供纳税人涉税保密信息的。

第二十四条 有关查询单位和个人发生泄露纳税人涉税保密信息的,按照有关法律、法规的规定处理。

第二十五条 各级税务机关要严格执行泄密汇报制度,及时掌握泄密情况。对延误报告时间或者故意隐瞒、影响及时采取补救措施的,根据造成后果的严重程度,分别追究经办人和有关负责人的责任。

第五章 附则

第二十六条 本办法由国家税务总局负责解释。各省、自治区、直辖市和计划单列市税务局可根据本办法,制定具体实施办法。

第二十七条 扣缴义务人涉税保密信息的管理适用本办法。

第二十八条 按照《国务院办公厅关于社会信用体系建设的若干意见》(国办发〔2007〕17号)的要求,税务总局与国务院相关部门建立的信息共享制度中涉及的保密规定,另行制定。

第二十九条 我国政府与其他国家(地区)政府缔结的税收协定或情报交换协议中涉及纳税人涉税信息保密的,按协定或协议的规定办理。

第三十条 本办法自2009年1月1日起施行。

(二)《税收征收管理法》相关规定

第八条 纳税人、扣缴义务人有权向税务机关了解国家税收法律、行政法规的规定以及与纳税程序有关的情况。

纳税人、扣缴义务人有权要求税务机关为纳税人、扣缴义务人的情况保密。税务机关应当依法为纳税人、扣缴义务人的情况保密。

纳税人依法享有申请减税、免税、退税的权利。

纳税人、扣缴义务人对税务机关所作出的决定,享有陈述权、申辩权;依法享有申请行政复议、提起行政诉讼、请求国家赔偿等权利。

纳税人、扣缴义务人有权控告和检举税务机关、税务人员的违法违纪行为。

第十三条 任何单位和个人都有权检举违反税收法律、行政法规的行为。收到检举的机关和负责查处的机关应当为检举人保密。税务机关应当按照规定对检举人给予奖励。

(三)《税收征收管理法实施细则》第五条

税收征管法第八条所称为纳税人、扣缴义务人保密的情况,是指纳税人、扣缴义务人的商业秘密及个人隐私。纳税人、扣缴义务人的税收违法行为不属于保密范围。

三、法条总结

本条规定意在强调为纳税人、扣缴义务人、检举人保守秘密。如果违反规定将所知悉的被检查人的秘密泄露给他人,即构成对被检查人合法权益的侵害。直接负责的主管人员和其他直接责任人员面临行政处分风险。

第八十八条

纳税人、扣缴义务人、纳税担保人同税务机关在纳税上发生争议时，必须先依照税务机关的纳税决定缴纳或者解缴税款及滞纳金或者提供相应的担保，然后可以依法申请行政复议；对行政复议决定不服的，可以依法向人民法院起诉。

当事人对税务机关的处罚决定、强制执行措施或者税收保全措施不服的，可以依法申请行政复议，也可以依法向人民法院起诉。

当事人对税务机关的处罚决定逾期不申请行政复议也不向人民法院起诉、又不履行的，作出处罚决定的税务机关可以采取本法第四十条规定的强制执行措施，或者申请人民法院强制执行。

一、法条简析

本条是对税务行政复议、行政诉讼和强制执行措施的规定。

二、相关规定

（一）《税收征收管理法实施细则》相关规定

第六十一条 税收征管法第三十八条、第八十八条所称担保，包括经税务机关认可的纳税保证人为纳税人提供的纳税保证，以及纳税人或者第三人以其未设置或者未全部设置担保物权的财产提供的担保。

纳税保证人，是指在中国境内具有纳税担保能力的自然人、法人或者其他经济组织。

法律、行政法规规定的没有担保资格的单位和个人，不得作为纳税担保人。

第六十二条 纳税担保人同意为纳税人提供纳税担保的，应当填写纳税担保书，写明担保对象、担保范围、担保期限和担保责任以及其他有关事项。担保书须经纳税人、纳税担保人签字盖章并经税务机关同意，方为有效。

纳税人或者第三人以其财产提供纳税担保的，应当填写财产清单，并写明财产价值以及其他有关事项。纳税担保财产清单须经纳税人、第三人签字盖章并经税务机关确认，方为有效。

第一百条 税收征管法第八十八条规定的纳税争议，是指纳税人、扣缴义务人、纳税担保人对税务机关确定纳税主体、征税对象、征税范围、减税、免税及退税、适用税率、计税依据、纳税环节、纳税期限、纳税地点以及税款征收方式等具体行政行为有异议而发生的争议。

（二）《行政复议法》第九条

公民、法人或者其他组织认为具体行政行为侵犯其合法权益的，可以自知道该具体行政行为之日起六十日内提出行政复议申请；但是法律规定的申请期限超过六十日的除外。

因不可抗力或者其他正当理由耽误法定申请期限的，申请期限自障碍消除之日起继续计算。

（三）《行政强制法》第五十三条

当事人在法定期限内不申请行政复议或者提起行政诉讼，又不履行行政决定的，没有行政强制执行权的行政机关可以自期限届满之日起三个月内，依照本章规定申请人民法院强制执行。

（四）《行政诉讼法》相关规定

第四十四条 对属于人民法院受案范围的行政案件，公民、法人或者其他组织可以先向行政机关申请复议，对复议决定不服的，再向人民法院提起诉讼；也可以直接向人民法院提起诉讼。

法律、法规规定应当先向行政机关申请复议，对复议决定不服再向人民法院提起诉讼的，依照法律、法规的规定。

第四十五条 公民、法人或者其他组织不服复议决定的，可以在收到复议决定书之日起十五日内向人民法院提起诉讼。复议机关逾期不作决定的，申请人可以在复议期满之日起十五日内向人民法院提起诉讼。法律另有规定的除外。

第四十六条 公民、法人或者其他组织直接向人民法院提起诉讼的，应当自知道或者应当知道作出行政行为之日起六个月内提出。法律另有规定的除外。

因不动产提起诉讼的案件自行政行为作出之日起超过二十年，其他案件自行政行为作出之日起超过五年提起诉讼的，人民法院不予受理。

（五）《税务行政复议规则》

（2010年2月10日国家税务总局令第21号公布，根据2015年12月28日《国家税务总局关于修改〈税务行政复议规则〉的决定》修正）

第一章 总则

第一条 为了进一步发挥行政复议解决税务行政争议的作用，保护公民、法人和其他组织的合法权益，监督和保障税务机关依法行使职权，根据《中华人民共和国行政复议法》（以下简称行政复议法）、《中华人民共和国税收征收管理法》和《中华人民共和国行政复议法实施条例》（以下简称行政复议法实施条例），结合税收工作实际，制定本规则。

第二条 公民、法人和其他组织（以下简称申请人）认为税务机关的具体行政行为侵犯其合法权益，向税务行政复议机关申请行政复议，税务行政复议机关办理行政复议事项，适用本规则。

第三条 本规则所称税务行政复议机关（以下简称行政复议机关），指依法受理行政复议申请、对具体行政行为进行审查并作出行政复议决定的税务机关。

第四条 行政复议应当遵循合法、公正、公开、及时和便民的原则。

行政复议机关应当树立依法行政观念，强化责任意识和服务意识，认真履行行政复议职责，坚持有错必纠，确保法律正确实施。

第五条 行政复议机关在申请人的行政复议请求范围内，不得作出对申请人更为不利的行政复议决定。

第六条 申请人对行政复议决定不服的，可以依法向人民法院提起行政诉讼。

第七条 行政复议机关受理行政复议申请，不得向申请人收取任何费用。

第八条 各级税务机关行政首长是行政复议工作第一责任人，应当切实履行职责，加强对行政复议工作的组织领导。

第九条 行政复议机关应当为申请人、第三人查阅案卷资料、接受询问、调解、听证等提供专门场所和其他必要条件。

第十条 各级税务机关应当加大对行政复议工作的基础投入，推进行政复议工作信息化建设，配备调查取证所需的照相、录音、录像和办案所需的电脑、扫描、投影、传真、复印等设备，保障办案交通工具和相应经费。

第二章 税务行政复议机构和人员

第十一条 各级行政复议机关负责法制工作的机构（以下简称行政复议机构）依法办理行政复议事项，履行下列职责：

（一）受理行政复议申请。

（二）向有关组织和人员调查取证，查阅文件和资料。

（三）审查申请行政复议的具体行政行为是否合法和适当，起草行政复议决定。

（四）处理或者转送对本规则第十五条所列有关规定的审查申请。

（五）对被申请人违反行政复议法及其实施条例和本规则规定的行为，依照规定的权限和程序向相关部门提出处理建议。

（六）研究行政复议工作中发现的问题，及时向有关机关或者部门提出改进建议，重大问题及时向行政复议机关报告。

（七）指导和监督下级税务机关的行政复议工作。

（八）办理或者组织办理行政诉讼案件应诉事项。

（九）办理行政复议案件的赔偿事项。

（十）办理行政复议、诉讼、赔偿等案件的统计、报告、归档工作和重大行政复议决定备案事项。

（十一）其他与行政复议工作有关的事项。

第十二条 各级行政复议机关可以成立行政复议委员会，研究重大、疑难案件，提出处理建议。

行政复议委员会可以邀请本机关以外的具有相关专业知识的人员参加。

第十三条 行政复议工作人员应当具备与履行行政复议职责相适应的品行、专业知识和业务能力，并取得行政复议法实施条例规定的资格。

第三章 税务行政复议范围

第十四条 行政复议机关受理申请人对税务机关下列具体行政行为不服提出的行政复议申请：

（一）征税行为，包括确认纳税主体、征税对象、征税范围、减税、免税、退税、抵扣税款、适用税率、计税依据、纳税环节、纳税期限、纳税地点和税款征收方式等具体行政行为，征收税款、加收滞纳金，扣缴义务人、受税务机关委托的单位和个人作出的代扣代缴、代收代缴、代征行为等。

（二）行政许可、行政审批行为。

（三）发票管理行为，包括发售、收缴、代开发票等。

（四）税收保全措施、强制执行措施。

（五）行政处罚行为：

1. 罚款；

2. 没收财物和违法所得；

3.停止出口退税权。

（六）不依法履行下列职责的行为：

1.颁发税务登记；

2.开具、出具完税凭证、外出经营活动税收管理证明；

3.行政赔偿；

4.行政奖励；

5.其他不依法履行职责的行为。

（七）资格认定行为。

（八）不依法确认纳税担保行为。

（九）政府信息公开工作中的具体行政行为。

（十）纳税信用等级评定行为。

（十一）通知出入境管理机关阻止出境行为。

（十二）其他具体行政行为。

第十五条　申请人认为税务机关的具体行政行为所依据的下列规定不合法，对具体行政行为申请行政复议时，可以一并向行政复议机关提出对有关规定的审查申请；申请人对具体行政行为提出行政复议申请时不知道该具体行政行为所依据的规定的，可以在行政复议机关作出行政复议决定以前提出对该规定的审查申请：

（一）国家税务总局和国务院其他部门的规定。

（二）其他各级税务机关的规定。

（三）地方各级人民政府的规定。

（四）地方人民政府工作部门的规定。

前款中的规定不包括规章。

第四章　税务行政复议管辖

第十六条　对各级国家税务局的具体行政行为不服的，向其上一级国家税务局申请行政复议。

第十七条　对各级地方税务局的具体行政行为不服的，可以选择向其上一级地方税务局或者该税务局的本级人民政府申请行政复议。

省、自治区、直辖市人民代表大会及其常务委员会、人民政府对地方税务局的行政复议管辖另有规定的，从其规定。

第十八条　对国家税务总局的具体行政行为不服的，向国家税务总局申请行政复议。对行政复议决定不服，申请人可以向人民法院提起行政诉讼，也可以向国务院申请裁决。国务院的裁决为最终裁决。

第十九条 对下列税务机关的具体行政行为不服的，按照下列规定申请行政复议：

（一）对计划单列市国家税务局的具体行政行为不服的，向国家税务总局申请行政复议；对计划单列市地方税务局的具体行政行为不服的，可以选择向省地方税务局或者本级人民政府申请行政复议。

（二）对税务所（分局）、各级税务局的稽查局的具体行政行为不服的，向其所属税务局申请行政复议。

（三）对两个以上税务机关共同作出的具体行政行为不服的，向共同上一级税务机关申请行政复议；对税务机关与其他行政机关共同作出的具体行政行为不服的，向其共同上一级行政机关申请行政复议。

（四）对被撤销的税务机关在撤销以前所作出的具体行政行为不服的，向继续行使其职权的税务机关的上一级税务机关申请行政复议。

（五）对税务机关作出逾期不缴纳罚款加处罚款的决定不服的，向作出行政处罚决定的税务机关申请行政复议。但是对已处罚款和加处罚款都不服的，一并向作出行政处罚决定的税务机关的上一级税务机关申请行政复议。

有前款（二）、（三）、（四）、（五）项所列情形之一的，申请人也可以向具体行政行为发生地的县级地方人民政府提交行政复议申请，由接受申请的县级地方人民政府依法转送。

第五章　税务行政复议申请人和被申请人

第二十条 合伙企业申请行政复议的，应当以工商行政管理机关核准登记的企业为申请人，由执行合伙事务的合伙人代表该企业参加行政复议；其他合伙组织申请行政复议的，由合伙人共同申请行政复议。

前款规定以外的不具备法人资格的其他组织申请行政复议的，由该组织的主要负责人代表该组织参加行政复议；没有主要负责人的，由共同推选的其他成员代表该组织参加行政复议。

第二十一条 股份制企业的股东大会、股东代表大会、董事会认为税务具体行政行为侵犯企业合法权益的，可以以企业的名义申请行政复议。

第二十二条 有权申请行政复议的公民死亡的，其近亲属可以申请行政复议；有权申请行政复议的公民为无行为能力人或者限制行为能力人，其法定代理人可以代理申请行政复议。

有权申请行政复议的法人或者其他组织发生合并、分立或终止的，承受其权利义务的法人或者其他组织可以申请行政复议。

第二十三条 行政复议期间，行政复议机关认为申请人以外的公民、法人或者其他组织与被审查的具体行政行为有利害关系的，可以通知其作为第三人参加行政复议。

行政复议期间，申请人以外的公民、法人或者其他组织与被审查的税务具体行政行为有利害关系的，可以向行政复议机关申请作为第三人参加行政复议。

第三人不参加行政复议，不影响行政复议案件的审理。

第二十四条 非具体行政行为的行政管理相对人，但其权利直接被该具体行政行为所剥夺、限制或者被赋予义务的公民、法人或其他组织，在行政管理相对人没有申请行政复议时，可以单独申请行政复议。

第二十五条 同一行政复议案件申请人超过5人的，应当推选1至5名代表参加行政复议。

第二十六条 申请人对具体行政行为不服申请行政复议的，作出该具体行政行为的税务机关为被申请人。

第二十七条 申请人对扣缴义务人的扣缴税款行为不服的，主管该扣缴义务人的税务机关为被申请人；对税务机关委托的单位和个人的代征行为不服的，委托税务机关为被申请人。

第二十八条 税务机关与法律、法规授权的组织以共同的名义作出具体行政行为的，税务机关和法律、法规授权的组织为共同被申请人。

税务机关与其他组织以共同名义作出具体行政行为的，税务机关为被申请人。

第二十九条 税务机关依照法律、法规和规章规定，经上级税务机关批准作出具体行政行为的，批准机关为被申请人。

申请人对经重大税务案件审理程序作出的决定不服的，审理委员会所在税务机关为被申请人。

第三十条 税务机关设立的派出机构、内设机构或者其他组织，未经法律、法规授权，以自己名义对外作出具体行政行为的，税务机关为被申请人。

第三十一条 申请人、第三人可以委托1至2名代理人参加行政复议。申请人、第三人委托代理人的，应当向行政复议机构提交授权委托书。授权委托书应当载明委托事项、权限和期限。公民在特殊情况下无法书面委托的，可以口头委托。口头委托的,行政复议机构应当核实并记录在卷。申请人、第三人解除或者变更委托的,应当书面告知行政复议机构。

被申请人不得委托本机关以外人员参加行政复议。

第六章 税务行政复议申请

第三十二条 申请人可以在知道税务机关作出具体行政行为之日起60日内提出行政复议申请。

因不可抗力或者被申请人设置障碍等原因耽误法定申请期限的,申请期限的计算应当扣除被耽误时间。

第三十三条 申请人对本规则第十四条第(一)项规定的行为不服的,应当先向行政复议机关申请行政复议;对行政复议决定不服的,可以向人民法院提起行政诉讼。

申请人按照前款规定申请行政复议的,必须依照税务机关根据法律、法规确定的税额、期限,先行缴纳或者解缴税款和滞纳金,或者提供相应的担保,才可以在缴清税款和滞纳金以后或者所提供的担保得到作出具体行政行为的税务机关确认之日起60日内提出行政复议申请。

申请人提供担保的方式包括保证、抵押和质押。作出具体行政行为的税务机关应当对保证人的资格、资信进行审查,对不具备法律规定资格或者没有能力保证的,有权拒绝。作出具体行政行为的税务机关应当对抵押人、出质人提供的抵押担保、质押担保进行审查,对不符合法律规定的抵押担保、质押担保,不予确认。

第三十四条 申请人对本规则第十四条第(一)项规定以外的其他具体行政行为不服,可以申请行政复议,也可以直接向人民法院提起行政诉讼。

申请人对税务机关作出逾期不缴纳罚款加处罚款的决定不服的,应当先缴纳罚款和加处罚款,再申请行政复议。

第三十五条 本规则第三十二条第一款规定的行政复议申请期限的计算,依照下列规定办理:

(一)当场作出具体行政行为的,自具体行政行为作出之日起计算。

(二)载明具体行政行为的法律文书直接送达的,自受送达人签收之日起计算。

(三)载明具体行政行为的法律文书邮寄送达的,自受送达人在邮件签收单上签收之日起计算;没有邮件签收单的,自受送达人在送达回执上签名之日起计算。

（四）具体行政行为依法通过公告形式告知受送达人的，自公告规定的期限届满之日起计算。

（五）税务机关作出具体行政行为时未告知申请人，事后补充告知的，自该申请人收到税务机关补充告知的通知之日起计算。

（六）被申请人能够证明申请人知道具体行政行为的，自证据材料证明其知道具体行政行为之日起计算。

税务机关作出具体行政行为，依法应当向申请人送达法律文书而未送达的，视为该申请人不知道该具体行政行为。

第三十六条 申请人依照行政复议法第六条第（八）项、第（九）项、第（十）项的规定申请税务机关履行法定职责，税务机关未履行的，行政复议申请期限依照下列规定计算：

（一）有履行期限规定的，自履行期限届满之日起计算。

（二）没有履行期限规定的，自税务机关收到申请满60日起计算。

第三十七条 税务机关作出的具体行政行为对申请人的权利、义务可能产生不利影响的，应当告知其申请行政复议的权利、行政复议机关和行政复议申请期限。

第三十八条 申请人书面申请行政复议的，可以采取当面递交、邮寄或者传真等方式提出行政复议申请。

有条件的行政复议机关可以接受以电子邮件形式提出的行政复议申请。

对以传真、电子邮件形式提出行政复议申请的，行政复议机关应当审核确认申请人的身份、复议事项。

第三十九条 申请人书面申请行政复议的，应当在行政复议申请书中载明下列事项：

（一）申请人的基本情况，包括公民的姓名、性别、出生年月、身份证件号码、工作单位、住所、邮政编码、联系电话；法人或者其他组织的名称、住所、邮政编码、联系电话和法定代表人或者主要负责人的姓名、职务。

（二）被申请人的名称。

（三）行政复议请求、申请行政复议的主要事实和理由。

（四）申请人的签名或者盖章。

（五）申请行政复议的日期。

第四十条 申请人口头申请行政复议的，行政复议机构应当依照本规则第三十九条规定的事项，当场制作行政复议申请笔录，交申请人核对或者向申请人宣读，并由申请人确认。

第四十一条 有下列情形之一的，申请人应当提供证明材料：

（一）认为被申请人不履行法定职责的，提供要求被申请人履行法定职责而被申请人未履行的证明材料。

（二）申请行政复议时一并提出行政赔偿请求的，提供受具体行政行为侵害而造成损害的证明材料。

（三）法律、法规规定需要申请人提供证据材料的其他情形。

第四十二条 申请人提出行政复议申请时错列被申请人的，行政复议机关应当告知申请人变更被申请人。申请人不变更被申请人的，行政复议机关不予受理，或者驳回行政复议申请。

第四十三条 申请人向行政复议机关申请行政复议，行政复议机关已经受理的，在法定行政复议期限内申请人不得向人民法院提起行政诉讼；申请人向人民法院提起行政诉讼，人民法院已经依法受理的，不得申请行政复议。

第七章 税务行政复议受理

第四十四条 行政复议申请符合下列规定的，行政复议机关应当受理：

（一）属于本规则规定的行政复议范围。

（二）在法定申请期限内提出。

（三）有明确的申请人和符合规定的被申请人。

（四）申请人与具体行政行为有利害关系。

（五）有具体的行政复议请求和理由。

（六）符合本规则第三十三条和第三十四条规定的条件。

（七）属于收到行政复议申请的行政复议机关的职责范围。

（八）其他行政复议机关尚未受理同一行政复议申请，人民法院尚未受理同一主体就同一事实提起的行政诉讼。

第四十五条 行政复议机关收到行政复议申请以后，应当在5日内审查，决定是否受理。对不符合本规则规定的行政复议申请，决定不予受理，并书面告知申请人。

对不属于本机关受理的行政复议申请，应当告知申请人向有关行政复议机关提出。

行政复议机关收到行政复议申请以后未按照前款规定期限审查并作出不予受理决定的，视为受理。

第四十六条 对符合规定的行政复议申请,自行政复议机构收到之日起即为受理;受理行政复议申请,应当书面告知申请人。

第四十七条 行政复议申请材料不齐全、表述不清楚的,行政复议机构可以自收到该行政复议申请之日起5日内书面通知申请人补正。补正通知应当载明需要补正的事项和合理的补正期限。无正当理由逾期不补正的,视为申请人放弃行政复议申请。

补正申请材料所用时间不计入行政复议审理期限。

第四十八条 上级税务机关认为行政复议机关不予受理行政复议申请的理由不成立的,可以督促其受理;经督促仍然不受理的,责令其限期受理。

上级税务机关认为行政复议申请不符合法定受理条件的,应当告知申请人。

第四十九条 上级税务机关认为有必要的,可以直接受理或者提审由下级税务机关管辖的行政复议案件。

第五十条 对应当先向行政复议机关申请行政复议,对行政复议决定不服再向人民法院提起行政诉讼的具体行政行为,行政复议机关决定不予受理或者受理以后超过行政复议期限不作答复的,申请人可以自收到不予受理决定书之日起或者行政复议期满之日起15日内,依法向人民法院提起行政诉讼。

依照本规则第八十三条规定延长行政复议期限的,以延长以后的时间为行政复议期满时间。

第五十一条 行政复议期间具体行政行为不停止执行;但是有下列情形之一的,可以停止执行:

(一)被申请人认为需要停止执行的。

(二)行政复议机关认为需要停止执行的。

(三)申请人申请停止执行,行政复议机关认为其要求合理,决定停止执行的。

(四)法律规定停止执行的。

第八章 税务行政复议证据

第五十二条 行政复议证据包括以下类别:

(一)书证;

(二)物证;

(三)视听资料;

(四)电子数据;

（五）证人证言；

（六）当事人的陈述；

（七）鉴定意见；

（八）勘验笔录、现场笔录。

第五十三条 在行政复议中，被申请人对其作出的具体行政行为负有举证责任。

第五十四条 行政复议机关应当依法全面审查相关证据。行政复议机关审查行政复议案件，应当以证据证明的案件事实为依据。定案证据应当具有合法性、真实性和关联性。

第五十五条 行政复议机关应当根据案件的具体情况，从以下方面审查证据的合法性：

（一）证据是否符合法定形式。

（二）证据的取得是否符合法律、法规、规章和司法解释的规定。

（三）是否有影响证据效力的其他违法情形。

第五十六条 行政复议机关应当根据案件的具体情况，从以下方面审查证据的真实性：

（一）证据形成的原因。

（二）发现证据时的环境。

（三）证据是否为原件、原物，复制件、复制品与原件、原物是否相符。

（四）提供证据的人或者证人与行政复议参加人是否具有利害关系。

（五）影响证据真实性的其他因素。

第五十七条 行政复议机关应当根据案件的具体情况，从以下方面审查证据的关联性：

（一）证据与待证事实是否具有证明关系。

（二）证据与待证事实的关联程度。

（三）影响证据关联性的其他因素。

第五十八条 下列证据材料不得作为定案依据：

（一）违反法定程序收集的证据材料。

（二）以偷拍、偷录和窃听等手段获取侵害他人合法权益的证据材料。

（三）以利诱、欺诈、胁迫和暴力等不正当手段获取的证据材料。

（四）无正当事由超出举证期限提供的证据材料。

（五）无正当理由拒不提供原件、原物，又无其他证据印证，且对方不予认可的证据的复制件、复制品。

（六）无法辨明真伪的证据材料。

（七）不能正确表达意志的证人提供的证言。

（八）不具备合法性、真实性的其他证据材料。

行政复议机构依据本规则第十一条第（二）项规定的职责所取得的有关材料，不得作为支持被申请人具体行政行为的证据。

第五十九条 在行政复议过程中，被申请人不得自行向申请人和其他有关组织或者个人收集证据。

第六十条 行政复议机构认为必要时，可以调查取证。

行政复议工作人员向有关组织和人员调查取证时，可以查阅、复制和调取有关文件和资料，向有关人员询问。调查取证时，行政复议工作人员不得少于2人，并应当向当事人和有关人员出示证件。被调查单位和人员应当配合行政复议工作人员的工作，不得拒绝、阻挠。

需要现场勘验的，现场勘验所用时间不计入行政复议审理期限。

第六十一条 申请人和第三人可以查阅被申请人提出的书面答复、作出具体行政行为的证据、依据和其他有关材料，除涉及国家秘密、商业秘密或者个人隐私外，行政复议机关不得拒绝。

第九章 税务行政复议审查和决定

第六十二条 行政复议机构应当自受理行政复议申请之日起7日内，将行政复议申请书副本或者行政复议申请笔录复印件发送被申请人。被申请人应当自收到申请书副本或者申请笔录复印件之日起10日内提出书面答复，并提交当初作出具体行政行为的证据、依据和其他有关材料。

对国家税务总局的具体行政行为不服申请行政复议的案件，由原承办具体行政行为的相关机构向行政复议机构提出书面答复，并提交当初作出具体行政行为的证据、依据和其他有关材料。

第六十三条 行政复议机构审理行政复议案件，应当由2名以上行政复议工作人员参加。

第六十四条 行政复议原则上采用书面审查的办法，但是申请人提出要求或者行政复议机构认为有必要时，应当听取申请人、被申请人和第三人的意见，并可以向有关组织和人员调查了解情况。

第六十五条 对重大、复杂的案件，申请人提出要求或者行政复议机构认为必要时,可以采取听证的方式审理。

第六十六条 行政复议机构决定举行听证的,应当将举行听证的时间、地点和具体要求等事项通知申请人、被申请人和第三人。

第三人不参加听证的,不影响听证的举行。

第六十七条 听证应当公开举行,但是涉及国家秘密、商业秘密或者个人隐私的除外。

第六十八条 行政复议听证人员不得少于2人,听证主持人由行政复议机构指定。

第六十九条 听证应当制作笔录。申请人、被申请人和第三人应当确认听证笔录内容。

行政复议听证笔录应当附卷,作为行政复议机构审理案件的依据之一。

第七十条 行政复议机关应当全面审查被申请人的具体行政行为所依据的事实证据、法律程序、法律依据和设定的权利义务内容的合法性、适当性。

第七十一条 申请人在行政复议决定作出以前撤回行政复议申请的,经行政复议机构同意,可以撤回。

申请人撤回行政复议申请的,不得再以同一事实和理由提出行政复议申请。但是,申请人能够证明撤回行政复议申请违背其真实意思表示的除外。

第七十二条 行政复议期间被申请人改变原具体行政行为的,不影响行政复议案件的审理。但是,申请人依法撤回行政复议申请的除外。

第七十三条 申请人在申请行政复议时,依据本规则第十五条规定一并提出对有关规定的审查申请的,行政复议机关对该规定有权处理的,应当在30日内依法处理;无权处理的,应当在7日内按照法定程序逐级转送有权处理的行政机关依法处理,有权处理的行政机关应当在60日内依法处理。处理期间,中止对具体行政行为的审查。

第七十四条 行政复议机关审查被申请人的具体行政行为时,认为其依据不合法,本机关有权处理的,应当在30日内依法处理;无权处理的,应当在7日内按照法定程序逐级转送有权处理的国家机关依法处理。处理期间,中止对具体行政行为的审查。

第七十五条 行政复议机构应当对被申请人的具体行政行为提出审查意见,经行政复议机关负责人批准,按照下列规定作出行政复议决定:

(一)具体行政行为认定事实清楚,证据确凿,适用依据正确,程序合法,内容适当的,决定维持。

（二）被申请人不履行法定职责的，决定其在一定期限内履行。

（三）具体行政行为有下列情形之一的，决定撤销、变更或者确认该具体行政行为违法；决定撤销或者确认该具体行政行为违法的，可以责令被申请人在一定期限内重新作出具体行政行为：

1. 主要事实不清、证据不足的；
2. 适用依据错误的；
3. 违反法定程序的；
4. 超越职权或者滥用职权的；
5. 具体行政行为明显不当的。

（四）被申请人不按照本规则第六十二条的规定提出书面答复，提交当初作出具体行政行为的证据、依据和其他有关材料的，视为该具体行政行为没有证据、依据，决定撤销该具体行政行为。

第七十六条 行政复议机关责令被申请人重新作出具体行政行为的，被申请人不得以同一事实和理由作出与原具体行政行为相同或者基本相同的具体行政行为；但是行政复议机关以原具体行政行为违反法定程序决定撤销的，被申请人重新作出具体行政行为的除外。

行政复议机关责令被申请人重新作出具体行政行为的，被申请人不得作出对申请人更为不利的决定；但是行政复议机关以原具体行政行为主要事实不清、证据不足或适用依据错误决定撤销的，被申请人重新作出具体行政行为的除外。

第七十七条 有下列情形之一的，行政复议机关可以决定变更：

（一）认定事实清楚，证据确凿，程序合法，但是明显不当或者适用依据错误的。

（二）认定事实不清，证据不足，但是经行政复议机关审理查明事实清楚，证据确凿的。

第七十八条 有下列情形之一的，行政复议机关应当决定驳回行政复议申请：

（一）申请人认为税务机关不履行法定职责申请行政复议，行政复议机关受理以后发现该税务机关没有相应法定职责或者在受理以前已经履行法定职责的。

（二）受理行政复议申请后，发现该行政复议申请不符合行政复议法及其实施条例和本规则规定的受理条件的。

上级税务机关认为行政复议机关驳回行政复议申请的理由不成立的，应当责令限期恢复受理。行政复议机关审理行政复议申请期限的计算应当扣除因驳回耽误的时间。

第七十九条 行政复议期间，有下列情形之一的，行政复议中止：

（一）作为申请人的公民死亡，其近亲属尚未确定是否参加行政复议的。

（二）作为申请人的公民丧失参加行政复议的能力，尚未确定法定代理人参加行政复议的。

（三）作为申请人的法人或者其他组织终止，尚未确定权利义务承受人的。

（四）作为申请人的公民下落不明或者被宣告失踪的。

（五）申请人、被申请人因不可抗力，不能参加行政复议的。

（六）行政复议机关因不可抗力原因暂时不能履行工作职责的。

（七）案件涉及法律适用问题，需要有权机关作出解释或者确认的。

（八）案件审理需要以其他案件的审理结果为依据，而其他案件尚未审结的。

（九）其他需要中止行政复议的情形。

行政复议中止的原因消除以后，应当及时恢复行政复议案件的审理。

行政复议机构中止、恢复行政复议案件的审理，应当告知申请人、被申请人、第三人。

第八十条 行政复议期间，有下列情形之一的，行政复议终止：

（一）申请人要求撤回行政复议申请，行政复议机构准予撤回的。

（二）作为申请人的公民死亡，没有近亲属，或者其近亲属放弃行政复议权利的。

（三）作为申请人的法人或者其他组织终止，其权利义务的承受人放弃行政复议权利的。

（四）申请人与被申请人依照本规则第八十七条的规定，经行政复议机构准许达成和解的。

（五）行政复议申请受理以后，发现其他行政复议机关已经先于本机关受理，或者人民法院已经受理的。

依照本规则第七十九条第一款第（一）项、第（二）项、第（三）项规定中止行政复议，满60日行政复议中止的原因未消除的，行政复议终止。

第八十一条 行政复议机关责令被申请人重新作出具体行政行为的，被申请人应当在60日内重新作出具体行政行为；情况复杂，不能在规定期限内重新作出具体行政行为的，经行政复议机关批准，可以适当延期，但是延期不得超过30日。

公民、法人或者其他组织对被申请人重新作出的具体行政行为不服，可以依法申请行政复议，或者提起行政诉讼。

第八十二条 申请人在申请行政复议时可以一并提出行政赔偿请求，行政复议机关对符合国家赔偿法的规定应当赔偿的，在决定撤销、变更具体行政行为或者确认具体行政行为违法时，应当同时决定被申请人依法赔偿。

申请人在申请行政复议时没有提出行政赔偿请求的，行政复议机关在依法决定撤销、变更原具体行政行为确定的税款、滞纳金、罚款和对财产的扣押、查封等强制措施时，应当同时责令被申请人退还税款、滞纳金和罚款，解除对财产的扣押、查封等强制措施，或者赔偿相应的价款。

第八十三条 行政复议机关应当自受理申请之日起60日内作出行政复议决定。情况复杂，不能在规定期限内作出行政复议决定的，经行政复议机关负责人批准，可以适当延期，并告知申请人和被申请人；但是延期不得超过30日。

行政复议机关作出行政复议决定，应当制作行政复议决定书，并加盖行政复议机关印章。

行政复议决定书一经送达，即发生法律效力。

第八十四条 被申请人应当履行行政复议决定。

被申请人不履行、无正当理由拖延履行行政复议决定的，行政复议机关或者有关上级税务机关应当责令其限期履行。

第八十五条 申请人、第三人逾期不起诉又不履行行政复议决定的，或者不履行最终裁决的行政复议决定的，按照下列规定分别处理：

（一）维持具体行政行为的行政复议决定，由作出具体行政行为的税务机关依法强制执行，或者申请人民法院强制执行。

（二）变更具体行政行为的行政复议决定，由行政复议机关依法强制执行，或者申请人民法院强制执行。

第十章 税务行政复议和解与调解

第八十六条 对下列行政复议事项，按照自愿、合法的原则，申请人和被申请人在行政复议机关作出行政复议决定以前可以达成和解，行政复议机关也可以调解：

（一）行使自由裁量权作出的具体行政行为，如行政处罚、核定税额、确定应税所得率等。

（二）行政赔偿。

（三）行政奖励。

（四）存在其他合理性问题的具体行政行为。

行政复议审理期限在和解、调解期间中止计算。

第八十七条 申请人和被申请人达成和解的，应当向行政复议机构提交书面和解协议。和解内容不损害社会公共利益和他人合法权益的，行政复议机构应当准许。

第八十八条 经行政复议机构准许和解终止行政复议的，申请人不得以同一事实和理由再次申请行政复议。

第八十九条 调解应当符合下列要求：

（一）尊重申请人和被申请人的意愿。

（二）在查明案件事实的基础上进行。

（三）遵循客观、公正和合理原则。

（四）不得损害社会公共利益和他人合法权益。

第九十条 行政复议机关按照下列程序调解：

（一）征得申请人和被申请人同意。

（二）听取申请人和被申请人的意见。

（三）提出调解方案。

（四）达成调解协议。

（五）制作行政复议调解书。

第九十一条 行政复议调解书应当载明行政复议请求、事实、理由和调解结果，并加盖行政复议机关印章。行政复议调解书经双方当事人签字，即具有法律效力。

调解未达成协议，或者行政复议调解书不生效的，行政复议机关应当及时作出行政复议决定。

第九十二条 申请人不履行行政复议调解书的，由被申请人依法强制执行，或者申请人民法院强制执行。

第十一章 税务行政复议指导和监督

第九十三条 各级税务复议机关应当加强对履行行政复议职责的监督。行政复议机构负责对行政复议工作进行系统督促、指导。

第九十四条 各级税务机关应当建立健全行政复议工作责任制，将行政复议工作纳入本单位目标责任制。

第九十五条 各级税务机关应当按照职责权限，通过定期组织检查、抽查等方式，检查下级税务机关的行政复议工作，并及时向有关方面反馈检查结果。

第九十六条 行政复议期间行政复议机关发现被申请人和其他下级税务机关的相关行政行为违法或者需要做好善后工作的，可以制作行政复议意见书。有关机关应当自收到行政复议意见书之日起60日内将纠正相关行政违法行为或者做好善后工作的情况报告行政复议机关。

行政复议期间行政复议机构发现法律、法规和规章实施中带有普遍性的问题，可以制作行政复议建议书，向有关机关提出完善制度和改进行政执法的建议。

第九十七条 省以下各级税务机关应当定期向上一级税务机关提交行政复议、应诉、赔偿统计表和分析报告，及时将重大行政复议决定报上一级行政复议机关备案。

第九十八条 行政复议机构应当按照规定将行政复议案件资料立卷归档。

行政复议案卷应当按照行政复议申请分别装订立卷，一案一卷，统一编号，做到目录清晰、资料齐全、分类规范、装订整齐。

第九十九条 行政复议机构应当定期组织行政复议工作人员业务培训和工作交流，提高行政复议工作人员的专业素质。

第一百条 行政复议机关应当定期总结行政复议工作。对行政复议工作中做出显著成绩的单位和个人，依照有关规定表彰和奖励。

第十二章　附则

第一百零一条 行政复议机关、行政复议机关工作人员和被申请人在税务行政复议活动中，违反行政复议法及其实施条例和本规则规定的，应当依法处理。

第一百零二条 外国人、无国籍人、外国组织在中华人民共和国境内向税务机关申请行政复议，适用本规则。

第一百零三条 行政复议机关在行政复议工作中可以使用行政复议专用章。行政复议专用章与行政复议机关印章在行政复议中具有同等效力。

第一百零四条 行政复议期间的计算和行政复议文书的送达，依照民事诉讼法关于期间、送达的规定执行。

本规则关于行政复议期间有关"5日""7日"的规定指工作日，不包括法定节假日。

第一百零五条 本规则自2010年4月1日起施行，2004年2月24日国家税务总局公布的《税务行政复议规则（暂行）》（国家税务总局令第8号）同时废止。

三、应用场景

（一）应用场景一：结合《行政强制法》第五十三条规定，论述对税务机关的非诉执行申请应否被受理

1.典型案例1：陈世周与海南省地方税务局稽查局其他行政再审纠纷案①

在该案中，被申请人海南省地方税务局稽查局向一审法院提出强制执行申请，申请强制执行省稽查局于2014年4月17日对复议申请人陈世周作出的琼地税稽处（2014）2号"税务处理决定书"及2014年5月28日对陈世周作出的琼地税稽罚（2014）3号"税务行政处罚决定书"，追缴税款6 572 852.29元、滞纳金3 108 142.35元、罚款1 312 757.21元缴入国库。

一审法院裁定，准予执行省稽查局对陈世周作出的琼地税稽罚（2014）3号"税务行政处罚决定书"；不予执行省稽查局对陈世周作出的琼地税稽处（2014）2号"税务处理决定书"

二审法院经审查后认为，依照《税收征收管理法》第八十八条第三款规定，当事人对税务机关的处罚决定逾期不申请行政复议也不向人民法院起诉又不履行的，作出处罚决定的税务机关可以采取该法第四十条规定的强制执行措施，或者申请人民法院强制执行。而《行政强制法》第五十三条规定，申请人民法院强制执行的主体是没有行政强制执行权的行政机关。依据特别法优于一般法原则，被申请人省稽查局作为具有法律、法规赋予强制执行权的行政机关，可以对当事人即复议申请人陈世周采取《税收征收管理法》第四十条规定的强制执行措施。因此，省稽查局向一审法院申请强制执行其向陈世周作出的琼地税稽处（2014）2号"税务处理决定书"及琼地税稽罚（2014）3号"税务行政处罚决定书"，不符合法律规定。一审对此未作审查有误，本院予以纠正。依照《最高人民法院关于执行〈中华人民共和国行政诉讼法〉若干问题的解释》第八十六条第二款的规定，裁定如下：撤销海南省海口市龙华区人民法院（2015）龙行审字第100号行政裁定；对海南省地方税务局稽查局提出琼地税稽处（2014）2号"税务处理决定书"及琼地税稽罚（2014）3号"税务行政处罚决定书"的强制执行申请，不予受理。

2.典型案例2：福建省长汀县国家税务局与福建省长汀威鸿制衣有限公司非诉执行案②

在该案中，申请人福建省长汀县国家税务局于2014年3月20日向法院申请执

---

① 案例来源：海南省海口市中级人民法院行政裁定书（2016）琼01行审复1号。
② 案例来源：福建省长汀县人民法院行政裁定书（2014）汀执审字第108号。

行对被执行人福建省长汀威鸿制衣有限公司所作的税务行政处罚决定。法院经审查后认为，申请人福建省长汀县国家税务局作出的汀国罚（2013）40号税务行政处罚决定书在行政主体、行政权限、行为根据和依据方面合法。被执行人福建省长汀威鸿制衣有限公司在法律规定的期限内既不起诉又不履行，申请人福建省长汀县国家税务局于2014年3月20日申请该院强制执行，符合法律规定。根据《行政诉讼法》第六十六条和《最高人民法院关于执行〈中华人民共和国行政诉讼法〉若干问题的解释》第八十七条第二款、第八十八条以及《中华人民共和国行政处罚法》第五十一条第（三）项和《税收征收管理法》第八十八条第三款的有关规定，裁定：予以强制执行。

（二）应用场景二：结合《税收征收管理法》第二十九条规定，论述法院在民事案件中无权对增值税发票的效力作出认定

在江苏国信股份有限公司、南京华泓船务有限公司船舶买卖合同纠纷案[①]中，国信公司向法院提出诉讼请求：1.判令华泓公司向国信公司开具含税金额为1.05亿元、税率为17%的增值税专用发票，如不能开具或不能足额开具，则赔偿国信公司因不能足额抵扣增值税而造成的损失15 256 410.28元；2.判令华泓公司赔偿国信公司因未及时开具增值税专用发票造成的滞纳金损失9 171 645.32元；3.本案诉讼费用由华泓公司承担。法院经审理后就华泓公司是否应向国信公司开具涉案船舶的增值税发票并赔偿国信公司相应损失的问题，指出：增值税发票具有商事交易凭证功能和税控功能，由于实行凭发票购进税款扣税，购货方要向销货方支付增值税，因此增值税发票也是完税凭证，起到销货方纳税义务和购货方进项税额的合法证明的作用。法院在民事案件审理过程中如果直接对增值税发票的效力作出认定，则必然涉及当事方的税款征收问题。《税收征收管理法》第二十九条规定："除税务机关、税务人员以及经税务机关依照法律、行政法规委托的单位和人员外，任何单位和个人不得进行税款征收活动。"因此，法院在民事案件中对增值税发票的效力争议进行审理会违反征税主体法定原则。另外，根据《税收征收管理法》第八十八条的规定，纳税争议应先经税务机关行政复议，不服复议决定才能向法院提起诉讼。如法院在民事案件中对增值税发票的效力作出认定，将使纳税人失去行政复议的救济途径。因此，华海公司开具的涉案增值税发票是否有效应由税务机关先行作出认定，不属于法院在本案中的审查范围。

---

① 案例来源：武汉海事法院民事判决书（2019）鄂72民初91号。

（三）应用场景三：结合《最高人民法院关于适用〈中华人民共和国行政诉讼法〉的解释》第一百五十六条规定，论述税务机关超期申请非诉执行，法院不予受理

在国家税务总局北京市税务局第三稽查局与石波涛非诉执行审查案[①]中，申请执行人国家税务总局北京市税务局第三稽查局于2018年6月5日对被执行人石波涛作出京地税三稽处（2018）36号"北京市地方税务局第三稽查局税务处理决定书"（以下简称"36号税务处理决定书"），并于2019年3月11日向法院申请执行36号税务处理决定书中涉及的滞纳金部分。

法院经审查后认为，《税收征收管理法》第八十八条第一款规定："纳税人、扣缴义务人、纳税担保人同税务机关在纳税上发生争议时，必须先依照税务机关的纳税决定缴纳或者解缴税款及滞纳金或者提供相应的担保，然后可以依法申请行政复议；对行政复议决定不服的，可以依法向人民法院起诉。"根据上述规定可知，纳税人与税务机关在纳税上发生争议时，申请行政复议是提起行政诉讼的前置程序。《最高人民法院关于适用〈中华人民共和国行政诉讼法〉的解释》第一百五十六条规定，没有强制执行权的行政机关申请人民法院强制执行其行政行为，应当自被执行人的法定起诉期限届满之日起3个月内提出。逾期申请的，除有正当理由外，人民法院不予受理。本案中，第三稽查局于2018年6月11日向石波涛送达上述36号税务处理决定书。石波涛未在法定期限内申请行政复议，亦未履行36号税务处理决定书决定的滞纳金部分。第三稽查局应当自2018年8月12日起3个月内向人民法院申请强制执行。综上所述，第三稽查局于2019年3月11日方向法院提交执行申请，已经超过法定期限。故，对于第三稽查局的申请法院不予准许。

（四）应用场景四：结合《行政诉讼法》第四十四条规定，论述对于复议前置行为，判断已经完成复议前置程序可以进入诉讼程序的标准

1.典型案例1：广西坤兴房地产开发有限公司税务行政复议再审审查与审判监督案[②]

在该案中，再审申请人广西坤兴房地产开发有限公司不服广西壮族自治区高级人民法院（2018）桂行终993号行政裁定，向最高人民法院申请再审。最高人民法院经审查认为，《税收征收管理法》第八十八条第一款规定："纳税人、扣缴义务人、纳税担保人同税务机关在纳税上发生争议时，必须先依照税务机关的

---

① 案例来源：北京市海淀区人民法院行政裁定书（2019）京0108行审55号。
② 案例来源：中华人民共和国最高人民法院行政裁定书（2019）最高法行申11915号。

纳税决定缴纳或者解缴税款及滞纳金或者提供相应的担保，然后可以依法申请行政复议；对行政复议决定不服的，可以依法向人民法院起诉。"《行政诉讼法》第四十四条第二款规定："法律、法规规定应当先向行政机关申请复议，对复议决定不服再向人民法院提起诉讼的，依照法律、法规的规定。"根据上述规定，坤兴公司如认为22号决定书侵犯其权益并提起诉讼，应当先经过行政复议程序。对于复议前置行为，判断已经完成复议前置程序可以进入诉讼程序的标准，是复议机关对当事人的复议请求进行了实体判断并作出实体处理。如果复议机关仅对复议申请是否符合受理条件进行程序判断和处理，而未对复议请求中的实体问题进行判断和处理，则不能认为复议前置程序已经完成，当事人不能直接起诉。本案中，国家税务总局以坤兴公司提出的行政复议申请不符合行政复议的受理条件为由驳回复议申请，属于程序性驳回决定，复议审查程序尚未实质启动，故不能认定已经完成复议前置程序。

2.典型案例2：青海銮兴贸易有限公司与国家税务总局西宁市税务局稽查局、国家税务总局西宁市税务局行政征收再审审查与审判监督案①

在该案中，再审申请人青海銮兴贸易有限公司因国家税务总局西宁市税务局稽查局、国家税务总局西宁市税务局税务行政征收一案，不服青海省西宁市中级人民法院（2019）青01行终50号行政裁定，向青海省高级人民法院申请再审。

青海銮兴贸易有限公司申请再审称，本案的争议焦点在于西宁市税务局稽查局作出的宁国税稽处（2018）23号"关于青海銮兴贸易有限公司少缴税款案件的税务处理决定"（以下简称"23号处理决定"）是否属于复议前置行为及申请人是否完成了复议前置程序。一审、二审裁定均认为申请人未完成复议前置程序，因此不符合起诉条件，申请人的起诉被驳回。本案中，西宁市税务局依据《税收征收管理法实施细则》《税务行政复议规则》《行政复议法》之相关规定认为，申请人因收到23号处理决定后未按其记载的期限缴纳税款或提供相应担保并提出行政复议申请，属于超过法定缴纳期限，以不符合行政复议受理条件为由，作出不予受理决定书，即宁税复不受（2018）1号"行政复议不予受理决定书"（以下简称"1号复议决定"）。根据上述事实，人民法院认为1号复议决定并未实际履行复议前置程序，因此直接起诉要求撤销23号处理决定不符合法律规定，应当依法予以驳回起诉。就申请人取得1号复议决定及其列明的相关救济途径的事实而言，申请人的行为和1号复议决定记载内容是一致的，确实存在超期补缴的情形，因此，1号复

---

① 案例来源：青海省高级人民法院行政裁定书（2020）青行申4号。

议决定所认定的事实及法律适用,申请人并无异议,且1号复议决定内容本身对于申请人实体权利并未造成任何实际影响;同时,就如一审、二审裁定所言,申请人已就23号处理决定内容提起了复议程序,西宁市税务局虽未进行实体性审查,但已然作出了具有法律效力的结果,同时明确载明了相关救济手段,申请人以记载内容提起行政诉讼符合法律规定及条件。真正对申请人产生实际影响的行政行为是23号处理决定,而该决定系被申请人西宁市税务局稽查局作出的,因此,申请人在取得复议机关复议结果后,因其虽未进行实体审查,却已履行复议职责并形成具体结果,并未对原行政行为产生维持或变更的新的行政行为前提下,向人民法院提起诉讼,系在完成复议前置程序之后,法定的合法救济途径才是本案真实的事实,而非一审、二审裁定所述的"原告(上诉人)实际并未完成复议前置程序"的事实。

青海省高级人民法院经审查后认为,本案的争议焦点在于鉴兴公司是否完成了复议前置程序。本院认为,如何判断是否完成复议前置程序应从法律法规设置复议前置这一程序性要求的立法本意来审查。行政复议是系统内的救济途径,属于行政监督的范畴,将某些专业性或技术性很强的行政行为交由复议机关先行处理,显然有利于发挥行政机关专业知识和管理经验的优势,有利于行政机关的内部监督,也有利于实现行政资源、司法资源的合理配置。因此,法律、法规规定行政复议前置的制度设计,不仅是一种程序意义上的制度,也是一种实体处理意义上的审查制度,即复议机关对原行政行为的实体处理是否合法、适当进行审查。那么,复议机关作出不予受理决定是否实现了行政复议专业化审查的功能,从本案中西宁市税务局不予受理决定的理由可以看出,其仅是对鉴兴公司缴纳税款及滞纳金的时间节点进行了审查,即认为鉴兴公司申请行政复议不符合复议受理条件,显然并未对西宁市税务局稽查局23号处理决定进行专业性审查,然后对其作出合法性和适当性判断。因此,西宁市税务局作出不予受理决定,仅是经立案程序审查后认为不符合受理条件,并未对原行政行为23号处理决定进行实体审查,即行政复议的实体审查程序并未实质启动。故在此情况下,鉴兴公司不能对23号处理决定提起行政诉讼。

(五)应用场景五:结合《纳税担保试行办法》第二条规定,论述纳税担保必须得到税务机关同意或确认,才能提起税务行政复议

1.典型案例1:柳州市和佳房地产开发有限公司再审审查与审判监督案[①]

在该案中,再审申请人柳州市和佳房地产开发有限公司不服广西壮族自治区

---

① 案例来源:中华人民共和国最高人民法院行政裁定书(2019)最高法行申3210号。

高级人民法院（2017）桂行终1550号行政判决，向最高人民法院申请再审。最高人民法院经审查后认为，根据《税收征收管理法》第八十八条第一款的规定，纳税人、扣缴义务人、纳税担保人同税务机关在纳税上发生争议时，必须先依照税务机关的纳税决定缴纳或者解缴税款及滞纳金或者提供相应的担保，然后可以依法申请行政复议；对行政复议决定不服的，可以依法向人民法院起诉。《税务行政复议规则》第十四条第（一）项规定，征税行为，包括确认纳税主体、征税对象、征税范围、减税、免税、退税、抵扣税款、适用税率、计税依据、纳税环节、纳税期限、纳税地点和税款征收方式等具体行政行为，征收税款、加收滞纳金，扣缴义务人、受税务机关委托的单位和个人作出的代扣代缴、代收代缴、代征行为等。第三十三条第一款、第二款规定，申请人按照前款规定申请行政复议的，必须依照税务机关根据法律、法规确定的税额、期限，先行缴纳或者解缴税款和滞纳金，或者提供相应的担保，才可以在缴清税款和滞纳金以后或者所提供的担保得到作出具体行政行为的税务机关确认之日起60日内提出行政复议申请。本案中，和佳公司不服广西壮族自治区地方税务局作出的"税务行政处理决定"［桂地税柳稽处（2016）176号］向自治区政府申请行政复议，必须按照上述规定依照176号税务处理决定确定的期限，缴纳或者解缴税款及滞纳金或者提供相应的担保，才可以在缴清税款和滞纳金以后或者所提供的担保得到作出176号税务处理决定的税务机关确认之日起60日内提出行政复议申请。根据《纳税担保试行办法》第二条规定，该办法所称纳税担保，是指经税务机关同意或确认，纳税人或其他自然人、法人、经济组织以保证、抵押、质押的方式，为纳税人应当缴纳的税款及滞纳金提供担保的行为。纳税担保必须得到税务机关同意或确认，本案中和佳公司无证据证明其提供的纳税担保材料已经经过作出176号税务处理决定的税务机关同意或确认，故行政复议机关和一审、二审法院认为和佳公司在提起行政复议时未按规定提供相应担保并无不当。

2. 典型案例2：汕头市弘展贸易有限公司与国家税务总局汕头市税务局等税务行政复议纠纷再审案[①]

在该案中，再审申请人汕头市弘展贸易有限公司不服广东省汕头市中级人民法院（2019）粤05行终65号行政判决，向广东省高级人民法院申请再审。

广东省高级人民法院经审理后认为，《税收征收管理法》第八十八条第一款规定："纳税人、扣缴义务人、纳税担保人同税务机关在纳税上发生争议时，必

---

① 案例来源：广东省高级人民法院行政裁定书（2020）粤行申1231号。

须先依照税务机关的纳税决定缴纳或者解缴税款及滞纳金或者提供相应的担保，然后可以依法申请行政复议；对行政复议决定不服的，可以依法向人民法院起诉。"《税收征收管理法实施细则》第六十一条第一款规定："税收征管法第三十八条、第八十八条所称担保，包括经税务机关认可的纳税保证人为纳税人提供的纳税保证，以及纳税人或者第三人以其未设置或者未全部设置担保物权的财产提供的担保。"《纳税担保试行办法》第二条第一款规定："本办法所称纳税担保，是指经税务机关同意或确认，纳税人或其他自然人、法人、经济组织以保证、抵押、质押的方式，为纳税人应当缴纳的税款及滞纳金提供担保的行为。"第二十五条第四款规定："对于实际价值波动很大的动产或权利凭证，经设区的市、自治州以上税务机关确认，税务机关可以不接受其作为纳税质押。"根据上述规定，纳税担保需经税务机关同意或确认，形式分为保证、抵押、质押。本案中，再审申请人汕头市弘展贸易有限公司因与国家税务总局汕头市税务局第二稽查局作出的汕头税二稽处（2019）1号"税务处理决定书"发生争议，在未依照税务机关的纳税决定缴纳或者解缴税款及滞纳金的情况下，于2019年3月17日向汕头市税务局申请行政复议。汕头市弘展贸易有限公司向汕头市税务局提供"担保书"，以其对一拖东方红好友轮胎有限公司（以下简称"一拖公司"）享有的850万元迟延履行金作为申请复议事项的担保。迟延履行金属于债权，汕头市弘展贸易有限公司以其对一拖公司享有的850万元迟延履行金作为申请复议的担保，不符合纳税担保的相关规定，且上述迟延履行金的履行取决于一拖公司作为被执行人的偿还能力，属实际价值波动较大的权利凭证。汕头市税务局经审查后作出被诉"不予受理行政复议申请决定书"，认为汕头市弘展贸易有限公司提供的纳税担保不符合法律规定，不予确认该纳税担保，事实清楚，证据充分，适用法律正确。

（六）应用场景六：结合《税收征收管理法实施细则》第一百条规定，论述法院如何认定行政行为是否可诉

在国家税务总局滁州市税务局稽查局、国家税务总局滁州市税务局税务征收及行政复议再审审查与审判监督案[1]中，再审申请人国家税务总局滁州市税务局稽查局、国家税务总局滁州市税务局因不服滁州市中级人民法院（2020）皖11行终56号行政判决，向安徽省高级人民法院提出再审申请。

安徽省高级人民法院经审查后认为，关于人民法院对已生效的"税务处理

---

[1] 案例来源：安徽省高级人民法院行政裁定书（2020）皖行申442号。

决定书"审查，违反纳税争议复议前置规定的问题，认定是否属于可诉的行政行为，应当考察该行政行为是否具有对外性、是否属于行政主体作出的行为、是否具有处分性等。对于程序性行政行为，如果该行为不涉及终局性问题，对相对人的权利义务没有实质影响的，属于不成熟的行政行为，不具有可诉性，相对人提起行政诉讼的，不属于人民法院受案范围。但如果该程序性行政行为具有终局性，对相对人权利义务产生实质影响，并且无法通过提起针对相关的实体性行政行为的诉讼获得救济的，则属于可诉行政行为，相对人提起行政诉讼的，属于人民法院行政诉讼受案范围。《税收征收管理法》第八十八条规定，纳税人、扣缴义务人、纳税担保人同税务机关在纳税上发生争议时，必须先依照税务机关的纳税决定缴纳或者解缴税款及滞纳金或者提供相应的担保，然后可以依法申请行政复议；对行政复议决定不服的，可以依法向人民法院起诉。《税收征收管理法实施细则》第一百条规定，税收征管法第八十八条规定的纳税争议，是指纳税人、扣缴义务人、纳税担保人对税务机关确定纳税主体、征税对象、征税范围、减税、免税及退税、适用税率、计税依据、纳税环节、纳税期限、纳税地点以及税款征收方式等具体行政行为有异议而发生的争议。本案中，市税务稽查局、市税务局提交的滁地税稽处（2017）12号税务处理决定书、滁税稽通（2019）16号税务事项通知书证明，该税务事项通知书确认上述税务处理决定书没有的滞纳金数额及计算滞纳金的起止日期。市税务局提交的滁税复决字（2019）7号行政复议决定书及凯迪公司提交的行政起诉状证明，凯迪公司因认为上述税务事项通知书关于滞纳金的计算和征收方式违反法律规定，没有法律依据等问题向市税务局申请复议，后因对复议决定不服起诉。故凯迪公司诉讼符合法律规定，属于法院行政诉讼的受案范围，再审申请人的此项申请再审理由不能成立。

（七）应用场景七：结合《税收征收管理法》第四十条规定，论述税务机关作出税收强制执行决定的准确性

在安徽省皖东车辆股份有限公司与国家税务总局明光市税务局税务行政行政强制纠纷再审案[①]中，再审申请人安徽省皖东车辆股份有限公司因不服滁州市中级人民法院（2020）皖11行终60号行政判决，向安徽省高级人民法院提出再审申请。安徽省高级人民法院经审查后认为，《税收征收管理法》第八十八条第三款规定，当事人对税务机关的处罚决定逾期不申请行政复议也不向人民法院起诉又不履行的，作出处罚决定的税务机关可以采取该法第四十条规定的强制执行措

---

① 案例来源：安徽省高级人民法院行政裁定书（2020）皖行申930号。

施，或者申请人民法院强制执行。原安徽省明光市地方税务局稽查局对皖东车辆公司通过虚假申报的手段，导致不缴或少缴相关税款等行为作出案涉税务行政处罚决定等文书，并予以送达。上述文书生效后，因皖东车辆公司一直未履行相关义务，明光市税务局根据《税收征收管理法》第四十条的规定作出税收强制执行决定，从该公司银行账户中进行扣缴，具有事实和法律依据。此外，明光市税务局在原审中提供了明税强扣（2019）1号税收强制执行决定书、送达回证、通话录音资料等证据，且二审法院对江坤本人进行了核实，能够认定该局已向皖东车辆公司送达了本案执行依据。皖东车辆公司申请再审称强制执行行为实体和程序违法，不予采纳。

（八）应用场景八：结合《税务行政复议规则》第二十九条规定，论述对重大税务案件审理程序作出的决定不服，审理委员会所在税务机关为行政复议被申请人

在江苏悦达卡特新能源有限公司与国家税务总局常州市税务局稽查局等税务行政处理及行政复议纠纷再审案①中，再审申请人江苏悦达卡特新能源有限公司因诉国家税务总局常州市税务局稽查局税务行政处理及国家税务总局常州市税务局行政复议一案，不服江苏省常州市中级人民法院（2017）苏04行终6号行政判决，向江苏省高级人民法院申请再审。再审申请称，根据《税务行政复议规则》的规定，对经重大税务案件审理程序作出的80号税务处理决定不服提出行政复议的，审理委员会所在税务机关即原常州市国税局为被申请人，80号税务处理决定却告知申请人向原常州市国税局申请行政复议，且原常州市国税局受理了申请人的复议申请并作出3号复议决定，程序违法。

江苏省高级人民法院经审查后认为，《税收征收管理法》第八十八条第一款规定，纳税人、扣缴义务人、纳税担保人同税务机关在纳税上发生争议时，必须先依照税务机关的纳税决定缴纳或者解缴税款及滞纳金或者提供相应的担保，然后可以依法申请行政复议；对行政复议决定不服的，可以依法向人民法院起诉。国家税务总局《重大税务案件审理办法》第三十四条第一款规定，稽查局应当按照重大税务案件审理意见书制作税务处理处罚决定等相关文书，加盖稽查局印章后送达执行。《税务行政复议规则》（2009年12月15日国家税务总局第2次局务会议审议通过，2010年2月10日国家税务总局令第21号公布，自2010年4月4日起施行）第二十九条第一款规定，税务机关依照法律、法规和规章规定，经上级

---

① 案例来源：江苏省高级人民法院行政判决书（2019）苏行再7号。

税务机关批准作出具体行政行为的，批准机关为被申请人。第二款规定，申请人对经重大税务案件审理程序作出的决定不服的，审理委员会所在税务机关为被申请人。本案中，原常州市国税局重大税务案件审理委员会对原常州市国税局稽查局提交的悦达卡特公司一案，作出常国税重审决字（2015）09号《重大税务案件审理委员会审理意见书》，要求其依据审理委员会意见制作相应的法律文书并送达执行。后原常州市国税局稽查局依照上述意见书的意见对申请人作出80号税务处理决定。依据上述规定，申请人悦达卡特公司对经重大税务案件审理程序作出的80号税务处理决定不服，本应以案件审理委员会所在的原常州市国税局为被申请人，根据《行政复议法》第十二条第二款"对海关、金融、国税、外汇管理等实行垂直领导的行政机关和国家安全机关的具体行政行为不服的，向上一级主管部门申请行政复议"的规定，向原常州市国税局上一级税务机关原江苏省国家税务局（现国家税务总局江苏省税务局）申请行政复议。因原常州市国税局并非符合上述规章规定的涉案80号税务处理决定适格的复议机关，故原常州市国税局稽查局在80号税务处理决定中告知申请人向原常州市国税局申请行政复议错误，原常州市国税局受理申请人的复议申请并作出3号复议决定，显然违反上述规章的规定。根据《行政诉讼法》第七十条第（四）项的规定，超越职权作出的行政行为，人民法院判决撤销或者部分撤销，并可以判决被告重新作出行政行为。据此，原常州市国税局在无复议职权的情形下对80号税务处理决定作出的3号复议决定，应当予以撤销。

（九）应用场景九：结合《行政复议法》第九条规定，论述税务行政复议申请60日的期限自障碍消除之日起继续计算

在国家税务总局安徽省税务局、淮北市天奥物资贸易有限公司税务行政管理（税务）再审审查与审判监督案[1]中，再审申请人国家税务总局安徽省税务局因行政复议一案，不服安徽省合肥市中级人民法院（2019）皖01行终599号行政判决，向安徽省高级人民法院提出再审申请。

安徽省高级人民法院经审查后认为，《行政复议法》第九条第一款规定："公民、法人或者其他组织认为具体行政行为侵犯其合法权益的，可以自知道该具体行政行为之日起六十日内提出行政复议申请；但是法律规定的申请期限超过六十日的除外。"第二款规定："因不可抗力或者其他正当理由耽误法定申请期限的，申请期限自障碍消除之日起继续计算。"《税收征收管理法》第八十八条第一款规

---

[1] 案例来源：安徽省高级人民法院行政裁定书（2020）皖行申1号。

定:"纳税人、扣缴义务人、纳税担保人同税务机关在纳税上发生争议时,必须先依照税务机关的纳税决定缴纳或者解缴税款及滞纳金或者提供相应的担保,然后可以依法申请行政复议;对行政复议决定不服的,可以依法向人民法院起诉。"《税务行政复议规则》(国家税务总局第39号令)第三十三条第二款规定:"申请人按照前款规定申请行政复议的,必须依照税务机关根据法律、法规确定的税额、期限,先行缴纳或者解缴税款和滞纳金,或者提供相应的担保,才可以在缴清税款和滞纳金以后或者所提供的担保得到作出具体行政行为的税务机关确认之日起60日内提出行政复议申请。"本案中,淮北市国家税务局稽查局作出第一个19号税务处理决定后,天奥公司向淮北市国家税务局稽查局请求提供相应的担保,得到淮北市国家税务局稽查局的确认后,天奥公司对第一个19号税务处理决定向安徽省税务局提出行政复议申请。后因淮北市国家税务局稽查局将第一个19号税务处理决定自行撤销,天奥公司才撤回了对第一个19号税务处理决定的复议申请。天奥公司、卓秀芹等涉嫌逃税已进入司法程序后,淮北市国家税务局稽查局作出第二个19号税务处理决定,向正被羁押的天奥公司财务负责人卓秀芹送达。天奥公司在第二次寻求提供担保未获确认后,于2018年4月24日缴清税款及滞纳金,于2018年5月30日申请行政复议。天奥公司如因司法程序耽误申请期限,不能申请行政复议,亦无从提起行政诉讼,便彻底丧失了救济途径,这与法律的精神相悖,亦与本案特定的情况不符。因此,上述司法程序期间应当扣除,天奥公司申请行政复议应为具备法定的申请条件。天奥公司按照安徽省税务局所作的补正通知给予补正后,安徽省税务局又作出驳回行政复议申请的决定,不符合上述法律规定。安徽省税务局主张天奥公司对税务处理决定不服申请行政复议不符合法定条件以及天奥公司财务负责人卓秀芹已进入司法程序不属于申请期限延长的理由,该院不予支持。

能否以人身自由受到限制无法缴纳税款或提供相应担保为由直接要求行政机关受理其行政复议申请?在南昌市恒久物资回收有限公司与南昌市国税局稽查局、南昌市国家税务局税务处理及行政复议纠纷案[①]中,江西省高级人民法院认为,上诉人(南昌市恒久物资回收有限公司,下同)在接到税务处理决定书后,未在规定的日期内依法缴纳税款及滞纳金或提供相应担保。其提出因人身自由受到限制导致无法缴纳税款及滞纳金的情况,根据《行政复议法》第九条第二款的

---

① 案例来源:江西省南昌市中级人民法院行政判决书(2010)洪行初字第3号、江西省高级人民法院行政判决书(2010)年赣行终字第00011号。

规定，是属于因正当理由耽误法定申请期限的情形，只能产生行政复议申请期限自限制消除之日起继续计算的法律后果。因此上诉人以人身自由受到限制无法缴纳税款或提供相应担保为由直接要求行政机关受理其行政复议申请的上诉理由不符合《税收征收管理法》第八十八条第一款关于纳税争议行政复议的受理条件的规定。

（十）应用场景十：结合《行政复议法》第十二条规定，论述税务行政复议应向上一级税务机关提出申请

在新安华峰中油销售有限公司、卢书民税务行政管理（税务）再审审查与审判监督案①中，再审申请人新安华峰中油销售有限公司因不服洛阳市中级人民法院（2018）豫03行终404号行政裁定，向河南省高级人民法院申请再审。再审申请称：1.法律和解释只规定了复议程序前置，仅仅对程序作出规定，并没有对复议机关的复议内容进行规定和限制。再审申请人申请行政复议，只要程序走到位，履行了法定程序就获得诉权，不管复议机关作出如何答复。原审裁定认定再审申请人没有经过复议程序，剥夺了再审申请人的诉权。2.再审申请人已经进行了行政复议。原审裁定已经查明再审申请人提起过行政复议，只是因为超过复议期限被驳回，并非没有进行复议程序。3.行政诉讼法没有规定不对行政行为进行实质性审查的行政复议不能视为经过了复议。再审申请人按法院要求实施了复议行为，行政诉讼法只规定应当行政复议后再起诉，也规定可以直接向人民法院起诉，但没有规定复议决定未对被诉具体行政行为的合法性与适当性进行审查，人民法院不予受理。

对此，河南省高级人民法院指出：一、纳税上的争议案件应当行政复议前置。原新安县国家税务局作出豫洛新国税稽处字（2002）第0017号"税务处理决定书"，决定追缴税款238 073.72元，华峰公司不服，引发本案纳税上的争议。根据《税收征收管理法》第八十八条第一款关于"纳税人、扣缴义务人、纳税担保人同税务机关在纳税上发生争议时，必须先依照税务机关的纳税决定缴纳或者解缴税款及滞纳金或者提供相应的担保，然后可以依法申请行政复议；对行政复议决定不服的，可以依法向人民法院起诉"的规定，以及《行政复议法》第十二条第二款关于"对海关、金融、国税、外汇管理等实行垂直领导的行政机关和国家安全机关的具体行政行为不服的，向上一级主管部门申请行政复议"的规定，华峰公司对被诉豫洛新国税稽处字（2002）第0017号"税务处理决定书"不服提起

---

① 案例来源：河南省高级人民法院行政裁定书（2019）豫行申1678号。

诉讼，应当先向作出该处理决定的新安县国家税务局的上一级主管部门原洛阳市国家税务局申请行政复议，经原洛阳市国家税务局作出行政复议决定后，并且是对豫洛新国税稽处字（2002）第0017号"税务处理决定书"进行实体审查处理的行政复议决定，才可以就豫洛新国税稽处字（2002）第0017号"税务处理决定书"提起行政诉讼。立法之所以作出这样的规定，是因为纳税争议案件专业性较强，设置行政复议前置程序，由上一级主管部门对纳税争议先行进行实体审查处理，发挥其专业优势，更能保证纳税争议得到公正处理，从源头上化解矛盾纠纷，减少或者避免纳税争议进入司法程序。二、本案争议应当视为未经行政复议前置程序。华峰公司2012年3月2日就豫洛新国税稽处字（2002）第0017号"税务处理决定书"向原洛阳市国家税务局申请行政复议，原洛阳市国家税务局2012年4月26日作出豫洛国税复决字（2012）第2号行政复议决定，认为华峰公司未在法定的期限内提出行政复议申请，不符合受理条件，驳回华峰公司的行政复议申请。原洛阳市国家税务局作出的该行政复议决定，仅仅是对华峰公司提起行政复议申请进行程序上的审查，即程序上是否符合受理条件，该行政复议决定实质上是对华峰公司的行政复议申请不予受理，并未对豫洛新国税稽处字（2002）第0017号"税务处理决定书"的合法性与合理性进行实体审查处理。故严格从法律效果上讲，华峰公司尽管在形式上提起过行政复议申请，但由于复议机关未对被诉行为进行实体处理，应当视为本案纳税上的争议没有经过行政复议前置程序处理。

（十一）应用场景十一：论述为何法律规定因税务处理决定存在争议需复议前置，而税务行政处罚争议不需要复议前置

在合肥同跃置业有限公司与合肥市国家税务局稽查局税务行政处罚及安徽省国家税务局行政复议再审审查与审判监督案[①]中，再审申请人合肥同跃置业有限公司因不服合肥市中级人民法院（2016）皖01行终488号行政判决，向安徽省高级人民法院申请再审。安徽省高级人民法院经审查后认为，涉案税务处理决定与税务处罚决定虽是各自独立的两个行政行为，但又存在一定关联。税务处罚决定所依据的主要事实，即同跃公司少申报缴纳的企业所得税数额，来源于税务处理决定的认定，两者完全一致。同跃公司应缴纳而未缴纳的企业所得税数额，涉案税务处理决定已经认定，并责令其限期缴纳。涉案税务处罚决定只是根据前者认定的应缴纳而未缴纳的企业所得税数额，按照一定比例并处罚款，两者具有主

---

① 案例来源：安徽省高级人民法院行政裁定书（2017）皖行申152号。

从关系。对于涉案税务处理决定中确定的纳税数额有异议的，属于纳税人与税务机关在纳税上的争议，根据《中华人民共和国税收征收管理法》第八十八条的规定，可以依法申请行政复议，对行政复议决定不服的，可以依法向人民法院提起诉讼。即纳税争议案件属于复议前置的案件，这主要是考虑到税收征收专业性较强，由上一级税务机关先行复议，有利于发挥专门机关的专业优势，及时解决争议。同时，涉案税务处罚决定又有相对独立性，因为虽其认定的主要事实与税务处理决定相同，但适用法律、法定程序、裁量权的行使等方面与税务处理决定并不完全相同。因此，法律并未规定税务处罚案件需要复议前置，当事人可以直接针对税务处罚决定提起行政诉讼，其是否对税务处理决定申请行政复议、提起诉讼，不影响人民法院对税务处罚决定的合法性进行审查。但是，在对税务处罚决定认定事实方面的审查，特别是涉及纳税人应缴纳的税款数额，人民法院应当尊重税务机关的专业认定。在相关税务处理决定未被依法改变之前，对其认定纳税人应缴纳的税款数额，人民法院不应轻易改变，除非当事人有充分证据足以推翻该认定，或者人民法院认为该认定存在重大、明显的错误。

四、法条总结

围绕本条规定相关案例主要集中在：1.怎样才算合规的纳税担保？2.怎样才算是经过前置复议程序？3.不经复议程序能否直接行政诉讼？而相关理论争议则主要集中纳税争议解决双前置程序的必要性上。笔者认为，根据《海关法》第六十四条规定，纳税人与同样具有强制执行权的征税部门——海关发生纳税争议时，也需遵守先复议后诉讼的程序。但与《税收征收管理法》第八十八条规定不同的是，概因海关部门控制着过关的货物的缘故，关税争议不需要先缴税或提供纳税担保。横向来看，《税收征收管理法》第八十八条规定有其必要性，但如何进一步优化是个需要认真研究的课题。

五、修法建议

建议：删除要求缴税或提供担保后方可提起行政复议的要求。因缴不起税款或提供不了合规的担保，就失去寻求司法救济的权利，与情理不合，也可能导致部分税务机关下达征税决定时"就高不就低"，变相侵害相对人提起行政复议的权利。

第六章 附 则

第八十九条 纳税人、扣缴义务人可以委托税务代理人代为办理税务事宜。

一、法条简析

本条是对税务代理的规定。

二、相关规定

（一）《国家税务总局关于印发〈税务代理业务规程（试行）〉的通知》（国税发〔2001〕117号）

税务代理业务规程（试行）

第一章 总则

第一条 为规范税务代理执业行为，保证税务代理执业质量，维护委托人的合法权益，促进税务代理事业的健康发展，根据《中华人民共和国税收征收管理法》《中华人民共和国税收征收管理法实施细则》和《注册税务师资格制度暂行规定》的有关规定，制定本规程。

第二条 本规程适用于取得税务代理资格的税务师事务所有限责任公司和合伙制税务师事务所等税务师事务所（简称税务师事务所，下同）接受纳税人、扣缴义务人及其他单位和个人（简称委托人，下同）委托，代为办理的各项税务事宜。

第三条 税务代理的业务范围为：

（一）办理税务登记、变更税务登记和注销税务登记手续；

（二）办理除增值税专用发票外的发票领购手续；

（三）办理纳税申报或扣缴税款报告；

（四）办理缴纳税款和申请退税手续；

（五）制作涉税文书；

（六）审查纳税情况；

（七）建账建制，办理账务；

（八）税务咨询、受聘税务顾问；

（九）税务行政复议手续；

（十）国家税务总局规定的其他业务。

第二章 税务代理关系的确立

第四条 税务代理关系的确立，应当以委托人自愿委托和税务师事务所自愿受理为前提。

第五条 委托人提出书面或口头的委托代理意向后，税务师事务所应派人对委托人的基本情况及委托事项进行了解。重点应了解委托人的生产经营、销售、纳税以及财务会计制度等情况。

第六条 税务师事务所经过了解，对符合下列条件的，可以接受委托：

（一）委托的税务代理事项，符合国家的法律、法规，符合《注册税务师资格制度暂行规定》中规定的业务范围；

（二）委托人能全面、真实地提供税务代理工作所需要的生产、经营情况和有关的数据、财务账册及文件资料；

（三）税务师事务所对委托人委托的事项具备相应的承办能力。

第七条 税务师事务所决定接受委托的，应与委托人就委托事项进行协商。双方达成一致意见后，签订税务代理委托协议。

第八条 税务代理委托协议应当包括以下内容：

（一）委托人及税务师事务所名称和住址；

（二）委托代理项目和范围；

（三）委托代理的方式；

（四）委托代理的期限；

（五）双方的义务及责任；

（六）委托代理费用、付款方式及付款期限；

（七）违约责任及赔偿方式；

（八）争议解决方式；

（九）其他需要载明的事项。

第九条 税务代理委托协议自双方法定代表人签字、盖章时起即具有法律效力，并受法律保护。

第十条　税务代理委托协议中的当事人一方必须是税务师事务所，税务代理执业人员不得以个人名义直接接受委托。税务代理执业人员承办税务代理业务由税务师事务所委派。

第十一条　税务师事务所应根据委托事项的复杂难易程度及税务代理执业人员的经验、知识等情况，将受托业务委派给具有胜任能力的税务代理执业人员承担。

第十二条　税务代理委托协议在履行过程中如遇情况变化，需要变更或修改补充的，双方应及时协商议定。

第十三条　税务代理委托协议约定的履行期满，双方如有续约意向，应及时协商并另行签订。

第三章　税务代理业务的实施

第十四条　税务代理业务的实施是整个税务代理工作的中心环节，税务代理执业人员应严格按照税务代理委托协议约定的范围和权限开展工作。

第十五条　实施复杂的税务代理业务，应在税务代理委托协议签订后，由项目负责人编制代理计划，经部门负责人和主管经理（所长）批准后实施。

第十六条　税务代理计划一般应包括以下内容：

（一）委托人的基本情况；

（二）代理事项名称、要求及范围；

（三）审验重点内容及重点环节的选择；

（四）采取的方法及所需的主要资料；

（五）代理工作量及实施进度和时间预测；

（六）人员安排及分工；

（七）风险评估；

（八）代理费用预算；

（九）其他。

第十七条　代理计划经批准后，代理项目负责人及其执业人员应根据代理协议和代理计划的要求，向委托方提出为完成代理工作所需提供的情况、数据、文件资料。必要时，可书面列示。

第十八条　根据委托人的授权和工作需要，承办的执业人员应对委托人提供的情况、数据、资料的真实性、合法性、完整性进行验证、核实。

第十九条　承办的执业人员在对委托人提供的代理事项所需资料验证、核实的基础上，制作税务代理报告、涉税文书等，经征求委托人同意后，加盖公章送交委托人或主管税务机关。

第二十条　税务代理报告实行三级审核签发制，即代理项目负责人、部门经理、经理（所长）签字后，方可加盖公章送出。

第二十一条　代理项目负责人、部门经理、经理（所长）应为执业注册税务师。执业注册税务师对其代理的业务所出具的所有文书有签名盖章权，并承担相应的法律责任。

第二十二条　在税务代理过程中，税务代理执业人员如遇下列情况之一的，必须及时向所在的税务师事务所和主管税务机关报告：

（一）现行税收法律、法规没有明确规定或规定不够明确的；

（二）委托人授意代理人员实施违反国家法律、法规行为，经劝告仍不停止其违法活动的；

（三）委托人自行实施违反国家法律、法规行为，经劝告仍不停止其违法活动的。

第二十三条　代理项目实施中的责任，应根据协议的约定确定。凡是由于委托方未及时提供真实的、完整的、合法的生产经营情况、财务报表及有关纳税资料造成代理工作失误的，由委托方承担责任；执业人员违反国家法律、法规进行代理或未按协议约定进行代理，给委托人造成损失的，由税务师事务所和执业人员个人承担相应的赔偿责任。

第四章　税务代理工作底稿

第二十四条　税务师事务所应建立税务代理工作底稿制度。

税务代理工作底稿是税务代理执业人员在执业过程中形成的工作记录、书面工作成果和获取的资料。

第二十五条　税务代理工作底稿应如实反映代理业务的全部过程和所有事项，以及开展业务的专业判断。

第二十六条　税务代理工作底稿要依照税务代理事项的内容和要求编制。应当内容完整、格式规范、记录清晰、结论准确。不同的代理事项应编制不同的工作底稿。

第二十七条　税务代理工作底稿的基本内容包括：

（一）委托人名称；

（二）委托业务项目名称；

（三）委托业务项目时间或期限；

（四）委托业务实施过程记录；

（五）委托业务结论或结果；

（六）编制者姓名及编制日期；

（七）复核者姓名及复核日期；

（八）其他说明事项。

第二十八条　税务师事务所要建立健全工作底稿逐级复核制度，有关人员在编制和复核工作底稿时，必须按要求签署姓名和日期。

第二十九条　税务师事务所要指定专人负责税务代理工作底稿的编目、存档和保管工作，确保工作底稿的安全。

第五章　税务代理工作报告

第三十条　税务代理执业人员在委托事项实施完毕后，应当按照法律、法规的要求，以经过核实的数据、事实为依据，形成代理意见，出具税务代理工作报告。

第三十一条　税务代理工作报告是税务代理执业人员就其代理事项的过程、结果，向委托人及其主管税务机关或者有关部门提供的书面报告，包括审查意见、签定结论、证明等。

第三十二条　税务代理工作报告应根据代理项目的不同分别编写，主要包括下列内容：

（一）标题；

（二）委托人名称；

（三）代理事项的具体内容、政策依据；

（四）代理过程；

（五）存在的问题及调整处理意见或建议；

（六）代理结论及评价；

（七）有关责任人签字、盖章。

第三十三条　对外出具的代理报告，由承办的具有注册税务师资格的执业人员签字，经有关人员复核无误后，加盖税务师事务所公章，交委托人签收。

委托人对代理事项不要求出具代理报告的，受托人可不出具代理报告，但仍应保存完整的代理业务工作底稿。

第三十四条 税务代理工作报告必须资料真实可靠，分析合理有据，责任明确。

第六章 税务代理关系的终止

第三十五条 税务代理委托协议约定的代理期限届满或代理事项完成，税务代理关系自然终止。

第三十六条 有下列情形之一的，委托方在代理期限内可单方终止代理行为：

（一）税务代理执业人员未按代理协议的约定提供服务；

（二）税务师事务所被注销资格；

（三）税务师事务所破产、解体或被解散。

第三十七条 有下列情形之一的，税务师事务所在代理期限内可单方终止代理行为：

（一）委托人死亡或解体、破产；

（二）委托人自行实施或授意税务代理执业人员实施违反国家法律、法规行为，经劝告仍不停止其违法活动的；

（三）委托人提供虚假的生产经营情况和财务会计资料，造成代理错误的。

第三十八条 委托关系存续期间，一方如遇特殊情况需要终止代理行为的，提出终止的一方应及时通知另一方，并向当地主管税务机关报告，终止的具体事项由双方协商解决。

第七章 税务代理业务档案的管理

第三十九条 税务师事务所承办代理业务必须建立档案管理制度，保证税务代理档案的真实、完整。

第四十条 税务代理业务档案是如实记载代理业务始末、保存计税资料、涉税文书的案卷。代理业务完成后，应及时将有关代理资料按要求整理归类、装订、立卷，保存归档。

第四十一条 税务代理业务档案包括：

（一）与委托人签订的委托协议；

（二）税务代理工作底稿、重要文字记录、各种财务报表、计算表、汇总表、核对表；

（三）本所人员从事代理业务所出具的各类审核意见书、签证报告、说明书、报表等；

（四）与委托人或税务机关商谈委托业务时形成的有关文件、会议记录等书面资料；

（五）委托人的基本情况资料及有关法律性资料；

（六）其他有关代理业务资料。

第四十二条 税务代理业务档案需妥善保存，专人负责。税务代理业务档案保存应不少于五年。

第八章　附则

第四十三条 本规程是从事税务代理业务的基本程序，各地可以根据本规程第三条的规定另行制定有关具体代理项目的操作程序。

第四十四条 本规程由国家税务总局负责解释和修订。

第四十五条 本规程自发布之日起施行。

附：税务代理委托协议示范文本（略）

（二）《税收征收管理法实施细则》第九十八条

税务代理人违反税收法律、行政法规，造成纳税人未缴或者少缴税款的，除由纳税人缴纳或者补缴应纳税款、滞纳金外，对税务代理人处纳税人未缴或者少缴税款50%以上3倍以下的罚款。

三、应用场景

结合《税收征收管理法实施细则》第九十八条，论述因代理人故意未按约定进行纳税申报，纳税人不构成偷税行为

在济南市地方税务局稽查局与山东基能能源科技有限公司行政处罚纠纷案[①]中，被告地税稽查局收到检举反映原告山东基能能源科技有限公司自2011年起，假借其他公司资质承接大量市政热力工程，隐匿收入、在账簿上不列收入、进行虚假的纳税申报后，随即对原告进行了调查。被告在调查中发现，原告在2011年共取得采暖工程收入24 011 600元，其中收取济南市洪楼实业总公司15 500 000元，收取济南市历城区洪家楼街道七里堡社区居民委员会8 511 600元。该收入除有2 511 600元挂"预收账款——七里堡"科目外，其余均未入账，以上收入均未申报缴纳营业税、城市维护建设税、教育费附加，该年度取得的采暖工程收入

---

① 案例来源：山东省济南市市中区人民法院行政判决书（2015）市行初字第19号、山东省济南市中级人民法院行政判决书（2015）济行终字第217号。

24 011 600元未计入营业收入，未申报缴纳企业所得税。2012年，原告共取得采暖工程收入20 033 037.14元，其中收取济南市洪楼实业总公司12 500 000元、收取济南市历城区洪家楼街道七里堡社区居民委员会7 533 037.14元，以上收入中有14 733 037.14元未入账，未申报缴纳营业税、城市维护建设税、教育费附加，未申报缴纳企业所得税。被告依据《税收征收管理法》第六十三条第一款规定，对原告未申报缴纳2011—2012年营业税1 162 339.11元、城市维护建设税81 363.74元的行为，处以未缴税款一倍的罚款，罚款金额为1 243 702.85元。原审法院另查明，在被告对原告的行政处罚处理期间，原告向被告陈述其与济南金立信财务管理咨询有限公司曾签订"代理记账协议书"，因双方其他纠纷导致该公司故意未按约定进行纳税申报等事务。原告向被告工作人员出示其公司于2011年6月17日与济南金立信财务管理咨询有限公司签订的"代理记账协议书"，该协议显示双方曾约定济南金立信财务管理咨询有限公司有关的代理记账、税务申报的合同义务。原告同时出示其与济南金立信财务管理咨询有限公司发生纠纷、终止上述协议、进行相关诉讼的证据。原告在被告调查处理期间于2014年6月3日自行申报缴纳营业税等各项税款共计1 254 251.33元。

一审法院认为，《税收征收管理法》第八十九条规定："纳税人、扣缴义务人可以委托税务代理人代为办理税务事宜。"《税收征收管理法实施细则》第九十八条规定："税务代理人违反税收法律、行政法规，造成纳税人未缴或者少缴税款的，除由纳税人缴纳或者补缴应纳税款、滞纳金外，对税务代理人处纳税人未缴或者少缴税款50%以上3倍以下的罚款"。在被告对原告的行政处罚处理期间，原告向被告陈述其与济南金立信财务管理咨询有限公司曾签订"代理记账协议书"，因双方其他纠纷导致该公司故意未按约定进行纳税申报等事务。原告向被告工作人员出示其公司于2011年6月17日与济南金立信财务管理咨询有限公司签订"代理记账协议书"，该协议显示双方曾约定济南金立信财务管理咨询有限公司有关的代理记账、税务申报的合同义务。原告同时出示其与济南金立信财务管理咨询有限公司发生纠纷、终止上述协议、进行相关诉讼的证据。因上述《税收征收管理法》《税收征收管理法实施细则》的规定，结合原告在被告行政处罚程序中的陈述意见，被告应当根据原告提供的证据、线索进行调查、核实，对纳税人未缴、少缴税款的原因进行甄别、确认。原告向被告提供的证据及向法院提供的证据，需要被告在行政程序中根据原告的主张及被告的职责权限调查并予以核实，本案中对其证据证明的内容和证明力，法院不予评价。综上，本案被告的处罚需要确认纳税人未缴、少缴税款的原因和责任主体，现无证据证明被告对此进行了调查，尤其原告提供的证据及线索直接指向上述问题的确认，且考虑到涉案处罚案件的来源，被告当庭陈述对原告证据进行了书面审查，但其未尽到审慎的职责。被告仅凭现有证据，不足以对原告进行处罚，属于行政行为认定事实缺乏证据。依照《行政诉讼法》第五十四条第（二）项第1目的规定，判决撤销地税稽查局2014年11月21日作出的济地税稽罚（2014）297号"税务行政处罚决定书"。

济南市地方税务局稽查局不服一审判决，提起上诉称：1.济地税稽罚（2014）297号"税务行政处罚决定书"认定被上诉人基能公司存在《税收征收管理法》第六十三条第一款规定的偷税行为，证据确凿、充分。上诉人提交的证据能够充分证明被上诉人存在着在账簿上不列、少列收入，不缴或少缴税款的偷税行为。同时，依照《税收征收管理法》第六十三条第一款规定，不论不缴或少缴税款的原因是什么，只要在被上诉人作为纳税人存在不缴或少缴税款的偷税行为的情况下，上诉人有权依法对其进行处罚。2.从被上诉人在税务检查过程中补充提交的材料看，本案不属于《税收征收管理法》第八十九条和《税收征收管理法实施细则》第九十八条规定的情形。根据有关规定，从事税务代理业务的中介机构为税务师事务所，而从被上诉人提交的材料看，其所谓的进行代理记账的公司"济南金立信财务管理咨询有限公司"明显不是税务师事务所，其代理记账行为当然不属于税务代理行为。原审法院依据《税收征收管理法》第八十九条和《税收征收管理法实施细则》第九十八条规定，要求上诉人去界定被上诉人不缴及少缴税款的原因和责任主体没有依据。3.一审法院认定"上诉人对被上诉人提供的证据进行书面审查未尽到审慎的职责"与客观事实不符，且没有法律依据。本案行政处罚过程中，上诉人履行了应尽的审查职责。从履行审查职责的程序看，被上诉人主动放弃听证程序，针对被上诉人撤销听证申请后补充提交的材料所反映的问题，上诉人又对被上诉人进行了询问并制作了笔录。该笔录记载了有关单据交接问题的审查内容；从履行审查职责的内容看，针对被上诉人补充提交的材料，上诉人逐一进行了审查，认定被上诉人提供的材料中没有一份能够证明其所称的由于代理记账公司的原因导致其不缴或少缴税款；从履行审查职责的结果看，上诉人通过审查认为，本案不属于《税收征收管理法》第八十九条和《税收征收管理法实施细则》第九十八条规定的情形。综上所述，对被上诉人申请撤销听证程序后补充提交的材料，上诉人已履行了应尽的审查职责。上诉人针对被上诉人的税收违法行为依法进行处罚，事实认定清楚、证据确实充分。上诉人请求二审法院撤销原审判决，维护上诉人合法权益及正常的行政执法程序。

二审法院认为，本案的焦点是：委托第三人代为办理税务事宜，上诉人地税稽查局是否进行了复核；未进行复核是否可能影响济地税稽罚（2014）297号税务行政处罚决定的正确性。

首先，行政处罚程序中，对当事人提出的事实、理由和证据进行复核，是行政机关的法定义务。《行政处罚法》（注：2015年修正）第三十一条规定："行政机关在作出行政处罚决定之前，应当告知当事人作出行政处罚决定的事实、理由及依据，并告知当事人依法享有的权利。"第三十二条规定："当事人有权进行陈述和申辩。行政机关必须充分听取当事人的意见，对当事人提出的事实、理由和证据，应当进行复核；当事人提出的事实、理由或者证据成立的，行政机关应当采纳。行政机关不得因当事人申辩而加重处罚。"本案中，被上诉人基能公司在行政程序中主张济南金立信财务管理咨询有限公司在2011—2012年代其管理财务账目、办理税务事宜，并提供了被上诉人与济南金立信财务管理咨询有限公司签订的"代理记账协议"等证据。被上诉人提出第三人代为办理税务事宜的事实、理由和证据后，上诉人具有进行复核的法定义务。

其次，复核程序，是正当程序的基本要求。任何人在受到公权力不利行为的影响时，有获得告知、说明理由和提出申辩的权利。复核程序是对当事人提出申辩事项的调查处理，当事人提出的事实、理由或者证据成立的，行政机关应当采纳。行政机关的相关复核证据应当存入卷宗。本案中，上诉人虽主张其对被上诉人的主张及其提供的证据进行了复核，但没有提供证明其进行复核的证据。上诉人关于因为被上诉人基能公司撤销听证申请，影响其将复核情况告知的主张。本院认为，上诉人在收到被上诉人基能公司撤销听证的申请，对听证会予以撤销后，上诉人依然应当充分听取被上诉人的陈述、申辩意见，对被上诉人提出的事实、理由和证据进行复核，并将复核情况告知被上诉人且说明理由，同时，将复核情况形成证据存入卷宗。被上诉人撤回听证申请，不能免除上诉人的复核义务。上诉人未提供证据证明其履行了复核程序，其行政处罚程序违法。

最后，复核程序，是确保结果公正的重要保障。通过复核程序，行政机关对当事人的陈述、申辩理由充分加以考虑，确保行政处罚结果正确；从完善执法程序、自我监督的角度分析，复核程序对上诉人同样具有重要意义，因通过复核程序，行政机关可以掌握调查过程中尚未掌握的事实、证据，有助于更全面考虑案情，防止错误行政处罚的作出。本案中，从可能影响行政处罚结果的角度考量，复核程序对被上诉人更有意义。《税收征收管理法》第八十九条规定："纳税人、扣缴义务人可以委托税务代理人代为办理税务事宜。"《税收征收管理法实施细则》第九十八条规定："税务代理人违反税收法律、行政法规，造成纳税人未缴或者少缴税款的，除由纳税人缴纳或者补缴应纳税款、滞纳金外，对税务代理人处纳税人未缴或者少缴税款50%以上3倍以下的罚款。"上述法律明确规定了税务代理人违反税收法律、法规规定的法律责任。在行政处罚处理期间，被上诉人主张其并无偷税故意并陈述、申辩称，其与济南金立信财务管理咨询有限公司曾签订"代理记账协议书"，因双方其他纠纷导致该公司故意未按约定进行纳税申报等事务，并提供了有关证据。在此情况下，上诉人应结合被上诉人在行政处罚程序中的陈述、申辩意见及提供的证据在职责范围内依法进行调查、复核，以确定被上诉人申辩理由是否与事实相符，同时，须对被上诉人未缴、少缴税款的原因作出认定，以确定承担法律责任的主体。上诉人关于其已查清被上诉人未申报缴纳税款的事实，法院再审查其复核程序是否是过度审查的问题。本院认为，对于被上诉人未申报缴纳税款的事实，上诉人提供的证据充分，被上诉人无异议，并补缴了税款及滞纳金。在履行行政处罚职权时，上诉人仍有查清事实，确认法律责任承担主体的法定义务。对复核程序的审查，是审查行政处罚行为合法性的必要内容。上诉人未提供证据证明其尽到了复核义务，从而可能影响被诉行政处罚决定的结果正确。

所以，上诉人未对被上诉人申辩的委托税务事宜进行了复核，行政处罚程序违法，且可能影响到处罚结果的正确。

四、法条总结

目前为止，尚未发现有税务代理人被依《税收征收管理法实施细则》第九十八条规定给予处罚的案例。但随着《国家税务总局 国家互联网信息办公室 国家市场监督管理总局关于规范涉税中介服务行为 促进涉税中介行业健康发展的通知》（税总纳服发〔2022〕34号）的进一步落实，预计会有一定数量的税务代理人因此受罚。

第九十条 耕地占用税、契税、农业税、牧业税征收管理的具体办法，由国务院另行制定。

关税及海关代征税收的征收管理，依照法律、行政法规的有关规定执行。

一、法条简析

本条是对耕地占用税、契税、农业税、牧业税、关税及海关代征税等有关税收征收管理的法律适用问题的规定。

二、相关规定

（一）《全国人民代表大会常务委员会关于废止〈中华人民共和国农业税条例〉的决定》（中华人民共和国主席令第46号）

第十届全国人民代表大会常务委员会第十九次会议决定：

第一届全国人民代表大会常务委员会第九十六次会议于1958年6月3日通过的《中华人民共和国农业税条例》自2006年1月1日起废止。

（二）《海关法》第二条

中华人民共和国海关是国家的进出关境（以下简称进出境）监督管理机关。海关依照本法和其他有关法律、行政法规，监管进出境的运输工具、货物、行李物品、邮递物品和其他物品（以下简称进出境运输工具、货物、物品），征收关税和其他税、费，查缉走私，并编制海关统计和办理其他海关业务。

（三）《增值税暂行条例》第二十条

增值税由税务机关征收，进口货物的增值税由海关代征。

个人携带或者邮寄进境自用物品的增值税，连同关税一并计征。具体办法由国务院关税税则委员会会同有关部门制定。

（四）《消费税暂行条例》第十二条

消费税由税务机关征收，进口的应税消费品的消费税由海关代征。

个人携带或者邮寄进境的应税消费品的消费税，连同关税一并计征。具体办法由国务院关税税则委员会会同有关部门制定。

（五）《船舶吨税法》第六条

吨税由海关负责征收。海关征收吨税应当制发缴款凭证。

应税船舶负责人缴纳吨税或者提供担保后，海关按照其申领的执照期限填发吨税执照。

（六）《耕地占用税法》相关规定

第十四条 耕地占用税的征收管理，依照本法和《中华人民共和国税收征收管理法》的规定执行。

第十五条 纳税人、税务机关及其工作人员违反本法规定的,依照《中华人民共和国税收征收管理法》和有关法律法规的规定追究法律责任。

三、法条总结

因相关法律更新或废止,本条规定适用性较低。

第九十一条

中华人民共和国同外国缔结的有关税收的条约、协定同本法有不同规定的,依照条约、协定的规定办理。

一、法条简析

本条是对我国同外国缔结的税收条约、协定与该法有不同规定时的法律适用问题的规定。

二、相关规定

(一)《全国人大常委会关于我国加入〈维也纳条约法公约〉的决定》(1997年5月9日通过)

第八届全国人民代表大会常务委员会第二十五次会议决定,中华人民共和国加入《维也纳条约法公约》,同时声明如下:

一、中华人民共和国对《维也纳条约法公约》第六十六条予以保留。

二、台湾当局于1970年4月27日以中国名义在《维也纳条约法公约》上的签字是非法的、无效的。

(二)《缔结条约程序法》(中华人民共和国主席令第37号)第十六条

中华人民共和国缔结的条约和协定由外交部编入《中华人民共和国条约集》。

三、法条总结

根据国际惯例,条约、协定优先于国内法,所以本条规定同外国缔结的有关税收的条约、协定同该法有不同规定的,以条约、协定规定为准。

第六章 附则

第九十二条 本法施行前颁布的税收法律与本法有不同规定的,适用本法规定。

第九十三条 国务院根据本法制定实施细则。

一、法条简析

本条是对制定本法实施细则的规定。

二、相关规定

《税收征收管理法实施细则》第一条

根据《中华人民共和国税收征收管理法》(以下简称税收征管法)的规定,制定本细则。

三、法条总结

本条规定是对国务院制定实施细则的授权性规定。

第九十四条 本法自2001年5月1日起施行。

本法自1992年9月4日第七届全国人民代表大会常务委员会第二十七次会议通过,经1995年2月28日第八届全国人民代表大会常务委员会第十二次会议《关于修改〈中华人民共和国税收征收管理法〉的决定》第一次修正。2001年4月28日第九届全国人民代表大会常务委员会第二十一次会议修订后,根据2013年6月29日第十二届全国人民代表大会常务委员会第三次会议《关于修改〈中华人民共和国文物保护法〉等十二部法律的决定》第二次修正和根据2015年4月24日第十二届全国人民代表大会常务委员会第十四次会议《关于修改〈中华人民共和国港口法〉等七部法律的决定》第三次修正。

反侵权盗版声明

中国财政经济出版社依法对本作品享有专有出版权。任何未经权利人书面许可，复制、销售或通过信息网络传播本作品的行为，歪曲、篡改、剽窃本作品的行为，均违反《中华人民共和国著作权法》，其行为人应承担相应的民事责任和行政责任，构成犯罪的，将被依法追究刑事责任。

为了维护市场秩序，保护权利人的合法权益，我社将依法查处和打击侵权盗版的单位和个人。欢迎社会各界人士积极举报侵权盗版行为，本社将奖励举报有功人员，并保证举报人的信息不被泄露。

举报电话：（010）88190744
　　　　　（010）88191661
QQ：2242791300
通信地址：北京市海淀区阜成路甲28号新知大厦
　　　　　中国财政经济出版社总编室
邮　　编：100142